Siegel / Gallaun / Lenger · Servier- und Getränkekunde

Servier- und Getränke-Kunde

Simon Siegel
Willibald Gallaun
Heinz Lenger

Fotos: Ernest Richter

Trauner Verlag

6. Auflage 1985

Grafiken und Layout: Ingeburg Hausmann, Wolfgang Kraml
Herstellung: Trauner-Druck, Linz

ISBN 3 85320 316 7

Inhaltsverzeichnis

Inhaltsverzeichnis

Vorwort

Die Servier- und Getränkekunde – ein modernes Fachbuch für alle Angehörigen des Gastgewerbes – ist das Ergebnis einer langjährigen erfolgreichen Zusammenarbeit erfahrener Theoretiker und Praktiker dieses Faches.

Im Bereich der Servierkunde setzt das Werk mit den Voraussetzungen an, die das Servierpersonal erfüllen muss, um den laufend steigenden Anforderungen gerecht zu werden. Um die Gäste zu ihrer Zufriedenheit zu bedienen, benötigt man ein hervorragend geschultes Personal, das den internationalen Gepflogenheiten und neuen Trends Rechnung trägt. Deshalb wird dem Kapitel „Der Umgang mit dem Gast" besonderes Augenmerk geschenkt.

Alle Arbeitsvorgänge werden Schritt für Schritt genau beschrieben. Über 500 Grafiken ergänzen und unterstützen die übersichtliche Darstellung.

Schwerpunkte werden insbesondere bei folgenden Kapiteln gesetzt: Gedecke für alle Mahlzeiten des Tages – Spezialgedecke – Arbeiten beim Tisch des Gastes – Raucherservice – Einführung der elektronischen Datenverarbeitung (EDV) im Gastgewerbe.

Aber auch das notwendige Know-how zur optimalen Planung und Organisation von Grossveranstaltungen wird vermittelt. Dabei nehmen die Vorbereitungsarbeiten und der Serviceablauf breiten Raum ein.

Der zweite Teil, die Getränkekunde, bietet eine ausführliche Beschreibung und Charakteristik inländischer und ausländischer Marken- bzw. Spitzenprodukte, angefangen von den alkoholfreien Getränken über Tee, Kaffee, Kakao, Bier und Wein bis zu den Spirituosen.

Besonderes Augenmerk wird dabei auf die unterschiedlichen gesetzlichen Bestimmungen in Österreich, in der Bundesrepublik Deutschland und der Schweiz gelegt. Die Erzeugung bzw. Aufbereitung der Getränke wird im Detail erläutert und in grafisch übersichtlicher Form dargestellt.

Den Abschluss bilden die Beschreibung der Bargetränke sowie eine Anzahl gängiger internationaler Rezepte.

Im Anhang befindet sich ein Sachregister, das das Auffinden bestimmter Stichwörter wesentlich erleichtert.

32 Seiten Farbbilder, fotografiert von Ernest Richter, komplettieren dieses Standardwerk der Servier- und Getränkekunde, das vor allem zur Weiterbildung für den erfahrenen Fachmann gedacht ist, der sein Wissen auf diese Weise auffrischen und erweitern möchte, bzw. als Ratgeber, um Nachlässigkeiten im Service zu beseitigen.

Die Autoren

Servierkunde

VORAUSSETZUNGEN FÜR EIN GUTES SERVICE

SERVIERPERSONAL

Mit zunehmender Bedeutung des Inländer- und Ausländerfremdenverkehrs sind auch die Anforderungen an das Hotel-, besonders aber an das Servierpersonal stark gestiegen. Der Beruf des Kellners ist interessant und abwechslungsreich, weil man ständig Umgang mit Menschen hat. Er stellt aber auch sehr hohe Anforderungen.

Körperliche Voraussetzungen: Die wichtigsten Grundbedingungen sind körperliche Gesundheit und eine kräftige Konstitution. Ausdauer und das Geschick für manuelle Arbeiten sind ebenfalls unerläßlich.

Geistige Voraussetzungen: Kenntnis der Weltsprachen, verständliche Ausdrucksweise und geistige Wendigkeit sind Grundlagen, die heute allgemein im Service verlangt werden. Außerdem sind ein gutes Gedächtnis, Organisationstalent, die Begabung zu improvisieren und eine gute Allgemeinbildung Voraussetzungen für den beruflichen Erfolg.

Charakterliche Voraussetzungen: Erstklassige Umgangsformen, Höflichkeit, Freundlichkeit, Taktgefühl und Diskretion werden vom Kellner verlangt. Ehrlichkeit, Pünktlichkeit, Ehrgeiz, Strebsamkeit und der Wille zur Fortbildung runden das ideale Charakterbild des im Service Tätigen ab.

DAS ÄUSSERE ERSCHEINUNGSBILD DES SERVIERPERSONALS, BERUFSKLEIDUNG UND BERUFSAUSRÜSTUNG

Wer ständig mit dem Gast in Kontakt steht, sollte mit guter körperlicher Haltung und einem gepflegten Erscheinungsbild auftreten. Die persönliche Hygiene zählt deshalb im Gastgewerbe zu den wichtigsten Forderungen. Tägliches Duschen, häufiger Wäschewechsel, Pflege von Haaren, Zähnen, Haut, Händen und Füßen müssen für die Kellnerin und den Kellner selbstverständlich sein.

Berufskleidung

Egal, welche Berufskleidung in einem Betrieb üblich ist, auf jeden Fall ist auf solide Qualität und Ausführung der Kleidungsstücke zu achten, weil sie durch häufige Reinigung sehr strapaziert werden.

BERUFSKLEIDUNG FÜR DAS WEIBLICHE SERVIERPERSONAL

Zur Grundausstattung für das weibliche Servierpersonal gehören ein schwarzes Kleid oder eine weiße Bluse mit einem schwarzen Rock, darüber eine weiße Schürze.
Schwarze Arbeitsschuhe mit niedrigen Absätzen sollen getragen werden. Vielfach werden hohe Schnürschuhe bevorzugt.
Zu einem ansprechenden Erscheinungsbild gehören eine gepflegte Frisur, ein sauberes, gut gebügeltes Kleid, ein sauberes Serviertuch und eine saubere Schürze sowie geputzte, schwarze Arbeitsschuhe bzw. Schnürschuhe. Es sollten keine Sandalen oder Pantoffeln getragen werden.
Saubere, gepflegte Hände sind oberstes Gebot. Man sollte auch keinen auffälligen Nagellack verwenden. Zu vermeiden sind stark riechende Parfums sowie das Tragen von auffälligem Schmuck bei der Arbeit.
Auch im Sommer sollten Strümpfe getragen werden.
Besonders beim weiblichen Personal ist einheitliche Kleidung wichtig. In Österreich weit verbreitet ist Trachtenkleidung, vor allem das Dirndl. Man findet es in vielen Betrieben mit rustikaler Ausstattung (auf dem Land und auch in der Stadt, z. B. beim Heurigen). Statt der Strümpfe trägt man zum Dirndl Trachtenstutzen.
In letzter Zeit gehen aber viele Betriebe dazu über, die Gesamtausstattung und die Atmosphäre des Hauses durch eine hauseigene Uniform hervorzuheben. Diese Uniformen sind individuell verschieden (z. B. Biedermeierkleider). Für alle Kleidungsstücke muß jedoch der Grundsatz gelten, daß sie in einem makellosen Zustand sind.

Standardservierkleider

Dirndl (Tracht)

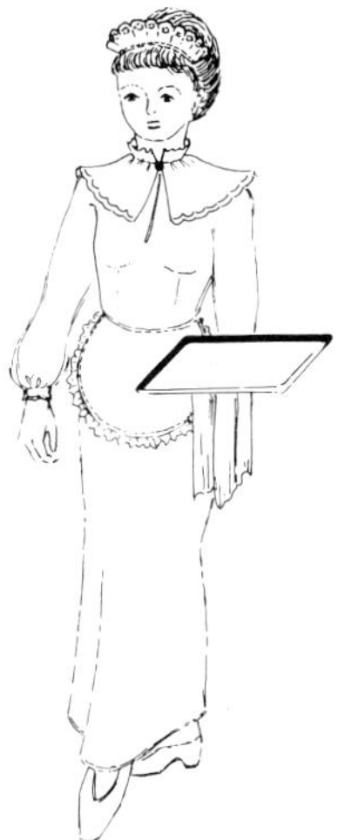

Biedermeierkleid

Berufskleidung für das männliche Servierpersonal

Die Grundausstattung für das männliche Servierpersonal setzt sich zusammen aus einer weißen Kellnerjacke (ein- oder zweireihig), einem weißen Hemd, dazu ein schwarzes Mascherl oder eine Krawatte sowie eine schwarze Hose, schwarze Socken und schwarze Arbeitsschuhe mit Ledersohle und Gummiabsatz.
Zu einem gepflegten äußeren Erscheinungsbild gehören eine solide Frisur, ein gutsitzendes Mascherl oder Krawatte, eine fleckenlose, gut gebügelte Jacke und Hose, ein sauberes Serviertuch sowie geputzte schwarze Arbeitsschuhe.
Auch für das männliche Servierpersonal gilt, daß es während der Arbeit keinen Schmuck tragen und immer saubere, gepflegte Hände haben soll.
Wie für das weibliche Servierpersonal gibt es auch für das männliche in manchen Betrieben hauseigene, auf die Ausstattung abgestimmte **Uniformen**.
Darüber hinaus gibt es andere vom Betriebstyp oder von der Veranstaltung abhängige Berufskleidungen.
Frack: Er ist üblich bei Staatsbanketten, Ball- und großen Festveranstaltungen und besteht aus dem schwarzen Frack, Frackhemd, schwarzer Masche, schwarzer Weste, schwarzen Socken und Schuhen (im Unterschied dazu tragen die Gäste weiße Maschen, weiße Westen und Lackschuhe).
Smoking: Er wird meist von Zahl- oder Oberkellnern in Restaurants, Kaffeehäusern und Tanzbars getragen. Zur schwarzen Smokingjacke trägt man ein weißes Smokinghemd, eine schwarze Masche, eine schwarze Smokinghose, schwarze Socken und Schuhe. Wird die Jacke offen getragen, verwendet man einen Kummerbund.
Stresemann: Er wird im allgemeinen vom Restaurantdirektor, Maître d'hôtel, Rezeptionisten und Portier getragen und besteht aus einem uni anthrazitfarbigen, einreihigen Jackett, weißem Hemd, silbergrauer Krawatte, grauer Weste, anthrazitgraugestreifter Hose, schwarzen Socken und Schuhen.
Spencer: Der Spencer ist in der Bar, im Night club und im Supper club üblich. Zu einem weißen, bis zur Hüfte reichenden Jackett trägt man ein weißes Hemd, eine schwarze Krawatte oder Masche, Kummerbund, eine schwarze Hose, schwarze Socken und Schuhe.
Französische Servierkleidung: Sie ist im Chef-de-rang-System üblich und besteht aus einem schwarzen Rondeau (einreihige, bis zur Hüfte reichende Jacke), weißem Hemd, schwarzer Krawatte, schwarzer Hose, schwarzen Socken und Schuhen und einer weißen, bis zu den Knöcheln reichenden Wickelschürze.
Trachtenanzug: Er ist in Österreich vor allem in den Fremdenverkehrsgebieten sehr beliebt. In Aussehen und Farbe unterscheidet er sich von Bundesland zu Bundesland. Ebenfalls sehr beliebt in Betrieben mit rustikaler Note ist das Trachtengilet. Dazu trägt man ein weißes Hemd, eine Trachtenkrawatte oder ein Trachtenband, eine schwarze Hose, schwarze Socken und Schuhe.

Standardkleidung

Frack

Smoking

Stresemann

Französische Servierkleidung

Berufsausrüstung

Zur Ausrüstung des Kellners gehören auch die im folgenden angeführten Gegenstände, die er bei sich trägt.
Vor Dienstbeginn sollte er kontrollieren, ob sie alle in gutem Zustand und griffbereit sind.

1 **Handserviette (Serviertuch):** Sie muß einwandfrei sauber sein. Während des Service wird das Serviertuch gefaltet unter dem linken Unterarm getragen, sonst steckt es in der Jackettasche. Zu vermeiden ist
das Tragen des Serviertuchs unter der Achsel oder über der Schulter sowie das Abwischen von Gesicht und Händen mit dem Serviertuch.
Es gilt der Grundsatz, daß an Handservietten nicht gespart werden sollte.
2 **Korkenzieher mit Messer,** Heber und Sektreißer: Der Korkenzieher ist ein wichtiger Teil der Berufsausrüstung. Er darf keine scharfkantige Spirale haben, da diese sonst den Korken ausreißt.
3 **Streichhölzer** oder ein **Feuerzeug**
4 **Zigarrenabschneider**
5 **Schreibzeug:** Einen Schreibblock hat man in der Tasche (weitere auf dem Serviertisch), ebenso 2 oder 3 Kugelschreiber. Außerdem sollte man ein kleines Notizheft zum Eintragen des Kassastandes, von besonderen Gästewünschen, Umsätzen, Verdienst, Abrechnung mit der Bar usw. bei sich tragen.
6 **Brieftasche (Zahltasche):** Sie sollte immer ausreichend mit Wechselgeld bestückt sein.
7 **Kamm und Taschentuch**

Darüber hinaus sollte der Kellner in unmittelbarer Nähe in einer Lade im **Serviertisch** (Sideboard) oder in einer Arbeitslade folgendes bereitliegen haben:
Eine Reihe von Bonblocks zum Bonieren, wenn keine Registrierkasse vorhanden ist. Wörterbücher und Fachwörterbücher für Englisch und Französisch, Fahrpläne und Stadtpläne, schmerzstillende Tabletten, Tabletten gegen Sodbrennen und Korkblätter als Tischunterlagen.
Dinge, die er nur manchmal braucht, wie
Nähzeug, Sicherheitsnadeln, Fleckputzmittel, Schuhpflegemittel, Rasierapparat, Spiegel, Nagelfeile, Erfrischungswasser und Körperspray kann er in seiner Garderobe aufbewahren.
Ebenso eine komplette zweite Garnitur Arbeitskleidung einschließlich Wäsche und Schuhe sowie Fachliteratur.

SERVIERBRIGADEN UND SERVIERSYSTEME

Neben dem gut geeigneten und qualifizierten weiblichen und männlichen Servierpersonal ist im Service vor allem eine gute Organisation des Arbeitsablaufs und der Zusammenarbeit zwischen den Personen notwendig. Diese Organisation hängt von der Eigenart und von der Größe des Betriebes ab, die Arbeitsaufgaben sind an die Mitarbeiter zu verteilen, die Gebiete müssen eindeutig abgegrenzt werden.

Einkellner- oder Stationskellnersystem

Das Lokal wird in mehrere Stationen, bestehend aus einer bestimmten Anzahl von Tischen, aufgeteilt, und ein Kellner ist für eine Station zuständig und voll verantwortlich. Er plaziert den Gast, nimmt die Bestellung entgegen, serviert, kassiert und verabschiedet den Gast.
Dieses Serviersystem findet man vorwiegend in Kleinbetrieben, in Saisonbetrieben, in Kaffeehäusern und auf Schiffen. Als Servierarten gibt es meist nur das Einstellen von Tellern oder Platten.

Zweikellnersystem

Zwei Kellner teilen sich die Arbeit auf einer Station, einer ist für das Getränkeservice und das Inkasso zuständig und der zweite für das Speisenservice und das Abservieren. Dieses System findet man überwiegend in Klein- und Mittelbetrieben sowie in Saisonbetrieben. Auch hier ist die bevorzugte Servierart das Einstellen von Tellern und Platten.

Oberkellner- oder Zahlkellnersystem

Das Zweikellnersystem wird um einen Zahlkellner erweitert, der nur für das Inkasso, die Plazierung der Gäste und manchmal auch für die Bestellungsaufnahme zuständig ist. Ein Kellner ist für das Speisen- und der andere für das Getränkeservice verantwortlich. Die Stationen sind größer als beim Einkellner- und Zweikellnersystem.
Das Zahlkellnersystem wird meist in Saisonbetrieben angewendet. Vorwiegend werden Teller und Platten eingestellt, es wird aber auch vorgelegt und angerichtet.

Französisches Serviersystem (Chef-de-rang-System)

Dieses System ist das aufwendigste und arbeitsintensivste und wird daher nur in erstklassigen Hotels und Restaurants angewendet. Die Servierbrigade ist sehr umfangreich.
Restaurantdirektor: Er ist der Repräsentant des Unternehmens im Restaurant. Ihm obliegen die administrativen Tätigkeiten, wie z. B. die Arbeitseinteilung, Dienstplanerstellung, Urlaubsplanung, Personalschulung und Verrechnung.
Er ist Angestellter mit Festlohn und partizipiert nicht am sogenannten Tronc.

Maître d'hôtel (Erster Oberkellner): Er hat die oberste Leitung im Service (Chef de service) und arbeitet nach den Instruktionen des Restaurantdirektors. Der Maître d'hôtel hat ebenfalls Repräsentationsaufgaben, wie Reservierung, Empfang, Plazierung und Verabschiedung der Gäste. Gibt es die Position des Restaurantdirektors nicht, so übernimmt der Maître d'hôtel seine Aufgaben.
Weitere Oberkellner: Je nach der Größe des Betriebes kann es mehrere weitere Oberkellner geben (Zweiter, Dritter Oberkellner), die für einen bestimmten Bereich (z. B. Kaffeehaus, Restaurant, Terrasse, Halle) verantwortlich sind. Ihre Hauptaufgaben sind der Gästeempfang, die Plazierung und Verabschiedung

und die Entgegennahme und Behandlung von Beschwerden (vgl. Reklamationen, Seite 16).
Diese drei Positionen bilden das Management im Restaurant. Sie beschäftigen sich mit der Administration und der Planung. Die eigentlichen Servicearbeiten werden von anderen Personen geleistet.
Sommelier (Chef de vin): Der Sommelier ist bei uns nur in Luxusbetrieben zu finden. Er steht im Rang eines Oberkellners und ist ausschließlich für den Verkauf und das Service von Wein zuständig. Er benötigt ein sehr großes Fachwissen, da der Gast oft Empfehlungen von ihm erwartet.
Commis de vin: Er unterstützt den Chef de vin, bringt die Weine, Gläser und Utensilien wie Sekt- oder Weinkühler, Dekantierkaraffe usw.
In der Hierarchie ist er dem Ersten Commis de rang gleichgestellt.
Chef de rang: Er ist für das komplette Service auf einer Station („rang") verantwortlich. Der Chef de rang empfiehlt Speisen und Getränke (wenn es keinen Sommelier gibt, auch Wein), nimmt Bestellungen entgegen, boniert, flambiert, tranchiert, filetiert, mariniert vor dem Gast und kassiert die Rechnung.
Demi-chef: Er ist der Stellvertreter des Chef de rang und hat denselben Aufgabenbereich. In der Hierarchie steht er zwischen dem Chef de rang und dem Commis de rang. Wenn er allein eine Station betreut, ist sie kleiner als die Station eines Chef de rang.
Commis de rang: Er ist der Gehilfe des Chef de rang und des Demi-chef. Ist auf jeder Station nur ein Commis vorhanden, so hat er in erster Linie für die Mise en place zu sorgen und während des Service für Speisen und Getränke aus Küche und Schank. Gibt es zwei Commis de rang (Erster, Zweiter Commis de rang), dann wird der erste als Commis de suite und der zweite als Commis débarrasseur bezeichnet.
Der **Commis de suite** ist vor allem Verbindungsglied zwischen Küche und Service.
Der **Commis débarrasseur** ist oft ein Lehrling im ersten oder zweiten Lehrjahr, der vor allem die Tische abräumen muß und für die Mise en place zuständig ist.
Als **Apprenti garçon** wird ein Kellnerlehrling bezeichnet.

Amerikanisches Serviersystem

Es wird in Europa nur in amerikanisch geführten Betrieben angewendet. Im amerikanischen Serviersystem ist eine sehr genaue Arbeitsteilung üblich. Die Bezeichnungen der Positionen und der Arbeiten sind bei uns ungebräuchlich.
Maître d': Er ist etwa dem Maître d'hôtel gleichzusetzen. Seine Aufgaben sind der Empfang und die Plazierung der Gäste (Reception).
Head waiter (Captain): Er ist für die Plazierung (Seating) der Gäste auf seiner Station zuständig, fragt nach den Wünschen zum Aperitif, bringt die Speisenkarten, erklärt die Tagesgerichte und Spezialitäten und nimmt die Bestellungen auf. Sie werden in der Regel auf einem Durchschreibeblock (dreifachen Paragonblock siehe Seite 145) mit Insert (Flußpapier) aufgeschrieben, das Original bekommt die Ausgabestelle (Bar, Küche oder Keller) und ein Duplikat die Kassa. Das zweite Duplikat erhält der **Station waiter**, der das Essen, die Desserts, den Kaffee und die anderen Getränke oder den Wein (wenn es keinen Wine butler gibt) zu servieren hat. In größeren Betrieben gibt es mehrere Captains (Zweiter, Dritter Captain), von denen jeder für einen bestimmten Bereich innerhalb des Restaurants zuständig ist.
Wine butler: Er ist wie der Sommelier nur für den Verkauf und das Service von Wein zuständig.
Waiter: Jeder Station (Floor) sind zwei Kellner zugeteilt, die für das Speisenservice von der Vorspeise über das Hauptgericht bis zum Dessert und Kaffee und für das Getränkeservice zuständig sind. Sie bekommen vom Head waiter oder vom Captain den Paragondurchschlag mit den Bestellungen.
Bus boy: Er übernimmt das sogenannte Set-up, das sind die Vorbereitungsarbeiten, die Mise en place, das Table cleaning (Abservieren, Tischreinigen) und das Iced-water-Service.
Als organisatorische Besonderheit ist auf dem Paragon neben jeder Bestellung eine Numerierung angebracht.

Hotel Stern
Residenzplatz 17
5020 Salzburg

Tisch Nr.: 1	Personenzahl: 4	Datum: 12. 11. 19 . .	Unterschrift Preis
2	Krabbencocktails	① 3	
1	Schinkenrolle	2	
1	geräucherter Lachs	④	
1	Rumpsteak	3	
1	Tafelspitz	2	
1	Filetsteak	①	
1	Kalbsbriesrose	④	

Die eingekreisten Nummern zeigen dem Kellner an, daß es sich um weibliche Gäste handelt, denen zuerst serviert wird. Damit dieses System funktioniert, ist es notwendig, daß man die Tischnummern kennt und daß ein bestimmtes System der Sitzplatznumerierung vorhanden ist. Zum Beispiel, Sitzplatz 1 ist immer derjenige, der mit der Rückenlehne zum Eingang zeigt, die übrigen Sitzplätze werden im Uhrzeigersinn weiternumeriert.
Darüber hinaus muß die Gehrichtung festgelegt sein (im Uhrzeigersinn).

UNFALLVERHÜTUNG IM SERVICE

Für einen reibungslosen Serviceablauf müssen alle Unfallgefahren vermieden und alle möglichen Unfallursachen ausgeschaltet werden.
Der größte Teil der Arbeitsunfälle im gastgewerblichen Betrieb ereignet sich in der Küche.
Oft sind Gedankenlosigkeit, Bequemlichkeit, Leichtsinn, übertriebene Eile und Nichtbeachten der Bedienungsanleitungen und Sicherheitsvorschriften Ursachen von Arbeitsunfällen.

Zur Unfallverhütung sind folgende Grundregeln zu beachten:

a) Verschüttete Flüssigkeiten in Gängen, Korridoren und Offices muß man sofort aufwischen lassen (Rutschgefahr).
b) Im Servicebereich darf nicht gelaufen werden.
c) Die Gehrichtung (rechts) ist zu beachten.

d) Am Arbeitsplatz sind stets Ordnung und Sauberkeit zu halten.
e) Gegenstände, die nicht mehr gebraucht werden (z. B. schmutziges Geschirr, Plateaus) werden sofort weggeräumt.
f) Die Bedienungsanleitungen und Sicherheitsvorschriften der Geräte und Maschinen sind zu beachten.
g) Alkohol, Übermüdung und Ablenkung erhöhen die Unfallgefahr.

Diese Grundregeln müssen unbedingt befolgt werden. Sicherheit kommt nicht von selbst, man muß sich darum bemühen. Jeder hat selbst dafür zu sorgen.

Besondere Unfallverhütungsmaßnahmen

Maschinen und Geräte: Arbeitsgeräte und Maschinen müssen den gesetzlichen Sicherheits- und Unfallverhütungsvorschriften entsprechen. Bei ihrem Kauf ist auf die Prüfzeichen zu achten (z. B. ÖVE-Prüfzeichen). Der Unternehmer oder die Unternehmensleitung hat zu überprüfen, ob die im Betrieb verwendeten Arbeitsmittel den Sicherheitsvorschriften entsprechen. Bedienungsanleitungen und Sicherheitsvorschriften sollen in der unmittelbaren Nähe des Gerätes angebracht werden.
Die Schutzvorrichtungen dürfen nicht entfernt werden. Vor dem Zerlegen oder Reinigen eines Gerätes muß man die Stromzufuhr unterbrechen, um ein unbeabsichtigtes Ingangsetzen zu verhindern.
Gasgeräte und Gasanlagen: Bei Gasgeräten (z. B. Flambierwagen, Gas-Toaster) muß die Stellung der Hähne (offen, geschlossen) leicht erkennbar sein. Weiters ist eine einwandfrei funktionierende Zündflammensicherung (Wachflamme) bei den Brennern notwendig. Bei Gasgeruch sofort lüften und die Fehlerquellen durch einen Fachmann beseitigen lassen. Erst nach gutem Durchlüften wieder anzünden. Außerdem ist für eine gute Ableitung der nicht verbrauchten Gase zu sorgen.
Gasgeräte und Herdplatten sollen nicht stärker und nicht länger beheizt werden als notwendig. Man verhindert so Sauerstoffentzug und unnötige Wärmestrahlung.
Beim Arbeiten mit Gasgeräten vor dem Gast, zum Beispiel beim Flambieren ist darauf zu achten, daß der Abstand des Flambierwagens zu den Tischen der Gäste genügend groß ist. Sie könnten durch Rauchentwicklung gestört werden. Wird Fleisch, das nicht ganz trocken ist oder Früchte, die vom Waschen noch naß sind, flambiert, spritzt das Fett. Auch darf es nicht überhitzt werden, da es sonst leicht Feuer fangen kann.
Eine weitere Gefahr stellen Spirituosenflaschen dar, die nach dem Gebrauch nicht verschlossen wurden.
Beim Flambieren selbst muß die Pfanne immer vom Feuer genommen werden. Beim Ablöschen mit Alkohol darf das Öl nicht spritzen. Nur so entsteht die gewünschte kleine Flamme.
Elektrische Anlagen: Bei allen Maschinen und Geräten (Platemaster, Toaster, Kaffeemaschine, Eismaschine usw.) ist auf die vorschriftsmäßige elektrische Installation zu achten. Kabel und Schalter sind in Feuchtraumausführung zu installieren. Das soll verhindern, daß Feuchtigkeit zu stromführenden Teilen gelangt. Schlecht isolierte Kabel, gebrochene Schalterdeckel und Steckdosen dürfen nicht berührt werden und müssen so bald wie möglich repariert oder ausgetauscht werden.
Leicht entzündbare Brennstoffe: Propangasflaschen, Brennspiritus und andere leicht entzündbare Brennstoffe dürfen nicht im Gästeraum oder in der Küche gelagert werden, sondern sind an einem sicher versperrten Ort zu verwahren. Nach jedem Gebrauch müssen die Sicherheitsventile geschlossen werden. Thermostatzündungen und Zündflammensicherungen dieser Geräte gehören von Zeit zu Zeit von einem Fachmann überprüft. Bei Geräten, die mit Spiritus betrieben werden, wie alten Flambieröfen und Flambierlampen, muß darauf geachtet werden, daß sie vor dem Entzünden gelüftet werden, damit die rückständigen Dämpfe entweichen. Es besteht sonst Explosionsgefahr. Außerdem besteht beim Hantieren mit solchen Geräten absolutes Rauchverbot.

Die Behandlung des Gastes, also die Höflichkeit, mit der man ihm entgegenkommt, und die Umgangsformen, die er in einem gastronomischen Betrieb erfährt, sind die Visitenkarte des Hauses.
Die Gäste erwarten von einem gut geschulten Bedienungspersonal gute Umgangsformen, wie sie im allgemeinen in den gebildeten Kreisen unserer Gesellschaft üblich sind.
Der Merkspruch des Servierpersonals lautet daher: Jeder Gast darf achtungsvolles und aufmerksames Entgegenkommen verlangen!
Unter guten Umgangsformen versteht man ein korrektes Benehmen, ohne aufdringlich zu wirken, Taktgefühl, Diskretion, Ruhe sowie das Respektieren von Eigentümlichkeiten, Gewohnheiten und Wünschen des Gastes, ohne ein unterwürfiges Verhalten haben zu müssen.

RESERVIERUNG

Hat ein Gast in einem Betrieb einen Tisch reservieren lassen, ist der Platz bis mindestens eine halbe Stunde nach Ablauf der reservierten Zeit freizuhalten.
Bei der Reservierung sind folgende Punkte zu beachten:
Fragen Sie nach dem Namen des Gastes. Bei telefonischer Reservierung notieren Sie auch die Telefonnummer.
Bei Hausgästen (im Hotel) fragen Sie nach dem Namen und der Zimmernummer.
Notieren Sie die Personenanzahl.
Notieren Sie die Uhrzeit der Reservierung.
Fragen Sie den Gast nach besonderen Wünschen, z. B., wo er sitzen will, welche Tisch- oder Tafelform gewünscht wird.
Vermerken Sie, ob Einzelrechnungen oder eine Gesamtrechnung erwünscht ist. Es kostet Zeit und Ärger, wenn bereits ausgestellte und gebuchte Rechnungen storniert und neu geschrieben werden müssen.
Schon bei der Reservierung ist es vorteilhaft, wenn ein Betrieb eine **Gästekartei** angelegt hat.
Sie gibt dem Servierpersonal die nötigen Informationen über die speziellen Wünsche der Gäste, wie z. B. bevorzugte Tische und Tischdekoration, bevorzugte Speisen und Getränke sowie Zahlungsart, aber auch Informationen über bestimmte persönliche Daten (Geburtstag, Hochzeitstag etc.)
Darüber hinaus liefert sie der Betriebsführung wertvolle Daten für statistische Zwecke, nämlich zur Berechnung der Besucherfrequenz oder des Speisen- und Getränkeangebotes.
Beabsichtigt der Betrieb kulinarische Festwochen oder -tage zu veranstalten, kann ebenfalls aus der Gästekartei die richtige Zielgruppe entnommen werden.
Zur Erstellung einer Gästekartei werden die Daten aus den Visit- und Kreditkarten, aus Fragebögen, die im Betrieb aufliegen, sowie in Hotels und Pensionen aus den Meldezetteln entnommen.
Diese Aufzeichnungen sollten durch die in persönlichen Gesprächen oder Beobachtungen des Betriebspersonals gewonnenen Informationen ergänzt werden.

BEGRÜSSUNG DES GASTES

Die Begrüßung ist der erste Kontakt zwischen dem Gast und dem Servierpersonal. Schon dieses erste Zusammentreffen, die ersten Gesten können ein guter oder schlechter Anfang für das Verkaufsgespräch sein. Daher ist die Begrüßung besonders wichtig.
Gehen Sie dem eintretenden Gast entgegen, und grüßen Sie als erster.
Grüßen Sie höflich und der Tageszeit entsprechend. Sehen Sie dem eintretenden Gast beim Gruß ins Gesicht.
Machen Sie keine Unterschiede, und geben Sie dem Gast zu erkennen, daß er willkommen ist.
Seien Sie dem Gast beim Ablegen der Überkleider behilflich.
Reden Sie ihn mit dem Titel und dem Namen an, wenn Sie ihn kennen. Achten Sie auf die richtige Aussprache des Namens.
Der Titel steht immer vor dem Namen, z. B. guten Morgen, Frau Dr. Mayer; guten Abend, Herr Professor Steinweger.

Richtige Anrede für die wichtigsten Amtsträger:
Bundespräsident: Herr Bundespräsident
Bundeskanzler: Herr Bundeskanzler
Minister: Herr Minister
Botschafter: Eure Exzellenz oder heute: Herr Botschafter
Rektor einer Universität: Eure Magnifizenz oder: Herr Rektor
Kardinal: Eure Eminenz oder Herr Kardinal
Erzbischof: Eure Erzbischöfliche Gnaden oder Herr Erzbischof
Bischof: Exzellenz oder Herr Bischof
Abt: Euer Gnaden oder Herr Abt
Katholischer Pfarrer: Hochwürden oder Herr Pfarrer
Vikar: Herr Vikar
Pastor: Herr Pastor
Rabbiner: Herr Rabbiner

PLAZIERUNG DES GASTES

Nach der Begrüßung fragt man den Gast, ob ein Tisch reserviert worden ist. Ist das nicht der Fall, bietet man ihm, wenn möglich, mehrere Tische zur Auswahl an.
Hat der Gast einen Tisch gewählt oder ist ein Tisch reserviert, werden er und seine Gäste vom Kellner dorthin geleitet.
Fragen Sie, ob der Platz auch angenehm ist, und seien Sie beim

Platznehmen behilflich. Die Sessel werden so weit von den Tischen weggezogen, daß die Gäste leicht zu den Tischen gehen können. Anschließend schiebt man ihnen die Sessel bei der Lehne vorsichtig hinzu.
Wenn abends Kerzen auf dem Tisch stehen, zünden Sie sie an. Die Reservierungsschilder sind zu entfernen.

VERKAUFSGESPRÄCH

Weltbekannte Firmen schicken ihr Verkaufspersonal heute in bestimmten Zeitabständen zu Verkaufsschulungen. Dort lernt es die Waren genau kennen und erfährt, wie man sie richtig anbietet.
Denn nicht jeder, der gut serviert und bedient, ist auch ein guter Verkäufer. Der Erfolg eines Betriebes und auch der Verdienst des Servierpersonals hängen aber weitgehend vom guten Verkauf ab.
Einem Kellner, der neben guten Fachkenntnissen auch ein geschultes Verkaufstalent besitzt, steht die Welt offen.
Über drei Punkte sollte man sich schon vor dem Verkaufsgespräch im klaren sein.

a) Welche Speisen und Getränke will oder soll ich heute verkaufen?
Dazu benötigt man genaue Kenntnisse der zu verkaufenden Produkte, ihrer Zubereitung, der passenden Beilagen, der Garnituren und der zu den Speisen passenden Getränke.
Alle diese Informationen erhält das Servierpersonal beim täglichen **Service meeting.** Es sollte aber auch selbst von der Güte der Produkte überzeugt sein, um richtig auftreten zu können.

b) Welchem Gästetyp soll ich die Produkte verkaufen?
Die Argumentation ist darauf abzustimmen, ob es ein Stammgast, ein Hotelgast, ein Gruppengast, ein Inländer oder ein Ausländer ist.

c) Mit welcher Verkaufstechnik soll ich die Produkte verkaufen?
Unter Verkaufstechnik versteht man die Methoden, mit denen man einem Gast Speisen und Getränke in einer befriedigenden Weise anbietet, erklärt und verkauft. Voraussetzungen dafür sind ordentliche Menü-, Speisen- und Getränkekarten, die Persönlichkeit und das Auftreten des Kellners sowie Umgangssprache, Wortschatz und Sprachkenntnisse (vor allem Englisch und Französisch).

Beim Verkaufsgespräch muß der Kellner auf jeden Fall Gleichgültigkeit, Überheblichkeit, Aufdringlichkeit, Nachlässigkeit, Arroganz, Schlampigkeit und das Belehren des Gastes vermeiden.

AUFNAHME DER BESTELLUNG

Ausgestattet mit allen Informationen, die er braucht, wird der Kellner, sobald die Gäste plaziert sind, nach ihren Wünschen fragen, zuerst nach dem **Aperitif.** Der Kellner wendet sich an den Gastgeber, der seine Gäste nach ihren Wünschen fragt und meistens für alle bestellt.

In der Zwischenzeit werden frisches Gebäck und Butter (je nach Art des Betriebes) eingestellt.
Danach reicht man den Gästen die Speisenkarte und eventuell die geöffnete Spezialitätenkarte, zuerst den Damen und dann den Herren, zum Schluß dem Gastgeber.
Haben die Gäste gewählt, wird die Bestellung entgegengenommen und boniert (siehe Seite 144ff). Der Kellner muß sich für das Servieren merken, welche Person welche Speisen bestellt hat.
Nun werden die Speisenkarten mitgenommen. Dadurch wird verhindert, daß die Gäste von einem anderen Kellner oder Oberkellner, der helfen möchte, nochmals nach ihren Wünschen gefragt werden.
Erst nach der Aufnahme der Speisenbestellung wird dem Gastgeber die geöffnete Getränke- oder Weinkarte gegeben.
Hat er gewählt, wird die Getränkebestellung aufgenommen und boniert.
Nun werden die Aperitifgläser abserviert, und man beginnt mit dem Service.

SERVICE

Man beginnt mit dem Getränkeservice, erst dann werden die Speisen serviert, und zwar die einzelnen Gänge allen Gästen, die diesen Gang bestellt haben, gleichzeitig.
Nach dem Essen wird abserviert, die Tische werden gereinigt (mit Tischbesen und Schaufel oder Serviette). Erst jetzt werden die Dessertkarten gereicht. Die Dessertbestellung wird aufgenommen, boniert, und der Kellner fragt, welches Getränk zum Dessert serviert werden darf (Getränkekarte). Nun werden auch die Menagen entfernt, wenn zum Nachtisch kein Käse bestellt wurde.
Dann deckt man für das Dessert ein, serviert die Getränke und dann die Desserts.
Nach dem Abservieren wird wiederum der Tisch gereinigt. Der Kellner fragt, ob Kaffee gewünscht wird und welcher **Digestif** serviert werden darf.

REKLAMATIONEN

Reklamationen kommen manchmal vor und sollten stets zur Zufriedenheit des Konsumenten, also des Gastes, bereinigt werden. Dazu benötigt man viel Einfühlungsvermögen und eine hohe Belastbarkeit.
In dieser Situation sollte man vermeiden, dem ohnehin erregten und zornigen Gast ins Wort zu fallen, ihm zu erklären, er kenne sich nicht aus, den Geschmackssinn des Gastes in Frage zu stellen, ihn mitleidig zu belächeln, ihn vor anderen Gästen bloßzustellen oder ihn gar anzuschreien.
Reklamationen müssen immer sachlich und ruhig aufgenommen werden.
Entschuldigen Sie sich höflich, und versuchen Sie den reklamierenden Gast zu beruhigen.
Reklamationsgespräche sollten nach Möglichkeit nicht vor den übrigen Gästen geführt werden.
Es gehört zum guten Service und ist im Sinn des Betriebes, wenn

berechtigte Reklamationen und Beschwerden ruhig, rasch und vor allem großzügig erledigt werden.

INKASSO UND VERABSCHIEDUNG

Die Rechnung wird dem Gast auf einem sogenannten **Cashtray** (kleines Silbertablett) im **Check-cover** (kleine Mappe, in die die Rechnung gelegt wird) oder auf einem Teller, in eine Stoffserviette eingeschlagen, übergeben, damit seine Gäste den Betrag nicht sehen können.

Es besteht seit 1. 1. 1982 eine allgemeine Belegerteilungspflicht (Rechnungslegungspflicht) (siehe Seite 146ff).

Hat der Gast bezahlt und sein Retourgeld erhalten, entfernt sich der Kellner diskret. Er behält den Tisch jedoch im Auge, um beim Aufstehen der Gäste behilflich sein zu können.

Stammgästen wird in guten Häusern nach der Rechnungslegung auf Kosten des Hauses gerne eine kleine Aufmerksamkeit gegeben.

So kann man den Herren einen Digestif anbieten, den Damen zum Beispiel eine Blume überreichen.

Fragen Sie bei der Verabschiedung den Gast, ob alles in Ordnung gewesen ist.

Helfen Sie beim Ankleiden, indem Sie den Mantel der Dame dem Herrn geben. Er hilft der Dame, der Kellner hilft nur dem Herrn. Sind mehrere Damen, dann kann auch der Kellner beim Ankleiden behilflich sein.

Fragen Sie höflich, ob Hüte, Regenschirme etc. nicht liegengelassen wurden.

Verabschieden Sie sich mit dem Wunsch, ihn und seine Gäste bald wieder willkommen heißen zu dürfen.

INVENTAR UND SERVIERGEGENSTÄNDE

Neben der Qualifikation des Servierpersonals, der Organisation (einschließlich der Unfallverhütung) und den erstklassigen Umgangsformen ist es vor allem die Einrichtung bzw. das Vorhandensein aller nötigen Arbeitsgeräte und Serviergegenstände, das einen ruhigen und reibungslosen Arbeitsablauf ermöglicht.
Beim Inventar ist vor allem notwendig, daß alle Gegenstände in der ausreichenden Anzahl vorhanden sind.
Außerdem muß das gesamte Inventar aufeinander abgestimmt werden, d. h., für die Tische muß man die passenden Tischtücher haben, Gläser, Porzellan und Besteck sollten im Stil zusammenpassen und zum Interieur (zur Einrichtung) des Betriebes passen. Auch muß berücksichtigt werden, welche Veranstaltungen stattfinden. Große Bankette im gehobenen Rahmen verlangen eine andere Ausstattung als die Bedienung von Reisegesellschaften.
Darüber hinaus ist beim Kauf aller Serviergegenstände darauf zu achten, daß sie jederzeit ergänzt werden können. Dafür sind in großen Betrieben eigene Abteilungen verantwortlich (Purchasing department).
Schließlich wird man sich die Gestaltung und den Aufbau der Menü-, Speisen- und Getränkekarten überlegen. Abhängig vom Betriebstyp werden sie unterschiedlich aufwendig gemacht sein. Es gilt jedoch der Grundsatz, daß die Karten übersichtlich gegliedert und in genügender Anzahl vorhanden sein müssen.

TISCHE UND SESSEL

Die Beschaffenheit der Tische und Sessel ist immer vom Raum abhängig.
Grundsätzlich ist beim Stellen der Tische zu beachten, daß der Gast nicht mit der Blickrichtung zu einer Wand oder in eine Ecke zum Sitzen kommt. Außerdem sollte er nicht zum Office oder zu einem Abstellraum sehen. Leider läßt sich das nicht immer vermeiden, es handelt sich hierbei um Idealvorstellungen.
Der Gast sollte nach Möglichkeit mit Blick auf eine Fensterfront oder einen attraktiven Punkt im Raum selbst sitzen.

Beim Aufstellen der Tische und Sessel ist besonders darauf zu achten, daß genügend Platz zwischen den Tischreihen bleibt, damit der Gast in keiner Weise gestört oder belästigt wird. Auch für das Servierpersonal ist genügend Platz die Voraussetzung dafür, daß es nicht beim Arbeiten behindert ist.
Ebenso muß den Verordnungen der Bau- und Feuerpolizei entsprochen werden, d. h., daß im Ernstfall ein Fluchtweg bleibt. Größere Tische und Tafeln sollten außerdem unter einer Lichtquelle stehen, und die Tischreihen und die Sessel müssen exakt ausgerichtet sein (siehe Seite 120). Die ganze Einrichtung muß ein einheitliches und harmonisches Bild ergeben (gleiche Abstände, gerade Linien usw.).

Platzbedarf pro Gast bei Tisch

Man rechnet pro Gast mit einem Bedarf von ca. 70 bis 80 cm in der Breite und 35 bis 40 cm in Richtung Tischmitte.
Im Idealfall wäre daher ein Tisch von 80 x 80 cm zum Essen für zwei Personen geeignet. Die Tischhöhe soll etwa 72 cm betragen, die Sitzhöhe des Sessels 46 cm.

Platzbedarf der Tische in einem Raum

Gerade gestellte Vierertische (meist etwa 1 m x 1 m im Ausmaß) benötigen im Idealfall 2,50 m x 2,50 m = 6,25 m^2. Pro Gast wird also ein Platz von 1,56 m^2 gerechnet.

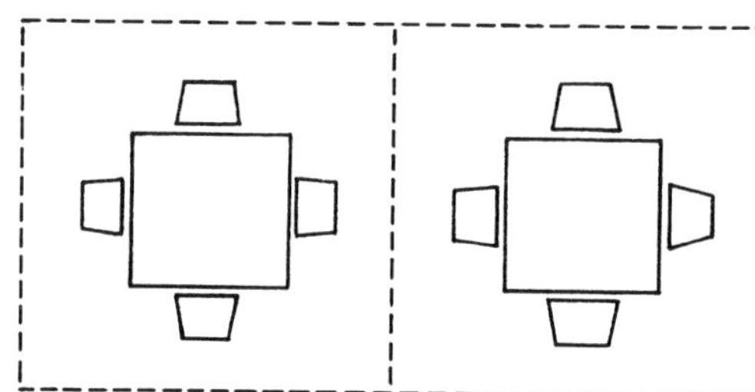

Stellt man die Tische diagonal, kann viel Platz eingespart werden. Für einen Tisch benötigt man etwa 2 m x 2 m = 4 m^2, also pro Gast 1 m^2.

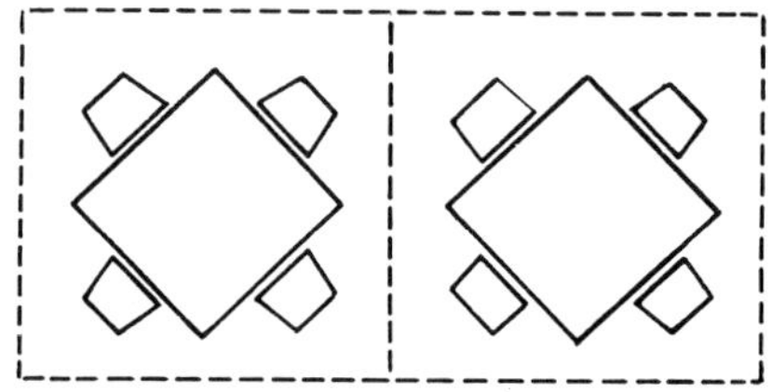

Runde Tische für 4 Personen haben einen Durchmesser von ungefähr 90 cm, für 6 Personen 110 cm.

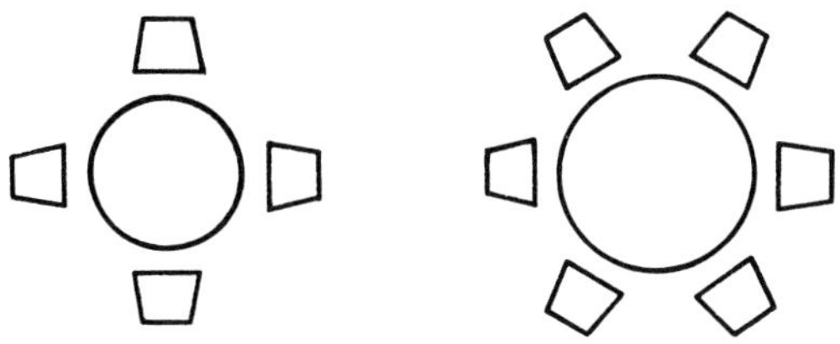

Rechteckige Tische für 4 Personen sollten ein Ausmaß von 70—80 cm x 140—160 cm haben.

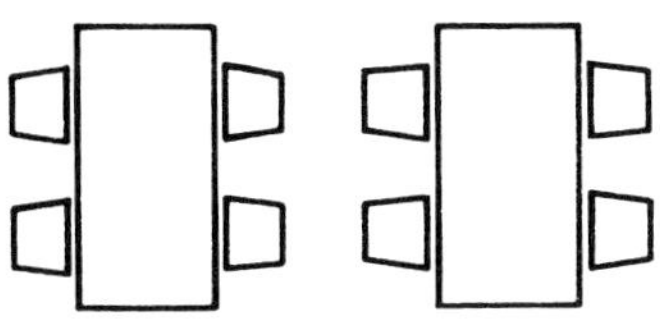

TISCH- UND TAFELWÄSCHE

Die Tisch- und Tafelwäsche ist je nach Betrieb unterschiedlich, da sie mit der übrigen Ausstattung harmonieren und eine Ergänzung und Vervollkommnung des Gesamtbildes ergeben sollte. Es ist auch eine Frage der finanziellen Möglichkeiten eines Betriebes, ob Leinen, Halbleinen, Baumwolle, Kunstseide, Seide oder Rohseide bzw. Damast (in sich gemustert) für die Tisch- und Tafelwäsche verwendet wird.

Der Unterschied zwischen Tisch- und Tafelwäsche liegt darin, daß von der Stoffqualität und der Ausführung her die Tischwäsche einfacher ist, weil sie für den täglichen Gebrauch bestimmt ist. Die Tafelwäsche hingegen ist für festliche Anlässe (Bankette usw.) bestimmt und daher edler im Material und besser in der Ausführung.

Im folgenden werden die wichtigsten Wäschestücke eines gastgewerblichen Betriebes aufgezählt und beschrieben. Die angegebenen Größen sind Durchschnittsgrößen.

Tischauflagen oder Moltons aus Filz oder Kunststoff („molletons") gibt es in quadratischen, rechteckigen und runden Formen. Sie werden aufgelegt, um ein Rutschen des Tischtuches zu verhindern, um Lärm zu dämmen und verschüttete Flüssigkeiten aufzusaugen.

Tischtücher („nappes") sind 1,20 bis 3 Meter lang. Runde Tischtücher sind mit einem Durchmesser von 1,20 bis 2,60 Meter im Handel. Sie werden bei allen Mahlzeiten des Tages aufgedeckt.

Deckservietten („napperons") sind immer quadratisch (90 x 90 oder 120 x 120 Zentimeter). Man benützt sie, um nicht mehr einwandfreie Tischtücher zu bedecken bzw. diese zu schützen.

Tafeltücher sind 3 bis 10 Meter lang. Sie sollten nicht länger als 10 Meter sein, da das Waschen und Bügeln sonst sehr umständlich ist. Runde Tafeltücher haben einen Durchmesser von 1,50 bis 2,40 Meter. Sie finden bei Bankettveranstaltungen zum Decken der Festtafeln Verwendung.

Konferenztücher sind Tücher aus grünem Filz, die es in quadratischen, rechteckigen und runden Formen gibt. Bei Konferenzen, Tagungen, Seminaren und Work-shops werden sie gerne verwendet.

Tischläufer sind sehr lang (3 bis 10 Meter) und schmal (40 bis 100 Zentimeter) und dienen als Dekorationselement in der Mitte einer Tafel.

Sets sind meist rechteckig (60 x 35 oder 60 x 40 Zentimeter) und werden gerne auf Intarsientische und rustikale Tische aufgelegt. Ebenso finden sie auf Frühstückstischen und im Kaffeehaus Verwendung.

Mundservietten („serviettes") sind immer quadratisch, mit Größen von 50 x 50 oder 60 x 60 Zentimeter. Sie sind für die Gäste bestimmt oder werden gebrochen und als Tisch- und Tafeldekor (siehe Seite 40ff und 125ff) sowie als Dekor für Platten verwendet. Darüber hinaus benötigt man sie zum Anrichten bestimmter Speisen, wie zum Beispiel Spargel, Backhühner, Fritots.

Frühstücks-, Jausen- oder Teeservietten sind ebenfalls quadratisch, jedoch kleiner als Mundservietten. Die 30 x 30 oder 40 x 40 Zentimeter großen Servietten werden beim Frühstück und bei der Jause aufgedeckt.

Buffettücher sind 2,50 bis 8 Meter lang und werden auf Buffet- und Displaytischen (Schautischen) aufgelegt.

Buffetschürzen sind in glatte Falten geraffte Tücher von 2,50 bis 8 Meter Länge. Sie werden ebenfalls bei Buffet- und Displaytischen verwendet.

Serviertücher („serviettes à service") sind 60 x 50 Zentimeter große Tücher für das Servierpersonal.

Weinservietten („serviettes de vin") benötigt man für das Flaschenweinservice. Sie sind 50 x 30 Zentimeter groß.

Guéridontücher in den Größen 120 x 100 Zentimeter und 150 x 120 Zentimeter werden für Servier- und Anstelltische verwendet.

Plateautücher gibt es in rechteckigen und runden Formen, abgestimmt auf die Größe der Plateaus. Sie werden aufgelegt, um das Rutschen von Gläsern und Tellern zu verhindern.

Gläserpoliertücher sind durchschnittlich 60 x 40 Zentimeter groß.

Geschirrtücher gibt es hauptsächlich in den Größen 50 x 50 und 60 x 60 Zentimeter.

Farbe der Tisch- und Tafelwäsche

Tischwäsche ist meistens weiß, es gibt sie aber auch in Pastellfarben wie Gelb, Blau, Grün, Beige, Hellbraun. Sie kann uni (einfärbig), bestickt oder in sich gemustert sein — der Art des Betriebes entsprechend. Viele Betriebe nehmen für die verschiedenen Mahlzeiten unterschiedlich gefärbte Tischwäsche, z. B. für Frühstück, Mittagessen, Jause in Pastelltönen, für das Abendessen in Weiß, für das Terrassen- und Gartenservice in Pastellfarben (Sonnenlicht wird von bunter Tischwäsche nicht so stark reflektiert wie von weißer).

Tafelwäsche ist in der Regel weiß, weil es am vornehmsten ist. Sie wird für alle Arten von Veranstaltungen (Taufe, Hochzeit, Jubiläum usw.) verwendet.

Wäschetausch

Da die Tisch- und Tafelwäsche einen wesentlichen Kostenfaktor in einem Betrieb darstellt, ist auf die fachmännische Pflege, Aufbewahrung, Behandlung und Verwendung größter Wert zu legen.
In großen Betrieben haben meistens die Abteilungen, die die Wäsche verwenden, einen eigenen Wäschestand und sind für ihn voll verantwortlich. Die schmutzigen Wäschestücke werden gegen dieselbe Anzahl frische Wäsche getauscht. Daher muß immer gleich viel Wäsche ausgegeben sein.
Beim Wäschetausch ist besonders darauf zu achten, daß keine nasse oder feuchte Wäsche in die Schmutzwäschelade kommt, da sie rasch zu schimmeln beginnt und sogenannte Stockflecken auftreten. Die Wäsche wird dadurch unbrauchbar. Die Schmutzwäsche sollte in der Schmutzwäschekiste oder -lade nur kurz aufbewahrt werden.
Die Wäschekiste muß luftdurchlässig, also mit Luftlöchern versehen sein.
Die Tisch- und Tafeltücher werden dreieckig zusammengelegt und in der Schmutzwäschekiste nach der Größe geordnet und gestapelt, während Mundservietten, Serviertücher, Weinservietten, Gläser- und Plateautücher jeweils zu 10 Stück gebündelt werden.
Die Schmutzwäsche wird in das **Wäschetauschbuch** eingetragen, erst dann wird die frische Wäsche ausgegeben.

Fachmännische Lagerung und Aufbewahrung der Wäsche

Tischtücher, Tafeltücher und Mundservietten sind nach dem Stärken und Bügeln auf dieselbe Art zusammenzulegen:

Zusammenlegen von Tischtüchern

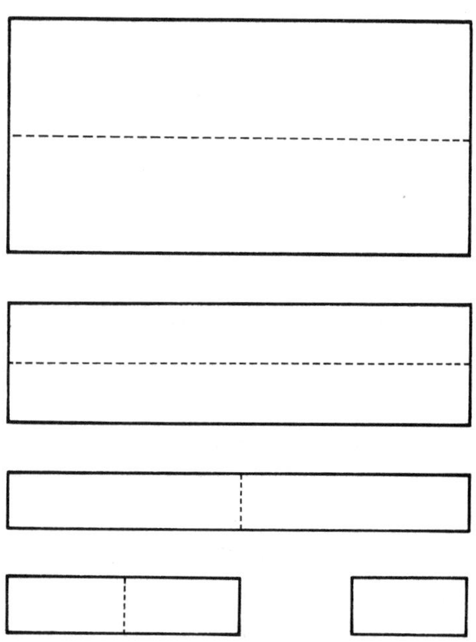

Zusammenlegen von Mundservietten

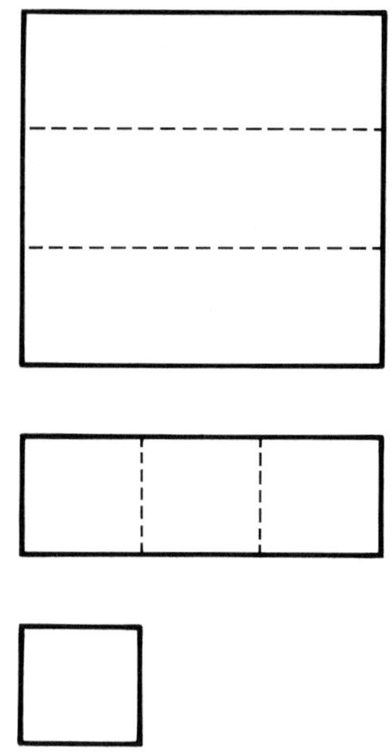

Man kann sie nachher Bug auf Bug stapeln. Die Wäsche soll dann in ebenfalls luftdurchlässigen Wäschekästen roulierend gelagert werden, d. h., die frisch gewaschenen Wäschestücke werden nicht auf den Stapel im Kasten gelegt, sondern darunter, sodaß die gleichmäßige Verwendung und Abnutzung der Wäsche gewährleistet ist. Beschädigte Tisch- und Tafelwäsche muß aussortiert und repariert werden.

PORZELLAN- ODER STEINGUTGESCHIRR

Qualität, Ausführung und Dekor des Porzellan- oder Steingutgeschirrs hängen von der Betriebsart ab.
Nach der Qualität unterscheidet man Steingut- und Porzellangeschirr (Weich-, Hartporzellan).
Bunte Farben und Motive können als Unterglasurdekor oder Aufglasurdekor angebracht sein. Unterglasurdekor ist geschützter und daher haltbarer (spülmaschinenfest).
Ausgesucht wird das Porzellangeschirr nach folgenden Gesichtspunkten:

In Kleinbetrieben sind die wichtigsten Kriterien Robustheit, Haltbarkeit und Zweckmäßigkeit (d. h. Stapelbarkeit, geringer Platzbedarf usw.). Außerdem muß das Geschirr zu den im Betrieb angebotenen Speisen passen. Meist ist es aus hochwertigem Steingut oder billigem Porzellan. Man beschränkt sich im allgemeinen auf die wichtigsten Grundformen wie Suppen-, Fleisch- und Dessertteller.

In Mittelbetrieben muß die Qualität des Porzellans schon wesentlich höheren Ansprüchen genügen, bei der Auswahl stehen aber wieder Haltbarkeit und Zweckmäßigkeit im Vordergrund.

Neben den wichtigsten Grundformen werden auch Bouillontassen, Brotteller u. a. verwendet.

In Groß- und Luxusbetrieben wird das Porzellangeschirr auf die Ausstattung des Betriebes und auf die angebotenen Speisen abgestimmt, die über dem Durchschnitt liegen.
Diese Betriebstypen inspirieren die Porzellanerzeuger immer wieder zu neuen Kreationen, z. B. unkonventionellen Formen (achteckig), Spezialsuppentassen, Obsttellern usw. Die Exklusivität dieser Häuser wird dadurch unterstrichen.

In den folgenden Tabellen ist das heute in der Gastronomie übliche Porzellangeschirr dargestellt und erklärt.

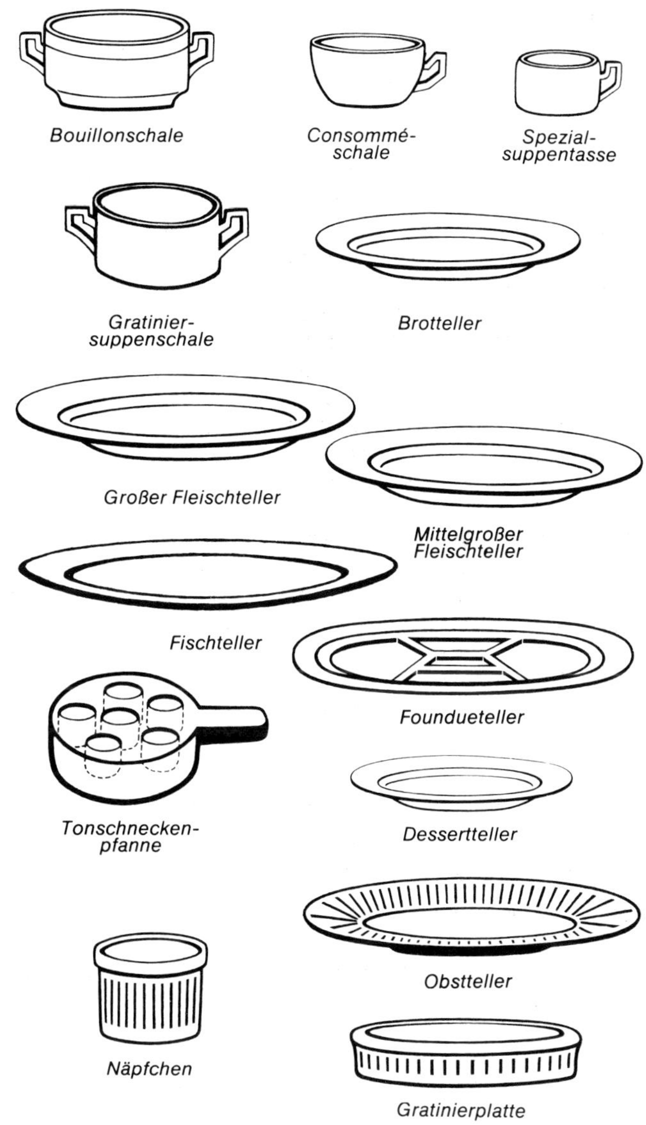

Kaffeekanne, für Kaffee

Teekanne, ausschließlich für Tee, sollte im Ausguß integriert ein Sieb haben

Aufgußkanne, für Aufgußwasser zu Tee

Milchkanne, für heiße oder kalte Milch, Kakao, Schokolade, Ovomaltine, evtl. für Schlag- oder Kaffeeobers beim Frühstückstisch

Oberskännchen, für Schlag- oder Kaffeeobers

Eierbecher, für weichgekochte Eier in der Schale

Kaffeeuntertasse („soucoupe à café ou thé"), für Doppelmokkaschalen, Kaffeeschalen, Teeschalen, Schokoladeschalen

Mokkauntertasse („soucoupe à moka"), für Mokkatassen, Spezialsuppentassen

Teeschale (größte Schale), ausschließlich für Tee

Kaffeeschale (Melangeschale, „tasse à café"), für Wiener Melange und Frühstücksgetränke wie Kaffee, Tee oder Kakao

Doppelmokkaschale („tasse à café"), für Doppelmokka, Verlängerten

Mokkaschale („demi-tasse"), für kleinen Mokka, für Spezialsuppen, wenn keine Spezialsuppentassen vorhanden sind

Rüdesheimer Set, nur für Rüdesheimer Kaffee

Suppenteller („assiette à potage"), für Creme- und Püreesuppen, Suppentöpfe, Pot-au-feu, für Muscheln (z. B. Moules marinées) und Spaghetti

Suppenuntertasse („soucoupe à potage"), für Bouillonschalen und Consommétassen

Bouillonschale („bol à bouillon"), für Bouillon mit Ei, Rindsuppen mit kräftigen Einlagen, Püree- und Cremesuppen, gratinierte Suppen (Garbure) und gekühlt für kalte Suppen (wie Gazpacho, Vichysoise)

Consomméschale („tasse à consommé"), für Consommé double, Consommé en gelee, Kraftsuppen mit feinen, nicht fettenden Einlagen, legierte oder gebundene Spezialsuppen und gekühlt für kalte Suppen (wie Gazpacho, Vichysoise)

Spezialsuppentasse („tasse à soupe speciale"), für Essenzen (z. B. Trüffelessenz, Fasanenessenz), klare Spezialsuppen (z. B. Schildkrötensuppe) und für Beeftea

Gratiniersuppenschale aus Ton („bol à potage gratiné"), für gratinierte Suppen, französische Zwiebelsuppe

Brotteller („assiette à pain") für Brot bei Kuvert- und Festgedeck

Großer Fleischteller („assiette à viande"), als Stand-, Platz- oder Grundteller, für Horsd'œuvres, als Unterteller bei Suppen und Suppentöpfen, die in Suppentellern serviert werden, als Unterteller für Spaghetti, die im Suppenteller serviert werden, für Hauptgerichte der Nouvelle cuisine und für Grillgerichte

Fleischteller, für kalte oder warme Vorspeisen und Desserts der Nouvelle cuisine, für warme Vorspeisen, Hauptgerichte, warme Süßspeisen mit Saucen und für kalte Aufschnitte, die auf dem Teller angerichtet werden

Fischteller („assiette à poisson"), für portionierte Fische und ganze Fische

Fondueteller, für Fondues (z. B. Fondue bourguignonne) und für Garnituren und Salate

Tonschneckenpfanne („caquelon à escargots"), nur für Schnecken, wenn sie ohne Gehäuse serviert werden

Dessertteller („assiette à dessert"), für das Frühstücksgedeck, kleine kalte Vorspeisen, als Unterteller beim Suppenservice „en tasse", für Desserts, Obst und Käse

Obstteller („assiette à fruits"), für Früchte und Beeren, aber auch für Sorbets

Näpfchen („cocotte"), für Eier, kleine Ragouts, Gemüseflans, Soufflés

Gratinierplatte („plat russe"), zum Gratinieren von Teigwarengerichten, für Austern und Seeigel, wenn keine „plat à fruits de mer" vorhanden ist, für Fischgerichte mit viel Sauce, gratinierte Fische, aber auch für Süßspeisen, wie Salzburger Nockerln, Aufläufe, Topfenpalatschinken, Topfenknödel

BESTECK

Besteck wird heute in allen möglichen Formen und verschiedenen Materialien angeboten.
In der Gastronomie gilt auch hier wie bei der Tischwäsche und beim Porzellan, daß die Ausführung und der Formenreichtum des Besteckes der Klassifizierung und Ausstattung des Betriebes entsprechen müssen.

Einfache Betriebe werden sich mit den Grundformen an Besteck, wie Fleischmesser, Fleischgabel, Suppenlöffel, Dessertmesser, Dessertgabel, Dessertlöffel, Kaffee- und Mokkalöffel, begnügen.
Meist wird Besteck aus Chromnickelstahl oder Chromstahl verwendet.

Mittelbetriebe, die ein größeres Speisenangebot haben, werden auch weitere Besteckformen anschaffen.
Neben den Grundformen kommen Spezialbestecke, wie Fischmesser, Fischgabel, Schneckenzange, Schneckengabel, Obstmesser, Obstgabel, dazu. In solchen Betrieben werden häufig versilberte Edelstahlbestecke verwendet.

In **Groß- und Luxusbetrieben** ist meist alles, was der Markt an Bestecken anbietet, vorhanden, wobei sich ihr Material und Dessin von denen der Bestecke der einfachen und der Mittelbetriebe gänzlich unterscheiden. Die Palette reicht von schwer versilberten Bestecken bis zu Goldbestecken. Sogar Einzelanfertigungen kommen vor.

GRUNDFORMEN VON ESSBESTECK

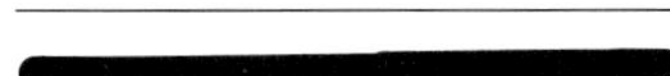

Fleischmesser, großes Messer („couteau à viande")
mit der Fleischgabel für alle Speisen, die auf großen, warmen Fleischtellern als warme Vorspeisen oder als Hauptspeisen (Ausnahme: Fischgerichte) serviert werden
mit der Fleischgabel für Suppentöpfe

Fleischgabel, große Gabel („fourchette à viande")
mit dem Fleischmesser für alle Speisen, die auf großen, warmen

Fleischtellern als warme Vor- oder Hauptspeisen serviert werden
mit dem Suppenlöffel als Vorleger und für Spaghetti, die im Suppenteller serviert werden
mit dem Fleischmesser für Suppentöpfe

Suppenlöffel, großer Löffel („cuillère à potage")
für Creme- und Püreesuppen, die im Suppenteller serviert werden
mit der Fleischgabel für Spaghetti, die im Suppenteller serviert werden

Dessertmesser, kleines Messer („couteau à dessert")
als Buttermesser beim Frühstücks- und Kuvertgedeck
in Verbindung mit der Dessertgabel für die meisten kalten Vorspeisen
in Verbindung mit der Dessertgabel für Käse und Obst
für Kaviar, wenn kein Kaviarmesser vorhanden ist

Dessertgabel, kleine Gabel („fourchette à dessert")
als Buttergabel beim Frühstücks- und Kuvertgedeck
mit dem Dessertmesser für die meisten kalten Vorspeisen
mit dem Kaffeelöffel für Vorspeisencocktails
mit dem Dessertmesser für Käse und Obst
mit dem Dessertlöffel für Süßspeisen, Teigwarengerichte und feine Ragouts

Dessertlöffel, kleiner Löffel („cuillère à dessert")
für Suppen, die in der Bouillonschale oder Consommétasse serviert werden, wenn kein Bouillon- oder Consommélöffel vorhanden ist
als Saucenlöffel für Gerichte der Nouvelle cuisine
mit der Dessertgabel für Süßspeisen, Teigwarengerichte und feine Ragouts

Kaffeelöffel („cuillère à café")
für das Frühstücksgedeck
für Kaffee, Tee und Kakao-(Schokolade-)Getränke, die in der Kaffee-, Doppelmokka- oder Schokoladeschale oder im Teeglas serviert werden
für Marmelade oder Honig, wenn sie offen angeboten werden
für Spezialsuppen und Essenzen in Spezialtassen mit feiner Einlage
als Saucenlöffel für Gerichte der Nouvelle cuisine
für feingehackte Gewürze und Beilagen
für Desserts wie Cremes im Glas
für Eis und Eisdesserts, wenn kein Eislöffel vorhanden ist
mit der Dessert- oder Kuchengabel für Vorspeisencocktails
mit der Austern- oder evtl. Schneckengabel für Vorspeisencocktails aus Meeresfrüchten im Glas

Mokkalöffel („cuillère à moka")
für Mokka in der Mokkatasse
für Spezialsuppen und Essenzen in Spezialsuppentassen
für kleine Muscheln in der Schale

Spezialessbestecke

Fischmesser („couteau à poisson")
mit der Fischgabel für leicht zerteilbare Fischgerichte (Ausnahmen: geräucherter Lachs, graved Lachs, marinierte Heringe, Matjesheringe, geräucherter oder marinierter Aal)
mit der Fischgabel für Gerichte aus Schal- und Krustentieren

Fischgabel („fourchette à poisson")
mit dem Fischmesser für leicht zerteilbare Fischgerichte
mit dem Fischmesser für Gerichte aus Schal- und Krustentieren

Gourmetlöffel
für alle Gerichte in Saucen, speziell bei Speisen der Nouvelle cuisine
kann auch anstelle des Fischmessers benützt werden

Austerngabel („fourchette à huître")
für frische Austern Natur (siehe Spezialgedecke)
mit einem Kaffeelöffel für Vorspeisencocktails aus Meeresfrüchten im Glas

Kaviarmesser („couteau à caviar")
zum Auflegen des Kaviars auf Toast oder Blinis (siehe Spezialgedecke)

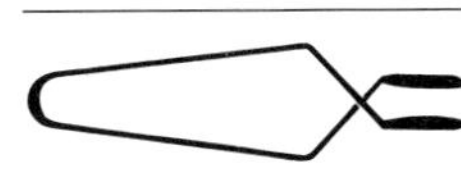

Schneckenzange („pince à escargots")
für Schnecken, die im Gehäuse serviert werden, zum Halten des Schneckenhauses (siehe Spezialgedecke)

Schneckengabel
für Schnecken, mit oder ohne Gehäuse serviert
evtl. mit einem Kaffeelöffel für Vorspeisencocktails im Glas (siehe Spezialgedecke)

Mise-en-place-Tisch ▶

Spargelgriff („pince à l'asperge")
für frischen, warmen Stangenspargel (siehe Spezialgedecke)

Buttermesser
für das Frühstücksgedeck
für das Kuvert- oder Festgedeck
evtl. für Kaviar, wenn kein Kaviarmesser vorhanden ist

Eierlöffel („cuillère à l'œuf")
für Frühstückseier in der Schale oder im Glas, sollte aus Knochen oder aus Hartplastik sein, auf keinen Fall versilbert oder aus Silber

Bouillonlöffel
für Suppen, die in Bouillonschalen serviert werden

Consommélöffel
für Suppen, die in Consommétassen serviert werden

Steakmesser
für alle Steakarten wie T-bone-, Porterhouse-, Filetsteak, Entrecote usw.

Eislöffel („cuillère à glace")
für Eis und Eisgerichte

Kuchengabel („fourchette à gateau")
für Jausengebäck, Kuchen und Torten
als Buttergabel
in Verbindung mit einem Kaffeelöffel für Vorspeisencocktails im Glas

Obstmesser
mit der Obstgabel für alle Obstarten (Ausnahme: Nüsse)

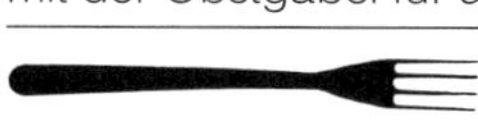

Obstgabel
mit dem Obstmesser für alle Obstarten

SPEZIALHILFSBESTECKE

Austernmesser, Austernbrecher
zum Öffnen frischer Austern

Hummerzange
zum Aufbrechen der Scheren und Gelenke bei Hummern, Langusten und Krabben (siehe Spezialgedecke)

Hummerpike, -spatel oder -gabel („fourchette à homard")
für Hummer, Langusten und Krabben (siehe Spezialgedecke)

Kaviarschaufel
zum Herausnehmen des Kaviars aus der Kaviardose (siehe Spezialgedecke)

Kaviarlöffel
zum Herausnehmen des Kaviars aus dem kleinen Glasbehälter soll aus Horn oder Elfenbein sein (siehe Spezialgedecke)

Krebsmesser („couteau à écrevisses")
mit der Krebsgabel ausschließlich zum Zerteilen von frischen Krebsen

Krebsgabel („fourchette à écrevisses")
mit dem Krebsmesser zum Zerteilen von frischen Krebsen, zum Essen

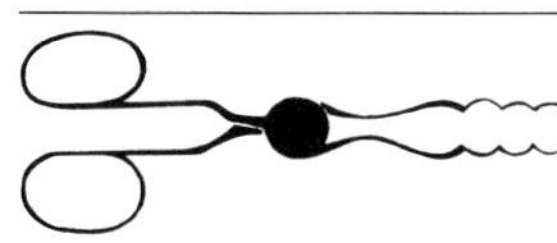

Spargelvorlegezange
zum Vorlegen und Anrichten von frischem Stangenspargel

Spargelheber
zum Vorlegen und Anrichten von frischem Stangenspargel

Fonduegabel („fourchette à fondue")
für Fleisch-, Käse- und Schokoladenfondues
für sogenannte Bouillis

MENUKARTE
GRAZ, Herrengasse 9
KLAMMERTH

Maiskolbenhalter
zum Halten heißer Maiskolbenstücke

Brotmesser („couteau à pain")
zum Schneiden von Brot

Suppenschöpflöffel, Suppenkelle
zum Ausschenken von Suppen aus der Suppenterrine in den Suppenteller, in die Suppenschale oder -tasse

Tranchiermesser
mit der Tranchiergabel zum Tranchieren von Braten und Grosses-pièces-Stücken

Tranchiergabel
mit dem Tranchiermesser zum Tranchieren von großen Braten und Grosses-pièces-Stücken

Tranchelard
zum Schneiden von Schinken (Bein-, Rohschinken)
zum Schneiden von Lachs- und Störseiten

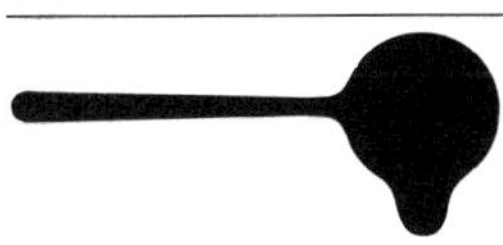

Saucenlöffel („cuillère à sauce")
zum Übergießen von Speisen auf dem Teller mit Sauce aus der Sauciere

Fischvorlegemesser
mit der Fischvorlegegabel zum Zerteilen und Anrichten von großen, ganzen Fischen

Fischvorlegegabel
mit dem Fischvorlegemesser zum Zerteilen und Anrichten von großen, ganzen Fischen

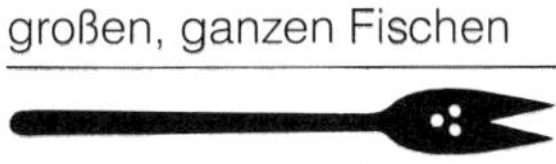

Sardinenheber, Sardinengabel
zum vorsichtigen Herausnehmen der Sardinen aus der Dose

Salatvorleger
zum Mischen von Salaten in der großen Salatschüssel
zum Anrichten von Salaten

Käsemesser
zum Schneiden und Portionieren von Käse am Brett

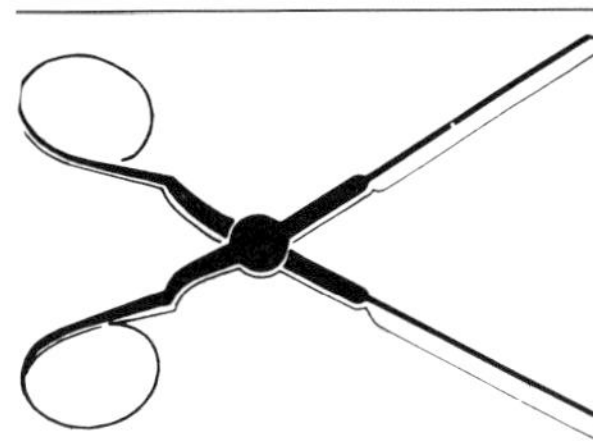

Gebäckzange
zum Anrichten von Plunderteiggebäck und Kuchen

Tortenheber, Tortenschaufel
zum Anrichten von Tortenstücken

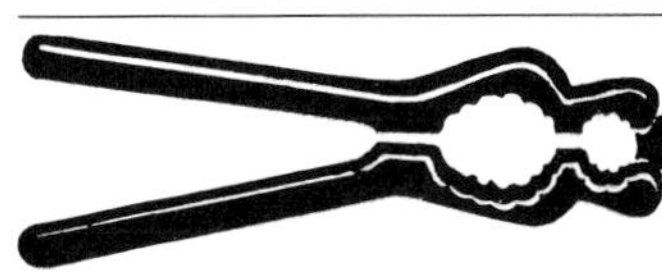

Nußknacker
zum Öffnen von Para-, Wal- und Haselnüssen sowie Bittermandeln

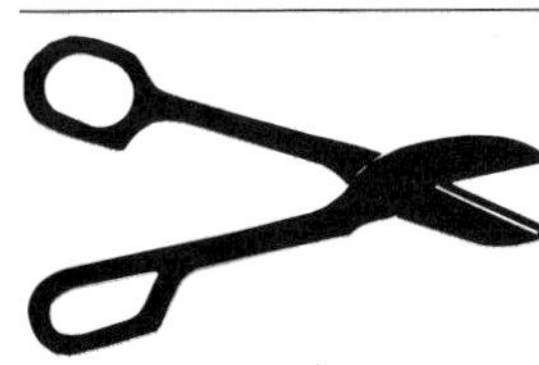

Traubenschere
zum Abschneiden einzelner Beeren von der ganzen Traube

Zuckerstreulöffel
für Staubzucker aus der Zuckerdose, heute kaum noch in Verwendung

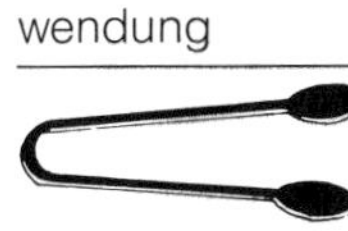

Zuckerzange („pince à sucre")
für offenen Würfelzucker aus der Zuckerdose

Grapefruitfiletiermesser
zum Filetieren von Grapefruits

Grapefruitlöffel
zum Ausstechen und Essen von Grapefruits

Besteckreinigung

Die Reinigung des Besteckes ist abhängig vom Material.

Bestecke aus Chromstahl können grundsätzlich händisch und in der Geschirrspülmaschine mit Wasser und einem milden Spülmittel gereinigt werden. Nur noch in kleinen Betrieben ist es üblich, dieses Besteck händisch zu reinigen.
Nach längerem Gebrauch wird es oft durch kalkhaltiges Wasser matt. Dann legt man das Besteck in unverdünnten Essig, spült es kalt und poliert es mit einem weichen Tuch.

Bestecke aus Chromnickelstahl werden ebenfalls händisch oder im Geschirrspüler gewaschen und sogleich nachpoliert.

Für **versilberte und Silberbestecke** gibt es in Groß- und Luxusbetrieben Silberreinigungs- und -poliermaschinen. Mittlere und kleinere Betriebe bedienen sich des sogenannten Silberbades mit Silberreinigungsplatte (oder evtl. Folie) und Sodalösung. Außerdem gibt es Silbertauchbäder (Silverking) und Silberpolierpasten oder -poliertücher zu kaufen. Früher gebrauchte Silberreinigungsmittel, die man auch heute noch im Notfall verwenden kann, sind Schlemmkreide, Spiritus und ein Korkstoppel. Silber muß nach der Reinigung gut mit klarem Wasser nachgespült werden, da der Geruch der Reinigungsmittel stark haftenbleibt.
Anschließend wird es mit einem weichen Tuch poliert.

Vergoldete und Goldbestecke werden nur in Seifenlauge gewaschen, gut mit heißem Wasser nachgespült und poliert.

GLÄSER

Es war schon in früherer Zeit ein Zeichen von besonderer Kultur, Getränke in formschönen Gläsern und Glasgefäßen zu kredenzen.
Heute gibt es eine riesige Auswahl an Gläsern im Handel, für jeden Geschmack und in jeder Preisklasse etwas.
Die Qualität eines Glases wird vom Grundmaterial, Klang, Lichtbrechungsvermögen, von der Form und der Wandstärke bestimmt.
Nach der **Qualität** des verwendeten Grundmaterials unterscheidet man einfache Gläser (Preßgläser), Kristallgläser sowie Bleikristallgläser.
Kristall- und Bleikristallgläser werden durch Gravuren, Schliffe und Ätzungen von Ornamenten, Monogrammen, Vignetten und Aufschriften veredelt.

Nach der **Form** werden die Gläser in die folgenden Arten eingeteilt.
Kelchgläser: Sie bestehen aus Fuß, Stiel und hohem Kelch.
Schalen: Sie bestehen aus Fuß, Stiel und flachem Kelch.
Becher: Sie haben keinen Fuß oder Stiel, dafür aber einen dicken Boden.
Fußbecher: Sie haben einen Fuß, jedoch keinen Stiel.
Diese Formen werden ständig weiterentwickelt.
Im Gastgewerbe werden in erster Linie Zweckgläser verwendet, streng nach dem Grundsatz: „Für jedes Getränk das passende Glas".

Nach dem **Verwendungszweck** teilt man die Gläser in verschiedene Gruppen ein.

Schankgläser sind einfache Zweckgläser aus Preßglas mit hoher Haltbarkeit, meist dickwandig, daher spülmaschinenfest und mit geschweißtem Rand. Schankgläser, die zum Ausschank von offenen Getränken verwendet werden, müssen geeicht sein. Gesetzliche Bestimmungen enthält das Maß- und Eichgesetz 1950 beziehungsweise die Schankgefäßverordnung (Bundesgesetzblatt 296/61) vom 2. Dezember 1961 (siehe Seite 110).

Tischgläser sind qualitativ hochwertiger, meist Kristallgläser in den Standardformen. Es gibt im allgemeinen nur Wasserbecher oder Allzweckgläser, Biergläser, Weiß- und Rotweingläser, Südweingläser und Sektschalen. Sie werden zu den normalen Mahlzeiten im Restaurant oder Hotel verwendet.

Tafelgläser sind wesentlich besser in der Qualität (Bleikristall), vielfältiger in den Formen, fein, elegant und immer mit Stiel. Tafelgläser werden für festliche Anlässe (Bankette usw.) verwendet.

Tisch- und Tafelgläser sind nicht geeicht.

Schließlich kann man die Gläser noch unterteilen nach dem **Getränk,** das man darin serviert.

Wassergläser gibt es als Schankgläser und auch als Tisch- und Tafelgläser, Gläser für offen ausgeschenkte Getränke müssen geeicht sein. Bei den Wassergläsern gibt es verschiedene Formen, nämlich Wasserbecher und Stielwassergläser.
Wassergläser werden in jedem Glas-Set angeboten. Sie passen dann in Form, Schliff und Ausführung zu den übrigen Gläsern.

Limonadengläser sind geeicht und werden für den Ausschank von offenen Limonaden verwendet.

Milchgläser werden nur für kalte und warme Milch und Milchmischgetränke verwendet.

Auch **Biergläser** gibt es als Schankglas für offenes Bier, Bier vom Faß und als Tisch- bzw. Tafelglas für Flaschenbier. Biergläser für Schankbier müssen geeicht sein.
Biergläser gibt es in vielen Formen, nämlich als Becher oder Stutzen, Pokal, Tulpe, Schwenker, Kelch, Stange, Schale (Berliner Molle) und als Henkelbierglas (in Österreich als Krügel bezeichnet) und als Bierkrug (aus Glas oder Steingut, mit oder ohne Deckel, in den verschiedensten Größen).
Verwendet werden Biergläser ausschließlich für Bier. Auf keinen

Fall dürfen fetthaltige Getränke, wie z. B. Milch, in Biergläsern serviert werden, da sonst der Schaum des Bieres (Krone) beim nächsten Bierservice rasch zusammenbricht und das Bier unansehnlich wird.

Weingläser gibt es ebenfalls für offenen Ausschank (müssen geeicht sein) und für Flaschenweine. Ursprünglich kannte man bei den Weingläsern zwei Formen.

Der **Weinpokal** ist ein kräftiges Glas mit starkem Fuß und Stiel. Es wird heute als Schankweinglas verwendet. In Deutschland heißt der Weinpokal auch Schoppenglas.
Das **Römerweinglas (Römer)** wurde ursprünglich „am Römer", dem Frankfurter Marktplatz, verkauft, daher auch der Name.

Heute unterscheidet man zwischen Rotweinglas und Weißweinglas.

Das **Rotweinglas** faßt mehr Inhalt als das Weißweinglas, weil Rotwein zu seiner Entfaltung viel Sauerstoff braucht und seine Vorzüge erst dann richtig zur Geltung bringen kann. Da er nicht gekühlt wird, kann er auch aus diesem Grund länger im Glas stehen bleiben.
Rotweingläser von durchschnittlicher Größe werden zu zwei Dritteln, große Ballongläser jedoch nur zu einem Drittel gefüllt.
Das **Weißweinglas** hat, wie bereits erwähnt, ein kleineres Fassungsvermögen als ein Rotweinglas, da Weißwein gekühlt serviert wird und der Wein daher nicht zu lange stehen darf.
Weißweingläser werden höchstens dreiviertelhoch gefüllt, ausgenommen geeichte Gläser.

Neben diesen Grundformen gibt es noch einige klassische Weinglasformen, die meist aus traditionellen Weinbaugebieten stammen und für die Weine dieser Gegend entwickelt wurden, z. B. das Burgunder-, Bordeaux-, Rhein-, Mosel-, Anjou-, Alsace- und Chiantiweinglas.

Champagner- oder Sektgläser unterscheiden sich nach der Form des Kelches. Es gibt Flöten, Kelche, Tulpen, Schalen und Becher.
Sektschalen werden von Champagner- und Sektkennern abgelehnt, weil der Champagner oder Sekt in diesem Glas zuviel Kohlensäure und Bukettstoffe verliert.

Bargläser: siehe Seite 137ff.

In den nachfolgenden Tabellen sind die heute in der Gastronomie verwendeten Gläser dargestellt und erklärt.

GEEICHTE GLÄSER

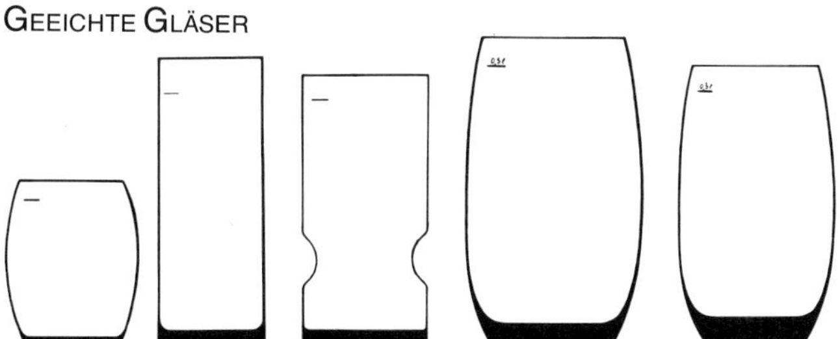

Wasserbecher · *Limonadenglas* · *Milchglas* · *Bierbecher oder -stutzen*

Bierpokal · *Biertulpe* · *Bierkelch* · *Bierstange*

Bierschwenker · *Bierschale*

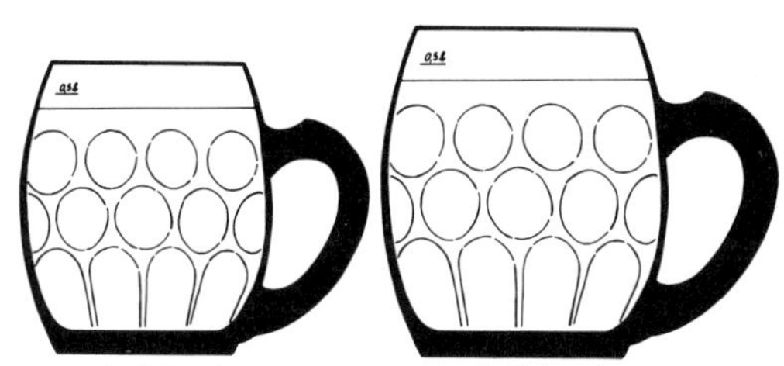

Henkelbierglas (Seidel) · *Henkelbierglas (Krügel)*

Maß · *Weinbecher* · *Weinstutzen*

VORAUSSETZUNGEN FÜR EIN GUTES SERVICE

INVENTAR UND SERVIERGEGENSTÄNDE

Wein-
henkelglas

Römerweingläser

Wasserbecher („verre à eau"), für Wasser, Tafel- und Mineralwasser, alkoholfreie Getränke

Limonadenglas, für Limonadenausschank aus Post- oder Premixanlagen

Milchglas („verre à lait"), nur für kalte oder warme Milch, Sauermilch, Buttermilch, Joghurt, Kefir, Milchmischgetränke

Bierbecher oder -stutzen („verre à bière"); für Ausschank von offenem Bier (0,3 und 0,5 l); für Flaschenbier (nur 0,3 l)

Bierpokal, für Schankbier (0,3 und 0,5 l) und Flaschenbier (nur 0,3 l)

Biertulpe, meistens für Flaschenbier

Bierkelch, für Schankbier, für Flaschenbier; vor allem für schwere Biersorten wie Bock, Märzen, Porter, Stout

Bierstange, für Weißbier (Weizenbier)

Bierschwenker, für Schankbier (0,3 und 0,5 l) und Flaschenbier (nur 0,3 l)

Bierschale (Berliner Molle), für Berliner Weißbier

Henkelbierglas (Seidel), für Schankbier

Henkelbierglas (Krügel), für Schankbier

Maß, für Bierausschank in bestimmten Bierlokalen (Biergärten, Bierstuben), bei uns nicht sehr verbreitet

Weinbecher (1/8 l), für Schankwein (Weiß-, Rosé-, Rotwein)

Weinstutzen (1/4 l), für Schankwein (Weiß-, Rosé-, Rotwein)

Weinhenkelglas (Heurigenglas) (1/8 l, 1/4 l), für Schankwein (Weiß-, Rosé-, Rotwein) beim Heurigen, in Buschenschenken und einfachen Gasthäusern

Römerweinglas (1/8 l, 1/4 l), für offene Weißweine mit besserer Qualität und höherem Preis (zur Unterscheidung von billigem Schankwein), für besondere Weißweine (z. B. Spezialität des Hauses); Trinkschale weiß, Stiel grün oder braun

NICHT GEEICHTE GLÄSER

Wasser-becher · Stiel-wasserglas · Bier-tulpe · Weißwein-glas 1 · Weißwein-glas 2

Weißwein-glas 3 · Roséwein-glas · Rotwein-glas · Goblet-glas

Sekt-schale · Champagner- od. Sektflöte · Champagner- od. Sektkelch

Süd- oder Dessertweinglas

Wasserbecher, für Wasser, Tafel- und Mineralwasser, alkoholfreie Getränke

Stielwasserglas, für Wasser, Tafel- und Mineralwasser, alkoholfreie Getränke, evtl. für Flaschenbier und sehr alte Rotweine

Biertulpe, für Flaschenbier

Weißweinglas 1 („verre à vin blanc"), für einfache Weißweine und Roséweine

Weißweinglas 2 für frische, junge, spritzige Weißweine

Weißweinglas 3 für gehaltvolle Weißweine wie Spät- und Auslesen

Roséweinglas („verre à vin rosé"), für alle frischen Roséweine

Rotweinglas („verre à vin rouge"), für einfache Rotweine

Gobletglas, als Degustationsglas bei der Weinverkostung

Sektschale („verre à vin mousseux"), für alle Schaumweine, aber auch für Vorspeisencocktails, Cremes und Gelees

Champagner- oder Sektflöte („verre à Champagne"), für Champagner und hochwertige Sekte

Champagner- oder Sektkelch, für Champagner und hochwertige Sekte

Süd- oder Dessertweinglas, für Sherry, Portwein, sonstige Dessert-, Süd- und Süßweine, für Beerenauslesen, Ausbruchweine, Trockenbeerenauslesen und Eisweine

Klassische Weinglasformen

Bordeaux-weißweinglas — *Burgunder-weißweinglas* — *Burgunder-rotweinglas* — *Bordeaux-rotweinglas*

Alsace-weinglas — *Anjou-weinglas* — *Chianti-becher*

Barolo-weinglas — *Rheinwein-glas* — *Moselwein-glas*

Bordeauxweißweinglas („verre à vin du Bordeaux blanc"), für Bordeauxweißweine (z. B. aus Graves, Sauternes, Entre-deux-mers)

Bordeauxrotweinglas („verre à vin du Bordeaux rouge"), für alle alten Bordeauxrotweine (z. B. aus Médoc, St. Émilion, Pomerol), aber auch für andere Rotweine

Burgunderweißweinglas („verre à vin du Bourgogne blanc"), für Burgunderweißweine (z. B. Chablis, Meursault)

Burgunderrotweinglas („verre à vin du Bourgogne rouge"), für alte, schwere Burgunderrotweine (z. B. Musigny), aber auch für andere Rotweine

Alsaceweinglas, für Weine aus dem Elsaß; hellgrüner Kelch

Anjouweinglas, für Weine aus dem Loiretal

Chiantibecher, für Chiantiweine; Becher- oder Fußbecherglas

Baroloweinglas, für Baroloweine (Rotweine aus Italien); apfelförmiger Kelch

Rheinweinglas, für Rheinweine; apfelförmiger Kelch mit überlangem, braun oder olivgrün gefärbtem Stiel, von der Originalflasche für Rheinwein übernommen

Moselweinglas (Trevirisglas), für Moselweine; geöffneter, zartgrün gefärbter Kelch, mittellanger Stiel oder apfelförmiger Kelch, ebenfalls zartgrün getönt; Moselweine haben in der Regel eine schwache Färbung, daher verwendet man getönte Gläser

Karaffen und Krüge

Wasser-/Weinkrügerl — *Wasser-/Weinkrug* — *Dekantier-krug*

VORAUSSETZUNGEN FÜR EIN GUTES SERVICE

INVENTAR UND SERVIERGEGENSTÄNDE

Bierkrug

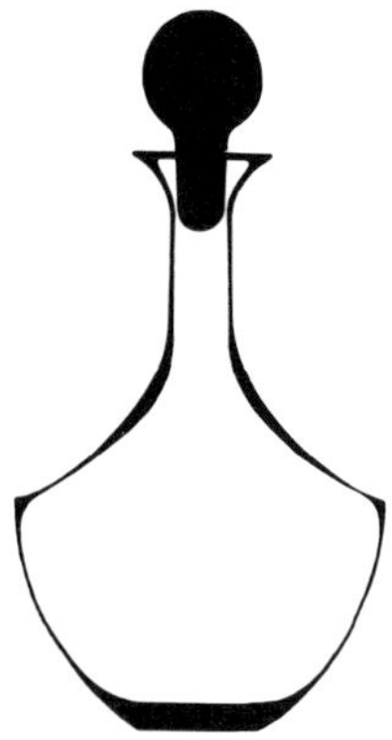

Dekantierkaraffe

Dekantierkaraffen

Wasser-, Weinkrügel; für Wasser, besonders Sodawasser und für offene Weine

Wasser-, Weinkrug („carafe à eau, à vin"), für Wasser, offene Weine

Dekantierkrug, zum Dekantieren von alten Rotweinen und von Portwein

Bierkrug; in Bierlokalen (Biergärten, Bierstuben), bei uns nicht sehr gebräuchlich; Nachteil: Durch das zweimalige Umleeren (in den Krug, dann in das Glas) geht sehr viel Kohlensäure und die kühle Frische verloren, das Bier schmeckt schal

Dekantierkaraffe („carafe à vin"), zum Dekantieren von alten Rotweinen mit Depot, zum Dekantieren von Portwein (besonders Jahrgangsport)

Gläserreinigung

Die Gläser werden mit Wasser und einem milden Spülmittel entweder händisch (in Kleinbetrieben) oder in der Geschirrspülmaschine gereinigt.

Egal, wie die Gläser gereinigt werden, sie müssen auf jeden Fall nachpoliert werden.
Verwenden Sie dazu ein eigenes, nicht faserndes Gläsertuch. Das Glas muß so gehalten werden, daß der Fuß nicht abgedreht wird.
Vorsicht ist bei zu nassen Gläsern geboten. Da beim Polieren mehr Kraft aufgewendet wird, ist die Gefahr des Zerbrechens größer.

SONSTIGE SERVIERGEGENSTÄNDE

Hierunter fallen die verschiedensten Gegenstände, die für ein gutes Service notwendig sind, von den Menagen bis zu den Warmhalteplatten. Dementsprechend unterschiedlich sind auch die Materialien, aus denen sie hergestellt sind. In der Hauptsache bestehen sie aber aus Metallen, wie Silber, Kupfer, Aluminium, sowie Holz und Glas.
In den nachfolgenden Tabellen sind die wichtigsten Serviergegenstände dargestellt und erklärt.

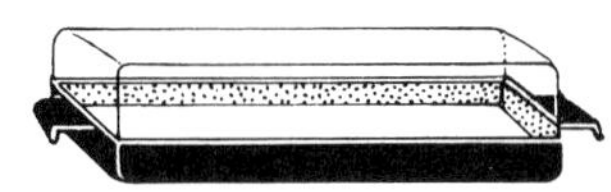

Butterschüssel

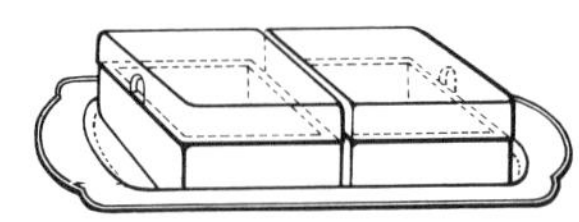

Marmeladeschüssel

Marmeladen- oder Honigtiegel

Honigspender

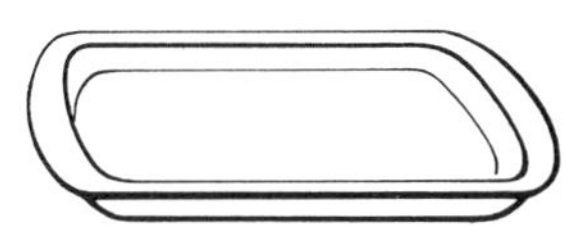

Brotschale

Zuckerschale

Thermoskanne

Salzstreuer

Pfefferstreuer

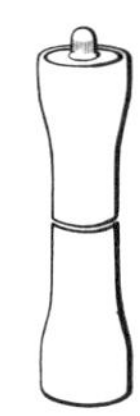

Pfeffermühle

Senfbehälter

Essig-Öl-Ständer

Menagenständer

Butterschüssel, für Butter

Marmeladeschüssel („bol à confiture"), für Marmeladen und Gelees

Marmeladen- oder Honigtiegel, für Marmeladen, Gelees und Honig

Honigspender, für Honig

Brotschale (Brotschüssel), für Brot und Gebäck

Zuckerschale (Zuckerschüssel), für Würfel-, Kristall-, Roh- und Kandiszucker

Thermoskanne, für alle Frühstücksgetränke beim Thermosfrühstück

Salzstreuer („salière"), zum Würzen bei Tisch

Pfefferstreuer („poivrier"), zum Würzen bei Tisch

Pfeffermühle („moulin à poivre"), in guten Betrieben statt des Pfefferstreuers in einer kleinen Größe auf dem Tisch, sonst auf Wunsch des Gastes eingestellt

Senfbehälter („pot à moutarde"), für Senf

Essig-Öl-Ständer („étagère à huile et vinaigrette"), für Essig und Öl, auf Verlangen des Gastes eingestellt

Menagenständer („menagère"), für Würzsaucen, Ketchup etc.

Käse-(Parmesan-)Behälter („bol de fromage"), für Reibkäse

Tischkerzenständer („chandelier pour table"), als Tischdekor, für das Rauchwarentablett, zum Dekantieren von Rotweinen

Aschenbecher, Ascher („cendrier"), für den Gästetisch

Zahnstocherbehälter („verre de cure-dents"), nur auf Verlangen des Gastes einstellen

Blumenvase („vase à fleurs"), als Tischdekor

Standaschenbecher, für Cocktailpartys, Empfänge

Fingerbowle („bol"), zum Abspülen der Finger, wenn mit ihnen gegessen wird

Suprême-Schale („bol suprême"), zum Servieren von eisgekühlten Speisen und Getränken, z. B. Frucht- und Gemüsesäften im Glas, kalten Suppen (z. B. Consommé en gelée, Consommé Madrilène, Gazpacho, Vichysoise), Kaviar im Glastiegel, Gänseleberterrine (in der Portionsterrine), eisgekühltem Wodka im kleinen Tumbler

Spindelkorkenzieher, ausnahmslos zum Öffnen von zu dekantierenden Weinen; die Spindel ermöglicht das behutsame Entfernen des Korkens (das Depot wird nicht aufgewühlt)

Dekantierkorb, zum Dekantieren von alten Weinen mit Depotablagerung (siehe Seite 112 ff); er darf nicht zu flach sein, da sonst der Wein beim Öffnen der Flasche überläuft

Käse-(Parmesan-) Behälter

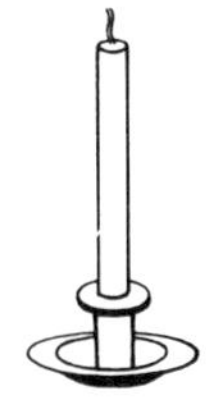

Tischkerzenständer

Aschenbecher, Ascher

Zahnstocherbehälter

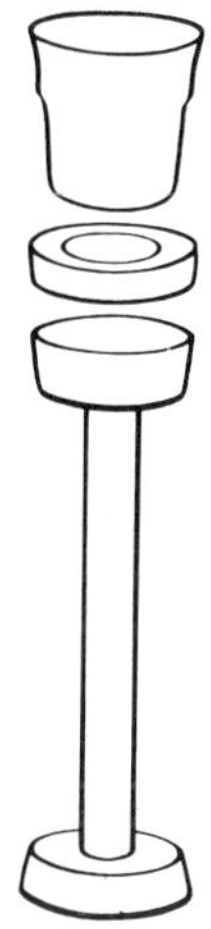

Standaschenbecher

Blumenvase

Fingerbowle

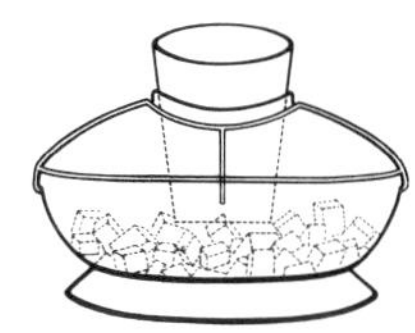

Suprême-Schale

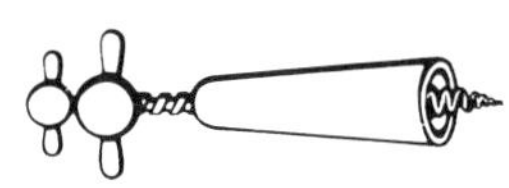

Spindelkorkenzieher

Dekantierkorb

Standteller

Suppenausgießschale

Suppenterrine

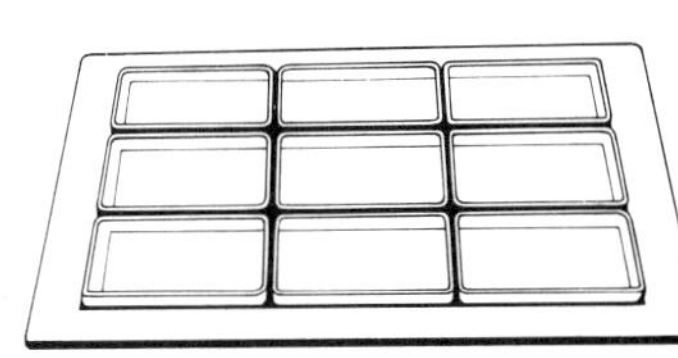

Vorspeisenplatten mit Raviers

VORAUSSETZUNGEN FÜR EIN GUTES SERVICE

INVENTAR UND SERVIERGEGENSTÄNDE

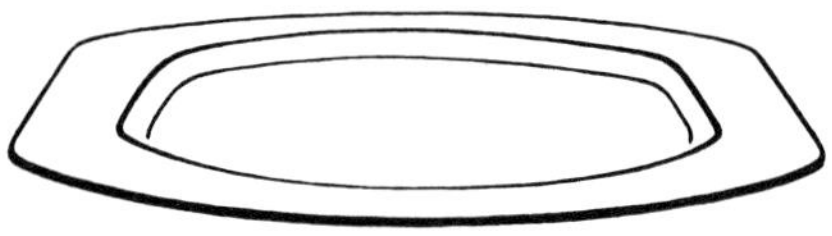
Fleischplatte

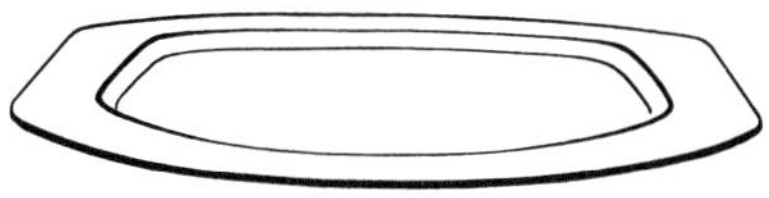
Fischplatte

Beilagenplatte

Saucen- und Butterwärmer

Timbale

Saucenschale

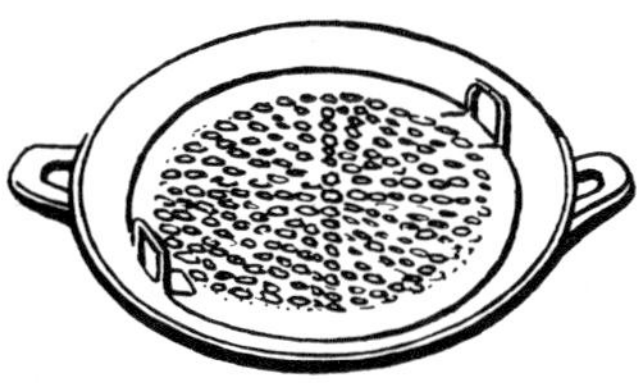
Austernplatte

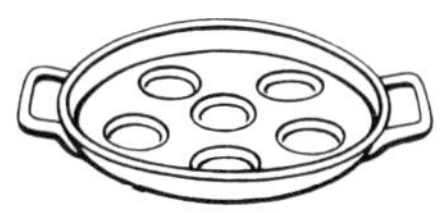
Schnecken-pfanne

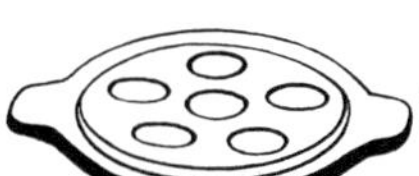
Schnecken-platte

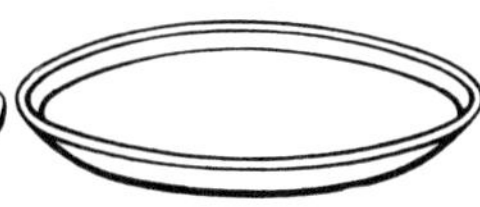
Große Glasplatte

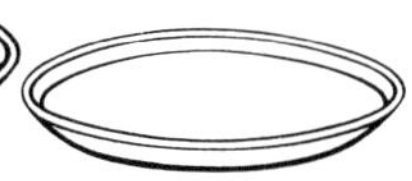
Kleine Glasplatte

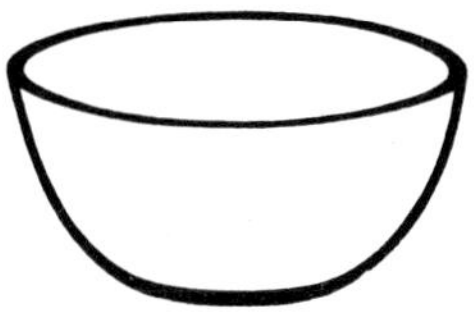
Große Salatschüssel

Kleine Salat-schüssel

Kompott-schüssel

Cassataschale

Eiskaffee-becher

Eiscoupe-becher

Standteller („assiette de table, de couvert"), Normgröße 30 cm Durchmesser, als Tischdekoration, als Grundteller, auf den die anderen Teller gestellt werden.

Suppenausgießschale („tasse à consommé"), für klare, heiße Bouillon mit Einlagen, Cremesuppen

Suppenterrine („terrine à potage"), für Suppenservice „en terrine", für Suppentöpfe, Pot-au-feu, Krebs „à la nage"

Vorspeisenplatten mit Raviers („plats à hors-d'œuvres aux raviers"), für Horsd'œuvres, zum Einstellen und Anrichten

Fleischplatte („plat à viande"), zum Anrichten von Entrée-Gerichten, Grosses-pièces-Stücken und Braten (Rôtis)

Fischplatte („plat à poisson"), nur für Fische, Schal- und Krustentiere

Beilagenplatte („légumier"), für Teigwaren, Gemüse

Saucen- und Butterwärmer („réchaud à sauce et à beurre"), zum Warmhalten von Saucen und Butter auf dem Gästetisch

Timbale („timbale"), für Ragoutgerichte, Gerichte mit viel Sauce, Gemüse, Teigwaren

Saucenschale („saucière"), für kalte und warme Saucen

Austernplatte („plat à huîtres"), zum Anrichten von Austern und anderen Meeresfrüchten

Schneckenpfanne („poêle à escargots"), für Schnecken im Gehäuse

Schneckenplatte („plat à escargots"), für Schnecken im Gehäuse

Große Glasplatte, für kalte Fleisch-, Fisch-, Gemüse- und Salatplatten

Kleine Glasplatte, z. B. für Beef tartar, für Salate als Beilage

Große Salatschüssel, zum Marinieren von Salaten und zum Aufstellen von Kompotten und Salaten bei Buffets

Kleine Salatschüssel, für Portionssalate

Kompottschüssel, für Portionssalate

Cassataschale, für Cassata-Eis, eine kleine Portion Eis und für kleine Eisdesserts

Eiskaffeebecher, für Eiskaffee

Eiscoupebecher, für Cassata-Eis, Eis und Eisdesserts

Eiscoupeschale, für Cassata-Eis, Eis und Eisdesserts, Fruchtsalate, Cremedesserts, Vorspeisencocktails

Eiereinschlagglas, für Eier im Glas, Fruchtsalate, Cremedesserts, Eisdesserts

Flaschenuntersatz („dessous de bouteille")

Plateau, zum Transportieren der Speisen aus der Küche in das Office

Serviertisch, Beistelltisch („guéridon"), zum Anrichten von Speisen vor dem Gast

Fleischwagen („voiture"), mit versenkbarem Kippdeckel, zum Warmhalten und Tranchieren von Grosses-pièces-Stücken, Braten und Bollito misto

Platten- und Tellerwärmer („réchaud, chauffe-plat, chauffe-assiette"), zum Tellerwarmhalten, zum Warmhalten von Speisen auf Platten

Elektrischer Platten- und Tellerwärmer („platemaster"), zum Tellerwarmhalten, zum Warmhalten von Speisen auf Platten

Wasserbadwanne („chafing-dish, bain-marie pour buffet"), für längeres Warmhalten von Speisen auf einem Buffet, für Ragoutgerichte

Wasserbadwanne („chafing-dish"), zum Warmhalten von Fleisch, Fisch und Gemüse

Fischwanne („poissonnière"), zum Garziehenlassen und Filetieren von Portionsfischen

Plattencloche („cloche pour plats"), zum Warmhalten von Speisen auf Platten

Tellercloche („cloche pour assiettes"), zum Warmhalten von Speisen auf Tellern

Flambier- und Servierwagen („chariot à flamber et à service"), zum Flambieren und Fertigstellen von Speisen beim Tisch des Gastes

Flambierrechaud („réchaud à flamber"), zum Flambieren und Fertigstellen von Speisen beim Tisch des Gastes

Ovale Flambierpfanne („poêle ovale à flamber"), für Fleisch-, Fisch-, Schal- und Krustentierflambés, für Obst- und Süßspeisenflambés

Rechteckige Flambierpfanne („poêle rectangulaire à flamber"), für Fleisch-, Fisch-, Schal- und Krustentierflambés, für Obst- und Süßspeisenflambés

Runde Flambierpfanne („poêle ronde à flamber"), für Fleisch-, Fisch-, Schal- und Krustentierflambés, für Obst- und Süßspeisenflambés

Fonduekarussell („fondue-carrousel"), für Fondue aus Fleisch, Fischen und Krustentieren sowie für Käsefondue (Käsefondue in feuerfester Tonpfanne)

Fonduegarnitur („set fondue"), Verwendung wie Fonduekarussell; besonders gut geeignet für Bouilli

Schokoladenfondue-Garnitur („set fondue Suchard"), für Schokoladenfondue

Fonduepfanne aus feuerfestem Ton („caquelon en terre"), für Käsefondues, Schokoladenfondues

Eiscoupeschale

Eiereinschlagglas

Flaschenuntersatz

Plateau

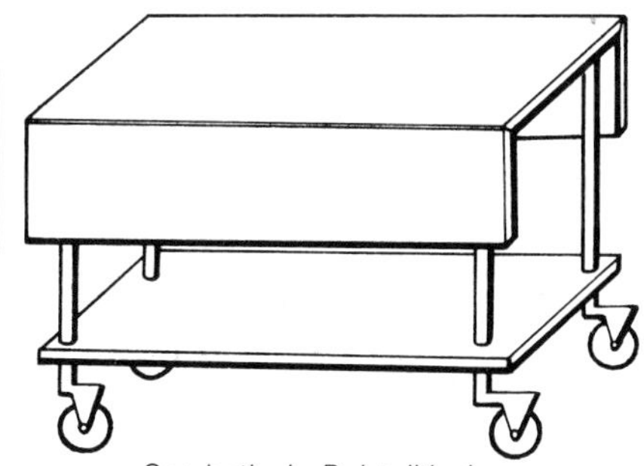
Serviertisch, Beistelltisch

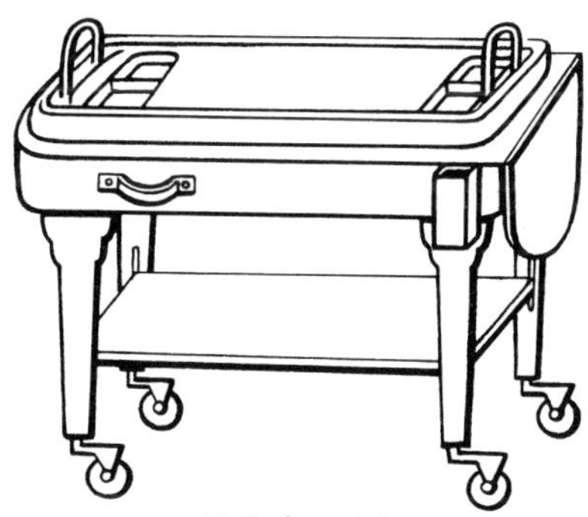
Fleischwagen

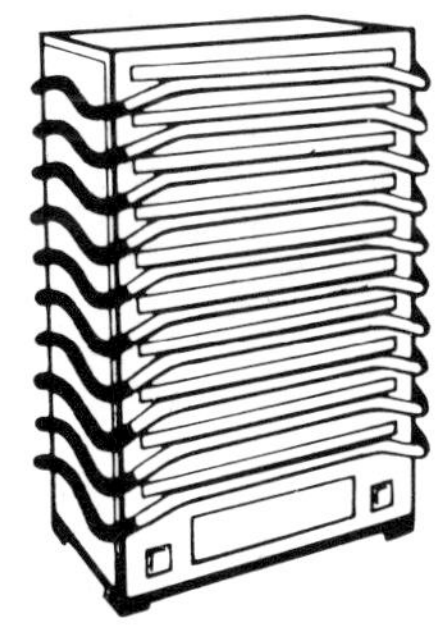
Platten- und Tellerwärmer

Wasserbadwanne

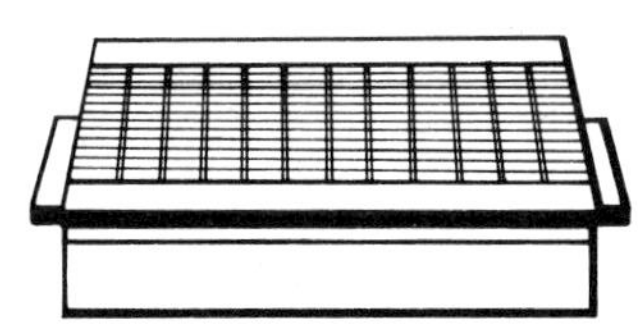
Elektrischer Platten- und Tellerwärmer

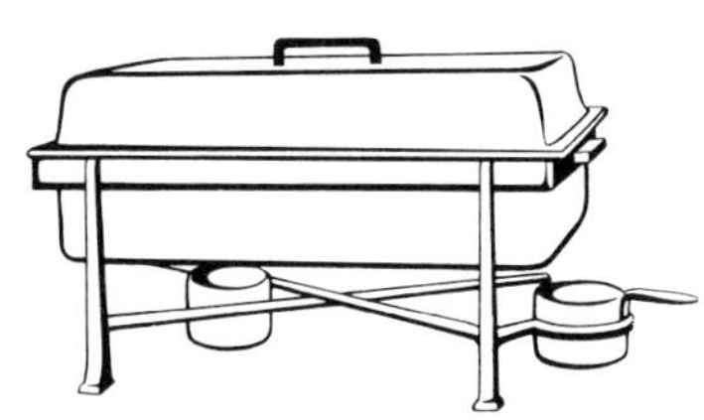
Wasserbadwanne

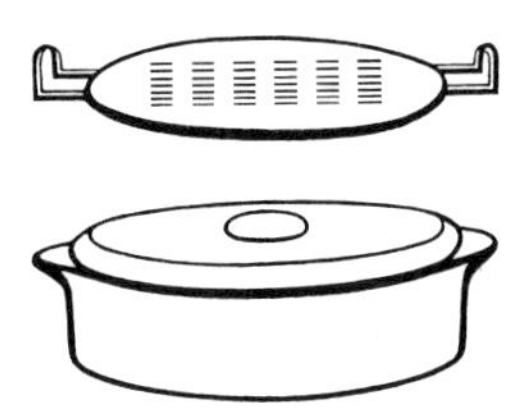
Fischwanne

VORAUSSETZUNGEN FÜR EIN GUTES SERVICE

INVENTAR UND SERVIERGEGENSTÄNDE

Plattencloche

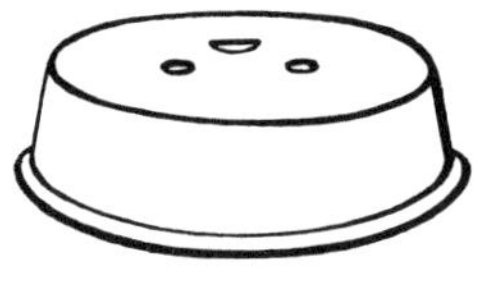

Tellercloche

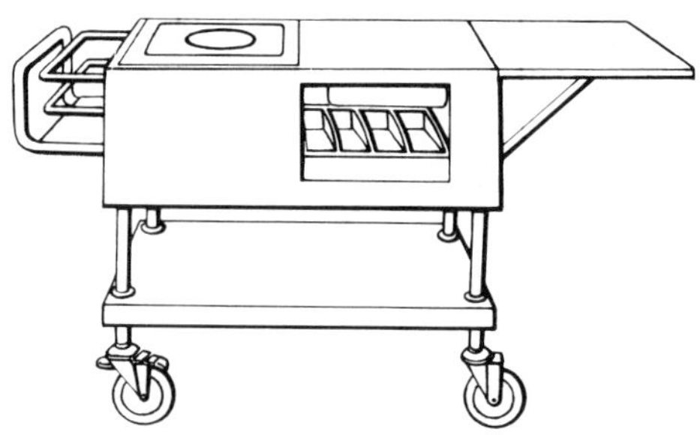

Flambier- und Servierwagen

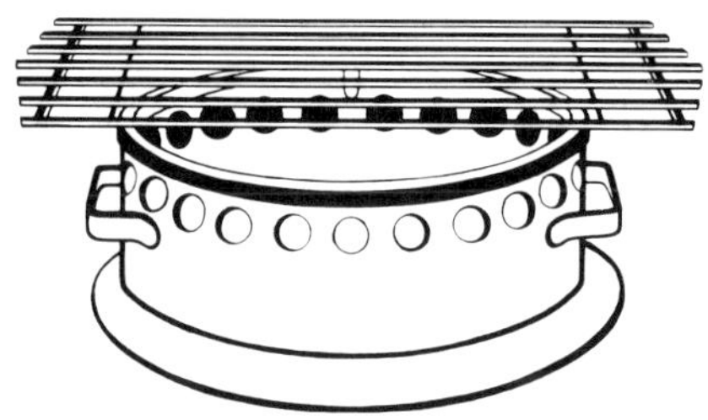

Flambierrechaud

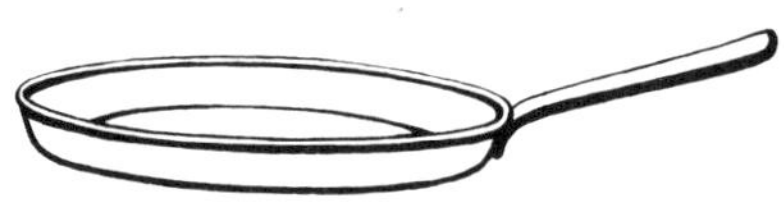

Ovale Flambierpfanne

Rechteckige Flambierpfanne

Runde Flambierpfanne

Fonduekarussell

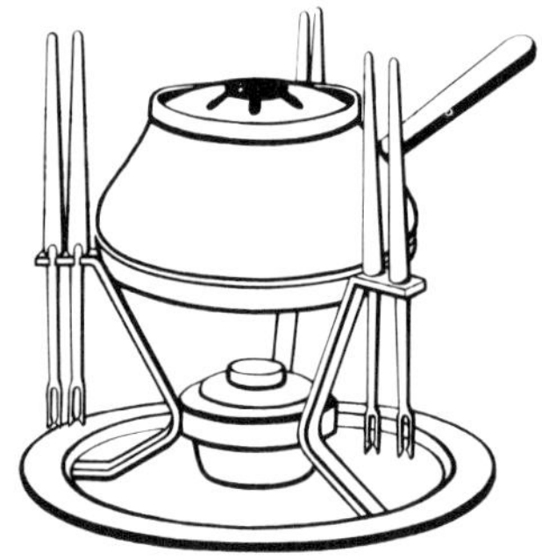

Fonduegarnitur

Schokoladenfondue-Garnitur

Fonduepfanne

SPEISEN- UND GETRÄNKEKARTEN

Zum notwendigen Inventar eines gastronomischen Betriebes gehören schließlich noch schön gestaltete Speisen- und Getränkekarten. Auch sie müssen von ihrem Aufbau und ihrer Verwendbarkeit auf den Betriebstyp abgestimmt sein.

Vergessen Sie nie, daß diese Karten die Visitkarte Ihres Hauses sind und den Gast durch ihre gutgelungene visuelle Aufbereitung zum Bestellen animieren können.

Es ist vor allem wichtig, daß Speisen- und Getränkekarten in genügender Anzahl vorhanden sind und daß abgegriffene Karten sofort durch neue zu ersetzen sind.

Speisen- und Getränkekarten sind gedruckte Verzeichnisse aller im Betrieb verkauften Speisen und Getränke. Heute ist es jedoch auch üblich, handgeschriebene Karten anzufertigen.

Nach dem **Verwendungszweck** teilt man die Karten in verschiedene Gruppen ein.

SPEISENKARTEN werden nach den gastronomischen Grundregeln gegliedert, und zwar in:

Kalte Vorspeisen (Vorspeisencocktails, Hauspasteten)

Suppen (kalte, warme Suppen, Cremesuppen, klare Suppen, Suppentöpfe, Spezialsuppen)

Warme Vorspeisen (Ragoutgerichte, Eier- und Teigwarengerichte)

Fischgerichte (Süßwasser-, Meeresfische)

Hauptgerichte (unterteilt in frisch zubereitete Speisen, fertige Speisen, Speisen vom Grill, Tagesspezialitäten, Hausspezialitäten)

Gemüse und Beilagen (Salate, Salatplatten, Rohkost)

Süßspeisen (kalte, warme Süßspeisen, Spezialitäten des Hauses)
Eis (Eisbecher, Eisspezialitäten)
Obst
Kompotte
Käse

Darüber hinaus können Sonderangebote (z. B. für Eilige, für Kinder, Diätkost, Vollwertkost) gesondert angeführt bzw. hervorgehoben werden.

Sonstige Vermerke:
Wird im Betrieb ein Kuvertpreis verrechnet, ist dieser anzugeben.
Ebenso der Hinweis „Inklusivpreise" (beinhalten 10,5 %, 12,5 % oder 15 % Bedienungsentgelt und 10 % Mehrwertsteuer).
Bei Verwendung einer elektronischen Kassa müssen die Speisen numeriert (kodiert) werden.

Darüber hinaus sollten **keine Vermengungen von deutschen, französischen und englischen Ausdrücken (Ausnahme gängige Begriffe, z. B. Bouillon, Soufflé, Beefsteak)** gemacht werden.

Speisenkarten gibt es als Standardkarte, Tageskarte, Mittags- und Abendkarte, Tagesspezialitätenkarte, Frühstückskarte, Spezialitätenkarte, Diätspeisenkarte, Kinderkarte, Kaffeehauskarte, kombinierte Karte.

MENÜKARTEN werden zu bestimmten Anlässen (Hochzeit, Promotion, Jubiläum etc.) angefertigt. Daneben gibt es auch Tages- und Wochen-Menükarten.
Sie müssen ebenfalls den gastronomischen Regeln entsprechen, d. h. den klassischen Menüaufbau berücksichtigen.
Menükarten bleiben immer auf den Tischen. Sie sind dazu bestimmt, von den Gästen als Erinnerung mitgenommen zu werden.

GETRÄNKEKARTEN findet man in Gaststätten, Diskotheken, Kaffeehäusern, aber auch in Hotels. Sie beinhalten alle Getränke, von den alkoholfreien über Biere, Weine, Schnäpse bis zu den heißen Getränken.
Sie werden gegliedert in:
Aperitifs (trockene Süd- und Dessertweine, Wermut, Bitters, Anisées, trockene Cocktails, Klare)
Weine (Aufbau vgl. Weinkarte)
Sekt, Schaumwein, Champagner
Bier
Alkoholfreie Getränke
Kaffee, Tee
Digestifs (Brände, Liköre)

Für Weine gibt es meist eine eigene Karte, die WEINKARTE.
Auf ihr ist es wichtig, daß eine Trennung zwischen offenen Weinen und Flaschenweinen, zwischen Weiß- und Rotweinen, Dessert- und Schaumweinen und Champagner sowie in- und ausländischen Weinen klar ersichtlich ist.

Darüber hinaus sollen die Weine nach Alter, Sortenqualität und Körper gruppiert sein. Eine kurze und prägnante Charakterisierung des Weines ist vorteilhaft.
Weinkarten werden gegliedert in:
Offene Weine (offene österreichische Weiß-, Rosé- und Rotweine; offene französische Weiß-, Rosé- und Rotweine etc.)
Flaschenweine (österreichische Flaschenweine; österreichische Flaschenweine weiß, nach Weinbauregionen und -gebieten aufgeteilt; österreichische Flaschenweine rosé und rot, nach Weinbauregionen und -gebieten aufgeteilt; französische Flaschenweine, weiß, rosé, rot etc.)
Österreichischer Schaumwein oder Champagner

DAS SERVICE

VORBEREITUNGSARBEITEN

Bevor ein Gast ein Lokal betritt, gibt es eine ganze Reihe an Vorbereitungsarbeiten, die die notwendige Voraussetzung für einen reibungslosen Ablauf des Service sind.

MISE EN PLACE

Unter Mise en place versteht man alle für das Service notwendigen Gebrauchsgegenstände und Materialien; man kontrolliert, ob sie in bestem Zustand sind, und stellt sie in einer günstigen Position bereit.
Die Mise-en-place- oder Vorbereitungsarbeiten hängen von der Mahlzeit oder Veranstaltung ab. Die Mise en place für ein Frühstück hat andere Schwerpunkte als die für ein Festessen.

Mise-en-place-Arbeiten im Office

Ein Teil der Mise-en-place-Arbeiten wird im Office erledigt.
Dazu gehören der Wäschetausch (siehe Seite 20), das Reinigen aller Serviergegenstände, das Reinigen und Auffüllen der Menagen (Salz, Pfeffer, Essig, Öl, Senf, Ketchup usw.) sowie das Vorbereiten und Bereitstellen der Gegenstände, die für die Mahlzeit oder die Veranstaltung benötigt werden.

Mise-en-place-Arbeiten im Speisesaal

Dazu gehört das **Herrichten der Grund-Mise-en-place** auf dem Mise-en-place-Tisch (Servicetisch) oder Sideboard. Ein Sideboard ist ein für das Service konstruiertes, fest montiertes oder fahrbares Möbelstück, der Servicetisch hingegen ist ein Tisch in geeigneter Größe.
Folgende Gegenstände werden auf dem Mise-en-place-Tisch hergerichtet:

An **Tischwäsche** benötigt man einige Tischtücher, Mundservietten und Deckservietten.
Teller: Brotteller, Suppenuntertassen, Fleischteller und Dessertteller werden hergerichtet.
An **Bestecken** legt man sich große und kleine Bestecke (Messer, Gabel, Löffel), Fischbestecke, Kaffeelöffel, Mokkalöffel sowie einige Vorleger bereit.

Die **Menagen,** wie Salz- und Pfefferstreuer, Pfeffermühlen, Zuckerstreuer für Kristall- und Staubzucker, Essig, Öl, Menagenständer mit Ketchup, Senf, Worcestershiresauce, Tabascosauce und Parmesan, gehören ebenso zur Grund-Mise-en-place.
Sonstiges: Speisen- und Getränkeplateaus, Rechauds und Platemasters, Tischbesen und -schaufel, Bierwärmer, Papierservietten, Trinkhalme, Zahnstocher, Serviertücher, Speisen- und Getränkekarten, Bon- und Schreibblocks, Aschenbecher.

Der Zweck eines Mise-en-place-Tisches ist, daß man keine langen Wege zurücklegen muß, um diese Gegenstände aus dem Office zu holen.
Gut ausgestattete Betriebe haben auf jeder Station ein Sideboard, so hat man mehr Zeit für das Service beim Gast.

Nach dem Herrichten der Grund-Mise-en-place werden die **Tische gereinigt** und **ausgerichtet.** Letzteres geschieht, noch bevor mit dem Tischdecken begonnen wird. Tische müssen in einer Linie stehen, die Abstände zwischen den Tischreihen sind gleich groß. Dadurch ergibt sich ein harmonisches Bild.
Außerdem prüft man die Standfestigkeit der Tische. Wenn sie wackeln, werden Korkscheiben untergelegt.

TISCHDECKEN (AUFDECKEN)

Grundsätzlich gilt für das Tischdecken: Je genauer und sorgfältiger gedeckt wird, umso schöner werden der Tisch oder die Tafel und der Gesamteindruck des Raumes.
Prinzipiell unterscheidet man zwischen Aufdecken und Eindecken.
Von **Aufdecken** spricht man nur dann, wenn die Tische gedeckt werden, solange noch kein Gast im Speisesaal ist. Man deckt von Hand aus, d. h., Teller, Besteck und Gläser werden mit einem Serviertuch poliert und gleich auf dem Tisch aufgedeckt oder aufgestellt.
Eingedeckt wird, wenn sich bereits Gäste im Raum befinden. Dazu braucht man eine Serviertasse, auf der die bereits polierten Gläser und das polierte Besteck zum Tisch des Gastes gebracht und eingedeckt werden. Für Besteck kann man auch einen Fleischteller mit einer Stoffserviette nehmen (siehe Skizze).

Eingedeckt wird vor allem das Besteck für die Speisen, die der Gast nach der Karte gewählt hat (À-la-carte-Gerichte), nachdem in guten Betrieben bereits ein Kuvertgedeck (siehe Seite 66) eingedeckt wurde (Gedeckerweiterung).

Die Tische werden wie nachfolgend beschrieben aufgedeckt.

1 **Auflegen des Moltons:** Durch das Molton wird ein Verschieben des Tischtuches vermieden und die Tischplatte außerdem geschont. Es wird mit einem Gummizug am Tisch oder mit Bändern an den Tischbeinen befestigt. Dabei muß man achtgeben, daß die Bänder nicht vorschauen.

2 **Auflegen des Tischtuches:** Das exakt gebügelte und richtig zusammengelegte Tischtuch wird genau in der Mitte darübergelegt. Der Mittelbug muß nach oben zu liegen kommen.

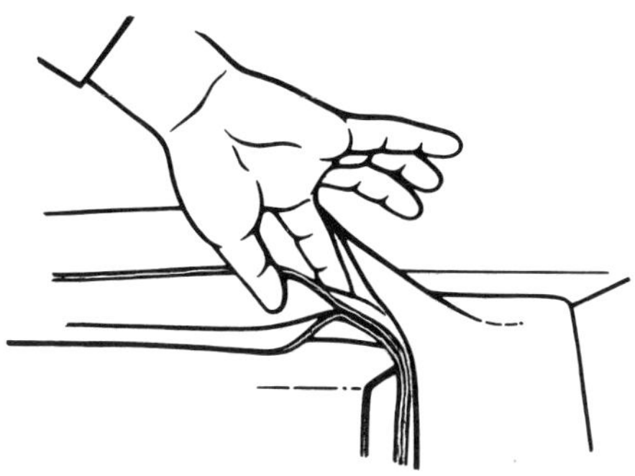

Ein Tischtuch wird so auseinandergefaltet, daß die beiden offenen Enden unter dem Bug gefaßt und mit Daumen, Zeige- und Mittelfinger gehalten werden. Der unterste Teil wird zuerst ausgelassen und über die hintere (vis-à-vis gelegene) Tischkante gelegt. Langsam zieht man das Tischtuch aus, wobei auch der zweite festgehaltene Teil geöffnet wird. Die Enden des Tischtuches sollten auf jeder Seite zirka 25 Zentimeter herunterhängen, höchstens jedoch bis einen Zentimeter über der Sesselsitzfläche.

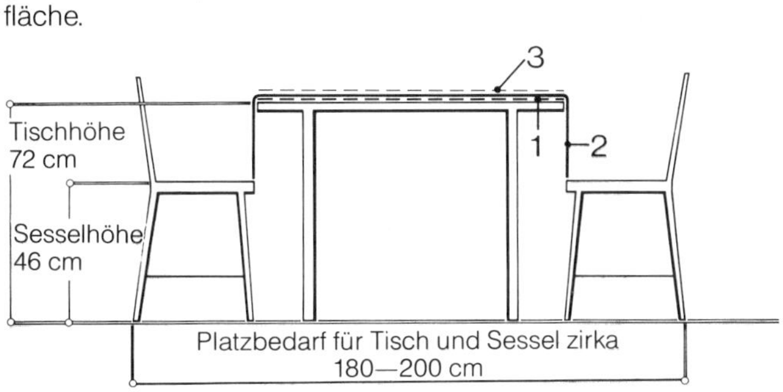

Beim Überdecken von mehreren Tischtüchern auf einem großen Tisch oder einer Tafel ist unbedingt darauf zu achten, daß der Stoß der Tischtücher auf der vom Eingang (Blickpunkt des Gastes) abgekehrten Seite ist.

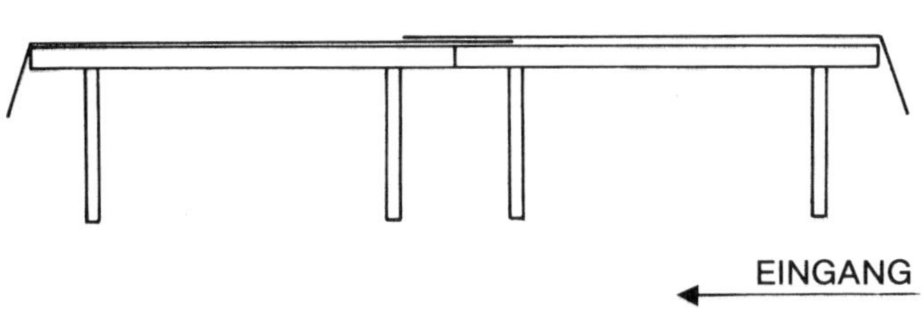

Beim Decken eines runden Tisches ist zu beachten, daß die Enden eines quadratischen Tischtuches die Tischbeine verdecken.

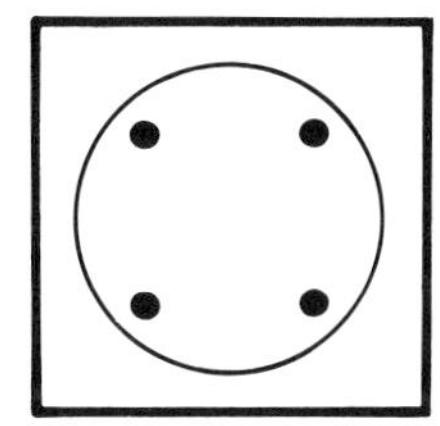

3 **Auflegen von Deckservietten (Napperons):** Zum Schonen der Tischtücher können Napperons darübergelegt werden.

4 **Aufstellen des Tischdekors und der Menagen:** Als Tischdekor werden Blumen, Blumengestecke und/oder Kerzenständer verwendet. Unter Menagen versteht man Salz- und Pfefferstreuer, Pfeffermühle, Zuckerstreuer, Essig-und-Öl-Ständer, Parmesanbehälter, Ketchup, Worcestershiresauce, Tabascosauce und Senfbehälter.
Auf einen gut gedeckten Tisch werden nur Salz- und Pfefferstreuer gestellt. Alle anderen Menagen und Zahnstocher werden auf Verlangen des Gastes gebracht.
Die Zahnstocher sollten aus Federkiel und einzeln verpackt sein.
Die Menagen können auch am Ende des Deckens aufgestellt werden.
Je nach der Stellung der Tische sieht der Speisesaal nun folgendermaßen aus:

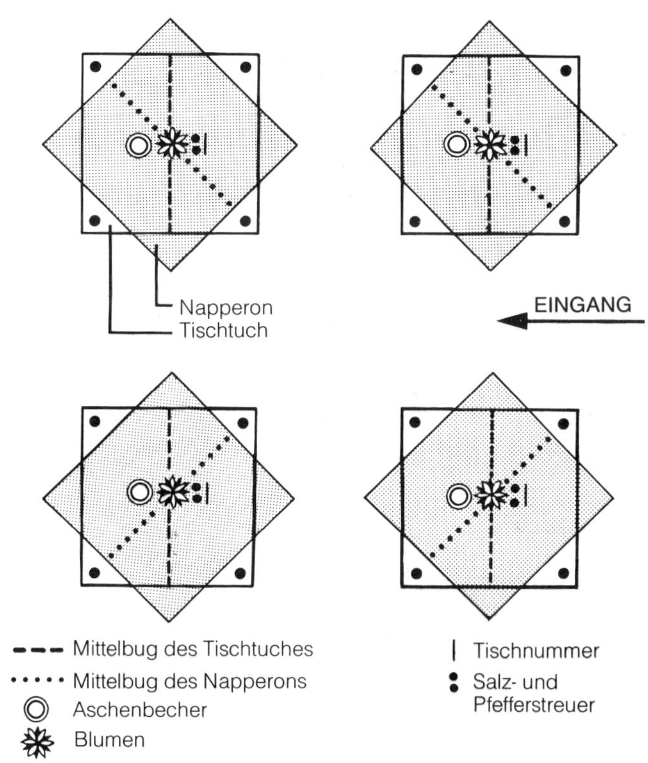

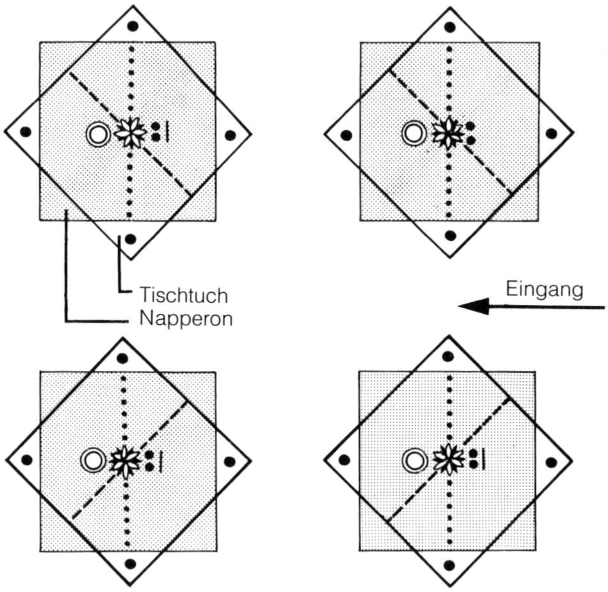

- - - Mittelbug des Tischtuches
• • • • • Mittelbug des Napperons
◎ Aschenbecher
❋ Blumen
| Tischnummer
: Salz- und Pfefferstreuer

Die Vasen, Aschenbecher, Menagen und Tischnummern sollen auf allen Tischen denselben Platz einnehmen, damit sich ein einheitliches Bild ergibt.

5 **Sesselausrichten:** Richtig steht ein Sessel, wenn der Sitzflächenrand bis zum Tischtuch geht und der Sessel sich genau in der Mitte des für den Gast vorgesehenen Platzes (70 bis 80 cm Platzbreite) befindet.

6 **Aufdecken der Standteller:** Zuerst wird genau vor dem Sessel der Stand-, Platz- oder Grundteller aufgedeckt. Statt des Grundtellers kann man auch einen großen Fleischteller oder eine Serviette nehmen.
Der Rand des Tellers oder der Serviette soll einen Zentimeter vom Tischrand entfernt sein. Auf die Symmetrie ist zu achten. Ist die Einteilung am Tisch getroffen, würde es in der Folge hinderlich sein, über die Sessel hinweg auf dem Tisch zu arbeiten. Deshalb werden die Sessel zirka einen halben Meter vom Tisch weggezogen, damit man ungestört weiter aufdecken kann.

7 **Serviettenbrechen:** Auf den Standteller legt man eine einfach geformte Serviette. Am häufigsten trifft man Stufen, Rollen und Spitzen an.
Im großen und ganzen beschränkt man sich heute aus hygienischen Gründen auf diese einfachen Formen. Sollen die Servietten als Dekor verwendet werden, bekommt der Gast noch eine Mundserviette.
Für das Brechen der nun folgenden Arten ist Voraussetzung, daß die Servietten eine Länge und eine Breite von 50 bis 60 Zentimeter haben und ordnungsgemäß gestärkt, gebügelt und zusammengelegt sind.

In der nachfolgenden Übersicht wird der Ablauf des Serviettenfaltens einiger ausgewählter Formen dargestellt und erklärt. Weitere Formen befinden sich im Kapitel „Bankett", Seite 125ff. Sie sind aufwendiger in der Herstellung.

Einserstufe

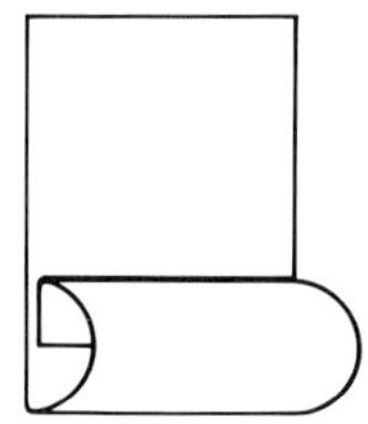

Einschlagen des unteren Teiles

Zweierstufe

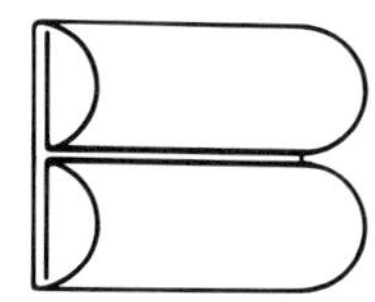

Einschlagen des oberen Teiles nach unten

Dreierstufe oder Treppe

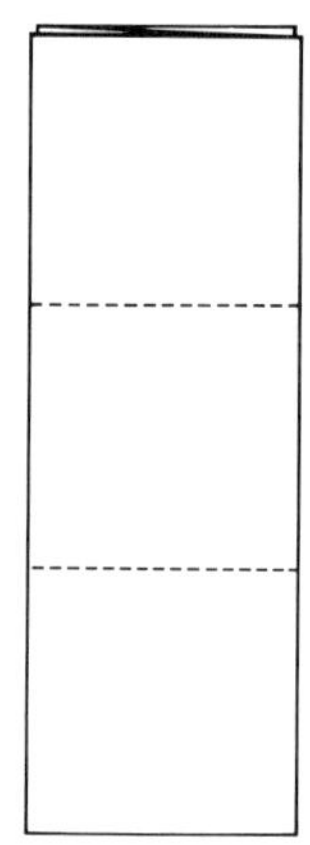

Ausgangsstellung

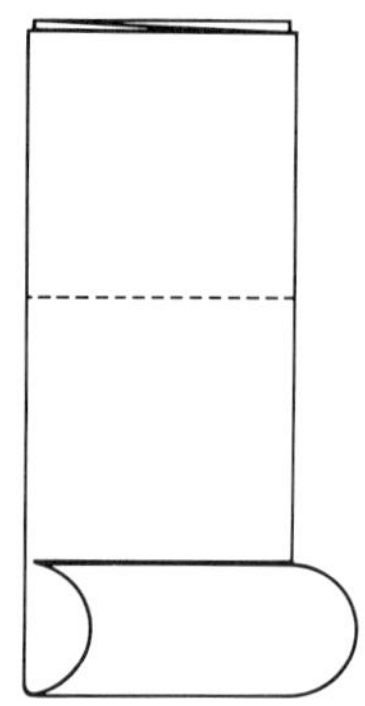

Einschlagen des unteren Drittels

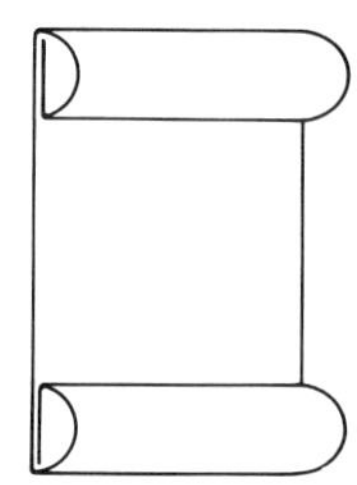

Einschlagen des oberen Drittels

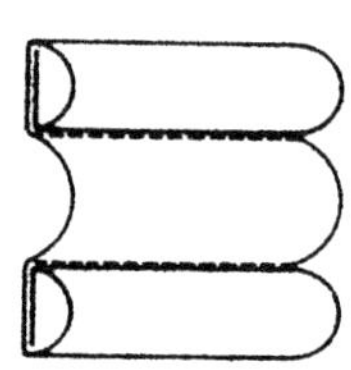

Der mittlere Teil wird mit Hilfe von zwei Fingern leicht angehoben und zusammengeschoben. Es ist dabei zu achten, daß alle drei Rollen die gleiche Wölbung aufweisen!

Spitz

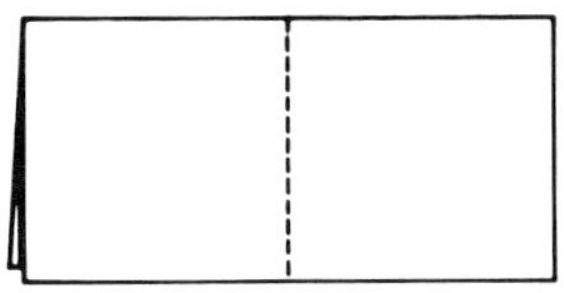

Ausgangsstellung

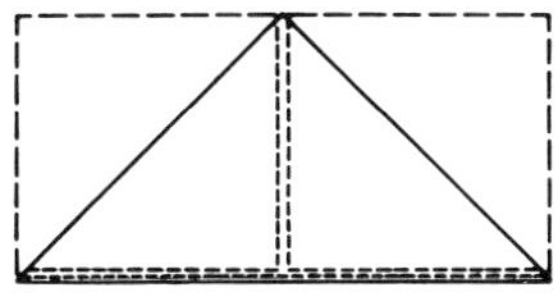

Einschlagen der oberen Ecken nach unten

Leichtes Zusammenfalten der Serviette und Aufstellen

Gestulpter Spitz

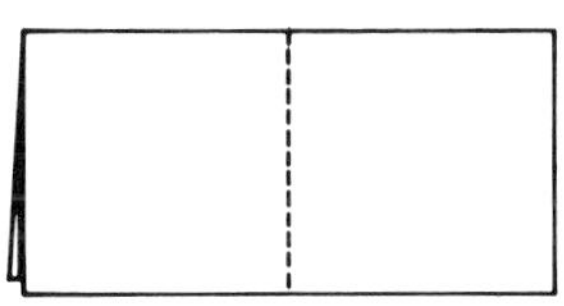

Ausgangsstellung

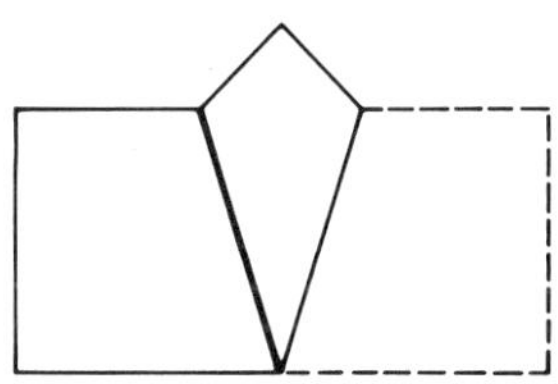

Rechte und untere Ecke bis zum Mittelbug schräg einrollen. Linke Spitze darüberschlagen und die untere Spitze einfach umstülpen!

Mütze 1

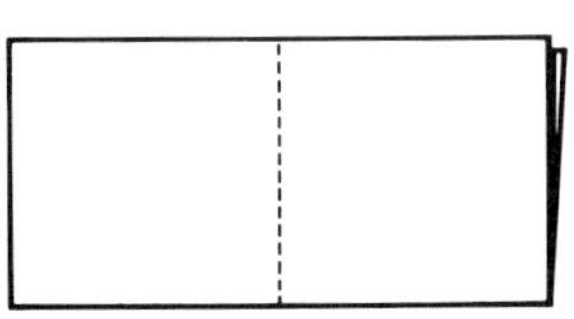

Ausgangsstellung

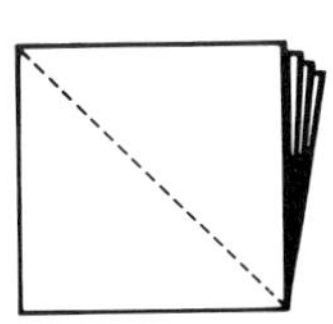

Quadrat diagonal zu einem Dreieck brechen

Beide Ecken hinten ineinanderstecken

Mütze 2

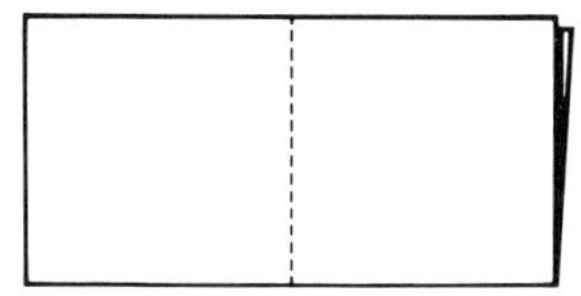

Ausgangsstellung

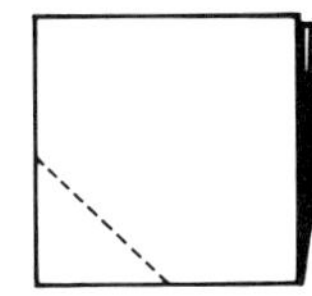

Untere Spitze zur Mitte brechen

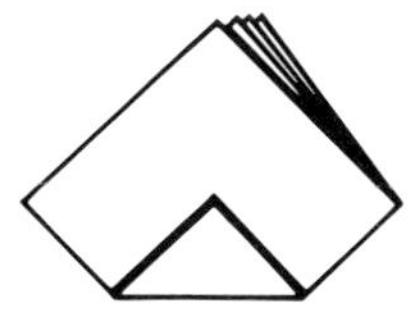

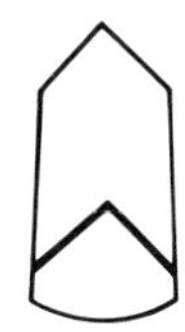

Beide Ecken hinten zusammenstecken

Mütze 3

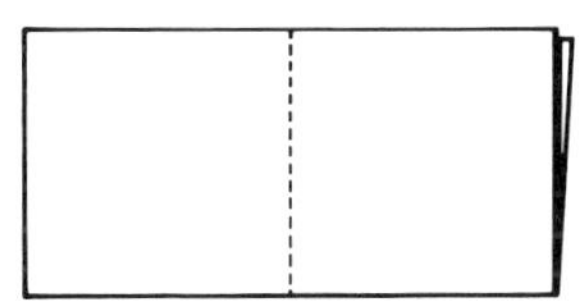

Ausgangsstellung

Untere Spitze zur Mitte brechen

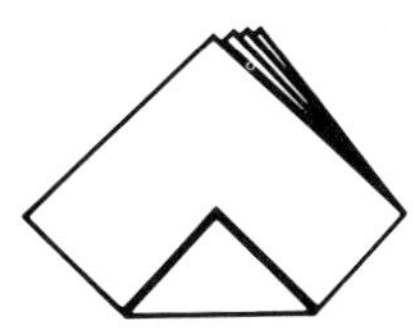

Beide Ecken hinten zusammenstecken

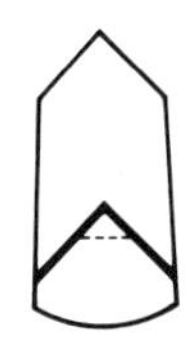

Obere und untere Spitze nach vorne brechen

Dschunke

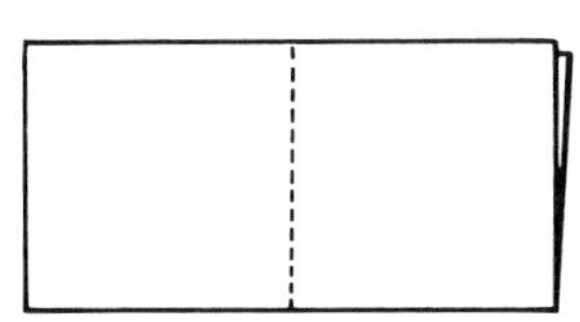

Ausgangsstellung

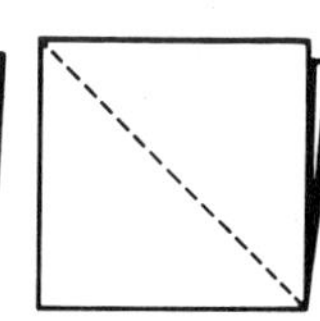

Diagonal zu einem Dreieck brechen

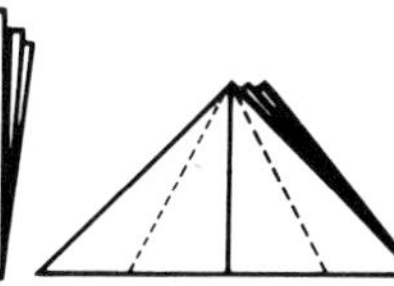

Beide Ecken so brechen, daß eine Drachenfigur entsteht

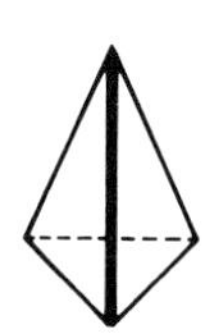

Beide Zipfel nach hinten biegen

Aus dem „Boot“ die Zipfel nach oben ziehen

ARTISCHOCKE

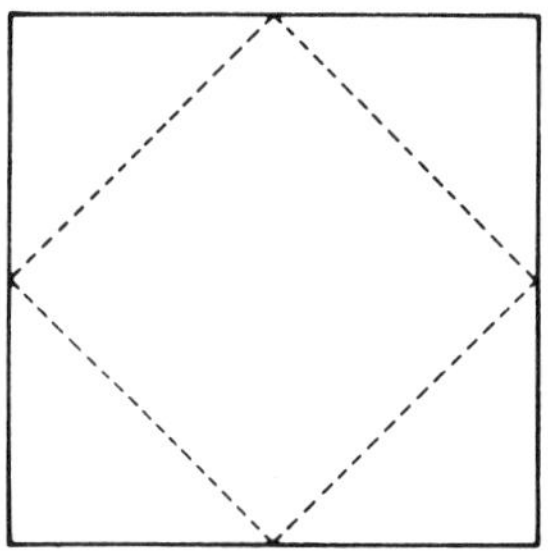

Die vier Seiten einer quadratischen Serviette nach innen biegen

Vorgang wiederholen

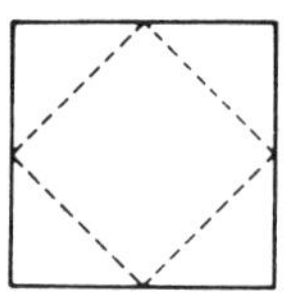

Serviette wenden und Vorgang wiederholen

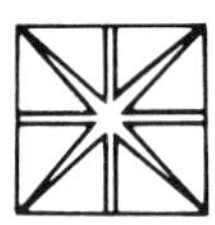

Zipfel, die unter den vier Ecken liegen, herausziehen

Ecken aufstellen und restliche vier Zipfel unter der Serviette hervorziehen

8 **Aufdecken des Bestecks und des Brottellers:** Der weitere Arbeitsablauf ist abhängig von der Art der Mahlzeit (Frühstück, Mittagessen, Jause, Abendessen usw.) und von der Speisenfolge. Einige Regeln gelten aber immer.

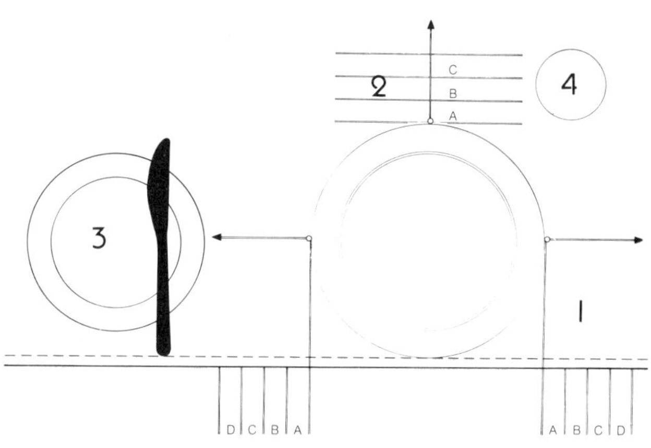

- Das Besteck wird, egal, in welcher Größe, in der Reihenfolge Messer, Gabel, Löffel aufgedeckt.
- Das Besteck wird von innen nach außen, d. h. von der Hauptspeise bis zur Vorspeise (1, A—D), gedeckt (der Gast benutzt das Besteck in der Reihenfolge D—A).
- Als nächstes wird das Dessertbesteck oberhalb des Standtellers oder der Serviette gedeckt (2, A—C).
- Anschließend stellt man auf die linke Seite des Standtellers den Brotteller mit einem Buttermesser (3).
- Zum Schluß werden die Gläser rechts oberhalb des Besteckes aufgedeckt (4).

Beim Aufdecken müssen noch folgende Punkte beachtet werden:
- Werden die Gabeln versetzt aufgedeckt, müssen die Zinkenspitzen mit den Zinkenenden eine Linie bilden (siehe Skizzen) .
- Standteller und Brotteller werden entweder so aufgedeckt, daß der untere Rand mit dem Besteck eine Linie bildet (siehe Variante 1) oder die Mittelpunkte der beiden Teller auf einer gedachten Linie liegen (siehe Variante 2).

Variante 1

Variante 2

Gibt es eine Speisenfolge mit mehr Gängen, als man Besteck oder Platz zur Verfügung hat, werden neben dem Grundbesteck für das Hauptgericht so viele Vorspeisenbestecke als möglich von Beginn an gedeckt, und für alle weiteren Gänge wird nachgedeckt. Bei großen Veranstaltungen sollte alles vor Beginn aufgedeckt werden, um den Servierablauf nicht zu unterbrechen und ein symmetrisches Gesamtbild zu gewährleisten.
Man kann eventuell jetzt erst den Tischdekor und die Menagen aufstellen.

9 **Stellen von Gläsern:** Man unterscheidet drei Möglichkeiten des Stellens von Gläsern, nämlich die Längsform, die Blockform und die halbrunde Form.

Grundsätzlich gibt es beim Stellen der Gläser folgende Regeln. Das Richtglas (Stand- oder Grundglas) ist immer das größte Glas und wird als erstes aufgestellt. Es muß immer zirka einen Zentimeter oberhalb der Messerspitze des Messers für den Hauptgang stehen. Erst dann werden die übrigen Gläser aufgestellt. Abweichungen von der Regel, daß das Richtglas immer das größte Glas ist, ergeben sich dann, wenn aus Gründen des mangelnden Platzes oder aus Symmetrieüberlegungen ein anderes Glas zum Richtglas wird. Dieses ist dann das nächstgrößte Glas, nämlich das Rotweinglas.

Der Wasserbecher ist das kleinste Glas. Er muß daher immer vor den Stielgläsern stehen, da man andernfalls das Wasser schwer einschenken kann. Daran schließen sich die jeweils größeren Stielgläser an („Orgelpfeifenprinzip“).

In Blockform werden die Gläser nur dann aufgestellt, wenn nicht genügend Platz zwischen den Gedecken vorhanden ist. Werden 3 Gläser in Blockform aufgestellt, dann ist das Wasserglas (Stielwasserglas) das größte Glas und daher auch das Richtglas. Bei 4 Gläsern kann aus Platzbedarfsgründen auch das Weißweinglas zum Standglas werden. Wird jedoch nach dem Einschenken des Rotweines das Weißweinglas abserviert, so wird das Rotweinglas durch Herunterziehen zum Standglas.

10 **Sessel stellen:** Wenn der Tisch fertiggedeckt ist, werden die Sessel auf ihren Platz gestellt (siehe Seite 120).

Gläserstellungen

RWG	Rotweinglas	WB	Wasserbecher
WWG	Weißweinglas	SWG	Südweinglas
SGL	Sektglas	WG	Wasserglas (Stielwasserglas)

Längsform

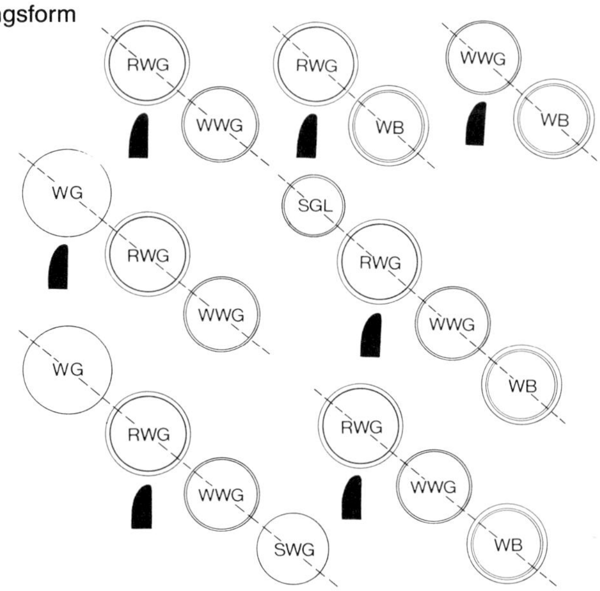

Blockform

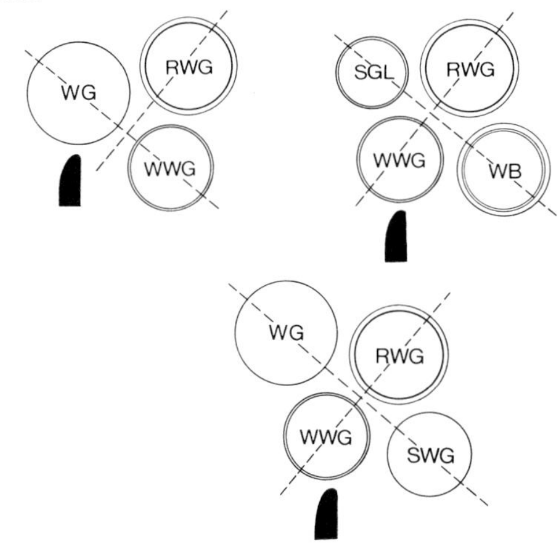

Halbrunde Form

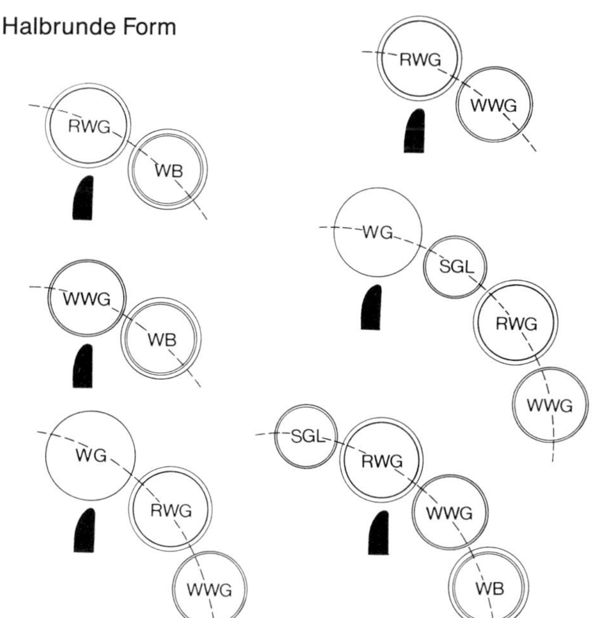

SERVICEBESPRECHUNG (TÄGLICHES SERVICE MEETING)

Kurz bevor die ersten Gäste kommen und wenn alle Vorbereitungsarbeiten im Gästeraum abgeschlossen sind, wird die Servicebesprechung durchgeführt.

Das tägliche Service meeting hat den Zweck, die im Service Tätigen über die Tagesspezialitäten, die Art und Anzahl der zu verkaufenden Speisen, die Beilagen, die Zubereitungsarten und die Stationseinteilung im Speisesaal oder beim Bankett zu informieren. Diese Informationen sind für das Verkaufsgespräch mit dem Gast wichtig (siehe Seite 16).

Die Servicebesprechung hat aber auch die Aufgabe, den Kellner beruflich weiterzubilden und ihm eine professionelle Einstellung zu seinem Beruf zu vermitteln. Er soll sich mit den betrieblichen Zielen und Wünschen auseinandersetzen und sie verstehen lernen.
Jungen Mitarbeitern und Lehrlingen ist vor Augen zu führen, welche wichtigen Arbeiten und Anstrengungen täglich zu unternehmen sind, um erfolgreich zu sein.
Jeder Kellner sollte nach der Servicebesprechung ein gezieltes Verkaufsgespräch mit dem Gast führen und mit Überzeugungskraft argumentieren können.
Um sicher und rationell arbeiten zu können, muß der Kellner genug Selbstvertrauen haben.
Ebenso sollte er Verständnis für die Arbeiten des Küchenpersonals haben und ihre Schwierigkeiten erkennen.
Die Voraussetzungen für eine positive Servicebesprechung sind ein Ort, wo man die Besprechung ungestört durchführen kann, und genügend Zeit für alle wichtigen Informationen.
Das Service meeting ist keine Schikane der Vorgesetzten, sondern es soll die positive Einstellung zur Arbeit, korrektives Verhalten (d. h. die Änderung von falschem Verhalten), die Zusammenarbeit und den Willen, das Maximum zu erreichen, fördern.

GRUNDLEGENDE SERVIER- UND TRAGÜBUNGEN

Um ein perfektes Service überhaupt durchführen zu können, bedarf man einiger grundlegender Fertigkeiten, die man sich nur durch konsequentes und unermüdliches Üben aneignen und in der weiteren Folge perfektionieren kann. Das sind in erster Linie Tragübungen, wie z. B. das sichere Tragen von Plateaus, Tellern, Tassen, Platten und Gläsern, und die Handhabung des Vorlegers.

Plateautragen

Um größere Mengen von Speisen, Getränken, Besteck oder Geschirr von der Ausgabe zum Gast oder vom Gast zum Serviertisch zu bringen, ist es nötig, mit Plateaus zu arbeiten. Besonders für lange Wege (Garten, Terrasse) verwendet man besser Plateaus. Man soll jedoch nicht direkt vom Plateau dem Gast servieren, da die Unfallgefahr dabei sehr groß ist.
Das Plateau wird mit einem feuchten Plateautuch bedeckt, um das Rutschen von Geschirr und Speisen zu verhindern. Heute gibt es auch beschichtete Plateaus, die absolut rutschfest sind. Hier wird kein Plateautuch verwendet.
Das Gewicht auf dem Plateau muß gleichmäßig verteilt werden, damit man beim Tragen eine gute Balance hat. Schwere Sachen sind auf der Seite zu tragen, die dem Körper am nächsten ist, und zwar bei der Schulter, nicht außen.
Die Ausgießöffnung von Saucieren und Kannen mit Heißgetränken (Kaffee, Tee, Schokolade) muß vom Körper weg gerichtet sein, damit man sich beim Überschwappen keine Verbrennungen zuzieht.

Hohe Stöße von Tellern befördert man nicht mit Hilfe von Plateaus, sondern man trägt sie mit den Händen.
Beim Aufnehmen des Plateaus verrenkt man nicht den Körper, sondern man erfaßt es in gerader Haltung.
Das Plateau wird mit der linken Hand getragen, ein gefaltetes Serviertuch wird zur Stütze der Finger in den Hohlraum der Hand gelegt.
Während des Tragens darf das Plateau nicht auf die Schulter gelegt werden, da sich sonst die Schwingungen des Körpers auf das Plateau übertragen.
Beim Gehen durch eine Schwingtüre zieht der Kellner den rechten Türflügel zu sich, hält mit dem rechten Fuß die Türe fest und hebt das Plateau hoch. Beim Servieren geht man in Gängen, auf Stiegen, in der Küche usw. grundsätzlich rechts.
Beim Treppensteigen und -hinuntergehen ist die vordere rechte Ecke des Plateaus mit der rechten Hand zu halten.
Für das Servieren müssen pro Station mindestens zwei, besser jedoch drei Plateaus zur Verfügung stehen, eines zum Herbeiholen der Speisen von der Ausgabe zum Serviertisch, eines zum Abräumen von Leergeschirr und eines als Reserve.
Werden leere Plateaus getragen, werden sie nicht hochgehoben, sondern senkrecht getragen.

Tellertragen

Für das richtige und sichere Tellertragen gibt es mehrere Griffe. Getragen wird grundsätzlich mit der linken Hand, egal, welcher Griff verwendet wird, und serviert und abserviert wird mit der rechten Hand.

UNTERGRIFF

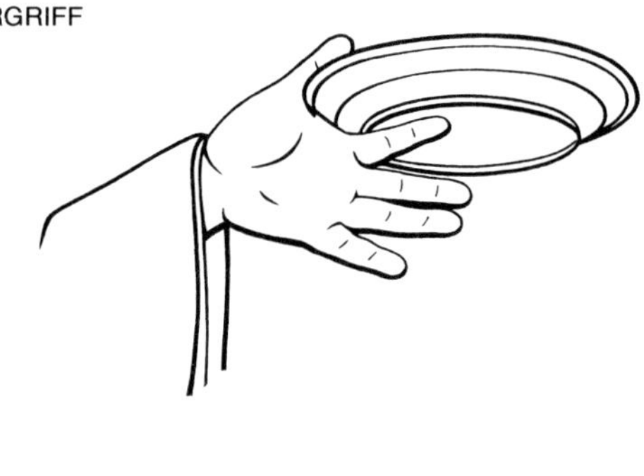

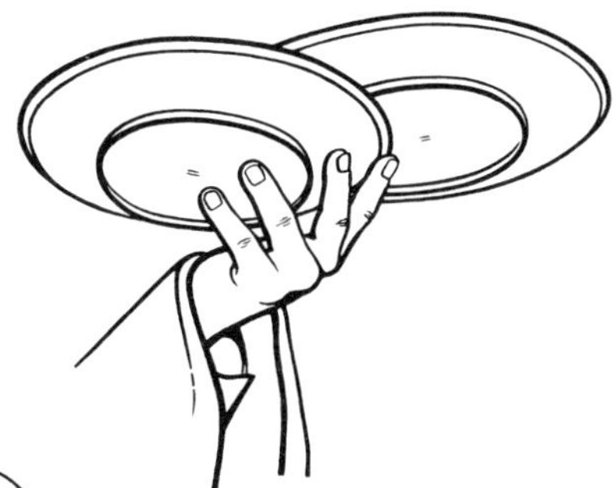

OBERGRIFF

KOMBINATION VON OBER- UND UNTERGRIFF

Sie wird verwendet wie der Untergriff, hat aber den Vorteil, daß die Haltung der Hand gerade und natürlich ist und eine bessere Gewichtsverlagerung, Balancierfähigkeit und Bewegungsfreiheit ermöglicht.

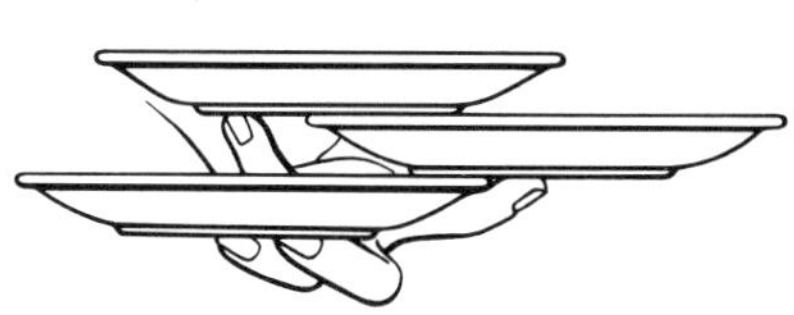

TRAGEN EINER GROSSEN ANZAHL VON TELLERN

Wenn man die Teller aus dem Rechaud nimmt, zum Sideboard oder Guéridon bringt oder ein Buffet bestückt, nimmt man meist eine große Anzahl von Tellern und trägt sie mit beiden Händen und einer Serviette.

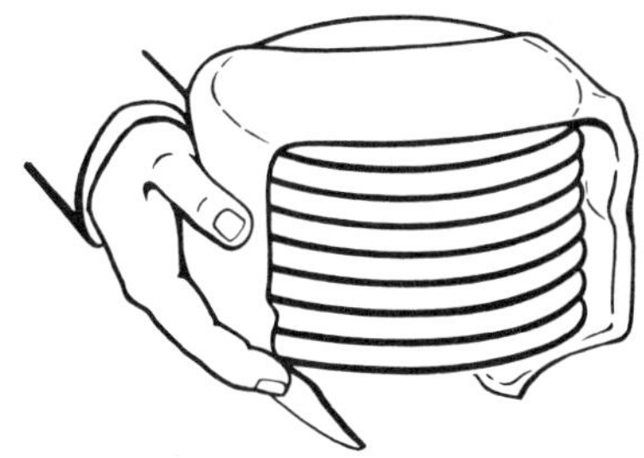

TELLEREINSTELLEN BEIM TISCH ODER BEI DER TAFEL

Werden bei Tisch oder bei einer Tafel (Bankett) leere Teller eingestellt, so trägt man eine größere Anzahl davon in der linken offenen Hand mit einer Serviette.

Plattentragen

Platten werden verwendet für das einfache Plattenservice und bei Festveranstaltungen, wo vorgelegt oder eingereicht wird (siehe Bankettservice, Seite 127).

Vorbereitungsarbeiten

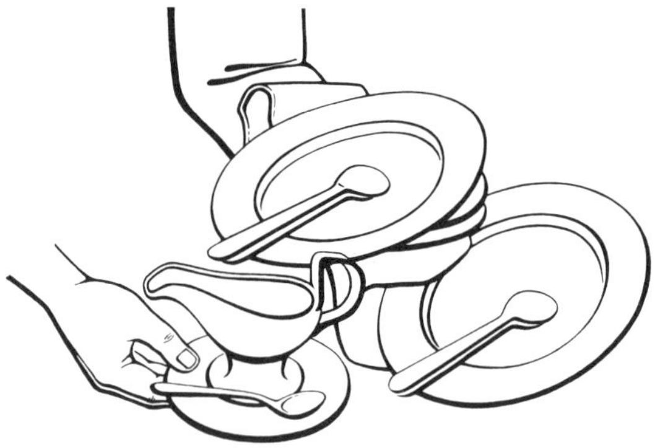

Gläsertragen

Beim Einstellen und auch beim Abservieren der Gläser werden Tabletts verwendet, und zwar entweder ein Serviertablett (siehe Skizze 1), eine Tambourice (Getränkeplateau mit hohem Rand) oder eine Kaffeehaustasse.
Die Gläser sind immer im unteren Drittel oder am Stiel anzufassen. Aus hygienischen Gründen darf man auf keinen Fall in die Gläser hineingreifen, auch dann nicht, wenn sie gebraucht sind. In Ausnahmefällen, z. B. beim raschen Abräumen eines Tisches, auf den bereits wieder Gäste warten, dürfen die Gläser in der Hand getragen werden. Selbstverständlich werden sie nur am Stiel angefaßt.
Dasselbe gilt auch für die nächste Möglichkeit des Gläsertragens. Die Stielgläser werden mit der Tulpe nach unten zwischen die Finger gesteckt (siehe Skizzen 2 und 3). Diese Trageart darf nur beim Aufdecken angewendet werden, wenn noch kein Gast anwesend ist.

1

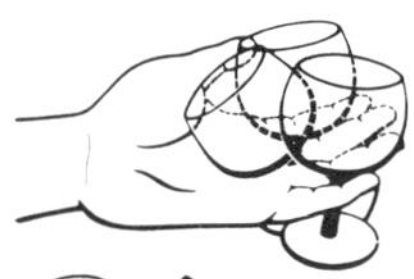
2

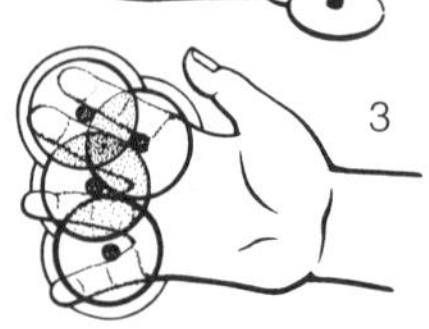
3

Handhabung des Vorlegers

Das Vorlegebesteck besteht aus einem Suppenlöffel und einer Fleischgabel und ist das einzige Universalarbeitsgerät des Kellners. Mit dem Vorlegebesteck allein könnte er alle beim Service notwendigen Arbeiten verrichten, also das Vorlegen, Anrichten, Marinieren und Mischen von Salaten und sogar, wenn kein Fischbesteck vorhanden ist, das Filetieren von Fischen.
Allerdings muß man verschiedene Vorlegegriffe beherrschen, je nach Art der Speise, die vorgelegt wird.

Der normale Vorlegegriff wird zum Greifen und Fixieren von Fleischstücken verwendet, die von der Platte auf den Teller des Gastes vorgelegt werden. Speziell beim Bankettservice.

Den Zangengriff benötigt man für Knödel oder Tortenstücke und andere Mehlspeisen.

Der flache Vorlegegriff wird zum Heben von zerbrechlichen Stücken, wie z. B. Fischfilets, Beefsteak mit Ei, verwendet. Löffel und Gabel werden so in die Hand genommen, daß sie eine flache Ebene (leichte Schaufel) bilden. Die Speise wird von unten vorsichtig angehoben, ohne daß die Oberfläche zerstört wird.

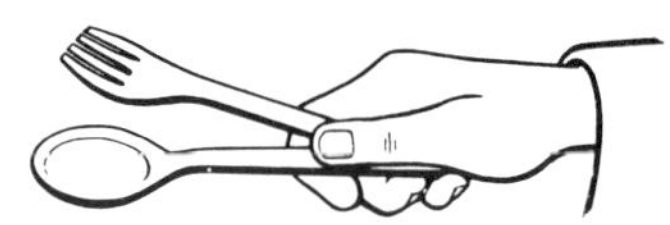

ABDECKEN

Die Tische werden erst abgedeckt, wenn kein Gast mehr im Lokal ist. Nun werden zuerst alle Blumenvasen und Aschenbecher auf Plateaus gestellt.
Schmutzige Napperons und Tischtücher werden dreieckig zusammengelegt und kommen in die Schmutzwäschekiste.

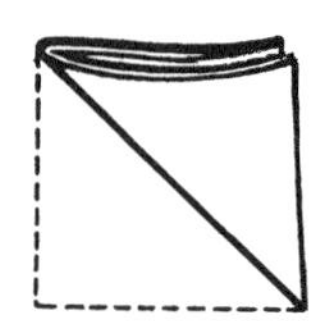

Saubere Tischtücher und Napperons werden exakt zusammengelegt und kommen zur Wiederverwendung in den Wäschekasten.
Moltons werden ebenfalls geprüft, ob sie schmutzig sind, und gegebenenfalls durch frische ersetzt.

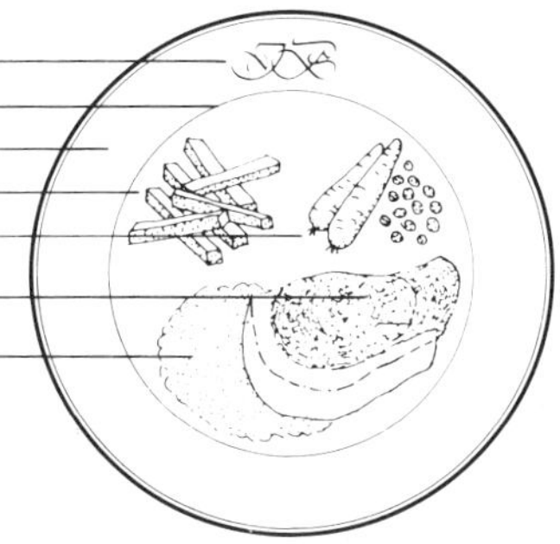

Nicht überall wird auf dieselbe Art serviert. Vielmehr hängt die Servierart vom Betrieb und von der Veranstaltung ab.
Das nächste Kapitel zeigt Ihnen einen Überblick über die heute üblichen Servierarten.

EINSTELLEN (FRANZÖSISCHES SERVICE)

Das Einstellen ist die häufigste Servierart.
Die Speise kommt entweder auf dem Teller oder angerichtet auf Portionsplatten aus der Küche.
Teller werden dem Gast direkt von rechts serviert (=eingestellt).
Bei Portionsplatten wird dem Gast zuerst der warme oder kalte Teller von rechts serviert und dann oberhalb des Tellers die Platte mit dem Vorleger eingestellt. Bei warmen Speisen ist es vorteilhaft, wenn man die Platte auf einen Rechaud oder Platemaster stellt. Beim Einstellen von rechts stellt der Kellner das rechte Bein (mit der Fußspitze zur Tischmitte) einen Schritt vor und drückt das Knie durch. Das Gewicht lastet auf dem rechten Bein, und die tragende linke Hand befindet sich hinter dem Rücken des Gastes. Platten werden für höchstens zwei Personen eingestellt (für mehr Personen wird vorgelegt oder angerichtet).
Beim Servieren von Speisen der Nouvelle cuisine wird nur eingestellt, da sie bereits in der Küche vom Koch auf Tellern angerichtet werden.
Beim Service von offenen Getränken wird ebenfalls von rechts eingestellt. Aus Flaschen, Krügen oder Karaffen wird zuerst von rechts eingeschenkt und danach die Flasche, der Krug oder die Karaffe eingestellt.
Auch Kaffeehaustassen werden von rechts eingestellt.

ANRICHTEN (ENGLISCHES SERVICE)

Für diese Servierart wird in der Küche nur auf Platten angerichtet, und zwar auf Platten für eine oder mehrere Personen (wenn das Gericht an einem Tisch mehrmals bestellt wurde).
Bevor die Speise auf die Teller gegeben wird, wird die Platte dem Gast (den Gästen) präsentiert.
Angerichtet wird immer auf einem Serviertisch (Guéridon).
Mit dem Suppenlöffel in der rechten Hand und einer großen Gabel in der linken Hand wird die Speise vom Kellner auf den Teller gelegt.
Der Tellerrand („Fahne") darf nicht mit Speisen belegt werden (Ausnahme Spargel). Er dient ausschließlich zum Halten des Tellers.

Es ist vorteilhaft, die Sauce à part zu servieren, d. h., der Teller mit der angerichteten Speise wird von rechts eingestellt, die Sauce in der Sauciere oder Saucenschüssel dem Gast mit der linken Hand von der linken Seite angeboten. Die Sauce sollte niemals über das Fleisch oder die Beilagen gegossen werden, sondern immer daneben (außer der Gast wünscht es anders).
Man richtet höchstens zwei Drittel der Speise auf dem Teller an, der Rest wird auf einem Rechaud oder Platemaster warm gestellt und entweder später vorgelegt oder auf einem frischen, warmen Fleischteller angerichtet und eingestellt. In diesem Fall darf der leere Teller ausnahmsweise mit der linken Hand von links ausgehoben und der volle Teller von rechts eingestellt werden (Tellertausch — auch bei Staatsbanketten üblich).
Angerichtet wird auch beim Tranchieren, Filetieren, Marinieren und Flambieren vor dem Gast, beim Service von der Voiture (Fleischwagen), vom Horsd'œuvres-Wagen und am Salatbuffet.

VORLEGEN (FRANZÖSISCHES SERVICE)

Diese Servierart wird vor allem bei Banketten und bei Festveranstaltungen angewendet. Vorgelegt wird auch dann, wenn an einem Tisch mehr als zwei Personen dieselbe Speise bestellt haben und das Gericht auf einer Platte angerichtet ist.
Die Speisen werden von der Küche auf Platten mit maximal acht Portionen angerichtet. Mehr auf einer Platte anzurichten wäre deshalb nicht gut, weil das Essen, bis es serviert ist, auskühlen würde. Dann wird dem Gast die Speise mit dem Vorleger von der linken Seite vorgelegt, und zwar in derselben Reihenfolge wie beim Anrichten, also zuerst das Fleisch, dann die Sättigungsbeilage, die Gemüsebeilage und die Sauce. Bei einem guten Service werden die Beilagen und die Sauce von anderen Kellnern serviert. Ein Kellner legt die Fleischspeise vor, einer die Beilagen und zum Schluß einer die Sauce. Beim Vorlegen von der linken Seite stellt der Kellner das linke Bein (mit der Fußspitze zur Tischmitte) einen Schritt vor und drückt das Knie durch, das Gewicht lastet auf dem linken Bein.

EINREICHEN

Im Unterschied zum Vorlegen wird dem Gast die Platte mit einem Vorleger von links angeboten, und er bedient sich selbst, wobei darauf zu achten ist, daß der Vorleger mit dem Griff zum Gast zeigt. Diese Servierart wird nur noch bei offiziellen Staatsbanketten angewendet.

ANBIETEN

Angeboten werden z. B. bei einer Cocktailparty Getränke auf Serviertassen oder Canapés auf Platten. Der Gast wählt aus und bedient sich selbst.

TABLE-D'HÔTE-SERVICE

Das Charakteristikum des Table-d'hôte-Service ist, daß einer größeren Anzahl von Personen zur gleichen Zeit die gleiche Speisenfolge eingestellt oder vorgelegt wird.
Das Table-d'hôte-Service eignet sich vor allem zur Bedienung von Reisegesellschaften, aber auch in Kurhotels, Sanatorien, Heimen und Gästehäusern wird es angewendet. Es ist die einfache Art des Bankettservice.
Der größte Vorteil des Table-d'hôte-Service ist, daß die Küche rationell, d. h. mit wenig Personalaufwand, arbeiten kann. Auch für das Service wird weniger Personal benötigt.
Die Nachteile ergeben sich für den Gast. Bei dieser Art des Service ist der Tausch von Speisen nicht möglich. Versäumt der Gast einen Gang, so wird dieser nicht nachserviert.

ABSERVIEREN

Abserviert wird immer von rechts. Was von rechts eingestellt wird, wird auch von rechts abserviert (Ausnahme: Tellertausch).
Das Abservieren geht in folgenden Schritten vor sich:
Teller und Besteck werden mit der rechten Hand ausgehoben. Hinter dem Gast wird der Teller in die linke Hand genommen und das Besteck ordnungsgemäß zurechtgelegt, d. h., das Messer wird unter die Gabel geschoben (siehe Untergriff, Seite 46).
Dann geht man im Uhrzeigersinn zum nächsten Gast und macht dort dasselbe.
Sitzen an einem Tisch nicht viele Gäste und der Kellner ist in der Lage, noch mehr Geschirr aufzunehmen, kann er auch die Brotteller und die Buttermesser auf dieselbe Art abservieren. Sonst bringt er zuerst die Fleischteller in die Küche und serviert dann die Brotteller und die Buttermesser ab.

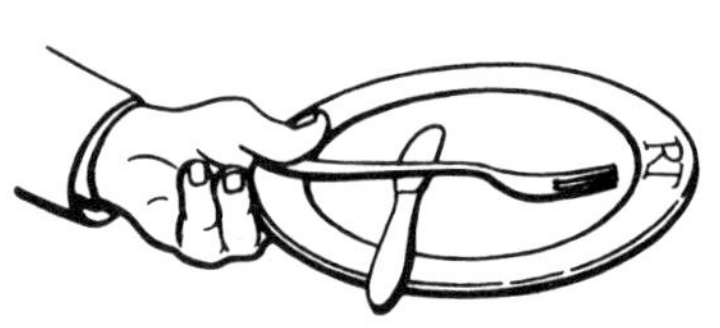

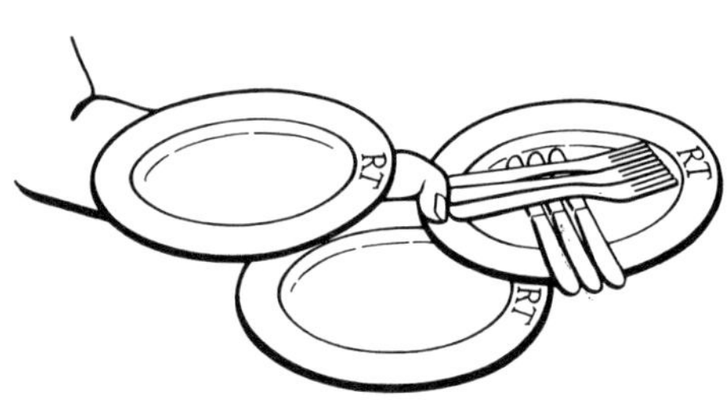

Die Eßgewohnheiten sind in den einzelnen Ländern sehr unterschiedlich. Nicht überall ist wie bei uns das Mittagessen die Hauptmahlzeit.
Mit zunehmender Internationalisierung des Gästekreises muß auch unsere Gastronomie diesen Unterschieden Rechnung tragen und mehrere Variationen der Mahlzeiten anbieten. Flexibilität ist hier besonders wichtig.

FRÜHSTÜCK (PETIT DÉJEUNER)

Das Frühstück ist die erste Mahlzeit des Tages und hat für den weiteren Tagesablauf des Gastes große Bedeutung. Es wird meist zwischen 6.30 Uhr und 10 Uhr, in Groß- und Luxusbetrieben bis zum Mittag angeboten.
Aus Erfahrung weiß man, daß der Frühstücksgast in den seltensten Fällen Zeit und Geduld für diese Mahlzeit hat, deshalb ist rasches und freundliches Arbeiten besonders wichtig.
Im ganzen romanischen Raum (Frankreich, Italien usw.) spielt das Frühstück eine unbedeutende Rolle, in den anglo-amerikanischen Ländern dagegen ist es eine Hauptmahlzeit. Ein gut geschultes Bedienungspersonal kennt die verschiedenen Eßgewohnheiten, Bestellformen, Zubereitungsarten und Eigenarten des Service und kann das Service deshalb zur vollsten Zufriedenheit der Gäste ausführen.
Gleichgültig, ob das Frühstücksservice in einem Hotel, einer Pension, einem Kaffeehaus, Espresso oder im Haushalt serviert wird, es sind überall die gleichen charakteristischen Merkmale dieser Varianten der ersten Tagesmahlzeit festzustellen.
Grundsätzlich gibt es zwei Möglichkeiten, wie die Bestandteile des Frühstücks, wie Butter, Marmelade, Honig, Brot, Obers, Zucker, Süßstoff, angeboten werden, nämlich offen oder verpackt.

1 Beim OFFENEN ANGEBOT sind die Produkte nicht portionsweise verpackt.
Die Butter wird in Scheiben oder Rollen auf Eis in einer Butterschüssel serviert, die auf einem Dessertteller mit einer Serviette steht. Dazu gibt man eine kleine Gabel.
Marmelade und Honig werden in einer Marmeladenschüssel oder in einem Tiegel mit Deckel gereicht. Beides stellt man auf einen Dessertteller mit einer Serviette, dazu legt man einen Dessertlöffel. Honig kann auch im sogenannten Honigspender angeboten werden.
Brot (Weißbrot-, Schwarzbrotscheiben) und Frischgebäck (Semmeln, Milchbrot, Brioche, Mürb- und Butterteigkipferln, Zimtschnecken, Mohnbeugel usw.) werden immer offen angeboten, und zwar in der Brotschale, in eine Stoffserviette eingeschlagen. Spezialgebäck (Zwieback, Vollkorn- und Knäckebrot) wird ebenfalls in einer Stoffserviette in der Brotschale angeboten.
Das Obers wird im Oberskännchen gereicht.
Zucker serviert man in der Zuckerschale auf einem Unterteller mit einer Serviette, dazu einen Kaffeelöffel oder eine Zuckerzange, oder im Zuckerstreuer; Süßstoff im Süßstoffbehälter.
Butter, Marmelade, Honig und frisches Gebäck sollen erst auf den Frühstückstisch gebracht werden, wenn die Gäste Platz genommen haben.

Frühstücks-Set-up bei offenem Angebot

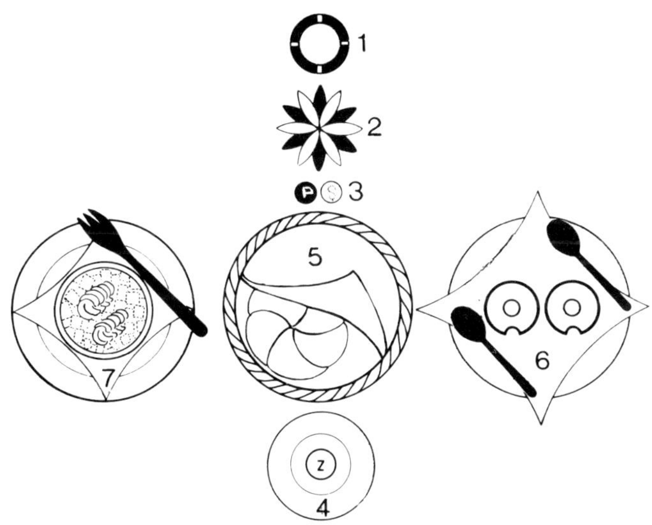

1 Aschenbecher
2 Blumen
3 Pfeffer, Salz
4 Zucker
5 Brotschale mit Gebäck
6 Marmeladen-, Honigtiegel
7 Butterschüssel mit Butter

2 VERPACKTES ANGEBOT: Aus hygienischen und wirtschaftlichen Gründen (leichtere Kontrolle des Wareneinsatzes) werden heute die Produkte auch verpackt angeboten.
Die Butter wird in Portionspäckchen mit mindestens 20 Gramm auf Eis in der Butterschüssel mit Unterteller und Serviette serviert.
Marmelade und Honig sind in runden oder rechteckigen Portionsbehältern (aus Plastikfolie mit Aufreißverschluß) verpackt. Es werden meist mehrere Portionen unterschiedlicher Geschmacksrichtungen auf einen Dessertteller mit einer Papierserviette geschlichtet, was den Vorteil hat, daß der Gast auswählen kann. Pro Gast müssen mindestens zwei Stück serviert werden.
Portionsweise verpackte Spezialbrote, wie Vollkornbrot, Knäckebrot oder Zwieback, werden in der Brotschale serviert.

Das Obers ist in kleinen Portionspackungen mit Aufreißverschluß verpackt, von denen mehrere auf einem Unterteller serviert werden.
Der Zucker ist in Säckchen oder Päckchen abgepackt und wird in einer kleinen Zuckerschale serviert.
Süßstoff, ebenfalls in Säckchen verpackt, wird in der Zuckerschale serviert.

Die **Vorteile** der verpackten Frühstücksware sind, daß sie hygienisch einwandfrei ist und dem Gast mehr Wahlmöglichkeiten bietet. Der Verbrauch läßt sich leichter kontrollieren, die Waren sind wiederverwendbar, d. h., es gibt keine Reste. Außerdem hat man einen geringeren Verbrauch an Besteck, daher weniger Arbeitsaufwand und Waschmittelverbrauch.
Der **Nachteil** demgegenüber ist, daß viel Leergut anfällt, dadurch hat man mehr Arbeit beim Abservieren.

Frühstücks-Set-up bei verpacktem Angebot

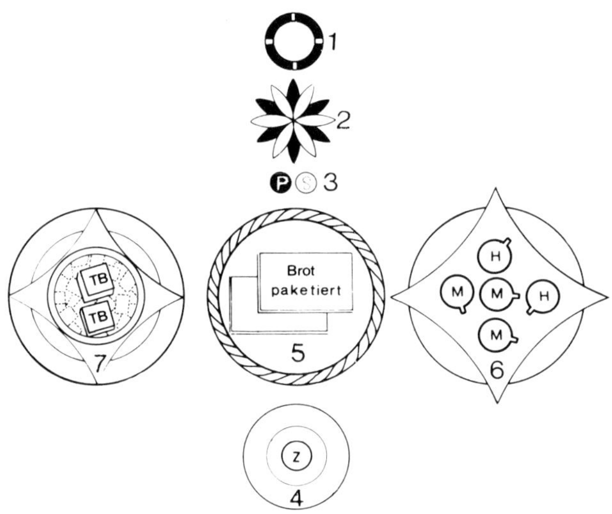

1 Aschenbecher
2 Blumen
3 Pfeffer, Salz
4 Zucker
5 Brotschale mit verpacktem Brot
6 Dessertteller mit Marmelade und Honig
7 Butterschüssel mit verpackter Butter

Early tea

Der Early tea wird meist den englischen und amerikanischen Gästen noch vor dem Frühstück im Zimmer serviert. Im kontinentalen Europa ist er kaum üblich.
Er besteht aus einer Portion Tee mit kalter Milch oder Obers und eventuell einigen trockenen Keksen oder Biskuit.

MISE EN PLACE

Runde Serviertasse, Dessertteller für Kekse oder Biskuit, Papierserviette, Untertasse, Kaffeelöffel, Teeschale, Teekanne, Aufgußwasserkanne, Milchkännchen, Zucker (offen oder verpackt).

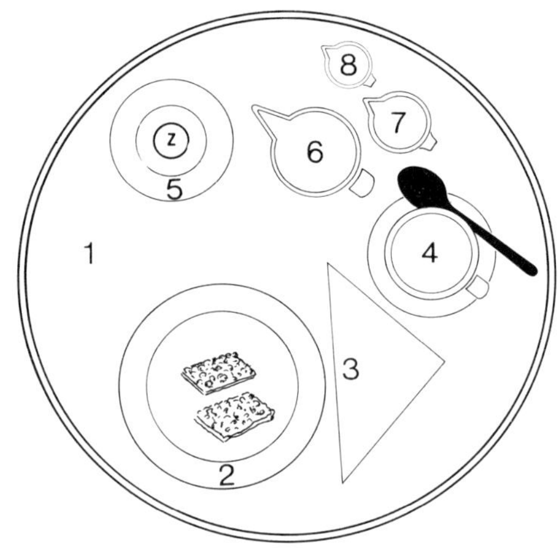

1 Serviertasse mit Stoffserviette
2 Dessertteller mit Keksen oder Biskuit
3 Papierserviette
4 Untertasse, Teeschale, Kaffeelöffel
5 Zucker (offen oder verpackt)
6 Teekanne
7 Aufgußwasserkanne
8 Milch- oder Oberskanne

Einfaches Frühstück (Déjeuner simple)

Das einfache Frühstück spielt heute in der österreichischen Gastronomie keine wesentliche Rolle mehr. Die einzige Ausnahme bilden das Wiener Kaffeehaus und das Espresso. In Frankreich und Italien ist es aber sehr häufig anzutreffen.

Es besteht aus einer Schale Frühstücksgetränk (meist Kaffee, aber auch Tee, Kakao, Schokolade, Ovomaltine, Milch) und einer Semmel oder einem Kipferl (in Frankreich und Italien fast immer einer Brioche).

MISE EN PLACE

Serviertasse, Dessertteller mit Serviette für das Gebäck, Untertasse, Kaffeelöffel, Schale mit Frühstücksgetränk, Zucker (offen oder verpackt), evtl. Zitronenpresse.

Teebutter
Café

MENÜKARTE

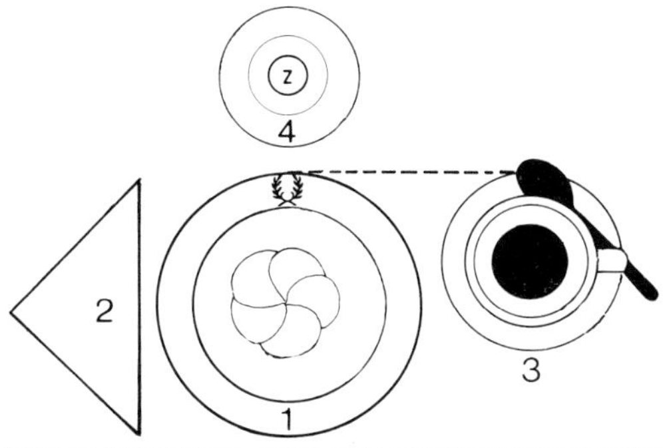

1 Dessertteller mit Gebäck
2 Papierserviette
3 Untertasse, Schale mit Frühstücksgetränk, Kaffeelöffel
4 Zucker (offen oder verpackt)

SERVICEABLAUF

- Aufnehmen und Bonieren der Bestellung
- Herrichten des Frühstücks auf der Serviertasse (Dessertteller mit Papierserviette und Gebäck, Schale mit dem Frühstücksgetränk auf der Untertasse mit Kaffeelöffel, Zucker)
- Servieren
  Einstellen des Desserttellers mit dem Gebäck
  Einstellen des Frühstücksgetränks und des Zuckers

Vollständiges oder komplettes Frühstück (Continental breakfast)

Es besteht aus einer Portion (mindestens 2 Tassen) Frühstücksgetränk wie Kaffee, Tee, Kakao, Schokolade, Ovomaltine, Milch, einer Portion Butter, Marmelade oder Honig sowie mindestens zwei Stück Frühstücksgebäck.

MISE EN PLACE

Zum Aufdecken benötigt man einen Dessertteller, eine Serviette, ein Dessertmesser und eine Untertasse mit Kaffeelöffel.
Butter, Marmelade, Honig, Brot und Frühstücksgebäck sowie Zucker werden offen oder verpackt gereicht.
Für das Service benötigt man eine Serviertasse, eine heiße Schale für das Frühstücksgetränk, Portionskannen für Kaffee, Tee (mit Aufgußwasserkanne), Kakao usw., eine Milch- oder Oberskanne bzw. eine Zitronenpresse.

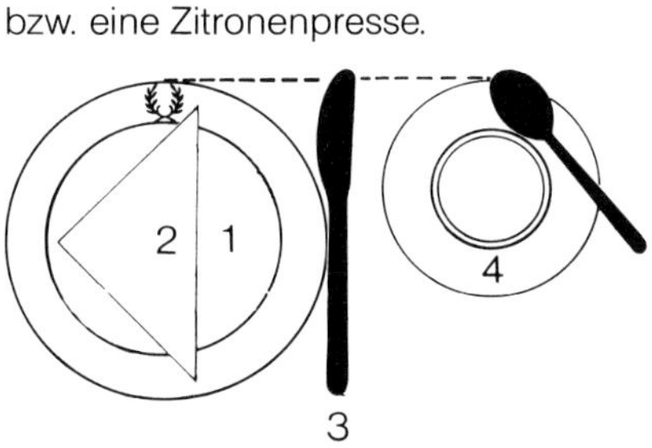

1 Dessertteller
2 Serviette
3 Dessertmesser
4 Untertasse mit Kaffeelöffel

SERVICEABLAUF
- Aufnehmen und Bonieren der Bestellung
- Herrichten für das Service
- Servieren
  Einstellen der heißen Tasse
  Eingießen des Frühstücksgetränks
  Einstellen der Kannen
- Rechnung legen und kassieren
- Abservieren und Tisch neu decken

Das ist die am meisten verbreitete Frühstücksart mit Ausnahme von England und Amerika.

Erweitertes Frühstück

Es ist, wie der Name bereits sagt, eine Erweiterung des vollständigen Frühstücks. Zusätzlich werden Frucht- oder Gemüsesäfte, eine Wurst- oder Käseplatte oder ein Omelett angeboten.

MISE EN PLACE

Wie beim vollständigen Frühstück mit einigen Erweiterungen.
Wird Fruchtsaft serviert, muß ein Glas eingestellt werden, wird Gemüsesaft serviert, benötigt man zusätzlich eine Untertasse mit einer Papierserviette, einem Kaffeelöffel und einer Zitronenspalte (evtl. Worcestershire- und Tabascosauce bereitstellen).
Für die Wurst- oder Käseplatte braucht man eine runde Glasplatte, eine Papierserviette, eine Unterplatte, ein Vorlegebesteck sowie einen Dessertteller. Das Gedeck wird um ein Dessertmesser und eine Dessertgabel erweitert.
Das Omelett wird auf einem heißen Fleischteller serviert, und das Gedeck muß um ein Fleischmesser und eine Fleischgabel erweitert werden. Ein Vorlegebesteck benötigt man nur dann, wenn das Omelett in der Küche auf einer Platte angerichtet wird.

GEDECKSERWEITERUNG

Beim Umdecken vom kompletten zum erweiterten Frühstück geht man am besten wie im folgenden beschrieben vor.
Das Dessertmesser wird auf den Dessertteller gelegt und das Ganze nach links verschoben, sodaß genügend Platz für einen Dessert- oder Fleischteller und das dazugehörende Besteck vorhanden ist.

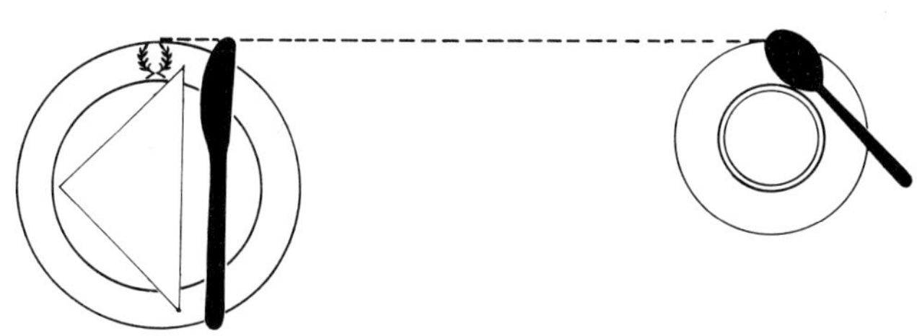

Gedeckserweiterung für Wurst- oder Käseplatte

1 Dessertmesser
2 Dessertgabel

Gedeckserweiterung für ein warmes Gericht auf Fleischteller (z. B. Omelett):

1 Fleischmesser
2 Fleischgabel

HOTEL STERN
SALZBURG

FRÜHSTÜCKSKARTE

	Preis
Einfaches Frühstück (1 Schale Getränk, Gebäck)	
Komplettes Frühstück (1 Portion Getränk, Butter, Marmelade, 2 Gebäck)	
Wiener Frühstück (1 Schale Melange, 1 Ei, Butter, Marmelade, 2 Gebäck)	

Frühstücksgetränke

1 Portion Kaffee, Kakao, Schokolade
1 Portion Tee mit Zitrone oder Obers (Sahne)
1 Portion Milch oder Ovomaltine
1 Kännchen Obers (Sahne)

Frucht- und Gemüsesäfte

Orangen-, Grapefruit-, Ananassaft, Trauben-, Heidelbeersaft
Tomaten-, Karottensaft
Gemüsesaft

Getreidenahrung

1 Portion Corn-flakes
1 Portion Cream of wheat
1 Portion Porridge

Eiergerichte

1 gekochtes Ei
1 pochiertes Ei auf Toast

Preis

Rühreier, Eierspeise, Spiegeleier (je 2 Stück)
Omelett Natur
Omelett mit Schinken oder Champignons
Spiegeleier mit Speck oder Schinken

Fleischgerichte

1 Portion gebratener Speck
1 Portion gebratener Schinken
Frühstücksschinkenplatte
1 Portion Bündner Fleisch

Verschiedenes

1 Portion Butter
1 Portion Jam, Marmelade oder Honig
1 Portion gebratene Tomaten (3 Stück)
Gemischte Käseplatte

Gebäck

1 Semmel oder Kipferl
1 Portion Toast (4 Stück)
Spezialgebäck, pro Stück

Mineralwasser

1 Flasche Gasteiner
1 Flasche Preblauer
1 Flasche Gleichenberger Johannisbrunnen

Inklusivpreise

SERVICEABLAUF

- Aufnehmen und Bonieren der Bestellung
- Eindecken von Dessertmesser und Dessertgabel (oder Fleischmesser und Fleischgabel)
- Herrichten für das Service
- Servieren
  Einstellen des Frucht- oder Gemüsesaftes
  Einstellen des Desserttellers (oder evtl. des Fleischtellers)
  Einstellen der Wurst- oder Käseplatte bzw. des Omeletts mit Vorleger
  Einstellen der heißen Tasse
  Eingießen des Frühstücksgetränks
  Einstellen der Kannen
  Rechnung legen und kassieren
- Abservieren und Tisch neu decken

Wiener Frühstück

Das original Wiener Frühstück ist eine Abart des erweiterten Frühstücks. Es wird in Österreich, vor allem in Wien, in den traditionellen Kaffeehäusern (siehe Seite 130ff) angeboten. Man findet diese Frühstücksform jedoch heute auch in vielen anderen Gastronomiebetrieben.
Es besteht aus dem Angebot des vollständigen Frühstücks mit zusätzlich einem weichgekochten Ei.

MISE EN PLACE
Wie beim vollständigen Frühstück, zusätzlich ein kleiner Unterteller mit Papierserviette, darauf der Eierbecher mit dem Eierlöffel, Dessertmesser oder Eierkappzange.

SERVICEABLAUF
Wie beim erweiterten Frühstück, statt der Wurst- oder Käseplatte das Ei einstellen.

Gesundheitsfrühstück

Dem Trend unserer Zeit entsprechend wird auch im deutschsprachigen Raum immer häufiger diese Frühstücksvariation angeboten.
Es besteht zum Beispiel aus Vollkornbrot, Butter, Wald- oder Blütenhonig, Kräutertee, Müsli mit Milch oder Joghurt und mit frischen oder gedörrten Früchten sowie Honig oder Traubenzucker für den Tee.

MISE EN PLACE

Wie beim vollständigen Frühstück, zusätzlich eine Kompottschüssel auf Unterteller mit Papierserviette und Dessertlöffel für das Müsli.

SERVICEABLAUF

Wie beim vollständigen Frühstück, zusätzlich wird die Kompottschüssel eingestellt.

Interkontinentales Frühstück

„Interkontinentales Frühstück" ist ein Sammelbegriff für das englische und das amerikanische Frühstück. Beide Arten sind der Zusammensetzung und der Fülle des Angebotes nach Hauptmahlzeiten und nehmen in diesen Ländern eine besondere Stellung ein.
Es besteht aus einer Portion Frühstücksgetränk, einer Portion Butter, einer Portion Marmelade, Jam oder Honig sowie einer Portion Toast oder Frühstücksgebäck (Weißbrot — „white bread", Roggenbrot — „rye bread", Süßgebäck — „sweet rolls").

Dazu kommen noch verschiedene Gerichte, die aber vom Gast bestellt werden müssen.

1 Frische Früchte („fresh fruits") und Kompotte („stewed fruits")
An frischen Früchten werden gerne Melonen („melons"), Bananen („bananas"), ½ Grapefruit oder Beeren („berries") gereicht. Dörrpflaumen- („stewed prunes"), Äpfel- („stewed apples"), Birnen- („stewed pears"), Pfirsich- („stewed peaches") und Marillenkompotte („stewed apricots") sind die am häufigsten angebotenen.

2 Fruchtsäfte („fruit juices") und Gemüsesäfte („vegetable juices")
Die gängigsten sind Orangen- („orange juice"), Grapefruit- („grapefruit juice") und Ananassaft („pineapple juice") sowie Tomaten- („tomato juice"), Karotten- („carrot juice") und Sauerkrautsaft („sauerkraut juice").
Vor allem in Amerika wird Muschelsaft („clam juice") angeboten.

3 Getreidenahrungsmittel („cereals")
Dazu gehören Corn-flakes, Rice crispies, Sugar puffs, Al Bran flakes Weetabix, Shredded wheat, Puffed wheat etc. Oft werden sie auch in Form von warmen Speisen hergerichtet, wie z. B. Haferbrei („porridge or oat meal"), Grießbrei („semolina or cream of wheat").

4 Eier und Eiergerichte („egg dishes")
Gekochte Eier („boiled eggs"), pochierte oder verlorene Eier („poached eggs"), Eierspeise („shirred eggs"), Rühreier („scrambled eggs"), Spiegeleier („fried eggs"), gebackene Eier („baked eggs"), Naturomelett („plain-egg omelet")

5 Kalte Gerichte („cold dishes")
Corned beef, Käse („cheese"), sortierte kalte Platte („assorted cold meal cuts")

6 Fleischgerichte („meat dishes")
Dazu zählen Frühstücksspeck („bacon"), Schinken („ham"), Frühstückswürstchen („porc sausages"), Kalbskotelett („veal chop"), Lammkotelett („lamb chop"), Hammelkotelett („mutton chop"), Steaks etc.

7 Fischgerichte („fish dishes")
Brathering („kippered herring"), Stockfisch („stockfish"), geräucherter Schellfisch („smoked haddock")

8 Gemüse und Kartoffeln („vegetables and potatoes")
Röstkartoffeln („fried or hashbrown potatoes"), gegrillte Toma-

ten („grilled tomatoes"), gebratene Champignons („sauted mushrooms")

9 Kombinierte Gerichte aus Eiern, Fleisch, Gemüse und Kartoffeln
Nach der Wahl des Gastes kann aus Eiern und Eiergerichten, Fleisch, Gemüse und Kartoffeln eine wie immer geartete Kombination zusammengestellt werden. Die bekanntesten und am häufigsten verlangten Gerichte sind Schinken mit Eiern („ham and eggs"), Speck mit Eiern („bacon and eggs"), pochierte Eier mit Speck und Champignons („poached eggs with bacon and mushrooms"), Rühreier mit Würstchen, Schinken und Tomate („scrambled eggs with sausages, bacon and tomato"), pochierte Eier auf Toast mit Speck („poached eggs on toast with bacon"), Hammelkotelett mit Röstkartoffeln und gegrillten Tomaten („mutton chop with hashbrown potatoes and grilled tomatoes"), Omelett mit Lachs („omelet with salmon")

10 Pfannkuchen, Waffeln, Toasts („pancakes, waffles and toasts")
Pfannkuchen, Waffeln mit Ahornsirup („waffles with maple syrup"), French toast (Weißbrot, in Milch eingeweicht, auf einer Grillplatte gegrillt, mit Zucker und Zimt bestreut)

Die Unterschiede zwischen dem englischen und dem amerikanischen Frühstück zeigt folgende Gegenüberstellung.

Englisches Frühstück

Kein Eiswasser servieren.
Bevorzugtes Getränk ist Tee.
Bevorzugt werden Fischgerichte.
Beliebtestes Gebäck ist Toast.
Haferbrei wird als Porridge bezeichnet, Grießbrei als Semolina.
Besonders beliebt ist Prune juice.
Bevorzugt werden Kompotte.

Amerikanisches Frühstück

Eiswasser („iced water") servieren.
Bevorzugtes Getränk ist Kaffee.
Bevorzugt werden Fleischgerichte.
Beliebtestes Gebäck sind Roggenbrot und Süßgebäck.
Haferbrei wird als Oat meal bezeichnet, Grießbrei als Cream of wheat.
Besonders beliebt ist Clam juice.
Bevorzugt werden frische Früchte.

Engländer und Amerikaner verstehen unter „marmelade" ausschließlich Marmelade aus Zitrusfrüchten wie Orangen, Zitronen, Limetten. Alle anderen Marmeladen werden als Jam bezeichnet. Auch Fruchtgelees sind zum Frühstück sehr beliebt.

MISE EN PLACE

Wie beim vollständigen Frühstück, jedoch mit einigen Erweiterungen.

Zum Aufdecken benötigt man zusätzlich ein Eiswasserglas, ein Fleischmesser, eine Fleischgabel (da beim englischen und amerikanischen Frühstück zum Großteil warme Frühstücksgerichte auf großen, heißen Fleischtellern angerichtet werden, wird großes Besteck aufgedeckt), einen Suppenlöffel oder Dessertlöffel (je nachdem, ob die Cereals im Suppenteller oder in der Schüssel serviert werden).

Für das Service müssen folgende Utensilien hergerichtet werden.
Ein Wasserkrug für das Eiswasser. Je nach Art der Früchte entweder Dessertteller, Glas- oder Porzellanschüssel oder Coupeschale (mit Dessertteller und Serviette), Kaffee- oder Kompottlöffel, Zuckerstreuer. Für Kompotte werden Kompottschüsseln, Servietten, Unterteller und Kompottlöffel benötigt.
Für Fruchtsäfte richtet man Gläser, Suprême-Schalen, für Gemüsesäfte Gläser, Unterteller, kleine Papierservietten, Kaffeelöffel, Suprême-Schalen, Worcestershiresauce und Tabascosauce her.
Für Cereals: Porzellanschüssel mit Serviette und Dessertteller oder Suppenteller mit Serviette und Fleischteller, Obers- und Milchkanne, Zuckerstreuer. Für kalte Gerichte: Glasplatte, Papierserviette, Unterplatte, Vorleger, Dessertteller. Je nach Betriebstyp werden warme Eier-, Fleisch-, Fisch-, Gemüse- und kombinierte Gerichte entweder auf Platten oder direkt auf dem Teller angerichtet. Für Speisen auf Platten benötigt man eine Platte, Serviette, Unterplatte, Cloche, Vorleger und einen heißen Fleischteller. Wird die Speise gleich auf dem Teller angerichtet, braucht man nur eine Cloche. Außerdem benötigt man eine Pfeffermühle, Ketchup, einen Toastständer mit Serviette und einen Dessertteller.
Zum Eindecken von Fisch ist ein Fleischteller vorbereitet, auf dem auf einer Stoffserviette Fischmesser und Fischgabeln bereitliegen.

GEDECK

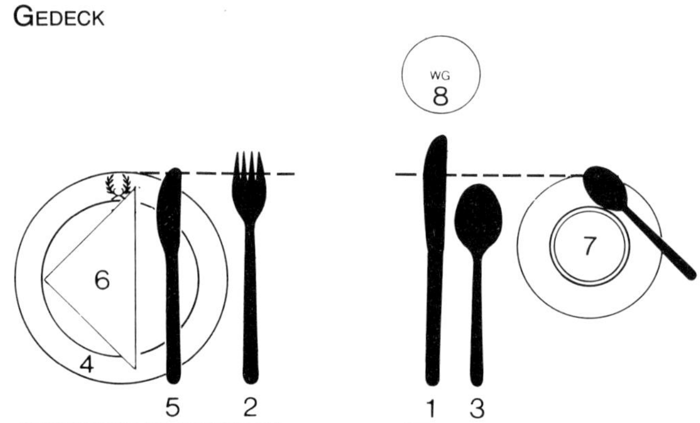

1 Fleischmesser
2 Fleischgabel
3 Suppen- oder Dessertlöffel
4 Dessertteller
5 Dessertmesser
6 Serviette
7 Untertasse mit Kaffeelöffel
8 Eiswasserglas (nur bei amerikanischem Frühstück)

Serviceablauf

— Aufnehmen und Bonieren der Bestellung
— Herrichten für das Service
— Servieren
Einschenken des Eiswassers und Einstellen des Eiswasserkruges
Einstellen des Frucht- oder Gemüsesaftes
Einstellen der warmen Schalen für das Frühstücksgetränk
Eingießen des Frühstücksgetränks und Einstellen der Kannen (den europäischen Gast fragt man besser, wann er das Frühstücksgetränk serviert bekommen möchte. Amerikanern werden Eiswasser, Frucht- oder Gemüsesaft und Frühstücksgetränk meist gemeinsam serviert).
Abservieren des Frucht- oder Gemüsesaftglases
Einstellen der frischen Früchte oder des Kompottes
Abservieren der Kompottschüssel mit dem Löffel
Einstellen der Getreidenahrungsmittel
Abservieren des Suppentellers oder der Schüssel mit dem Löffel
Einstellen des Frühstücksgerichtes
Abservieren des Tellers mit Besteck (verwendet ein Gast kein Messer, wird es abserviert)
Zurückstellen des Desserttellers mit dem Messer in die Mitte vor den Gast
— Rechnung legen und kassieren
— Abservieren und Tisch neu decken

HOTEL STERN
SALZBURG

BREAKFASTCARD

Price

Fruits

Chilled honeydew melon or cantaloupe ....
Sliced banana whit cream ....
Iced grapefruit ....
Iced strawberries with cream ....
Sliced peach/orange ....
Chilled ½ grapefruit ....

Stewed fruit

Prunes, pears or mixed fruits ....
Berries in season ....

Juices

Orange, grapefruit, pineapple,
prune, apple, tomato, vegetable ....

Cereals cold

Shredded wheat ....
Corn flakes ....
Puffed rice ....
Hominy ....
Puffed wheat ....

Cereals warm

Porridge ....
Cream of wheat ....

Fish

Fried kippered herring ....
Fried sole ....

Price

Grilled turbot ....
Haddock ....

Eggs (prepared to your order)

Boiled, fried, poached, scrambled ....

Combined dishes

Fried eggs with ham or bacon ....
Poached egg on toast ....
Scrambled eggs with shrimps, Swiss cheese or mushrooms ....
Omelet with mushrooms, chicken liver or tomatoes ....

From the grill

Breakfast bacon ....
Breakfast sausages ....
Fried ham ....
Veal chop ....

Bread stuff

Rolls, sweet rolls, toast, brown bread, rye bread,
Danish pastries, Pumpernickel ....

Preserves

Orange marmelade, grape jelly, honey ....

Beverages

English breakfast tea, coffee, cocoa,
milk, chocolate ....

Frühstücksbuffet

Um dem Gast beim Frühstück eine große Auswahl und ein rascheres Service bieten zu können, wird heute das Frühstücksbuffet in den Betrieben immer mehr forciert. Diese Art, Frühstück anzubieten, ist vor allem in Winter- und Sommersporthotels für Halb- oder Vollpensionsgäste üblich, aber auch in Groß- und Luxusbetrieben hat es sich durchgesetzt.
Grundsätzlich richten sich Angebot und Umfang eines Frühstücksbuffets nach den Wünschen der Gäste, der Art des Betriebes, dem Preis des Frühstücks und den betriebsspezifischen Erfahrungswerten.
Der Aufbau von Frühstücksbuffets ist daher sehr verschieden. Wichtig ist die Überschaubarkeit der angebotenen Speisen und Getränke.
Vor dem Buffet ist genügend Platz freizuhalten, damit alle Speisen leicht erreicht werden können. Am besten legt man eine Gehrichtung fest, in der die Speisen in folgender Reihenfolge angerichtet sind:
Frische Früchte, Frucht- und Gemüsesäfte, Kompotte.
Kalte und warme Getreidenahrungsmittel.
Käse-, Wurst- und Fleischplatten.
Frühstücksgebäck, Butter, Marmelade und Honig können auch auf den Tischen aufgedeckt sein.
Um auch später kommenden Gästen noch ein appetitliches Frühstücksbuffet präsentieren zu können, richtet man nicht zu große Mengen auf einmal an, sondern ergänzt öfter. Leere und halbleere Platten, Krüge usw. sind abzuräumen und durch frische zu ersetzen.
Flecken und Verschmutzungen des Buffettuches deckt man mit Napperons oder Servietten zu.
Gäste, die diese Frühstücksart gewöhnt sind, wollen mitunter Verpflegung für den Strand, zum Wandern usw. vom Frühstücksbuffet einpacken und mitnehmen. Diese Waren müssen den Gästen zu einem angemessenen Preis verrechnet werden.

Die größten **Vorteile für den Gast** sind, daß einerseits das Speisen- und Getränkeangebot meist wesentlich größer ist und daß er andererseits eine Auswahlmöglichkeit hat.
Jeder Gast kann sich nehmen, soviel er will und was er will.
Außerdem verringern sich die Wartezeiten erheblich.

Die **Nachteile für den Gast** ergeben sich aus der Selbstbedienung, sollte der Gast etwas vergessen haben, muß er es selbst holen. Die einzige Ausnahme ist das Frühstücksgetränk, es wird vom Servierpersonal eingestellt. Es kommt auch häufig vor, daß die Tische für das erhöhte Angebot zu klein sind und daß das Buffet oft schon nach kurzer Zeit unansehnlich aussieht.

Der größte **Vorteil für den Betrieb** ist die Ersparnis beim Servierpersonal. Die Arbeit beschränkt sich auf das Frühstücksgetränkeservice, das Abservieren und Reinigen der Tische und das Ausstellen der Rechnung. Darüber hinaus kann angelerntes Personal eingesetzt werden. Auch das Zimmerservice verringert sich.
Ein weiterer Vorteil ist die Entlastung der Küche. Die Extrabestellungen aus der Hauptküche verringern sich auf ein Minimum, die Ballungen zur Hauptfrühstückszeit fallen weg.
Außerdem wird beim Frühstücksbuffet der Umsatz erhöht. Es gibt zufriedenere Kunden, die mit Mundpropaganda die beste Werbung für den Betrieb machen.

Es entstehen aber auch **Nachteile für den Betrieb**, und zwar vor allem ein erhöhter Geschirr-, Besteck- und Gläserbedarf. Dadurch ergeben sich auch mehr Arbeit und Aufwand in der Abwasch.
Die Einrichtung von Frühstücksbuffets hat auch eine Umschichtung der Gästearrangements von Voll- auf Halbpension gebracht. Da von den Gästen zum Frühstück mehr konsumiert wird, wirkt sich das mitunter negativ auf das Mittagsgeschäft aus.
Schließlich wird noch die Küche mit mehr Vorbereitungsarbeit zum Aufbauen des Frühstücksbuffets belastet.

Luxusfrühstücksbuffet

In Luxusbetrieben wird oft neben dem normalen Frühstücksbuffet ein sogenanntes Luxusbuffet in einem anderen Raum aufgebaut.
Es besteht in der Regel aus kalten und warmen Gerichten und einem sehr reichhaltigen Angebot an kalten und warmen Getränken, vor allem Sekt, Champagner und Egg-nogs. Vom Angebot her ist es dem Sekt- oder Diplomatenfrühstück und dem Brunch ähnlich. Die Zusammenstellung der angebotenen Speisen und Getränke ist natürlich auch hier sehr unterschiedlich und individuell gestaltet. Der Preis ist entsprechend hoch zu halten, da der Gast ohnehin die Wahl zwischen dem normalen und dem Luxusfrühstücksbuffet hat.

Thermosfrühstück

Das Thermosfrühstück ist eine Kompromißlösung, die heute aber bereits zur Notwendigkeit geworden ist. Es hat sich für Einzelpersonen und Reisegruppen eingebürgert, die schon vor Beginn der Dienstzeit des Küchen- und Servierpersonals abreisen und daher außerhalb der Frühstückszeit frühstücken wollen.
Das Thermosfrühstück hat mit einem Frühstücksservice im engeren Sinn nichts zu tun, da das Servierpersonal nur alle für das Frühstück notwendigen Waren am Vorabend bereitstellt. Es kann für Einzelpersonen auf dem Zimmer, für mehrere Personen auf den Tischen oder in Form eines Thermosbuffets angeboten werden.
Der einzige Unterschied zum normalen Frühstück ist, daß alle Frühstücksgetränke in Thermoskannen warm gehalten werden. Die Kannen sind, um Verwechslungen vorzubeugen, deutlich zu beschriften (Kaffee, Tee, Kakao usw.).
Außerdem werden Frucht- und Gemüsesäfte, kalte Milch und Obers entweder ebenfalls in Thermoskannen oder in Krügen, die in Wannen mit Eis gestellt werden, frisch gehalten.
Die in Portionen verpackte Butter liegt in einer großen Schüssel mit Eis oder in Thermosboxen. Brot und Frühstücksgebäck müssen mit einer Klarsichtfolie vor dem Austrocknen bewahrt werden.

Marmelade, Honig, Zucker usw. werden ebenfalls am besten verpackt bereitgestellt. Diese Frühstückswaren werden entweder auf den Tischen eingestellt oder auf einem Buffet angerichtet, was in diesem Fall vorteilhafter ist.
Steht das Frühstück auf den Tischen bereit, sind sie vollständig gedeckt. Ausnahmsweise sind auch die Schalen für das Frühstücksgetränk bereits eingestellt (evtl. umgedreht, damit sie vor Staub geschützt sind).

Das Buffet wird in dieser Reihenfolge aufgebaut:
- Behälter mit Eis und Fruchtsäften und den dazugehörenden Gläsern
- große Schüsseln mit Kompotten auf Untertellern mit Schöpflöffel, Kompottschüsseln auf Desserttellern mit Servietten, Kompott- oder Dessertlöffeln
- Getreidenahrungsmittel (am besten verpackt) mit Schüsseln oder Tellern, Untertellern und Löffeln
- Thermoskannen mit Kaffee, Tee, Kakao, Schokolade, Milch usw. (gut markiert) mit Schalen, Untertassen und Kaffeelöffeln (wenn sie nicht aufgedeckt sind)
- Butter, Marmelade und Honig, Brot und Gebäck
- Zitronenspalten, in Klarsichtfolien verpackt, für den Tee
- Zucker und Süßstoff in Schalen oder Schüsseln

Die größten **Vorteile** des Thermosfrühstücks sind, daß es keine Zeitbeschränkung gibt und daß der Gast keine Wartezeit hat. Das Thermosfrühstück kann im Zimmer und auch im Frühstücksraum eingenommen werden.

Nachteile für den Gast ergeben sich vor allem dadurch, daß sich der Gast selbst bedienen muß. Die Schalen für das Frühstücksgetränk sind nicht heiß, und es können die Extrawünsche der Gäste nicht berücksichtigt werden, wenn sie der Gast nicht vorher bekanntgegeben hat.

Frühstück auf der Terrasse

Das Angebot und das Service auf der Terrasse unterscheiden sich nicht von dem im Frühstücksraum oder im Speisesaal.
Die Tische werden jedoch wegen der Sonnenbestrahlung nicht weiß, sondern in Pastellfarben gedeckt, um zu starkes Blenden zu vermeiden, außerdem spannt man Sonnenschirme auf.

Etagenfrühstück

Das Etagenfrühstück wird in vielen guten Hotels, besonders aber in Kurhotels angeboten. Die Bestellung des Etagenfrühstücks kann am Abend oder in der Nacht beim Portier getätigt werden, der die Bestellung in ein Buch einschreibt, das er dem Zimmerservice übergibt. Sie kann aber auch telefonisch beim Zimmerservice oder mit einem **Türhänger** bestellt werden.
Auf dem Türhänger muß der Gast am Abend oder in der Nacht die gewünschten Speisen und Getränke, ihre Anzahl und die gewünschte Servierzeit ankreuzen und unterschreiben. Die Türhänger werden zwischen 2 und 4 Uhr morgens von den Türknöpfen oder -klinken gesammelt und in Großbetrieben in der Roomservice-Zentrale, in Kurhotels und Hotels der Luxusklasse im Etagenoffice abgegeben. In kleinen Hotels werden die Türhänger meistens vom Stubenmädchen eingesammelt, das auch das Frühstück serviert.

Das Etagenfrühstück kann auf verschiedene Arten serviert werden, nämlich direkt auf einem Speisenplateau, auf einem fahrbaren Tisch (Room-service-trolley), auf dem Zimmertisch oder auf einem besonders konstruierten fahrbaren Tisch. Dieser kann unter das Gästebett geschoben werden. Der Oberteil befindet sich vor dem Gast, sodaß er bequem im Bett frühstücken kann, der Unterteil unter dem Bett.
Auf dem Zimmertisch wird wie beim Frühstück im Frühstücksraum aufgedeckt und serviert.

Türhänger für das Etagenservice

BITTE GEWÜNSCHTE SPEISEN ANZEICHNEN — MENGE ANGEBEN

Einfaches Frühstück ☐ S 50,–	Preise inkl. aller Abgaben
...... Kaffee ...... Tee ...... Schokolade	
...... Andere Frühstücksgetränke	

A la Carte

...... Orangensaft	groß	S 27.—
......	klein	S 17.—
...... Ein frisch gekochtes Ei		S 9.—
...... Zwei Eier nach Wunsch		S 18.—
...... Beilagen von ...... Speck ...... od. Schinken		
...... od. Würstchen		S 25.—
...... Drei-Eier-Omelette		S 25.—
...... Corn Flakes ...... Rice Crispies		
...... Porridge ...... Cream of Wheat		S 21.—

Besondere Wünsche: ......

ANZAHL DER GÄSTE ......

Zimmer No.: ...... DATUM: ......

Service gewünscht zwischen:

6.30—7.00	7.00—7.30	7.30—8.00	VON BIS
8.30—9.00	9.00—9.30	9.30—10.00	—

BITTE ANKREUZEN

UNTERSCHRIFT DES GASTES: ......

Frühstücks-Mise-en-place auf einem Speisenplateau

1 Dessertteller
2 Papierserviette
3 Dessertmesser
4 Untertasse mit Kaffeelöffel
5 Dessertteller mit Serviette für Butter mit Buttergabel
6 Brotkorb mit Serviette für Gebäck
7 Dessertteller mit Serviette für Marmelade mit Kaffeelöffeln
8 Zucker

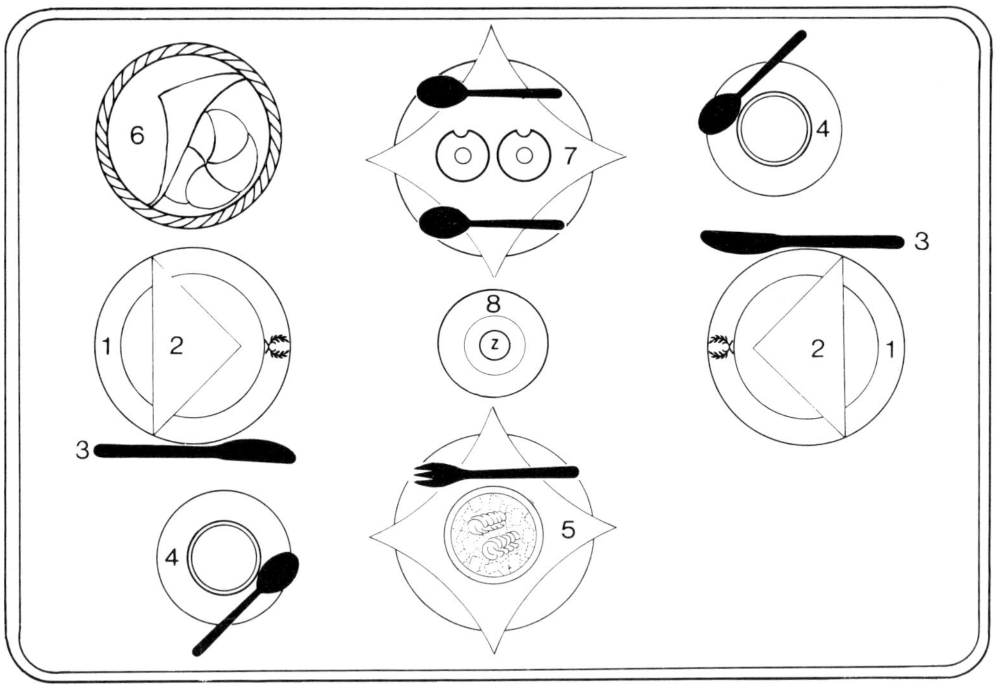

Etagenfrühstück auf einem Room-service-trolley

1 Dessertteller
2 Papierserviette
3 Dessertmesser
4 Untertasse mit Teeschale und Kaffeelöffel
5 Glasschüssel mit Butter (portioniert) auf Dessertteller mit Serviette
6 Brot portioniert im Brotkorb
7 Marmelade und Honig (portioniert) auf Dessertteller mit Serviette
8 Zucker
9 Teekanne
10 Aufgußwasserkanne
11 Oberskanne
12 Untertasse für Teesackerl oder -sieb
13 Salz, Pfeffer
14 Blumen

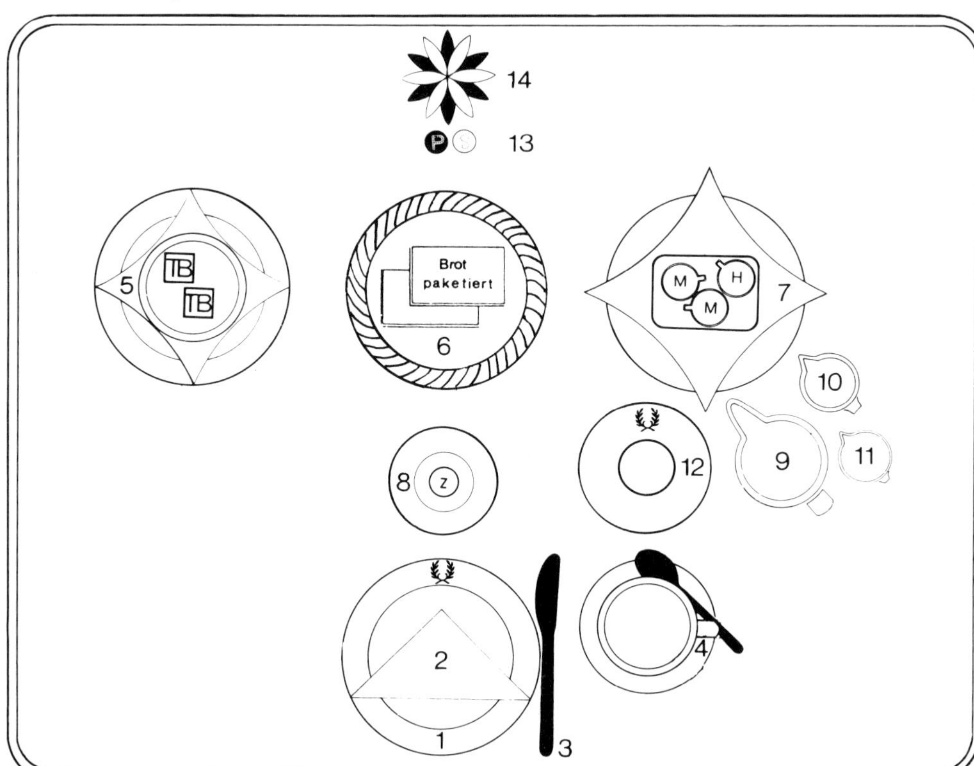

Folgende Punkte sind vom Servierpersonal beim Etagenfrühstück zu beachten:
Der Gast soll das Frühstück zur gewünschten Zeit serviert bekommen.
Vor dem Eintreten in ein Zimmer muß hörbar angeklopft werden.
Beim Eintreten in ein Zimmer geht der Kellner mit dem Rücken voran.
Beim Eintreten hat der Kellner höflich und freundlich zu grüßen.
Der Gast ist zu fragen, wo er das Frühstück gerne einnehmen möchte.
Außerdem ist zu fragen, ob Vorhang und Fenster geöffnet werden sollen.
Zum Schluß erkundigt man sich, ob der Gast sonst noch Wünsche hat.
Ist eine Rechnung zu begleichen, wird sie vom Gast unterschrieben oder beglichen.
Beim Verlassen des Zimmers verabschiedet man sich und schließt leise die Tür.
Alles Gesehene und Gehörte behält ein guter Kellner für sich (Diskretion).

VORMITTAGSJAUSE UND GABELFRÜHSTÜCK (DÉJEUNER À LA FOURCHETTE)

Die Vormittagsjause wird zwischen 9 Uhr und 10.30 Uhr eingenommen. Meistens werden einfache Gerichte, wie z. B. Gulaschsuppe, Gulasch, Würstel mit Saft, Beuschel als warme Speisen oder kalte kleine Gerichte, wie Essigwurst, Rindfleischsalat, Speck, Käse und im ländlichen Bereich Brettljause mit Brot angeboten.
Dazu wird ein Glas Bier oder Wein, Gespritzter oder Most getrunken.
Die Speisen werden fast immer auf Tellern angerichtet und eingestellt.

SEKTFRÜHSTÜCK ODER DIPLOMATENFRÜHSTÜCK

Vor festlichen Anlässen (Hochzeit, Taufe, Matinee) wird das Gabelfrühstück in Form eines Sektfrühstücks eingenommen. Es findet am späten Vormittag statt.
Aus gegebenem Anlaß wird von den herkömmlichen deftigen Jausengerichten abgegangen, und es werden delikatere Speisen in Form von Canapés (kleinen belegten Broten) angeboten.
Statt Bier wird Wein, Sekt oder Champagner gereicht.
Serviert wird wie bei Cocktailpartys, d. h. auf Platten und Tabletts.

BRUNCH

Diese Bezeichnung stammt aus dem Amerikanischen und ist aus den Wörtern Breakfast und Lunch zusammengesetzt. Damit ist auch bereits der Charakter dieser Mahlzeit symbolisiert.
Auch im Haushalt werden Frühstück und Mittagessen heute oft zu einem Brunch zusammengelegt, der dann gewöhnlich zwischen 11 Uhr und 14 Uhr eingenommen wird. In der Gastronomie wird er meist an Feiertagen angeboten. Ein typisches Beispiel ist der sogenannte Neujahrsbrunch, der nach dem Neujahrskonzert regen Zuspruch findet.
An Speisen wird alles angeboten, was auch beim englischen und beim amerikanischen Frühstück gereicht wird. Dazu kommen leichte, aber gut gewürzte Fleisch- und Fischgerichte. Auch Puddings und Cremes werden beim Brunch angeboten.
An Getränken gibt es Kaffee, Tee, Kakao, Schokolade, Milch, kalte und warme Egg-nogs, Flips und Pick-me-ups (Katergetränke).
Der Brunch wird meistens in Form eines kalten und warmen Buffets angeboten, warme Gerichte werden in Chafing-dishes warm gehalten. Warme Speisen werden von einem Koch oder Kellner am Buffet auf heißen Tellern angerichtet.

MITTAGESSEN (DÉJEUNER)

In Österreich, Deutschland und der Schweiz ist das Mittagessen die Hauptmahlzeit des Tages. Sie wird meist schon relativ früh, nämlich zwischen 11.30 Uhr und 14 Uhr, eingenommen.
In den südlichen Ländern (Italien, Griechenland, Südamerika) und im Orient wird nicht vor 14 Uhr oder 14.30 Uhr zu Mittag gegessen. Betriebe mit Gästen aus diesen Ländern sollten auf deren Eßgewohnheiten Rücksicht nehmen.
Ein Mittagessen besteht in Österreich meist aus zwei, häufiger aber aus drei Gängen. Der erste Gang ist eine Suppe. Die Hauptspeise besteht aus Fleisch oder Fisch mit einer Beilage; meist werden fertige Speisen, oft Ragoutgerichte oder Eintöpfe, selten werden À-la-minute-Gerichte verlangt. Der Einsatz einer Voiture (siehe Seite 99 ff) ist zu empfehlen. Zum Abschluß gibt es eine warme oder kalte Mehlspeise bzw. ein Dessert.
An Getränken werden vor allem Bier, gespritzter Wein und alkoholfreie Getränke gereicht.
Sehr gerne werden heute Mittagsbuffets angeboten. Sie sind vor allem bei Geschäftsleuten sehr beliebt, die wenig Zeit zur Verfügung haben. Aber auch in Wintersportorten wird diese Form des Mittagessens sehr geschätzt. Das Angebot reicht von kalten Vorspeisen über zwei bis drei verschiedene Suppen, vier bis sechs Hauptgerichten, Beilagen und Desserts.
Bei den Hauptspeisen kann der Gast in der Regel zwischen Ragoutgerichten, kalten und warmen Braten (Rôti) sowie gekochten oder gebratenen Fleischstücken, die im Ganzen bereitgestellt werden (Großes pièces) wählen.

Gedecke

EINFACHES GRUNDGEDECK: in Kleinbetrieben

DAS SERVICE

DIE MAHLZEITEN

MIT EINEM SUPPENLÖFFEL ERWEITERTES EINFACHES GRUNDGEDECK: wenn die Suppe im Suppenteller serviert wird, in Kleinbetrieben üblich

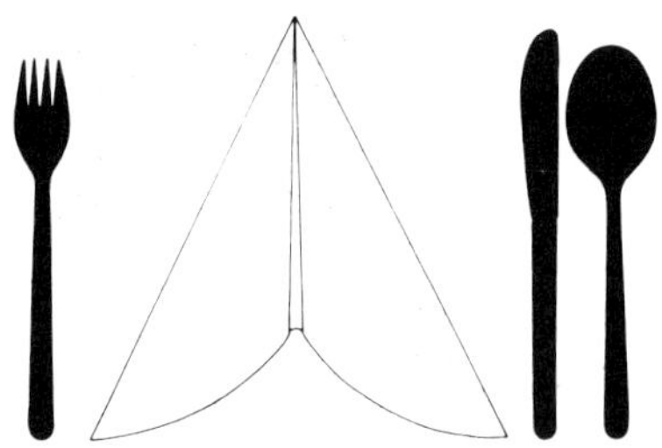

MIT EINEM DESSERTLÖFFEL ERWEITERTES EINFACHES GRUNDGEDECK: wenn die Suppe in der Bouillonschale serviert wird, meist in Mittelbetrieben

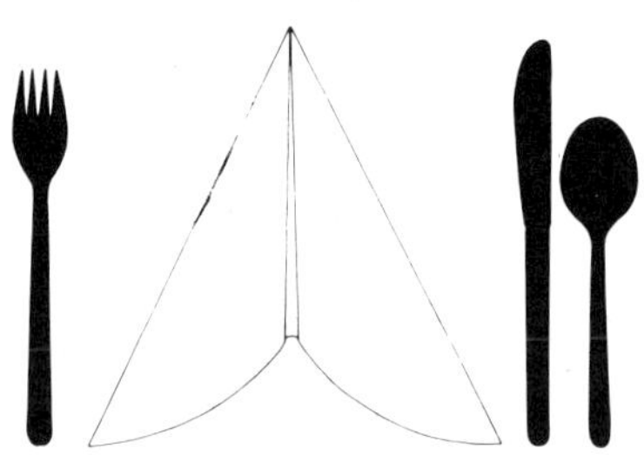

Das KUVERT (COUVERT) besteht aus einer Portion Butter, Gebäck und einer Stoffserviette. Dafür darf das sogenannte Covercharge, ein auf der Speisekarte extra angeführter Betrag, für das Gedeck in Rechnung gestellt werden.
Kuverts werden in gutbürgerlichen und Luxusbetrieben verrechnet. Das Kuvert kann mit besonderen Brot- und Gebäcksorten, wie z. B. französischem Schnittenbrot, Zwiebelbrot, Crissimis oder Melbatoast, oder mit sogenannten Crudités (Rohkost — Karotten, Stangensellerie, Radieschen, Oliven und jungen Zwiebeln — auf Eis) erweitert werden. Der Kuvertpreis ist dann entsprechend höher.

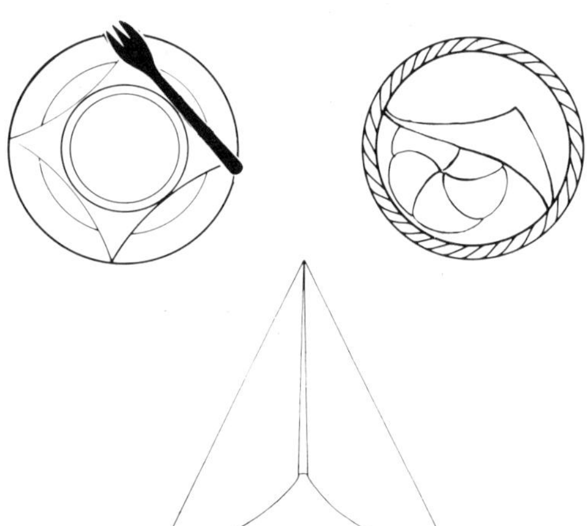

Das KUVERTGEDECK (internationale Restaurantgedeck oder À-la-carte-Gedeck) ist die Vorbereitung für das darauffolgende Service. Nur so kann ein reibungsloser Servierablauf gewährleistet werden. Geringfügige Modifizierungen zu dem unten dargestellten Gedeck sind möglich. So wird in guten Häusern das Dessertmesser oft durch ein Buttermesser ersetzt.

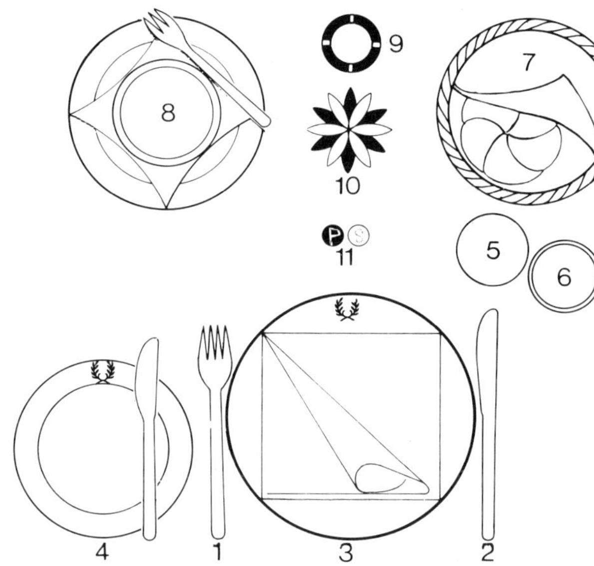

1 Fleischgabel
2 Fleischmesser
3 Standteller mit Serviette
4 Brotteller mit Dessertmesser
5 Rotwein- oder Weißweinglas
6 Weißwein- oder Wasserglas
7 Gebäck
8 Butter
9 Aschenbecher
10 Blumen
11 Pfeffer, Salz

Dieses Kuvertgedeck ist Grundlage für alle Gedeckserweiterungen; vgl. vor allem das Kapitel „Spezialgedecke" Seite 70 ff.

MENÜGEDECKE

Menügedeck in Klein- und Mittelbetrieben für:
Suppe in der Bouillonschale
Fleischhauptspeise
Süßspeise

Menügedeck in Klein- und Mittelbetrieben für:
Fleischhauptspeise
Nachtisch — wahlweise Käse bzw. Obst oder Süßspeise. Nachdem der Gast gewählt hat, nimmt man entweder das Dessertmesser (wenn er die Süßspeise gewählt hat) oder den Dessertlöffel (wenn er Käse oder Obst gewählt hat) weg. Die Dessertgabel läßt man immer liegen.

Menügedeck mit Kuvert (Brotteller, Buttermesser, Stoffserviette) in Mittelbetrieben, in denen bereits ein Kuvert verrechnet wird, aber noch offene Weine und sonstige Getränke den Vorrang haben (weshalb auch keine Gläser aufgedeckt sind), für:
Fleischhauptspeise
Nachtisch — wahlweise Käse bzw. Obst oder Süßspeise

Menügedeck mit Kuvert für:
Fleischhauptspeise
Süßspeise
Käse oder Obst

Servierarten

SUPPENSERVICE: Das Suppenservice hängt von der Art des Betriebes ab.

- **Suppe aus der Suppenausgießtasse:** Dieses sehr einfache Service wird in Kleinbetrieben und zur Bedienung von Reisegruppen angewendet. Die Suppenausgießtasse mit der Suppe steht auf einer Serviertasse. Die Suppenteller sind meistens schon eingestellt; besser ist es aber, sie mit dem Obergriff gleichzeitig mit der Suppe in der Ausgießtasse heiß zu bringen. Dabei wird der Suppenteller zuerst eingestellt und die Suppe von rechts eingeschenkt, und zwar so, daß die Öffnung der Ausgießtasse vom Gast wegzeigt, um ein Bespritzen des Gastes zu vermeiden. Sind Knödel in der Suppe, so ist die Ausgießtasse an den äußersten Tellerrand zu halten, damit die Einlage nicht in die Suppe fällt, sondern vom Rand langsam hineingleitet.
  Bei dieser Serviceart wird immer ein Suppenlöffel eingedeckt.

— **Suppe „en tasse"** (in der Bouillonschale, in der Consommétasse oder in der Spezialsuppentasse): in Betrieben der Mittel- und der Luxusklasse. Die Suppe wird schon in der Küche in die Schale oder Tasse eingeschenkt. Serviert wird sie auf einer Untertasse, die auf einem Dessertteller mit einer Papierserviette steht. Die Bouillonschale mit einem Bouillonlöffel oder Consommélöffel (wenn nicht vorhanden, nimmt man einen Dessertlöffel) wird von rechts eingestellt.

Servieren der Suppe in der Bouillonschale

Consommétasse

Spezialsuppentasse

Die Spezialsuppentasse steht auf einer kleinen Untertasse und diese auf einer kleinen Papierserviette auf einem Brotteller. Je nach der Größe der Spezialsuppentasse wird sie mit einem Kaffee- oder einem Mokkalöffel eingestellt.

— **Suppe „en terrine"**: in Betrieben mit Pensionsgästen und beim Table-d'hôte-Service. Die Terrine wird auf dem Tisch des Gastes eingestellt, und der Gast oder die Gäste bedienen sich selbst. Bei dieser Art wird meist ein Suppenteller verwendet.
In Betrieben der gehobenen Klasse wird die Suppe vom Servierpersonal beim Tisch des Gastes in Bouillonschalen oder Consommétassen (abhängig von der Art der Suppe) eingeschenkt und serviert.
In kleinen Terrinen werden auch Suppentöpfe, wie Wiener Suppenhuhn, Petite marmite, serviert (siehe Spezialgedecke, Seite 78).

HAUPTSPEISENSERVICE: Es beinhaltet in einfachen Betrieben das Einstellen von Tellergerichten (Tellerservice), in Klein- und Mittelbetrieben oft das Einstellen von Platten (Plattenservice), in erstklassigen Betrieben das Anrichten und Vorlegen, in Betrieben mit „nouvelle cuisine" das Tellerservice.

Das Lunchbuffet mit kalten und warmen Gerichten hat sich bestens bewährt, weil für Geschäftsleute und Berufstätige meist nur eine kurze Mittagspause zur Verfügung steht. Da sich der Gast am Buffet selbst bedienen kann, wird die Wartezeit wesentlich verkürzt. Dem Servierpersonal bleiben in der Hauptsache das Getränkeservice und das Abservieren von Tellern und Gläsern.

DESSERTSERVICE: Desserts werden entweder eingestellt, oder sie werden auf einem Dessertwagen zum Tisch des Gastes gefahren, und der Gast wählt selbst sein Dessert aus.

NACHMITTAGSJAUSE

Die Nachmittagsjause wird in regional verschiedener Zusammensetzung meist in der Zeit von 15.30 Uhr bis 16.30 Uhr angeboten.
Sie ist bei den Gästen sehr beliebt und eine gute Einstimmung für den Abend.
In der schönen Jahreszeit wird die Nachmittagsjause gerne auf einer Sonnenterrasse eingenommen.
In Wintersporthotels steht dafür häufig eine Bauernstube oder ein Kaminzimmer zur Verfügung.

Nachmittagsjause oder Vesper

Diese in ganz Österreich übliche, vor allem in rustikalen Betrieben angebotene Jause besteht aus kalten Fleischspeisen wie Schweinsbraten, Surfleisch, geräuchertem oder rohem Schinken, Speck, Wurst, Käse, hartgekochten Eiern, Essiggemüse (Essiggurken, Pfefferoni, Maiskolben usw.) und frischem Gemüse wie Tomaten, Radieschen etc., Semmeln oder Schwarzbrot. Dazu trinkt man ein Glas Bier, Most oder Wein.
Die für die Jause übliche Servierart ist das Einstellen. Meist werden die Speisen auf Holztellern oder -bretteln angerichtet und vor allem in den westlichen Bundesländern als sogenannte Bretteljause offeriert. Dazu wird häufig ein Gläschen Schnaps getrunken.

Kaffeejause

Eine ganz andere Form der Nachmittagsjause ist die Kaffeejause, die vor allem in Kaffeehäusern, Kaffeekonditoreien, Konditoreien, Ausflugsgaststätten und Hotels angeboten wird.
Man serviert Kaffee, Tee, Schokolade, Eiskaffee. Dazu gibt es Torten oder Kuchen.
Die „Wiener" Kaffeejause bietet eine Auswahl der typischen Kaffeehausgetränke (siehe Seite 166 ff). Dazu werden Plundergebäck, Gugelhupf, Nußkipferl, Mohnbeugerl, verschiedene warme und kalte Strudel sowie Sachertorte, Malakofftorte und Dobostorte angeboten.
Die übliche Servierart ist das Einstellen.

1 Dessertteller
2 Kuchengabel
3 Serviette
4 Untertasse mit Kaffeeschale und Kaffeelöffel
5 Zucker

Afternoon tea

Der Afternoon tea wird zwischen 15 Uhr und 17 Uhr angeboten und ist eine traditionelle englische Gepflogenheit, die der englische Gast auch bei uns nicht missen möchte. Zum Afternoon tea werden angeboten: kleine doppelte Weißbrotsandwiches, die mit Butter bestrichen und mit Tomaten-, Gurken- oder Eischeiben, Salatblättern oder einem sogenannten Sandwichspread (Brotaufstrich aus Fisch oder Fleisch und Eiern) belegt sind. Auch warmer Weißbrottoast mit Marmelade oder Jam wird gereicht, außerdem trockene Kuchen (Bischofsbrot oder Früchtebrot) und Kekse.
An Getränken gibt es Tee, der meist mit kalter Milch oder kaltem Obers serviert wird. Ganz selten verlangen englische Gäste Zitrone. In wenigen Ausnahmefällen wird auch leichter Kaffee oder ein alkoholfreies Getränk bzw. kalte Milch verlangt.
Die Getränke werden eingestellt, die Speisen oft vorgelegt oder angeboten.

ABENDESSEN

In Österreich, Deutschland und der Schweiz wird das Abendessen relativ früh, etwa in der Zeit von 18 Uhr bis 21 Uhr, eingenommen. Gäste aus südlichen Ländern und aus dem Orient beginnen diese Mahlzeit meist nicht vor 21 Uhr. Tragen Sie deshalb in Ihrem Betrieb diesen Eßgewohnheiten Rechnung.
Im Gegensatz zum Frühstück und Mittagessen hat der Gast, abgesehen von wenigen Ausnahmen, genügend Zeit für ein geruhsames Abendessen. Deshalb wird am Abend im allgemeinen auch ein wesentlich höherer Umsatz erzielt als beim Mittagsgeschäft. Auch das Service ist relativ unproblematisch, weil die Hektik des Tages vorbei ist.
Es muß beim Abendessen allerdings reibungslos und ohne größere Fehler ablaufen. Unzulänglichkeiten, die ein Gast während des Tages aus zeitlichen Gründen entschuldigen würde, wird er beim Abendessen, wo genügend Zeit vorhanden ist, sicherlich beanstanden.
Zum Abendessen werden À-la-minute-Gerichte bevorzugt, aber auch Flambés von Fleisch, Fisch, Obst und Süßspeisen sowie Speisen, die vor dem Gast tranchiert werden, sind gefragt.
Konsumiert ein Gast zu Mittag vielleicht nur ein Glas Wein zu einem Menü, so wird er am Abend wahrscheinlich eine gute Flasche Wein aussuchen, die er auch fachgerecht präsentiert und serviert haben möchte.
An Servierarten sind vor allem Anrichten und Vorlegen üblich; viele Speisen werden beim Tisch des Gastes vollendet.

SOUPER

Diese Spätmahlzeit ist für Gäste, die nach einem Theater- oder Opernbesuch oder einer anderen Veranstaltung noch eine leichte Mahlzeit zu sich nehmen wollen.
Sie besteht meist aus einem kleinen kalten Gericht, wie z. B. Beefsteak tartar, Räucherlachs mit Toast, Shrimps-Cocktail, einem Omelett oder Gerichten aus Fleisch, das meistens gegrillt wird. Diese Speisen sollen den Organismus vor dem Schlafengehen nicht belasten, weshalb das Souper im allgemeinen auch nur aus einem Gang besteht.
Dazu wird in der Regel eine gute Flasche Wein, Sekt oder Champagner getrunken.
Als Servierarten sind Einstellen und Anrichten üblich.

Spezialgedecke

Man benötigt sie für eine ganze Reihe von Gerichten, die mit den herkömmlichen Bestecken nicht oder nur sehr schwer gegessen werden können bzw. auf Grund ihrer Exklusivität auch ein besonderes Service verlangen. Die Palette dieser Speisen reicht von Feingemüse- und Teigwarengerichten sowie Suppentöpfen über Weich-, Schal- und Krustentiere bis zu Trüffeln, Gänseleberpastete und Kaviar.
Voraussetzung für das richtige Service ist die Kenntnis des Produktes und die Fachkenntnis über das richtige Zubereiten, Tranchieren und Anrichten des jeweiligen Gerichtes.
Die Mise en place (Bestecke, Hilfsbestecke, Teller und Platten) ist abhängig von der angebotenen Spezialität.

ARTISCHOCKEN (ARTICHAUTS)

Die Artischocke ist neben dem Spargel ein sogenanntes Feingemüse. Beliebt ist vor allem die nicht stachelige Art. Sie ist die Blüte einer aus Nordafrika stammenden Pflanze. In Südeuropa wird sie als Wintergemüse und in Amerika das ganze Jahr über geerntet. Von den Artischocken ißt man die Schuppenblätter und die Blütenböden.
Artischocken werden gekocht und kalt oder warm serviert, aber auch gefüllt und als warme Vorspeise angeboten.
Kalte Artischocken werden auf einer Chromplatte oder Glasplatte auf Unterplatte mit Papierserviette oder auf einer Porzellan- oder Nirostaplatte auf Stoffserviette angerichtet.
Warme Artischocken auf einer runden Platte mit Stoffserviette.
Zu kalten Artischocken serviert man meist eine Sauce vinaigrette oder eine Sauce aïoli, zu warmen Artischocken eine Sauce hollandaise oder zerlassene Butter.
An Getränken passen am besten zu Artischockengerichten leichte, trockene Weißweine.
Eine der Artischocke sehr ähnliche Pflanze ist die Kardendistel. Sie ist kleiner und fester und stammt aus dem Mittelmeerraum. Die von Wurzeln und Stiel befreite Frucht wird wie die Artischocke zubereitet.
Die Servierart ist Einstellen oder Anrichten (am Guéridon).

Variante 1

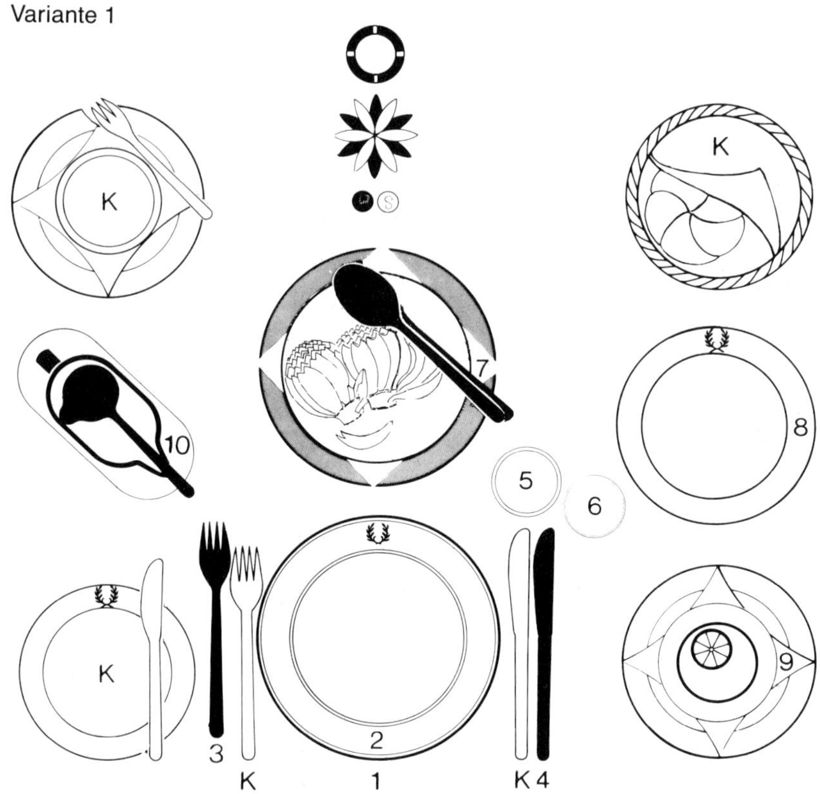

K Kuvertgedeck
1 Standteller mit Underliner
2 Fleischteller
3 Fleischgabel
4 Fleischmesser
5 Wasserglas
6 Weißweinglas
7 Glasplatte auf Unterplatte mit Serviette, Suppenlöffel und Fleischgabel als Vorleger
8 Dessertteller (Abfallteller)
9 Fingerbowle
10 Sauciere mit Saucenlöffel

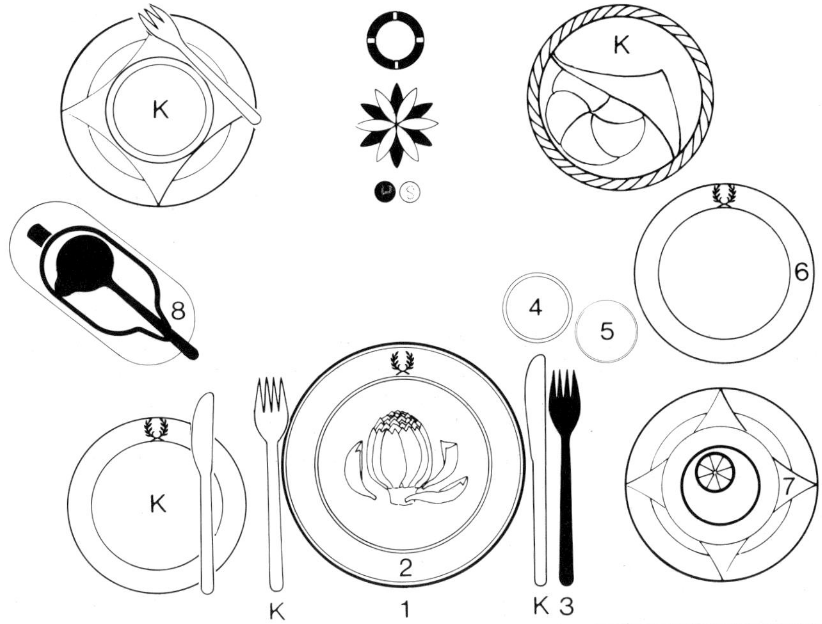

Variante 2

K Kuvertgedeck
1 Standteller mit Underliner (Spitzenpapier)
2 Fleischteller
3 Fleischgabel
4 Wasserglas
5 Weißweinglas
6 Dessertteller (Abfallteller)
7 Fingerbowle
8 Sauciere mit Saucenlöffel

SPARGEL (ASPERGE)

Variante 1

K Kuvertgedeck
1 Fleischteller
2 Spargelgriff
3 Fleischgabel
4 Weißweinglas
5 Fingerbowle
6 Dessertteller (Abfallteller)
7 Platte mit Stoffserviette (bzw. Spargelwanne) und Spargelvorlegezange
8 Sauciere mit Saucenlöffel

Der Spargel ist das klassische Frühlingsgemüse der Monate April und Mai. Es gibt über zwanzig verschiedene Sorten, wobei der weiße und der grüne Spargel am bekanntesten sind. Bei uns am meisten verbreitet ist der weiße Spargel. Er hat einen blauvioletten „Kopf".
Der grüne Spargel ist vor allem in Amerika sehr beliebt. Er ist nicht so herbbitter im Geschmack wie der weiße Spargel. Eine in England wild wachsende Abart ist als „sprue" bekannt.
Die Spitzen dieses als junge Keime geernteten Gemüses sind das beste und beliebteste.
Dicke Spargelstangen werden auch als Solospargel bezeichnet. Spargel wird gekocht und kalt oder warm als Spargel Natur, aber auch gratiniert und Natur oder auf Blattspinat zubereitet. Manchmal wird er auch in Mehl, Ei und Bröseln oder in Bier- oder Weinteig gebacken angeboten.
Kalten Spargel richtet man auf Platten mit Serviette und Unterteller an. Meist sind es Glasplatten. Auf keinen Fall dürfen Silberplatten verwendet werden.
Warmer Spargel wird in Bündel gebunden, in einer Spargelwanne (noch im Sud) oder auf einer warmen Platte mit einer Stoffserviette angerichtet.
Gratinierten oder gebackenen Spargel serviert man in einer Plate russe auf einer dazupassenden Unterplatte mit Serviette oder direkt auf einem heißen Fleischteller.

Zu kaltem Spargel serviert man Sauce vinaigrette oder Rohschinken wie San Danieli, Westfäler Schinken oder Parmaschinken.
Zu warmem Spargel werden Sauce maltaise, Sauce hollandaise oder Sauce mousseline, gebratener Schinken oder Rührei, zu gebackenem Spargel leichte Kräutermayonnaise und Zitrone gereicht.
Passende Getränke zu Spargelgerichten sind trockene Weißweine wie Grüner Veltliner, Welschriesling, Riesling d'Alsace, Gewürztraminer d'Alsace, Fendant sowie Rhein- und Moselweine.
Die Servierarten sind Einstellen oder Anrichten.

Variante 2

K Kuvertgedeck
1 Fleischteller
2 Fleischgabel
3 Fleischgabel
4 Weißweinglas
5 Fingerbowle
6 Dessertteller (Abfallteller)
7 Platte mit Stoffserviette (bzw. Spargelwanne), Fleischgabel und Suppenlöffel als Vorleger
8 Sauciere mit Saucenlöffel

TEIGWARENGERICHTE (ANTIPASTI CALDI)

Pasta asciutta ist die Basis der italienischen Küche. Damit sind nicht nur Spaghetti gemeint, sondern alle Teigwarengerichte, die mit Sauce serviert werden, ebenso wie Lasagne und gefüllte Teigwaren wie Ravioli und Canneloni.
Abweichend von der Faustregel, daß warme Vorspeisen mit Fleischmesser und Fleischgabel gegessen werden, ist es in Österreich und in der Bundesrepublik Deutschland üblich, Teigwarengerichte mit Löffel und Gabel zu essen. Abhängig von der Quantität und Anrichteart verwendet man Fleischgabel und Suppenlöffel (für Teigwaren als Hauptgericht im Suppenteller) bzw. Dessertgabel und Dessertlöffel (für Teigwaren als Vorspeise oder Zwischengericht; werden in einer kleinen, flachen, feuerfesten Schüssel serviert).
Teigwarengerichte werden gekocht und dann gratiniert oder im Rohr gebacken.
Sie werden in einer Timbale oder in einer feuerfesten Schüssel mit Serviette auf Unterplatte angerichtet.
Zu Teigwarengerichten serviert man geriebenen Parmesankäse und die jeweilige Sauce aus Fleisch und Pilzen, aus Fisch und Muscheln usw.
An Getränken reicht man zu Teigwarengerichten mit Fleisch- und Pilzsaucen Rosé- und Rotweine, zu Teigwarengerichten mit Fisch- und Muschelsaucen Weißweine.
Die Servierarten sind Einstellen oder Anrichten.

Diese Gedeckart findet auch für kleine Ragoutgerichte, Risotto und Pilzgerichte in einer Cremesauce Verwendung.
Nur in Österreich und Deutschland wird ein Suppenlöffel auf der linken Seite eingedeckt.
In Italien hingegen wird der Suppenlöffel rechts und die Fleischgabel links vom Suppenteller eingedeckt, obwohl hier meist nur die Gabel zum Essen verwendet wird.

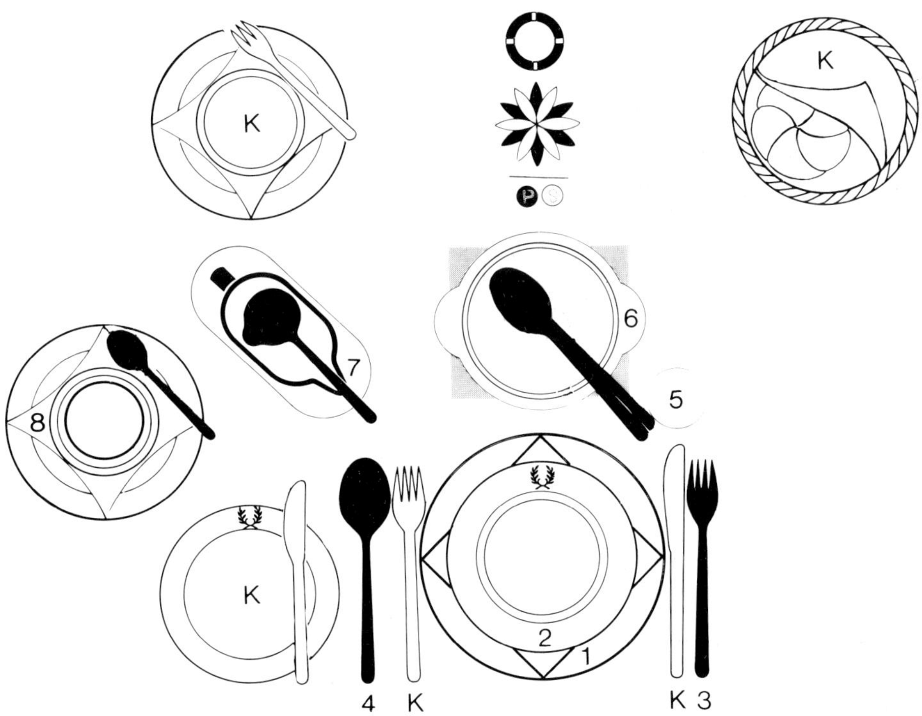

K Kuvertgedeck
1 Standteller mit Underliner
2 Suppenteller
3 Fleischgabel
4 Suppenlöffel
5 Weiß-, Rosé- oder Rotweinglas
6 Timbale oder feuerfeste Schüssel auf Rechaud (Platemaster) mit Suppenlöffel und Fleischgabel als Vorleger
7 Sauciere mit Saucenlöffel
8 Parmesanbehälter oder Glasschüssel auf Dessertteller mit Serviette und Kaffeelöffel für Reibkäse

DAS SERVICE

Spezialgedecke

SCHNECKEN (ESCARGOTS)

Schnecken sind Weichtiere. Im Mittelalter waren sie eine traditionelle Fastenspeise. Heute sind Schnecken eine Spezialität. Wenn wir von Schnecken sprechen, meinen wir die Weinbergschnecke oder die Petit gris, eine in Frankreich sehr beliebte Schneckenart.
Für Schnecken gibt es die verschiedensten Zubereitungsarten. Grundsätzlich ist zu beachten, daß die Häuser der Schnecken vor dem Kochen gut abgebürstet und anschließend in mit Essig und Salz versetztem Wasser gespült werden. Schnecken, deren Köpfe dabei nicht aus dem Gehäuse kommen, sollten nicht verwendet werden.
Dann gibt man Sie in kochendes Wasser und läßt sie zirka fünf Minuten sieden. Sobald sie abgekühlt sind zieht man die Schnecken aus ihren Häusern und entfernt die Eingeweidesäcke.
Das Schneckenfleisch wird je nach Zubereitungsart entweder in einer Court bouillon oder speziellen Marinade gekocht.
Sollen die Häuser verwendet werden, müssen Sie ausgekocht werden. Dazu verwendet man Wasser, das mit doppelt kohlesaurem Natron versetzt wird. Anschließend müssen sie gut gespült werden.
Im Handel sind jedoch auch schon vorbehandelte Schneckenhäuser erhältlich.
Nach Burgunder Art (Escargots à la bourguignonne) werden die Schnecken im Gehäuse mit Schneckenbutter zubereitet.
Die gekochten Schnecken ohne Gehäuse bereitet man mit Kräuter- oder Knoblauchbutter in der Tongutpfanne zu.
Escargots frits werden paniert und in Fett gebacken, mit Messer und Gabel gegessen.
Nach Dijoner Art (Escargots à la dijonnaise) füllt man die gekochten Schnecken mit einer Reduktion aus Rotwein, Schalotten und Kalbsglace in die Gehäuse, verschließt sie mit Schneckenbutter und gart sie im Rohr fertig. Sie werden wie Schnecken nach Burgunder Art mit Schneckenzange und Schneckengabel gegessen.
Marinierte Schnecken (Escargots marinés) werden in Weißwein, Essig, Pilzen und Gewürzen gekocht. Anschließend erkalten lassen. Mit Messer und Gabel essen.
Angerichtet werden Schnecken im Gehäuse in einer Schneckenpfanne (oft auf Salz) und Schnecken ohne Gehäuse in einer Schneckentongutpfanne (Caquelon).
Zu Schneckengerichten wird meist Weißbrot, an Getränken trockene Weiß- oder Rotweine, aber auch Starkbier (z. B. Stout) gereicht.
Die Servierart ist Einstellen.

Variante 1: Schnecken im Gehäuse (in einer Schneckenpfanne)

K Kuvertgedeck
1 Standteller mit Underliner oder Serviette
2 Suppenteller
3 Schneckengabel
4 Schneckenzange
5 Dessertlöffel (oder Suppenlöffel)
6 Wasserglas
7 Weißweinglas
8 Schneckenpfanne mit Serviette und Unterteller
9 Brotteller mit Weißbrot
10 Dessertteller (Abfallteller)

Variante 2: Schnecken im Gehäuse (auf Salz)

K Kuvertgedeck
1 Standteller
2 Suppenteller
3 Schneckengabel
4 Schneckenzange
5 Dessertlöffel (oder Suppenlöffel)
6 Wasserglas
7 Weißweinglas
8 Schneckenpfanne mit Serviette und Unterteller
9 Brotteller mit Weißbrot
10 Dessertteller (Abfallteller)

Variante 3: Schnecken ohne Gehäuse

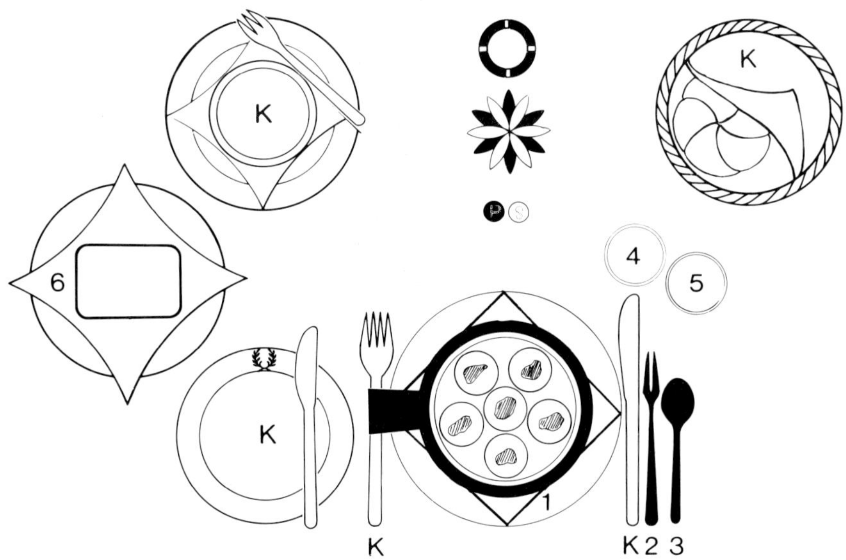

K Kuvertgedeck
1 Fleischteller mit Serviette und Schneckentongutpfanne (Caquelon)
2 Schneckengabel
3 Kaffeelöffel
4 Rotweinglas
5 Weißweinglas
6 Brotteller mit Weißbrot

SUPPENTÖPFE MIT GROSSEN FLEISCH-EINLAGEN (MARMITE)

Bestimmte Suppen, die relativ große Fleischstücke enthalten, wie z. B. Geflügeltopf, Pot-au-feu, Petite marmite, werden nicht in Suppentassen oder -schalen angerichtet, sondern kommen immer in der Terrine mit einem Suppenschöpflöffel zum Tisch des Gastes.

Sie sind ein Hauptgericht. Es werden Fleischmesser und Fleischgabel zum Schneiden der Suppeneinlage eingedeckt bzw. sind im Kuvert schon vorhanden.
Eventuell kann Bier zu Suppentöpfen serviert werden.
Die Servierarten sind Einstellen oder Anrichten.

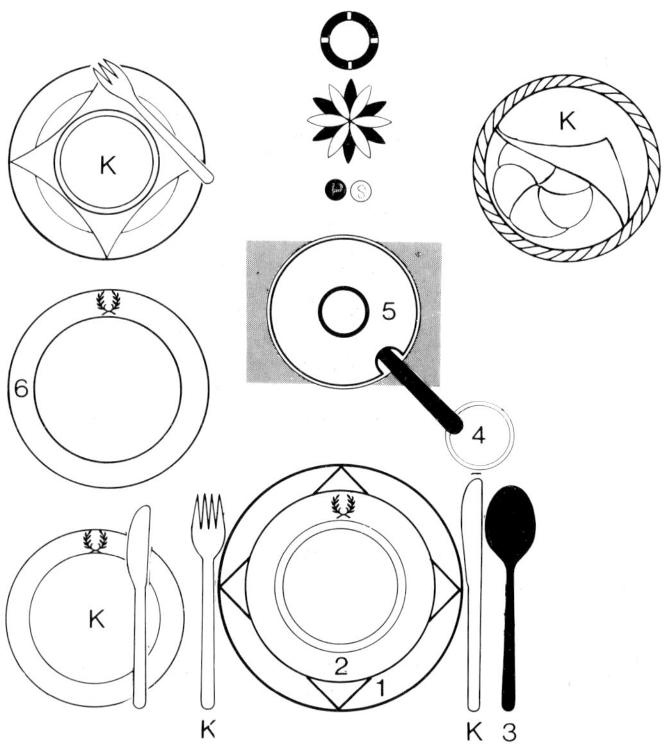

K Kuvertgedeck
1 Standteller mit Underliner oder Serviette
2 Suppenteller
3 Suppenlöffel
4 Bierglas
5 Suppenterrine auf Rechaud (Platemaster) mit Suppenschöpflöffel
6 Dessertteller (Abfallteller)

KALTE UND WARME VORSPEISEN-GERICHTE EN COQUILLE (HORS-D'ŒUVRES EN COQUILLE)

Hiebei handelt es sich um Vorspeisencocktails aus Meeresfrüchten, wie z. B. Meeresfischen aller Art, Austern, Jakobsmuscheln, Miesmuscheln, Kammuscheln, Seeigeln, Garnelen, Hummern, Langusten, Krabben.
Bei kalten Vorspeisengerichten „en coquille" werden die Meeresfrüchte mariniert und als Salat oder Cocktail angeboten.
Warm werden sie als Ragout oder überbacken (gratiniert) zubereitet.

Zum Anrichten verwendet man eine Jakobsmuschelschale oder Porzellanschale gleicher Form.
Zu kalten und warmen Vorspeisengerichten „en coquille" kann Toast gereicht werden.
Trockene Weißweine, Sekte und trockener Champagner sind als Getränke zu empfehlen.
Die Servierart ist Einstellen.

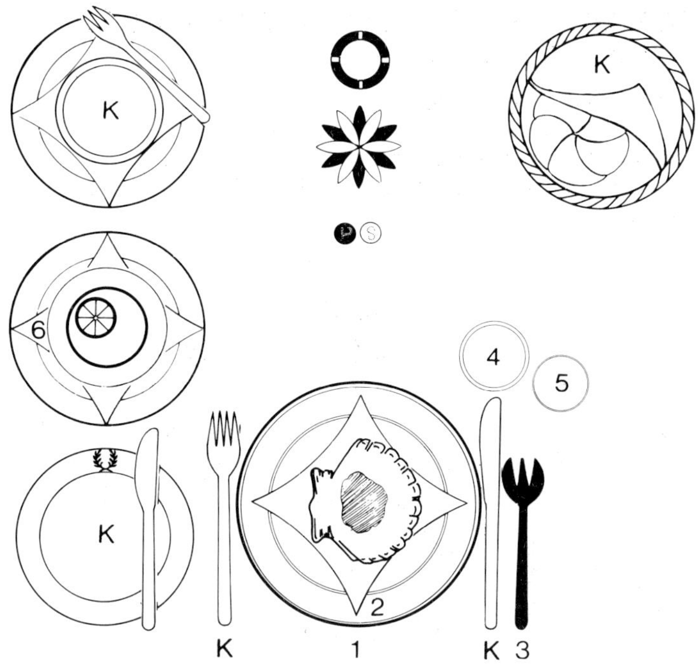

K Kuvertgedeck
1 Standteller
2 Fleischteller mit Serviette und Jakobsmuschelschale oder Porzellanschale gleicher Form
3 Austerngabel (wenn nicht vorhanden, Dessertgabel)
4 Wasserglas
5 Weißweinglas
6 Fingerbowle

KALTE VORSPEISENCOCKTAILS (COCKTAILS D'HORS-ŒUVRE FROIDS)

Die kalten Vorspeisencocktails unterscheiden sich von den kalten Vorspeisengerichten „en coquille" nur dadurch, daß sie in einer Coupeschale oder einem Coupeglas angerichtet werden. Die Zubereitungsarten sind gleich.
Darüber hinaus werden Vorspeisencocktails aus Zitrusfrüchten aller Art angeboten, die wie kalte Vorspeisencocktails zubereitet, angerichtet und serviert werden.

Das passende Getränk und was dazu serviert wird, ist abhängig von Grundmaterial und Marinade.
Die Servierart ist Einstellen.

Diese Gedeckform (mit Kaffeelöffel und Dessertgabel) findet auch bei kalten und warmen Vorspeisengerichten en coquille Verwendung.

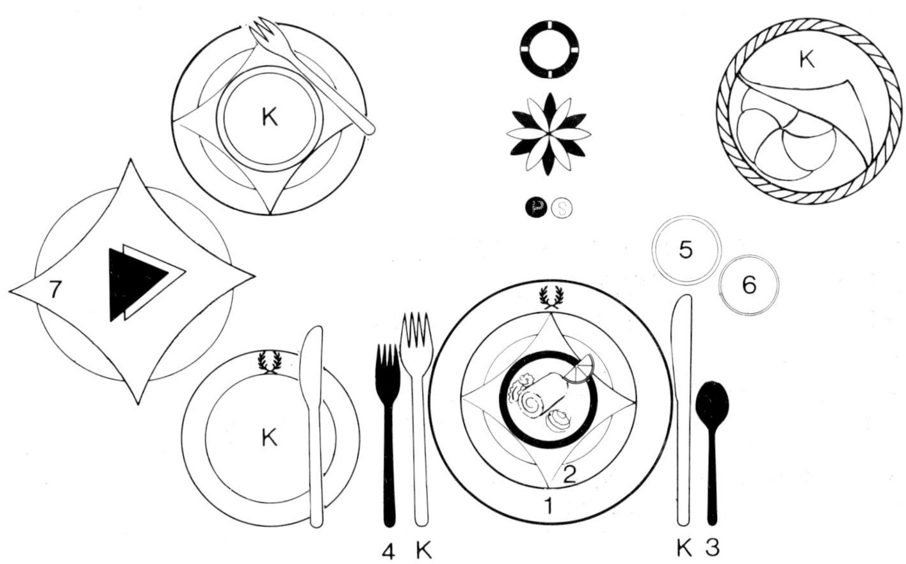

K Kuvertgedeck
1 Standteller
2 Dessertteller mit Serviette und Coupeschale oder Coupeglas
3 Kaffeelöffel
4 Dessertgabel
5 Wasserglas
6 Weißweinglas
7 Brotteller (nicht bei Vorspeisencocktails aus Zitrusfrüchten)

MUSCHELGERICHTE (MOULES)

Muscheln sind Schaltiere. Es gibt sehr viele Arten, deren bekannteste die Mies- oder Pfahlmuscheln (längliche Form, blauviolette Schale), die Herz-, Kamm- und Steckmuscheln sowie die Jakobsmuscheln sind.
Die Mies- oder Pfahlmuscheln („cozze") werden an der Mittelmeer- und Atlantikküste in Kulturen gezüchtet. Die Herzmuscheln („vongole") sind besonders in England und in Amerika sehr beliebt.
Die häufigste Zubereitungsart ist als Moules à la marinière (ausschließlich Mies- oder Pfahlmuscheln).

Sie werden in einer Kasserolle auf Rechaud (Platemaster) oder direkt im Suppenteller angerichtet.
Zu Muschelgerichten wird meist Weißbrot gereicht.
An Getränken werden trockene Weißweine gereicht, am besten paßt natürlich jener Weißwein, der zur Zubereitung verwendet wurde.
Die Servierarten sind Einstellen oder Anrichten.

FROSCHSCHENKEL (CUISSES DE GRENOUILLES)

Es handelt sich hauptsächlich um chinesische Wasserfrösche, die heute in tiefgefrorenem Zustand auf den Markt kommen. Sie werden vor allem wegen ihrer zarten Konsistenz geschätzt.
In Frankreich werden frische Froschschenkel auf kleinen Holzspießchen angeboten. Diese Art ist bei uns kaum vorzufinden.
Froschschenkel werden gebacken (Cuisses de grenouilles frites) oder gebraten (Cuisses de grenouilles à la provençale aux fines herbes).

Gebackene Froschschenkel richtet man auf einer Platte auf Stoffserviette, gebratene Froschschenkel in einer Plat russe oder in einer Kasserolle oder Timbale an.
An Getränken passen zu Froschschenkeln am besten trockene Weiß- oder Roséweine.
Die Servierarten sind Einstellen oder Anrichten.

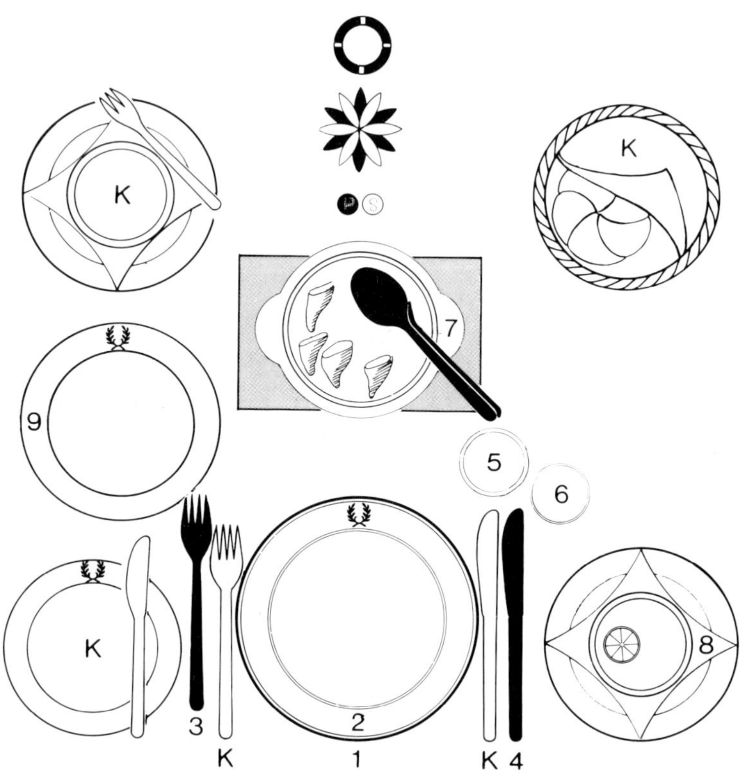

K Kuvertgedeck
1 Standteller mit Underliner
2 Fleischteller
3 Fleischgabel
4 Fleischmesser
5 Wasserglas
6 Weiß- oder Roséweinglas
7 feuerfeste Schüssel oder Kasserolle auf Rechaud (Platemaster) mit Suppenlöffel und Fleischgabel als Vorleger
8 Fingerbowle
9 Dessertteller (Abfallteller)

AUSTERN (HUÎTRES)

Austern sind Schaltiere, die an den Küsten Europas und Amerikas in künstlich angelegten Austernbänken gezogen werden.
Nach der Qualität unterscheidet man die Bélon- und Claire-Austern sowie die portugiesischen Austern. Letztere sind die besten, da sie tief und somit 15mal soviel Plankton ausfiltern wie die flachen Formen.
Austern werden mit einem Alter von vier bis sechs Jahren verkauft.
Sie haben alle ein silbergraues Fleisch, mit Ausnahme der Marennes aus Frankreich, deren Fleisch einen grünlichen Schimmer hat.
Weitere bekannte Marken sind Arcachon (Frankreich und Portugal), Oostende (Belgien), Imperialis (Holland), Royal Danske (Dänemark), Holsteiner und Helgoländer (Bundesrepublik Deutschland), Limfjord (Norwegen), Whitstable (England), Blue point (Amerika) und Malpec (Kanada).
Höchste Vorsicht ist geboten bei Austern und Muscheln, die sich leicht öffnen lassen oder bereits geöffnet sind. Diese sind für den Verzehr nicht geeignet (Muschelvergiftung). Es dürfen daher nur gut verschlossene Tiere verarbeitet werden.
Austern werden hauptsächlich roh (Austern Natur) gegessen. Sie werden aber auch in Weißweinsauce pochiert oder geräuchert angeboten.
Austern Natur richtet man entweder auf einer speziellen Austernplatte auf Eis, Algen und Seetang oder auf einer tieferen Glas- oder Metallplatte auf Eis an.
Zu Austern werden Pumpernickel, Vollkornbrot, Westfäler Brot (mehrere Lagen Pumpernickel und dazwischen Butter) oder getoastetes Schwarzbrot mit Knoblauch sowie Weinessig, Sauce vinaigrette, amerikanische Cocktailsauce oder Tabascosauce, auf alle Fälle frische Zitronenhälften serviert.
An Getränken passen am besten Starkbier (z. B. Guiness) und trockene Weißweine wie Grüner Veltliner, Welschriesling, Weißer Burgunder, Chablis, Muscadet, Soave oder trockene Sekte und Champagner.
Die Servierarten sind Einstellen oder Anrichten.

K Kuvertgedeck
1 Standteller
2 Fleischteller
3 Austerngabel
4 Weißweinglas
5 Austernplatte oder Glas- bzw. Metallplatte mit Fleischgabel und Suppenlöffel als Vorleger
6 Brotteller mit Westfäler Brot
7 Fingerbowle
8 Dessertteller mit Zitrone
9 Dessertteller (Abfallteller)
10 Pfeffermühle

Austernservice (Einstellen) ▶

HUMMER – LANGUSTE – KRABBE (HOMARD – LANGOUSTE – CRABE)

Sie gehören zu den Krustentieren.
Der Hummer ist am größten und wegen seines vorzüglichen Geschmackes besonders geschätzt. Er ist in den Küstengewässern des Atlantiks von Schottland bis North Carolina und von Skandinavien bis ins Mittelmeer heimisch.
Ihr Fleisch ist zarter als das von Langusten. Für den Hummer sind die langen Fühlerpaare, für die Languste die großen Scherencharakteristisch. Der teuerste Hummer ist der amerikanische „maine lobster“ aus dem Bundesstaat Maine.
Die Krabbe hat einen runden Panzer, ein kurzes, starkes Scherenpaar und starke Beine, in denen sich das beste Fleisch befindet. Krabben gibt es in verschiedenen Größen, von der Alaska king crab (größte Krabbe) bis zur Soft shell crab (ca. fünf Zentimeter Durchmesser).
Hummer, Languste und Krabbe werden gekocht und kalt oder warm serviert. Hummer wird aber auch gegrillt à la Thermidor oder à la Newburg angeboten.

Die Anrichtearten sind folgende:
Im ganzen auf einer Platte zum Tranchieren vor dem Gast, im ganzen auf einer Platte zum Einstellen auf dem Tisch des Gastes oder bereits portioniert und angerichtet auf Platten oder Tellern.
Zu kaltem gekochtem Hummer, kalter gekochter Languste oder Krabbe werden Saucen auf Mayonnaisebasis (Sauce verte, Sauce tyrolienne), leichte Kräutersaucen mit Olivenöl, Zitronen- und Olivenöl-Dressings oder nur frische Zitrone serviert.
Zu warmem Hummer, warmer Languste, Krabbe oder zu gegrilltem Hummer werden zerlassene Butter, Zitronensaft oder zerlassene Butter mit Zitronensaft, etwas Knoblauch und frischem Dill gereicht.
An Getränken passen am besten trockene Weißweine wie Grüner Veltliner, Rheinriesling, Chablis, Corton-Charlemagne, Muscadet oder trockene Schaumweine und Champagner (brut).
Die Servierarten sind Einstellen oder Tranchieren und Anrichten.

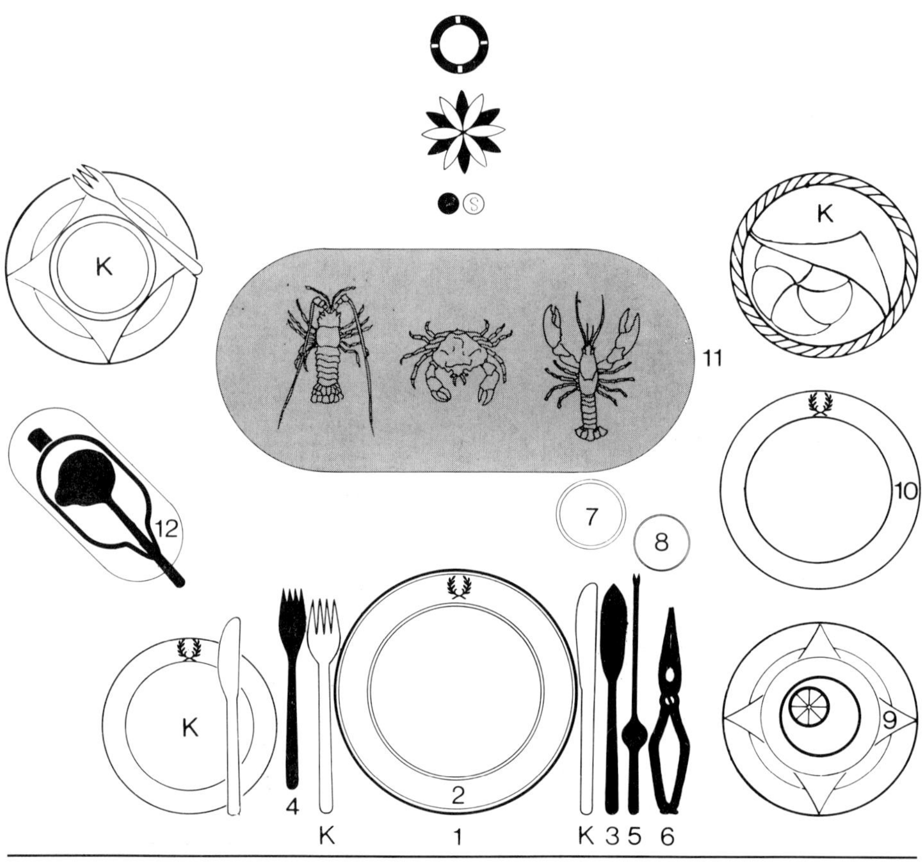

K Kuvertgedeck
1 Standteller mit Underliner
2 Fleischteller
3 Fischmesser
4 Fischgabel
5 Hummerpike (-spatel)
6 Hummerzange (ausgenommen portionierter Hummer, portionierte Languste, Krabbe)
7 Wasserglas
8 Weißweinglas
9 Fingerbowle
10 Dessertteller (Abfallteller)
11 Platte mit Hummer, Languste oder Krabbe
12 Sauciere mit Saucenlöffel

TABASCO

KREBSE (ÉCREVISSES)

Spricht man bei uns von Krebsen, so meint man vor allem den Fluß- oder Edelkrebs. Dieses Süßwasserkrustentier kommt vorwiegend aus Nord- und Osteuropa sowie einigen Gegenden Frankreichs. Flußkrebse sind rar, theoretisch aber das ganze Jahr erhältlich. Je nach Größe wird er als Suppenkrebs (bis 10 cm) oder als Solokrebs (15 bis 20 cm) bezeichnet.
Ihr zartrosa Fleisch schmeckt leicht süßlich.
Die Krebse müssen unbedingt lebend verwendet werden. Bei uns werden sie in einer Court bouillon gekocht.
In Frankreich ist es üblich Krebse zu chartrieren. Dabei wird aus dem lebenden Tier vor dem Kochen der Darm herausgezogen. Dazu muß man das mittlere Schwanzglied des Krebses senkrecht stellen.
Diese Methode ist in Österreich, in der Bundesrepublik Deutschland und in der Schweiz verboten.
Die Krebse werden im Sud gekocht (à la nage) und auch im Sud in der Terrine angerichtet. Der Panzer der Tiere nimmt eine intensiv rote Farbe an. Der Grund ist, daß die Schale der Krebse, ebenso wie die von Hummer und Krabbe, rote und gelbe Pigmente enthalten, die an Eiweißmoleküle gebunden sind. Werden die Tiere gekocht, dann löst die Hitze die Pigment-Protein-Bildung und setzt die Pigmente frei.

Zu Krebsen serviert man vor allem Weiß- oder Vollkornbrot.
An Getränken passen trockene Weißweine wie Rheinriesling, Grüner Veltliner, Weißer Burgunder, Mosel- und Rheinweine, Muscadet, Puilley fuissé, Neuchâtel, Soave am besten.
Die Servierarten sind Einstellen und Anrichten.

Variante 1

K Kuvertgedeck
1 Standteller mit Underliner oder Serviette
2 Suppenteller
3 Fischmesser
4 Fischgabel
5 Suppenlöffel
6 Krebsmesser
7 Krebsgabel
8 Weißweinglas
9 Suppenterrine mit Schöpflöffel auf Rechaud (Platemaster)
10 Dessertteller (Abfallteller) mit 2 Fleischgabeln zum Vorlegen der Krebse
11 Fingerbowle
12 Sauciere mit Saucenlöffel
13 Brotteller mit Weiß- oder Vollkornbrot

Variante 2

K Kuvertgedeck
1 Fleischteller
2 Fischmesser
3 Fischgabel
4 Krebsmesser
5 Krebsgabel
6 Weißweinglas
7 Suppenterrine mit Schöpflöffel auf Rechaud (Platemaster)
8 Dessertteller (Abfallteller) mit 2 Fleischgabeln zum Vorlegen der Krebse
9 Suppenuntertasse mit Bouillonschale und -löffel
10 Fingerbowle
11 Sauciere mit Saucenlöffel
12 Brotteller mit Weiß- oder Vollkornbrot

KAVIAR (CAVIAR)

Kaviar ist der Rogen des Störs. Er ist silbergrau bis schwarz. Eine Ausnahme bildet der Schah-Kaviar. Er stammt von Albinostören und ist weiß. Der Golden Schah-Kaviar ist leicht gelblich.
Nach der Größe des Störs unterscheidet man zwischen Beluga (Dosendeckel blau), Ossiotr (Dosendeckel ockergelb) und Sevruga (Dosendeckel rot). Beluga ist der Kaviar mit den größten Körnern und der teuerste. Er stammt von einer großen Störart des Kaspischen Meeres, dem Hausen. Dieser kann ein Lebensalter von über 70 Jahren erreichen und wird drei Meter lang.
Ossiotr wird dem kaspischen Waxdick entnommen und Sevruga ist der kleinstkörnige Kaviar des ebenfalls im Kaspischen Meer beheimateten Scherg.
Fälschlicherweise wird der Rogen des Lachses auch als Kaviar, nämlich als Keta-Kaviar bezeichnet. Der Begriff Kaviar trifft jedoch ausschließlich auf Störrogen zu.
Kaviar ist eine der teuersten Vorspeisen. Die Präsentation und das Service sollten wie bei Trüffeln und Gänseleberpastete dementsprechend exklusiv sein.

Kaviar wird immer im Originalbehälter (in Portionsgläsern zu 2 und 4 Unzen oder in Blechdosen zu 250, 500 und 1.000 Gramm) in gestoßenem Eis oder auf einem Eissockel angerichtet.
Zu Kaviar serviert man feingehackte Schalotten, feingehacktes Eiweiß, feingehackten Dotter, Sauerrahm, Weißbrottoast oder Blinis (kleine warme Buchweizenpfannkuchen) und Zitronenhälften oder Zitronenspalten.
Trockene Weißweine wie Grüner Veltliner, Welschriesling, Weißer Burgunder, Chablis, trockene Sekte (vor allem Krimsekt), Champagner oder eisgekühlter Wodka paßt am besten zu Kaviar.
Die Servierarten sind Einstellen oder Anrichten.

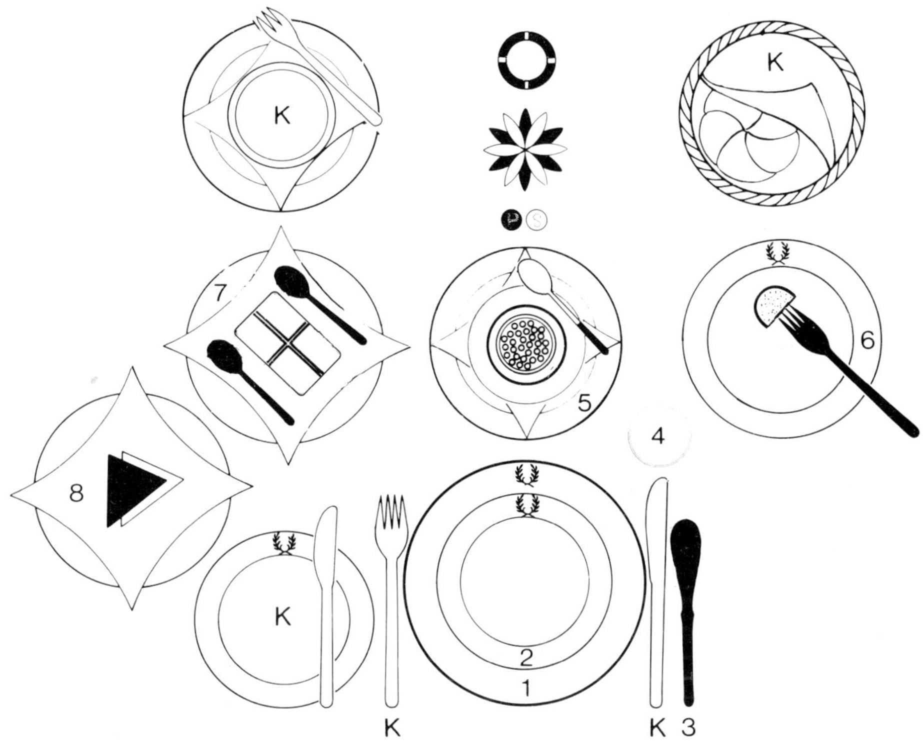

K Kuvertgedeck
1 Standteller mit Underliner
2 Dessertteller
3 Kaviarmesser oder -spatel
4 Weißwein-, Sekt- oder Wodkaglas
5 Dessertteller mit Serviette, Suprême-Schale und Kaviarlöffel
6 Dessertteller mit Zitrone
7 Dessertteller mit Serviette, Raviers oder kleinen Glasschüsseln, Kaffeelöffel
8 Brotteller mit Weißbrottoast oder Blinis

GÄNSELEBERPASTETE (PÂTÉ DE FOIE GRAS)

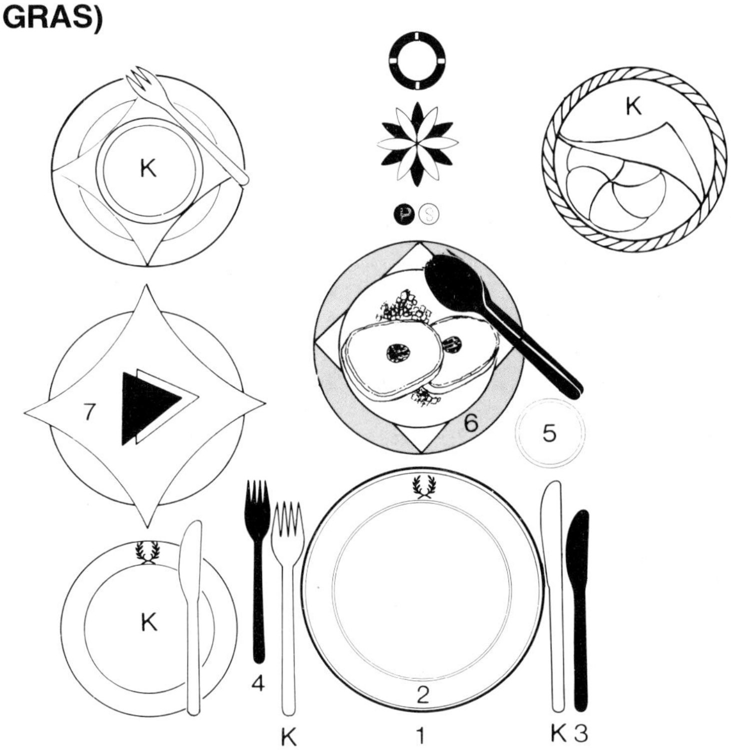

Variante 1: Gänseleber im Block

K Kuvertgedeck
1 Standteller mit Underliner
2 Fleischteller
3 Dessertmesser
4 Dessertgabel
5 Dessertwein-, Weißwein- oder Rotweinglas
6 Glasteller auf Unterplatte mit Serviette und Suppenlöffel und Fleischgabel als Vorleger
7 Brotteller mit Weißbrottoast oder gebuttertem Toast

SPEZIALGEDECKE

Die Gänseleberpastete ist eine Luxusvorspeise. Sie wird im Block und in der Originalterrine angeboten und „Natur" oder mit Trüffelstücken zubereitet.
Die Gänseleber im Block richtet man auf einem Glasteller, die Gänseleber in der Originalterrine auf einem Eissockel oder in einer Suprême-Schale an.
Dazu serviert man Weißbrottoast oder gebutterten Toast, Madeira- oder Portweingelee und der Saison entsprechend frisches Obst, gefällig aufgeschnitten.
Trockener oder halbtrockener Sherry, weißer trockener Port, trockene Weiß- und Roséweine, leichte Rotweine, Sekte und Champagner passen am besten zu Gänseleberpastete. In neuester Zeit reicht man auch häufig starkgekühlte Beerenauslesen, Ausbruchweine, Eisweine oder Trockenbeerenauslesen.
Die Servierarten sind Einstellen oder Anrichten.

Variante 2: Gänseleber in der Originalterrine

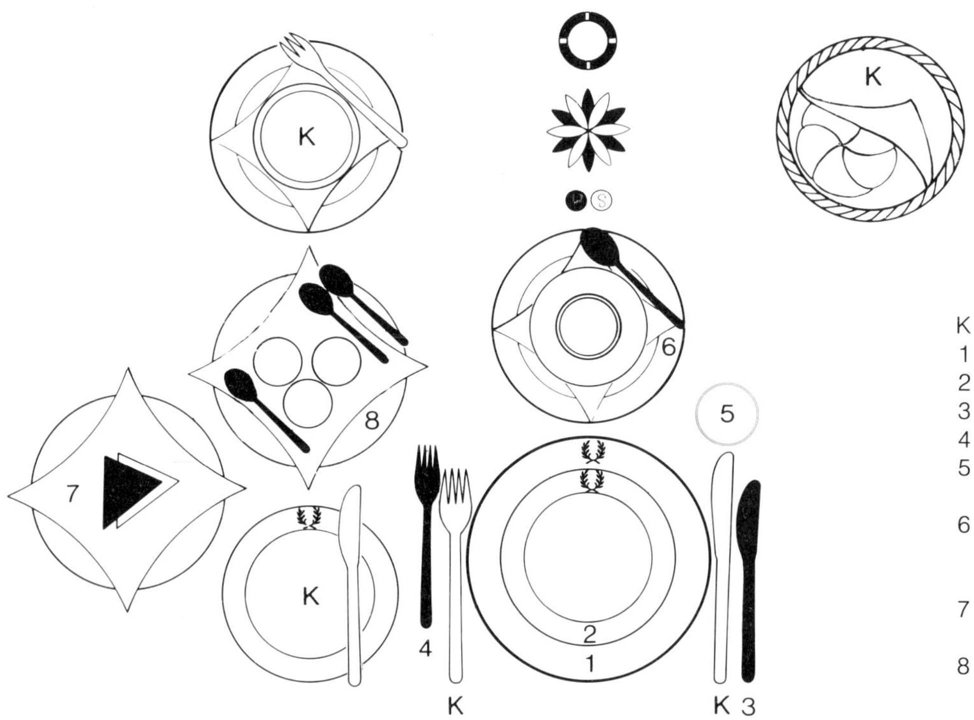

K Kuvertgedeck
1 Standteller mit Underliner
2 Dessertteller
3 Dessertmesser
4 Dessertgabel
5 Dessertwein-, Weißwein- oder Rotweinglas
6 Platte oder Unterteller mit Serviette, Suprême-Schale und Kaffeelöffel
7 Brotteller mit Weißbrottoast oder gebuttertem Toast
8 Platte mit Serviette, Kaffeelöffel und kleinen Glasschüsseln für Garnitur

TRÜFFELN (TRUFFES)

Die Trüffel ist ein Edelpilz, der als Knollengewächs 20 bis 30 Zentimeter unter der Erde ausschließlich in Eichenwäldern wächst. Sie werden insofern gezüchtet, als Eichen gepflanzt werden, um das Wachstum der Trüffeln zu fördern.
Nach der Farbe unterscheidet man zwischen der schwarzen Trüffel aus Périgord in Frankreich und der weißen Trüffel aus Piemont in Italien. Trüffelversteigerungen finden alljährlich in Périgord statt. Trüffeln sind teure Delikatessen, ein Kilogramm kostet 12.000 bis 16.000 Schilling.
Schwarze Trüffeln werden mit Lehm oder Ton umgeben und zugedeckt in Asche gegart. Heute werden sie auch vielfach nur in Alufolie gewickelt und in Asche gegart (Truffe au cendre).
Weiße Trüffeln werden in Madeira gedünstet oder in Butter sautiert. Häufig werden sie auch roh gehobelt und zu den diversen Antipasti-Gerichten gegeben oder zum Verfeinern von Saucen verwendet.
Schwarze Trüffeln werden entweder auf einem großen Fleischteller oder in einer Timbale auf Holzkohlenglut angerichtet.
Diese beiden Anrichtearten gelten auch für weiße Trüffeln, sofern sie nicht als Beigabe zum jeweiligen Gericht verwendet werden.
An Getränken reicht man zu schwarzen Trüffeln am besten Pomerol-Weine, wie zum Beispiel Château Pétrus oder Château Nenin.
Zu weißen Trüffeln passen am besten Weine aus Piemont, deren bekannteste Barolo, Barbaresco und Barbera sind.
Die Servierarten sind Einstellen oder Anrichten.
Trüffel-Gerichte zählen zur Gruppe der warmen Vorspeisen und werden daher mit Fleischmeser und -gabel gegessen.

FONDUE

Nach den verwendeten Grundmaterialien unterscheidet man grundsätzlich zwischen Käsefondue, Fondue aus Fleisch, Fischen und Krustentieren und Schokoladenfondue.

Käsefondue (Fondue fromage)

Eine Caquelon (feuerfeste Fondue-Schüssel) wird mit einer Knoblauchzehe ausgerieben. Würfelig geschnittenen Gruyère oder Emmentaler hineingeben und mit trockenem Weißwein, am besten Neuchâtel, und Kirschwasser schmelzen lassen. Mit einer Holzspatel oder einem Holzlöffel so lange rühren, bis das Ganze sämig ist, mit Salz, Pfeffer und Muskatnuß würzen.
Dazu werden Weißbrotwürfel serviert, die der Gast mit einer Fonduegabel in der Käsemasse dreht. Auf einen warmen großen Fleischteller legen und mit Fleischmesser und Fleischgabel essen.
An Getränken paßt am besten ein trockener Weißwein, vor allem jener, mit dem das Käsefondue zubereitet wurde.
Die Servierart ist Einstellen.

Fondue aus Fleisch, Fischen und Krustentieren

Der Kessel eines Fondue-Sets wird halb mit Öl gefüllt und erhitzt. Um zu verhindern, daß das Öl zu spritzen beginnt, gibt man eine geschälte Kartoffel hinein.
Für **Fleischfondue** (Fondue bourguignonne) sollte ausschließlich Rindsfilet verwendet werden, das würfelig geschnitten wird.
Zu Fleischfondues serviert man diverse Saucen, wie zum Beispiel Sauce tartare, Sauce rémoulade, Sauce Choron, Sambalsauce, Tabascosauce.
Darüber hinaus Weiß- und Schwarzbrot, Senfgemüse (Pickles in Senf) und Mixed Pickles.
Bier und einfache Rotweine passen am besten zu Fleischfondues.
An **Fischen** eignen sich vor allem grätenarme Fische, zum Beispiel Fogosch, an **Krustentieren** werden Süßwasserkrebse, Shrimps, Muscheln und Scampi gerne für Fondues verwendet.
Die Fische und Krustentiere werden in Bier- oder Backteig getaucht oder nur in Mehl gewälzt.
Zu Fondues aus Fischen und Krustentieren serviert man Saucen, zum Beispiel Sauce vinaigrette, Sauce tartare oder eine warme Tomatensauce.
An Getränken serviert man trockene Weißweine, wie Grünen Veltliner, Rheinriesling, Chablis, Muscadet.
Die Servierart ist Einstellen.

Fondue chinoise (Bouilli)

Bei Fondue chinoise wird anstelle von Öl Suppe verwendet, und zwar der jeweilige Fond der verwendeten Fleisch-, Fisch- oder Krustentierart. Die Suppe darf jedoch nicht zu stark gewürzt sein, da sie sich bei der Zubereitung sehr stark reduziert und so das Fleisch zu scharf wird. Das zweite Unterscheidungsmerkmal ist die Schneideart. Bei Bouilli wird das Fleisch in Scheiben geschnitten.
Als Beilagen serviert man warme gedünstete oder gebratene Gemüse, kernig gehalten. Sojakeime, Karotten, Bambusmark, Sellerie, Erbsen und Wasserchampignons passen am besten dazu.
An Saucen reicht man Sojasauce und Sambalsauce.
Das korrespondierende Getränk ist abhängig von der Fleischart. Zu Rindfleisch paßt Rotwein, zu Schweine-, Kalb- und Hühnerfleisch wird Weißwein gereicht.
Zu Fischen und Krustentieren gibt man ausnahmslos trockene Weißweine.
Die Servierart ist Einstellen.
Es ist darauf zu achten, daß bei einer Bouilli zusätzlich ein Suppenschöpflöffel sowie eine Consommétasse mit einem Consomméløffel eingestellt werden (zum Essen der Suppe).

Schokoladenfondue (Fondue Suchard)

In der Fonduepfanne aus feuerfestem Ton oder in der speziellen Schokoladenfonduegarnitur wird Schokolade geschmolzen und mit Obers und Milch unter ständigem Rühren vermengt, bis eine cremige Konsistenz erreicht ist.
Nach Wunsch des Gastes wird das Ganze mit Jamaika-Rum oder Kirschwasser verfeinert.
An Zutaten reicht man würfelig geschnittenes frisches oder pochiertes Obst, wie zum Beispiel Birnen, Pfirsiche, Bananen (in dicken Scheiben), große Beerenfrüchte sowie würfelig geschnittenes Biskuit.
An Getränken passen am besten halbsüßer Sekt oder Dessertweine.
Die Servierart ist Einstellen.

Arbeiten beim Tisch des Gastes

Das Arbeiten vor dem Gast ist eine Dienstleistung besonderer Art, die für einen Betrieb in materieller und personeller Hinsicht einen großen Aufwand darstellt. Deshalb wird sie auch nur in der gehobenen Gastronomie angeboten.
Die Vorteile für den Gast liegen bei dieser Dienstleistung darin, daß er unmittelbar am Geschehen teilhaben kann, daß seine individuellen Wünsche berücksichtigt werden können und daß die Speisen ganz frisch zubereitet werden.
Der Kellner benötigt für alle Arbeiten beim Tisch des Gastes ein besonderes Geschick, das er sich nur durch intensives Üben aneignen kann.
Grundsätzlich gibt es vier verschiedene Tätigkeiten, die vor dem Gast ausgeführt werden können: Tranchieren, Filetieren, Marinieren und Flambieren. Sie haben alle denselben Arbeitsablauf. Als erster Schritt müssen die Grundmaterialien zur Fertigung aus der Küche beschafft und muß die Mise en place für die bestellte Speise vorbereitet werden. An das fachgerechte Zubereiten schließt sich das Präsentieren des fertigen Gerichtes vor dem Gast an, das nun fachgerecht zu servieren ist.
Speziell für das Arbeiten vor dem Gast gilt als oberstes Gebot, stets auf peinlichste Sauberkeit bedacht zu sein.

TRANCHIEREN

Beim Tranchieren ist es wichtig, den Körperbau der Tiere und die Beschaffenheit der zu tranchierenden Fleischteile genau zu kennen. Außerdem sind einwandfreie Fleischqualität und richtige Vor- und Zubereitung in der Küche Voraussetzung für ein exaktes Arbeiten.
Das Tranchieren ist eine Fertigkeit, die erst durch oftmaliges Üben zur Perfektion gebracht werden kann.
Man tranchiert vor dem Gast sowohl Geflügel als auch Schlachtfleisch (z. B. Steaks, große Bratenstücke, Grosses-pieces-Stücke).

Mise en place

Die Mise en place ist für alle zu tranchierenden Gerichte gleich.

Tranchierbrett: mit Saftrinne und Saftmulde
Tranchierbesteck: bestehend aus Tranchiermesser, Filetmesser (Filetiermesser) — sollte immer gut geschliffen sein — und Tranchiergabel. Es ist für jeden Kellner sehr vorteilhaft, wenn er sein eigenes Tranchierbesteck verwendet, weil ihm das Arbeiten mit den vertrauten Geräten leichter fällt.
Rechaud (Platemaster): zum Warmhalten von Fleisch und Beilagen
Vorlegebesteck: bestehend aus Suppenlöffel und Fleischgabel
Dessertteller (Ablegeteller): für gebrauchte Vorleger
Stoffserviette
Saucieren: für diverse Saucen aus der Küche
Vorgewärmte Fleischteller: zum Anrichten der tranchierten Fleischteile

Tranchieren von Geflügel

Beim Tranchieren von Geflügel ist zu beachten, daß man den Knochen ausweicht und die Teilung an Sehnen und Knorpeln durchführt. Unter keinen Umständen darf man eine Geflügelschere verwenden. Beim Tisch des Gastes werden vor allem Hühner, Enten, Gänse, Truthähne, Fasane und Perlhühner tranchiert.

Huhn, Fasan und Perlhuhn

Bei den Hühnern gibt es verschiedene Arten, die sich zum Tranchieren vor dem Gast eignen. Brathühner (ca. 90 bis 110 dag Idealgewicht), Poularden (ca. 140 dag Idealgewicht) und Kapaune (ca. 160 bis 180 dag Idealgewicht).
Sie kommen alle gegart aus der Küche. Fasane und Rebhühner hingegen werden „englisch" gebraten, d. h., das Fleisch ist nocht rot.

Der **Arbeitsablauf** ist wie folgt aufgebaut:
1 Präsentieren des Huhnes (Fasanes, Perlhuhnes). Mit dem Tranchiermesser und der Tranchiergabel wird das Tier von der Platte abgehoben und kurze Zeit hochgehalten, um den Bratensaft abtropfen lassen zu können. Dann wird das Tier auf das Tranchierbrett aufgelegt.

2 Als erstes werden die Biegel (Keulen) abgetrennt. Dazu sticht man mit der Tranchiergabel beim Gelenk ein und hebt sie etwas hoch. Nun kann man mit dem Tranchiermesser vorsichtig die Haut einschneiden. Die Gabel nach links abdrehen, wobei man beachten muß, daß sich die Haut nicht vom Biegel lösen sollte. Jetzt kann das Biegel im Gelenk durchtrennt werden; die beiden Teile auf die Platte zurücklegen und den Vorgang für die zweite Keule wiederholen (a).
Das Fleisch der Biegel ist wie das der Rückenfilets dunkel.

3 Danach werden die Flügel abgetrennt. Dazu fixiert man das Tier, indem man mit der Tranchiergabel bei der Schnittfläche in die Karkasse (frz. carcasse — Knochengerüst) einsticht. Nicht in

das Fleisch stechen, da sonst der Fleischsaft ausläuft. Mit dem Tranchiermesser einen Schrägschnitt zum Brustbein machen, das Messer aufstellen und das Flügelgelenk durchtrennen (b). Auch die Flügel werden auf die Platte zurückgelegt.
Das Flügelfleisch ist hell.

4 Beim Ablösen der Brust gibt es zwei Möglichkeiten:

— Bei Kücken und kleineren Brathühnern wird die Brust im ganzen abgelöst. Man fixiert sie mit der Tranchiergabel und macht rechts und links vom Brustknorpel einen Einschnitt, ohne jedoch in die Knochen zu schneiden. Durch vorsichtiges seitliches Wegdrücken des Tranchiermessers löst sich das Brustfleisch (c und d). Zurücklegen der beiden Brustteile auf die Platte.
— Bei größeren Tieren (bei Poularden und Kapaunen) schneidet man die Brust in Längstranchen. Die Tiere mit der Tranchiergabel fixieren, mit dem Messer einen Einschnitt beim Brustbein machen und das Fleisch vorsichtig hochheben. Dieses Fleisch wird nun von außen in Richtung Brustbeinknorpel in drei bis vier gefällige Tranchen geschnitten und auf die Platte zurückgelegt (e).

5 Das Huhn umdrehen und die Rückenfilets („Austern") auslösen (f). Dabei wird die darüberliegende Haut mit der Fleischgabel hochgehoben, und mit dem Suppenlöffel werden die Rückenfilets weggedrückt. Sie werden ebenfalls auf die Platte zurückgelegt.

6 Das Tranchierbrett mit dem Besteck sowie die Karkasse beiseite stellen und das Fleisch auf heißen Fleischtellern gefällig anrichten (immer ein Stück helles und ein Stück dunkles Fleisch). Die Rückenfilets werden den Damen serviert.
In der Regel werden zwei Drittel der Portionen angerichtet, der Rest wird warm gestellt und mit dem Vorlegebesteck nachserviert.

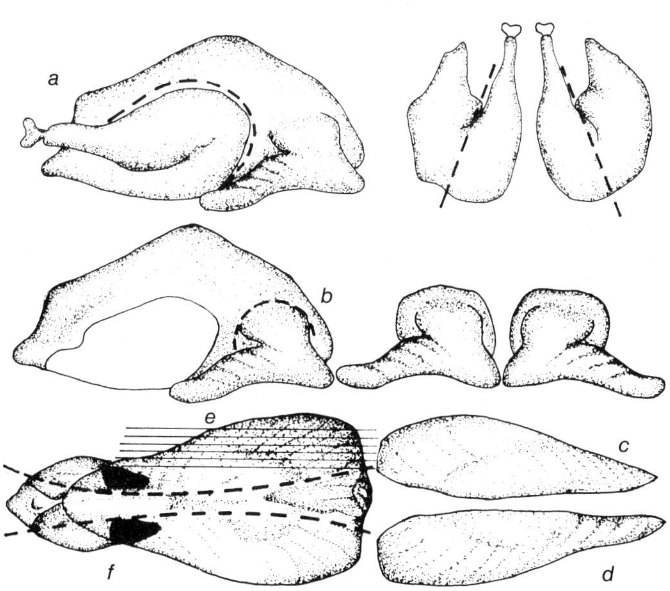

7 An **Beilagen** reicht man zu **Huhn** Reis, Kartoffeln, Kompotte, Salate und Bratensaft. Dieser sollte immer à part (d. h. separat) gereicht werden. Man gießt ihn niemals über, sondern immer neben das Fleisch.
Zu **Fasan** und **Perlhuhn** serviert man Kartoffelkroketten, Williams Kartoffeln, Rotkraut, Ananaskompott, Champagnerkraut, pochierte Birnenhälften, mit Preiselbeeren oder Kastanienpüree gefüllt, glacierte Edelkastanien (Maroni), glacierte weiße oder rote Weintrauben, Bratensaft.

8 Auf ausdrückliches Verlangen des Gastes wird auch der „Bischof" (Bürzel) hergerichtet. Den Bischof der Breite nach abtrennen und halbieren (der Länge nach). Dann wird das Steißbein (verlängertes Rückgrat) ausgeschnitten, und die Bürzeldrüsen, die bitter schmecken, werden herausgenommen.

Kücken und Rebhühner

Da diese Tiere sehr klein sind (Kücken haben z. B. ein Idealgewicht von zirka 50 dag), werden sie auch anders tranchiert. Die Tiere werden entlang des Brustbeines halbiert, und das Rückgrat wird ausgeschnitten.

Truthähne

Nur in sehr guten Häusern wird bei uns der Truthahn beim Tisch des Gastes tranchiert, häufig kommt er bereits in Portionen geteilt aus der Küche. Truthahnfleisch wird sowohl als kalte als auch als warme Speise gereicht.
Bei kalten Mittagsbuffets ist kalter Truthahn sehr beliebt, er wird wie folgt tranchiert:

1 Den Truthahn (Keulen und Flügel wurden bereits entfernt) fixieren, indem mit der Tranchiergabel vorsichtig in die Karkasse hineingestochen wird. Entlang des Rückgrates macht man zwei Längsschnitte und schneidet von außen nach innen schräge Tranchen heraus.

2 Mit dem Vorlegebesteck werden die Tranchen auf Fleischtellern angerichtet, und zwar in der Regel drei verschiedene Fleischarten (Keule — dunkles Fleisch, Flügel — helles Fleisch, Brust — sehr helles Fleisch).

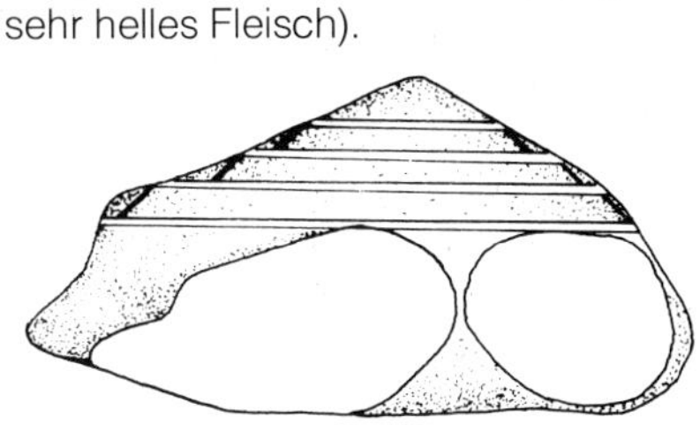

An Beilagen reicht man zu kaltem Truthahn Mayonnaise, Preiselbeeren, Waldorfsalat oder Stangensellerie mit Mayonnaise.

Wird Truthahn als warme Speise angeboten, so werden die Keulen bereits in der Küche abgelöst. Meist entfernt man die Knochen, füllt die Keule mit Gemüsefarce oder Spinat und gart sie im Rohr.

Der **Arbeitsablauf** vor dem Gast ist nun folgender:
1 Nach dem Präsentieren des Truthahnes wird zuerst die gefüllte Keule tranchiert. Dazu werden von der mit dem Rücken der Tranchiergabel fixierten Keule durch senkrechte Schnitte Scheiben heruntergeschnitten.

2 Anschließend wird der warmgehaltene Rest des Tieres tranchiert. Auf der Karkasse macht man rechts und links vom Brustknorpel zwei Längsschnitte sowie einen geraden Schnitt entlang des Brustbeines. Nun können von außen nach innen schräge Tranchen herausgeschnitten werden.

3 Gefälliges Anrichten auf heißen Fleischtellern, wobei immer ein Stück Keule und ein Stück Brust angerichtet werden.

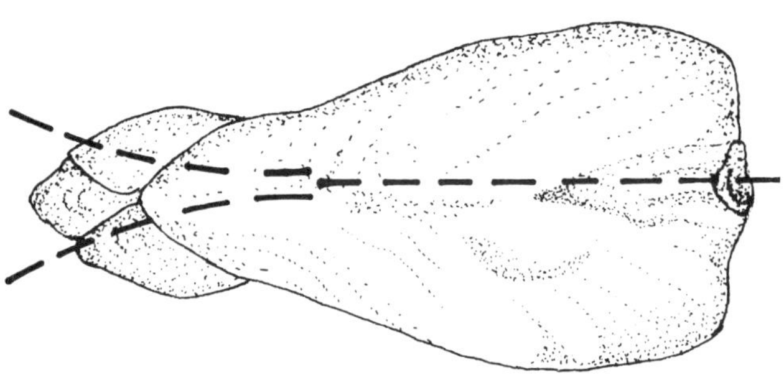

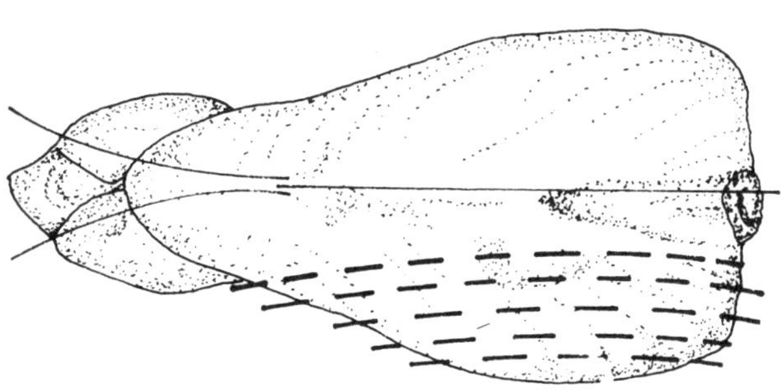

An **Beilagen** reicht man zu warmem Truthahn Corn-muffins (Maismehlplätzchen), glacierte Edelkastanien, Preiselbeerkompott oder -sauce und Bratensaft à part.

4 Auf Wunsch des Gastes werden die Flügel des Truthahnes gereicht. Dabei werden die vom Knochengerüst abgetrennten Flügel der Breite nach halbiert.

Enten und Gänse

Enten haben ein Idealgewicht von 2 bis 3 kg. Zum Tranchieren beim Gast eignen sich Stopfenten (gemästete Enten aus Österreich und Ungarn), Barbarie-Enten (aus Frankreich) und Rouen-Enten (Blutenten aus Frankreich).
Gänse haben ein Idealgewicht von 4 bis 5 kg.
Zum Unterschied von den bisher beschriebenen Geflügelarten haben Enten und Gänse nur dunkles Fleisch. Sie kommen beide „englisch" gebraten aus der Küche.

1 Präsentieren des Tieres auf der Platte. Dann wird es abgehoben, kurze Zeit abtropfen gelassen und auf das Tranchierbrett aufgelegt. Die Biegel und Flügel werden wie beim Huhn abgetrennt. Es ist jedoch größere Vorsicht beim Tranchieren geboten, da die Gelenke von Enten und Gänsen tiefer im Körper liegen. Die ausgelösten Biegel werden zum Garen in die Küche zurückgeschickt. Sind sie fertig, stellt man sie auf einem Rechaud (Platemaster) warm.

2 Auch die Brust wird wie bei Hühnern abgelöst. Sie wird bei Enten und Gänsen jedoch nur in Längstranchen (Aiguillettes) geschnitten. Es ist darauf zu achten, daß die Brust immer zum Trancheur zeigt.
Dann werden die Rückenfilets (wie die der Hühner) ausgelöst.

3 Gefälliges Anrichten auf heißen Fleischtellern, und zwar immer ein Stück Biegel und ein Stück Brust.

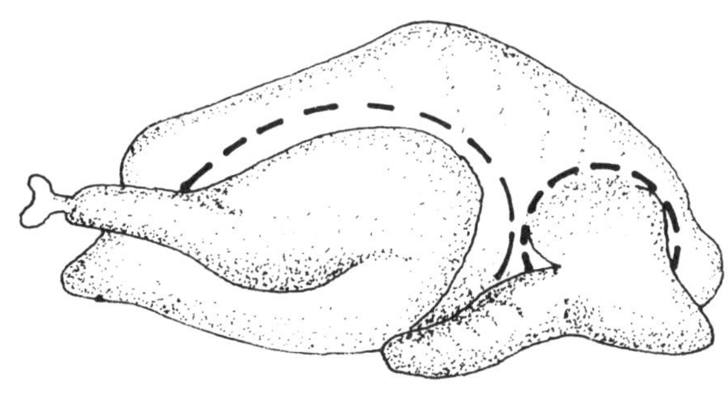

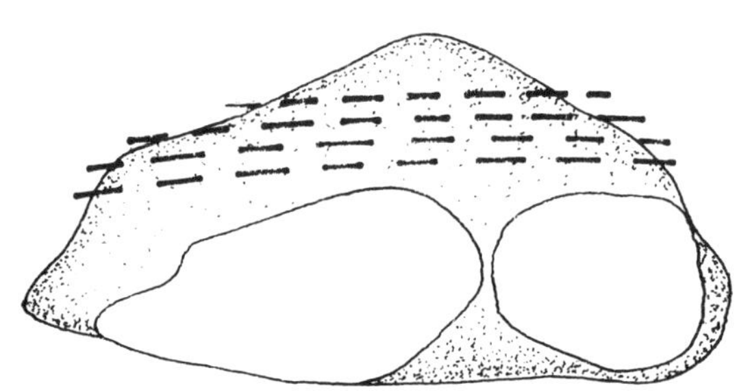

An **Beilagen** eignen sich am besten Kartoffelknödel, Kartoffelkroketten, Rotkraut, Weinkraut und warmer Krautsalat sowie Orangensauce und Bratensaft.

Tranchieren von Schlachtfleisch

Entrecôte double und Chateaubriand

1 Nach dem Präsentieren wird das Fleisch von der Platte abgehoben und auf das Tranchierbrett aufgelegt. Mit dem Rücken der Tranchiergabel fixieren und schräge, fingerdicke Tranchen herunterschneiden. Man darf auf keinen Fall mit der Gabel in das Fleisch hineinstechen, da sonst der Fleischsaft austritt.

2 Die Tranchen werden auf heißen Fleischtellern angerichtet. Die Anschnitte werden immer als Nachservice gereicht.

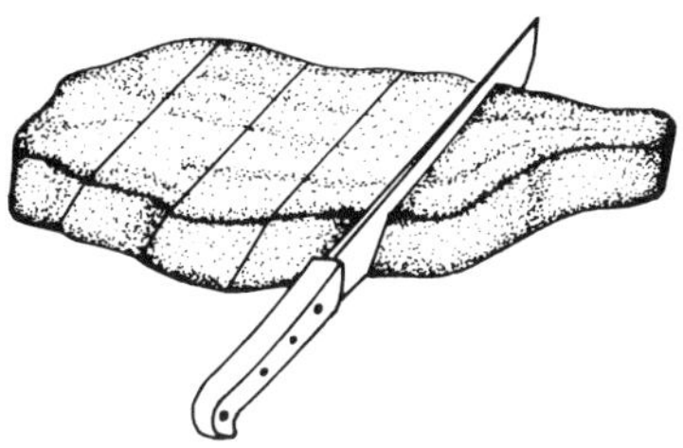

Entrecôte double

Chateaubriand

Dazupassende **Beilagen** sind Bratkartoffeln, Pommes frites, Pariser Kartoffeln, Gemüseplatte (Bouquetière de legumes), aufgeschlagene Buttersauce, wie z. B. Sauce béarnaise, Sauce Choron.

T-bone-Steak und Porterhouse-Steak

1 Nach dem Präsentieren wird das Fleisch von der Platte abgehoben und auf das Tranchierbrett aufgelegt. Entweder mit dem Rücken der Tranchiergabel fixieren (a), oder man sticht mit den Zinken der Tranchiergabel in den Knochen. Durch gerade Schnitte wird nun das Fleisch entlang der Knochen abgeschnitten (b).

2 Die Knochen werden auf die Platte zurückgelegt, und das abgelöste Fleisch wird der Breite nach in fingerdicke, schräge Tranchen geschnitten (c). Anschließend auf der Platte gefällig um den Knochen arrangieren.

3 Die Tranchen auf heißen Fleischtellern anrichten, beim Porterhouse-Steak wird immer ein Stück der Beiried und ein Stück des Lungenbratens angerichtet.

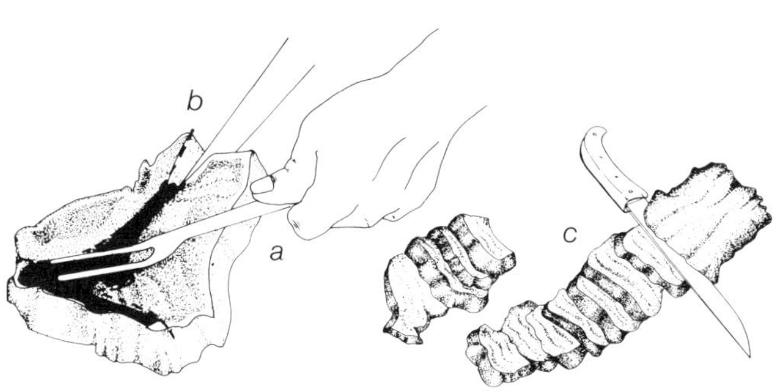

An **Beilagen** serviert man dieselben wie beim Entrecôte double und Chateaubriand. Außerdem passen Folienkartoffeln (Baked potatoes, siehe Seite 98) sehr gut dazu.

Hammelkeule

1 Nach dem Präsentieren wird das Bratenstück auf das Tranchierbrett gelegt. Mit der linken Hand hält man die Keule am Unterschenkelknochen mit einer Stoffserviette.

2 Das Tranchiermesser nimmt man in die rechte Hand und schneidet mit einem geraden Schnitt entlang des Oberschenkelknochens bis zum Kniegelenk. Unterhalb des Kniegelenks wird ein Rundschnitt gemacht, und anschließend werden schräge Tranchen von oben bis zum Knochen herausgeschnitten.

3 Die Tranchen werden auf warmen Fleischtellern gefällig angerichtet. Nun dreht man die Keule um und wiederholt den Vorgang für diese Seite.

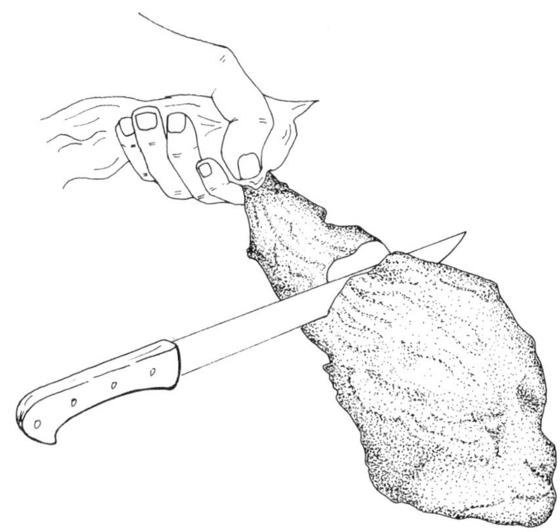

Zu Hammelkeule werden als **Beilagen** Blattspinat, glacierte Karotten, in Butter geschwenkte grüne Bohnen sowie Zwiebelkartoffeln, gratinierte Kartoffeln und Minzsauce oder -gelee gereicht.

Baronstück (Baron de mouton)

Das Baronstück umfaßt das sogenannte Sattelstück (Teil des Rückens) und die beiden hinteren Keulen.
Baronstücke werden in der Regel bei Festveranstaltungen, also bei größeren Gesellschaften, serviert.

1 Der Braten wird auf einer großen Dekorplatte präsentiert. Für das Tranchieren wird er mit der Tranchiergabel am Rückgrat fixiert.

2 Nun trennt man die Keulen an den Gelenken ab und tranchiert sie, wie oben beschrieben, auf dem Tranchierbrett. Anschließend wird der Rücken tranchiert, indem rechts und links

entlang des Rückgrates zwei gerade Schnitte gemacht werden und das Fleisch entlang der Rippen gelöst wird.
Das verbleibende Fleisch ohne Knochen wird in gefällige Tranchen geschnitten.
Daneben besteht die Möglichkeit des Auslösens des Rückgrates, wobei das Fleisch auf den Rippen bleibt. Nun schneidet man mit dem Tranchiermesser die Koteletts herunter.

3 Auf einem warmen Fleischteller werden pro Gast je ein Stück Keule und Rücken gefällig angerichtet. Auf Verlangen des Gastes werden weitere Fleischstücke nachserviert.

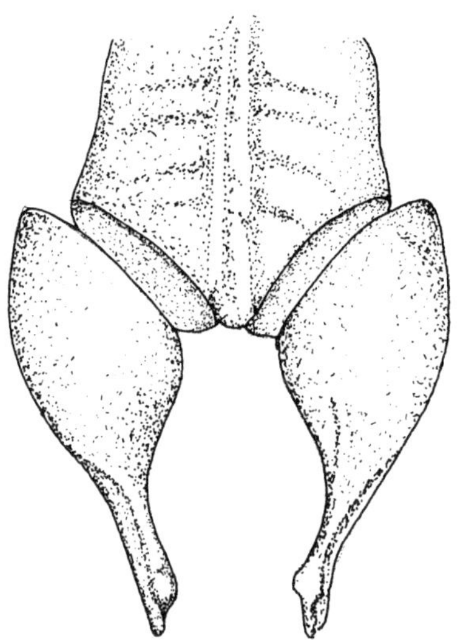

An **Beilagen** passen jene dazu, die zu Hammelkeule serviert werden.

4 Bei Barbecue-Partys wird das Baronstück am Spieß gebraten und auch so präsentiert. Es wird nicht wie oben beschrieben tranchiert, sondern es werden die vom Gast gewünschten Stücke herausgeschnitten. So wird die Keule zum Beispiel so tranchiert, daß unter dem Kniegelenk ein Rundschnitt gemacht wird und in Richtung dieses Rundschnittes schräge Tranchen heruntergeschnitten werden.

Hochrippe

Unter Hochrippe versteht man den unausgelösten, halben Rücken eines Rindes. Sie wird im ganzen gebraten.
In Europa wird die Hochrippe wie das Roastbeef auf der Voiture tranchiert, mit dem einzigen Unterschied, daß die Hochrippe stehend und nicht liegend tranchiert wird.
In Amerika und England wird die Hochrippe auf einem speziellen Tranchierbrett auf Stahldornen stehend bereitgestellt, und zwar so, daß die Rippenfortsätze zum Trancheur zeigen.
Die Hochrippe kommt englisch gebraten aus der Küche.

1 Das Fleischstück wird entweder oben mit der Tranchiergabel fixiert oder mit der linken Hand am Rippenfortsatz mit einer Serviette gehalten.

2 In Amerika und England werden die Fleischtranchen mit Knochen serviert. Der Trancheur schneidet durch einen horizontalen Schnitt zwischen den Rippen von außen zum Rippenfortsatz die Portionen herunter.
Im übrigen Europa wird das Fleisch von den Knochen ausgelöst, wie oben beschrieben, jedoch werden die Tranchen oberhalb der Rippe herausgeschnitten.

3 Das Fleisch auf großen Fleischtellern (Grilltellern) anrichten.

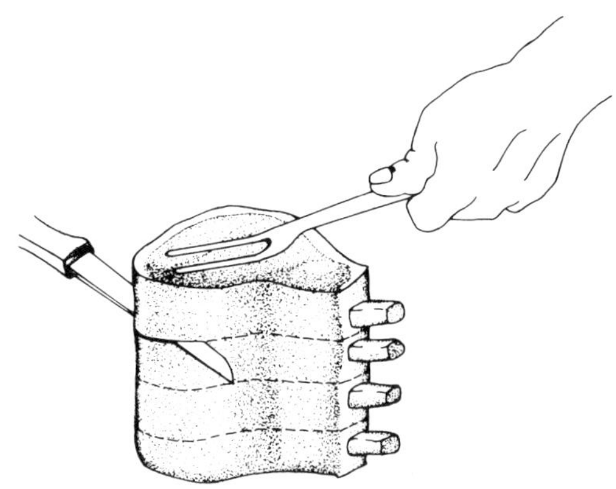

Traditionelle **Beilagen** in Amerika und England sind Yorkshirepudding, Bread sauce, englisches Gemüse und Baked potatoes mit Schnittlauch, Butter, Rahm und Bacon (Räucherspeck) sowie englischer Senf.
In Europa serviert man vorwiegend englisches Gemüse, Salate, sautierte Kartoffeln und Pommes frites.

Zubereitung und Anrichteart von Baked potatoes

Große gewaschene Kartoffeln werden in grobem Salz gerollt und im Rohr gegart.
Der Arbeitsablauf beim Service ist folgender:
Die Kartoffeln mit dem Vorlegebesteck halten und mit einem spitzen Messer oben einen Kreuzschnitt machen. Die Kartoffeln werden an den Seiten leicht mit den Fingern angedrückt, damit sich der Schnitt öffnet. Sie werden auf einen Dessertteller gelegt und mit kleingeschnittenen Speckwürfeln, Rahm etc. gefüllt angerichtet.
Die Baked potatoes sollten immer auf einem eigenen Teller mit Kaffeelöffel serviert werden.
Neben der oben beschriebenen gibt es heute in verstärktem Maße eine andere Zubereitungsart von Baked potatoes. Dabei werden die Kartoffeln in Alufolie gewickelt und gegart (Folienkartoffeln).

Rehrücken

Beim Braten des Rehrückens muß durch den Rückenmarkskanal ein Stahlspieß durchgestochen werden, damit sich der

Rücken nicht aufwölbt und eine gerade, gefällige Form beibehält.
Der Rehrücken kommt „englisch" gebraten aus der Küche.

1 Nach dem Präsentieren des ganzen Rückens wird er auf das Tranchierbrett gelegt und mit der Tranchiergabel am Rückgrat fixiert. Das Tranchiermesser nimmt man in die rechte Hand und schneidet das Fleisch rechts und links entlang des Rückgrates bis zu den Rippen ein.

2 Beim Lösen des Rückenfleisches bleibt man mit dem Tranchiermesser am Knochen (a), dreht es nach außen und schneidet das Fleisch heraus (b). Eine zweite Möglichkeit ist, daß der Rehrücken mit der Fleischgabel des Vorlegers am Rückgrat fixiert wird und mit dem Löffel (Wölbung nach außen) das Fleisch vom Rückgrat weggedrückt wird.

3 Das ausgelöste Rückenfleisch legt man zum Warmhalten auf eine Platte. Nun dreht man den Rehrücken um und löst mit dem Vorleger die beiden Filets aus (c). Rückgrat und Rippen werden beiseite gelegt.

4 Das Rückenfleisch wird auf das Tranchierbrett zurückgelegt, und zwei fingerdicke schräge Tranchen werden heruntergeschnitten (d). Auf Verlangen des Gastes können sie nachgebraten werden. Filets in schräge Tranchen schneiden (e) und immer je ein Stück Filet und Rücken anrichten. Die Anschnitte der Rückenstücke werden als Nachservice gereicht.

5 Neben der oben beschriebenen gibt es noch eine zweite Variante des Tranchierens eines Rehrückens:
Am unteren Knochen wird ein Einschnitt an den Rippenfortsätzen bis zum Rückgrat gemacht, aber nur so weit, wie man Portionen herunterschneiden muß. Anschließend können Längstranchen auf den Rippen neben dem Rückgrat herausgeschnitten werden.

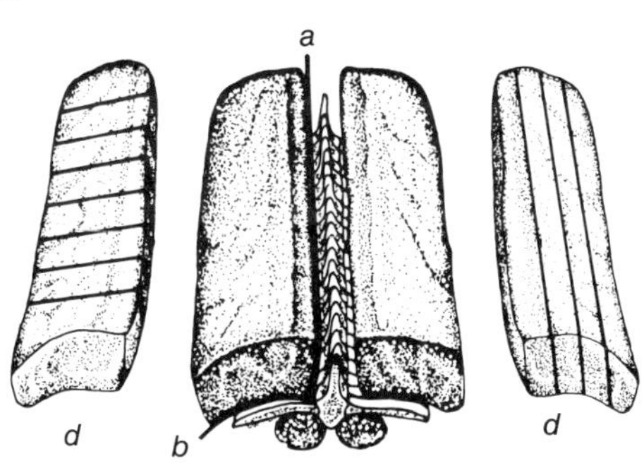

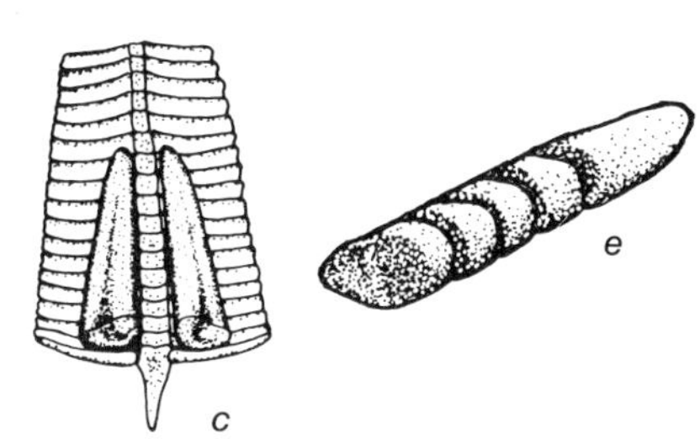

An **Beilagen** passen am besten zu Rehrücken gebratene Spätzle, Kräuterspätzle, Kartoffelkroketten, Spritzkartoffeln, Rot- oder Champagnerkraut, Preiselbeeren, glacierte Maroni sowie Rahmsauce, Schwammerlsauce oder Schwarzer-Pfeffer-Sauce.

Tranchieren auf der Voiture

Eine Sonderform bildet das Tranchieren auf der sogenannten Voiture (siehe Seite 35). Die Voiture, auch Fleischwagen genannt, ist ein fahrbarer Wagen. Er hat einen Einsatz mit Wasser, das elektrisch oder mit Brennlampen erhitzt wird.
Dieser Einsatz ist mit einer Platte mit zwei Dampflöchern abgedeckt, auf die die Fleischstücke gelegt werden. Der aufströmende Wasserdampf verhindert das Austrocknen des Fleisches.
In vielen Voituretypen sind versenkte Näpfe montiert, in denen die Beilagen und Saucen bereitgehalten werden können.
An der Seite des Fleischwagens befinden sich Halterungen für das Tranchierbesteck sowie aufklappbare Halterungen für vorgewärmte Fleischteller.
Vor Inbetriebnahme der Voiture ist aus hygienischen Gründen darauf zu achten, daß diese sauber ist. Es dürfen keine Putzmittelrückstände oder Speisenreste auf der Voiture bleiben, da sie bei Benützung einbrennen würden. Sie können darüber hinaus den Geschmack des Fleisches beeinträchtigen. Ferner ist zu kontrollieren, ob auch genügend Wasser im Einsatz des Fleischwagens ist. Im Anschluß werden nun beispielhaft jene Fleischstücke beschrieben, die besonders für das Arbeiten auf der Voiture geeignet sind.

Tafelspitz

1 Präsentieren des Tafelspitzes durch Öffnen des Deckels der Voiture. Mit der Tranchiergabel in das Fleisch stechen, aus der Rindsuppe nehmen und auf die Tranchierfläche der Voiture legen.

2 Nun wird der Tafelspitz mit der Tranchiergabel fixiert und die Spitze des Fleischstückes mit einem scharfen, großen Tranchiermesser durch einen schrägen Schnitt abgeschnitten (a). Jede weitere Scheibe wird als schräge Tranche von fünf bis acht Millimeter Stärke heruntergeschnitten (b).

3 Mit dem Vorlegebesteck werden die Fleischtranchen angerichtet. Auf Wunsch des Gastes können sie mit etwas Rindsuppe übergossen werden.

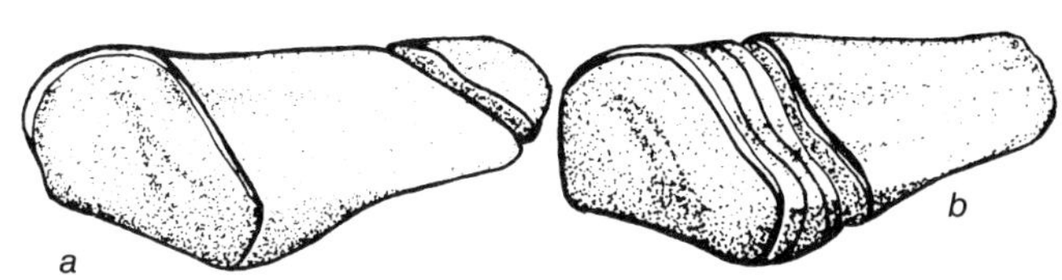

Als klassische **Beilagen** empfehlen sich Röstkartoffeln, Cremespinat, Kürbiskraut und warmer Oberskren. Kalte Garnituren sind Schnittlauchsauce und Apfelkren.

Beinfleisch (Zwerchried)

1 Präsentieren der sogenannten Platte (Zwerchried im ganzen). Das Fleisch wird mit der Tranchiergabel aus der Suppe gehoben und auf die Tranchierfläche aufgelegt.

2 Zwischen den Rippen die Stücke herunterschneiden, wobei in der Regel zwei Rippenstücke gereicht werden. Nach Wunsch des Gastes kann das Fleisch auch ausgelöst werden. Dies geschieht, indem man auf der Innenseite entlang des Knochens einschneidet und den Knochen heraushebt.

3 An **Beilagen** serviert man dieselben wie beim Tafelspitz.

Roastbeef

Das Roastbeef kommt „englisch" aus der Küche, d. h., das Fleisch ist noch rot. Wünscht es der Gast rot, so muß berücksichtigt werden, daß das Fleisch auf der heißen Tranchierfläche der Voiture nachgart.

Präsentieren des Roastbeefs. Es wird mit dem Rücken der Tranchiergabel fixiert, und mit dem Tranchiermesser werden senkrecht dünne Tranchen heruntergeschnitten, und zwar in Richtung der Faser.

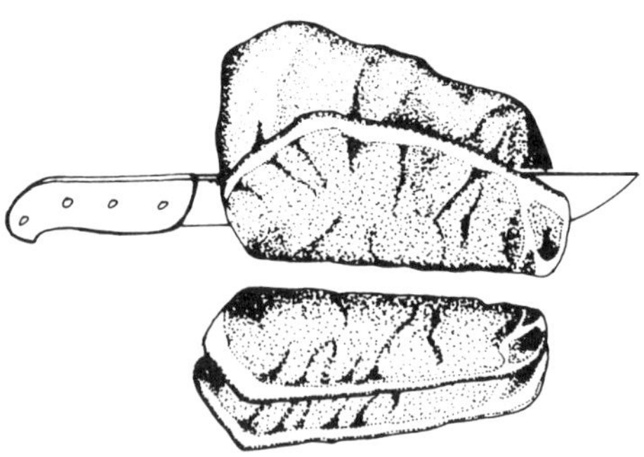

An **Beilagen** passen am besten zu Roastbeef englische Gemüse wie zum Beispiel grüne Bohnen, Erbsen und Karotten sowie Pommes frites oder Bratkartoffeln und Naturbratensaft.
In England reicht man vorwiegend Yorkshirepudding und Bread sauce zu Roastbeef.

Rinds- und Kalbszunge

1 Präsentieren der Zunge; mit der Tranchiergabel fixieren, und beim dicken Ende beginnend werden zirka fünf Millimeter dicke Tranchen durch senkrechte Schnitte heruntergeschnitten; je näher man zur Zungenspitze kommt, desto dicker und schräger müssen die Scheiben heruntergeschnitten werden.

2 Die Fleischtranchen werden in der Regel treppenförmig auf einem heißen Fleischteller angerichtet.
Als **Beilagen** werden Kartoffelpüree, gekochte Kartoffeln, Erbsenpüree, Zuckererbsen und Madeirasauce gereicht.

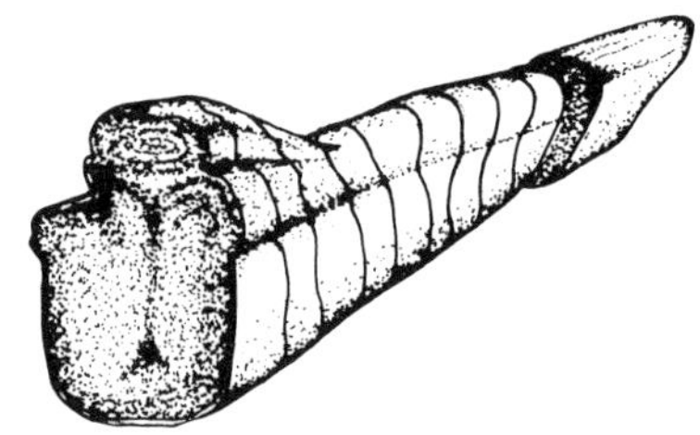

Kalbsnierenbraten

In Österreich wird der Kalbsnierenbraten sowohl gerollt als auch mit Rippe zubereitet. Wird der Nierenbraten gerollt, muß in der Küche das Fleisch von den Knochen gelöst werden. Die halbierten Nieren werden dann mit dem „Wammerl" (Brustfleisch) eingerollt.
Soll der Nierenbraten mit der Rippe serviert werden, wird die gebratene Niere extra beigegeben.

1 Präsentieren des Kalbsnierenbratens; Fixieren des Bratens mit dem Rücken der Tranchiergabel.
Vom gerollten Nierenbraten werden ein bis eineinhalb Zentimeter dicke Scheiben durch einen senkrechten Schnitt heruntergeschnitten.
Beim Nierenbraten mit Rippe schneidet man mit dem Tranchiermesser entlang der Rippenknochen die Tranchen herunter. Befindet sich zwischen den einzelnen Rippen zuviel Fleisch, so wird, um schöne Portionen servieren zu können, eine Tranche ohne Knochen abgeschnitten.

2 Die Tranchen werden auf heißen Fleischtellern angerichtet. Dazupassende **Beilagen** sind Reis, englisches Gemüse wie zum Beispiel grüne Bohnen, Erbsen und Karotten sowie Salat und Naturbratensaft à part.

Gefüllte Kalbsbrust

Der Vorgang des Tranchierens ist dem beim Kalbsnierenbraten sehr ähnlich. Die Kalbsbrust wird in zwei Zentimeter dicke Scheiben durch senkrechten Schnitt geschnitten. Der Trancheur muß sehr vorsichtig schneiden, um nicht die weiche Fülle aus der Fleischumrahmung zu drücken.
An **Beilagen** werden gemischter Salat und Naturbratensaft à part gereicht.

FILETIEREN

Als Filetieren bezeichnet man das Zerlegen und Auslösen von Fischen und das Schälen von Obst.

Filetieren von Fischen

Es können alle Portionsfische (ca. 25 bis 30 dag), aber auch große Fische, die im ganzen pochiert, gekocht (gar gezogen), ge-

braten oder gegrillt sind, filetiert, d. h. in Filets oder in Stücke zerteilt werden.
In der Gastronomie werden hauptsächlich Forelle blau (Truite au bleu), Forelle nach Müllerinart (Truite à la meunière), panierte, gebackene Forelle (Truite panée frite), pochierte oder gegrillte Lachstranchen (Darne de saumon poché ou grillé), Seezunge nach Müllerinart (Sole à la meunière), gebackene Seezunge (Sole Colbert) und pochierter Steinbutt (Turbot poché) beim Tisch des Gastes filetiert.

Mise en place

Fischwanne mit Gittereinsatz: für pochierte oder im Sud gekochte Fische (à la nage). Ist diese nicht vorhanden, können die Fische auch auf einer Fischplatte auf Stoffserviette angerichtet und auf einem heißen Fleischteller filetiert werden.
Fischplatte oder Plat russe: für gebratene oder gegrillte Fische
Fischfiletierbesteck: bestehend aus Fischmesser und Fischgabel
Rechaud (Platemaster): zum Warmhalten des Fisches und der Beilagen
Timbale: zum Warmhalten der Kartoffeln
Vorlegebesteck: bestehend aus Suppenlöffel und Fleischgabel zum Anrichten der Filetstücke
Dessertteller (Abfallteller): für Haut, Gräten, Kopf, Schwanzflossen und zum Ablegen der verwendeten Vorleger
Stoffserviette
Sauciere oder Butterwärmer: für diverse Saucen aus der Küche
Vorgewärmte Fleischteller: zum Anrichten der filetierten Fische

Forelle blau

1 Die Forelle präsentieren. Sie wird mit Fleischmesser und -gabel auf einem Fleischwanneneinsatz oder einem heißen Fleischteller filetiert. Dazu werden zuerst die Kiemenbacken auf beiden Seiten ausgelöst (a) und die Flossen durch Wegdrücken entfernt (b).

2 Nun schneidet man die Haut mit dem Rücken des Fleischmessers vom Kopf bis zur Schwanzflosse sowie entlang des Kopfes ein (c) und löst die Haut in Richtung Bauch ab (d). Als nächstes werden die Bauchfilets (e) und die Rückenfilets (f) abgehoben.

3 Die Gräten vom übrigen Fleisch lösen. Dazu streicht man mit dem Rücken des Fleischmessers von der Schwanzflosse zum Kopf über die Gräten. Jetzt kann das Rückgrat abgehoben werden. Man sticht mit der Vorlegegabel in die Schwanzflosse, hebt sie vorsichtig hoch und zieht das Rückgrat in Richtung Kopf ab.

4 Gefälliges Anrichten der filetierten Hälfte des Fisches auf einem heißen Fleisch- oder speziellen Fischteller. Die zweite Hälfte bleibt auf dem Gittereinsatz der Fischwanne, sodaß auch diese dem Gast warm serviert werden kann. Dazu wäre es vorteilhaft, ein frisches Fischbesteck einzudecken, die zweite Hälfte anzurichten und diese dem Gast durch den sogenannten Tellertausch (Ausheben von links mit der linken Hand, Einstellen von rechts mit der rechten Hand) zu servieren.

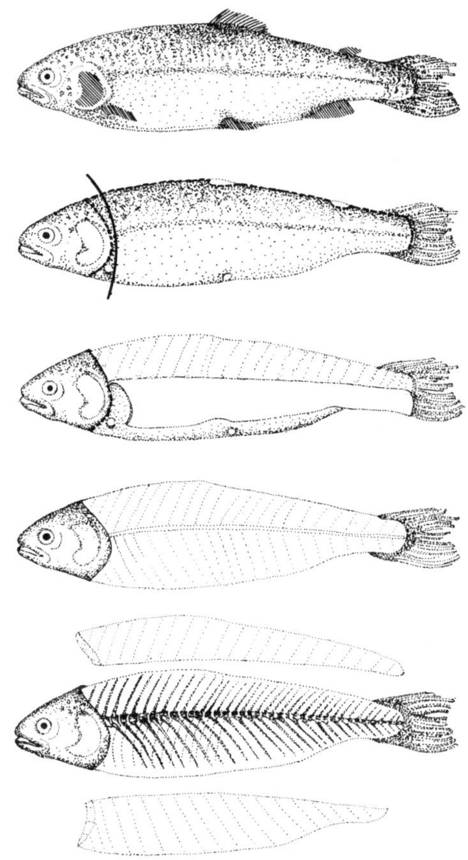

Als **Beilagen** passen am besten entkernte Zitronenhälften oder -spalten, zerlassene Butter, Fischkartoffeln (tournierte Salzkartoffeln), Salzkartoffeln.

Forelle nach Müllerinart oder gebackene Forelle

1 Die Forelle präsentieren. Sie wird mit Fleischmesser und -gabel in einer Plat russe filetiert. Kommt der Fisch schon auf einer Fischplatte aus Silber aus der Küche, wird er auf einem heißen Fleischteller filetiert. Die Silberplatte könnte beschädigt werden.

2 Zuerst werden die beiden Kiemenbacken ausgelöst, die Flossen weggedrückt und Kopf und Schwanzflosse abgetrennt. Nun schneidet man vorsichtig mit dem Fleischmesser entlang des Rückens vom Kopf zur Schwanzflosse ein und hebt die obere Hälfte des Fleisches ab.

3 Die Gräten vom übrigen Fleisch lösen. Dazu streicht man mit dem Rücken des Fleischmessers von der Schwanzflosse zum Kopf über die Gräten. Nun können Rückgrat und Gräten entfernt werden.

An **Beilagen** reicht man zur **Forelle nach Müllerinart** Buttersaucen, entkernte Zitronenhälften oder -spalten, Butterkartoffeln, Petersilienkartoffeln.
Zu **gebackener Forelle** serviert man meist eine kalte Sauce, wie z. B. Sauce rémoulade, Sauce tartare, und Salzkartoffeln.

Pochierte oder gegrillte Lachstranchen

1 Die Lachstranchen präsentieren. Sie werden mit Fleischmesser und -gabel auf einem Fischwanneneinsatz oder einem heißen Fleischteller filetiert. Dazu wird mit dem Vorlege- oder Fischbesteck das Rückgrat ausgehoben (a). Mit der Fischgabel wird die Haut abgezogen (im Uhrzeigersinn) (b).

2 Die Lachstranchen auf einem heißen Fleischteller oder speziellen Fischteller anrichten.

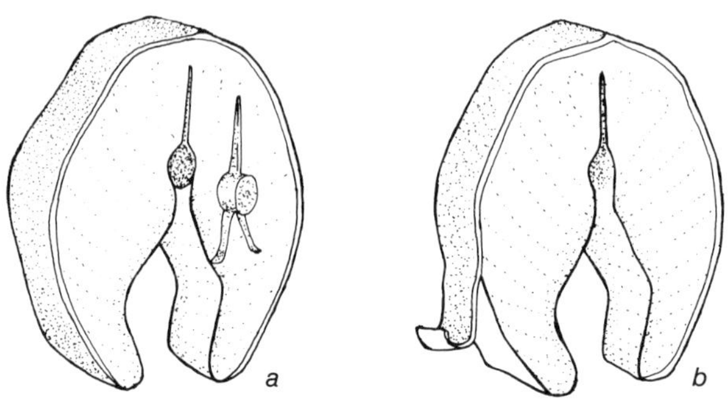

An **Beilagen** serviert man Zitronenhälften oder -spalten, Butterkartoffeln, Fischkartoffeln, Sauce hollandaise, auf Wunsch auch eine kalte Sauce auf Mayonnaisebasis wie Sauce rémoulade oder Sauce verte.

Seezunge nach Müllerinart oder gebackene Seezunge

1 Die Seezunge präsentieren. Sie wird mit Fischmesser und -gabel in einer Plat russe oder auf einem heißen Fleischteller filetiert. Dazu fixiert man den Fisch mit dem Rücken der Fischgabel und drückt mit dem Fischmesser oder dem Suppenlöffel auf beiden Seiten die Seitenflossen und Gräten weg (a).

2 Nun können die beiden oberen Filets mit dem Fischmesser oder dem Suppenlöffel abgelöst werden, und zwar entlang des Rückgrates von der Schwanzflosse zum Kopf (b).

3 Die Filets können auch auf eine zweite Variante abgelöst werden. Dazu wird die Seezunge mit dem Fischmesser oder dem Suppenlöffel fixiert und die Gabel in der Mitte des Fisches eingestochen. Es ist zu beachten, daß dabei die Gabel nach außen zeigt und die Zinken der Gabel vor dem Rückgrat und zwischen den Gräten des Fisches sind.

4 Die Gabel vorsichtig schrittweise nach außen schieben. Dies geschieht, indem man die Gabel immer wieder neu einsticht und vorsichtig nach außen drückt; dabei werden die Filets nicht einzeln (vgl. oben), sondern zusammen von Rückgrat und Gräten befreit.
Der Vorgang wird für die zweite Hälfte des Fisches wiederholt.

5 Die Filets werden wieder zusammengesetzt (c) und auf einem heißen Fleischteller oder speziellen Fischteller angerichtet.

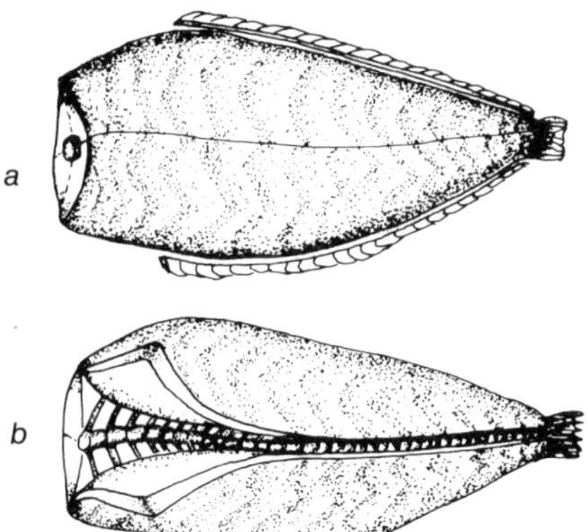

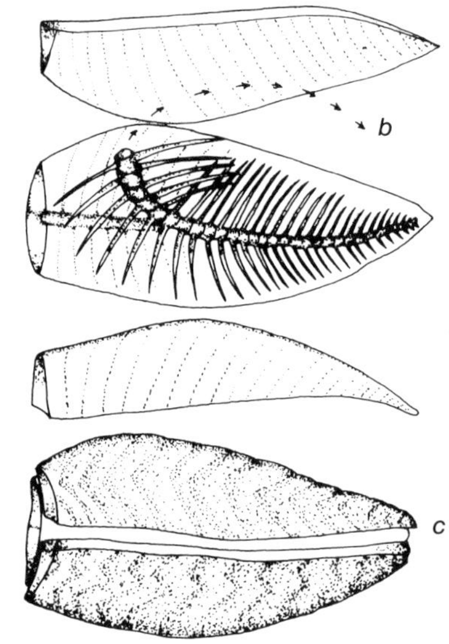

Zur **Seezunge nach Müllerinart** passen am besten Buttersaucen, Zitronenhälften oder -spalten, Butterkartoffeln, Petersilienkartoffeln, während man zur **gebackenen Seezunge** meist eine kalte Sauce, wie z. B. Sauce rémoulade, Sauce tartare, und Salzkartoffeln serviert.

Pochierter Steinbutt

1 Den Steinbutt präsentieren. Er wird mit Fischmesser und -gabel auf dem Fischwanneneinsatz oder auf einem heißen Fleischteller filetiert. Als erstes werden die Seitenflossen und Gräten entfernt (a). Dann macht man einen Längsschnitt entlang des Rückgrates (b) und kann nun die oberen Filets ablösen.

2 Das Rückgrat mit den großen Gräten wird abgehoben (c), und das obere Filet kann wieder auf das untere gelegt werden. Der Steinbutt wird auf einem heißen Fleischteller oder speziellen Fischteller angerichtet.

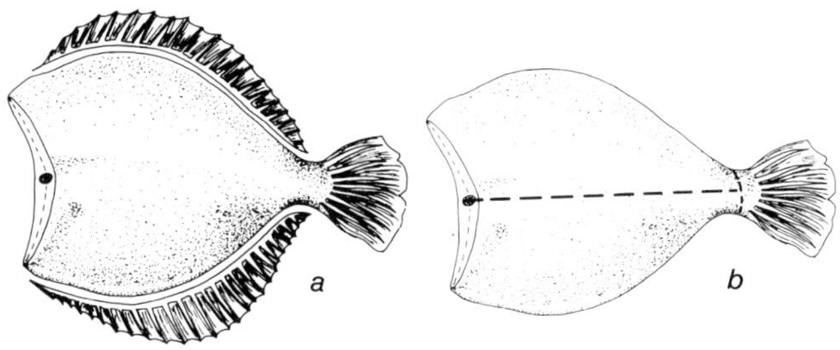

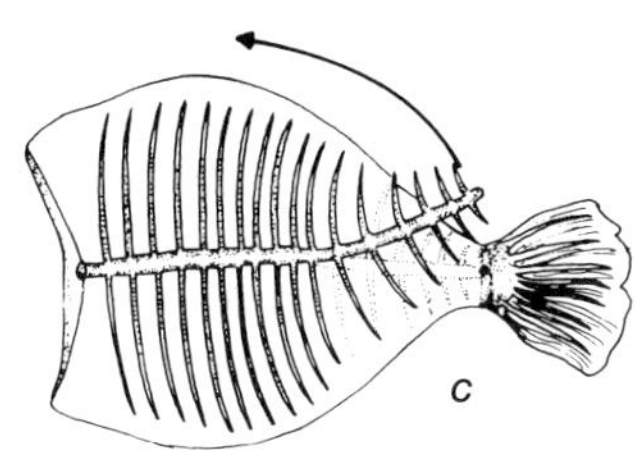

An **Beilagen** serviert man Fischkartoffeln, Salzkartoffeln, Sauce hollandaise und Zitronenhälften oder -spalten.

Filetieren von Obst

Werden Früchte dem Gast von einer Obstschüssel oder einem Obstkorb angeboten, so ist es in guten Häusern üblich, diese dem Gast fachgerecht herzurichten.
Zum Filetieren eignen sich grundsätzlich Ananas, Bananen, Äpfel, Birnen, Orangen, Kiwis, Grapefruits und Zuckermelonen.

Mise en place

Obstkorb oder -ständer
Schneidbrett: möglichst mit Saftrinne
Scharfes Obstfiletiermesser: für Grapefruits Grapefruit-Filetiermesser
Scharfzinkige Obstgabel
Vorlegebesteck: bestehend aus Suppenlöffel und Fleischgabel
Dessertteller (Ablegeteller): für gebrauchte Vorleger
Stoffserviette
Obstteller (Dessertbesteck): zum Anrichten der filetierten Früchte
Obstbesteck (Dessertbesteck): zum Eindecken
Kaffeelöffel: nur dann, wenn Früchte mit Alkoholika mariniert werden
Staubzuckerstreuer

Ananas

1 Die Frucht präsentieren, zum Filetieren auf das Schneidbrett legen. Die obere Rundung der Ananas wird mit dem Obstfiletiermesser abgeschnitten (a). Sie wird beiseite gestellt und muß aufgehoben werden.
Nun schneidet man zwei Scheiben (zirka eineinhalb Zentimeter) der Breite nach ab (b).
Dem verbleibenden Rest der Frucht wird die beiseitegestellte Rundung mit den Blättern auf die Schnittfläche aufgesetzt, damit nicht zuviel Fruchtsaft verdunsten kann und sich die Schnittfläche nicht durch Oxydation unansehnlich verfärbt.

2 Die Ananasscheiben werden wie folgt hergerichtet:
In die Mitte der Scheibe (holziger, nicht eßbarer Teil) sticht man mit der Obstgabel ein (c). Mit dem Obstfiletiermesser trennt man die Schale vom Fruchtfleisch. Dazu dreht man die eingestochene Gabel langsam gegen den Uhrzeigersinn (d). Die abgelöste Schale wird auf den Abfallteller gegeben. Zum Schluß wird der Strunk in gleicher Art wie die Schale ausgeschnitten(e).

3 Die Ananasscheiben richtet man auf einem Obstteller an, das Strunkloch kann eventuell mit Cocktailkirschen oder frischen Erdbeeren garniert werden. Man kann sie auch noch mit Kirschwasser übergießen.

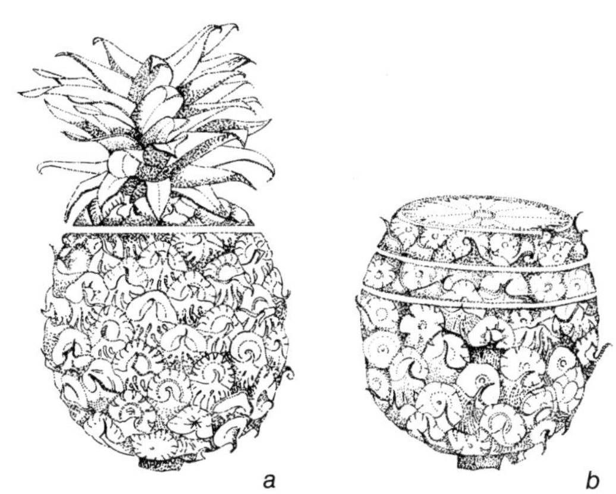

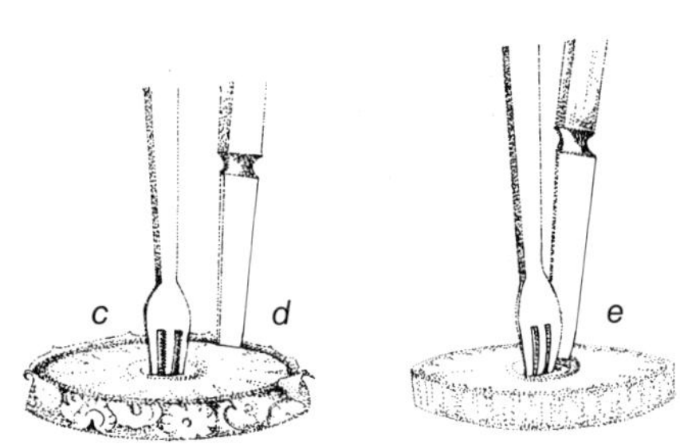

Banane

Banane zum Flambieren

1 Die Banane präsentieren; sie wird mit dem Obstfiletiermesser und der Obstgabel auf dem Schneidbrett oder auf einem Fleischteller filetiert. Die Banane fixiert man mit dem Rücken der Obstgabel (in der linken Hand), und mit dem Messer werden die beiden Enden gekappt (a).
Die Schale wird nun der Länge nach auf beiden Seiten eingeschnitten (b).

2 Die Gabel in die rechte Hand wechseln, das Messer in die linke Hand nehmen und mit der Breitseite der Klinge die Frucht niederhalten. Nun sticht man mit einer Zinke der Gabel am gekappten Ende durch die Schale, ohne jedoch in das Fruchtfleisch zu stechen. Die Gabel dreht man vorsichtig nach links, sodaß sich die Schale auf der Gabel aufrollt (c).

3 Jetzt wird die Gabel wieder in die linke Hand und das Messer in die rechte Hand gewechselt. Die verbleibende Schale fixiert man mit der Gabel, die Banane wird der Länge nach halbiert und mit der Rundung nach unten auf einen bereitgestellten Glasteller gelegt.

4 Die zweite Hälfte der Banane wird umgedreht und der Vorgang des Ablösens der Haut wiederholt.
Die Bananenhälften flambieren (siehe Seite 109) und anrichten.

Banane für das Dessert oder Frühstück (Sliced banana)

1 Der Arbeitsablauf ist bis zum Aufrollen der oberen Schalenhälfte wie bei den Bananen zum Flambieren. Und auch hier wechselt man das Besteck von der rechten in die linke Hand. Nun schneidet man mit dem Messer die Banane in der verbleibenden Schale in schräge, zirka einen halben Zentimeter dicke Scheiben (d) und richtet diese mit der Schale auf einem Obstteller oder Dessertteller an.

2 Werden sie als Frühstücksbananen hergerichtet, gibt man die Bananenscheiben in eine kleine Kompottschüssel aus Glas oder Porzellan und übergießt sie mit Obers. Die Schüssel wird auf einen Dessertteller mit Papierserviette gestellt.

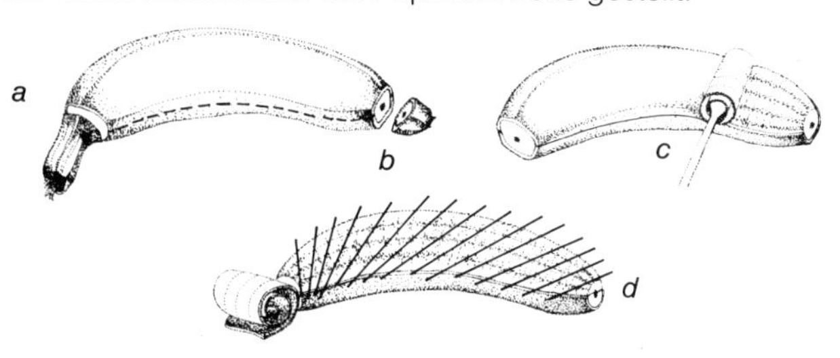

Äpfel und Birnen

1 Nach dem Präsentieren wird die Frucht auf das Schneidbrett gelegt. Zuerst werden die beiden Enden mit dem Obstfiletiermesser gekappt. Mit der Obstgabel sticht man in den Strunk der Frucht ein, und mit dem Messer wird sie von oben nach unten geschält. Dabei wird die Frucht mit der Gabel weitergedreht.

2 Dann viertelt man die Frucht (von oben nach unten) und entfernt das Kerngehäuse. Dazu wird es mit der Gabel fixiert und durch einen Schnitt von oben nach unten herausgeschnitten.

3 Sehr große Früchte halbiert man nochmals. Sie werden auf einem Obstteller oder Dessertteller angerichtet.

Orange und Kiwi

1 Nach dem Präsentieren wird die Frucht auf das Schneidbrett gelegt. Zuerst werden die beiden Enden mit dem Obstfiletiermesser gekappt (a). Mit der Obstgabel fixiert man die Frucht und schneidet die Schale mit der weißen Innenhaut weg (b). Die geschälte Frucht kann nun der Breite nach in dünne Scheiben geschnitten werden (c).

2 Orangen können auch in Segmente geschnitten werden, d. h., das Fruchtfleisch wird zwischen der Fruchthaut V-förmig herausgeschnitten (d). Diese Art, Orangen zu filetieren, eignet sich auch für Fruchtsalat.

3 Die Orangen auf Obst- oder Desserttellern anrichten und mit Orangenlikör beträufeln. Kiwi entweder Natur oder auf Vanille- oder Zitroneneis anbieten.

Kiwi

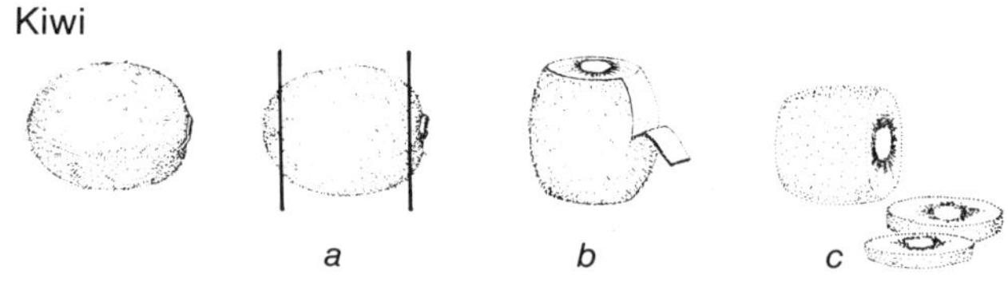

Orange

Grapefruit

Sie werden vornehmlich in der Küche für das erweiterte Frühstück hergerichtet. Sollte jedoch ein Gast eine halbe Grapefruit als Dessert wünschen, so ist diese wie folgt zu filetieren:

1 Nach dem Präsentieren wird die Grapefruit auf das Schneidbrett aufgelegt und zunächst mit dem Grapefruit-Filetiermesser halbiert (a). Die entkernte Hälfte wird mit dem Rücken der Obstgabel fixiert (b) und der Strunk entfernt (c).

2 Nun können die Fruchtsegmente herausgeschnitten werden (d). Es ist darauf zu achten, daß die weiße Haut nicht mitgeschnitten wird, sie schmeckt bitter.
Die Fruchtsegmente in der Grapefruitschale auf einem Dessertteller, in einem Coupeglas oder in einer Sektschale anrichten. In die Öffnung, die durch Entfernen des Strunkes entstanden ist, gibt man eine Cocktailkirsche oder eine frische Erdbeere.

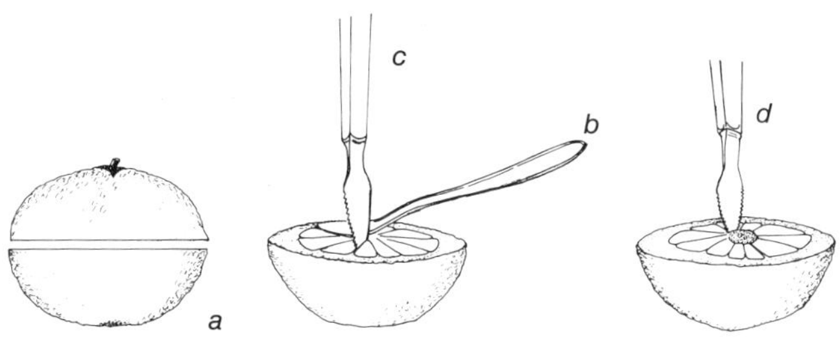

Zuckermelone

1 Nach dem Präsentieren wird die Frucht auf das Schneidbrett aufgelegt und mit dem Obstfiletiermesser der Länge nach halbiert. Mit einem Dessert- oder Suppenlöffel entfernt man die Samenkerne und ihre Verbindungsfäden und teilt die Melonenhälften nochmals.

2 Die Frucht fixieren, indem man in die Schale hineinsticht.
Mit dem Obstmesser zwischen Fruchtfleisch und Schale schneiden, aber nur so weit zum Rand hin, daß eine kleine Verbindung zwischen Fruchtfleisch und Schale bestehen bleibt; das gelöste Fruchtfleisch kann so nicht von der Schale fallen.

3 Das Fruchtfleisch der Breite nach in zirka einen Zentimeter dicke Stücke schneiden; sie verbleiben auf der Schale.
Die Zuckermelonenstücke werden auf einem Obst- oder Dessertteller angerichtet.

4 Ist die Zuckermelone sehr klein, wird sie der Breite nach halbiert. Nach dem Entfernen der Samenkerne wird das Fruchtfleisch mit einem Kaffeelöffel ausgestochen. Es wird aber auch hier auf der Melonenschale belassen.
Daneben gibt es die Möglichkeit, die durch das Ausstechen entstandene Höhle mit Portwein zu füllen.
Das Ganze in einer Coupeschale oder in einem Coupeglas anrichten und auf einem Dessertteller mit Papierserviette, Dessertgabel und Kaffeelöffel servieren.

MARINIEREN

Marinieren ist eine Tätigkeit, bei der man eine oder mehrere Grundmaterialien (z. B. Salate, Fleisch, Fisch, Gemüse) geschmacklich durch Zutaten (z. B. Essig, Öl, Salz, Pfeffer und andere Gewürze) verändert. Aus diesen Zutaten bereitet man sogenannte Marinaden oder Dressings.
Darüber hinaus gibt es die Möglichkeit, ein Salatbuffet aufzustellen, bei dem sich der Gast selbst bedient.
Die meisten Marinaden und Dressings kommen in Tonguttiegeln oder Saucieren fertig aus der Küche. Selbstverständlich kann auch jede gewünschte Marinade beim Tisch des Gastes zubereitet werden.

Salate

Sie haben in der Gastronomie einen hohen Stellenwert. Nicht nur als Beilage, sondern auch als eigene Speise (Vorspeise bzw. Hauptgericht) wird Salat angeboten.
Vom wirtschaftlichen Standpunkt her stellen Salate einen Großteil der Gewinne dar.
Die Salate teilt man ein in **Gemüsesalate** und **Blattsalate.**
Gemüsesalate sind zum Beispiel (Tomaten, Gurken, Karotten, Knollensellerie, Stangensellerie, Fenchel, Radieschen und Zucchini.
Zu den Blattsalaten zählt man Häuptelsalat, Bummerl-[Eisberg-] Salat, Eichblattsalat, Radicchio, Endiviensalat, Chicorée, Löwenzahn, Vogerlsalat — Feldsalat, Chinakohl — Jägersalat etc.).

Mise en place

Glasschüssel oder **Suppenteller:** zum Anrühren der Marinade
Vorlegebesteck: bestehend aus Suppenlöffel und Fleischgabel
Salatvorleger
Dessertteller (Ablegeteller): für die gebrauchten Vorleger
Stoffserviette
Karaffen und **Krüge:** für die flüssigen Zutaten (Essig, Öl)
Glasschüsseln oder **Raviers:** für die festen Zutaten (Gewürze, Kräuter usw.)
Saucieren: für Mayonnaise, Sauerrahm, Joghurt usw.
Dessertteller (Salatteller): zum Anrichten des fertigen Salates

Zutaten

Essig: Rotwein-, Weißwein-, Sherryessig
Zitronensaft
Öl: Oliven-, Maiskeimöl, steirisches Kernöl
Milchprodukte: Sauerrahm, Crème fraîche, Joghurt
Frischeier
Salz: Koch-, Meersalz
Pfeffer: weißer Pfeffer, schwarzer Pfeffer, Cayennepfeffer
Würzkräuter: z. B. Knoblauch, feingehackte Zwiebeln, Schnittlauch, Petersilie, Dill, zum Verfeinern Wasser- und Gartenkresse
Senf: Estragonsenf, französischer Senf
Mayonnaise
Würzsaucen: Tabasco-, Chilisauce

REZEPTE

Die Faustregel für das Mengenverhältnis bei Marinaden lautet: Säuerungsmittel (Essig oder Zitrone) zu Öl = 1/3 zu 2/3.
Die Zutaten müssen immer in der Reihenfolge Säuerungsmittel — Würzmittel — Öl vermengt werden. Der zu marinierende Salat muß trocken und frisch sein, nasse Salatblätter stoßen die Marinade ab und sind deshalb geschmacklos.

Essig-Öl-Marinade (vor allem für Blattsalate): 1/3 Essig, Salz, Pfeffer, 2/3 Öl
Essig-Öl-Knoblauch-Marinade (vor allem für Blattsalate): 1/3 Essig, Salz, Pfeffer, feinzerdrückter Knoblauch, 2/3 Öl
Italian Dressing (vor allem für Blattsalate): 1/3 Weinessig, Salz, Pfeffer, feingehackte, frische Kräuter (z. B. Petersilie, Kerbel, Estragon), 2/3 Olivenöl
Zitronen-Marinade (vor allem für Blattsalate): 1/3 Zitronensaft, Salz, Pfeffer, evtl. Staubzucker, 2/3 Öl
French Dressing (für Blatt- und Gemüsesalate): 1 Kaffeelöffel französischer Senf, 1/3 Essig, Pfeffer, evtl. Knoblauch, 2/3 Öl
Cäsar-Dressing (vor allem für Blattsalate): 1/3 Essig, 1 Eidotter, Salz, Pfeffer, 1/2 Kaffeelöffel feinzerdrückter Knoblauch, 1/2 Kaffeelöffel feingehackte Sardellenfilets, 3 Kaffeelöffel Parmesan, 2/3 Öl
Rahm-(Joghurt-)Dressing (für Blatt- und Gemüsesalate): 1/3 Zitronensaft, Salz, Pfeffer, 2/3 Sauerrahm (oder Joghurt), gehackter Dill
Roquefortdressing (für Blatt- und Gemüsesalate): 1/3 Essig, Salz, Pfeffer, passierter Roquefort (es kann auch jeder andere Edelschimmelkäse sein, wie z. B. Danablue, Gorgonzola), 2/3 Öl oder Sauerrahm. Mit Roquefortdressing wird Salat meist nappiert, d. h., die Salatblätter werden mit Dressing überzogen, nicht durchgemischt.
Thousand-Islands-Dressing
Dünngehaltene Mayonnaise mit Chilisauce würzen und mit würfelig geschnittenen grünen und roten Paprikaschoten vollenden. Auch mit dieser Marinade wird Salat meist nappiert.

SHRIMPS-, HUMMER- UND KRABBENCOCKTAIL

Sie zählen zur Gruppe der kalten Vorspeisencocktails (siehe Seite 79).
Die **MISE EN PLACE** wird ergänzt durch eine **Glasplatte** und durch eine **Coupeschale**, eine **Jakobsmuschelschale** oder einen **Vorspeisenteller** zum Anrichten.

ZUTATEN

Ausgelöste **Shrimps** oder **Krabben** im ganzen, große Tiere werden zerkleinert; ausgelöster **Hummer,** in Tranchen geschnitten
Zitronensaft
Mayonnaise, Ketchup
Salz, weißer **Pfeffer,** Cayennepfeffer
Frischgeriebener **Kren, Tabascosauce**
Trockener **Sherry** oder **Weinbrand**
Salatchiffonaden: Das sind in dünne Streifen geschnittene Blattsalate, zum Beispiel Häuptelsalat, Bummerlsalat, Radicchio

ARBEITSABLAUF

1 Die auf Glasplatten angerichteten Stücke werden mit Zitronensaft beträufelt, mit dem Vorleger durchgemischt und kurze Zeit marinieren gelassen.

2 In der Zwischenzeit mit der Gabel des Vorlegers Mayonnaise, Ketchup, Zitronensaft und Gewürze in einer Glasschüssel gut verrühren und nach Wunsch des Gastes entweder mit Sherry oder Weinbrand verfeinern.

3 Nun gibt man das Fleisch dazu, rührt das Ganze gut durch und läßt es nochmals kurze Zeit marinieren.

4 Die Salatchiffonade wird mit Zitronensaft beträufelt, durchgemischt und in der Coupeschale, der Jakobsmuschelschale oder auf dem Vorspeisenteller angerichtet. Das marinierte Fleisch daraufgeben und mit der Garnitur versehen (am besten mit Eischeiben und Kaviarersatz oder Lachskaviar oder mit einem schönen Stück des Grundmaterials).

5 An **Beilagen** reicht man Weißbrottoast und Butter, trockene Weißweine oder Schaumweine passen als Getränk am besten zu diesen Gerichten.

BEEF TARTARE (BIFTECK À LA TARTARE)

In guten Betrieben ist es üblich, ein Beef tartare beim Tisch des Gastes zu marinieren und anzurichten.
Die Vorteile für den Gast sind, daß er sieht, welche Ingredienzien bei der Erstellung der Speise verwendet werden, daß er den Geschmack weitgehend selbst bestimmen und das Gericht kosten kann.

Die **MISE EN PLACE** ist fast dieselbe wie für die Salatzubereitung. Man braucht allerdings keinen Salatvorleger, keine Salatteller und Saucieren. Dafür wird die Mise en place ergänzt mit **Brotteller** und **Dessertteller** für die Kostprobe und einem kalten **Fleischteller** zum Anrichten des Beef tartare.

ZUTATEN

Geschabtes oder gehacktes **Rindfleisch** (Filetspitzen und Kopf)
Eidotter von Frischeiern
Salz, Pfeffer, Cayennepfeffer, **Paprika**
Tabascosauce, Sambal, Worcestershiresauce
Senf, Ketchup
Öl
Feingehackte **Sardellenfilets, Gewürz-** oder **Essiggurkerln, Kapern, Zwiebeln, Petersilie**
Feingehackter **Kümmel**
Etwas **Bierschaum** oder **Weinbrand**

ARBEITSABLAUF

1 Bevor man zu marinieren beginnt, muß man den Gast fragen, welche Geschmacksrichtung er vorzieht (mild, pikant oder scharf), welche Zutaten gewünscht sind bzw. weggelassen werden sollen.

2 Als erstes wird die Marinade hergerichtet, und zwar für eine Portion im Suppenteller, für mehrere Portionen in der Glasschüssel. Dazu wird der Eidotter mit den Gewürzen und den Würzsaucen mit der Gabel vermischt und anschließend mit etwas Öl verrührt. Dann werden die übrigen Zutaten mit Ausnahme des Fleisches beigegeben und gut vermengt.

3 Erst jetzt wird das Fleisch beigegeben und die Masse mit zwei Gabeln oder dem Vorleger abgerührt und etwas rasten gelassen. Es ist zu beachten, daß Beef tartare immer eine feste, fleischige Konsistenz aufweisen muß. Zum Schluß wird der Geschmack durch Beigabe von Bierschaum oder Weinbrand abgerundet.

4 Dem Gast reicht man auf einem Brotteller mit Dessertgabel eine Kostprobe.
Dann formt man die Masse zu einem gefälligen Laibchen und richtet es auf einem kalten Fleischteller an.
Mit Zwiebelringen, Salatblättern, Gurken-, Eischeiben etc. wird Beef tartare gerne garniert.
Dazu serviert man Weißbrot- oder Schwarzbrottoast und Butter. Als Getränk eignet sich Bier oder einfacher Rotwein.

FLAMBIEREN

Flambieren ist ein vollendendes Kochverfahren vor dem Gast, das vom Kellner besonderes Geschick und Routine verlangt. Zu allen Flambégerichten brauchen Sie Zeit, eine erstklassige Qualität der Grundmaterialien und gut funktionierende Arbeitsgeräte.
Es gibt zwei Arten von Flambégerichten, nämlich die von Fleisch, Innereien, Fischen und Krustentieren und die Süßspeisen- und Obstflambés.

Flambieren von Fleisch, Innereien, Fischen und Krustentieren

Mise en place

Für flambierte Gerichte benötigt man eine besondere Mise en place bzw. spezielle Arbeitsgeräte. Im einzelnen sind das:
Flambierofen oder **Flambierwagen:** Das ist ein fahrbares Gerät mit einer oder zwei Flammen und eventuell einer Fortkochplatte.
Flambierrechaud oder **Platemaster:** Koch- und Wärmeplatte, die auf einen kleinen Beistelltisch gestellt wird. Er dient als Ersatz, wenn kein Flambierwagen zur Verfügung steht.
Flambierpfannen: sind spezielle Pfannen aus Edelstahl, umgeben mit einer Kupferlegierung. Je nach Verwendungszweck haben sie verschiedene Formen.
Timbale: Pfanne mit Deckel zum Warmstellen, aber auch zum Vollenden von Saucen
Vorlegebesteck: bestehend aus Suppenlöffel und Fleischgabel
Dessertteller (Ablegeteller): für gebrauchte Vorleger
Stoffserviette
Saucieren: für diverse Saucen aus der Küche
Fleischteller: vorgewärmt, zum Anrichten des Flambégerichtes

Zutaten

Der Effekt des Flambierens hängt zu einem wesentlichen Teil von der Vorbereitung ab, d. h., es müssen alle Zutaten bereitstehen, nichts darf im nachhinein noch geholt werden. Benötigt werden:
Grundmaterialien: Das ist das vorbereitete Fleisch, die Innereien, der Fisch oder die Krustentiere.
Würzmittel: z. B. Salz, Pfeffer, Paprika, Curry, Essig, Öl, Senf, Ketchup, Würzsaucen (Worcestershiresauce, Tabascosauce, Chutney usw.). Von den genannten Würzmitteln sind häufig verschiedene Sorten bereitzustellen, also beispielsweise schwarzer, weißer, grüner Pfeffer sowie Cayennepfeffer.
Würzkräuter: der Jahreszeit angepaßt, z. B. Petersilie, Schnittlauch, Estragon, Kerbel, Rosmarin, Thymian, Basilikum.
Milchprodukte: Obers, Rahm, Crème fraîche sowie Butter und verschiedene Buttermischungen wie Café-de-Paris-Butter, Knoblauchbutter etc.
Pickles: Oliven, Perlzwiebeln, kleine Gewürzgurken usw.
Saucen aus der Küche: z. B. Sauce demi-glace, Jus de veau, Glace de viande.
Spirituosen: Am häufigsten verwendet man zum Flambieren Cognac, Weinbrand oder Armagnac, aber auch Whisky, Gin, Wodka, Grappa, Calvados, Slibowitz.
Liköre, wie Grand Marnier, Cointreau, Galliano usw., werden zum Aromatisieren verwendet.

Arbeitsablauf

Im großen und ganzen ist der Arbeitsablauf bei den Flambégerichten immer derselbe, nämlich:
- Würzen des Fleisches, Fisches oder der Krustentiere (Innereien werden nicht gesalzen, da sie sonst hart werden)
- Anbraten in Butter oder Öl
- Flambieren mit der oder den gewünschten Spirituosen
- Warmstellen in der Timbale
- Zubereitung der jeweiligen Sauce
- Eventuell Beimengen des Fleisches in die Sauce (je nach Rezept unterschiedlich)
- Gefälliges Anrichten auf Fleischtellern
- Reichen der dazupassenden Beilagen und Garnituren

Rezepte

Bœuf Stroganoff

In Streifen geschnittene Lungenbraten-(Filet-)Spitzen (Portion zirka 14 bis 16 dag, nicht zu dünn, da sie sonst sofort durchbraten und Flüssigkeit abgeben) salzen und pfeffern, in zirka 2 cl Öl scharf anbraten (nicht durchbraten) und mit 3 cl Cognac oder Weinbrand flambieren. In der Timbale warm stellen.
Zubereitung der Sauce:
In die Flambierpfanne zirka 35 g Butter geben, darin 1 Eßlöffel feingehackte Schalotten oder Zwiebeln glasig anrösten, blättrig geschnittene Champignons beigeben, mit Salz, Pfeffer und etwas edelsüßem Paprika würzen, mit zirka 4 cl Rotwein ablöschen, 2 Eßlöffel Sauce demi-glace beigeben und reduzieren lassen, nudelig geschnittene Gewürzgurken dazumengen und

nach Wunsch mit Obers oder Sauerrahm vollenden. Das warmgestellte Fleisch kurz unterziehen und anrichten.
Als Garnitur etwas Sauerrahm mit Paprika und einigen Gewürzgurkenstreifen obenauf.
Als Beilage serviert man Reis oder Strohkartoffeln.

Pfeffersteak parisienne

(mit schwarzem Pfeffer)
Je nach Wunsch des Gastes wird das mit geschroteten schwarzen Pfefferkörnern bestreute Filet (Portion zirka 16 bis 18 dag) in einer Flambierpfanne in Öl oder Butter „bleu", „saignant", „à point" oder „bien cuit" gebraten und sogleich mit zirka 2 cl Cognac oder Weinbrand flambiert und angerichtet.
Dazu kann man überbackene Kartoffeln oder Zwiebelkartoffeln reichen.

Pfeffersteak Madagaskar

(mit grünem Pfeffer)
Das Filetstück (Portion zirka 16 bis 18 dag) in Öl oder Butter anbraten, salzen, mit zirka 2 cl Cognac oder Weinbrand flambieren und in einer Timbale warm stellen.
Zubereitung der Sauce:
In der Flambierpfanne ein Stück Butter vorsichtig zergehen lassen, salzen, 1 Eßlöffel grüne Pfefferkörner und einen Spritzer Worcestershiresauce beigeben und nun die Pfanne vorsichtig schwenken. Einige Pfefferkörner zerdrücken, mit zirka 4 cl Rotwein ablöschen und reduzieren lassen. Mit zirka 2 cl Obers die Sauce vollenden und diese über das angerichtete Filet nappieren.
Als Beilage Kartoffelkroketten oder Reis geben.

Kalbsmedaillons Marsala

Die gesalzenen und gepfefferten Kalbsmedaillons (Portion zirka 16 bis 18 dag) in der Pfanne anbraten, sodaß sie innen zart rosa sind und mit 2 cl Cognac oder Weinbrand flambieren. Warm stellen in der Timbale.
Zubereitung der Sauce:
Den Bratensaft in der Flambierpfanne mit einem kleinen Stück Butter lösen, mit etwas Salz und Pfeffer nachwürzen, mit 4 cl Marsala ablöschen, mit 2 Eßlöffel Kalbsjus auffüllen, verrühren, reduzieren lassen und zum Schluß mit etwas Obers vollenden. Die Kalbsmedaillons kurz einlegen und gar ziehen lassen. Auf Fleischtellern anrichten und mit der Sauce überziehen.
Als Beilage gebratene Steinpilze und Pariser Kartoffeln reichen.

Kalbsnieren in Senfsauce

In Scheiben geschnittene und entfettete Kalbsnieren (Portion zirka 14 bis 16 dag) ungesalzen in Öl scharf anbraten, mit 2 cl Armagnac flambieren und in der Timbale warm stellen.
Zubereitung der Sauce:
Überschüssiges Öl aus der Pfanne abgießen, ein Stück Butter beifügen und zergehen lassen. 1 Eßlöffel feingehackte Schalotten oder Zwiebeln glasig sautieren, 1 Kaffeelöffel französischen Senf beigeben, salzen, pfeffern, 1 schwachen Eßlöffel nudelig geschnittene Gewürzgurken beigeben, mit zirka 4 Eßlöffel Kalbsjus auffüllen und reduzieren lassen. Die Sauce mit Obers vollenden. Die Kalbsnieren kurz einlegen, anrichten und mit Petersilie bestreuen.
Als Beilage Würfelkartoffeln oder Kräuterpilaw reichen.

Gänseleber Calvador

3 Apfelscheiben und 3 Gänseleberscheiben (à 5 dag) werden in der Flambierpfanne in Butter vorsichtig angebraten, sodaß die Gänseleber innen noch rosa ist. Dann wird die Gänseleber auf die mitgebratenen Apfelscheiben gelegt, mit 2 cl Calvados flambiert und in der Timbale warm gestellt.
Zubereitung der Sauce:
Auf ganz kleiner Flamme wird nun der Bratenrückstand in der Pfanne mit Calvados abgelöscht, ohne daß sich dieser entzündet. Mit Salz und weißem Pfeffer würzen, 4 Eßlöffel dünn gehaltene Sauce suprême beifügen, reduzieren lassen und die auf Apfelscheiben angerichtete Gänseleber damit nappieren. Mit einer Prise feinstgehacktem Estragon bestreuen.

Hummer Newburg

Rohes, in kleine Würfel geschnittenes Hummerfleisch (Portion zirka 10 dag) salzen und pfeffern, in Butter in einer Sauteuse (mit Deckel) anbraten und mit zirka 2 cl Cognac flambieren. Mit zirka 4 cl Madeira ablöschen, mit dem Deckel verschließen und langsam zirka 5 Minuten gar ziehen lassen. Dann den Deckel abnehmen, das Corail beifügen und unterrühren, mit Obers vollenden. Dieses Gericht wird meist auf einem Fleischteller im Reisring angerichtet.

Shrimps Danieli

3 große, rohe Shrimps (à 4 bis 5 dag, geschält und ohne Darm) salzen und pfeffern, in Butter anbraten und mit 2 cl Grappa flambieren. Dann warm stellen.
Zubereitung der Sauce:
Zum Bratensaft ein Stück Butter beifügen und vorsichtig zergehen lassen. Mit 1 Spritzer Worcestershiresauce, 1 Tropfen Zitronensaft, 1 Zehe feinstzerdrücktem Knoblauch, 1 Kaffeelöffel feinstgehacktem, frischem Dill würzen, die Shrimps wieder einlegen, kurz in der Sauce wenden und mit körnig gehaltenem Reis auf einem Teller anrichten.

Flambieren von Süss-speisen und Obst

Die **Mise en place** ist im großen und ganzen dieselbe wie für Fleischflambés. Man benötigt allerdings keine Timbale und keine Saucieren, dafür zusätzlich einen **kleinen Schöpfer.**

Zutaten

Grundmaterialien: z. B. Früchte, Beeren, Crêpes
Gewürze: z. B. Zimt, Nelken
Zucker: Würfel-, Kristall- und Staubzucker
Fruchtsäfte und **sonstige Zutaten von Früchten:** Man soll nur frisch gepreßte Fruchtsäfte verwenden, z. B. Orangen- und Zitronensaft. Darüber hinaus benötigt man eine halbe entkernte, un-

gespritzte Zitrone zum Verrühren der Sauce, Orangen- und Zitronenzesten, Erdbeermark, Melbasauce usw.
Milchprodukte: Obers, Schlagobers, Butter und Buttermischungen (Orangenbutter, Grand-Marnier-Butter usw.)
Spirituosen: Zum Flambieren und Parfümieren von Süßspeisen- und Obstflambés verwendet man Cognac, Weinbrand, Bacardi- und Coruba-Rum, Kirschwasser, Himbeergeist, Williams Birne, Grand Marnier, Cointreau, Curacao, Maraschino, Cherry Brandy usw.
Garnituren: gestiftelte Mandeln, geriebene Haselnüsse, Schokoladesauce, Eiscreme, Sorbets, Parfaits usw.

Arbeitsablauf

Der Arbeitsablauf bei den Süßspeisen- und Obstflambés ist etwas anders als bei den Fleischflambés. Es wird nämlich in den meisten Fällen zuerst die Sauce bereitet und dann erst flambiert. Die einzelnen Schritte sind folgendermaßen:
— Zubereitung der Grundsauce
— Einlegen der Crêpes oder der Früchte in die Grundsauce
— Aromatisieren und Erhitzen des Gerichtes
— Flambieren
— Anrichten und garnieren

Rezepte

Alle Rezepte sind für eine Portion berechnet.

Crêpes Suzette
1 Eßlöffel Kristallzucker in der Pfanne karamelisieren lassen (lichter Karamel), je 1 Stück ungespritzte Orangen- und Zitronenschale sowie 10 g Butter beigeben und zergehen lassen. Mit 10 cl Orangensaft ablöschen und nun den karamelisierten Zucker mit einer halben entkernten Zitrone, die auf eine Fleischgabel gespießt ist, lösen. Dann die Orangen- und Zitronenschale entfernen und mit 2 cl Grand Marnier parfümieren. Nun werden die Crêpes einzeln eingelegt, mit der Sauce übergossen, in Dreiecke zusammengelegt und mit 2 cl Weinbrand oder Cognac flambiert, auf heißen Fleischtellern gefällig angerichtet, mit Sauce übergossen und serviert.
In Österreich werden die Crêpes oft auch mit geriebenen Haselnüssen bestreut.

Crêpes Suchard
2 Eßlöffel Staubzucker mit zirka 30 g Butter in der Pfanne langsam zergehen lassen und mit zirka 4 cl Obers auf kleinster Flamme verrühren. Nun 2 Eßlöffel Bitterschokoladeraspel darunterrühren, kurz anziehen lassen, die Crêpes einlegen, umdrehen, dreieckig zusammenlegen und entweder mit 2 cl Kirschwasser oder Cognac flambieren.
Auf heißen Fleischtellern anrichten, mit Schlagobers garnieren und servieren.
Auf Wunsch kann auch Vanilleeis gereicht werden.

Crêpes Cardinal
1 Eßlöffel Feinkristallzucker in der Pfanne zergehen lassen, ohne daß er viel Farbe bekommt. 20 g Butter und 1 cl Zitronensaft dazugeben. Nun wird die Flamme ganz klein gehalten, und 2 Eßlöffel Himbeermark werden eingerührt (bei großer Flamme verliert das Himbeermark die Farbe und wird unansehnlich). Die Crêpes einlegen, dreieckig zusammenlegen, mit Himbeergeist flambieren, anrichten und mit einigen frischen Himbeeren und Schlagobers garnieren.

Grundsauce für Obstflambés
2 Eßlöffel Zucker karamelisieren lassen, zirka 10 g Butter beifügen und zergehen lassen. 1 cl Zitronensaft und zirka 4 cl Orangensaft dazugeben und das Ganze mit einer halben entkernten Zitrone, auf eine Gabel gespießt, glattrühren.

Pfeffererdbeeren
In die zubereitete Grundsauce kommen die frischen, festen Erdbeeren (15 dag pro Person). Sie werden mit zirka 2 cl Grand Marnier parfümiert, mit schwarzem Pfeffer aus der Pfeffermühle bestreut und mit 2 cl Weinbrand oder Cognac flambiert.
2 Kugeln Vanilleeis gibt man in ein Coupeglas, die Erdbeeren und die Sauce darüber, sofort servieren.

Bananenflambé Natur
2 Bananenhälften werden in die Grundsauce mit der Rundung nach unten eingelegt, dann gewendet und gegart (nicht zu weich werden lassen). Mit 2 cl Cointreau parfümieren, mit 2 cl Weinbrand flambieren.
Auf heißem Fleischteller anrichten, mit der Sauce überziehen und servieren.

Ananasflambé
Zubereitung siehe Bananenflambé. Ananas werden jedoch meistens mit 2 cl Kirschwasser oder 2 cl weißem Rum flambiert.

Pfirsichflambé
In die Grundsauce werden 2 Pfirsichhälften mit der Rundung nach unten eingelegt und mit der Sauce ständig übergossen. Mit der Gabel sticht man einige Male in die Innenseite des Pfirsichs, sodaß dieser den Geschmack der Sauce und später des Grand Marnier aufnehmen kann. Man parfümiert mit Grand Marnier oder Cointreau und flambiert mit 2 cl Weinbrand oder 2 cl Cognac. Nun wird bei kleiner Flamme 1 Eßlöffel Melbasauce in die Grundsauce eingerührt, die Pfirsiche werden damit überzogen, dann angerichtet und serviert.
Eis und Schlagobers können dieses Flambé vervollkommnen.

Cherry Jubilée (Sauerkirschenflambé)
In die Grundsauce 10 dag entkernte Sauerkirschen geben und gut aufkochen lassen. Hat sich die Sauce schon stark reduziert, parfümiert man mit 2 cl Cherry Brandy und flambiert danach mit 2 cl Kirschwasser.
2 Kugeln Vanilleeis in ein Coupeglas geben, darüber Kirschen und Saft und obenauf als Garnitur 1 Kaffeelöffel Schlagobers.

Getränkeservice

Bei Getränken unterscheidet man grundsätzlich zwischen offenen Getränken und solchen, die in Flaschen auf den Tisch des Gastes kommen.

IDEALE TRINK- BZW. SERVIER-TEMPERATUREN

Wein

Damit der Wein sein Bukett und Aroma, seinen Sortencharakter und Geschmack optimal zur Entfaltung bringen kann, bedarf es der richtigen Trinktemperaturen. Die besten und verläßlichsten Auskünfte erhält man nach wie vor vom Erzeuger der verschiedenen Weine.

Beim Temperieren ist zu beachten, daß der Wein niemals „geschockt" wird, d. h., ein zu rasches Kühlen (z. B. in Kühltruhe) oder Erwärmen (z. B. im Backrohr, auf heißer Zentralheizung, unter fließendem heißem Wasser) ist zu vermeiden. Denn der Wein braucht zum Kühlen und Erwärmen entsprechend Zeit.

Bier

Die ideale Trink- bzw. Serviertemperatur liegt bei ca. 8° C. Hohe Temperaturschwankungen sind zu vermeiden, sie führen zu Kohlensäureverlust.

Zu warmes Bier schäumt stark, dadurch geht die erfrischende Kohlensäure verloren, und das Bier schmeckt schal.

Zu kaltes Bier wird trüb, verliert den natürlichen Glanz, hält den Schaum nicht und wird daher unansehnlich.

Alkoholfreie Getränke

Die ideale Trink- bzw. Serviertemperatur liegt bei zirka 6 bis 8° C.

Spirituosen

Die ideale Trink- bzw. Serviertemperatur ist abhängig von der Spirituosengruppe. Es gibt stark, schwach gekühlte oder bei Zimmertemperatur ausgeschenkte Spirituosen. Auf Wunsch des Gastes können sie auch frappiert oder temperiert werden.

OFFENE GETRÄNKE

Unter offenen Getränken versteht man alle alkoholfreien und alkoholischen Getränke, die nicht in Originalflaschen auf den Tisch des Gastes kommen. Sie werden den Betrieben in Fässern (Bier, Wein), Containern (Bier, Wein, alkoholfreie Getränke) oder 1-Liter- und 2-Liter-Flaschen (Wein und alkoholfreie Getränke) geliefert. Die offenen Getränke werden in Karaffen und Krüge gefüllt oder direkt in Gläser eingeschenkt und so zum Tisch des Gastes gebracht.

Nach dem **Maß- und Eichgesetz** (MEG) 1950 bzw. der Schankgefäßverordnung in der Fassung BGBl. 296/61 vom 2. Dezember 1961 sind folgende Schankgefäße zulässig.

2 l	0,1 l oder 10 cl
1,5 oder 1 1/2 l	1/16 l
1 l	0,05 l oder 5 cl
0,5 l	0,04 l oder 4 cl
0,3 l	1/32 l
1/4 l oder 0,25 l	2,5 cl
0,2 l	2,5 cl
1/8 l	0,02 l oder 2 cl

Flaschen mit dem angegebenen Nenninhalt müssen „gestrichen voll" einen Rauminhalt aufweisen, der zwischen den angeführten Mindest- und Höchstwerten liegt:

z. B. 1/2 l Nenninhalt = 510—600 cm^3 Rauminhalt
1 l Nenninhalt = 1.010—1.050 cm^3 Rauminhalt
2 l Nenninhalt = 2.020—2.100 cm^3 Rauminhalt

Nach § 20 MEG sind **Schankgefäße** jene Gläser, Krüge, Flaschen, Karaffen und ähnliche Gefäße, die zur Verabreichung von Getränken in Gast-, Schank- und Speisewirtschaften oder ähnlichen Einrichtungen dienen und erst bei eintretendem Bedarf gefüllt werden (Bier, weinhältige oder weinähnliche Getränke, Most, Trinkbranntweine, alkoholfreie Getränke, Milch und Milcherzeugnisse).

Ausnahme: Tee, Kaffee, Milchmischgetränke.

Schankgefäße müssen mit einem Füllstrich, mit Bezeichnung der Inhaltsmenge und dem Litermaß versehen sein.

Strich und Bezeichnung müssen durch Schnitt, Schliff, Brand usw. angebracht und leicht erkennbar sein.

Nach § 22 MEG sind Inhaber aller Betriebe, die Schankgefäße verwenden, verpflichtet, geeichte Flüssigkeitsmaße zur Prüfung der Schankgefäße bereitzuhalten, z. B. für Schankgefäße der Größen 0,5 l, 0,3 l, 1/4 und 1/8 l genügt ein Flüssigkeitsmaß von 1/4 l und 0,3 l.

Die **Mise en place** besteht aus einem Serviertablett oder einer Getränketasse (Tambourice — hauptsächlich für Bierservice in Biergärten, aber auch in Heurigenlokalen) sowie aus geeichten Karaffen, Krügen und Gläsern.

Service

Wird gleich ein gefülltes Glas eingestellt, verwendet man ein Serviertablett mit einer Stoff- oder Papierserviette darauf. Das Glas

Die idealen Trink- bzw. Serviertemperaturen der verschiedenen Weine

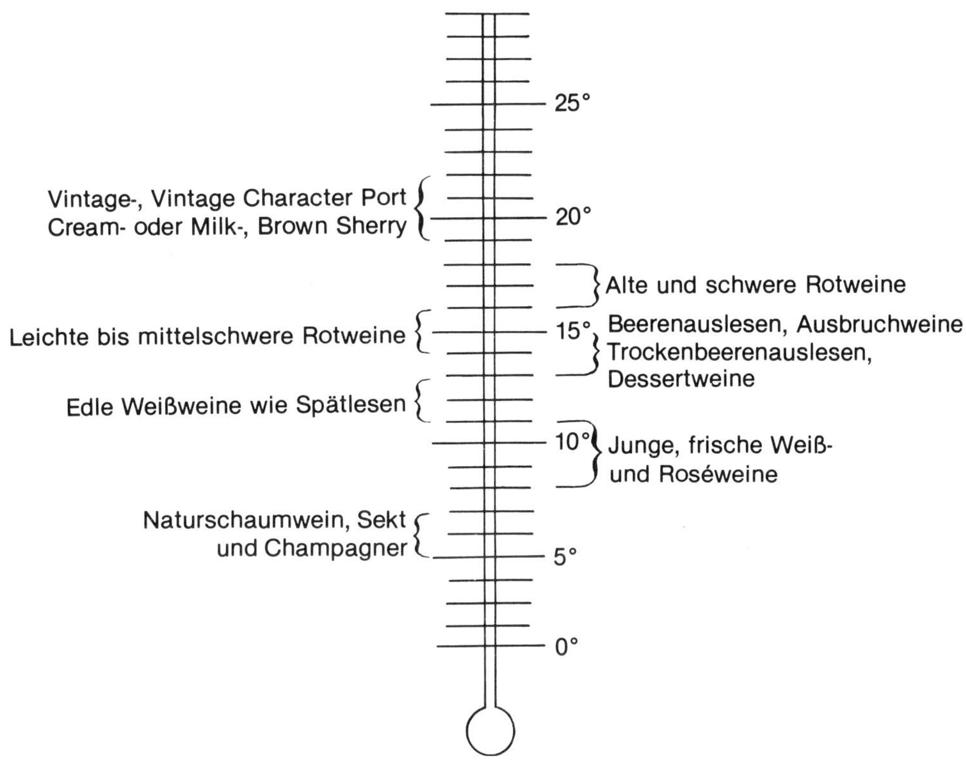

Spricht man von Zimmertemperatur, meint man 16 bis 18 ° C.

wird von der rechten Seite eingestellt, und zwar so, daß es oberhalb der Messerspitze zu stehen kommt (ist kein Gedeck vorhanden, stellt man das Glas so ein, daß es der Gast gut greifen kann). Haben Gläser Vignetten, müssen sie zum Gast zeigen.
Werden eine Karaffe oder ein Krug und ein Glas eingestellt, benötigt man eine Getränketasse mit Stoff- oder Papierserviette. Zuerst von der rechten Seite dem Gast das Glas einstellen, aus der Karaffe oder dem Krug einschenken und rechts oberhalb des Glases einstellen.

Ausschank von offenem Bier

Ein gutes Bierservice hat verschiedene Voraussetzungen. Das Bier muß vor allem ruhig gelagert werden, vor direkter Sonnenbestrahlung geschützt sein und den richtigen, ununterbrochen gleichmäßigen Kohlensäuredruck haben.
Peinlichste Sauberkeit aller Schankutensilien, wie z. B. Stecher, Zapfhähne, Armaturen, Leitungen und Gläser, ist unerläßlich. In Biergläsern niemals andere Getränke, vor allem keine fetthaltigen, wie Milch, ausschenken, da der Fettfilm den Schaum — die Krone des Biers — schnell zusammenbrechen läßt und das Bier unansehnlich wird.

Beim Ausschenken selbst muß das Glas immer schräg zum Zapfhahn gehalten werden.
Für offenen Bierausschank gibt es vier verschiedene Maße.
Pfiff (1/8 l); nur in Imbißstuben gebräuchlich
Seidel (0,3 l)
Krügel („Halbe", 1/2 l)
Maß (1 l)

FLASCHEN

Flaschenbierservice

Beim Einschenken des Bieres aus der Flasche ist es ratsam, das Bierglas in die linke Hand zu nehmen, schräg zu halten und aus der Flasche vorsichtig einzuschenken. Wird nämlich in das gerade stehende Glas eingeschenkt, geht sehr viel Kohlensäure verloren, und es bildet sich zuviel Schaum.
Es darf nicht vergessen werden, die Flasche vor dem Service abzuwischen.

Flaschenweinservice

Mise en place für Weiss-, Rosé- und Schaumwein

Standflaschenkühler oder **Flaschenkühler** auf Unterplatte oder Unterteller mit Serviette
Weinserviette aus Stoff
Papierservietten
Brotteller
Hebekorkenzieher mit Sektreißer

Mise en place für Rotwein

Flaschenuntersatz aus Metall oder **Dessertteller** mit Serviette
Weinserviette aus Stoff
Papierservietten
Brotteller
Hebekorkenzieher mit Messer

Arbeitsablauf bei Weiss- und Roséwein

— Flasche im Flaschenkühler mit Eis, Wasser und Weinserviette zum Tisch des Gastes bringen
— Flasche auf einer Serviette in der linken Hand liegend dem Besteller von links präsentieren, und zwar so, daß er die Etikette lesen kann
— Mit dem Messer die Kapsel durch einen geraden Schnitt abschneiden
— Mit einer Papierserviette den Korken säubern
— Mit dem Hebekorkenzieher die Flasche öffnen, der Korkenzieher darf den Korken nicht durchbohren, sonst fallen Korkstücke in den Wein
— Die offene Flasche in die Weinserviette einschlagen, die Etikette muß sichtbar sein
— Von rechts dem Besteller einen Probeschluck einschenken
— Den übrigen Personen am Tisch einschenken (nur zwei Drittel des Glases anfüllen), die Damen bekommen vor den Herren
— Dem Besteller das Glas vollschenken
— Die Flasche in den Kühler zurückstellen, Weinserviette darüberlegen

Arbeitsablauf bei Schaumwein

— Flasche im Flaschenkühler mit Eis, Wasser und Weinserviette zum Tisch des Gastes bringen
— Flasche auf einer Serviette in der linken Hand liegend dem Besteller von links präsentieren, und zwar so, daß er die Etikette lesen kann
— Papier- oder Leichtmetallkapsel entfernen und Agraffe (Drahtkorb) öffnen (die Flasche darf nicht geschüttelt werden, da sie sonst überläuft)
— Mit dem Daumen Agraffe und Korken oben fixieren
— Mit der Stoffserviette beides fassen und die Flasche drehen, sodaß der Korken langsam und ohne Knall entfernt werden kann
— Die offene Flasche in die Weinserviette einschlagen, die Etikette muß sichtbar sein

Der restliche Ablauf ist wie bei Wein, wenn Sektschalen verwendet werden. Wird Sekt in Flöten oder Tulpen serviert, sind diese vom Tisch anzuheben, schräg gehalten zu füllen und wieder auf den Tisch zu stellen.

Arbeitsablauf bei Rotwein

— Flasche mit sogenannter Krawatte (Schleife aus Serviette um den Flaschenhals, fungiert als Tropfenfänger) auf einem Unterteller mit Serviette zum Tisch des Gastes bringen
— Präsentieren und Öffnen wie bei Weiß- und Roséwein, mit dem einzigen Unterschied, daß die Rotweinflasche nicht in die Weinserviette eingeschlagen wird, da sie trocken ist

Frappieren

Frappieren heißt kühlen. Frappiert werden Schaumweine, die die gewünschte Trink- bzw. Serviertemperatur nicht aufweisen (bei Weiß- und Roséwein genügt es, die Flasche zehn Minuten mit Eis und Wasser in einen Kühler zu stellen).
Das Frappieren wird ausschließlich im Office gemacht.
Man benötigt einen Flaschenkühler, Eis, Wasser und grobes Kochsalz.

1 Ein Stück Eis auf den Boden des Kühlers legen und die Schaumweinflasche gerade mit der Depoteinbuchtung daraufsetzen. Nun füllt man zirka zehn Zentimeter hoch Eis ein, streut eine Handvoll Salz darüber und wiederholt dies schichtenweise bis zum Rand des Kühlers.

2 Anschließend wird zirka ein halber Liter Wasser eingefüllt. So bildet sich eine Sole.
Den Flaschenhals mit den Handflächen fassen und die Flasche zirka fünfmal nach rechts und fünfmal nach links drehen.

3 Diesen Vorgang so lange wiederholen, bis sich an der Außenwand des Kühlers eine dünne Eisschicht gebildet hat. Man darf jedoch nicht zu lange drehen, sonst friert der Schaumwein ein.

Chambrieren

Chambriert werden vor allem alte Rotweine.
Chambrieren heißt, daß man Weinflaschen, die aus dem Keller geholt werden, auf Zimmertemperatur bringen muß. Dies geschieht, indem man die Weinflasche zeitgerecht in einen Raum legt oder stellt, der die gewünschte Temperatur aufweist.
Sehr alte Rotweine werden mitunter schon am Vortag aus dem Keller geholt, um die ideale Serviertemperatur zu erhalten. Sie werden auch bereits am Vortag geöffnet. Diese Sauerstoffzufuhr ist für die optimale Entfaltung ihres Buketts und Geschmacks notwendig.

Dekantieren

Das Dekantieren ist bei alten Rotweinen und Vintage Port mit sogenannter Depotablagerung in der Flasche notwendig.
Dekantieren heißt fachgerechtes Umfüllen von der Originalfla-

sche in eine Dekantierkaraffe oder einen Dekantierkrug, wobei das Depot in der Flasche zurückbleiben muß.
Man benötigt einen Dekantierkorb und eine Dekantierkaraffe sowie eine Kerze, einen Spindelkorkenzieher und eine Weinserviette.

Arbeitsablauf

1 Die Flasche wird in den Dekantierkorb mit Serviette vorsichtig eingelegt, wobei Kellerstaub und Kellerschimmel mit einem Pinsel nur von der Etikette entfernt werden. Die Flasche wird so präsentiert.

2 Zunächst wird die Kerze angezündet.
Dann wird die Flaschenkapsel abgeschnitten, ohne die Flasche zu drehen, und der Korken mit einem Spindelkorkenzieher entfernt. Der Korken mit Korkbrand wird dem Gast präsentiert.

3 Mit der linken Hand die Dekantierkaraffe oder den -krug hochheben, mit der rechten Hand den Dekantierkorb hochheben, und zwar genau so, daß der Flaschenhals über der Kerzenflamme ist.

4 Vorsichtiges Entleeren des Flascheninhalts in die Dekantierkaraffe. Der Wein darf nicht auf den Boden der Dekantierflasche aufschlagen, sondern sollte vorsichtig an der Innenwand der Dekantierflasche oder -karaffe entlangfließen, um genügend Sauerstoff aufnehmen und so das Bukett optimal entfalten zu können. Durch das Licht der Kerze sieht man, wenn sich der Wein zu trüben beginnt oder Teile des Depots sichtbar werden. Das Depot muß in der Flasche bleiben.

5 Zuerst wird für den Besteller ein Probeschluck eingeschenkt, dann wird erst bei den anderen Gästen eingeschenkt und schließlich das Glas des Bestellers gefüllt.

6 Einstellen der Dekantierkaraffe oder des Dekantierkruges auf Unterteller mit Serviette. Der Dekantierkorb mit der Flasche bleibt auch auf dem Tisch des Gastes.

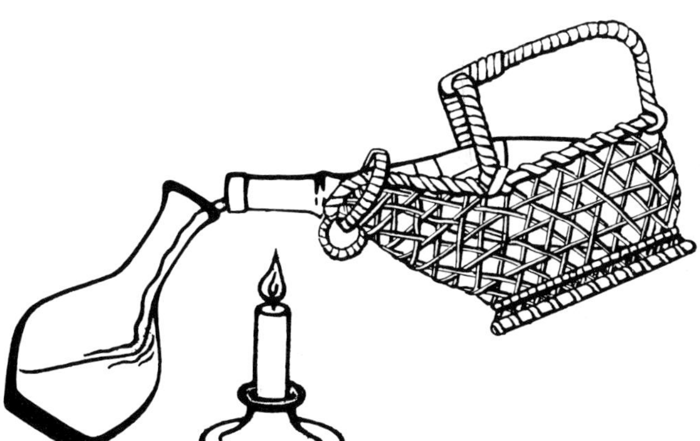

PASSENDE GETRÄNKE ZU DEN EINZELNEN SPEISEN

Siehe auch Spezialgedecke, Seite 70ff.
Richtig ausgewählte Getränke vervollkommnen den Geschmack einer Speise und fördern die Verdauung.
Die klassische Getränkereihenfolge lautet: Bier — Weißwein — Rotwein — Sekt.
Darüber hinaus gibt es wichtige Grundregeln innerhalb einer Speisenfolge, die man beachten sollte:
Leichte vor schweren Getränken
Weißweine vor Rosé- und Rotweinen
Einfache vor qualitativ höherwertigen Weinen
Körperarme vor körperreichen Weinen
Säurearme vor säurereichen Weinen
Junge vor alten Weinen
Trockene vor süßen Weinen
Zu hellem Fleisch (Kalb, Schwein, Geflügel) und zu Fischen Weiß- und Roséweine (Ausnahme: zu Lamm Rotwein)
Zu dunklem Fleisch (Rind und Wild) Rosé- und Rotweine
Zu salzigen Speisen trockene Weine
Zu süßen Speisen süße Weine
Zu leichten Speisen leichte Weine
Zu schweren Speisen schwere, alkoholreiche Weine
Nationale, regionale und traditionelle Trinkgewohnheiten und -gepflogenheiten soll man beachten, zu regionalen Spezialitäten jene Getränke servieren, die aus der gleichen Region stammen.
Sind Speisen mit einem speziellen Getränk zubereitet, wird dieses Getränk am vorteilhaftesten auch bei Tisch serviert.
Zu einfachen Gerichten Bier, Tisch- oder einfache Landweine
Zu klassischen Gerichten Qualitäts- oder Prädikatsweine
Zu Speisen, die stark mit Essig mariniert oder sehr scharf mit Paprika, Cayennepfeffer oder Curry zubereitet sind, Bier

DAS SERVICE

Getränke

Die folgende Tabelle gibt einen Überblick über die korrespondierenden Getränke zu den einzelnen Speisen.

Kalte Vorspeisen	Je nach Zubereitungsart unterschiedliche Getränke, im allgemeinen jedoch Bier, leichte, spritzige Weißweine wie Grüner Veltliner, Welschriesling, trockene Rosé- und Schilcherweine sowie trockene Schaumweine
Suppen	
Cremesuppen	In der Regel kein Getränk
Gulyas-, Bohnen- und Currysuppen	Bier
Fisch-, Zwiebel- und Knoblauchsuppen	Leichte, trockene Weißweine wie Grüner Veltliner, Welschriesling
Spezialsuppen	Trockener Sherry oder Portwein
Aalsuppen	Weißweine wie Neuburger oder Gewürztraminer
Warme Vorspeisen	
Grobe Pasteten im Teigmantel	Volle Weißweine, wie Weißer Burgunder, Ruländer, Neuburger, oder Rosé- und Schilcherweine
Pilze und Trüffeln	Volle Rotweine, wie Blauer Burgunder, Blaufränkischer, St. Émilion, Pomerol, Nuits St. Georges, Côtes du Rhône, Chianti, Barolo, Brunello
Teigwaren mit Füllungen, Ragouts oder Saucen aus Kalbfleisch, Bries, Hirn, Fischen, Muscheln oder Krustentieren	Weißweine wie Neuburger, Silvaner, Grüner Veltliner oder Müller-Thurgau an österreichischen Weinen, darüber hinaus Muscadet, Soave, Barsac, Rhein- und Moselweine
Teigwaren mit Füllungen aus Wild, Wildgeflügel, Rindfleisch oder schweren Innereien, wie Leber und Nieren, aus Hammel-, Gänse- oder Entenfleisch, aus Pilzen oder Trüffeln	Leichte bis schwere Rotweine wie St. Laurent, Zweigelt, Blauburger, Valpolicella, Beaujolais
Eiergerichte	Weißweine wie Neuburger, Gewürztraminer, Rotgipfler, Zierfandler, Muskat-Ottonel, Rosé- und Schilcherweine
Fischgerichte	
Edel- und Feinfische wie Lachs, Lachsforelle, Saibling, Felchen, Forelle, Seezunge, Steinbutt, Heilbutt, Seeteufel usw., pochiert, gebraten oder gegrillt	Trockene Weißweine, wie Rheinriesling, Welschriesling, Grüner Veltliner, Chablis, Muscadet, Musigny, Montrachet, Soave, Rhein-, Mosel-, Frankenweine
Fett- und Konsumfische, wie Karpfen, Aal, Schleie, Waller, Makrele, Kabeljau, Goldbarsch, gebacken oder gebraten	Gehaltvolle Weißweine wie Weißer Burgunder, Muskat-Silvaner, Morillon, Ruländer, Rotgipfler, Zierfandler, Gutedel, Sauternes
Geräucherte Fische	Bier, Weißweine, wie Weißer Burgunder, Traminer, oder Rosé- und Schilcherweine
Fleischgerichte	
Kücken, Poularden, Kapaune, Tauben und weißes Truthahnfleisch	Nicht zu süße Weißweine wie Müller-Thurgau, Neuburger, Weißer Burgunder, Sauternes
Gänse, Enten, Schnepfen, Fasane, Rebhühner und dunkles Truthahnfleisch	Rotweine wie St. Laurent, Zweigelt, Blauer Burgunder, Blaufränkischer, große Bordeaux- und Burgunderweine
Bries, Hirn, Kalbs- und Schweinszunge, Kalbsbeuschel	Weißweine wie Grüner Veltliner, Rheinriesling, Welschriesling
Leber, Nieren, Rinderzunge, Herz, Kutteln	Rotweine wie Zweigelt, Blaufränkischer, St. Laurent, Blauer Burgunder
Gedünstetes Kalbfleisch	Weißweine wie Gewürztraminer, Welschriesling, Müller-Thurgau

Gebratenes oder gegrilltes Kalbfleisch	Dieselben Weine wie zu gedünstetem Kalbfleisch, aber auch Rosé- oder leichte Rotweine wie St. Laurent, Beaujolais, Fleurie, Moulin-à-Vent
Gebratenes Schweinefleisch	Leichte Rotweine wie Blauburger, St. Laurent, Zweigelt oder Schilcher
Gekochtes Rindfleisch	Mittelschwere Weißweine wie Rheinriesling, Weißer Burgunder, Neuburger oder Rosé- und Schilcherweine, in Wien auch Grüner Veltliner
Braun gedünstetes, gebratenes oder gegrilltes Rindfleisch	Kräftige Rotweine wie Blauer Burgunder, Blaufränkischer, Cabernet, Merlot, Côtes du Rhône, Chianti classico, Barolo, Côtes de Nuits, Bordeaux- und Burgunderweine
Hammel- und Lammfleisch	Kräftige Rotweine wie Blauer Burgunder, Blaufränkischer, Cabernet, Côtes du Rhône, Chianti, Bordeaux- und Burgunderweine
Wild, wie Hirsch, Reh, Gemse, Wildschwein, Feldhase	Kräftige bis sehr schwere Rotweine wie Blauer Burgunder, Blaufränkischer, Chianti classico, Brunello, Pommard, Pomerol, St. Émilion, Châteauneuf du Pape, Erlauer
Geräuchertes Fleisch und Eintöpfe	Bier, wird Wein gewünscht, einfache Tisch- und Landweine
Käse	
Frischer, ungereifter Käse	Leichte, frische Weißweine wie Grüner Veltliner, Rheinriesling, Welschriesling, Silvaner oder trockene Rosé- und Schilcherweine, aber auch Bier
Vollgereifter Käse und Hartkäse	Kräftige bis schwere Rotweine wie Blauer Burgunder, Blaufränkischer, Rioja, Mâcon, Côtes du Rhône und schwere Burgunderweine sowie Barolo, Brunello, Chianti
Desserts	
Süßspeisen und Nüsse	Weißweine besonderer Leseart wie Spätlesen, Auslesen, Eisweine, Beerenauslesen, Ausbruchweine und Trockenbeerenauslesen, Südweine wie Samos, Marsala, Marsala Stravecchio, Lacrimae Christi, Dessertweine wie Oloroso- und Cream-(Milk-)Sherry, schwere Portweine sowie Schaumwein, Sekt oder Champagner
Desserts mit frischem Obst wie Äpfeln, Quitten, Zitronen, Orangen, Limonen, Grapefruits, Granatäpfeln oder mit Schokolade und Schokoladensaucen	Halbtrockene Schaumweine wie Asti spumanti, Sekte oder Champagner
Sorbets, Parfaits und Eisdesserts	Trockene bis halbtrockene Schaumweine, Sekte oder Champagner

Raucherservice

In guten Restaurants und Bars wird darauf Bedacht genommen, daß viele Menschen zum Abschluß eines Essens, zum Beispiel zum Digestif, Rauchwaren verlangen.
Grundsätzlich unterscheidet man nach Farbe und Ursprungsland zwischen zwei Haupttabaksorten, nämlich Sumatra (hell) und Brasil (dunkel). Beide Tabaksorten wurden als Deckblatt-Tabake zur äußeren Umhüllung von Zigarren verwendet. Dadurch wurden sie zu Gattungsbegriffen für helle und dunkle Zigarren. Hell und dunkel sind jedoch keine Qualitätskriterien, den Geschmack bestimmen vielmehr Tabakart und -herkunft sowie das Wissen um die fein aufeinander abgestimmte Tabakmischung.
Sumatra-Zigarren gelten als fein, blumig, sanft und zart. Brasil-Zigarren als mild, aromatisch und würzig.
Für jeden Betrieb ist ein kleines, jedoch gut ausgewähltes Sortiment empfehlenswert, das sich zum Beispiel aus den Marken Imperiales Superiores, Imperiales, Selectos, Sumatra, Carmen Y Jose, Graciosas, Großglockner und Mozart-Idomeneo an Sumatra-Zigarren sowie Selectos Brasil, Palmas und Falstaff an Brasil-Zigarren zusammensetzen kann. Darüber hinaus sollte das Rauchwarensortiment je zwei Arten von Zigarillos und Virginias enthalten. Für die Aufbewahrung der Zigarren sollte eine eigene Kassette mit Luftbefeuchter verwendet werden. Ist diese nicht vorhanden, so beläßt man sie in der Originalpackung, im Holz- oder Metallkistchen.

Das Raucher-Set

Darunter versteht man ein rundes Silbertablett, auf dem Zigarren und Zigaretten in gefälliger Form aufgelegt sind. In der Mitte des Tabletts befinden sich eine brennende Kerze, lange Zündhölzer, eine Zigarrennadel (meist versilbert), runde Zahnstocher sowie ein Zigarrenabschneider oder ein kleines, scharfes Messer.

Fachgerechtes Präparieren einer Zigarre

Einige Zigarren sind nicht rauchfertig. Sie müssen vor dem Anzünden fachgerecht hergerichtet werden. Diese Arbeit wird vom Servierpersonal übernommen.

1 Zigarrenhülle öffnen und Zigarre aus der Verpackung herausnehmen. An der Banderole (Zigarrenschleife) wird sie in der linken Hand gehalten.

2 Die geschlossene Kappe entweder mit dem Zigarrenabschneider öffnen oder mit dem Messer einen schrägen V-Schnitt machen. Den ausgestanzten oder ausgeschnittenen Teil gibt man auf einen vorbereiteten Teller oder auf ein Tablett.

3 Nun überreicht man dem Gast die präparierte Zigarre. In den meisten Fällen zündet sich dieser die Zigarre selbst an. Andernfalls gibt man ihm mit der Kerze oder mit einem langen Streichholz, das man vom Gast weg anzündet und nicht zu nahe zur Zigarre hält, Feuer. Der Gast dreht dabei die Zigarre, um ein gleichmäßiges Anrauchen zu erzielen.

4 Sollte die Zigarre jedoch nicht genügend ziehen, so steckt man die Zigarrennadel in die Öffnung der Kappe und dreht sie vorsichtig, ohne dabei die Zigarre zu verletzen.

Festliche Ereignisse werden meist durch ein Festessen gekrönt. Es ist eine besondere Aufgabe und Auszeichnung für einen Gastronomiebetrieb, solche Festessen veranstalten zu dürfen, aber auch eine umfangreiche Arbeit.
Planung und Organisation sind Voraussetzungen für das Gelingen einer Veranstaltung nicht nur in Großbetrieben, sondern auch in kleineren Betrieben. Sie sind unterschiedlich je nach den Bedürfnissen des Gästekreises, den Möglichkeiten der Durchführung, den Fähigkeiten des Personals, der Einrichtung und den Materialien.
Um lukrative Veranstaltungen in den Betrieb zu bekommen, ist eine gezielte **Werbung** durchzuführen. In ihr soll der Konsument über die Leistungsfähigkeit des Betriebes informiert werden. Dies geschieht hauptsächlich durch die Versendung einschlägigen Prospektmaterials. Den Gästekreis gewinnt man aus einer immer auf den letzten Stand gebrachten Kundenkartei und durch „Mundpropaganda". Darüber hinaus bieten spezielle Firmen gezieltes Adressenmaterial an.
Natürlich werden größere Betriebe zusätzlich andere Werbeträger (Rundfunk, Printmedien etc.) einsetzen.
Neben erfolgreich durchgeführter Werbung ist es vor allem eine exakte Planung, die die Gäste an einen Betrieb bindet.
Der **Veranstaltungskalender,** der genauestens zu führen ist, bietet hiebei die größtmögliche Hilfe. Dieser soll eine Übersicht über die vermietbaren Räume, deren Größe und Verwendungsmöglichkeit enthalten. Um eine optimale Raumausnützung zu erzielen, ist es besonders wichtig, das Fassungsvermögen der Räume zu kennen. Es ist weder sinnvoll, Räume überzubesetzen noch wertvollen Platz an zu wenig Personen zu vergeben.
Als Faustregel gilt als unterste Grenze ein Platz von 2 bis 2,5 m^2 pro Person, wobei der Platz für Tische, Sessel und Bewegungsfreiheit für das Bedienungspersonal einberechnet sind. Bei Cocktailpartys oder sonstigen Stehbuffets ist der Platzbedarf entsprechend geringer anzusetzen.

Die Belastbarkeit eines Betriebes hängt aber auch nicht zuletzt von der personellen Struktur ab. Sie bezieht sich aber nicht nur auf die Anzahl des verfügbaren Personals, sondern vor allem auch auf den Leistungswillen und die Qualifikation des einzelnen. Letzteres abzuschätzen verlangt Erfahrung und Kenntnis der Fähigkeiten der Mitarbeiter.
Großbetriebe haben eigenes Personal in der sogenannten Catering-Abteilung zur Ausrichtung von Veranstaltungen. Überdies haben sie sehr oft die Möglichkeit, Aushilfskräfte zu besorgen.
Klein- und Mittelbetriebe haben es da ungleich schwerer. Sie müssen meist mit dem vorhandenen Personal auskommen. Ein exakt geführter Dienstplan erleichtert dabei die Organisation einer Veranstaltung.
Für ein erstklassiges Bankettservice benötigt man für zehn Gäste zwei Speisenkellner und ein bis zwei Getränkekellner. Für ein gutes Service genügt für zehn Personen ein Kellner, der Speisen und Getränke bringt, für 20 Gäste sollten es zwei Speisen- und ein Getränkekellner sein usw.
Die Anzahl der Köche und Hilfskräfte in der Küche ist abhängig von der Qualität der Speisen und vor allem von deren Zubereitung (À-la-minute-Gerichte versus Speisen, die im vorhinein zubereitet werden können). Aber auch die Einrichtung der Küche spielt hier eine große Rolle.
Grundsätzlich rechnet man mit vier bis fünf Köchen bei Veranstaltungen bis zu 100 Personen.

Um nun Veranstaltungen optimal durchführen zu können, sind präzise und klare Informationen bei der Entgegennahme der Bestellung notwendig. Im Gespräch mit dem Besteller (Gast) werden die Detailfragen, die dem Gelingen der Veranstaltung dienen, besprochen und im sogenannten Function-sheet (Dienstanweisung, Laufzettel) festgehalten. Dafür zuständig ist in Großbetrieben die Wirtschaftsabteilung (F&B=Food and beverage department) oder ein eigenes Bankett-Büro. In Kleinbetrieben wird diese Arbeit vom Besitzer übernommen.

FUNCTION-SHEET (DIENSTANWEISUNG, LAUFZETTEL)

Der Function-sheet enthält folgende Informationen:

Art der Veranstaltung: Staatsbankett, Bankett, Buffet, Cocktailparty, Konferenz, Ausstellung etc. Für verschiedene Veranstaltungen kann auch ein Service außer Haus bestellt werden (Outside-catering-Veranstaltung).
Tag, Datum, Uhrzeit: Sie sind die wichtigsten Informationen für die Koordination, Organisation und Planung.
Veranstalter: Name des Bestellers, Titel. Es ist sehr wichtig, daß der Name richtig geschrieben und ausgesprochen wird.
Telefonnummer: für etwaige Rückfragen.
Buchungsdatum
Vertreten durch Herrn, Frau
Adresse: für die Rechnung und die Aufnahme in die Gästekartei.
Rechnung an: Diese Information benötigt man nur dann, wenn Besteller und Bezahler nicht identisch sind.
Personen: Anzahl der geladenen Personen.

Raum: Hiebei fragt man nach gewünschter Größe und Ausstattung des Raumes.
Set up: Tafelform.
Dekor: Dekorwünsche, z. B. Blumen, Grünpflanzen, Kerzenleuchter.
Menükarten: Ob überhaupt Menükarten gewünscht sind und wie deren Ausführung sein soll.
Rauchwaren: Ob Rauchwaren und welche bzw. wie viele bestellt werden.
Raummiete: Eine Miete wird nur verrechnet, wenn keine oder wenig Konsumation (z. B. bei Ausstellungen, Warenpräsentationen) bestellt wird.
Anzahlung: Sie ist meist in der gleichen Höhe wie die Stornogebühr, entfällt aber häufig bei Stammgästen.
Buchung ist tentativ/definitiv: Tentativ heißt, die Bestellung ist vorgemerkt bis zu einem bestimmten Datum, definitiv heißt, die Bestellung ist fix.
Signatur: Unterschrift des Bestellers.
Storno: Hier wird der letzte Stornotermin eingetragen. Wird dieser überschritten, muß die festgesetzte Stornogebühr bezahlt werden (in der Regel in Höhe der Raummiete).
Küche: Diese Position enthält Informationen für den Küchenchef über das Menü, für Einkauf und Einsatz des Personals.
Bar: Informationen über gewünschte Bargetränke wie Aperitifs, Digestifs.
Keller: Informationen über alkoholfreie Getränke, Bier, Wein.
Technik: Informationen an die Haustechnik über technische Einrichtungen wie z. B. Mikrofon, Telefon, Aufbau einer Tanzfläche.
Besondere Wünsche: Musik, Rillentafel (Hinweistafel, wo und wann welche Veranstaltung stattfindet), Aschenbecher auf der Tafel erwünscht oder nicht usw.

OUTSIDE CATERING (AUSSER-HAUS-SERVICE)

Outside caterings sind Veranstaltungen außer Haus in den unterschiedlichsten Formen, und zwar von der Cocktailparty bis zum Festbankett. Sie sind an keinen bestimmten Ort gebunden, können in Privathaushalten genauso wie in Repräsentationsräumen von Unternehmen, offiziellen Stellen (z. B. in Rathäusern), Kongreßzentren und anderen Räumlichkeiten durchgeführt werden.
Im weitesten Sinn kann es auch als Outside catering bezeichnet werden, wenn der Wirt eines Kleinbetriebes Essen oder Getränke in das Haus vis-à-vis liefert oder Großküchen Mahlzeiten an Privathaushalte, Unternehmen usw. abgeben.
Outside catering gibt es in drei verschiedenen Formen. Entweder wird nur das Service durchgeführt (z. B. für eine Veranstaltung wird nur das Servierpersonal gemietet), oder es wird nur die Produktion durchgeführt (z. B. Bordverpflegung für Fluglinien). Beim Outside catering im engeren Sinn werden Produktion und Service durchgeführt.

Ausgehend davon, was angeboten wird (z. B. bei einer Cocktailparty werden Canapés und Getränke serviert), wird die **MISE EN PLACE** hergerichtet.

Das wichtigste hiebei ist das Erstellen der Checkliste. in organisierten Betrieben gibt es Vordrucke, in die die Anzahl der einzelnen Gegenstände sowie die Waren eingetragen werden. Damit kann man jederzeit feststellen, ob die außer Haus gelieferten Gegenstände wieder vollständig und unversehrt zurückgestellt werden.
Der Transport wird meist mit firmeneigenem Personal und Fuhrpark durchgeführt. Die Transportfahrzeuge sind mitunter mit Hitzeschränken, Kühlabteilungen, Vorrichtungen für Transportkisten, Stapelschränken für Speisenplatten, Besteckschränken und Hebebühnen ausgestattet.

STAATSBANKETT

Das Staatsbankett ist eine ganz spezielle, mit nichts anderem vergleichbare Veranstaltungsform, die ganz wenigen Luxusbetrieben vorbehalten bleibt.
Die umfangreichen Vorbereitungsarbeiten, die bei der Organisation notwendig sind, sollen daher auch nur im Anriß behandelt werden. Bei einem Staatsbankett nehmen Staatsoberhäupter, Regierungsmitglieder, Diplomaten etc. verschiedener Nationen teil. Es wird nach dem im Gastgeberland üblichen Protokoll ausgerichtet. Dieses enthält bis ins kleinste Detail festgelegte Regeln, entsprechend den Gebräuchen und Gepflogenheiten des jeweiligen Staates.
So gibt es zum Beispiel eine genau festgelegte Tischordnung nach der Rangfolge und Bedeutung der Gäste. Der Gastgeber sitzt immer in der Mitte des Tisches. Rechts neben ihm ist der höchste Ehrenplatz, links neben ihm der zweithöchste. Am Ende des Tisches oder der Tafel dürfen keine ausländischen Gäste plaziert werden. Wenn es nötig ist, werden zur sprachlichen Verständigung der Gäste Dolmetscher eingesetzt. Ihnen wird meist direkt hinter den Plätzen von Gastgeber und ranghöchstem Gast ein Platz zugewiesen. Sie sitzen nicht an der Tafel.
Nehmen die Ehefrauen der Gäste am Staatsbankett teil, dann sitzt die Frau des ranghöchsten Gastes rechts vom männlichen Gastgeber, die zweitranghöchste links von ihm.
Rechts neben der Ehefrau des Gastgebers sitzt der ranghöchste männliche Gast, links der zweithöchste.

BANKETT

Ein Bankett ist eine sehr aufwendige Veranstaltungsform. Der genaue Ablauf wird im Gespräch mit dem Besteller festgelegt. Neben den geeigneten Räumen benötigt der Betrieb ein eigenes Inventar. Dies ist deshalb wichtig, da eine Veranstaltung nicht den normalen Betriebsablauf durch Abzug von Inventar stören darf. So müssen vor allem zusätzliche Tische, Tisch- und Tafeltücher, Gläser, Teller sowie Bestecke und Tischdekoration vorhanden sein. Daneben benötigt man Nebenküchen, eigene Garderoben, Toiletten, Umkleideräume für Musiker usw.

Die Bankettische lassen sich beliebig zu den verschiedensten **TAFELFORMEN** zusammenstellen.
Sie hängen von der Anzahl der Personen, von Größe, Form und Inventar des Raumes und von den Eingängen ab. Darüber hin-

aus ist zu beachten, wo sich Fenster, Säulen, Lichtquellen usw. befinden.

Gerade Tafel oder **I-Form:** Für zirka 25 bis 30 Personen. Auf die Proportion (Länge zu Breite) ist zu achten. Sie ist für das Service die vorteilhafteste Form.

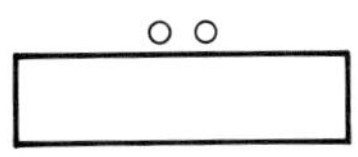

T-Tafel: für zirka 30 bis 40 Personen.

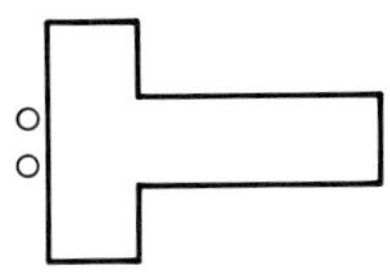

U-Tafel: für zirka 40 bis 60 Personen.

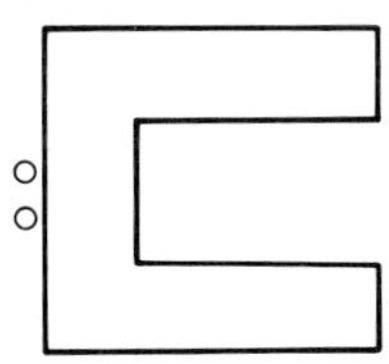

E-Tafel: für 60 und mehr Personen.

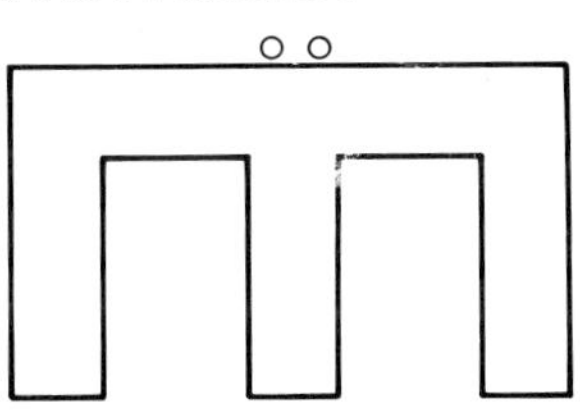

Kamm-Tafel: für 100 und mehr Personen. Sie hat immer mehr als drei Schenkel. Nach Möglichkeit sollte eine ungerade Anzahl an Schenkeln aufgestellt werden.

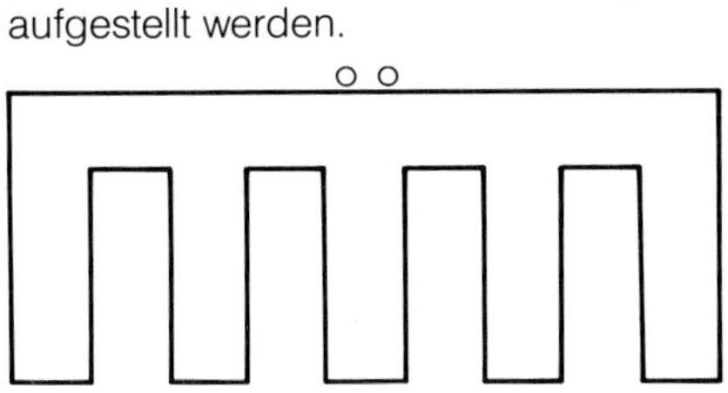

Runde Tafel: Sie eignet sich am besten in runden und halbrunden Räumen.

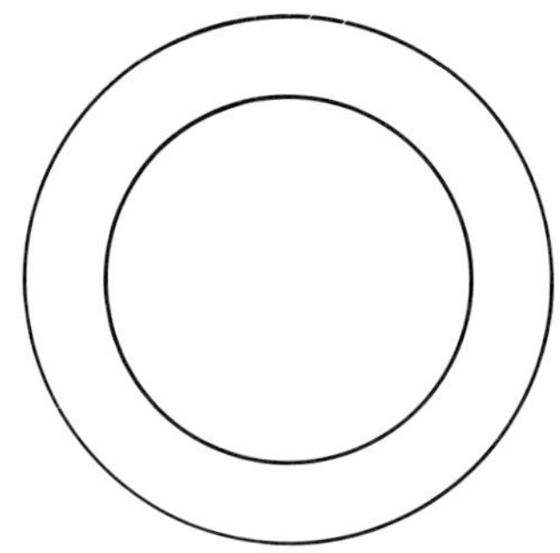

Offene Tafelformen: Quadratische, runde und rechteckige Tische finden Verwendung.

Kombinierte Tafelform

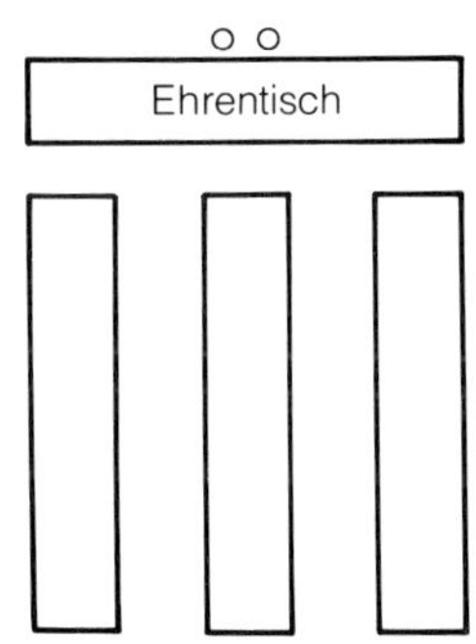

Sterntafel

Die mit o o bezeichneten Positionen sind jene Plätze, auf denen die Ehrengäste sitzen.

DAS SERVICE

GROSSVERANSTALTUNGEN

STELLUNGEN DER SESSEL

Gerade Stellung der Sessel

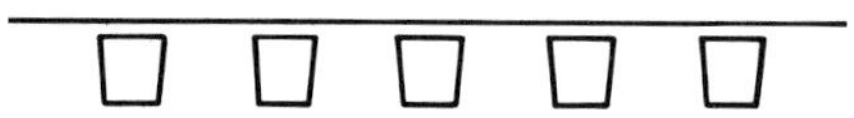

Schräge, offene Stellung der Sessel in Richtung zu den Ehrengästen

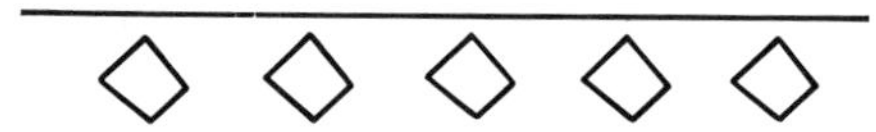

SITZORDNUNG BEI EINEM BANKETT AM BEISPIEL EINER HOCHZEIT

Variante 1

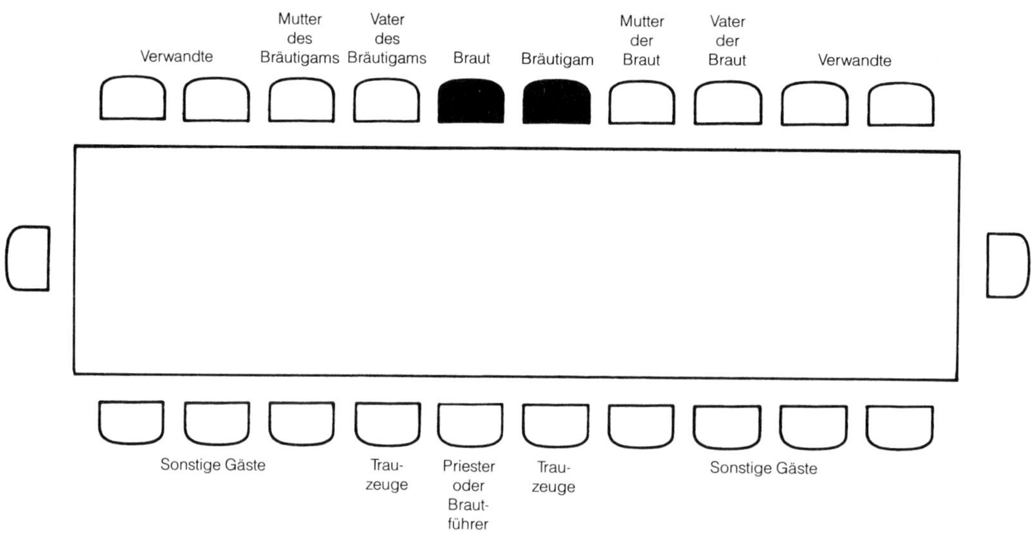

Variante 2

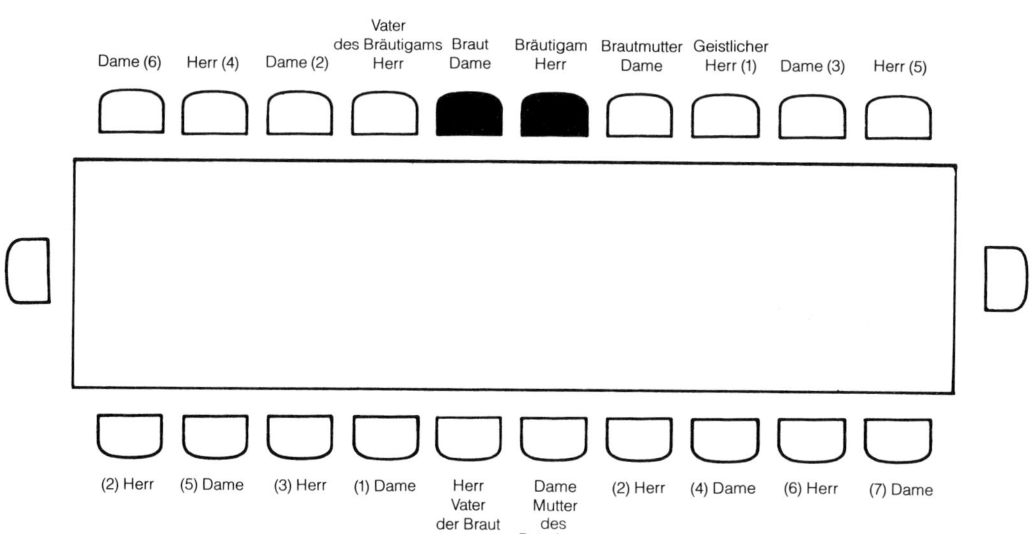

Decken der Tafel

Nach dem Stellen der Tafel, Aufdecken der Tafeltücher und Ausrichten der Sessel wird meist vom Bankettleiter ein Mustergedeck aufgedeckt, nach dem alle anderen Gedecke gemacht werden müssen. Wenn am Tafelende aufgedeckt wird, ist zu beachten, daß genügend Platz zum Auflegen der Gedecke vorhanden ist, da man sonst Schwierigkeiten mit der Stellung der Gläser bekommt. Am besten ist es daher, zuerst die Gedecke an den Kopfenden aufzudecken und dann den verbleibenden Platz auf beiden Seiten der Tafel für die anderen Gedecke symmetrisch einzuteilen.
Liegen die Gedecke, werden zuerst die Gläser (Stellen von Gläsern siehe Seite 45), dann die Salzstreuer aufgestellt, am besten so, daß ein Salzstreuer zwischen zwei Gedecken ist. Pfefferstreuer, Aschenbecher und Zahnstocher sind auf dem Serviertisch oder im Office bereitzuhalten.
Je nach Veranstaltung wird unterschiedliche Tischdekoration verwendet, die nun aufgestellt wird.
Zum Schluß werden die gebrochenen Servietten und die Menükarten aufgelegt.

Turmspitze

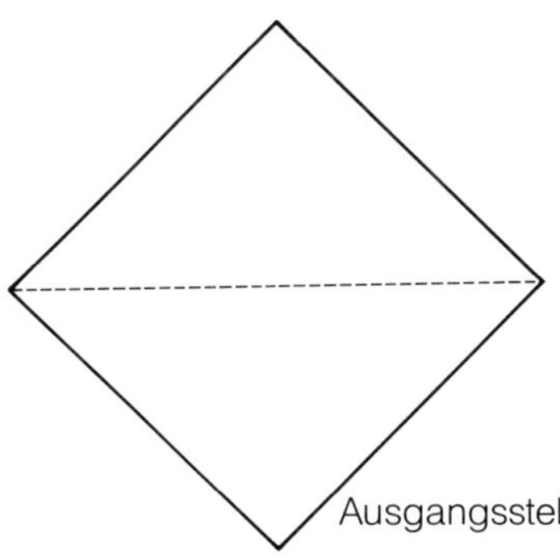

Ausgangsstellung

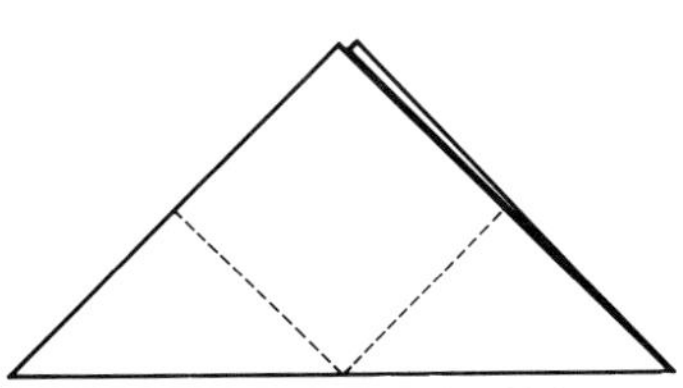

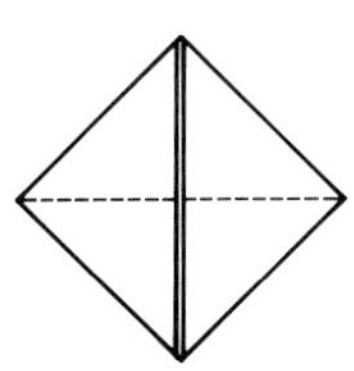

Rechte und linke Ecke nach oben brechen

Beide Ecken hinten zusammenstecken und Figur aufstellen

Fächer

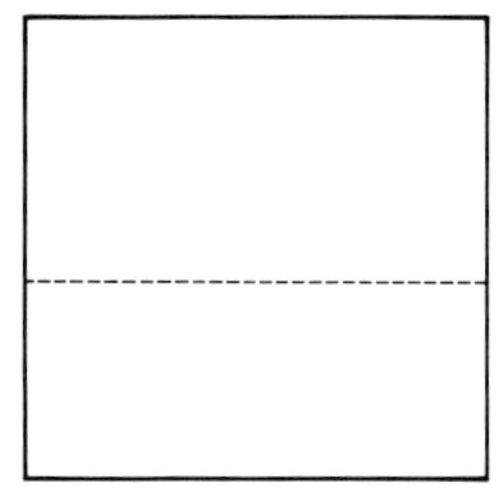

Serviette unterhalb der Mittellinie nach oben brechen

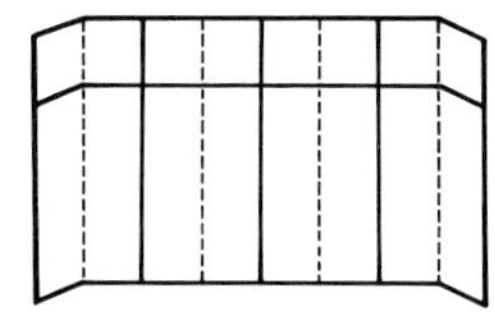

Abwechselnd nach vorne und hinten in gleichen Abständen Büge machen (Ziehharmonika)

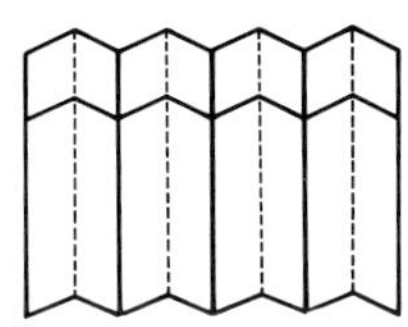

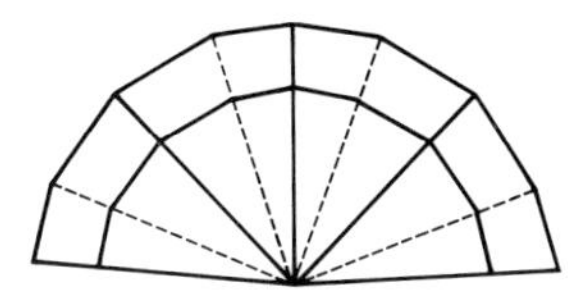

Büge fest andrücken, Serviette nur am oberen Ende auseinanderziehen

Lilie

Ausgangsstellung

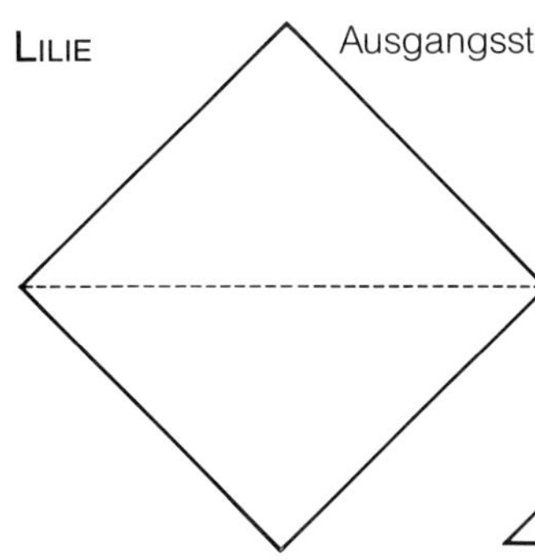

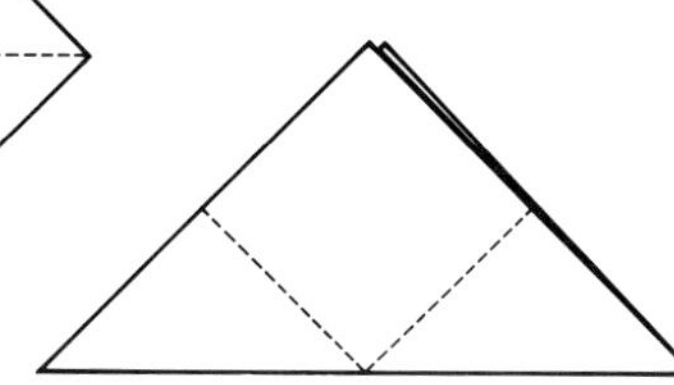

Beide unteren Ecken nach oben brechen

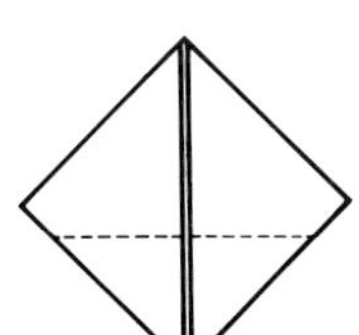

Unterhalb der Mittellinie nach oben brechen

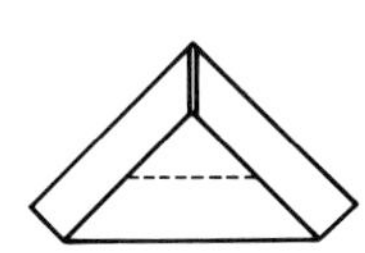

Spitz nach unten brechen

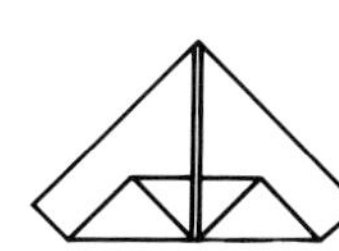

Beide Ecken hinten ineinander stecken

Figur leicht rund formen und die beiden oberen Zipfel herunterziehen

Grossveranstaltungen

Palmwedel

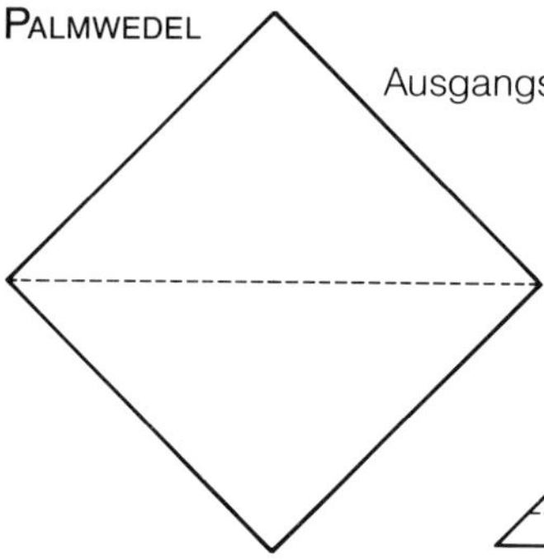

Ausgangsstellung

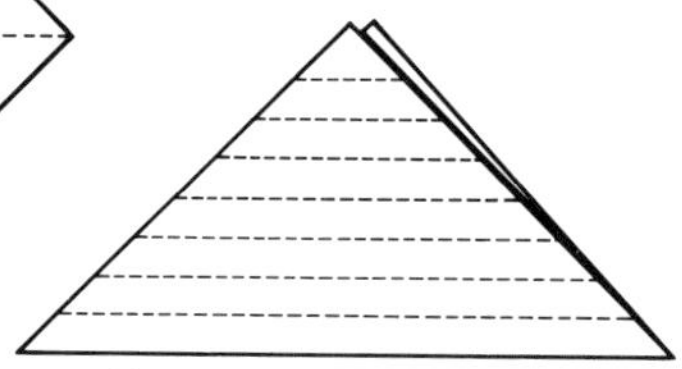

Abwechselnd nach vorne und hinten 2 cm breite Streifen brechen

Die Seite mit dem Zipfel nach unten legen

Mitte fest auf eine Unterlage drücken und die beiden Ecken nach oben ziehen. Dort ein wenig zusammendrehen.

Obelisk

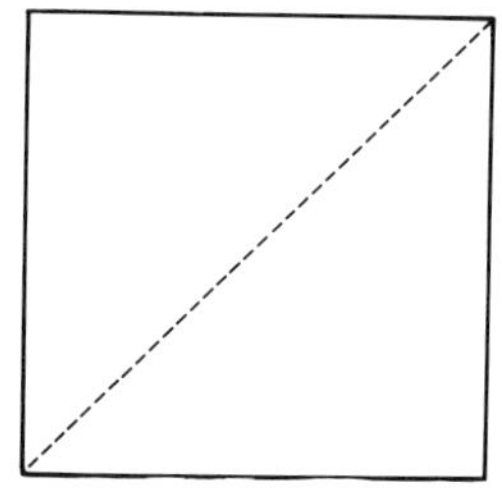

Ausgangsstellung

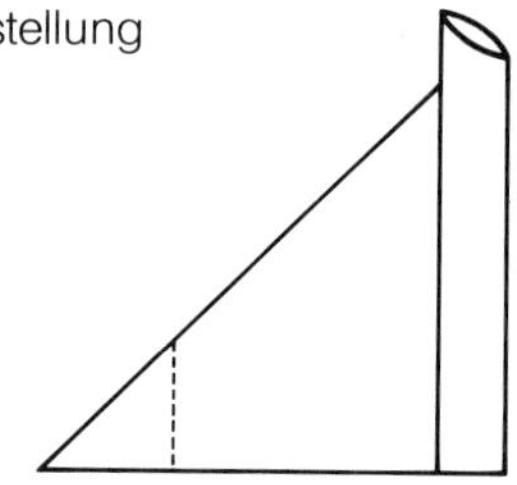

Von der rechten offenen Seite nach innen aufrollen, und zwar so weit, bis ein kleines Dreieck bleibt.

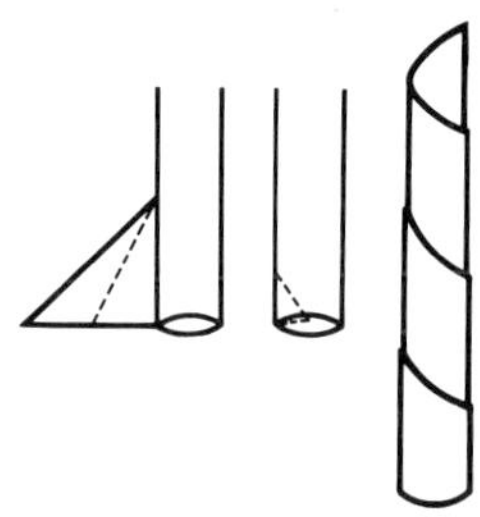

Dreieck nach unten brechen und Serviette fertigrollen. Überstehende Spitze in eine der inneren Lagen der Rolle stecken.

Festgedeck

Komplettes Gedeck mit Menükarte

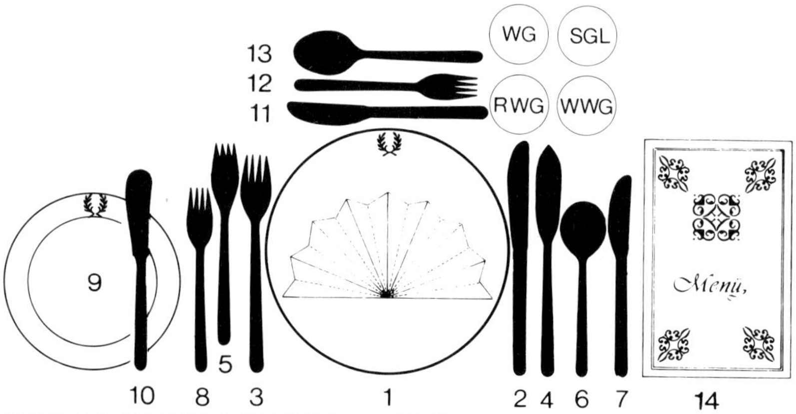

1	Standteller mit Fächerserviette	
2	Fleischmesser	
3	Fleischgabel	
4	Fischmesser	
5	Fischgabel	
6	Consomméløffel	
7	Dessertmesser	
8	Dessertgabel	
9	Brotteller	
10	Buttermesser	
11	Dessertmesser	für Nachtisch zur Wahl
12	Dessertgabel	
13	Dessertlöffel	
14	Menükarte	
WG	Wasserglas (Stielwasserglas)	
RWG	Rotweinglas	
WWG	Weißweinglas	
SGL	Sektglas	

Ist die Tafel fertig aufgedeckt, werden die Sessel exakt ausgerichtet.

Servicebesprechung

In der Servicebesprechung gibt der Serviceleiter letzte Instruktionen zum Ablauf des Service, zur Erklärung des Menüs, wann Reden das Service unterbrechen (in dieser Zeit ist niemand vom Service im Raum) und andere Detailinformationen.
Siehe auch Seite 45

Einteilung der Stationen

Die Sitzplätze werden nun in einzelne Stationen aufgeteilt, wobei darauf zu achten ist, daß jede dieser Stationen zehn Personen nicht überschreitet, da sonst kein optimales Service gewährleistet werden kann (die letzten Gäste bekommen bereits ein kaltes Essen, die Kellner haben Schwierigkeiten, die schweren Platten richtig anzubieten).
Begonnen wird die Stationseinteilung immer beim Ehrengast bzw. bei den Ehrengästen.

PRINZIPIELLE GEHRICHTUNGEN BEIM BANKETTSERVICE BEI EINER GERADEN TAFEL

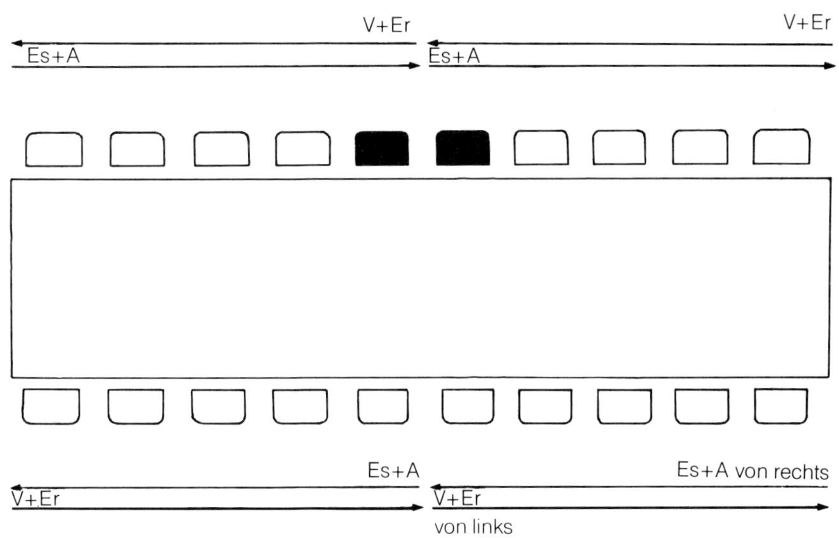

V Vorlegen
Er Einreichen
A Abservieren
Es Einstellen

→ *Gehrichtung*

Die Gehrichtung und die Einteilung der Stationen verändern sich entsprechend der Tafelform.

Serviceablauf

- Plazieren der Gäste: Man ist ihnen beim Platzsuchen und Platznehmen behilflich
- Vorlegen von Brot und Butter
- Getränkeservice für den ersten Gang
- Einstellen der Teller für den ersten Gang von rechts
- Aufnehmen der Platten in der Küche oder im Office, wobei die Personen, die die Ehrengäste bedienen, in der Reihenfolge als erste stehen. In der weiteren Folge stehen der oder die Kellner, die den weitesten Weg zu ihrer Station haben usw.
- Gemeinsamer Einmarsch des Servierpersonals für alle Stationen
- Aufstellung bei dem Gast, bei dem das Service begonnen wird
- Der Serviceleiter gibt ein dezentes Zeichen (Kopfnicken oder Schritt nach vorne) für den Beginn des Service, das gemeinsam begonnen und gemeinsam beendet wird. Sollte eine Station einen Gast weniger haben, wartet der Kellner, bis die übrigen beim zweiten Gast sind, und beginnt dann erst das Service. Es ist besonders darauf zu achten, daß die Gäste beim Servieren nicht in die „Zange" genommen werden, d. h., der erste Kellner (er legt das Fleisch vor) ist beim dritten Gast, dann erst beginnt der zweite Kellner (er legt die Beilagen vor) mit dem Service beim ersten Gast.
- Gemeinsames Hinausgehen in umgekehrter Reihenfolge wie beim Einmarsch
- Abservieren des ersten Ganges
- Getränkeservice für den nächsten Gang
- Abservieren des Glases vom ersten Gang (der Gast ist niemals ohne Getränk)
- Einstellen der Teller, Service des nächsten Ganges usw.
- Nach dem Abservieren des Hauptgerichtes erfolgt die Reinigung des Tisches mit Tischschaufel und -besen oder mit Serviette und Dessertteller. Dann entfernt man die Salzstreuer, wenn kein Käse als Nachspeise serviert wird. Der nächste Schritt ist das Herabziehen des gewünschten Dessertbesteckes. Gibt es die Möglichkeit der Dessertwahl, so wird entweder Dessertmesser oder Dessertlöffel entfernt.
- Service des Desserts

— Abservieren des Desserts. Die Servietten sollten mit einer Serviertasse oder auf einen Fleischteller gelegt abserviert werden.
— Reinigung der Tafel
— Wird anschließend Kaffee serviert, stellt man entweder Zuckerschalen und Oberskännchen ein, oder man bringt Zucker und Obers auf einer Serviertasse mit und fragt den Gast, wieviel Zucker und Obers gewünscht wird, und stellt den fertigen Kaffee ein.
— Wird zum Kaffee ein Digestif serviert, gibt es folgende Möglichkeiten: Der Digestif ist bereits in Gläser eingeschenkt und auf einem Serviertablett mit Serviette arrangiert.
  Ein Kellner geht mit einer Serviertasse, auf der die Gläser und Flaschen stehen, von Gast zu Gast, ein zweiter Kellner schenkt das vom Gast gewünschte Getränk ein und serviert es.
  Auf einem fahrbaren Digestifwagen sind verschiedene Digestifs und Gläser aufgebaut, ein Kellner fährt damit von Gast zu Gast und serviert.
— Das letzte Glas sowie Kaffeetassen und Digestifgläser bleiben stehen, bis sich die Gäste entfernt haben.

Gedeckverringerung

Kommt ein Gast nicht, ist die vollkommen gedeckte Tafel zu verringern, und zwar so, daß man beim Abservieren immer nur jenen Teil dieses Gedeckes mitnimmt, der bei den anderen Gästen abserviert wird (Besteck, Gläser). Die Symmetrie der Tafel bleibt gewahrt.

BUFFET

Das Buffet ist sehr beliebt bei verschiedenen Veranstaltungen wie z. B. Bankett, Mitternachtsbuffet, Cocktailparty, Matinee- und Soireeveranstaltung, Erntedankfest, Heringsschmaus, Frühstück, Brunch, Lunch sowie für spezielle Anlässe wie Hochzeit, Taufe, Jubiläum, Promotion.
Beim Aufbau eines Buffets ist zu beachten, daß es im Raum gut sichtbar ist und genügend Platz für den Zu- und Abgang der Gäste vorhanden ist. Auch die Wege für das Personal zur Neubestückung des Buffets sollen nicht zu lang sein.
Der Buffetblock darf nicht breiter als eineinhalb Meter sein, damit man Platten und Schüsseln leicht erreichen kann.
Saucen und Salate müssen immer bei den zugehörigen Speisen stehen. Bei einer größeren Gästeanzahl (ab zirka 100 Personen) empfiehlt sich die Aufteilung des Buffets auf mehrere Tische, zum Beispiel gesondert für Hauptspeisen, Desserts, Käse.
Nicht zuletzt soll der Aufbau des Buffets dekorativ sein und den Erwartungen des Bestellers und der Gäste entsprechen.

Das **geschlossene Buffet** ist jede Form eines Buffets, das von einer Person für einen speziellen Anlaß bestellt und bezahlt wird. Schwerpunkte dabei sind große Schau- und Dekorplatten, wobei die Speisen unportioniert angeboten werden. Es ist nur für geladene Gäste zugänglich, daher auch die Bezeichnung geschlossenes Buffet. Geschlossene Buffets sind bei Hochzeiten, Taufen, Jubiläen, Promotionen, Banketten, Presseempfängen, Cocktailpartys etc. gebräuchlich.
Beim **offenen Buffet** gibt es keinen Gastgeber, der bestellt und bezahlt, sondern es ist für jedermann zugänglich, daher auch offenes Buffet.
Die Speisen auf den Platten sind in Portionen angerichtet, für die fixe Preise verlangt werden (Preisauszeichnungspflicht). Offene Buffets sind Mitternachtsbuffets, Ballbuffets, Buffets bei Erntedankfesten, Heringsschmaus usw.
Nach dem Angebot an Speisen unterscheidet man zwischen kaltem und warmem Buffet.
Ein warmes Buffet wird eher selten verlangt.
Daneben gibt es das in skandinavischen Ländern bekannte **Smörgås-Bord** oder **Smorrebrød,** eine Buffetform, bei der kalte und warme Speisen nebeneinander angeboten werden. Die kalten Speisen sind auf Plattten, in Schüsseln und Raviers, die warmen Gerichte in Chafing-dishes bereitgestellt. Es ist bei Frühstücks-, Brunch-, Lunch- und Cocktailbuffets gebräuchlich.
Die Vorteile bei der Einrichtung von Buffets sind vielfältig. Der Betrieb benötigt weniger Servierpersonal, die Küche kann, wenn es kalte Speisen sind, fast alles vorbereiten, und einem relativ großen Personenkreis kann in kurzer Zeit hochwertiges Essen serviert werden. Weiters hat der Gast eine große Auswahlmöglichkeit, er nimmt sich das, was ihm schmeckt.
Nach der Art der Veranstaltung, dem Angebot und dem Anlaß unterscheidet man noch folgende Buffetarten:
Das **Galabuffet** ist eine kleine Kochkunstschau für eine geschlossene Gesellschaft. Vorwiegend bei Kongressen und Empfängen üblich.
Beim **Schaubuffet** suchen sich die Gäste die Speisen vom Buffet aus. Sie erhalten die gewählten Gerichte dann aus der „kalten Küche".
Das **Konsumationsbuffet** ist eine Buffetform, die vorwiegend bei Ballveranstaltungen angewendet wird. Die Speisen sind portioniert und werden auch portionsweise verrechnet.
Auch beim **Lunchbuffet,** beim **Salatbuffet** und beim **Vorspeisen-** oder **Dessertbuffet** gibt es festgesetzte Einheitspreise. Der Gast bedient sich selbst.

Buffetvorbereitung

Grundsätzlich gibt es zwei Möglichkeiten:

DIE TISCHE WERDEN VOLLKOMMEN AUFGEDECKT. Diese Form findet bei geschlossenen Buffets und bei Buffets mit kalten und warmen Speisen Anwendung.
Es wird davon ausgegangen, daß der Gast mindestens zwei Gänge ißt.

Das **Gedeck** auf dem Tisch besteht aus: Dessertmesser, Dessertgabel für die Vorspeise, Consommé-, Bouillon- oder Dessertlöffel für die Suppe, Fleischmesser, Fleischgabel für das Hauptgericht, Dessertmesser, Dessertlöffel, Dessertgabel für das Dessert, Stoffserviette, Wasser-, Rotwein- und Weißweinglas, Brot, Gebäck, Salz, Pfeffer, Aschenbecher und Blumen.

Die **Mise en place** auf dem Buffet besteht aus: Fleischtellern (kalten und warmen), Desserttellern, Vorlegern, Serviertassen mit Servietten, Reservebesteck sowie Kaffeelöffeln und Papierservietten für Desserts in Gläsern.

Die Tische werden nicht aufgedeckt. Diese Form wird fast ausschließlich bei offenen, kalten Buffets ohne fixe Sitzplätze, bei Gartenbuffets, Ballbuffets und Cocktailbuffets angewendet. **Es ist kein Gedeck auf den Tischen!**

Die **Mise en place** auf dem Buffet besteht aus: Fleischtellern, Desserttellern, Fleischmessern, Fleischgabeln, Dessertmessern, Dessertgabeln, Vorlegern, Papierservietten und Brot.

COCKTAILPARTY

Die Cocktailparty ist eine Veranstaltungsform, die aus Amerika kommt und auf maximal zwei Stunden Dauer begrenzt ist. Es ist dies eine sogenannte informelle Veranstaltung, d. h., die Bekleidung der Gäste ist abhängig von Tageszeit, Jahreszeit und Umgebung. Man ist weder beim Kommen noch beim Gehen an eine Zeit gebunden. Die ideale Zeit für eine Cocktailparty ist zwischen 18 und 20 Uhr. Es gibt keine fixen Sitzplätze, höchstens einige am Rand des Saales. Zum Abstellen von leeren Gläsern oder Tellern sowie von Sundries (Chips, Nüssen) gibt es einige kleine Tische. Auf diesen stehen auch Aschenbecher, wenn keine Standaschenbecher vorhanden sind.

Gestaltungsarten von Cocktailpartys

Bei der Cocktailparty in Form eines Cocktailbuffets sind ein kleines Buffet für kalte oder warme Speisen und eine kleine Bar für alle Getränke aufgebaut. Die Speisen sind mundgerecht hergerichtet, mit Spießchen oder Zahnstocher versehen. Bei dieser Art wird nach dem Verbrauch abgerechnet (variabler Preis).

Bei der zweiten Form werden die bestellten Speisen und Getränke auf Platten bzw. Serviertassen angeboten. Das Angebot ist immer limitiert, da vom Gastgeber eine ganz bestimmte Bestellung aufgegeben und bezahlt wird (fixer Preis).

KONFERENZEN

Konferenzen sind wie Ausstellungen Veranstaltungen, bei denen nicht die Konsumation im Mittelpunkt steht, sondern der Raumbedarf. Wird nur der Raum benötigt, dann verrechnet der Betrieb die kalkulierte Raummiete. Werden hingegen zusätzliche Dienstleistungen verlangt und bezahlt, wird die Raummiete billiger verrechnet oder ganz erlassen.

Die Konferenztische sind meist mit grünen Filztüchern gedeckt, es werden Gläser und Krüge mit Wasser oder andere alkoholfreie Getränke aufgestellt. Sind Kaffeepausen geplant, so ist es besser, diese in einem anderen Raum abzuhalten.

Um Konferenzen besser planen und organisieren zu können, haben größere Betriebe sogenannte Konferenz-Checklisten ausgearbeitet. Dabei sollen im Gespräch mit dem Besteller vor allem folgende Punkte geklärt werden: Wie lange dauert die Veranstaltung? Ist eine Zimmerreservierung vorzunehmen? Sind während der Veranstaltung Kaffeepausen, Mittag- und Abendessen geplant, und wann soll es serviert werden? Welche Hilfsmittel, wie Flip chart, Kopiergerät, Schreibmaschine, Overhead-Projektor, Mikrofon, Telefonanschluß etc. werden benötigt? Sollen Dolmetscher, Fotografen, Sekretärinnen bestellt werden? Welche Tischdekoration soll aufgestellt werden? Muß ein Rahmenprogramm für die Damen bzw. Opern- oder Konzertkarten, Stadtrundfahrten organisiert werden?

WIENER KAFFEEHAUS

Die Institution des Wiener Kaffeehauses hat im Jahre 1983 ihren 300. Geburtstag gefeiert. Es ist in Österreich, vor allem in Wien, auch heute noch ein traditioneller Betriebstyp, obwohl das typische Wiener Kaffeehaus in dieser Stadt nur mehr in wenigen Originalformen zu finden ist. Es wird hier wie überall anderswo auch vom modernen Typ des Espressos verdrängt. Diese Betriebe können wirtschaftlicher arbeiten, weil von ihnen keine kostspieligen Zusatzleistungen gefordert werden, wie sie im Kaffeehaus üblich sind, z. B. Auflage aller Tageszeitungen und des Lesezirkels, verschiedene Räumlichkeiten, wie Spielzimmer, Schachzimmer, Bridgestube, Billardraum, Ausstattung des Lokales, die Möglichkeit, unbegrenzte Zeit bei ganz geringer Konsumation sitzen bleiben zu können, mehr Personal und besseres Service.
Neben dem Wiener Kaffeehaus und dem Espresso gibt es auch Kaffeekonditoreien und Kaffeerestaurants, in denen das Speisen- und Getränkeangebot wesentlich umfangreicher ist. Dementsprechend verändert ist auch das Service.

SERVIERGEGENSTÄNDE UND GLÄSER

In den nachfolgenden Tabellen sind die heute im Kaffeehaus verwendeten Serviergegenstände und Gläser dargestellt und erklärt.

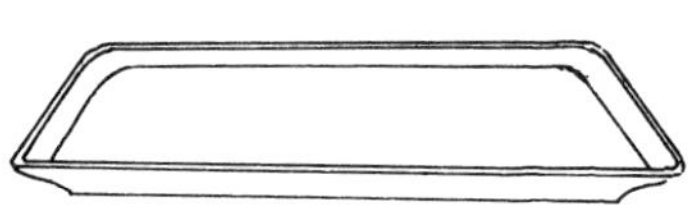

Tragtasse für Getränke

Tragtasse für Speisen *Mokkauntertasse*

Mokkaschale *Doppelmokkaschale* *Kaffeeschale* *Teeschale*

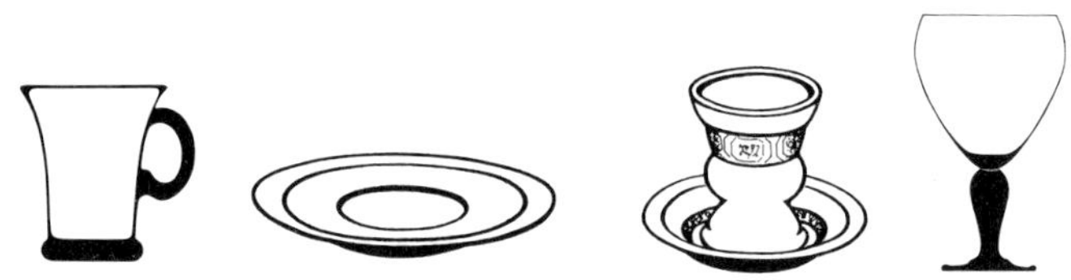

Schokoladetasse *Kaffeeuntertasse* *Rüdesheimer Set* *Irish-coffee-Glas*

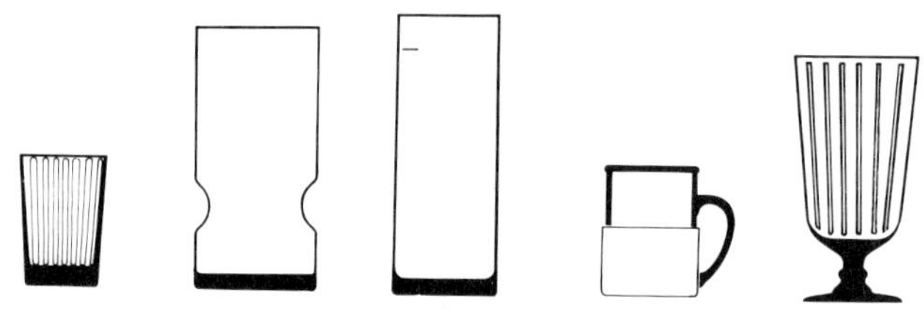

Kaffeehauswasserglas *Milchglas* *Limonadenglas* *Einspännerglas* *Eiskaffeeglas*

Laufglas *Teegläser* *Grogglas* *Eierbecher*

Eiereinschlagglas *Eierspeispfanne*

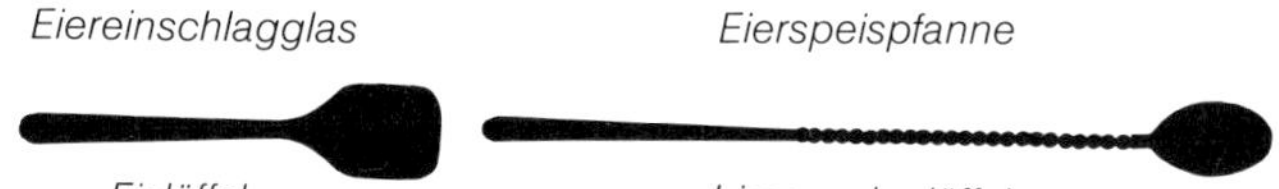

Eislöffel *Limonadenlöffel*

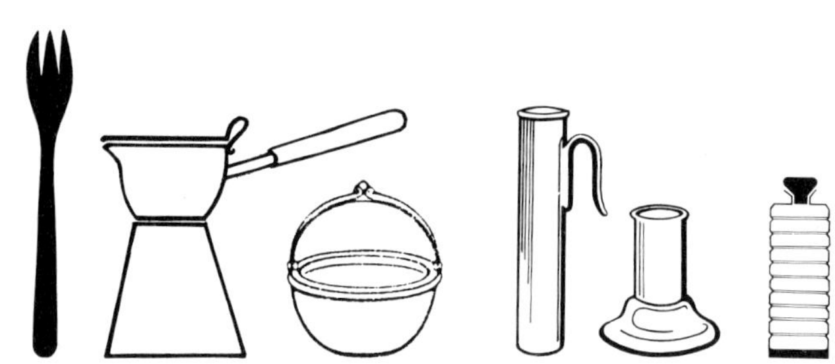

Kuchengabel *Türkische Kaffeekanne* *Offene Zuckerschale* *Bierwärmer* *Frackerl*

Tragtasse für Getränke, ausschließlich zum Service von Kaffeehausgetränken
Tragtasse für Speisen, ausschließlich zum Service von typischen Kaffeehausspeisen
Mokkauntertasse, für Mokkatassen
Mokkaschale, für kleinen Mokka
Doppelmokkaschale, für großen Mokka und Verlängerten
Kaffeeschale (Melangeschale), für Wiener Melange, aber auch für Tee, wenn kein eigenes Teeglas vorhanden ist
Teeschale, für Tee in Portionen
Schokoladetasse, ausschließlich für Kakao und Schokoladegetränke
Kaffeeuntertasse, für Doppelmokkatasse, Kaffeeschale (Melangeschale), Teeschale, Schokoladetasse
Rüdesheimer Set, ausschließlich für Rüdesheimer Kaffee
Irish-coffee-Glas, ausschließlich für Irish coffee
Kaffeehauswasserglas (dickwandig), für frisches Wasser, das zu jeder Bestellung von Kaffee, Tee, Kakao und Schokolade dazuserviert wird.
Milchglas, für Milch und Milchmischgetränke
Limonadenglas, für alle alkoholfreien Getränke und Limonaden
Einspännerglas (dickwandig), für Einspänner
Eiskaffeeglas (dickwandig), für Eiskaffee, evtl. für doppelten Einspänner
Laufglas (dickwandig), heute hauptsächlich für doppelten Einspänner und für Eiskaffee verwendet
Teeglas (feuerfest), für Tee, aber auch für andere heiße Getränke
Grogglas (feuerfest), für Grog, Punsch und Glühwein; meist mit Bastuntersatz oder Bastkörbchen zum Schutz der Hand
Eierbecher, für das Ei beim Wiener Frühstück
Eiereinschlagglas, für Eier im Glas
Eierspeispfanne, für Eierspeise, Rührei und Spiegelei
Limonadenlöffel, für Limonaden und Getränke mit Eis (Wiener Eiskaffee)
Eislöffel, für Eis und Eisspezialitäten
Kuchengabel, für Mehlspeisen aller Art
Türkische Kaffeekanne, ausschließlich für türkischen Kaffee, für 1 bis 10 Personen
Offene Zuckerschale, für Würfelzucker (heute vielfach durch Zuckerstreuer ersetzt)
Bierwärmer, zum Wärmen von Bier und anderen Getränken
Frackerl (kleines Flakon aus Glas mit geeichten Portionsmarkierungen zum Ablesen des Verbrauchs), für alle Spirituosen, die zu Kaffee und Tee serviert werden, z. B. Rum, Weinbrand

KAFFEEHAUSSPEISEN

Im Kaffeehaus werden immer nur kleine Gerichte angeboten, z. B. Butterbrot, Buttersemmerl, Schinkenbrot, belegtes Brot, Toast, weichgekochtes Ei, Ei im Glas, Eierspeise, Omelett, Würstel (Frankfurter, Debreziner), Gulyassuppe, Bohnensuppe sowie das einfache Frühstück (siehe Seite 52) und das Wiener Frühstück.

Wiener Frühstück

Es wird im Kaffeehaus in folgender Zusammensetzung serviert: 1 Schale Frühstücksgetränk (meist Melange), 1 Portion Butter, 1 Portion Marmelade, 1 Portion Frühstücksgebäck (1 Semmel und 1 Kipferl) und 1 weichgekochtes Ei.

Die Speisen werden auf der großen Kaffeehaustragtasse aufgebaut.

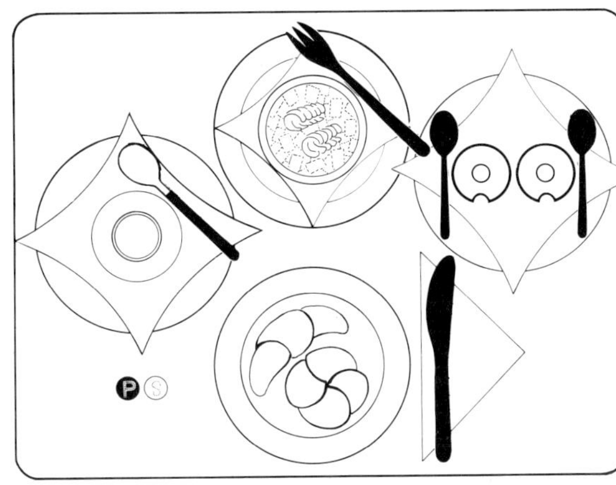

Die Mise en place setzt sich folgendermaßen zusammen: Große Speisenkaffeehaustasse, Dessertteller, Papierserviette, Dessertmesser für Butter (offen oder verpackt), für Marmelade oder Honig (offen oder verpackt). Salz- und Pfefferstreuer, Eierbecher auf Untertasse und Eierlöffel (Kaffeelöffel).

Die Getränke werden auf der kleinen Kaffeehaustragtasse aufgebaut.

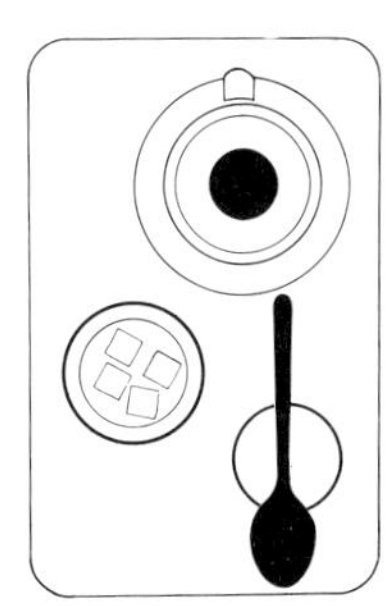

Die Mise en place setzt sich folgendermaßen zusammen: Getränkekaffeehaustasse, Kaffeehauswasserglas, darüber Kaffeelöffel, Untertasse, Untertasse für das jeweilige Frühstücksgetränk, Schale mit dem Getränk, Kaffeehauszuckerschale mit Würfelzucker (oder Zuckerstreuer), Staubzuckerstreuer (wenn das Frühstücksgetränk mit Schlagobers serviert wird).

KAFFEEHAUSGETRÄNKE

Natürlich wird im Kaffeehaus in erster Linie Kaffee in allen möglichen Variationen angeboten. In der langen Geschichte des Wiener Kaffeehauses haben sich viele typische Kaffeehausgetränke, sogenannte **Kaffeehausschattierungen,** entwickelt (siehe Seite 166ff).

Eine Besonderheit unter den Kaffeegetränken, die aber in den Kaffeehäusern sehr häufig angeboten wird, ist der türkische Kaffee. Türkischer Kaffee wird immer ohne Löffel serviert, da man ansonsten den Satz aufrühren würde. Deshalb wird auch der Zucker bereits während der Zubereitung dazugegeben. Als Beilage serviert man weiche Zuckerkugeln mit Rosen-, Zitronen- oder Orangengeschmack (Lokum) sowie unter Zusatz von Nüssen und Pistazien (Rahat).

Daneben werden häufig Tee, Kakao, Schokolade, Ovomaltine und Milch verlangt. Aber auch Bier (immer in Flaschen), Wein (offen) und Spirituosen werden im Kaffeehaus angeboten.

KAFFEEHAUSSERVICE

Das wohl Charakteristischste am Wiener Kaffeehaus ist das hier angewendete Service. Es werden alle Speisen und Getränke auf der Kaffeehaustragtasse serviert und, nachdem keine Tischtücher verwendet werden, auch mit der Tasse eingestellt. Es wird nichts heruntergenommen.

Nur in Kaffeerestaurants werden oft zu den Mahlzeiten Tischtücher oder Sets verwendet, dann wird auch das Service wie in einem normalen Restaurant abgewickelt.

DER RICHTIGE AUFBAU VON KAFFEEHAUSTASSEN IN DER HAND

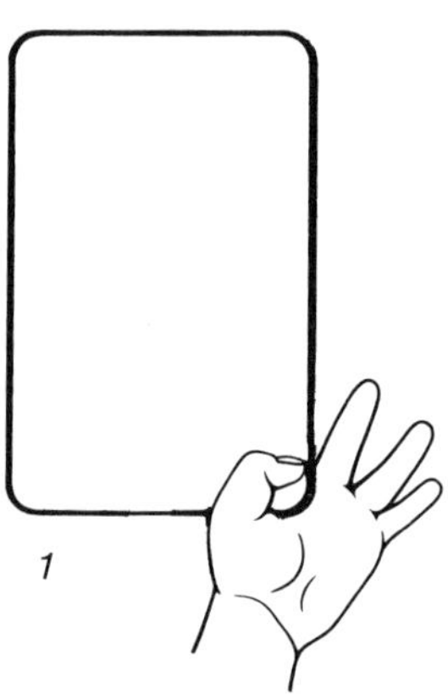

1

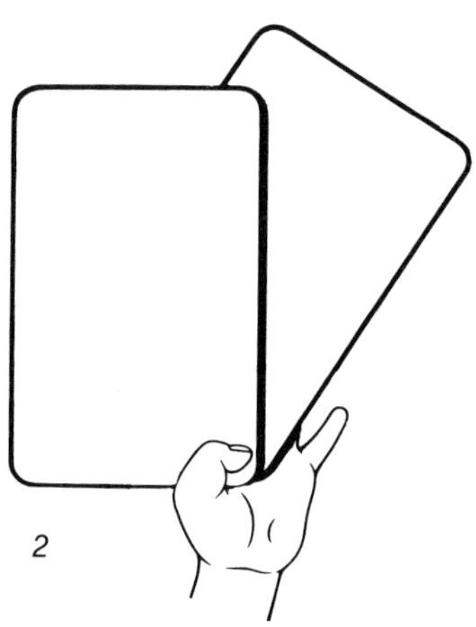

2

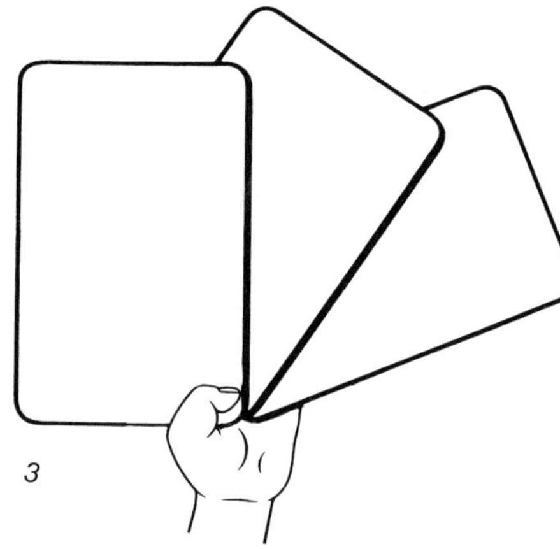

3

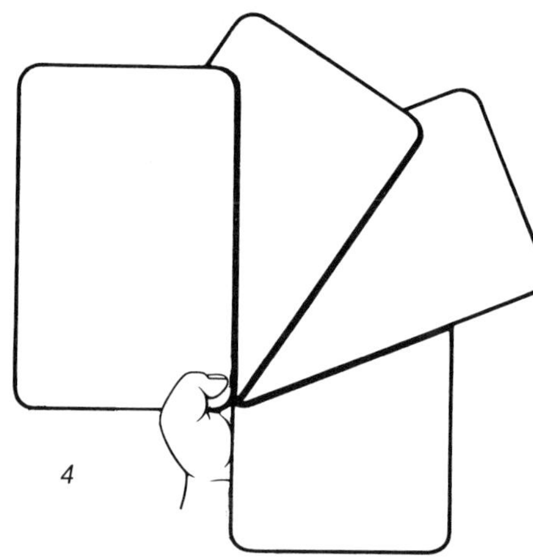

4

Die 5. Tasse ist eine sogenannte Blindtasse, d. h., sie wird nicht gehalten, sondern balanciert.

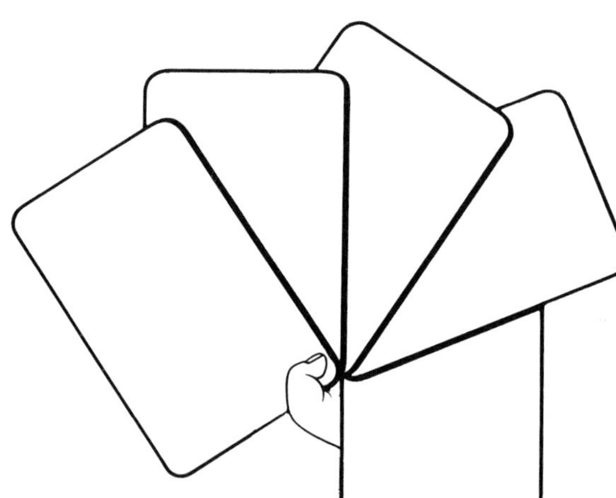

5

Der richtige Aufbau einer Kaffeehaustasse

Auch der Aufbau einer Serviertasse für Kaffee, Tee, Kakao, Schokolade usw. geht immer in derselben Reihenfolge vor sich:

1 Kaffeehauswasserglas mit Wasser

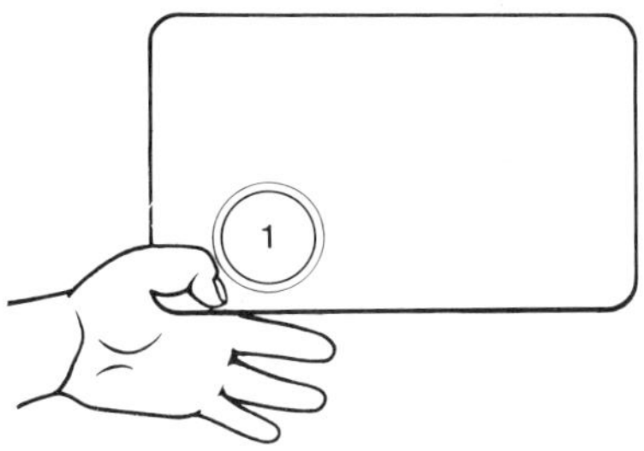

2 Der Löffel wird verkehrt über das Wasserglas gelegt, und zwar: für große Schalen und Tassen ein Kaffeelöffel, für kleine Schalen und Tassen ein Mokkalöffel und für Eis ein Eislöffel. Ein Limonadenlöffel wird niemals über das Wasserglas gelegt, sondern auf eine Papierserviette auf der Serviertasse.

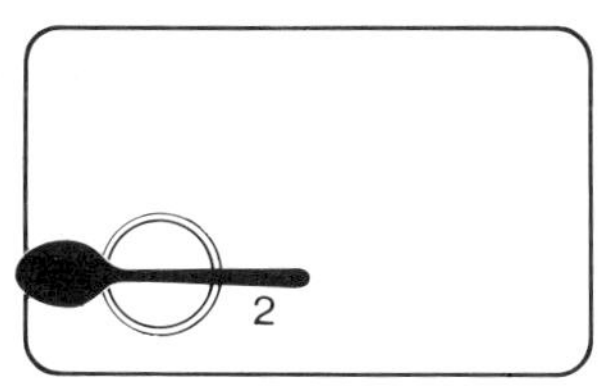

3 Die Untertasse

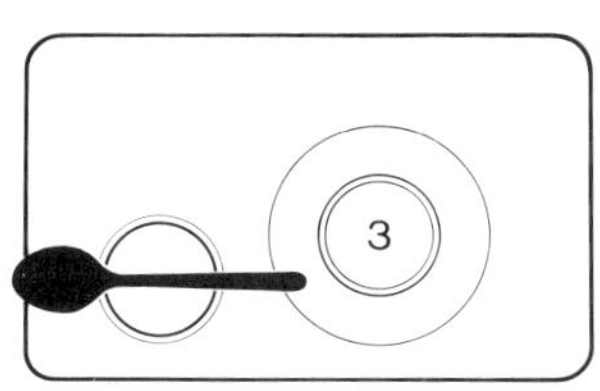

4 Die Bestellung (das Getränk) auf die Untertasse

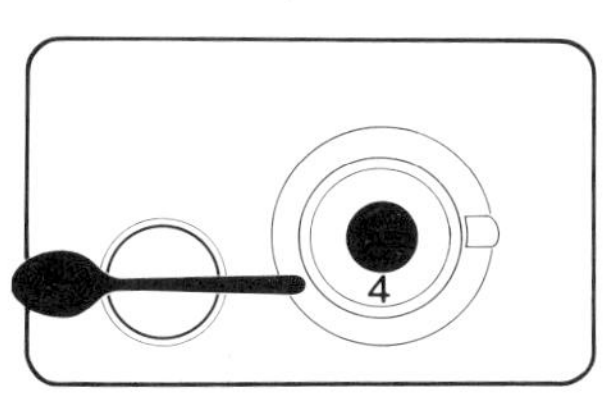

5 Würfelzucker in der offenen Zuckerschale

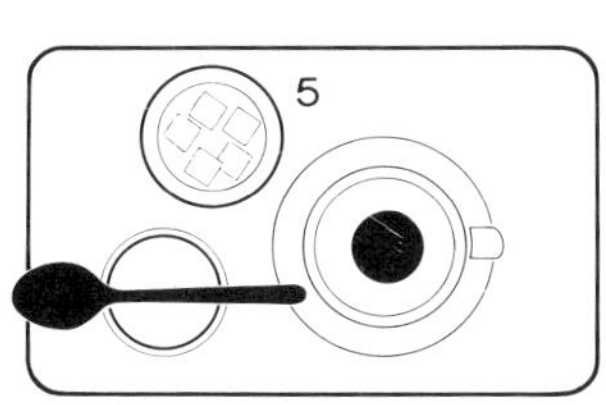

6 Staubzuckerstreuer bei Getränken, die mit Schlagobers serviert werden

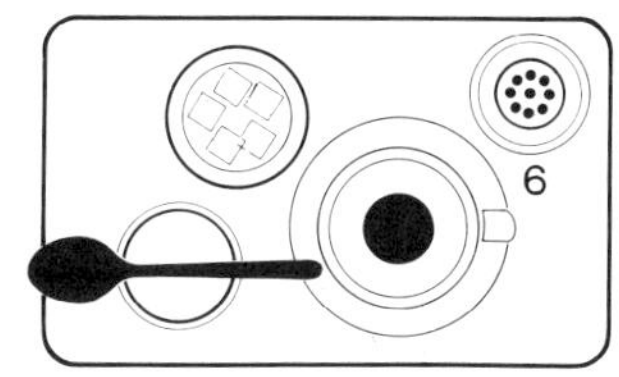

Bei offenem Wein, Getränken in der Flasche und Eiskaffee bzw. Limonade wird die Serviertasse folgendermaßen aufgebaut:

Offener Wein

1 Karaffe
2 Rotweinglas

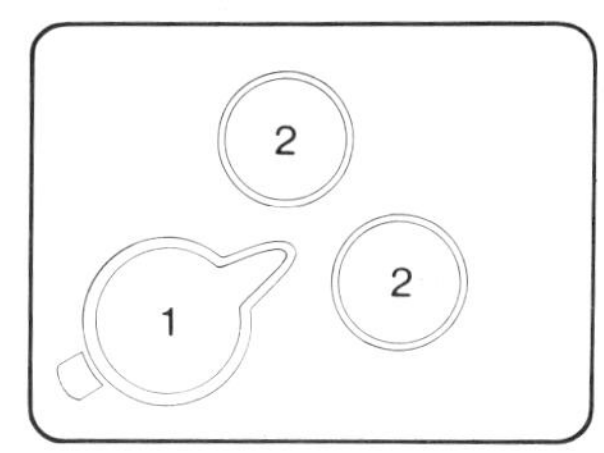

Getränk in Flaschen

1 Bierflasche
2 Bierglas

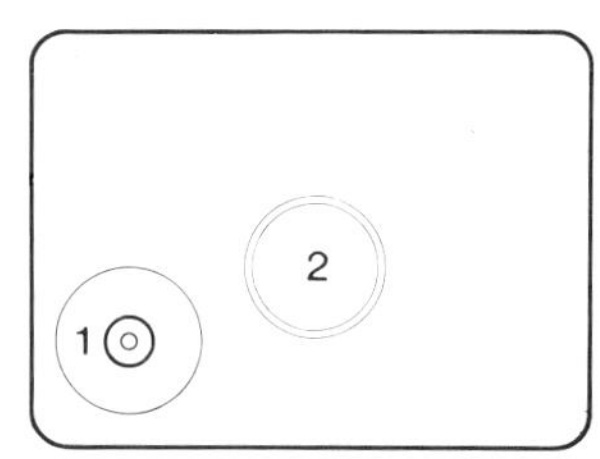

Eiskaffee oder Limonade

1 Limonadenlöffel
2 Serviette
3 Staubzuckerstreuer
4 Untertasse
5 Glas
6 Wasserglas

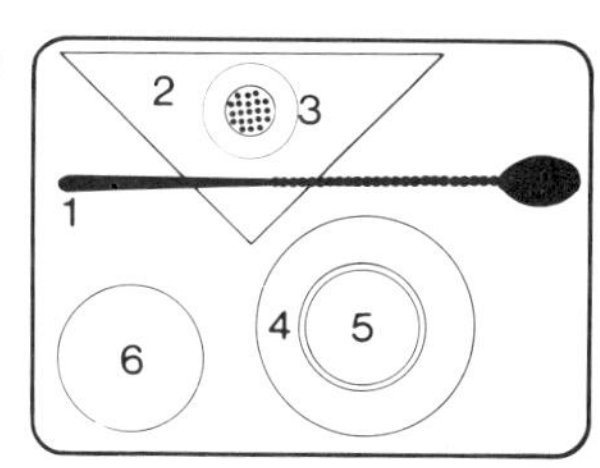

DIE BAR

Der Begriff Bar stammt vom französischen Wort „barrière" ab. Während der Besiedlung Amerikas entstanden die sogenannten Saloons, in denen der Alkohol vor allem in Form von einfachem Branntwein ausgeschenkt wurde.
Zum Schutze des Mannes, der die Getränke verkaufte, des späteren Bartenders also, sowie seiner Ware wurde eine Barriere errichtet, die im Laufe der Zeit von der meist englischsprachigen Bevölkerung auf Bar reduziert wurde. Allmählich änderte sich auch die Form dieser Bar zur sogenannten American Bar.
Auch der Begriff Cocktail stammt aus dieser Zeit und heißt wörtlich übersetzt „Hahnenschwanz". Über die Entstehung dieses Wortes gibt es viele Vermutungen.

ARTEN DER BAR

Aus der ursprünglichen Form der American Bar haben sich eine ganze Reihe anderer Bararten abgeleitet.

AMERICAN BAR: Der Hauptschwerpunkt liegt auf der Zubereitung von alkoholischen Mixgetränken in höchster Vollendung. In England und Amerika ist die American Bar ein Kommunikationszentrum wie in Österreich das Kaffeehaus.

HOTELBAR: Sie ist ähnlich der American Bar, nur das Angebot ist um kleine Speisen sowie Kaffee und nichtalkoholische Getränke erweitert, um dem Hausgast ein größeres Angebot zu bieten. In der Hotelbar ist auch oft die Möglichkeit zum Tanzen gegeben, zumindest aber gibt es eine Piano-Untermalung.
Somit hat eine Hotelbar mehrere Funktionen, nämlich die einer American Bar, einer Tagesbar, einer Tanzbar oder eines Nachtklubs.

TAGESBAR: Sie hat wie die American Bar ihr Schwergewicht auf den alkoholischen Getränken, ist jedoch, wie der Name schon sagt, nur untertags geöffnet. Sie ist in England und Amerika besonders häufig anzutreffen und ist ein Kommunikationszentrum für Geschäftsleute. Sie wird häufig besucht zur Einnahme des Aperitifs vor einem Restaurantbesuch. Tagesbars haben keine Musik.

TANZBAR: Sie ist bei uns nicht sehr verbreitet, außer in den Wintersportorten, wo ihre Funktion großteils von der Hotelbar übernommen wird. Der Schwerpunkt liegt auf der Unterhaltung (Tanz, Musik — meist Livemusik) und erst in zweiter Linie auf dem Getränkesektor.

DISKOTHEK: Das ist die moderne Form der Tanzbar und entspricht dem heutigen Zeittrend sowie den Wünschen der Jugend. Im Getränkeangebot sind viele alkoholfreie Getränke, Erfrischungsgetränke und einfache Bargetränke enthalten. Die Musik kommt von Schallplatte oder vom Tonband, keine Livemusik.

NACHTKLUB: Der Schwerpunkt liegt auf der Unterhaltung in Form von Tanz, Varieté usw., wobei der Konsum von alkoholischen Getränken sicherlich ein wesentlicher Punkt ist.

BARPERSONAL

Je nach Größe und Ausstattung einer Bar gibt es folgendes Personal:

Barsupervisor (Barmanager): Diese Position ist nur in Großhotels mit mehreren Bars, wie z. B. Hallenbar, Nachtbar, Servicebar, Swimmingpoolbar usw., vorhanden. Der Supervisor hat die gleichen Aufgaben wie der Oberkellner im Restaurant, nämlich Diensteinteilung, Urlaubsplanung, Kontrolle, Organisation und innerbetriebliche Ausbildung.

Barman (oder Barmaid): Der Barman ist ein ausgebildeter Kellner, ausgestattet mit dem Wissen und den Kenntnissen, die für die Zubereitung von Mix- und Mischgetränken in der Bar notwendig sind.
Voraussetzungen hierfür sind Fachkenntnisse und Fachwissen über die in der Bar üblichen Getränke, praktische Fähigkeiten für die richtige Zubereitung der Drinks und vor allem Sprachkenntnisse. Wichtig sind aber auch die Kenntnisse von Trinkgewohnheiten und -gepflogenheiten, perfekte Umgangsformen (Freundlichkeit und Höflichkeit), Diskretion, Einfühlungsvermögen, Menschenkenntnis, Redlichkeit und Ehrlichkeit sowie eine gute Allgemeinbildung.

Barcommis: Er ist der Gehilfe des Barman und steht diesem bei allen Arbeiten in der Bar zur Verfügung. Er hat meist das Service vor der Theke, d. h. an den Tischen, über sowie das Abservieren und Reinigen der Tische.
Der Barcommis ist auch für die Bar-Mise-en-place verantwortlich, und er faßt die Getränke zur Ergänzung des Barstocks.

Barwaiter (Barkellner): Er ist ausschließlich für das Service vor der Theke zuständig und bezieht die Bestellungen ausschließlich vom Barman oder Barcommis hinter der Bar, mit denen er auch verrechnet.

In Europa sind diese Positionen in guten Bars fast ausschließlich von Männern besetzt. In anderen Ländern, wie zum Beispiel im angelsächsischen Raum, werden alle oben angeführten Positionen auch von weiblichen Fachkräften ausgeübt.

DAS ARBEITEN IN DER BAR

Um in einer Bar arbeiten zu können, braucht man Kenntnisse über die zu verkaufenden Waren, die fachlich richtige Zubereitung der in der Bar angebotenen Produkte sowie über die richtige und fachmännische Handhabung der Bargeräte.
Darüber hinaus müssen ganz konkrete Bedingungen erfüllt werden, um einen reibungslosen Arbeitsablauf in der Bar zu gewährleisten.
Vollständiger Barstock: Sämtliche in der Bar benötigten alkoholischen und alkoholfreien Getränke sowie frische Früchte, Obers, Sundries usw. müssen kontrolliert, ergänzt und abgerechnet werden, sodaß der benötigte Barstock immer vorhanden ist.
Gewissenhafte Vorbereitungsarbeiten: Alle Bargeräte, Flaschen, Behälter, Eiswannen usw. sowie die Bartheke und die Barhocker müssen gereinigt werden. Außerdem sollte ein Vorrat an Reinigungsmitteln und Reinigungstüchern vorhanden sein.
Einwandfrei funktionierende Arbeitsgeräte und Maschinen: Überprüfung der Arbeitsgeräte wie Shaker, Rührgläser, Strainer, Hamilton Beach, Eismaschine usw. auf ihre Funktionsfähigkeit. Eventuelle Mängel und Schäden muß man sofort beheben lassen.
Einwandfreie Gläser: Angeschlagene Gläser müssen aussortiert und durch neue ersetzt werden. Die Gläser sind zu polieren.
In genügender Menge vorhandene Bar- und Getränkekarten: Auf der Theke und auf allen Tischen werden nur einwandfreie Bar- und Getränkekarten aufgestellt oder aufgelegt. Beschädigte oder verschmutzte Karten aussortieren.
Fachliche Fähigkeiten des gesamten Barpersonals: Das ist der wichtigste Punkt, um einen reibungslosen Arbeitsablauf zu gewährleisten. Sie wurden beim Barpersonal bereits erwähnt.
Atmosphäre: Sie entsteht aus verschiedenen Komponenten, wie Einrichtung der Bar, Sauberkeit, Beleuchtung, musikalischer Untermalung, Freundlichkeit und Herzlichkeit des Personals, guter und schneller Bedienung der Gäste usw.
Präsentation des Produktes: Das servierte Bargetränk sollte nicht nur fachlich richtig zubereitet sein, sondern auch das Auge des Betrachters erfreuen.

Bargeräte und Bargläser

In den nachfolgenden Tabellen sind die heute in der Bar verwendeten Geräte und Gläser dargestellt und erklärt.

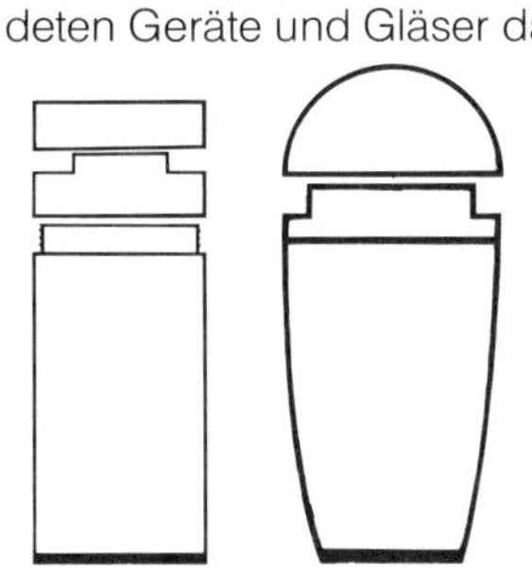
Dreiteiliger Schüttelbecher — Standard-Shaker

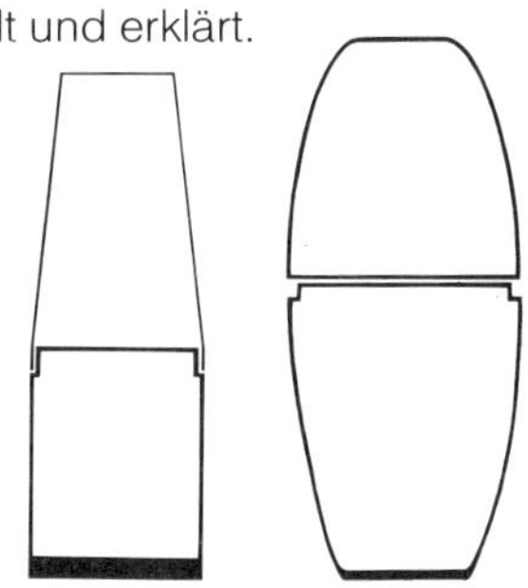
Zweiteiliger Schüttelbecher — Boston-Shaker

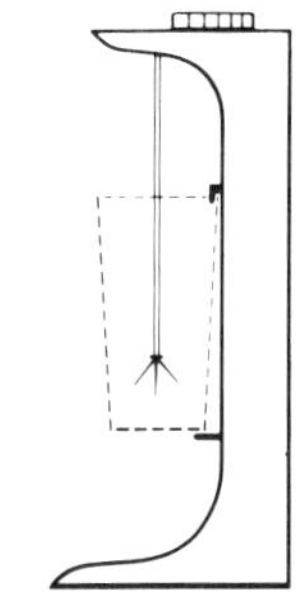
Hamilton Beach-Blender

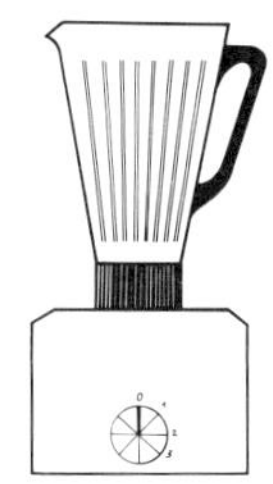
Elektrischer Mixer

Rühr- oder Mixglas — Mixing-glass

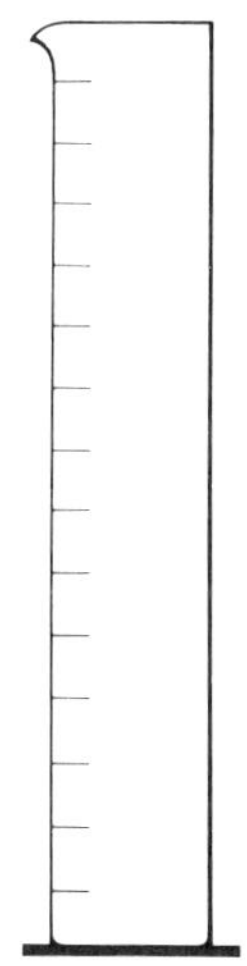
Meß-zylinder

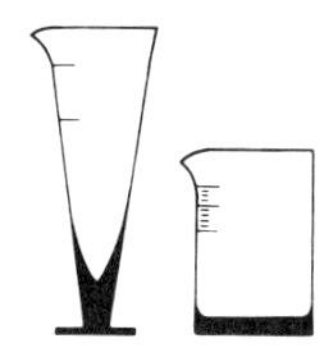
Meßbecher — Measure

Meßglas — Jigger

Barsieb — Strainer

Barlöffel — Bar-spoon

Garniturmesser

Garniturzange

Garniturgabel

Garniturspieß

Absinthgabel

Korkenzange

Patent-Sektflaschen-verschluß

Schank-korkenzieher

Hebe-korkenzieher

Quirl

Bareiszange

Eiszange

Eisstecher

Eislöffel — Ice-spoon

Eisschaufel — Ice-shovel, Ice-scoop

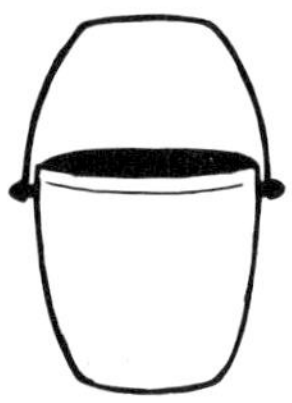
Eiskübel – Ice bucket

Zitruspresse – Squeezer

Muskatnuß-reibe

Spritzflasche – Dash-bottle

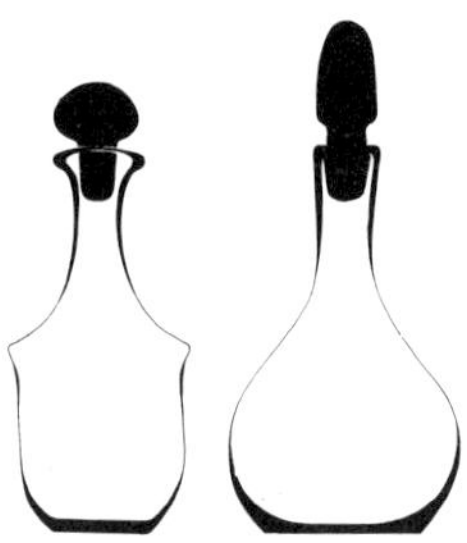
Frucht-, Gemüsesaft-karaffen

Obers-, Milchkaraffen

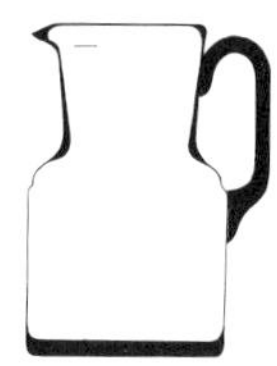
Bar-Wasserkrug – Water-pitcher

Wein- u. Sekt- (Champagner-) Kühler

Sektkühler

Weinbowle

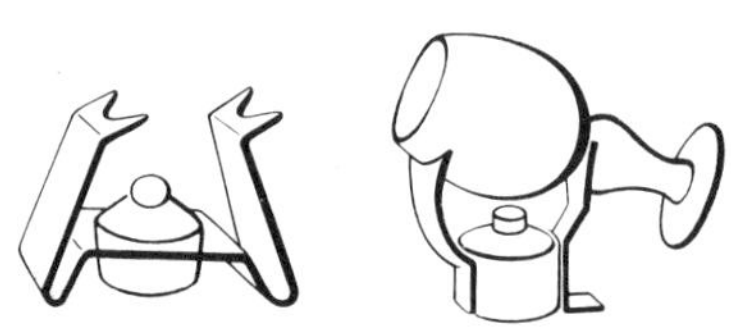
Brenner für Cognac u. Irish coffee

Zuckeraufleger

Dreiteiliger Schüttelbecher („standard shaker"), aus drei Teilen bestehender Schüttelbecher mit integriertem Sieb, bei dem ein extra Barsieb nicht erforderlich ist; zur Zubereitung von Cocktails, die sich schwer vermischen lassen
Zweiteiliger Schüttelbecher („Boston shaker"), wird vom professionellen Barman bevorzugt; besteht entweder aus einem Glasteil, der auch als Rührglas verwendet werden kann, und einem Metallunterteil, der mitunter für den Hamilton Beach verwendet wird, oder aus zwei Metallteilen; da dieser Shaker kein integriertes Sieb hat, ist beim Ausgießen unbedingt ein Barsieb (Strainer) zu verwenden (schnelleres Ausgießen); zur Herstellung von Bargetränken mit schwer vermischbaren Ingredienzien
Hamilton Beach („blender"), elektrisches Mixgerät mit drei Geschwindigkeitsstufen (low=langsam, medium=mittel, high=schnell); zur Zubereitung schwer vermengbarer Getränke, im speziellen für Getränke auf Milch-, Obers- oder Fruchtbasis und für Getränke, die mit Eiern oder Eiklar zubereitet werden, z. B. für Frozen Daiquiris, Milk-shakes, Frappés, Egg-nogs, Flips
Elektrischer Mixer mit stufenloser Geschwindigkeitsschaltung; zum Pürieren frischer Früchte und zur Zubereitung von Frozen drinks, Frappés, Milk-shakes
Rühr- oder Mixglas („mixing glass"), zur Herstellung von Cocktails mit leicht vermengbaren Ingredienzien; das Getränk wird entweder durch Rühren oder Stoßen zubereitet
Meßzylinder, zum Abmessen und Kontrollieren des Bargetränkestandes; unersetzlich für die Inventur und die Verrechnung des Barstandes; Nachteil: Beim Messen verdunstet Alkohol.
Meßbecher („measure"), geeichter Meßbecher zum richtigen und genauen Messen der Ingredienzien bei der Zubereitung von Bargetränken
Meßglas („jigger"), geeichtes Meßglas mit derselben Verwendung wie der Meßbecher
Barsieb („strainer"), zum Abseihen und zum Zurückhalten von Eis aus dem Rührglas oder Shaker
Barlöffel („bar-spoon"), zum Verrühren von leicht vermengbaren Ingredienzien im Rührglas oder Gästeglas oder zum Messen von kleinen Quanten sowie zum Herausnehmen von Kirschen, Zwiebeln usw.
Garniturmesser, zum Schneiden von Garniturfrüchten und zum Aufsetzen von Garnituren auf das Glas.
Garniturzange, zum Festhalten von Früchten, die als Garnitur dienen, sowie zum Aufbau von Garnituren auf Gläsern
Garniturgabel, zum Aufsetzen von Garniturteilen
Garniturspieß, zum Aufspießen von Garniturteilen
Absinthgabel, für den Würfelzucker, bei Absinth und Anisées
Korkenzange, für festsitzende Korken bei Sekt- und Champagnerflaschen
Patent-Sektflaschenverschluß, zum Verschließen von Sekt und Champagner, wenn sie offen ausgeschenkt werden oder viele Sekt- und Champagnercocktails verkauft werden
Schankkorkenzieher, nur als Schankgerät, nicht zum Arbeiten vor dem Gast
Hebekorkenzieher, zum Öffnen von Weinflaschen beim Tisch des Gastes und zum Öffnen von Flaschen mit Kronenkorken
Quirl („swizzle-stick"), Sprudler zum Herausquirlen der Kohlensäure aus kohlensäurehältigen Getränken, wie z. B. Sekt oder Champagner
Bareiszange, man verwendet sie, um die Mundeisstücke sicher aus der Eiswanne zu bekommen, ausschließlich für den Barman
Eiszange („ice-tongs"), man verwendet sie, um die Mundeisstücke sicher aus dem Eiskübel zu bekommen, für den Gast, aber auch für den Barman
Eisstecher, für zusammengefrorene Eisstücke
Eislöffel („ice-spoon"), ausgestattet mit Perforation und Zacken zum leichteren Herausnehmen der Mundeisstücke aus dem Eiskübel

Eisschaufel („ice-shovel", „ice-scoop"), ausgestattet mit Perforation und Löchern, sodaß das Schmelzwaser abrinnen kann; wie die Eiszange verwendet

Eiskübel („ice bucket"), zum Aufbewahren von Mundeisstücken für den Tisch des Gastes sowie für den Barman

Zitruspresse („squeezer"), zum Auspressen frischer Zitrusfrüchte, wie Zitronen, Limetten, Orangen, Mandarinen und Grapefruits; mit händischer oder elektrischer Bedienung

Muskatnußreibe („grater"), zum Abreiben der Muskatnuß (für Garnituren)

Spritzflasche („dash-bottle"), kleinere Glasflasche mit einem sogenannten Spritzkorken, der beim Eingießen nur einige Tropfen oder Spritzer einer Flüssigkeit abgibt; verwendet für die diversen Würzbitters, wie Angostura-, Orange-, Peach-Bitter

Frucht-, Gemüsesaftkaraffen, für alle frischgepreßten oder konservierten Obst- und Gemüsesäfte sowie Sirupe, die in der Bar Verwendung finden

Obers-, Milchkaraffen, ausschließlich für die Aufbewahrung von Obers und Milch

Bar-Wasserkrug („water-pitcher"), für Drinks, die mit Wasser getrunken werden; man gibt das frische Wasser in einem Wasserkrug extra dazu

Wein- und Sekt-(Champagner-)Kühler, zum Kühlen von Weiß- und Roséweinen, von Schaumweinen und Champagner sowie zum Frappieren von Schaumweinen und Champagner

Sektkühler, zum Kühlen von Weinen und Schaumweinen bei Bankettveranstaltungen

Weinbowle, zur Zubereitung von Krambambuli und Feuerzangenbowle

Brenner für Cognac und Irish coffee, zum Wärmen von Cognac, zur Zubereitung von Irish coffee

Zuckeraufleger, zum Auflegen des Zuckerhutes (für Krambambuli und Feuerzangenbowle)

Kleiner Tumbler, für Frucht- und Gemüsesäfte, Sours, Toddies, Americano

Mittlerer Tumbler, für Fizzes, Negroni, Bloody Mary, Egg-nogs, kalte Punsche

Großer Tumbler (Highballglas), für Highballs, Gin Tonic, Whisky-Soda, Wodka-Bitter Lemon, Brandy-Ginger Ale, Puffs, Rickeys, kalte Sangarees, Milchfrappés, Milk-shakes, Non-alcoholic drinks, Juleps, Swizzles, Anisées wie Pernod, Pastice, Ricard

Collinsglas, für Collinses und die meisten Longdrinks sowie Fancy drinks

Sling-(Zombie-)Glas, für Slings, Coolers, Limonaden

Old-Fashioned-Glas, für alle Barmixgetränke oder pur ausgeschenkten Spirituosen, die auf Eis verlangt werden

Rotweinglas, für Rotwein, Crustas, Kir

Weißweinglas, für Weißweine und Kalte Ente

Bierglas, für alle Arten von Bier

Südweinglas, für Süd-, Süß- oder Dessertwein, Beeren- und Trockenbeerenauslese

Sektkelch, für Sekt oder Champagner, pur oder mit Orangensaft, für Sekt- oder Champagnercocktails

Sektflöte, für Sekt oder Champagner pur oder mit Orangensaft, für Sekt- oder Champagnercocktails

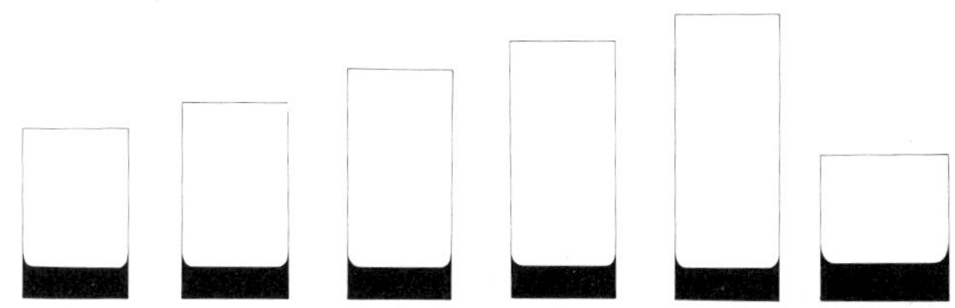

Kl. Tumbler · *Mittlerer Tumbler* · *Gr. Tumbler* · *Collinsglas* · ***Slingglas*** · *Old-Fashioned-Glas*

Rotweinglas · *Weißweinglas* · *Biergläser*

Südweinglas · *Sektkelch* · *Sektflöte* · *Sektschale*

Flipkelch · *Moderne Form eines Cognacschwenkers* · *Weinbrandschwenker*

DAS SERVICE

Die Bar

Sherry-glas · *Likör-glas* · *Likör-schale* · *Cocktail-creamer* · *Cocktail-schale*

Cocktail-glas · *Wasser-glas* · *Limonaden-glas* · *Irish-coffee-Glas* · *Grog- oder Punschglas*

Bowlenglas · *Pousse-café-Glas* · *Absinth-glas* · *Knickebein-glas* · *Kullerpfirsich-glas*

Cobbler-kelch · *Cobbler-schale* · *Crusta-glas*

Tankard · *Eiskaffee-glas* · *Wodka-glas*

Sektschale, für doppelt große Cocktails, Kir Royal, Flips, Eggnogs, Daisies
Flipkelch, ausschließlich für Flips
Cognacschwenker, für Cognac, Armagnac und Edelliköre
Weinbrandschwenker, für Weinbrände
Sherryglas, ausschließlich für Sherry
Likörglas, für alle Likörarten
Likörschale, für alle Likörarten und Branntweine
Cocktailcreamer, für alle Cocktails, die mit Obers oder Likören zubereitet werden
Cocktailschale, für Cocktails und Frozen drinks
Cocktailglas, für alle sogenannten klaren, also leicht vermengbaren Cocktails
Wasserglas, für alkoholfreie Getränke
Limonadenglas, für alkoholfreie Getränke
Irish-coffee-Glas, ausschließlich für Irish coffee
Grog- oder Punschglas, für heiße Punsche oder Grogs, warme Sangarees, Glühwein und Fixes
Bowlenglas, für angesetzte und frisch zubereitete Bowlen und Cups
Pousse-café-Glas, ausschließlich für Pousse-café
Absinthglas, für Absinth oder Anisette
Knickebeinglas, für Knickebein
Kullerpfirsichglas, für Kullerpfirsich und Fancy drinks
Cobblerkelch, für Cobblers, Daisies
Cobblerschale, für Cobblers und Daisies
Crustaglas, für Crustas und Bowlen
Tankard, ursprünglich für Bier, heute jedoch für Fancy drinks und vor allem für Juleps; Tankards gibt es mit und ohne Deckel
Eiskaffeeglas, für Milchfrappés, Eiskaffees und Milk-shakes
Wodkaglas, ausschließlich für Wodka

Eisarten in der Bar

CRUSHED ICE: feingestoßenes Eis, kleine Stücke mit feiner Körnung. Es wird heute in eigenen Eisbereitungsmaschinen hergestellt. Diese Art von gestoßenem Eis wird auch als Cobbler ice bezeichnet.
SHAVED ICE: geschabtes Eis, auch Schnee-Eis genannt, wird frisch in der sogenannten Eismühle (Ice-grinder) hergestellt.
ICE-CUBES: Eiswürfel

Fancy ice-cubes: Eiswürfel, in denen kleine Fruchtstücke in verschiedenen Farben mit verschiedenem Geschmack eingefroren sind. Es gibt auch Fancy ice-cubes, die aus starkem Tee oder Kaffee gemacht werden.

Barstock

Der Barstock ist abhängig von der Größe der Bar und vom Gästekreis, der diese Bar frequentiert, d. h., eine internationale Bar wird zwangsläufig einen größeren Barstock haben als eine Bar, die nur regionale Bedeutung hat.
Aber auch mit einem kleinen und guten Sortiment an Getränken kann ein Fachmann eine Fülle von gängigen Mixgetränken erstellen.

Gliederung eines Barstocks

Basisgetränke: In jeder Bar müssen die fünf Basisgetränke, Cognac oder Weinbrand, Whisk(e)y, Wodka, Rum (dunkler oder weißer) und Gin vorhanden sein. Auf einem von ihnen ist jedes alkoholische Bargetränk aufgebaut.

Wermut: trocken, süß, rot
Dessertweine: Sherry, Portwein
Bitters: Fernet, Campari, Rossbacher
Würzbitters: Angostura-, Orange- und Peach-Bitter
Anisées: Pernod, Ricard, Ouzo
Branntweine: in Form von Geisten und Wässern (Kirsche, Apfel, Birne, Himbeere)
Liköre: von den Edellikören bis zu den Emulsionslikören
Schaumweine: Champagner, Sekt, evtl. Asti spumanti
Weine
Biere
Alkoholfreie Getränke und Sirupe: Frucht- und Gemüsseäfte, aber auch Fillers wie Tonic Water, Bitter Lemon, Ginger Ale, Coca Cola usw. sowie Zuckersirup, Grenadine-Sirup (Granatapfelsirup), Orgeat-Sirup (Mandelmilchsirup), Papaya- und Maracujasirup u.a.
Garnituren: frische Früchte wie Orangen, Zitronen, Limetten, Früchte und Beeren der Saison, Cocktailkirschen, Perlzwieberln, Oliven
Zucker: Würfel-, Feinkristall-, Staub-, Rohzucker

Beispiel eines Barstockes

Cognacs und Weinbrände
Martell
Courvoisier
Camus
Delamain
Bouchet V.S.O.P
Asbach Uralt

Whisk(e)ys
Malt Scotch Whisky:
Glenlivet
Glengoyne

Blended Scotch Whisky:
Black & White
VAT 69
White Horse
Ballantine's 12 Years Old
Dimple-Haig
Chivas Regal

Canadian Whisk(e)y:
Seagram's V. O.
Canadian Club
Black Velvet

Irish Whisk(e)y:
John Jameson
Old Bushmills

American Whisk(e)y:
Old Grand Dad
Four Roses
Jack Daniel's

Wodka
Moskovskaya
Stolichnaya
Wyborowa

Rum
Bacardi Silver Label
Myers's Planters Punch
Ron Coruba

Gin
Bols Silver Top
Beefeater London Gin
Gordon's Dry Gin

Wermut
Noilly Prat
Martini Extra Dry
Martini Bianco
Cinzano Rosso
Punt e Mès

Dessertweine
Osborne Fino
Sandeman Dry Don Amontillado
Harvey's Bristol Cream
Cockburn's Ruby Port
Sandeman White Port
Marsala
Samos

Bitters
Fernet Branca
Underberg
Rossbacher
Campari
Unicum

Würzbitters
Angostura-Bitter
Orange-Bitter
Peach-Bitter

Anisées
Pernod
Yeni Raki
Ouzo
Arrak

Branntweine
Zuger Kirsch
Schladerer Himbeergeist
Le Bon Père William

Barack Palinka
Badel Šljivovica
Père Magloire Calvados
Marquis de Montesquieu

LIKÖRE
Grand Marnier
Tia Maria
Cointreau
Kahlúa
Drambuie
Chartreuse Verte
Irish Mist
Bols Triple Sec
Bols Blue Curaçao
De Kuyper Crème de Cacao weiß
Bols Crème de Menthe weiß
Peppermint Get
Bols Crème de Mocca
Fockink Apricot Brandy
Advockaat

SCHAUMWEINE
Hochriegl Alte Reserve
Schlumberger Sparkling
Kleinoscheg Schilchersekt
Veuve Clicquot Ponsardin
Louis Roederer Cristal
Moët & Chandon Dom Perignon

WEINE
Offene Weißweine
Undhof, Wieden,
Grüner Veltliner

Offene Rotweine
St. Laurent, Chorherrenstift
Klosterneuburg

Flaschenweine, weiß
Ried Klaus, Rheinriesling,
Josef Jamek,
Joching (Wachau)

Pinot Blanc, Klosterkellerei
Siegendorf (Burgenland)

Flaschenweine, rot
Schlumberger Goldeck
Kabinett

BIERE
Puntigamer Pils
Löwenbräu München
Tuborg

ALKOHOLFREIE GETRÄNKE
Frucht- und Gemüsesäfte
Frischer Orangensaft
Frischer Zitronensaft
Frischer Grapefruitsaft
Tomatensaft

Mixers (Fillers)
Schweppes Bitter Lemon
Tonic Water
Ginger Ale
Coca-Cola
7Up
Kinley's Club Soda

Sirupe
Canadou-Cane Sirup
Zuckersirup (z. B.
Läuterzucker)
Maracujasirup
Bols Grenadine-Sirup
Papayasirup
Orgeat-Sirup (Mandelmilch)
Coconut Cream

GARNITUREN
Orangen, Zitronen, rote und grüne Cocktailkirschen, grüne Oliven mit Kernen oder gefüllt, Perlzwieberln sowie Früchte und Beeren der Saison

ZUCKER
Staub-, Feinkristall-, Rohzucker (braun), Würfelzucker

Tägliche Vorbereitungsarbeiten

Zu den täglichen Vorbereitungsarbeiten gehört einerseits das Herrichten der Mise en place auf der sogenannten Working bench, dem Arbeitsplatz des Barmixers.
Meßbecher oder **Meßglas**
Shaker: Er sollte immer zur Hälfte mit Eis gefüllt sein.
Rührglas: Es ist ebenfalls zur Hälfte voll mit Eis.
Barlöffel, Barsieb, Schneidbrett, Garniturmesser, Garniturspieße, Garniturzange, Früchtegabel, Trinkhalme
Elektrischer Mixer und **Hamilton Beach:** werden auf ihre Funktionstüchtigkeit überprüft
Würzbitters: z. B. Angostura-, Orange- und Peach-Bitter
Sirupe: Zuckersirup, Grenadine-Sirup, Orgeat-Sirup
Zucker: Würfel-, Feinkristall-, Staub- und Rohzucker
Frucht- und Gemüsesäfte: Zitronen-, Orangen-, Ananas-, Tomatensaft in Karaffen
Frische Früchte und **Fruchtkonserven:** für Garnituren, z. B. Orangen, Zitronen, Limetten, rote und grüne Cocktailkirschen, Perlzwiebeln, grüne Oliven mit Kernen

Andererseits ist es notwendig, daß auch im Raum selbst vor Öffnen des Betriebes verschiedene Vorbereitungsarbeiten durchgeführt werden.
Herrichten der Bartische: Aufstellen von Aschenbechern, Barkarten, Sundries (Knabbergebäck, vor allem Chips und Nüsse), Tischreitern mit aktuellen Angeboten.
Herrichten der Bartheke: ebenfalls Aufstellen von Barkarten, Sundries usw.

Methoden der Zubereitung von Bargetränken

Im Shaker (shake) werden alle Getränke mit schwer vermengbaren Ingredienzien, wie Sirupe, Liköre, Milch, Obers, Eier, Eidotter und Eiklar, zubereitet, um eine Emulsion zu erhalten. Diese entsteht durch das Schütteln des Shakers.
Man kann auch einen Hamilton Beach bzw. einen elektrischen Mixer verwenden.

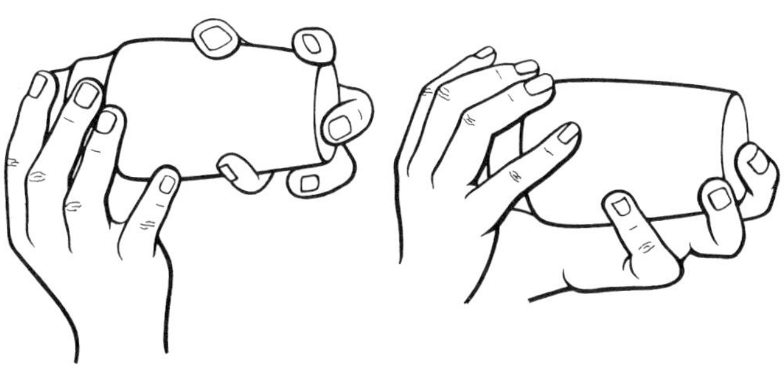

Im Rühr- oder Mixglas (stir) werden die sogenannten klaren Drinks oder Cocktails zubereitet, deren Bestandteile klare Spirituosen sind, die sich leicht vermengen lassen. Solche Cocktails werden einfach gerührt.
Im Gästeglas (build) werden viele Bargetränke, wie Highballs, Collinses, Slings, Fancy drinks, Pick-me-ups und Champagnercocktails, zubereitet. Bei dieser Art der Zubereitung ist das wichtigste Arbeitsgerät der Barlöffel und zum Garnieren die Garniturzange und das Garniturmesser.

Chronologischer Arbeitsablauf

- Bereitstellen des geeigneten Glases
- Kühlen des Glases (Frappieren)
- Herrichten der Garnitur
- Evtl. Schmelzwasser aus dem Shaker oder Rührglas abseihen oder das Eis erneuern (im Shaker oder im Rührglas muß immer Eis sein, um die Geräte vorzukühlen oder wie beim Rührglas das Gerät bei großen Temperaturunterschieden vor Haarrissen und Sprüngen zu schützen)
- Mit einem Meßglas oder Meßbecher die genaue Menge der Ingredienzien, die für die Zubereitung des Drinks notwendig sind, entweder in den Shaker oder in das Rührglas bzw. das Gästeglas messen (die gebrauchten Flaschen sofort wieder verschließen und auf ihren Platz zurückstellen)
  Grundsatz bei der Erstellung von Bargetränken ist das exakte Abmessen aller für das Getränk notwendigen Ingredienzien mit einem Meßglas oder Meßbecher. Nur so ist es möglich, den gleichbleibenden Geschmack eines Getränkes zu gewährleisten. Das Eingießen aus der Flasche ohne vorheriges Messen sieht zwar optisch gut aus, es hat aber den Nachteil, daß man einerseits keine Kontrolle hat und andererseits keinen gleichbleibenden Geschmack erzielt. Das genaue Messen hat daneben den Vorteil, daß sich der Gast nicht übervorteilt fühlt.
- Fertigen durch eine der beschriebenen Zubereitungsmethoden (shake, stir, build)
- Das Gästeglas beim Fuß oder im unteren Drittel halten und das Getränk eingießen
- Das Getränk mit der Garnitur versehen (garnieren)
- Servieren
- Reinigen aller gebrauchten Utensilien sowie des Arbeitsplatzes

Barservice

Das Service in der Bar kann auf zwei Arten erfolgen, nämlich direkt an der Theke oder bei den davorstehenden Tischen.
Beim **Service an der Theke** ist der Arbeitsablauf folgender: Nach dem Aufnehmen und Bonieren der Bestellung wird der Drink vom Barmixer zubereitet und von ihm auch dem Gast serviert (Underliner nicht vergessen). Anschließend werden die Sundries aufgestellt. Auf Verlangen des Gastes legt man die Rechnung und kassiert. Hat man den Gast verabschiedet, reinigt man die Theke und füllt die Schüsseln mit den Sundries auf.
Das **Service bei Tisch** unterscheidet sich nur dadurch, daß der Barkellner die Bestellung aufnimmt und boniert. Er leitet sie an den Barmixer weiter. Ist der Drink fertig, wird er vom Barkellner auf einem Serviertablett zum Tisch des Gastes gebracht und eingestellt.

Kalkulation in der Bar

Einkaufspreis
+Rohaufschlag
___
Grundpreis
+10 % Alkoholsteuer
+10 % Getränkesteuer
___
Zwischensumme I
+Bedienungszuschlag
___
Zwischensumme II
+20 % Mehrwertsteuer
___
Inklusivpreis

Die berechnete Mehrwertsteuer von 20 Prozent gilt für Österreich, in der Bundesrepublik Deutschland beträgt sie 14 Prozent. Alkohol- und Getränkesteuer werden nur in Österreich eingehoben.
Der Rohaufschlag ist von Betrieb zu Betrieb unterschiedlich hoch. Auch die Prozentsätze für den Bedienungszuschlag reichen von 10,5 % über 12,5 % bis zu 15 % in Österreich, in der Bundesrepublik Deutschland betragen sie entweder 10 % oder 15 %.

Internationale Ausschankmaße

Cocktails	5 cl
Whisky	4 cl
Spirituosen	2,5 cl
Dessertweine und aromatisierte Weine	5 cl

In Österreich hingegen sind die Ausschankmaße für Cocktails 6 cl und für Spirituosen 2 cl.

Internationale Barmaße

In der folgenden Tabelle sind alle in der Bar gängigen Maße und deren Umrechnung in andere Einheiten enthalten.

	Spritzer — Dash	Barlöffel — Bar-spoon	Teelöffel — Tea-spoon	Eßlöffel — Table-spoon	Unze — Ounce	Zentiliter	Gramm	Meßglas — Jigger	Weinglas — Wine-glass	Split	Schale — Cup
Spritzer — Dash		1/3	1/6			0,08	0,8				
Barlöffel — Bar-spoon	3		1/2	1/6	1/12	0,25	2,5				
Teelöffel — Tea-spoon	6	2		1/3	1/6	0,5	5				
Eßlöffel — Table-spoon	18	6	3		1/2	1,4	14,4	1/3			
Unze — Ounce		12	6	2		2,8	28	2/3	1/4	1/6	1/8
Zentiliter	12	4	2	2/3	1/3			2/9			
Gramm	12	4	2	2/3	1/3			2/9			
Meßglas — Jigger		18	9	3	1 1/2	4,2	42		3/8	1/4	
Weinglas — Wine-glass				8	4	11,2	112	2 2/3		2/3	1/2
Split				12	6	17,2	172	4	1 1/2		3/4
Schale — Cup				16	8	23	230	5 1/3	2	1 1/3	

In Österreich, der BRD und der Schweiz sind die Barlöffel jedoch meist mit 0,5 cl oder 5 g Inhalt im Handel.

Getränkekontrolle in der Bar

Die Hauptaufgabe der Getränkekontrolle ist die Festlegung des Verhältnisses Getränkewareneinsatz zu Einnahmen der verkauften Getränke.

Es soll verhindert werden, daß vom Barpersonal selbst gekaufte Getränke in den Barstock aufgenommen und verkauft werden oder Getränke vom Barpersonal selbst konsumiert werden. Weiters darf der Gast nicht übervorteilt werden, d. h., daß man eine billige für eine teure Ware verkauft.

Eine effektive Getränkekontrolle erfordert standardisierte Trinkeinheiten, standardisierte Gläser und Rezepte für alle Bargetränke sowie eine vom Unternehmen genau festgelegte Bestandsmenge an Flaschen im Barstock.

Neben dieser Vorkalkulation sollte zweimal im Monat in unregelmäßigen Abständen eine Nachkalkulation in Form einer Barinventur erfolgen. Dabei wird festgestellt, ob die Menge der bezogenen Waren mit der Menge der verbrauchten Waren (Umsatz) übereinstimmt. Liegen wesentliche Abweichungen vor, so sind geeignete Kontrollen zur Klärung dieser Unterschiede durchzuführen.

FACHAUSDRÜCKE IN DER BAR

Blend: vermengen, mischen, aber auch Mischung, z. B. Whisky-Blend = Whiskyverschnitt aus Malt- und Grain-Whisky.

Blender: Mischer. Darunter versteht man ein elektrisches Mixgerät, auch Hamilton Beach genannt (siehe Bargeräte).

Blending: Verschnitt von 2 oder mehreren Komponenten.

Build in glass: Die Zubereitung eines Cocktails oder Mixgetränkes erfolgt im Gästeglas.

Chaser: jene Getränke, die einen Drink komplettieren, z. B. bei einem Longdrink, bei dem die Hauptbestandteile, die geshakt, gerührt oder im Glas zubereitet wurden, mit einer Flüssigkeit auf die gewünschte Menge aufgefüllt werden.

Chaser sind z. B. Tonic Water, Bitter Lemon, Bitter Orange, Ginger Ale, 7Up, Limonade, Coca-Cola, Fruchtsäfte, Sekt, Bier, Milch.

Chilled: gekühlt, vorgekühlt; z. B. chilled glass = gekühltes Glas.

Dash: Spritzer, Tropfen. Der Dash wird als Maß bei starken Aromaten, Sirupen und Bitters, z. B. Eau de fleurs d'orange, Grenadine-Sirup, Angostura-Bitter, Orange-Bitter, Peach-Bitter, verwendet.

Fill: auffüllen, einen Drink mit Fruchtsaft, Limonade, Sodawasser, Sekt o. ä. komplettieren.
Filler: wie Chaser.
Fizzy: perlend.
Float: Fertigungsart. Aromatisierung, die zum Schluß auf das Bargetränk kommt, oben schwimmt und nicht verrührt werden darf.
Frosted: gefroren. Ein Glas oder eine Flasche ist mit einem dünnen Eisfilm überzogen.
Gill: original Whiskyausschankmaß von 1½ oz.=42 g.
Gom, Ghomme: wie Läuterzucker.
Grind: reiben, mahlen.
Iced: geeist, wie frosted.
Jigger: einfaches oder doppeltes Meßglas (20 oder 40 g). Der Originalinhalt eines Jiggers betrug ein Gill.
Läuterzucker (Zuckersirup): 1 kg Zucker und 1 l Wasser bis zum Siedepunkt erhitzen, dann erkalten lassen.
Mixer: wie Chaser oder Filler.
Muddler: Stößel am Barlöffelende, der zum Zerdrücken oder Zerstoßen von Geschmacksträgern, wie z. B. von Würfelzucker, Kräutern oder Früchten, dient.
Mug: alte Bezeichnung für einen Bierkrug mit Henkel aus Ton, Steingut oder Zinn.
Nip: kleiner Schluck, kleine Menge.
Nutmeg: Muskatnuß.
On the rocks: wörtliche Übersetzung „auf den Felsen (oder Steinen)". Bestellform für Getränke auf Eis (z. B. Whisky on the rocks = Whisky mit Eiswürfeln).
Peel: Schale, schälen. In der Barsprache versteht man darunter ein Stück Zitronen-, Orangen- oder Limettenschale, das in einen Drink zur Aromatisierung gegeben wird.
Pitcher: offener Krug (z. B. Water-pitcher = Wasserkrug, Wine-pitcher = Weinkrug).
Plain: unverdünnt, unvermischt. Bestellform für Getränke pur (ohne Eis).
Poures: Flaschenportionierer, Portioniervorrichtung auf Flaschen (mit 20, meist aber mit 40 g).
Pouring drink: 1. Basisgetränk, wie z. B. Cognac, Wodka, Rum, Gin, Whisky, pur serviert. In vielen Betrieben üblich, wenn der Gast nur Cognac, Whisky usw. verlangt ohne eine Marke oder Zubereitungsart.
2. Ein Getränk, das direkt aus der Flasche ins Glas eingeschenkt und serviert wird.
Sediment: auch Depot genannt. Ablagerung bei alten Weinen (z. B. französischen Rotweinen) und Süßweinen (z. B. Sherry, Vintage-Port).
Shake: schütteln; damit ist die Zubereitung im Schüttelbecher (Shaker) gemeint.
Soothe: in Spraydosen biologisch haltbar gemachtes Eiweiß, das zur Herstellung von cremigen Bargetränken in neuester Zeit Verwendung findet. Aus den USA.
Sparkling: schäumend; z. B. Sparkling wine = Schaumwein, Sekt.
Squeeze: pressen, auspressen.
Stir: rühren. Damit ist eine Zubereitungsart für Mixgetränke gemeint, bei der die Ingredienzien im Rühr- oder Gästeglas mit dem Barlöffel gerührt werden.
Straight up: wie Plain oder Up.
Strain: abseihen. Zurückhalten des Eises oder der Eisstücke im Shaker oder Rührglas, wenn der Drink in das Gästeglas gegossen wird.
Straw: Stroh. Damit ist der früher übliche Strohhalm gemeint, der heute weitgehend durch Plastiktrinkhalme verdrängt wurde.
Sugar edge: Zuckerrand auf dem Glas; als Garnitur für Crustas und Fancy drinks. Alle Getränke mit Zuckerrand sind ohne Trinkhalm zu servieren, da das Getränk über den Zucker getrunken werden sollte.
Sugar lip: „Zuckerlippe", wie Sugar edge.
Sugar rim: wie Sugar edge.
Sundries: Knabbergebäck, z. B. Mandeln, Nüsse.
Swizzle-stick: größerer Quirl für Swizzles.
Topped: Abschließen des Drinks oder der Glasöffnung mit flüssiger Creme oder Schlagobers.
Twirling-stick: kleiner Quirl.
Twist: drehen. Drehen der Zitronen-, Orangen- oder Limettenschale über dem Gästeglas, damit die ätherischen Öle auf den Drink spritzen (z. B. bei den Twists).
Underliner: Untersetzer für Gläser.
Up: wie Plain oder Straight up.

INTERNE ABRECHNUNG (BONIEREN)

Ein Bon ist ein interner Verrechnungsbeleg. Die Art der Bonierung ist unterschiedlich, da sie vom Betriebstyp abhängt. Sie reicht von einer Wertmarke (Jeton) bis zur elektronischen Abrechnungs- bzw. Registrierkassa.
Ein Bon muß immer das Datum, die Tisch- und Zimmernummer, evtl. die Personenzahl, die Menge und Ware, den Preis, die Endsumme (in Bonbüchern nur bei À-la-carte-Bestellungen) sowie Kellner-Unterschrift oder Kellner-Nummer enthalten.

Grundsätze für richtiges Bonieren

Das wichtigste beim Bonieren ist, daß man deutlich schreibt, am besten mit einem Kugelschreiber. Betriebsübliche Abkürzungen, wie LKS (Leberknödelsuppe), TA oder TE (Tagesteller), 1/3 (Seidel Bier) sollen verwendet werden. Bei Speisenbestellungen muß eine klare Abgrenzung nach der Speisenfolge (Vorspeise — Hauptspeise — Dessert) gemacht werden.
Bei À-la-carte-Bestellungen ist der Preis des Kuvertgedecks immer die erste Bonierung.
Das Stornieren einer Speise oder eines Getränks erfolgt durch Ausstreichen des Geschriebenen. Der ursprüngliche Vermerk muß jedoch klar lesbar bleiben. Nichts korrigieren, sondern immer neu schreiben. Die Gesamtstornierung eines Bons geschieht durch den Vermerk „Storno" und Abzeichnenlassen durch eine kompetente Person. Der gesamte Bon geht zur Kassa oder wird ins Bonbuch geheftet (zur Kontrolle).

Bonsysteme

JETON (WERTMARKE)

Diese Art des Bons findet man vor allem in Wein- und Bierhäusern sowie Kantinen. Der Jeton zur Abrechnung ist nur bei sehr kleinem Angebot möglich. Jedes Produkt hat einen Jeton von unterschiedlicher Farbe, Größe oder Form. So wird der unterschiedliche Preis signalisiert.
Die Jetons werden vom Servierpersonal gekauft und an der Schank eingelöst. Übriggebliebene Jetons werden zurückverrechnet.

EINFACHER BONBLOCK

Diese Art der Abrechnung findet in Klein- und Mittelbetrieben sowie in Saisonbetrieben Verwendung.
Die Bonblocks sind fortlaufend numeriert (1 bis 100) und haben pro Station sowie für Schank (Getränke) und Küche (Speisen) unterschiedliche Farben.

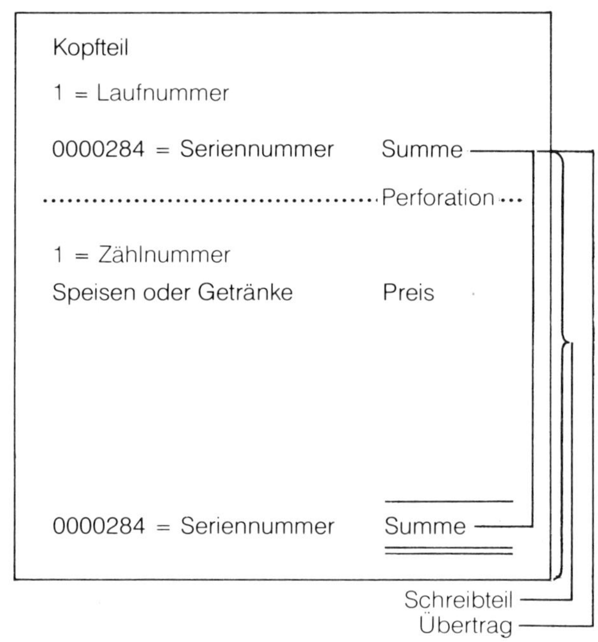

Der Bon besteht aus zwei Teilen, dem Kopfteil, der beim Kellner bleibt, und dem Schreibteil, der zur Ausgabe (Küche oder Schank) kommt. Die Gesamtsumme der Bestellung wird auf beide Teile des Bons geschrieben.
Am Ende des Geschäftstages oder der Dienstzeit muß die Summe am Kopfteil der auf den abgegebenen Bons entsprechen (Tagesumsatz).
In abgeänderter Form ist diese Art heute in Rasthäusern auf Autobahnen üblich. Das Bedienungspersonal nimmt die Bestellung auf, und der Gast bezahlt an der Kassa beim Verlassen des Lokals.

BONBUCH

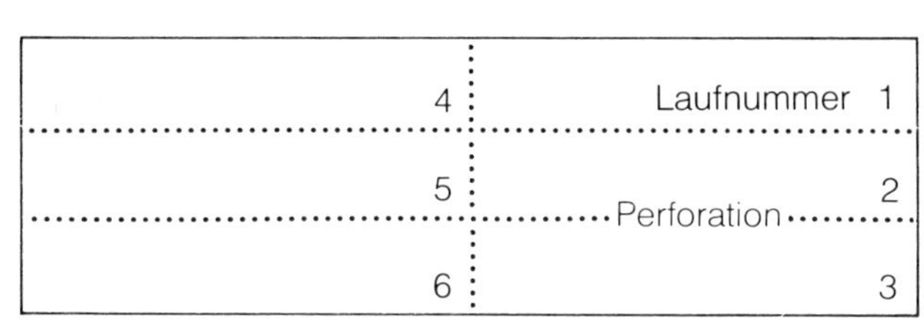

Das Bonbuch wird hauptsächlich in Saisonbetrieben mit Halb- und Vollpension (Arrangement) verwendet. Es dient der Kontrolle der verabreichten und im Arrangement enthaltenen Mahlzeiten (Frühstück, Mittag- und Abendessen) sowie À-la-carte-Bestellungen und Getränke.

Das **kleine Bonbuch** enthält 500 Bonabrisse, die aus je einem Original und einem Durchschlag mit Blaupapier bestehen. Das Bonbuch hat verschiedene Farben für die einzelnen Stationen sowie für Getränke und Speisen. Man unterscheidet zwischen Pair-Bonbuch für gerade Tage und Impair-Bonbuch für ungerade Tage. Dieses System erleichtert die Arbeit, Kontrolle und Buchhaltung.
Das **große Bonbuch** enthält 1.000 Bonabrisse, wobei jeweils zwei Bons nebeneinander sind. Die Numerierung beginnt auf der rechten Seite. Auch das große Bonbuch gibt es in Pair- und Impair-Form.
Es eignet sich besonders für Betriebe, in denen mehrere Personen des Servierpersonals gemeinsam in einem Bonbuch bonieren.
Ist der Bon mit Vordrucken (Unterteilung, z. B. in Frühstück, Mittag- und Abendessen) versehen, wird er als Lauf- oder Menübon bezeichnet.

4	Frühstück
4	Mittagessen
4	Abendessen

Erster und letzter Bon eines Geschäftstages müssen immer mit Datum versehen sein. Verrechnet wird am Ende der Dienstzeit. Die Beträge der À-la-carte-Bestellungen (Speisen und Getränke) werden addiert, und das Bargeld wird den dafür zuständigen Personen gegen Erhalt einer Quittung überreicht.
Der **Nachteil** dieser Bonierungsmethode ist jedoch, daß die Bonkontrolle besonders langwierig ist, da Additionsfehler immer übertragen werden und so die Endsumme von der tatsächlichen Tageslosung abweicht.

Paragonbon

Diese Art wird in den meisten Gastronomiebetrieben verwendet. Der Paragonblock besteht aus 50 Bons, wobei jeder eine fünfstellige Nummer hat.

Man unterscheidet zwei Varianten:
Der **Paragon mit einem Durchschlag** ist in Betrieben ohne Kassa üblich. Das Servierpersonal kassiert. Der Originalbon kommt zur Ausgabe für die Küche oder Schank, der Durchschlag dient der Rechnungserstellung.
Der **Paragon mit zwei Durchschlägen** ist in Betrieben mit Kassa, in À-la-carte-Restaurants, beim Etagenservice (Rohrpost) und in Betrieben mit Chef-de-rang-System üblich. Der Originalbon kommt zur Ausgabe für die Küche oder Schank, der erste Durchschlag dient der Kontrolle und der zweite Durchschlag der Rechnungserstellung.

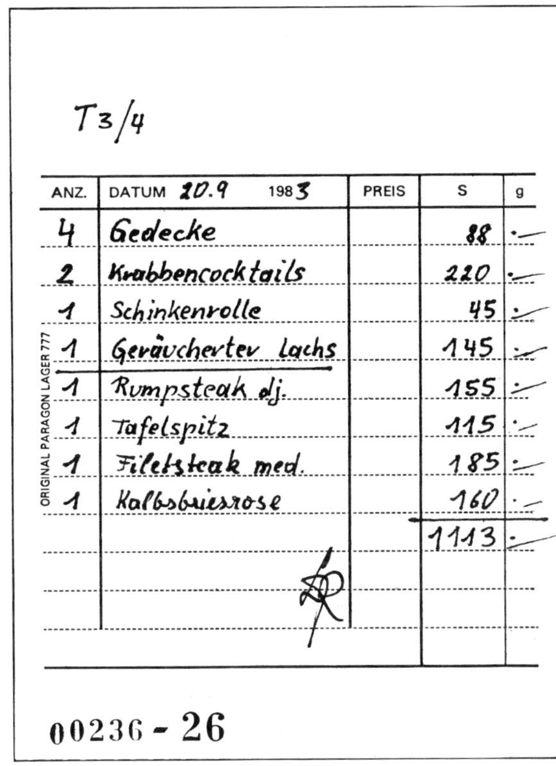

T3/4

ANZ.	DATUM 20.9 1983	PREIS	S	g
4	Gedecke		88	–
2	Krabbencocktails		220	–
1	Schinkenrolle		45	–
1	Geräucherter Lachs		145	–
1	Rumpsteak dj.		155	–
1	Tafelspitz		115	–
1	Filetsteak med.		185	–
1	Kalbsbriesrose		160	–
			1113	–

ORIGINAL PARAGON LAGER 777

00236 - 26

Registrierkassen

Abhängig vom Betriebstyp und von den Anforderungen an das Abrechnungssystem unterscheidet man die verschiedensten Arten von Registrierkassen, von der einfachen, mechanischen bis zur computergesteuerten Abrechnungsanlage mit Vorprogrammierung aller für den Betrieb benötigten Informationen und Daten.
Registrierkassen können auch mit einem sogenannten Guestcheck-System (mit Eingabe der Gästerechnung — auf dieser wird boniert und abgerechnet) versehen sein.

Computergesteuerte Registrier- und Abrechnungsanlagen bieten folgende Leistungen:
Der Bonauswurf kann einfach (nur für den Warenempfang), doppelt (für den Warenempfang und als Beleg für den Gast) oder dreifach (für den Warenempfang und als Beleg für den Gast und die Kassierin) sein. Auf allen Rechnungen wird automatisch die Mehrwertsteuer separat und getrennt nach 10 und 20 Prozent ausgeworfen.
Die Kellnerlosung kann einzeln (bei Stationen nach einem bestimmten Verteilungsschlüssel) oder getrennt, monatlich und jährlich abgerufen werden. Auch die Bedienungsprozente wer-

den von der Abrechnungsanlage für jeden Kellner nach Stationen und gesamt pro Tag, Monat und Jahr errechnet.
Nicht nur eine Aufschlüsselung der Warengruppen nach Steuersätzen oder ein Totalauswurf Kassa, sondern auch eine Warenstatistik können jederzeit aufgestellt werden.
Darüber hinaus haben die meisten Geräte eine Hausbon-Taste, mit der der Eigenverbrauch festgestellt werden kann, einen Kreditspeicher für Hausgäste sowie eine Storniertaste.
Der größte **Vorteil** der Registrierkassen ist die enorme Zeitersparnis. Ein händisches Schreiben der Bons und Addieren der Losung bzw. eine Auflistung nach Speisen- und Getränke- sowie Steuergruppen nimmt schon sehr viel Zeit in Anspruch. Auch Fehler sind weitgehend ausgeschlossen, ebenso Manipulation, da jeder vom Service einen eigenen Kassaschlüssel mit Code oder Nummer hat. Auch sind die Bons klar lesbar, und der Kontrollbeleg dient als Urbeleg für das Finanzamt.
Nachteile sind die doch sehr hohen Kosten der Anschaffung und die Service- und Wartungskosten sowie die Probleme, die bei Stromfrequenzstörungen oder -ausfall auftreten.

GÄSTERECHNUNG

Jede Rechnung, die der Gastwirt für den Gast ausstellt, muß ganz bestimmten gesetzlichen Vorschriften entsprechen.
Es besteht seit 1. 1. 1982 eine allgemeine Belegerteilungspflicht (Rechnungslegungspflicht).
Von der Rechnungslegungspflicht betroffen sind alle Unternehmer im Sinne des Umsatzsteuerrechtes, die im Inland eine Tätigkeit selbständig und nachhaltig zur Erzielung von Einnahmen ausüben.
Eine Ausnahme bilden Leistungen, deren Preis den Betrag von S 500,— nicht übersteigt (Bagatellgrenze) sowie Bargeldzahlungen, die den Betrag von S 500,— nicht übersteigen, wobei unter Bargeld nicht nur Geldscheine und Geldmünzen, sondern auch Barschecks sowie vom Unternehmer ausgegebene Gutscheine, Geschenkbons und Geschenkmünzen zu verstehen sind.
Ein Beleg ist demzufolge für jede S 500,— übersteigende Bargeldzahlung (Anzahlung, Restzahlung, Ratenzahlung, Bezahlung des Gesamtkaufpreises und dgl.) auszustellen und dem Zahlenden bzw. dem Empfänger der Leistung unaufgefordert auszuhändigen.
Als Beleg gelten jene Schriftstücke, mit denen über Leistungen (z. B. des Dienstleistungsgewerbes) abgerechnet wird. Sie müssen die Bezeichnung des Unternehmers, Name und Anschrift

Nachstehend werden die Schlüsselzahlen in Prozenten zur Errechnung der einzelnen Preisbestandteile vom Inklusivpreis (Endabgabepreis) angegeben. Zu ihrer Errechnung ist ein Prozent des Endabgabepreises mit den angeführten Prozentzahlen für die Alkoholsteuer, Getränkesteuer, das Bedienungsentgelt und die Mehrwertsteuer zu multiplizieren.

			Endabgabepreis = 100 %	sog. Nettopreis in %	Alkoholsteuer in %	Getränkesteuer in %	Bedienungsentgelt in %
Alkoholfreie Getränke	10,5 %	Bedienungsentgelt	100	68,56	—	6,85	7,92
	12,5 %			67,34	—	6,73	9,26
	15 %			65,88	—	6,58	10,87
	ohne			75,76	—	7,57	—
Bier Wein Schaumwein Spirituosen	10,5 %	Bedienungsentgelt	100	62,85	6,28	6,28	7,92
	12,5 %			61,73	6,17	6,17	9,26
	15 %			60,38	6,04	6,04	10,87
	ohne			69,45	6,94	6,94	—
Sonstiges mit 20 % MwSt.	10,5 %	Bedienungsentgelt	100	75,41	—	—	7,92
	12,5 %			74,07	—	—	9,26
	15 %			72,46	—	—	10,87
	ohne			83,33	—	—	—
Speisen, Milch und sonstiges mit 10 % MwSt.	10,5 %	Bedienungsentgelt	100	82,27	—	—	8,64
	12,5 %			80,81	—	—	10,10
	15 %			79,05	—	—	11,86
	ohne			90,91	—	—	—
Speiseeis mit 10 %MwSt.	10,5 %	Bedienungsentgelt	100	74,79	—	7,48	8,64
	12,5 %			73,46	—	7,35	10,10
	15 %			71,86	—	7,19	11,86
	ohne			82,65	—	8,26	—

des Gastes, das Ausstellungsdatum (Tag, Monat, Jahr), Art und Umfang der Leistung (Ware und Menge) sowie den zivilrechtlichen Preis der Leistung im Zeitpunkt der Belegausstellung enthalten.
Seit 1. 1. 1985 gilt, daß ab einem Rechnungsbetrag von S 2.000,— klar ersichtlich sein muß, welche Waren mit 10 % und welche mit 20 % Mehrwertsteuer (MwSt.) belastet sind.
Formel der Umrechnung der MwSt.:

10 % vom Inklusivpreis = Inklusivpreis x 0,0909
20 % vom Inklusivpreis = Inklusivpreis x 0,1667

Mehrwertsteuer-Tabellen, die im Handel erhältlich sind, erleichtern die Berechnung der Mehrwertsteuer.

HANDSCHRIFTLICHE RECHNUNG

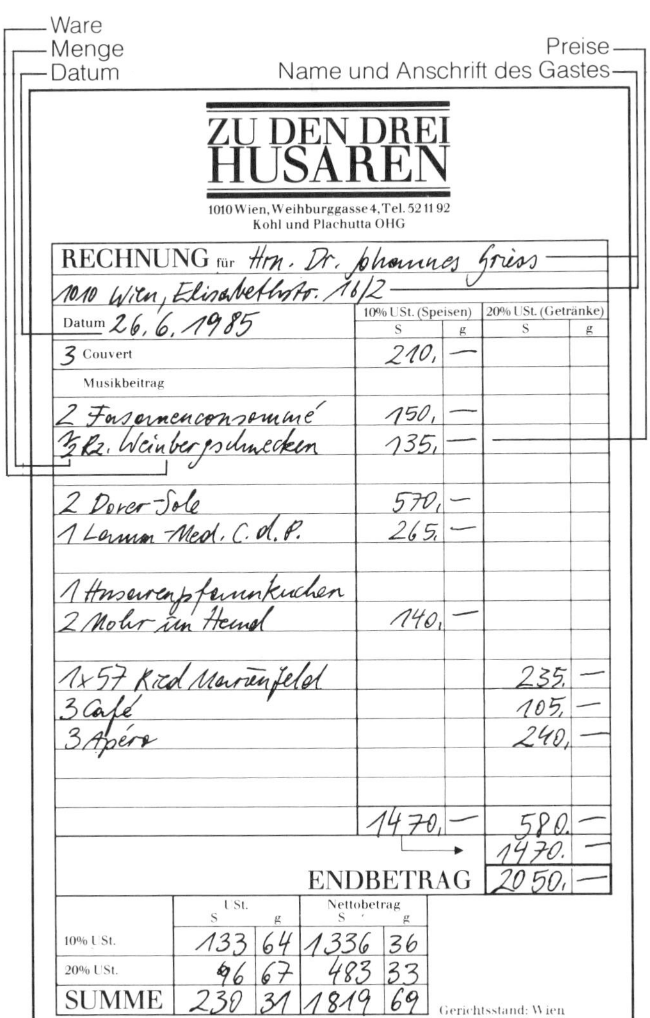

RECHNUNG VON DER COMPUTER-KASSA

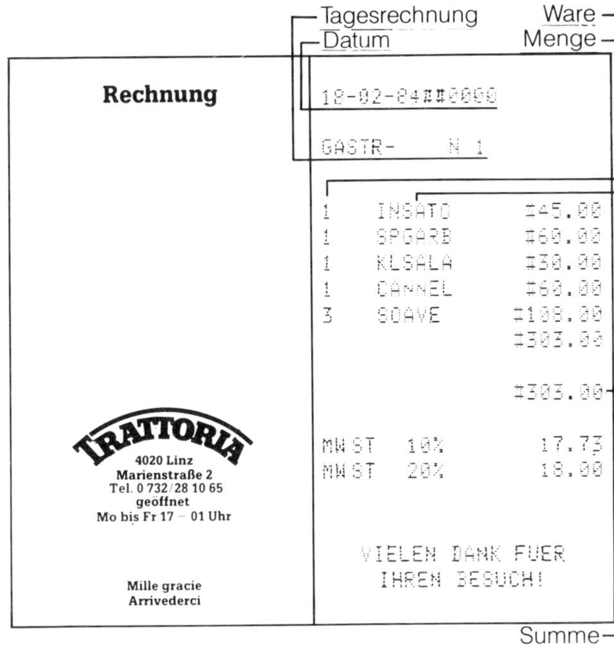

Name und Anschrift des Gastes entfällt, da Rechnung unter S 500,—

Grundsätzlich ist von jedem Beleg eine Durchschrift oder unmittelbar im selben Arbeitsgang eine Zweitschrift (z. B. bei Registrierkassen auf dem mitlaufenden Kontrollstreifen) anzufertigen.
Sie ist sieben Jahre lang, gerechnet vom Schluß des Kalenderjahres, in dem der Beleg ausgestellt wurde, aufzubewahren.

GRUNDLAGEN DER ELEKTRONISCHEN DATENVERARBEITUNG (EDV) IM GASTGEWERBE

Kein mittel- und langfristiges Konzept in der Hotellerie und Gastronomie kommt heute ohne modernste Organisations-, Informations- und Kommunikationssysteme mehr aus. In der gezielten Nutzung der technologischen Möglichkeiten liegt in vielen Fällen der Schlüssel zum wirtschaftlichen Erfolg.
Ob Reservierung, Check-in und Check-out oder Gästeverrechnung, alle diese zur täglichen Routine zählenden Arbeiten werden vom Computer übernommen und entsprechend schnell erledigt. Die damit frei werdenden Kapazitäten bei den Mitarbeitern schaffen die Voraussetzung für eine bessere Gästebetreuung — ein wesentliches Argument angesichts des zunehmenden Wettbewerbes.

Doch die Fülle der heute angebotenen Systeme zwingt zu einer kritischen Selektion. Man darf sich auf keinen Fall zum Kauf eines Gerätes entschließen, ohne zuvor die Frage zu stellen, was man damit alles machen kann.
Im Anschluß soll eine kurze Einführung in den Bereich der EDV, vor allem in die verschiedensten Fachtermini, gegeben werden. Ein Computersystem besteht aus **Hardware** (Gerät) und **Software** (Programme). Zur Hardware gehören eine Zentraleinheit, bestehend aus Rechen- und Steuerwerk sowie einem Arbeitsspeicher. Das Rechenwerk hat einen Festwertspeicher, ROM (Read only memory) genannt. Er kann nicht verändert werden und enthält meist ein bestimmtes Programm, das immer wieder verwendet wird.
Der Arbeitsspeicher besteht aus sogenannten RAMs (Random access memories), einem Direktzugriffsspeicher, der die verarbeiteten Daten aufnimmt. Er enthält je nach Gerät eine unterschiedlich hohe Anzahl an Bytes (Speichereinheiten), die wiederum eine bestimmte Anzahl an Bits aufweisen. Ein Bit ist die kleinste Einheit an Information, sie kann nur zwei Zustände haben, zum Beispiel „ja" oder „nein".
Zur Ausgabe von Daten, Meldungen und Ergebnissen weist jedes Gerät einen Bildschirm und einen Drucker zum Ausdrucken auf Papier auf. Darüber hinaus können die Daten in einem externen Speicher, z. B. auf Disketten, Floppy disks und Magnetbändern aufbewahrt und jederzeit abgerufen werden.

Die Hardware, die im Handel angeboten wird, ist heute schon technisch sehr gut ausgereift. Aber eine Anlage ist immer nur so gut, wie ihre Programme, also die Software, es zulassen.
Es ist daher für jeden Betrieb notwendig, zuerst ein Anforderungsprofil über die benötigte individuelle Problemlösung aufzustellen.
Viele Firmen bieten heute Standardprogramme für die Hotellerie und Gastronomie an, die man anhand des entwickelten Anforderungsprofils am besten mit einem Fachmann bespricht und über deren Möglichkeiten man sich informieren läßt.

Im Anschluß werden einige Programme beschrieben, die speziell auf die Hotellerie und Gastronomie zugeschnitten sind. Es handelt sich dabei um eine subjektive Auswahl. Die Aufzählung beruht nicht auf Vollständigkeit.

Die Firma Syspro Ges.m.b.H. bietet ein Hotel- und Gastronomie-Informationspaket unter dem Titel „Hogatex" an.
Es beinhaltet folgende Leistungen:
- Fakturation — Gästebuchhaltung — Debitoren
- Zimmerbelegung — Check-in, Check-out
- Reservierungsplan
- Gäste-Datei
- Korrespondenz — Textverarbeitung
- Integration der Restaurant- und Bar-Kassen in das Gesamtsystem
- Finanzbuchhaltung

Das Hotelsoftwarepaket „Comfort" der Firma Siemens löst alle Probleme, die im „front-office"-Bereich eines Hotels auftreten. Dabei kann es weder den Empfangschef noch den Portier ersetzen. Es bietet jedoch unterstützende Maßnahmen zur Entlastung von Routinearbeiten und somit mehr Zeit für das Service. Das Programmpaket gliedert sich in die Bausteine
- Reservierung
- Gast-Ankunft (Check-in)
- Erfassung der variablen Leistungen
- Gast-Abreise (Check-out)
- Informationen, Kontrolle, Statistik
- Offene Posten und
- Bestandskontrolle.

Das Nixdorf-Hotel 8862 ist ein integriertes Hotel-Abrechnungs-System für „front-office" und „back-office" mit folgenden Funktionen:
- Reservierung bis zu vier Jahren für bis zu 1.000 Zimmern mit je sechs Gästen
- Check-in
- Check-out
- Gastkontenbelastung
- Kassenberichte
- An-/Abreisen, freie Zimmer
- Korrektur erstellter Rechnungen
- Gruppen-Abrechnung
- Kontingentverwaltung
- Reisebüro-Abrechnung
- Anschluß von Restaurant-Kassen mit automatischer Gastkontenbelastung
- Anschluß der Telefonanlage
- Übergabe der Daten an Standard-Finanzbuchhaltung mit Kostenstellenertragsrechnung und
- Lohn-/Gehaltsabrechnung.

Die Wisev Gesellschaft für Datenverarbeitung mbH hat ein System auf den Markt gebracht, das Hotel- und Restaurantabrechnung kombiniert. Es bietet folgende Leistungen:
- Warengruppen — Zu-/Abgänge — Abrechnungen
- Verkaufsstellenabrechnungs-Statistik
- Kellnerabrechnungs-Statistik
- Verkaufsgruppenabrechnungen
- Warenlager-Verwaltung
- Gerichte — Angebote
- Zimmerreservierung
- Abrechnung pro Stuhl oder pro Tisch
- Einkaufskontrolle
- Lagerkontrolle
- Reservierungsbestätigung
- Registrieren des sonstigen Service
- Gästebuchhaltung (Restaurant und Hotel)
- Rechnungsschreibung (Restaurant und Hotel)
- Sammelrechnungsschreibung (Restaurant und Hotel)
- Buch von Serviceleistungen
- Reisebürostatistik
- Zimmerbelegungsplan
- Tagesgästeliste

Getränkekunde

ALKOHOLFREIE GETRÄNKE

Wasser

Wasser ist eine farb-, geruch- und geschmacklose Flüssigkeit. Es kommt in drei verschiedenen Formen (Aggregatszuständen) vor: fest als Eis unter 0° C (=Gefrierpunkt), flüssig, normaler Zustand zwischen 0 und 100° C und gasförmig als Dampf über 100° C (=Siedepunkt).
Ohne Wasser gibt es kein Leben, es ist Hauptbestandteil des menschlichen, tierischen und pflanzlichen Körpers.

Wasser als Lösungsmittel

Wasser hat die Eigenschaft, sich zu sättigen, d. h., Sauerstoff, Salze und Mineralstoffe aufzunehmen. Würde man destilliertes Wasser trinken, wäre das für den menschlichen Organismus sehr gefährlich, weil es dem Körper Salze und Mineralstoffe entzieht, bis es gesättigt ist (auslaugende Wirkung des Wassers). Gesättigt ist die Wasserlösung dann, wenn sie nichts mehr aufnimmt; der Überschuß an Salzen und Mineralstoffen setzt sich am Boden ab.
Das Wasser ist Lösungsmittel für verschiedene feste (z. B. Zucker, Waschpulver, Salz usw.), flüssige (z. B. Alkohol, Essig, Fruchtsaft usw.) und gasförmige Stoffe (z. B. Kohlendioxyd, irrtümlich auch Kohlensäure genannt).
Öl ist in Wasser nicht löslich, es verteilt sich in feinste Tröpfchen, und man bezeichnet diese Verbindung zwischen Wasser und Öl als Emulsion.

Wasserhärte

Wasser besteht in der Hauptsache aus Wasserstoff und Sauerstoff. Aus der Erde nimmt es außerdem Mineralsalze, Spurenelemente und Kalk auf. Der Anteil von Mineralsalzen und Kalk wird in **deutschen Härtegraden** angegeben. Je nachdem, wie hoch er ist, spricht man von weichem (z. B. Urgesteins-, Moorwasser) oder hartem Wasser (z. B. Kalkgesteinswasser).

1° dH (1 deutscher Härtegrad) entspricht dem Gehalt von zehn Milligramm Kalziumoxyd (CaO) in einem Liter Wasser.

° dH	Bezeichnung	° dH	Bezeichnung
0— 4	sehr weich	12—18	ziemlich hart
4— 8	weich	18—30	hart
8—12	mittelhart	über 30	sehr hart

Weiches Wasser ist schal im Geschmack, hat große Lösungskraft und eignet sich gut zum Kochen.
Hartes Wasser dagegen ist frisch im Geschmack (daher gut geeignet als Trinkwasser), hat wenig Lösungskraft und bildet in Gefäßen, Rohren und Kesseln Kesselsteinablagerungen (daher weniger gut geeignet zum Kochen).

Bedeutung des Wassers für den Menschen

Der Tagesbedarf des Menschen hängt ab von seinem Gesundheitszustand, der erbrachten Leistung und von der Temperatur der Umgebung.
Der Mittelwert des Wasserbedarfs eines erwachsenen Menschen bewegt sich zwischen zweieinhalb und drei Litern pro Tag. Dieses Wasser wird dem Körper in Form von Flüssigkeit und durch die Nahrungsmittel zugeführt (z. B. in Brot 40 bis 50 Prozent Wasser, in Fleisch und Fisch 50 bis 80 Prozent Wasser, in Früchten und Gemüse 65 bis 90 Prozent).

ARTEN DES WASSERS

Zu den natürlichen (d. h. nicht durch chemische oder physikalische Einwirkung veränderten) Wässern zählen die im folgenden angeführten.
Grundwasser und Quellwasser: hat meist Trinkwasserqualität, d. h., es ist mineralstoffreich und bakterienarm (siehe unten). Durch zunehmende Umweltverschmutzung hat es teilweise nur noch Nutzwasserqualität.
Regenwasser: ist ein weiches, schal schmeckendes, bakterienreiches Wasser ohne Mineralstoffe. Es wird nur in südlichen Ländern als Trinkwasser verwendet.
Mineralwasser: enthält mehr als ein Gramm gelöste Mineralstoffe oder 0,25 Gramm Kohlendioxyd pro Liter.
Thermalwasser: ist Quellwasser, das beim Austritt aus der Erde eine Temperatur von mindestens +20° C aufweist.
Meerwasser: enthält 3,5 Prozent Kochsalz und verschiedene Mineralstoffe.

Trinkwasser

Trinkwasser soll einen angenehmen und erfrischenden Geschmack haben, geruchlos, farblos und klar sein und gelöste Mineralsalze enthalten. Es darf keine Krankheitskeime, ekelerregenden Stoffe und giftigen Bestandteile enthalten.
Die Eignung des Wassers als Trinkwasser wird von den Gesundheitsbehörden überprüft.

Sodawasser

Sodawasser ist Trinkwasser, das mit Kohlendioxyd (vier Gramm pro Kilogramm) versetzt wird und in Siphonflaschen oder Containern luftdicht abgefüllt in den Handel kommt.
Man verwendet Sodawasser zum Mischen mit alkoholfreien und alkoholischen Getränken, wie z. B. Soda-Zitrone, Whisky-Soda. In Ostösterreich wird Sodawasser auch als Siphon bezeichnet.

In Deutschland gibt es kein künstlich erzeugtes Sodawasser. Sodawasser ist die Bezeichnung für einen Säuerling mit doppeltkohlensaurem Natron.

In der Schweiz gibt es für dieses Wasser die Bezeichnungen „kohlensaures Wasser", „Siphon", „Selterswasser" oder „Soda".

Tafelwasser

Tafelwässer sind nach dem Österreichischen Lebensmittelgesetz Quellwasser (Tafelquellwasser) und Mineralwasser (Tafelmineralwasser).

Quellwasser (Tafelquellwasser)

Quell- oder Tafelquellwasser ist Quell- oder Grundwasser, das nach der Abfüllung weniger als ein Gramm gelöste Stoffe pro Liter enthält.
Tafelquellwasser kommt oft in Verbindung mit dem Namen eines Mineralwassers in den Handel (z. B. Waldquelle Mineral- und Tafelwasser).

Die bekanntesten österreichischen Tafelquellwässer sind:
Bonaqua Tafelquellwasser, Wien
Gasteiner Tafelquellwasser, Badgastein (Salzburg)
Markus Quelle Tafelquellwasser, Pöttsching (Burgenland)
Platzer St. Johann'ser Tafelquellwasser, Stadt Haag (Niederösterreich)
Vöslauer Tafelquell, Bad Vöslau (Niederösterreich)
Vöslauer Tafelquell mild mit wenig Kohlensäure, Bad Vöslau (Niederösterreich)

Tafelquellwässer sind besonders bekömmlich und geschmacksneutral und eignen sich daher vorzüglich zum Mischen mit anderen Getränken.
Ist im Quellwasser Eisen enthalten, wird es meist entfernt, weil die ausgefällten bräunlichen Eisensalze unappetitlich aussehen und einen eigenartigen Geschmack verursachen (besonders nachteilig beim Mischen mit Rotwein).

Tafelquellwasser wird in Eineinhalbliter-, Liter- und Viertelliterflaschen abgefüllt.

Mineralwasser (Tafelmineralwasser)

Mineral- oder Tafelmineralwasser (natürliches Mineralwasser) ist Quell- oder Grundwasser, das nach der Abfüllung mindestens ein Gramm, höchstens jedoch 6,5 Gramm gelöste feste Stoffe pro Liter enthält.
Kohlensäurehaltiges Mineralwasser enthält nach der Abfüllung gleich viel quelleigenes freies Kohlendioxyd wie an der Quellfassung. Der Zusatz von quelleigenem Kohlendioxyd ist erlaubt; quellfremdes Kohlendioxyd darf nur bis zu einem Gesamtgehalt von 6,5 Gramm pro Liter beigefügt werden.
Mineralwasser muß im Quellort abgefüllt werden und darf keine Zusätze außer Kohlendioxyd enthalten. Sie kommen oft als Heil- und Mineralwässer in den Handel (z. B. Römerquelle Heil- und Mineralwasser).
Nach den überwiegenden Inhaltsstoffen werden die Mineralwässer in verschiedene Gruppen eingeteilt. Die wichtigsten sind Säuerlinge, Sprudel, Kochsalzquellen, Natronquellen, Eisen- und Schwefelwässer.

Heute geht der Trend zu Mineralwässern mit wenig Kohlensäure, die von einigen Mineralwasserfirmen abgefüllt und vertrieben werden. Kohlensäurefreies Mineralwasser enthält in einem Liter abgefülltem Wasser weniger als 50 Milligramm freies Kohlendioxyd. Der Mineralwasserkonsum steigt seit Jahren, vor allem, weil Mineralwasser keine Joule enthält.

Künstliches Mineralwasser wird aus hygienisch einwandfreiem Trink- und Quellwasser durch Zusatz von Salzen, Sole oder Kohlensäure hergestellt. Auf dem Etikett muß darauf hingewiesen werden.

Bekannte Mineralwassermarken

Alpquell Heil- und Mineralwasser	Alpquell, Münster (Tirol)	Für Trinkkuren bei Leber- und Gallenerkrankungen, bei Zuckerkrankheit und Gicht
Gleichenberger Johannisbrunnen Heil- und Mineralwasser	Gleichenberger und Johannisbrunnen, Bad Gleichenberg (Steiermark)	Bei Erkrankungen der Leber, Gallenblase und Bauchspeicheldrüse und bei Zuckerkrankheit, bei Erkrankungen des Magens (Übersäuerung) und der ableitenden Harnwege
Güssinger Mineralwasser	Güssinger Mineralwasser, Sulz-Güssing (Burgenland)	—
Juvina Mineralwasser	Heilmittelwerke Wien	—
Long Life Heil- und Mineralwasser	Long Life Getränke, Bad Radkersburg (Steiermark)	Bei entzündlichen Erkrankungen der Nieren und der ableitenden Harnwege, Steinleiden, Nachbehandlung nach urologischen Operationen, weiters bei entzündlichen Darmerkrankungen, entzündlichen Leber- und Gallenerkrankungen, Gallensteinen

ALKOHOLFREIE GETRÄNKE

WASSER

Peter Quelle Heil- und Mineralwasser	Kern, Deutsch Goritz (Steiermark)	Bei katarrhalischen Erkrankungen an den oberen Atemwegen, zur Unterstützung bei Leber- und Gallenleiden, bei Zuckerkrankheit, Sodbrennen und Übersäuerung des Magens, zur Spülbehandlung bei Steinleiden und Infektionen der ableitenden Harnwege
Platzer Edelhofer Mineralwasser (mild)	Friedrich Platzer, Stadt Haag (Niederösterreich)	—
Preblauer Heil- und Mineralwasser	Preblauer Brunnenversendung, Prebl (Kärnten)	Katarrhalische, entzündliche Erkrankungen des Nierenbeckens und der Harnblase, Nachbehandlungen von Blasen- und Prostataoperationen, bei Nieren- und Blasensteinen, Magen- und Darmkrankheiten, katarrhalischen Erkrankungen der Atemwege
Römerquelle Heil- und Mineralwasser	Römerquelle, Edelstal (Burgenland)	Bei entzündlichen Magenerkrankungen, Gastritis, für Trinkkuren bei chronisch entzündlichen Erkrankungen und bei Steinbildung in den ableitenden Harnwegen
Römerquelle Heil- und Mineralwasser mit wenig Kohlensäure	Römerquelle, Edelstal (Burgenland)	Bei entzündlichen Magenerkrankungen, Gastritis, für Trinkkuren und bei Neigung zur Steinbildung in den ableitenden Harnwegen
Severin Quelle Tafel-Mineralwasser	Vita, Gerasdorf (Niederösterreich)	—
Sicheldorfer Josefsquelle Heil- und Mineralwasser	Sicheldorfer Heilquelle, Radkersburg (Steiermark)	Bei Sodbrennen, Magen-, Darm- und Gallenerkrankungen, katarrhalischen, entzündlichen Erkrankungen des Nierenbeckens, der Harnblase und Steinleiden, Stoffwechselstörungen, Zuckerkrankheit, katarrhalischen Erkrankungen der oberen Luftwege, Jodmangelzuständen (bei Jodüberempfindlichkeit und salzarmer Diät nicht zu empfehlen)
Sixtina Heilwasser	Sixtina Heilquelle, Oberschützen (Burgenland)	Bei Erkrankungen des Magen-Darm-Traktes, bei Gastritis, zur Unterstützung der Behandlung bei leichtem Diabetes
Sulzegger Sauerbrunn Mineralwasser	Sulzegger, St. Nikolai (Steiermark)	—
Waldquelle Mineral- und Tafelwasser	Brunnenverwaltung Kobersdorf (Burgenland)	—

DEUTSCHLAND

In Deutschland werden die Tafelwässer eingeteilt in Mineralwässer, mineralarme Wässer und künstliche Mineralwässer.
Mineralwässer sind natürliche Wässer, die mindestens 1.000 Milligramm gelöste Salze oder 250 Milligramm freies Kohlendioxyd pro Liter enthalten.
Säuerlinge (Sauerbrunnen) sind Mineralwässer mit einem natürlichen Gehalt von mindestens 1.000 Milligramm pro Liter.
Sprudel sind Säuerlinge, die aus einer Quelle unter natürlichem Kohlensäuredruck hervorsprudeln.
Mineralarme Wässer sind Quellwässer, die, abgesehen von einem Kohlensäurezusatz, nicht verändert werden.
Künstliche Mineralwässer sind aus Wasser und/oder Mineralwasser und/oder mineralarmem Wasser und Salzen und/oder Sole und/oder Kohlensäure hergestellt.

BEKANNTE MINERALWASSERMARKEN: Aachener Kaiserbrunnen, Apollinaris, Artus Arienheller Brunnen, Artus Hubertussprudel, Bad Meinberger Mineralwasser, Diamant Mineralbrunnen, Emser, Fachinger, Gerolsteiner, Granus Mineralquelle, Heppinger, Residenzquelle, Rhenser, Roisdorfer, Selters, Überkinger.

Schweiz

Als **natürliches Mineralwasser, Mineralwasser** oder **Heilwasser** gilt ein natürliches Wasser, das nicht verändert wurde und sich deutlich von gewöhnlichem Trinkwasser unterscheidet. Eine Bezeichnung des Mineralwassers nach Inhaltsstoffen muß erfolgen, z. B. erdiges Wasser (mindestens ein Gramm gelöste Mineralien pro Liter, vorwiegend Kalzium- und Magnesiumionen, Karbonat- oder Gipswasser), alkalisches oder Natronwasser (mindestens ein Gramm gelöste Mineralien pro Liter, vorwiegend Natrium und Hydrokarbonat), muriatisches oder Kochsalzwasser (mindestens ein Gramm gelöste Mineralien pro Liter, vorwiegend Natrium- und Chlorionen), Sole (mindestens 15 Gramm gelöste Mineralien pro Liter, vorwiegend Natrium- und Chlorionen), Eisenwasser (mindestens fünf Milligramm Ferroionen pro Liter), Schwefelwasser (mit Hydrosulfitionen, Thiosulfat oder freiem Schwefelwasserstoff), Säuerling (mindestens 0,25 Gramm Kohlendioxyd).

Als **künstliches Mineralwasser** gilt jedes aus Trinkwasser mit natürlichem Mineralwasser, natürlichen Quellsalzen oder Solen hergestellte Erzeugnis.

Bekannte Mineralwassermarken: Adelbodener, Aprozer, Eglisauer, Elmer, Eptinger, Henniez, Meltinger, Passugger, Rhäzünser, Rheinfeldener, Riedstern, Valser, Weissenburger, Zurzacher Mineralwasser.

Sonstige Länder

Frankreich: Perrier, Vichy, Evian, Vittel
Italien: San Pellegrino, San Benedetto, Dolomiti, Recoaro
Jugoslawien: Radenska, Rogaska
Ungarn: Parady
Tschechoslowakei: Karlsbader

Heilwasser

Heilwasser ist Mineral- oder Thermalwasser mit nachgewiesener Heilwirkung.
Der Handel mit Heilwässern bleibt Apotheken und Drogerien vorbehalten, er unterliegt der Arzneimittelverordnung.

ALKOHOLFREIE GETRÄNKE

FRUCHT- UND GEMÜSEGETRÄNKE

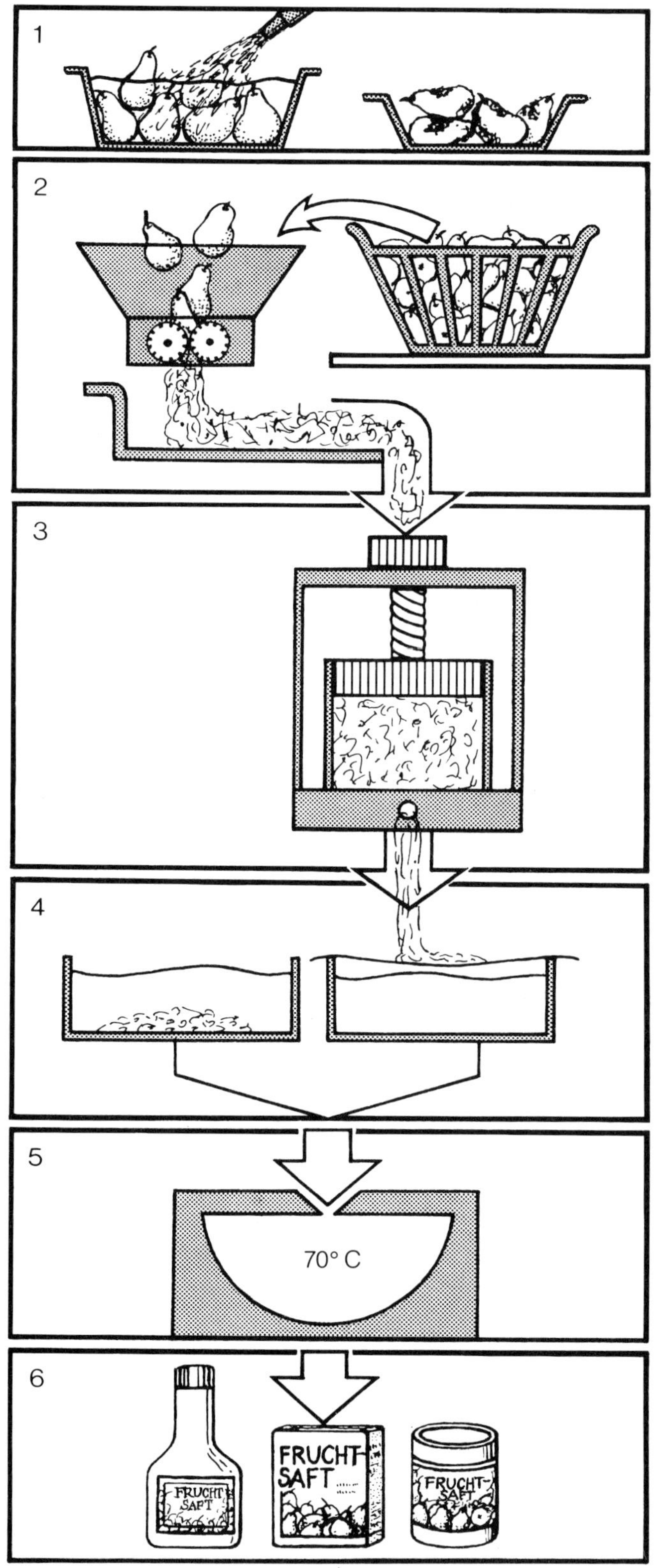

Getränke aus Obst und Gemüse haben in der menschlichen Ernährung einen hohen Stellenwert. Sie spielen auch eine immer größere Rolle, der Pro-Kopf-Verbrauch zeigt eine steigende Tendenz.
Sie sind besonders zu empfehlen für Kinder, alte, kranke und überarbeitete Menschen, Autofahrer und Sportler.
Obst- und Gemüsegetränke enthalten wichtige Stoffe für den menschlichen Organismus und für den Stoffwechsel.
Fruchtzucker: Er geht rasch ins Blut über, Getränke mit Fruchtzucker sind daher kräftigend und nahrhaft.
Vitamine: Besonders in den obst- und gemüsearmen Wintermonaten kann der Vitaminbedarf durch Säfte gedeckt werden. Dadurch kann Erkältungskrankheiten vorgebeugt werden.
Mineralstoffe: Ein Großteil der für die Entschlackung, den Stoffwechsel und die Blutbildung notwendigen Spurenelemente sind in Obst- und Gemüsegetränken enthalten.
Natürliche Fruchtsäuren: Sie wirken durststillend und entschlackend.

ARTEN DER FRUCHT- UND GEMÜSEGETRÄNKE

Fruchtsäfte

Fruchtsäfte sind Natursäfte, die aus frischem Kern-, Stein- oder Beerenobst, Südfrüchten, Wildfrüchten oder Trauben hergestellt werden. Durch ihren hohen Anteil an natürlicher Fruchtsäure, Fruchtzucker, Spurenelementen und den hohen Vitamingehalt sind sie sehr gesund und erfrischend.

FRUCHTSAFTERZEUGUNG

1 **Waschen:** Die Früchte werden sortiert und nur die gesunden, nicht verfaulten verwendet. Diese werden gewaschen, um sie von Schmutz und Spritzmitteln zu befreien.
2 **Maischen:** In den sogenannten Maischmühlen werden die Früchte zerkleinert, um eine optimale Saftausbeute zu erreichen.

3 **Pressen:** Man erhält etwa 65 bis 80 Liter Saft aus 100 Kilogramm Obst.
4 **Klären:** Durch Setzenlassen, Filtrieren (der Saft wird unter Druck durch Filter gepreßt) oder Zentrifugieren (der Saft wird in einem rotierenden Behälter geschleudert) werden die Trübstoffe entfernt.
5 **Konservieren:** Fruchtsäfte sind frisch gepreßt am wertvollsten, sie können aber auch auf eine der im folgenden angeführten Arten konserviert werden.

- Pasteurisieren: Der Saft wird einige Sekunden auf 70° C erhitzt und dann abgekühlt.
- Eindicken: Dem Saft wird im Vakuumverdampfer bei 10 bis 20° C das Wasser entzogen.
- Chemische Konservierung: Im jeweiligen Lebensmittelgesetz sind jene chemischen Konservierungsmittel angeführt, die verwendet werden dürfen. Chemische Konservierung beeinflußt ein wenig den Geschmack.
- Tiefkühlen: Tiefgekühlt werden meist Fruchtkonzentrate. Sie müssen nach dem Auftauen und Verdünnen mit Wasser schnell verbraucht werden, nicht nochmals einfrieren.

6 **Abfüllen:** Das geschieht vollautomatisch entweder in Flaschen, Dosen oder Tetrapacks.

Fruchtsäfte werden in verschiedenen Konzentrationen angeboten. Der Codex Alimentarius Austriacus unterscheidet die folgenden Arten.

Reiner Fruchtsaft (Obstpreßsaft): Reiner Fruchtsaft ist ein zum unmittelbaren Genuß bestimmtes Getränk mit 100 Prozent Fruchtanteil. Es dürfen nur reife, gesunde Früchte ohne Zusatz von Wasser oder Zucker verarbeitet werden.
Fruchtsaft- und Fruchtaromakonzentrat: Das ist reiner Fruchtsaft, dem durch physikalische Verfahren Wasser entzogen wurde. Der Verdünnungsfaktor ist zahlenmäßig anzuführen.
Fruchtsaftpulver: Das ist Fruchtsaft, dem nahezu das gesamte Wasser entzogen wurde.
Fruchtsaftgetränk (Fruchtgetränk, Fruchttrunk): Der Fruchtsaftanteil beträgt mindestens 60 Prozent, bei Traubensaft 50 Prozent. Der Rest ist Wasser und Zucker.
Trinkfertig gemachter Fruchtsaft: Das ist Fruchtsaft, der aus Früchten mit zu hohem Säuregehalt oder zu geringem Zuckergehalt hergestellt wird. Man macht ihn mit Wasser und Zucker trinkfertig. Die Früchte sind im Lebensmittelgesetz genau aufgezählt, nämlich roter und weißer Johannisbeersaft, Stachelbeer-, Sanddorn-, Weichsel-, Schlehen-, Ebereschen-, Heidelbeer-, Erdbeer- und Brombeersaft.
Fruchtnektar (Fruchthomogenisat): Nektar ist ein Fruchtgetränk mit 40 Prozent Fruchtsaftanteil, das den gesamten genießbaren Anteil der jeweiligen Früchte, also auch das Fruchtfleisch, enthält. Meist wird er aus Früchten hergestellt, die sich schwer pressen lassen, wie z. B. Marillen, Pfirsiche usw. Fruchtnektar darf auch Wasser und Zucker enthalten.

Alle diese Fruchtsäfte dürfen folgende gesetzlich erlaubte Zusatzbezeichnung tragen:
„Reich an Vitamin C", wenn sie mindestens 250 Milligramm Vitamin C pro Liter Saft, und „Vitamin-C-haltig", wenn sie mindestens 150 Milligramm Vitamin C pro Liter Saft enthalten.

Fruchtkonzentrat (Fruchtsirup): Diese Art von Fruchtgetränken wird durch Eindicken (Konzentration) mit Zucker im Verhältnis 1 : 2 (ein Teil Saft, zwei Teile Zucker) hergestellt. Der Konzentrationsfaktor ist auf dem Etikett anzuführen (in der Regel 1 : 6, d. h., ein Teil Saft wird mit sechs Teilen Wasser verdünnt).
Die Beimengung von Stärkezucker, Fruchtsäure und Konservierungsmitteln ist erlaubt. Farbstoffbeimengung ist nur bei Himbeersaft gestattet.
Daß es sich um ein Fruchtkonzentrat handelt, muß auf dem Etikett stehen. „Naturrein" oder ähnliche Ausdrücke dürfen nicht verwendet werden. Fruchtkonzentrate werden mit Wasser, Soda- oder Mineralwasser verdünnt getrunken.
Fruchtsirupsorten: Himbeer-, Johannisbeer-, Heidelbeer-, Kirschen-, Apfel-, Birnen-, Marillen-, Orangen-, Grapefruit-, Ananassaft usw.
Traubensaftkonzentrat: Bei den handelsüblichen Traubensaftkonzentraten wird der Traubensaft im Verhältnis 1 : 3 bis 1 : 5 eingedickt. Er weist einen Zuckergehalt von 40 bis 60 Prozent auf. Traubensaftkonzentrate verwendet man auch in der Kellerwirtschaft zum Aufbessern von Wein und zur Herstellung von Dessertweinen.

Deutschland

Nach dem deutschen Lebensmittelrecht gibt es folgende Unterteilungen:
Fruchtsaft ist gärfähiger, aber nicht vergorener, d. h. alkoholfreier Saft von Früchten, also Beeren-, Kern- und Steinobst, Trauben und Südfrüchten sowie Wildfrüchten, der durch mechanisches Auspressen des Saftes hergestellt wird.
Als Fruchtsaft gilt auch ein Fruchtsaftkonzentrat, das aus Rohsäften hergestellt und dem durch physikalische Verfahren (Unterdruck, Tiefgefrieren) mindestens 50 Prozent Wasser entzogen wurde.
Fruchtnektar besteht aus Fruchtsaft und/oder Fruchtmark, Wasser und Zucker. Je nach Fruchtart beträgt der vorgeschriebene Mindestfruchtgehalt 25 bis 50 Prozent.
Fruchtsirup wird hergestellt durch dickflüssiges Einkochen von Fruchtsäften mit Zucker (höchstens 68 Prozent).
Fruchtsaftgetränk wird aus einer oder mehreren Früchten, Zucker und Wasser hergestellt, wobei der Fruchtgehalt zwischen 6 und 30 Prozent, je nach Fruchtart, betragen muß.

Schweiz

Fruchtsaft darf sich nur ein reiner, unverdünnter Saft aus frischen Früchten nennen, der auf physikalischem Weg haltbar gemacht wurde (keine Konservierungsmittel).
Fruchtkonzentrat ist reiner Fruchtsaft, dem auf physikalischem Weg der Großteil des Wassers entzogen worden ist.
Verdünnter Fruchtsaft muß mindestens 50 Prozent Fruchtsaft aufweisen und darf nicht gezuckert werden.
Fruchtnektar besteht aus Fruchtsaft und/oder Fruchtmark, Was-

ser und Zucker. Je nach Fruchtart beträgt der vorgeschriebene Mindestfruchtgehalt 25 bis 50 Prozent.
Fruchtsirup ist ein dickflüssiges Erzeugnis aus Zucker und mindestens 30 Prozent Fruchtsaft.

Gemüsesäfte

Gemüsesäfte sind wie Fruchtsäfte aus frischen Produkten hergestellt und haben auch einen hohen Anteil an natürlicher Säure, Zucker, Nährstoffen und Spurenelementen.
Gemüsesäfte sind ein wesentlicher Bestandteil der Kranken- und Schonkost und der vegetarischen Küche. In guten Betrieben der Gastronomie dürfen sie nicht fehlen.
Immer mehr Reformhäuser, Obst- und Gemüsegeschäfte bieten Gemüsesäfte täglich frisch an.
Sie sind aber auch als Konserve erhältlich (z. B. „V 8").
Gemüsesaftsorten: Tomaten-, Karotten-, Sellerie-, Sauerkraut-, Rote-Rüben-Saft usw.

Süßmoste

Süßmoste sind unfermentierte Fruchtsäfte aus Beeren- und Mischobst (Äpfeln, Birnen) mit natürlichem Zuckergehalt.
Um ihre Haltbarkeit zu verlängern, werden Süßmoste homogenisiert (d. h., die einzelnen Bestandteile werden durch Druck von 50 bis 60 bar in bis zu 100 Bestandteile zertrümmert).

SÜSSMOSTERZEUGUNG
Waschen — maischen — pressen — filtrieren oder zentrifugieren — haltbar machen.

Traubensüßmost (Traubensaft): Die Gewinnung des Traubensaftes erfolgt genauso wie die der anderen Moste, nur muß die Verarbeitung des Traubensaftes sofort erfolgen, da es sehr schnell zu einer Gärung kommt. Nach dem österreichischen Gesetz darf der Alkoholgehalt nicht mehr als 0,5 Vol.-% betragen. Das Konservieren des Traubensaftes mit chemischen Mitteln ist verboten, ebenso das Färben, Zusetzen von Aromastoffen und das künstliche Süßen.

Limonaden

Das Wort kommt von „limone" (ital., Zitrone).

NATÜRLICHE LIMONADE

Das ist frisch gepreßter Zitrussaft (z. B. Orangen-, Zitronen- und Grapefruitsaft), der mit Zucker oder Süßstoff und mit Wasser, Mineral- oder Sodawasser zubereitet wird.

KÜNSTLICH GEFERTIGTE LIMONADE

Das ist ein fabrikmäßig hergestelltes Produkt. Das Konzentrat der künstlich gefertigten Limonaden besteht aus Fruchtsaft, Aroma-, Geschmacks-, Geruchs- und Farbstoffen sowie Zucker oder Süßstoff (für Diabetiker und Kalorienbewußte), Wasser, Mineral- oder Sodawasser und Konservierungsmitteln. Künstlich gefertigte Limonaden kommen mit und ohne Kohlensäure in den Handel.

LIMONADENERZEUGUNG
1 **Aufbereitung des Wassers:** Das Wasser muß für die Limonadenerzeugung immer dieselbe Zusammensetzung haben.
2 **Reinigen** und Flüssigmachen des Zuckers
3 **Ansetzen** des Konzentrates des Geschmacksträgers
4 **Vermengen des Zuckers** mit dem Konzentrat des Geschmacksträgers.
5 **Vermischen des Konzentrates** mit dem Wasser und Kohlendioxyd
6 **Abfüllen:** Das geschieht mechanisch. Abgefüllt wird entweder in Portionsflaschen (0,35 und 0,5 Liter), in Großflaschen (ein und zwei Liter), Container (20 Liter) oder Dosen (0,35 Liter).

BEKANNTE KÜNSTLICHE LIMONADEN: Fanta, Sprite, Schartner, Keli, Lift, Sinalco, Almdudler, 7-up, Ginger Ale (Ingwerlimonade), Schweppes Golden Fresh.

Fruchtsaftlimonaden: Sie bestehen aus mindestens zehn Prozent Fruchtsaftanteil oder 30 Prozent Kernobstsäften und werden mit und ohne Kohlendioxyd hergestellt.
Bekannte Fruchtsaftlimonade: Frucade.
Koffeinhaltige Limonaden: werden wie die anderen künstlich gefertigten Limonaden hergestellt, enthalten zusätzlich das Fruchtkonzentrat der Kolanuß.
Bekannte koffeinhaltige Limonaden: Coca-Cola, Pepsi-Cola.
Limonaden mit Chininzusatz: Laut Österreichischem Lebensmittelgesetz sind Limonaden dieser Art kennzeichnungspflichtig, d. h., der Vermerk „chininhaltig" muß gut leserlich auf dem Etikett angebracht sein. Der Chininzusatz ist allerdings so gering, daß derartige Limonaden nicht gesundheitsschädlich sind. Chininhaltige Limonaden sind ein wesentlicher Bestandteil des Barstocks (zum Mischen mit Spirituosen).
Bekannte chininhaltige Limonaden: Schweppes Indian Tonic Water, Bitter Lemon, Bitter Orange, Bitter Grapefruit usw.
Limonaden auf Malzbasis: Das ist alkoholfreies Bier. Da Bier in Österreich mindestens 0,5 Vol.-% Alkohol enthalten muß und das alkoholfreie Bier weniger hat, zählt es nach dem Codex Alimentarius Austriacus zu den Limonaden, in Deutschland und der Schweiz allerdings heißt es alkoholfreies Bier.
Bekanntes alkoholfreies Bier: Birell.

DEUTSCHLAND

In Deutschland muß die Geschmacksrichtung der betreffenden Limonade auf dem Etikett angegeben sein.
Koffein- und Chininzusätze sind erlaubt, müssen aber kenntlich gemacht werden.

SCHWEIZ

Nach der Schweizer Gesetzgebung gibt es folgende Limonaden:

Tafelgetränke mit Fruchtsaft, mit Mineralwasser: mindestens zehn Prozent Fruchtsaftanteil.
Tafelgetränke mit Fruchtsaft, mit Trinkwasser: mindestens zehn Prozent Fruchtsaftanteil.
Tafelwasser mit Mineralwasser: vier bis zehn Prozent Fruchtsaftanteil.
Tafelwasser mit Mineralwasser, mit Aroma: weniger als vier Prozent Fruchtsaftanteil.
Limonaden mit Fruchtsaft, mit Trinkwasser: gezuckertes Trinkwasser mit einem Fruchtsaftanteil von vier bis zehn Prozent.
Limonaden mit Aroma, mit Trinkwasser: gezuckertes Trinkwasser mit weniger als vier Prozent Fruchtsaftanteil.

Koffein- und chininhaltige Getränke müssen als solche bezeichnet sein.

Ausschankanlagen für Limonaden

In der Gastronomie werden heute vielfach Ausschankanlagen für Limonaden verwendet. Die Vorteile sind einfache Handhabung, geringer Lagerraumbedarf und Zeitersparnis.
Es gibt zwei Arten von Ausschankanlagen.

Premixanlagen: Das fertige Getränk wird in Containern eingekauft. Sie werden im gekühlten Keller oder Buffet gelagert, das Getränk wird mit Kohlendioxyddruck durch Rohre zum Ausschankgerät befördert, aus dem es portionsweise entnommen wird.
Vorteil: gleichbleibende Qualität.
Nachteile: höherer Einstandspreis, größere Lagerkapazität ist erforderlich, weil das Wasser mitgelagert werden muß.

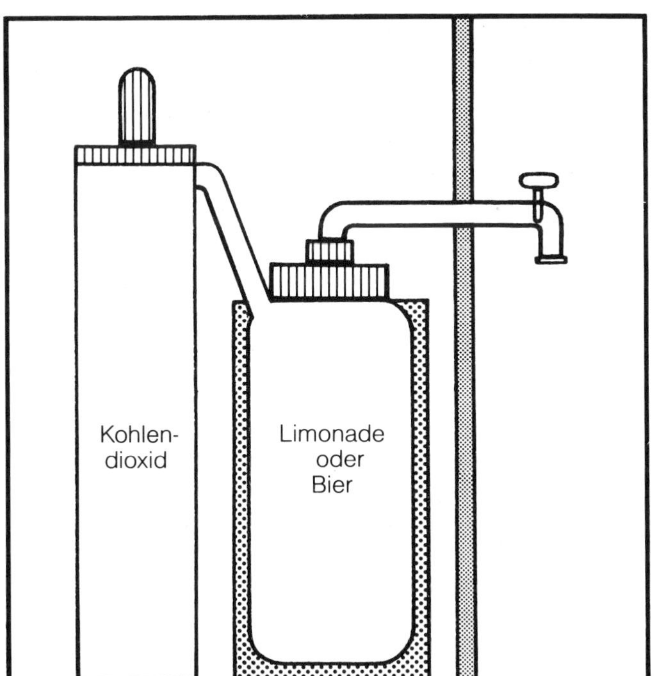

Postmixanlagen: In Containern wird das Limonadenkonzentrat geliefert. Erst im Betrieb wird kohlensäurehältiges Trinkwasser mit dem Limonadenkonzentrat vermischt. Ein Container ergibt zirka 100 Liter fertige Limonade.
Gleichzeitig verfügt man mit dieser Anlage immer über frisches Sodawasser.
Vorteile: niedrigerer Einstandspreis, geringere Lagerkapazität.
Nachteile: Der Limonadensirup setzt sich leicht ab, das Kohlendioxyd ist mit der Flüssigkeit nur vermischt, aber nicht verbunden.
Eine Postmixanlage ist in der Anschaffung wesentlich teurer als eine Premixanlage, der Wareneinsatz ist jedoch geringer (geeignet für Betriebe mit hohem Limonadenverbrauch).

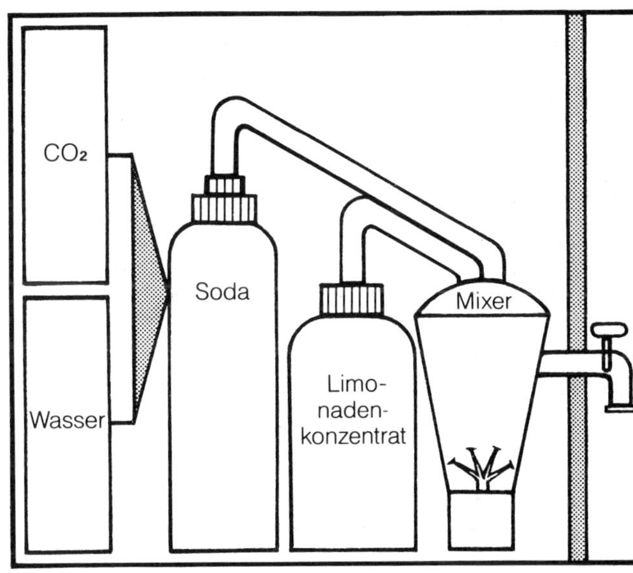

Alle Ausschankanlagen unterliegen den Hygienevorschriften und der Schankanlageverordnung.

Brausen

Sie haben heute kaum mehr eine Bedeutung.
Das Brausepulver ist eine Mischung aus Natron mit Wein- und Zitronensäure, Aroma-, Farbstoffen und Zucker.
Brausepulver löst sich in Wasser mit starker Kohlensäureentwicklung auf.

ALKOHOLFREIE GETRÄNKE

MILCH UND MILCHMISCHGETRÄNKE

Wenn man bei uns von Milch spricht, meint man Kuhmilch. Alle anderen Milcharten haben in Mitteleuropa fast keine Bedeutung (ausgenommen zur Erzeugung einiger Käsesorten aus Schaf- oder Ziegenmilch).

Milch ist ein wesentliches Volksnahrungsmittel. Sie ist biologisch vollwertig, d. h., sie könnte als alleiniges Nahrungsmittel den menschlichen Organismus mit allen nötigen Nährstoffen vollständig versorgen.

Ein Liter Milch besteht aus 872 Gramm Wasser, 36 Gramm Fett, 36 Gramm Eiweiß, 48 Gramm Milchzucker (Kohlehydraten) und 8 Gramm Mineralstoffen, Vitaminen (A, B_1, B_2, B_6, B_{12}, C, D, E, F, G, K), Lezithin und Cholesterin. Ein Liter Milch hat 2.846 Joule (680 Kalorien) und enthält etwa die Hälfte der Aufbaustoffe des menschlichen Tagesbedarfs.

Qualitativ gute Milch ist weiß bis gelblich, fast geruchlos, undurchsichtig, rein und schmeckt leicht süßlich.

Milch soll in kleinen Schlucken getrunken und gut mit Speichel durchsetzt werden, damit sie im Magen in ganz kleinen Klümpchen gerinnt (Trinkhalm).

MILCHVERARBEITUNG

Die frische Milch wird unmittelbar nach dem Melken abgeseiht und rasch abgekühlt. In Kannen wird sie zur Molkerei transportiert.

Verarbeitung in der Molkerei

1 **Untersuchen:** Die Milch wird auf ihre Keimfreiheit und den Fettgehalt (zirka 4,5 Prozent) untersucht. Nach dem Fettgehalt richtet sich die Bezahlung des Lieferanten.

2 **Zentrifugieren:** Dabei werden einerseits die Verunreinigungen, andererseits das Fett (Rahm) ausgeschieden. Zurück bleibt die Magermilch. Will man Vollmilch erhalten, so werden Rahm und Magermilch anschließend wieder zusammengeleitet.

3 **Haltbarmachen:** Um Milch haltbar zu machen, können verschiedene Methoden angewandt werden.

Abkochen: im Haushalt üblich, die Vitamine werden teilweise zerstört.

Homogenisieren: Die Milch wird unter hohem Druck durch Düsen gepreßt, wobei die größeren Fettkügelchen zertrümmert werden. Die Milch „rahmt" nicht mehr. Durch diesen Vorgang wird die Milch nicht nur länger haltbar, sondern auch leichter verdaulich und im Geschmack verbessert.

Pasteurisieren: Die Milch wird so schonend erhitzt, daß die Keime vernichtet werden, die Nähr- und Wirkstoffe aber erhalten bleiben (im Handel übliche Sorten). Das Pasteurisieren kann auf drei Arten erfolgen:

- Dauererhitzung: Die Milch wird 30 Minuten lang auf zirka 65° C erhitzt. 95 Prozent der Keime werden vernichtet.
- Kurzzeiterhitzung: häufigstes Verfahren. Die Milch wird 45 Sekunden lang auf 71 bis 76° C erhitzt. Dabei werden 99,5 Prozent der Keime vernichtet.
- Momenterhitzung (Hocherhitzung): Die Milch wird acht bis 15 Sekunden lang auf 85° C erhitzt. 99,9 Prozent der Keime werden getötet.

Ultrapasteurisieren (Uperisieren, Ultrahocherhitzung): Die Milch wird zwei bis fünf Sekunden auf 140° C erhitzt.

Sterilisieren: Die Milch wird durch Erhitzen in geschlossenen Gefäßen auf über 100° C keimfrei gemacht (geschmackliche Veränderung).

Tiefkühlen: auf minus 10 bis minus 15° C.

Kondensieren: Die Milch wird bei 50° C auf ein Viertel des Volumens eingedickt und sterilisiert.

Evaporieren: Die Milch wird maximal auf die Hälfte ihres Volumens eingedickt.

Trocknen: Die Milch wird in Vakuumapparaten auf ein Drittel ihres Volumens eingedickt. Dann wird sie entweder auf einer beheizten Walze (Walzentrockenmilch) oder in einem heißen Luftstrom (Zerstäubungstrockenmilch) getrocknet.

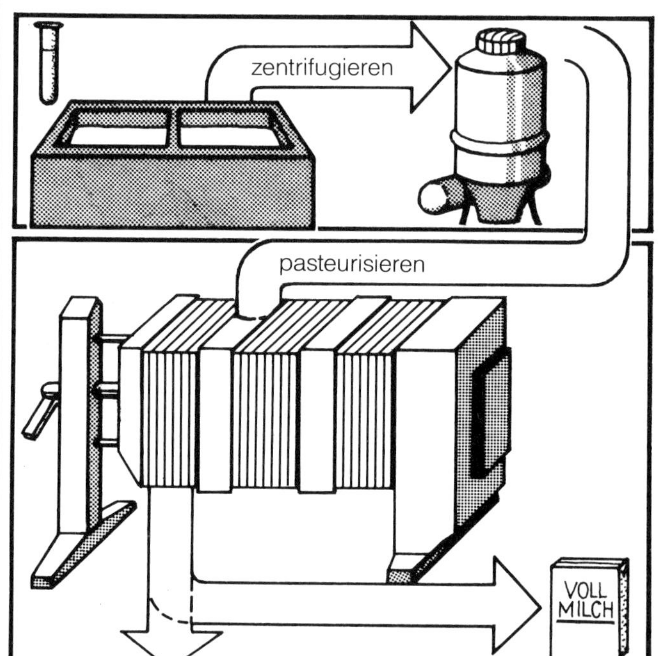

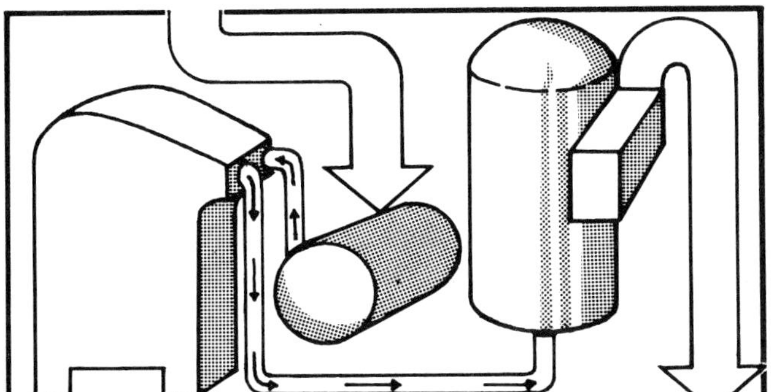

sterilisieren und homogenisieren

4 **Verpacken:** Milch wird für Großverbraucher in Kannen zu 20 Litern oder in Zehn-Liter-Säcke verpackt. Detailverbraucher erhalten sie in Flaschen, kunststoffbeschichtetem Papier oder Kunststoff (als Tetrapack, Zupack, Selfpack, Polipack u. a.) zu 0,25 Liter, 0,5 Liter, ein oder zwei Liter Inhalt abgefüllt.

LAGERUNG

Milch soll licht- und luftgeschützt (Licht zersetzt Lebensmittel) in Gefäßen aus Weißblech, Aluminium, emailliertem Blech, Glas, Porzellan usw., am besten gekühlt bei etwa 6° C, aufbewahrt werden, da sie sehr leicht verdirbt. Vorteilhaft ist eine separierte Kühlmöglichkeit für Molkereiprodukte, getrennt von stark riechenden Nahrungsmitteln.

MILCHSORTEN

Milch kommt in den nachstehend angeführten verschiedenen Formen in den Handel.

Trinkmilch

Rohmilch ist die unveränderte Kuhmilch, die von den Bauern verkauft wird.
Vollmilch ist eine standardisierte (d. h. auf einen einheitlichen Fettgehalt von 3,6 Prozent gebrachte) und pasteurisierte Milch.
Extra-Vollmilch hat einen Fettgehalt von 4,5 Prozent und kommt in spezieller Verpackung in den Handel. Sie ist länger haltbar, insgesamt mindestens acht Tage.
Frischmilch Baby (Vorzugsmilch) ist eine keimarme, pasteurisierte Vollmilch mit natürlichem Fettgehalt, mindestens jedoch 3,5 Prozent. Sie stammt von tierärztlich kontrollierten Kühen und darf nur am Tag der Abfüllung verkauft werden.
Magermilch ist entrahmte, pasteurisierte Vollmilch ohne Fett.
Leichtmilch enthält 1 Prozent Fett und 4,5 Prozent Eiweiß.
Vitaminmilch ist pasteurisierte Magermilch oder Vollmilch, die mit den Vitaminen A, B, D oder E versetzt wird.
Kakaomilch ist Vollmilch mit Kakaozusatz in drei Fettstufen — mager, mit 1 Prozent und mit 3,6 Prozent Fettgehalt.

Sauermilchprodukte

Sauermilch (saure Milch) wird aus Vollmilch durch Zusatz von Milchsäurekulturen hergestellt und enthält 3,6 Prozent Fett. Sie ist erfrischend und verdauungsfördernd.
Buttermilch wurde früher bei der Verbutterung von Rahm gewonnen. Heute wird Magermilch oder Milch mit einem Prozent Fettgehalt mit Milchsäurebakterien angesäuert.
Diät-Buttermilch wird aus einem Gemisch von Buttermilch und Magermilch unter einem Zusatz von Bioghurt-Reinkulturen (Hefekulturen) erzeugt und enthält ein Prozent Fett.
Saure Milchprodukte mit Fruchtzuckerzusätzen: Bei diesen Produkten wird Sauermilch bzw. Buttermilch oder fermentierte Milch mit Marmelade, Jam oder Fruchtsaft versetzt. Es gibt sie mit 1 Prozent, 3,2 und 5 Prozent Fettgehalt.
Joghurt wird aus pasteurisierter Milch unter Zusatz von Joghurtbakterien hergestellt und regt die Verdauung sehr an. Joghurt gibt es in verschiedenen Fettstufen von einem bis fünf Prozent Fett. Es wird auch mit Früchten oder Fruchtgelee gemischt angeboten. Außerdem wird es noch als fettfreies Diabetiker-Fruchtjoghurt (mit Fruchtzucker gesüßt) und seit kurzem auch als Joghurt mit Gemüse angeboten.
Kefir (Kumys) ist ein mit Kefirpilzen vergorenes Sauermilcherzeugnis, das leicht schäumt und einen geringen Alkoholgehalt hat (0,2 bis 0,5 Prozent Alkohol).

Rahm

Er wird durch Zentrifugieren gewonnen und kommt in folgenden Formen in den Handel.
Schlagobers ist Süßrahm mit 36 Prozent Fett zum Schaumigschlagen.
Kaffeeobers ist Süßrahm mit 15 Prozent Fettanteil.
Sauerrahm wird aus süßem Rahm durch Ansäuerung mit Milchsäurebakterien hergestellt und hat einen Fettgehalt von 15 Prozent.
Crème fraîche ist Sauerrahm mit 36 Prozent Fettgehalt, aus pasteurisiertem Rahm hergestellt und leicht gesalzen.

Dauermilchprodukte

Haltbarmilchprodukte werden einer Ultrahocherhitzung unterzogen. Sie sind auch ungekühlt bis zu drei Monate haltbar. Im Handel angeboten werden Haltbarmilch (H-Milch), Haltbarkakao (H-Kakao), Haltbarkaffeeobers (H-Kaffeeobers) und Haltbarschlagobers (H-Schlagobers).
Sterilmilch wird vor allem als Säuglingsmilch verwendet.
Kondensmilch gibt es als Vollmilch und als Magermilch, gezuckert und ungezuckert. Sie kommt in Dosen und Tuben in den Handel.
Evaporierte Milch hat 7,5 oder 8 Prozent Fettgehalt und kommt in Dosen in den Handel.
Trockenmilch wird als Voll- und Magertrockenmilch angeboten. Sie wird in Großküchen sowie zur Lagerhaltung und zur Eiserzeugung verwendet.

ALKOHOLFREIE GETRÄNKE

Milch

Deutschland
Nach dem deutschen Lebensmittelrecht ist der Fettgehalt verschiedener Milchsorten anders festgesetzt als nach dem österreichischen Gesetz:
Standardisierte Vollmilch: mindestens 3,5 Prozent
Nichtstandardisierte Vollmilch: mindestens 3 Prozent
Teilentrahmte (fettarme) Milch: mindestens 1,5 und höchstens 1,8 Prozent
Entrahmte Milch: höchstens 0,3 Prozent
Sauermilch: von 0,3 bis 10 Prozent
Buttermilch: höchstens 1 Prozent
Joghurt: von 0,3 bis 10 Prozent
Kefir: von 0,3 bis 10 Prozent
Schlagsahne: mindestens 30 Prozent
Kaffeesahne: mindestens 10 Prozent

Schweiz
Auch in der Schweiz ist der Mindestfettgehalt bestimmter Milchsorten anders festgesetzt.
Vollmilch: mindestens 3 Prozent
Teilentrahmte Milch: mindestens 2,8 Prozent
Magermilch: höchstens 0,5 Prozent
Schlagrahm: mindestens 35 Prozent
Kaffeerahm (Halbrahm): mindestens 15 Prozent
Doppelrahm: mindestens 45 Prozent

MILCHMISCHGETRÄNKE

Heiße Milchmischgetränke

Sie werden aus Milch mit Eiern oder Sirupen, Zucker und mit oder ohne Alkohol zubereitet (z. B. Egg-nogs, siehe Seite 271).
Milchpunsch: 2 Barlöffel Zucker mit 4 cl Punschessenz, Rum oder Arrak erhitzen (nicht kochen), in ein vorgewärmtes Punschglas geben und mit heißer Milch auffüllen.

Kalte Milchmischgetränke

Sie werden aus Voll-, Mager-, Butter-, Sauermilch, Rahm oder Joghurt und verschiedenen Geschmackszutaten zubereitet.

Shakes: Das sind kalte Milchmischgetränke ohne Speiseeis. Sie können wiederum mit oder ohne Alkohol zubereitet werden.
Grundrezept: 1/8 l Milch, 3 Eiswürfel, 2 Eßlöffel beliebiger Sirup. Zubereitung im Mixer oder Shaker.

Frappés: sind kalte Milchmischgetränke mit Speiseeis. Es gibt sie ebenfalls mit und ohne Alkohol.
Grundrezept: 1/8 l Milch, 2 Kugeln Speiseeis, 1 Eßlöffel dazupassenden Sirup gut vermischen und mit Schlagobers und/oder Früchten garnieren.

Rezepte für Shakes siehe Seite 277, für Frappés Seite 274.

Darunter versteht man Getränke, die aus alkaloidhaltigen Pflanzen gewonnen werden. Alkaloide sind giftige, stickstoffhaltige Verbindungen, die nur in Pflanzen vorkommen und in geringen Mengen anregende Wirkung haben, z. B. Koffein in Kaffee, Tein in Tee, Theobromin in Kakao. In zu großen Mengen genossen, sind Alkaloide jedoch gesundheitsschädigend.
Alkaloidhaltige Getränke sind Aufgußgetränke, d. h., die aus den Pflanzen gewonnenen Substanzen werden mit Wasser aufgegossen.

KAFFEE

Unter Kaffee versteht man die in verschiedenen Verfahren aufbereiteten Samen der Kaffeekirsche.
Der ungeröstete Kaffee enthält Fett, Eiweiß, Zucker, Gerbsäure und das Alkaloid Koffein, das anregend wirkt, aber auch die Verdauungsorgane reizt.

Kaffee trat von der Landschaft Kaffa in Äthiopien aus seinen Siegeszug um die Welt an. Mitte des 15. Jahrhunderts wurde von einem Araber namens Shiab-al din das erste Mal über Kaffee geschrieben.
Im 17. Jahrhundert bauten die Niederländer auf Java und die Franzosen auf Martinique Kaffee an. 1827 wurde der Kaffeeanbau in Brasilien, dem heute größten Kaffeelieferland, begonnen. Das erste Kaffeehaus wurde 1554 in Konstantinopel errichtet. Nach der Türkenbelagerung im Jahre 1683 entstand der Sage nach das erste Wiener Kaffeehaus. Es soll „Zur Blauen Flasche" geheißen haben und von dem gebürtigen Polen Franz Georg Kolschitzky gegründet worden sein. Heute weiß man jedoch, daß 1685 ein Kaufmann namens Johannes Diodato als erster in Wien eine Konzession zum Ausschank von Kaffee erhielt.
Bedingt durch diese lange Kaffeehaustradition, hat Kaffee in Österreich eine ganz besondere Bedeutung.

Die Weltproduktion an Kaffee beträgt heute vier bis fünf Millionen Tonnen, wobei die wichtigsten Kaffeeanbauländer Brasilien, Kolumbien, Venezuela, die Länder Mittelamerikas (z. B. Mexiko, Guatemala, Honduras, El Salvador, Costa Rica), die Westindischen Inseln (Dominikanische Republik, Puerto Rico), Äthiopien, Uganda, Elfenbeinküste, Liberia, Indonesien (Java, Sumatra, Celebes) sind.

AUFBEREITUNG DES ROHKAFFEES

Kaffee wächst in tropischen Gebieten zwischen 400 Meter (Tieflandkaffee) und 2.000 Meter (Hochlandkaffee) Seehöhe.
Der qualitativ hochwertigere Kaffee kommt aus den Hochländern.

Hochlandkaffee: kleine, feste Bohnen mit ausgeprägtem Geschmack und feinem Aroma, langsam wachsend, beste Qualität.
Tieflandkaffee: große, schwammige Bohnen mit strengem Geschmack, schnell reifend, schlechte Qualität.

Der Kaffeestrauch erreicht in den Plantagen eine Höhe von zwei bis drei Metern. Die Früchte des Kaffeestrauches sind kirschenähnlich, rot bis violett und enthalten meist zwei gegenüberliegende, abgeflachte Samenkerne (Kaffeebohnen). Enthalten sie nur eine runde Bohne, spricht man von Perlkaffee.
Insgesamt gibt es etwa 80 Kaffeebaumarten, von denen aber nur drei von Bedeutung sind:

Coffea arabica (arabischer Kaffeebaum): Er stammt aus Äthiopien, ist eine Hochlandpflanze und liefert den qualitativ besten Kaffee.
Coffea liberica (liberischer Kaffeebaum): Er kommt aus Westafrika und hat wegen seiner minderen Qualität weniger Bedeutung. Der liberische Kaffeebaum ist ein Tieflandgewächs.
Coffea robusta (Kongo- oder Robustakaffee): ist eine schnellwüchsige Mischung aus Coffea arabica und liberica, eine junge, gegen Kaffeeschädlinge besonders widerstandsfähige Neuzüchtung aus dem Kongo.

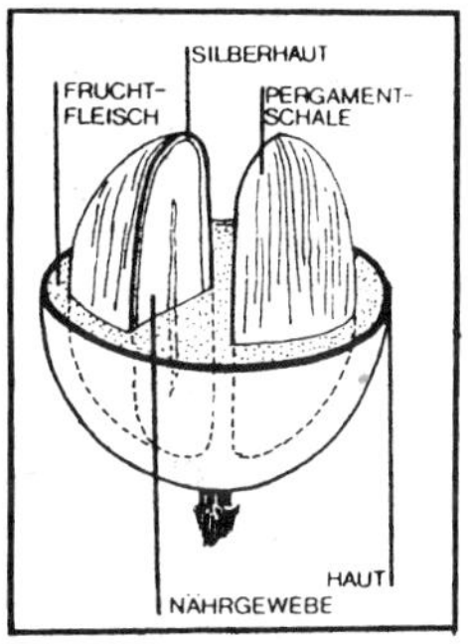

Die Kaffeekirschen werden mit der Hand geerntet, Sorten geringerer Qualität werden vom Strauch geschüttelt. Die Früchte können dann auf zwei verschiedene Arten aufbereitet werden:

NASSES VERFAHREN

1 **Entfernen des Fruchtfleisches:** Die frisch geernteten Kirschen werden mit Wasser geschlämmt, um Verunreinigungen zu entfernen. Dabei sinken die vollwertigen Kaffeefrüchte ab, minderwertige Teile schwimmen oben und können abgesondert werden. Unter fließendem Wasser werden die Kaffeekirschen dann in Walzen zerquetscht und so das Fruchtfleisch großteils entfernt.

ALKALOIDHALTIGE GETRÄNKE

Kaffee

2 **Gären oder Fermentieren:** Um die noch anhängenden geringen Fruchtfleischreste entfernen zu können, erfolgt zunächst in großen Bottichen eine Gärung von ein bis zwei Tagen. Dadurch werden sie gelöst.
3 **Waschen:** Die gelösten Fruchtfleischanteile können durch gründliches Waschen weggeschwemmt werden.
4 **Trocknen:** Die Bohnen werden auf Tennen aufgeschüttet und durch die Sonne oder durch künstliche Wärme getrocknet.
5 **Schälen und Polieren:** In Schälmaschinen werden die Kaffeebohnen von der Pergamenthaut befreit, in Poliermaschinen wird das darunterliegende Silberhäutchen entfernt.
6 **Sortieren und Verlesen:** Die Kaffeebohnen werden nach der Größe sortiert und Verunreinigungen (z. B. Steinchen) sowie unreife oder beschädigte Bohnen entfernt.
7 **Einsacken:** Der Kaffee wird in 60 oder 70 Kilogramm fassende Jutesäcke für den Versand verpackt.

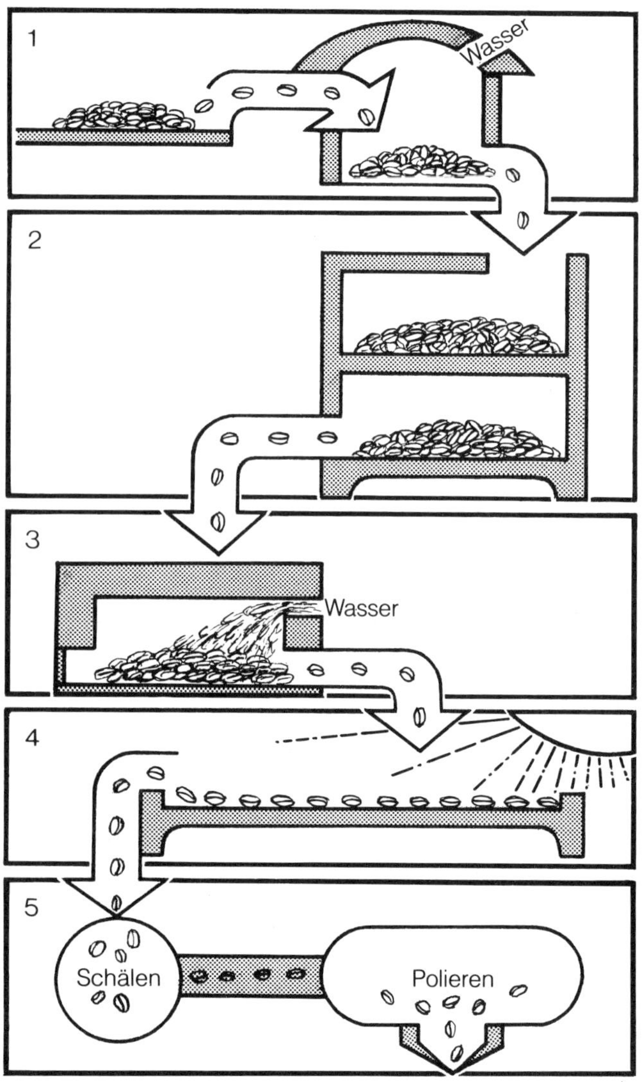

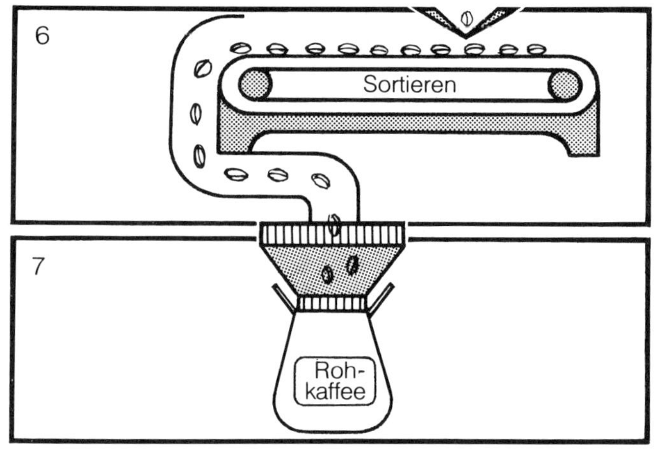

Trockenes Verfahren

1 **Trocknen:** Die von den Verunreinigungen befreiten Kaffeekirschen werden auf großen Trockenböden ausgebreitet, mehrmals umgewälzt und so 5 bis 20 Tage von der Sonne getrocknet, bis das Fruchtfleisch spröde wird.
2 **Brechen und Schälen:** In Brech- und Schälmaschinen werden das Fruchtfleisch, die Pergamenthaut und, so gut es geht, das Silberhäutchen entfernt.
3 **Sortieren und Verlesen:** wie beim nassen Verfahren.
4 **Einsacken:** wie beim nassen Verfahren.

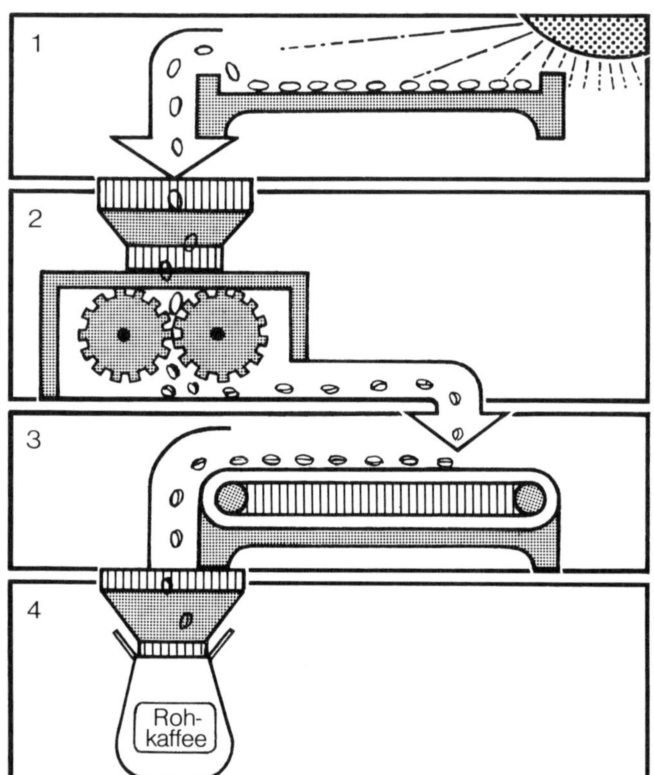

Das nasse Verfahren wird vor allem für die hochwertigen Kaffeesorten angewendet. Man benötigt dazu sehr viel frisches Wasser. Gewaschener Kaffee ist fein und mild im Geschmack.
In Brasilien wird hingegen vorwiegend nach der trockenen Methode vorgegangen, denn wegen der riesigen Erntemengen ist nicht genügend Frischwasser vorhanden. Ungewaschener Kaffee ist derb im Geschmack.
Erst wenn der Kaffee so weit aufbereitet ist, wird er in die Verbraucherländer eingeführt, wo er weiterverarbeitet wird.

RÖSTEN

Vor dem Rösten ist vor allem die richtige Mischung der Rohkaffeesorten für die Qualität des Kaffees von großer Bedeutung. Der im Handel erhältliche Kaffee besteht niemals aus einer Sorte, sondern wird von Fachleuten je nach der Geschmacksrichtung, die der Kaffee erhalten soll, in einem bestimmten Verhältnis gemischt, wobei bis zu zwölf Rohkaffeesorten verwendet werden. Zeigen die einzelnen Kaffeesorten sehr unterschiedliche Rösteigenschaften, werden sie einzeln geröstet und erst danach gemischt.
Der Kaffee wird in Rösttrommeln — seit neuestem auch im Heißluftstrom (besonders schonendes Röstverfahren) — etwa zwölf Minuten bei Temperaturen von 200 bis 250° C geröstet. Dabei verliert er etwa 20 Prozent an Gewicht, sein Volumen vergrößert sich aber ebenfalls um 20 Prozent. Dann wird er abgekühlt und kontrolliert, d. h., in einem automatischen fotoelektrischen Verfahren werden zu hell geröstete, verbrannte oder schlechte Bohnen ausgeschieden. Schließlich wird er verpackt, und zwar meist in Papiersäcke, die mit Folie ausgelegt sind, aber auch in Metallfolien und Dosen. Heute wird Kaffee von vielen Erzeugern auch schon gemahlen und anschließend vakuumverpackt.

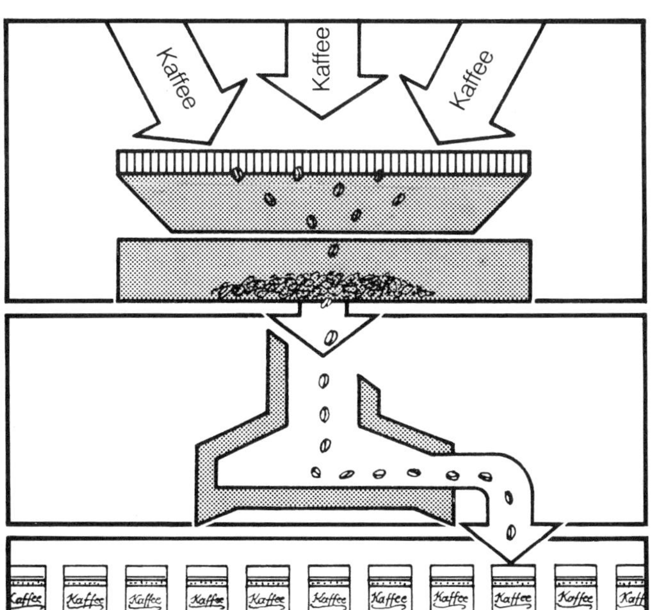

LAGERUNG
Kaffee soll trocken und lichtgeschützt in gut verschließbaren Gefäßen aufbewahrt werden. Aufgebrochene Packungen sollten möglichst rasch verbraucht werden.
Vakuumverpackter Kaffee kann ein Jahr lang gelagert werden.

BEKANNTE KAFFEEMARKEN: Jacobs, Meinl, Eduscho, Cirkel, Regio, Hag, Doro, Tchibo, Melitta, Idee, Aldi, Burkhof, Baumgartner, Hemmi, Giger Indor, Illy, Diverses, Turm.

ZUBEREITUNG DES KAFFEES

Die Qualität des Kaffees hängt, wie bereits erwähnt, von der Qualität des Rohkaffees (Hochland-, Tieflandkaffee), vom Aufbereitungsverfahren, von der richtigen Mischung der Rohkaffeesorten, von der Art der Röstung, von der richtigen Verpackung und Lagerung, aber auch von der Wasserqualität (Wasserhärte unter 12 ° dH) und der Zubereitung ab.
Von der Zubereitungsart ist die **Mahlung** des Kaffees abhängig. Filterkaffee wird mittelfein gemahlen (zirka 0,3 Millimeter Kornstärke), der Kaffee für Espressos dagegen mehlfein (0,2 Millimeter).
Allgemein gilt: Je feiner der Kaffee gemahlen wird, desto besser wird er ausgelaugt, desto stärker sind die Extrakte und der Geschmack, aber auch die im Kaffee enthaltenen Bitterstoffe.

Mengenverhältnisse
Kleiner Mokka — 6 bis 8 Gramm gemahlener Kaffee (= 1½ bis 2 Kaffeelöffel)
Großer Mokka — 12 bis 16 Gramm gemahlener Kaffee
Ein Liter Wasser — 50 bis 60 Gramm gemahlener Kaffee

Aus einem Kilogramm Kaffee erhält man zirka 150 kleine Mokkas.

Grundzubereitungsarten für Kaffee

ÜBERBRÜHUNG ODER FILTRATION
Filtermaschine (Melitta-Methode): Der Kaffee ist damit rasch zubereitet und völlig satzfrei. Auf einen Papier- oder Metallfilter wird mittelfein gemahlener Kaffee gegeben und mit frischem heißem (nicht kochendem) Wasser aufgegossen.
Diese Methode wird vor allem für Frühstückskaffee angewendet.
Karlsbader Maschine: Die Zubereitung des Kaffees in der Karlsbader Maschine ist sehr zeitaufwendig. Man gibt den mittelfein gemahlenen Kaffee auf den Siebboden der vorgewärmten Maschine. Dann wird der Verteiler eingesetzt und kochendes Wasser nach und nach aufgegossen. Die Maschine wird zugedeckt und zum Warmhalten des Kaffees in heißes Wasser gestellt.
Cona-Maschine: Sie besteht aus zwei Behältern, die übereinanderliegen und durch einen Filter getrennt sind. Auf diesen Filter gibt man den gemahlenen Kaffee. In den unteren Behälter gießt man kaltes Wasser und stellt die Maschine auf eine heiße Herdplatte. Das Wasser wird heiß und steigt als Dampf durch den Filter in den oberen Behälter, wo es sich mit dem Kaffee vermengt. Ist

Eiscoup mit Früchten ▶

das ganze Wasser verdampft, nimmt man die Maschine vom Ofen, und der fertige Kaffee rinnt durch den Filter in den unteren Behälter (geeignet als Kaffeezubereitungsart vor dem Gast).

EXPRESSBRÜHUNG MIT DAMPF- ODER PUMPENDRUCK
Zubereitung in Espressomaschinen wie z. B. Faema, Gaggia, San Marco, Schärff. Von Italien ausgehend, hat der Espresso fast die ganze Welt erobert. Er ist stark konzentriert und unter Druck zubereitet, wobei Bitterstoffe mit ausgepreßt werden, die diesem Kaffee den besonderen Geschmack geben.
Gut zubereiteter Espresso hat immer eine Schaumkrone (Creme).

TÜRKISCHE METHODE
Türkischer Kaffee ist stark, dicklich, bekömmlich und wird nur schwarz getrunken. Die Zubereitung erfolgt in der sogenannten Cesve (türkische Kaffeekanne), die für 1 bis 20 Tassen vorgesehen sein kann.
Der Kaffee wird mehlfein gemahlen — pro Tasse rechnet man einen gehäuften Kaffeelöffel — und mit frischem, kaltem Wasser und eventuell Zucker zum Kochen gebracht. Nach einmaligem Aufwallen vom Feuer nehmen (Schaumkrone) und servieren.
Je nachdem, wieviel Zucker verwendet wird, unterscheidet man Sade (ohne Zucker), Orta (mit wenig Zucker), Sekerli (mit viel Zucker).

ARTEN DER KAFFEEGETRÄNKE

Auf Grund der langen Kaffeehaustradition in Österreich, besonders in Wien, haben sich im Laufe der Zeit eine Menge verschiedener Kaffeegetränke (Kaffeehausschattierungen) entwickelt.

Warme Kaffeegetränke ohne Alkohol

Kleiner Mokka: kleiner Espresso, kleiner Schwarzer oder Piccolo.
Großer Mokka: großer Espresso oder großer Schwarzer.
Verlängerter: kleiner Espresso, mit Wasser auf einen großen Espresso verlängert. Serviert in der Doppelmokkaschale.
Piccolo: kleiner Espresso.
Kleiner Brauner: kleiner Schwarzer mit einigen Tropfen Obers oder Milch. In Westösterreich mit kleinem Kännchen Obers, separat serviert.
Großer Brauner: großer Schwarzer mit einigen Tropfen Obers oder Milch. In Westösterreich mit kleinem Kännchen Obers, separat serviert.
Melange: halb Kaffee, halb gesprudelte Milch. In der Melangeschale (größer als Doppelmokkaschale) serviert.
Kaisermelange: großer Mokka mit Eidotter, in der Melangeschale serviert.
Einspänner: kleiner Mokka, mit Schlagobers und Staubzucker garniert. Im Einspännerglas serviert.
Franziskaner: kleiner Mokka mit viel Milch, Schlagobershäubchen und Schokoladestreusel.
Kapuziner: kleiner Mokka mit einigen Tropfen Obers oder Milch (Farbe der Kapuzinerkutte).
Konsul: kleiner Mokka mit einem kleinen Schuß Obers.
Schale Nuß: kleiner Espresso (sehr kleine Tasse) mit etwas Obers (nußbraune Farbe).
Schale Gold: kleiner Espresso — $3/4$ Kaffee, $1/4$ warmes Obers.
Obers, gespritzt: kleiner Espresso, ganz kurz gehalten — $1/3$ Kaffee, $2/3$ warmes Obers.
Kaffee verkehrt: $1/3$ Kaffee, $2/3$ Milch.
Café crème: Mokka mit kleinem Kännchen Obers (Schweiz, Frankreich).
Café filtre: starker Kaffee, der mit einem aufgesetzten Filter direkt in die Tasse oder in das Kännchen filtriert wird (Frankreich).
Cappuccino: kleiner oder großer Espresso mit Milchschaum, mit Kakaopulver garniert (Italien).

Warme Kaffeegetränke mit Alkohol

Mokka, gespritzt: kleiner oder großer Mokka mit Weinbrand (Cognac) oder Rum.
Wiener Melange: kleiner Brauner mit zwei Zentiliter Wiener-Melange-Likör und Schlagobershäubchen.
Maria Theresia: Verlängerter mit zwei Zentiliter Orangenlikör, Schlagobershäubchen und buntem Streusel.
Café royal: Über einen großen Mokka hält man einen Barlöffel mit einem Stück Würfelzucker, begießt ihn mit einem Schuß Cognac, entzündet ihn und läßt ihn langsam in den Kaffee tropfen (Belgien).
Kaffee-Kirsch: Kaffee mit Kirschwasser oder Kirschbrandy, Zucker und Obers (Schweiz).
Pharisäer: In einer Doppelmokkatasse zwei Stück Würfelzucker und vier Zentiliter Rum (oder Kümmelschnaps) mit heißem Kaffee aufgießen und mit Schlagobers garnieren (Deutschland).
Café Amaretto: kleiner, starker, kurz gehaltener Espresso mit zwei Zentiliter Amaretto di Saronno (Italien).
Café Sambuca: ein kleiner Espresso in einem feuerfesten Glas oder in einer Espressoschale. Darüber hält man zwei Zentiliter Sambuca dei Cesari auf einem Löffel, den man entzündet und langsam über den Kaffee gießt (Italien).
Café Kahlúa: ein kleiner Espresso mit zwei Zentiliter Kahlúa-Kaffeelikör.
Café Tia Maria: In ein feuerfestes Glas gibt man einen Barlöffel braunen Zucker und zwei Zentiliter Tia-Maria-Kaffeelikör, füllt mit heißem Kaffee auf und gießt flüssiges Obers langsam darüber (zirka einen Zentimeter hoch), sodaß er sich nicht mit dem Kaffee vermischt.
Irish coffee: Zwei Kaffeelöffel Rohzucker und vier Zentiliter Irish Whiskey mit einem Verlängerten aufgießen, leicht geschlagenes Obers vorsichtig über einen warmen Löffel in den Kaffee laufen lassen. Ohne Löffel und Strohhalm servieren.
Man kann auch eine Prise feinstgemahlenen Kaffee daraufstreuen.
Irish coffee kann auch flambiert werden, das entspricht aber nicht dem Originalrezept. Flambierter Irish coffee enthält wenig Alkohol, da er verbrennt und nur die Extraktstoffe zurückbleiben

Asbach·Uralt·
Marke
Asbach
·Uralt·
Rüdesheimer
Früchtetopf
Dieser fix und fertige Früchtetopf
ist ein Zaubermittel
für viele köstliche Überraschungen.
Ob als Dessert, Sauce oder Füllung —
Sie und Ihre Gäste werden entzückt sein!

Asbach·Uralt·
Marke
Asbach
·Uralt·
Heißer Kaffee mit Asbach Uralt flambiert,
von einer vanillegewürzten Sahnehaube gekrönt
und mit Schokoladenraspeln bestreut –
das ist ein Zaubertrank!

Rüdesheimer Kaffee: In eine vorgewärmte Rüdesheimer Spezialtasse aus Steingut gibt man drei bis vier Stück Würfelzucker und vier Zentiliter erwärmten Asbach-Uralt-Weinbrand und zündet ihn mit einem langen Streichholz an. Dann entweder die Schale drehen oder mit einem langen Barlöffel umrühren, bis sich der Zucker gelöst hat und der Alkohol verbrannt ist. Mit Kaffee (Espresso) aufgießen, mit Vanillezucker gesüßtes Schlagobers daraufgeben und mit Schokoladestreusel bestreuen. Ohne Löffel und Strohhalm servieren (Deutschland).

Steirisch Kaffee: In die „Steirisch-Kaffee"-Tasse gibt man vier Stück Würfelzucker und vier Zentiliter „Steirisch-Kaffee"-Getränkemischung, flambiert das Ganze und löscht mit einem großen Mokka ab. Mit einem Schlagobershäubchen, Schokoladestreusel und geriebenen Nüssen garnieren.

Salonsteirer-Kaffee: Zubereitung wie bei „Steirisch-Kaffee", jedoch nach dem Ablöschen mit Kaffee zwei Zentiliter Eiercognac dazugeben.

Jubiläumskaffee: In ein Einspännerglas gibt man einen kleinen Mokka, zwei Zentiliter Läuterzucker (oder Feinkristallzucker), zwei Zentiliter Coruba-Rum und zwei Zentiliter Bananenlikör, darüber ein Schlagobershäubchen (mit Vanillezucker gesüßt).

Kaffee „Ländle": In ein Eiskaffeeglas gibt man einen Kaffeelöffel Rohzucker, je einen Zentiliter Gravensteiner-Apfel-Schnaps und Mokkalikör, Zimt, Kardamom, füllt mit heißem Kaffee auf, gibt ein Schlagobershäubchen darüber und bestreut das Ganze mit Schokoladestreusel.

Kaffee kann, je nach Geschmack, mit allen Likören oder Bränden, wie z. B. Grand Marnier, Bénédictine, Cognac, Calvados, Grappa usw., vermischt werden. Die Namen für solche Kaffeegetränke sind oft sehr unterschiedlich und phantasievoll. In diesem Buch wurden allerdings nur klassische Getränke beschrieben.

Mischungen aus Kaffee mit Spirituosen — Likören oder Bränden — werden heutzutage sehr gern als Digestif angeboten.

Kalte Kaffeegetränke ohne Alkohol

Wiener Eiskaffee: Vanilleeis mit Kaffee und Schlagobers. In dickwandigem Laufglas oder Eiskaffeeglas mit Limonadenlöffel und Strohhalm servieren. Staubzucker dazugeben.

Berliner Eiskaffee: wie Wiener Eiskaffee, aber mit Kaffee-Eis zubereitet.

Amerikanischer Eiskaffee: Erfrischungsgetränk für den Sommer, ein hohes Limonadenglas (Tumbler) mit Eiswürfeln füllen, zwei Zentiliter Läuterzucker daraufgeben, mit kaltem Kaffee auffüllen. Mit Strohhalm und Limonadenlöffel servieren.

Kalte Kaffeegetränke mit Alkohol

Mazzagran: Kalter, süßer Kaffee mit Eisstückchen und Maraschino. Mit Strohhalm servieren (Jugoslawien).

Eiskaffee „Delicious": In ein Laufglas gibt man drei Kugeln Vanilleeis und drei Zentiliter Apfelbrand, füllt mit kaltem Filterkaffee auf und gibt ein Schlagobershäubchen (mit Apfelgeschmack) darüber. Mit Strohhalm und Limonadenlöffel servieren.

BESONDERE KAFFEESORTEN UND KAFFEESURROGATE

Neben dem herkömmlichen Kaffee gibt es auch einige Besonderheiten.

Koffeinfreier Kaffee: Das Koffein wird entweder mit Wasserdampf (modernste Methode) oder mit chemischen Lösungsmitteln aus den rohen Kaffeebohnen herausgelöst, und sie werden dann erst geröstet. Koffeinfreier Kaffee darf nicht mehr als 0,1 Prozent Koffein enthalten.

Reizarmer Kaffee: Ihm wird ein Teil der Gerbsäure entzogen, damit er für Magen-, Gallen-, Leber- und Nierenkranke bekömmlicher wird.

Instantkaffee: Dem Kaffeeaufguß wird durch Sprüh- oder Gefriertrocknung (modernste Methode, bei der das Aroma geschont wird) das Wasser entzogen. Zurück bleibt Kaffeepulver oder -granulat, das sich beim Aufgießen mit Wasser vollständig auflöst. Beim Instantkaffee gehen allerdings Geschmacks- und Aromastoffe verloren.

Daneben gibt es im Handel Kaffee-Ersatzmittel (Kaffeesurrogate) und Kaffeezusatzmittel. Das sind Röstprodukte aus anderen Pflanzen, wie Gerstenmalz, Feigen oder Zichorie, die als Kaffee-Ersatz oder zum Strecken des teureren Bohnenkaffees verwendet werden (Malzkaffee, Feigenkaffee, Zichorienkaffee).

ALKALOIDHALTIGE GETRÄNKE

KAKAO

Kakao ist der pulvrig gemahlene Samen des Kakaobaumes.
Er ist ebenfalls ein alkaloidhaltiges Genußmittel und enthält in kleinen Mengen Theobromin. Es hat eine leicht anregende Wirkung auf Herz und Kreislauf, ist aber unschädlich und daher auch für Kinder geeignet.
Kakao ist auch ein Nahrungsmittel, weil er Fett, Eiweiß, Kohlehydrate und Mineralsalze enthält.

Das Ursprungsland des Kakaos ist Mexiko. Bei den Azteken hieß er Götterspeise.

Die Weltproduktion an Kakao beträgt heute etwa eineinhalb Millionen Tonnen im Jahr.
Die Hauptanbaugebiete des Kakaos sind vor allem Westafrika (Ghana, Nigeria, Elfenbeinküste, Kamerun), aber auch Südamerika (Brasilien, Venezuela, Ecuador, Kolumbien), Mittelamerika, die Westindischen Inseln, Java und Sri Lanka (Ceylon).

AUFBEREITUNG DES ROHKAKAOS

Kakao wächst in tropisch-feuchten Gebieten und erreicht wild wachsend eine Höhe von etwa zehn Metern.
Kakao wird in Plantagen gezüchtet. Dort erreicht der Kakaobaum eine Höhe von zwei bis fünf Metern. Die Früchte des Kakaobaumes sind gurken- oder melonenähnlich, zirka 15 bis 20 Zentimeter lang und haben hervorstehende Kanten. In den Früchten liegen 25 bis 50 Kakaobohnen.
Wirtschaftlich bedeutend sind nur zwei Kakaobaumarten.
Forastero oder Trinitario: Diese Art ist sehr ertragreich und widerstandsfähig, sie hat flache Samen, ist mittelkräftig im Aroma, mild bis herbbitter, eventuell etwas säuerlich im Geschmack. Sie liefert 90 Prozent der Weltproduktion.
Criollo: Edelkakao. Er ist empfindlich und weniger ertragreich. Die rundlichen Samen haben ein kräftiges Aroma und einen milden Geschmack. Nur 10 Prozent der Weltproduktion an Kakao sind von dieser Baumart.
Die reifen Früchte sind gelb bis rotbraun und werden von den Bäumen abgeschnitten.

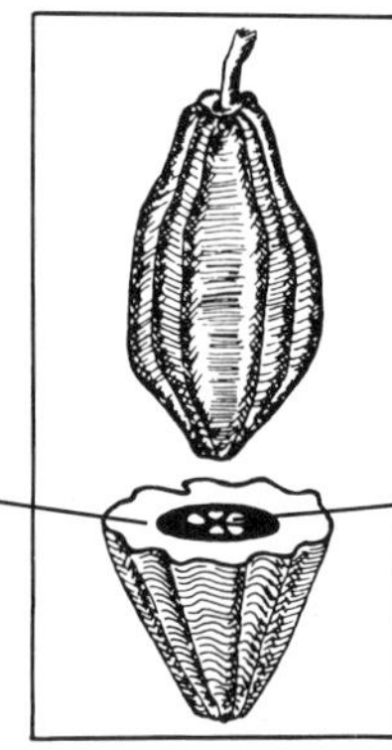

AUFBEREITUNG IM ANBAULAND

1 **Auslösen der Samen:** Die Früchte werden aufgeschlagen (halbiert) und die Samen aus dem Fruchtfleisch gelöst.
2 **Fermentieren:** Die Samen werden in Erdgruben, betonierten Gruben oder Fermentierungshäusern einer mehrtägigen Gärung oder „Rottung" unterzogen. Dadurch lösen sich die Fruchtfleischreste, die Samen verlieren ihren bitteren Geschmack (Abbau der Gerbsäure), es bilden sich Aroma- und Farbstoffe (kakaobraun), Fett wird angereichert.
3 **Waschen:** Dadurch werden die Fruchtfleischreste entfernt.
4 **Trocknen:** Die Kakaobohnen werden auf großen Tennen ausgeschüttet und von der Sonne getrocknet.
5 **Einsacken:** Kakao gelangt in Säcken von 60 bis 90 Kilogramm zum Versand.

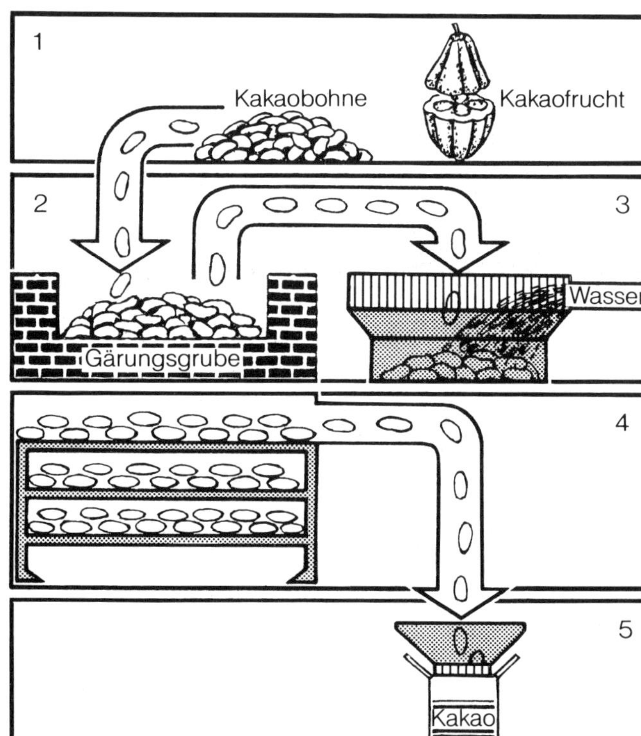

WEITERVERARBEITUNG IM VERBRAUCHERLAND

1 **Sortieren und Verlesen:** In einer Auslesemaschine werden alle Fremdkörper, wie Steinchen, Sackfasern usw., entfernt. Gleichzeitig werden die Bohnen durch ein Sortiersieb nach der Größe geschieden.

2 **Rösten:** Durch einen Heißluftstrom werden die Bohnen im Röster bei zirka 120° C etwa eine Stunde geröstet. Dadurch werden die Schalen gelockert.

3 **Brechen:** In der Brechmaschine werden die Kakaobohnen zerkleinert und die Schalen sowie die Keimlinge entfernt.

4 **Mahlen:** Bei etwa 70° C wird der Bruch in der Kakaowalze zerrieben. Es entsteht eine dünnbreiige, dunkelbraune Kakaomasse, die das Ausgangsprodukt für die Kakaopulver- und Schokoladeerzeugung bildet.

5 **Aufschließen:** In einem heizbaren Rührwerk wird die Kakaomasse bei 120° C gerührt. Aufgeschlossener Kakao ist leichter verdaulich.

6 **Pressen:** Bei ungefähr 450 bar Druck wird die Kakaobutter abgepreßt, Kakaopulver entsteht.

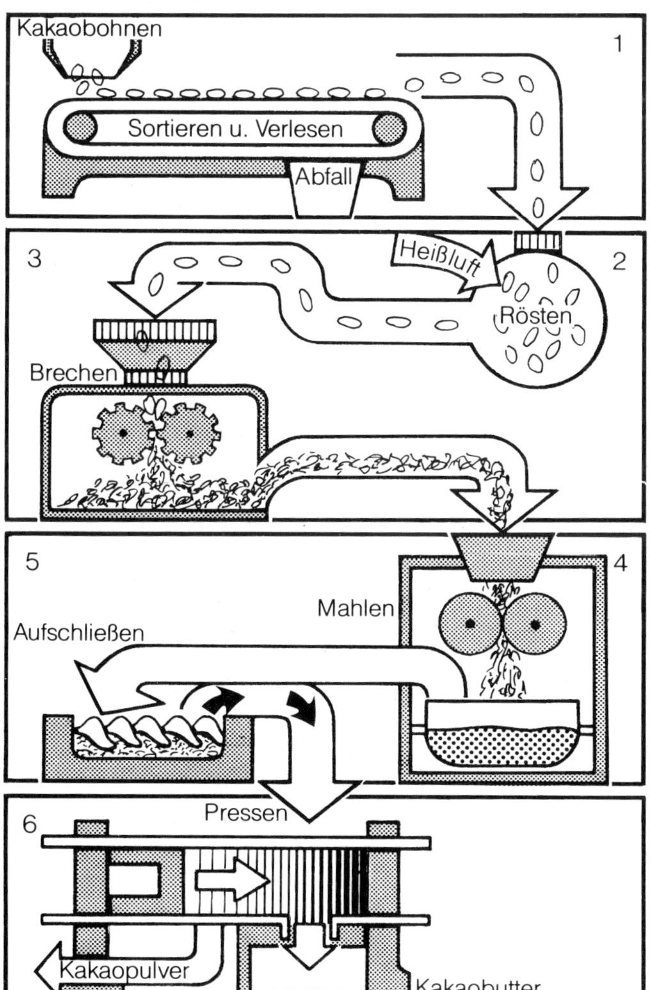

Nach dem Kakaobuttergehalt unterscheidet man:
Schwach entöltes Kakaopulver mit 20 bis 22 Prozent Kakaobutteranteil. Es ist dunkel, mild, sehr nahrhaft, gröber gemahlen.
Stark entöltes Kakaopulver mit 10 bis 20 Prozent Kakaobutteranteil. Es ist sehr fein gemahlen, heller und herber im Geschmack.

LAGERUNG

Kakao soll kühl, trocken (sonst Klumpenbildung) und vor stark riechenden Waren geschützt gelagert werden, da er sehr leicht Fremdgerüche annimmt. Am besten wird er luftdicht verschlossen aufbewahrt, da er sonst sein Aroma verliert.

BEKANNTE KAKAOMARKEN: Bensdorp, Suchard, Van Houten, Droste.

ZUBEREITUNG VON KAKAO UND TRINKSCHOKOLADE

Kakao: Pro Portion benötigt man etwa 20 bis 25 Gramm. Da sich das Kakaopulver in einer Flüssigkeit nur schwer auflöst, ist es ratsam, das Kakaopulver mit Zucker und etwas heißem Wasser in einer Schale anzurühren. Erst dann in heißes Wasser oder heiße Milch einrühren.
Trinkschokolade: Heute kommt die Trinkschokolade schon als fertiges Pulver in den Handel. Die feingeriebene Schokolade (zirka 20 bis 25 Gramm) wird mit heißer Milch aufgegossen und eventuell mit Schlagobers vollendet. Nicht mehr süßen.
Wiener Schokolade: Zwei gehäufte Kaffeelöffel fertige Schokoladencreme (als „Wiener Schokolade" im Handel erhältlich) mit heißer Milch verrühren, einen Schuß Weinbrand dazugeben und mit Schlagobers garnieren.
Kakao und Schokolade werden in eigenen keramischen Kakao- oder Schokoladetassen serviert.
Das Kakaogetränk ist in der Farbe dunkler und im Geschmack bitterer als das Schokoladengetränk. Außerdem enthält Kakao mehr Theobromin.

KAKAOGRANULATE

Es handelt sich dabei um fertige Aufgußgetränke mit Kakaogeschmack. Sie bestehen aus Eiweiß, Zucker (Glucose), Fett, Kohlehydraten, Proteinen (gesättigten Eiweißstoffen) und Vitaminen.
Kakaogranulate werden nur mit heißer Milch aufgegossen, nicht gesüßt und können auf Wunsch mit Obers verfeinert und mit Schlagobers garniert werden.

BEKANNTE KAKAOGRANULATE: Ovomaltine, Benco, Siggi, Nesquick, Kaba usw.

ALKALOIDHALTIGE GETRÄNKE

TEE

Unter Tee versteht man die aufbereiteten Blätter des Teestrauches.
Tee ist ein Aufgußgetränk, das das Alkaloid Tein (2 bis 5 Prozent) enthält. Es wirkt anregend wie Koffein, belastet aber nicht wie dieses Herz und Kreislauf. Außerdem enthält Tee die beruhigende Gerbsäure Tannin, ätherische Öle, Vitamin B_1 und Fluor. Durch die Gerbsäure wirkt der Tee verdauungsfördernd.

Der Teestrauch ist eine der ältesten Kulturpflanzen der Welt, fast 5.000 Jahre alt, und stammt aus China. In Europa wurde er allerdings erst im 16. Jahrhundert bekannt. England ist der traditionelle Hauptimporteur von Tee mit vielen alteingesessenen Teehandelshäusern.

Die Weltproduktion beträgt etwa eineinhalb Millionen Tonnen im Jahr.
Die wichtigsten Teeanbaugebiete sind heute Indien (Darjeeling — bester Tee, Assam), Volksrepublik China, Sri Lanka (Ceylon), Japan, Sowjetunion, Kenia, Türkei, Indonesien (Sumatra, Java).

AUFBEREITUNG DER TEEBLÄTTER

Der Teestrauch wird in der freien Natur bis zu 15 Meter hoch, er wird aber vor allem in Plantagen angebaut, wo man die Sträucher nicht höher als einen Meter werden läßt, um das Pflücken der Teeblätter zu erleichtern.
Die Güte des Tees hängt von folgenden Kriterien ab:
Von der Pflanze: Für den internationalen Teehandel sind vor allem zwei Arten von Bedeutung:
China-Teestrauch mit kleinen Blättern (zirka zwölf Zentimeter lang und drei Zentimeter breit).
Assam-Teestrauch mit größeren Blättern (bis zu 25 Zentimeter lang und zehn Zentimeter breit).
Vom Anbaugebiet: Wie bei Kaffee ist auch die Qualität des Tees von der Höhenlage des Anbaugebietes abhängig.
Hochlandtee: zart duftender Tee mit feinem Aroma. Der bekannteste und beste Hochlandtee kommt aus **Darjeeling** am Fuße des Himalaja im Norden Indiens (2.000 bis 3.000 Meter hoch).
Tieflandtee: kräftiger und herber im Geschmack. Hier wächst der Tee sehr rasch, bis zu 30 Ernten im Jahr sind möglich. Der bekannteste Tieflandtee kommt aus der indischen Provinz **Assam.**
Vom Klima: tropisches bis subtropisches Klima mit ausreichender Luftfeuchtigkeit und reichlichen Niederschlägen.
Von der Bodenbeschaffenheit: An den Boden stellt der Teestrauch geringere Anforderungen.

Die Teeblätter werden mit der Hand gepflückt, wobei die jüngsten Blätter an der Spitze der Zweige die besten Teesorten ergeben. Sie können auf verschiedene Art weiterbehandelt werden.

FERMENTIERTER ODER SCHWARZER TEE

Das ist der bei uns übliche Tee. Seine Aufbereitung erfolgt in mehreren Phasen.

1 **Welken:** Das geschieht bei 28° C im Welkhaus auf luftdurchlässigen Geflechten und dauert zirka 12 bis 18 Stunden. Dabei geht etwa die Hälfte des Wassers verloren.
2 **Rollen:** Die gewelkten Blätter werden ungefähr 30 Minuten unter starkem Druck gerollt. Dadurch werden die Zellwände der Blätter aufgebrochen, die Zellsäfte treten aus und verbinden sich mit dem Luftsauerstoff.
3 **Fermentieren:** Durch den Sauerstoff beginnen die gerollten Blätter zu gären. Es kommt zur Aromabildung und zum Abbau der Gerbsäure, die Blätter werden rotbraun. Die Fermentierung ist der wichtigste Vorgang für die spätere Qualität des Tees, sie dauert etwa drei Stunden.
4 **Trocknen:** Das geschieht im Heißlufttrockner und dauert zirka 35 Minuten. Durch das Trocknen wird die Fermentation unterbrochen, die Teeblätter werden schwarz. Dieser Vorgang ist wichtig für die Haltbarkeit.
5 **Sortieren:** Auf Rüttelsieben werden die Teeblätter nach ihrer Größe sortiert.
6 **Verpacken:** Der Tee wird in Holzkisten mit zehn bis 20 Kilogramm Inhalt, die innen mit Metallfolie ausgekleidet sind, verpackt und in die Verbraucherländer versandt.

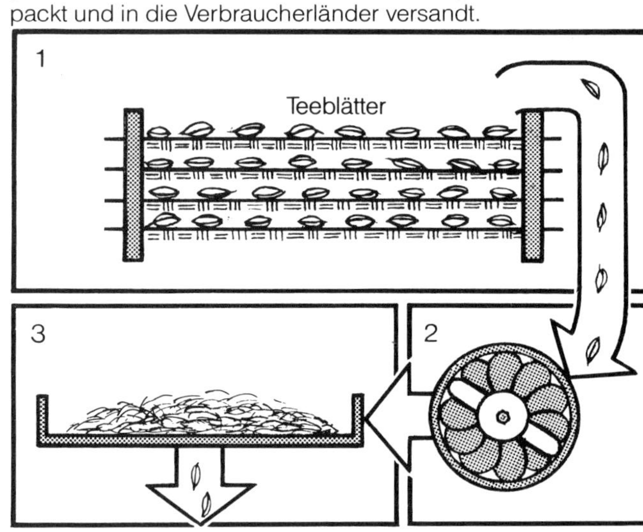

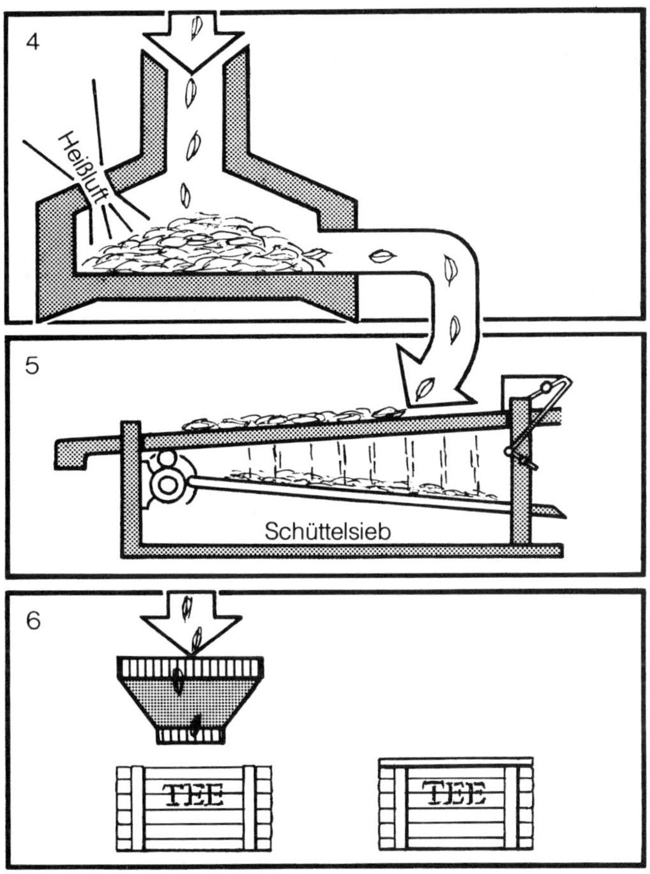

Halbfermentierter oder Oolong-Tee

Er wird nur kurze Zeit der Heißluft ausgesetzt und ist für gewöhnlich milder im Geschmack.

Unfermentierter oder grüner Tee

Er ist in Europa nicht üblich. Die Blätter werden vor dem Rollen gedämpft und nicht fermentiert, dadurch erhalten sie ihre grüne Farbe. Grüner Tee hat ein feines Aroma, schmeckt aber durch den höheren Gerbsäuregehalt leicht bitter.

TEESORTEN

Die Qualitäts- und Handelsbezeichnungen des **schwarzen Tees** richten sich vor allem nach der Blattreihenfolge am Teestrauch.
Flowery Orange Pekoe (FOP): Dies ist die feinste Sortierung. Man verwendet nur die Blattknospen der Triebspitzen.
Orange Pekoe (OP): Das ist das erste Blatt hinter der Blattknospe. Lange, enggerollte, zarte Blätter.
Pekoe (P): Das ist das gröbere zweite und dritte Blatt. Kleine, enggerollte Blätter mit einigen offenen Blättern.
Souchong (S): Das ist das grobe, breite vierte Blatt. Kugelig oder lose gerollte Blätter.

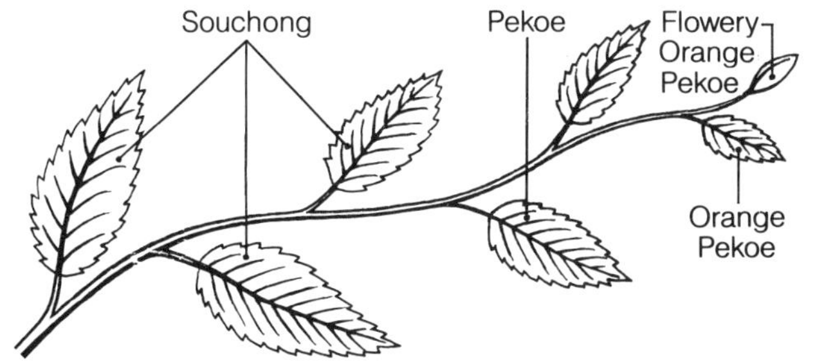

Von allen genannten Sorten gibt es **Broken teas.** Bei diesen Sorten werden die gerollten Blätter in einer Schneidemaschine zerkleinert, es werden aber auch abgebrochene Blatteile und gebrochene Blätter verwendet (z. B. Flowery Broken Orange Pekoe – FBOP, Broken Orange Pekoe – BOP, Broken Pekoe – BP, Broken Pekoe Souchong – BPS). Broken teas sind kräftiger im Aroma als die Blattsorten.
Schließlich werden auch die **Teerückstände** verarbeitet und in den Handel gebracht.
Fannings: kleiner gebrochene Teeblätter als bei Broken tea, für die Füllung von Aufgußbeuteln.
Dust: Teestaub, der beim Sieben entsteht. Billige Handelssorte, die meist in England verkauft wird.
Teeziegel: Teeabfälle und Teestaub, in Ziegelform gepreßt.

Bekannte fermentierte und halbfermentierte Teesorten und Teemischungen

Darjeeling: Dabei handelt es sich um hochwertigen Tee aus dem Norden Indiens, nämlich um Hochlandtee aus dem Himalajagebiet.
Darjeeling-Broken: eine Mischung feinster Broken teas vom Fuße des Himalaja. Sehr kräftig und aromatisch.
Assam: Tieflandtee aus der indischen Provinz Assam, der Urheimat des Tees.
Assam-Broken: eine der kräftigsten Teesorten in Farbe und Geschmack. Herb-kräftiges Aroma. Dieser Tee eignet sich vorzüglich, um mit kalter Milch getrunken zu werden.
Uva-Highland: feiner, eleganter Tee aus dem Uvagebiet in Ceylon. Voller Geschmack und stark belebende Wirkung.
First Flush: Flowery Orange Pekoe aus erster Pflückung. Mild mit frisch-blumigem Aroma.
Royal Flush: milder, wertvoller Hochlandtee aus Darjeeling mit einem typischen First-Flush-Aroma.
English Broken: Broken Orange Pekoe aus Ceylon mit einem kräftigen Geschmack.
Keemun Congo: schwarzer Tee aus China mit ausgeprägtem Blütenaroma.
Earl Grey: bekannte englische Teemischung in Souchong-Qualität, die mit dem Öl aus der Schale der Bergamotte (Bitterorange) parfümiert ist.
Orangenblütentee: Schwarzteemischung aus China mit Zusatz von Orangenblüten.
Lapsang-Souchong: schwarzer, chinesischer Tee aus dem vierten, fünften und sechsten Blatt mit starkem und belebendem Rauchgeschmack. Er wird gerne zu Gerichten der chinesischen

Küche gereicht, eignet sich aber auch vorzüglich als Digestif nach schwer verdaulichen Speisen.
Kwai-Flower: halbfermentierter Hochlandtee mit fruchtigem Geschmack. Chinesische Teerarität.
Mandarin-Oolong: halbfermentierter Tee, mit getrockneten Jasminblüten versetzt. Klassische Teemischung aus China.

Im Handel gibt es darüber hinaus noch andere fermentierte oder halbfermentierte Tees, die mit Zusatzstoffen, wie z. B. getrockneten Pfirsich-, Mandel-, Mango- oder Rosenblüten, sowie sonstigen Extraktstoffen oder Kräutern vermischt werden.
Bei **grünem Tee** unterscheidet man folgende Qualitätsstufen.
Young Heyson: Das ist die beste Qualität bei grünem Tee. Er besteht aus der Blattknospe und dem ersten Blatt.
Imperial Heyson: zweite Qualitätsstufe aus dem zweiten und dritten Blatt.

BEKANNTE UNFERMENTIERTE TEESORTEN UND TEEMISCHUNGEN
Gunpowder: Es ist dies die bekannteste grüne Teesorte, ein zu kleinen Kugeln gerollter Tee mit herb-bitterem Geschmack.
Japan-Geisha-Tea: grüner japanischer Tee, der eine besondere Rarität ist. Er wird in Japan bei der Teezeremonie zubereitet.

LAGERUNG
Tee soll unter Luftabschluß kühl und trocken gelagert werden, da er sonst Feuchtigkeit anzieht und sein Aroma verliert. Außerdem soll er nicht neben stark riechenden Lebensmitteln stehen.
Tee ist bis zu zwei Jahre haltbar.

BEKANNTE TEEMARKEN: Lipton's, Lyon's, Twinings, Sir Winston, Teekanne, Grosch, Meinl, Ara, Pompadour.

ZUBEREITUNG DES TEES

Für die Zubereitung von Tee ist das Wasser von besonderer Bedeutung. Es soll möglichst weiches Wasser verwendet werden. Den Tee (sechs bis zehn Gramm pro Liter) gibt man in eine erwärmte Ton-, Porzellan- oder Glaskanne und gießt mit kochendheißem Wasser auf.
Dann läßt man ihn ziehen:
1 bis 2½ Minuten — Tee wirkt anregend (Tein wird wirksam)
2½ bis 5 Minuten — Tee wirkt beruhigend (Tannin wird wirksam)
Er kann mit Milch, Obers, Zitrone oder Rum und Zucker (Kandiszucker) serviert werden. In guten Betrieben wird ein Kännchen heißes Wasser zum Nachgießen dazuserviert.
Grünen Tee läßt man bis zu drei Minuten ziehen. Er wird immer pur und ungesüßt getrunken.

FRÜCHTE-, KRÄUTER- UND MEDIZINALTEES

Sie sind Aufgüsse von getrockneten, stark aromatischen Pflanzen oder Pflanzenteilen, wie Früchten, Blüten, Blättern, aber auch Wurzeln. Sie werden ähnlich wie echter Tee zubereitet. Auch die meisten Früchte- und Kräutertees werden in Aufgußbeuteln angeboten. Viele von ihnen haben eine beruhigende oder gar heilende Wirkung (Medizinaltees).

Baldriantee: aus dem Wurzelstock des Baldrians. Er ist ein Hauptmittel gegen alle nervösen Störungen, Migräne, Krämpfe usw.
Birkenblättertee: Er hat entwässernde Wirkung und hilft bei Nierenentzündungen, Lebererkrankungen, Blasenkatarrh, Kreislaufstörungen usw.
Eibischwurzeltee: bei Erkrankungen der Atmungsorgane, Gebärmutterentzündungen und Erkrankungen des gesamten Verdauungsapparates.
Eisenkrauttee: aus den Blättern und Blüten des Eisenkrauts, zur Blutbildung.
Fencheltee: aus den Samen des Fenchels, wirkt krampflösend und hilft bei Blähungen.
Hagebuttentee: aus den Früchten der Hagebutte, zart duftend mit einem ausgeprägt fruchtigen, leicht süßlichen Geschmack.
Hibiskustee (Malventee): kirschroter Tee aus den Kelchblättern der Hibiskusblüte mit einem ausgeprägten, leicht süßlichen Fruchtaroma.
Holunderblättertee: hat harntreibende Wirkung, hilft bei Harnsäurestauungen und Nierenerkrankungen.
Holunderwurzeltee: wirkt abführend.
Hopfenzapfentee: wirkt appetitanregend, magen- und darmkräftigend. Er hilft bei Durchfall, Blähungen und Darmkrämpfen.
Isländische-Moosflechten-Tee: Er enthält den Heilstoff Cetrarin, der die Vermehrung der roten und weißen Blutkörperchen im richtigen Verhältnis anregt. Er hilft daher bei Blutarmut, ferner bei Magenüber- oder -untersäuerung und steigert das allgemeine Wohlbefinden.
Kamillentee: aus den Blüten der römischen Kamille, fein duftend, leicht bitterer Geschmack. Er wirkt entzündungshemmend.
Käsepappeltee: aus den Blättern und Blüten der Käsepappel. Er wirkt schleimlösend, speziell bei den Atmungsorganen und hilft daher bei Husten, Heiserkeit, Bronchitis, Katarrh, aber auch bei Verdauungsstörungen.
Lindenblütentee: wirkt krampfstillend und schweißtreibend. Man verwendet ihn vor allem bei Erkältungskrankheiten zum Senken des Fiebers.
Majorantee: bei Darmkoliken von Kindern.
Matetee: aus den teinhaltigen Blättern des brasilianischen Matestrauches (Stechpalmenart) mit kräftigem, rauchigem Geschmack. Er hat eine stark anregende Wirkung.
Melissentee: aus den Blättern der Melisse. Er ist sehr beliebt als Schlafmittel.
Pfefferminztee: aus den Blättern der Pfefferminze mit kräftigem Aroma und frischem Geschmack. Er ist einer der beliebtesten Kräutertees und hilft bei Magenverstimmung.
Salbeitee: aus den Blättern des Salbeis. Der Tee wirkt schweißregulierend und blutreinigend, ist aber auch gegen Entzündungen, z. B. des Verdauungsapparates oder des Mund-Rachen-Bereiches wirksam.
Tausendguldenkrauttee: Er wirkt heilend auf den Magen-Darm-Trakt.

ALKOHOLISCHE GETRÄNKE

DER ALKOHOL, SEINE EIGENSCHAFTEN UND SEINE WIRKUNG

Alkohol ist eine wasserklare Flüssigkeit mit scharfem Geruch und brennendem Geschmack. Er hat eine berauschende Wirkung und entzündet sich leicht.
Alkohol ist Lösungsmittel für Harz, Jod und Fett. Er wird in den unterschiedlichsten Bereichen verwendet.

Arzneimittelalkohol: Er wird in der Medizin zum Desinfizieren, Reinigen von Wunden usw. verwendet.
Industriealkohol (Methylalkohol): Er wird durch trockene Destillation von Holz erzeugt und durch verschiedene Zusätze ungenießbar gemacht. Schon durch den Genuß geringster Mengen Methylalkohols würde der Mensch erblinden.
Industriealkohol ist Ausgangspunkt für viele Erzeugnisse der chemischen Industrie.
Trinkalkohol (Äthylalkohol): Wenn man in der Gastronomie von Alkohol spricht, meint man immer Äthylalkohol, auch Weingeist oder Sprit genannt. Er wird durch Gärung oder Destillation von zucker- und stärkehältigen Stoffen (Pflanzen) gewonnen.

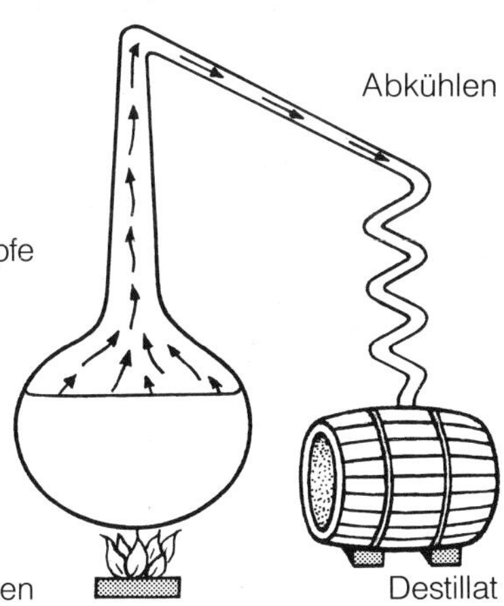

ALKOHOLERZEUGUNG

Bei der Gärung werden Zuckerarten (Fruchtzucker, Traubenzucker) durch Hefepilze in Alkohol, Kohlendioxyd und Wasser gespalten. Dabei entstehen Lösungen, die maximal 18 bis 20 Prozent Alkohol beinhalten (=Gärungsalkohol).

Durch wiederholte Destillation läßt sich der Alkoholgehalt einer Gärungsflüssigkeit auf höchstens 95,75 Prozent steigern (=Branntwein — Spirituosen). Das Destillieren beginnt mit dem Bereiten der Maische, die in etwa 72 Stunden zum Gären gebracht wird. Dann beginnt der Brennvorgang. Die Maische wird erhitzt, der Alkohol setzt sich durch Kühlung ab. Trinkbranntwein muß mindestens zweimal gebrannt werden. Beim ersten Brand unterscheidet man den Vorlauf, das Mittelstück oder Herz und den Nachlauf. Vor- und Nachlauf werden abgesondert, da sie alkoholarme, nicht sehr gut schmeckende Produkte sind. Bei der zweiten Destillation wird aus dem Mittelstück des ersten Rauhbrandes ein Feinbrand von 70 bis maximal 95 Prozent Alkoholgehalt erzeugt. Durch Verdünnen mit destilliertem Wasser wird er auf Trinkstärke herabgesetzt.

Auf den menschlichen Organismus hat der Alkohol folgende Wirkung: In kleinen Mengen regt er den Blutkreislauf an, erhöht die Herzschlagfrequenz, wirkt appetitanregend und beschwingend.
In großen Mengen führt er zu Alkoholismus. Es kommt zur Verminderung der Reflexe, Lähmung der Hirnrinde, zum Absterben der Gehirnzellen, zu Nierenschrumpfung, Leberverhärtung und Leberschrumpfung, Stoffwechselstörungen, Impotenz und Fettansatz. Alkoholismus fördert die Tuberkulose und führt zu Säuferwahn und vorzeitigem Tod.
Die Toleranzgrenze des Alkoholkonsums haben Wissenschaftler mit 80 Gramm reinem Alkohol pro Tag für Männer und 30 Gramm für Frauen festgesetzt. Das sind etwa zweieinhalb Liter Bier, ein Liter Wein oder 11 bis 17 Schnäpse bzw. ein Liter Bier, 0,3 Liter Wein und fünf Schnäpse.
In Österreich, der Bundesrepublik Deutschland und der Schweiz wird die Branntweinerzeugung durch das Branntweinmonopolgesetz kontrolliert und besteuert. Die Branntweinerzeugung ist Staatsmonopol.

Gemessen wird der Alkoholgehalt in alkoholischen Getränken weltweit in Volumprozenten (Vol.-%) nach Gay-Lussac.
1 Vol.-% = 7,89 Gramm Alkohol pro Liter Flüssigkeit
In den USA und Großbritannien mißt man den Alkoholgehalt in Proof.
10 Vol.-% Alkohol = 20 American Proof = 17,5 British Proof (oder Sikes).

ALKOHOLISCHE GETRÄNKE

BIER

Bier ist ein aus Gerstenmalz, Hopfen und Wasser durch Vergärung mit Hefe zubereitetes alkoholisches und kohlensäurehältiges Getränk, das seinen Geschmack im wesentlichen den unvergorenen Malzbestandteilen, den Bitterstoffen (Lupulin) des Hopfens, anderen Bukettstoffen sowie dem Alkohol und der Kohlensäure verdankt.

Der erste Nachweis der Biererzeugung stammt aus dem 7. Jahrtausend v. Chr. und ist im sogenannten „monument bleu“ (Blauen Stein), der im Gebiet des früheren Babylonien gefunden wurde, festgehalten. Bier ist also so alt wie die Geschichte des Ackerbaus.
Zur Zeit Karls des Großen (um 800 n. Chr.) lernte man, den Geschmack des Biers durch Beigabe von Hopfen zu veredeln.
Im Mittelalter sorgten vor allem die Klöster für die Verbreitung des Bieres in Europa.
Seit 1516 besteht das Reinheitsgebot in Deutschland, wonach Bier nur aus Gerstenmalz (mit Ausnahme von Weizenbier), Hopfen und Wasser gebraut werden darf. Dieses Gesetz ist in Bayern heute noch in Kraft.

Heute wird Bier auf der ganzen Welt getrunken und spielt im Hotel- und Gastgewerbe eine bedeutende Rolle.

BIERERZEUGUNG

Wie bereits erwähnt, benötigt man zur Biererzeugung folgende Grundmaterialien.

Braugerste: Es wird nur zweizeilige Sommergerste von heller Farbe mit einem geringen Wassergehalt (maximal 15 Prozent) verwendet, da sie sonst nur schwer gelagert werden kann (Schimmelpilzbefall, Keimschädigung, Auswuchs usw.). Wegen des Stärkegehaltes werden nur dickbauchige Körner verwendet. Der Eiweißgehalt muß zwischen 9 und 11,5 Prozent liegen.
Hopfen: Er ist eine Doldenpflanze, deren weibliche Blüten den Bitterstoff Lupulin enthalten. Er verleiht dem Bier den zartbitteren Geschmack und fördert seine Haltbarkeit und das Schaumbildungsvermögen.
Die Qualität des Hopfens richtet sich nach dem Bitterwert und dem Aroma. Der Brauwert des Hopfens erleidet Schaden durch Feuchtigkeit, Licht, Luft und Wärme. Daher ist eine trockene Lagerung bei 0° C oder unter Luftabschluß in Dosen erforderlich.
Hopfen wird hauptsächlich in der Tschechoslowakei (Saaz), BRD (Spalt, Hallertau, Tettnang usw.), Belgien, Großbritannien, den USA, Österreich (Südsteiermark, Mühlviertel) und Jugoslawien angebaut.
Brauwasser: Das zur Biererzeugung verwendete Wasser hat sehr viel Einfluß auf den Geschmack des Biers (hartes — weiches Wasser). Meist muß es vorbehandelt (enthärtet) werden. Dies geschieht jedoch nicht auf chemischem Weg, sondern die Salze des Wassers werden mit Hilfe von Ionenaustauschern (ähnlich einer Siebwirkung) entfernt.
Brauwasser soll 7 bis 10° dH haben.
Reinzuchthefe: Hefe ist ein mikroskopisch kleiner Sproßpilz. Sie bewirkt die Gärung, bei der der in der Bierwürze vorhandene Malzzucker weitgehend in Alkohol und Kohlensäure umgewandelt wird. In der Brauindustrie kommen zwei verschiedene Heferassen zur Verwendung.
Untergärige Hefe: Sie bildet bei der Gärung keinen Zellverband und sinkt daher zu Boden.
Obergärige Hefe: Sie bildet bei der Gärung einen Zellverband und schwimmt an der Oberfläche des gärenden Bieres.

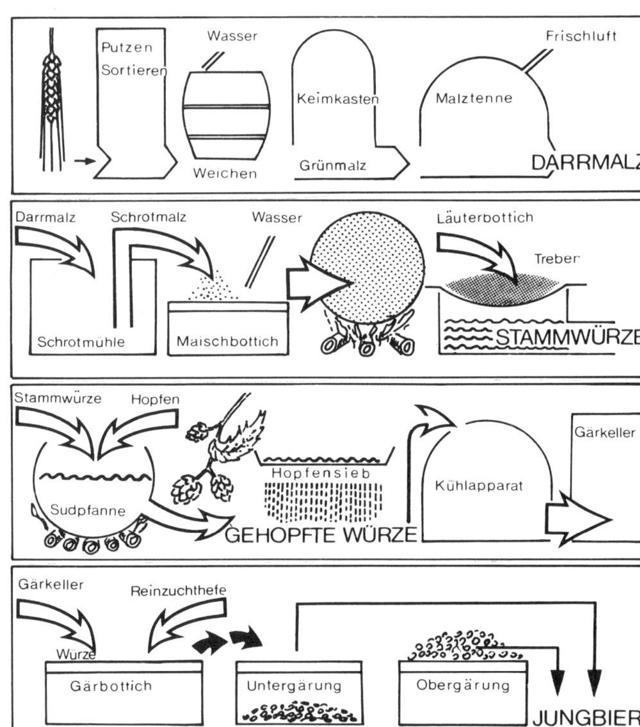

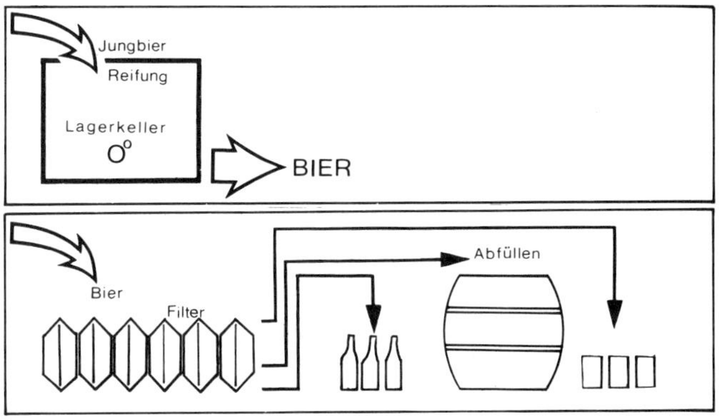

Mälzen

In der Mälzerei wird das Malz gewonnen (Umwandlung von Stärke in vergärbaren Zucker).

Die angelieferte Gerste wird zuerst im Labor auf ihre Qualität untersucht. Nach der Übernahme wird die Braugerste vollautomatisch gereinigt, sortiert und in Silos einige Zeit gelagert. Dann wird die Gerste im Weichhaus ein bis zwei Tage in Wasser eingeweicht, sodaß sich ihr Wassergehalt auf 43 bis 45 Prozent erhöht. Dadurch wird die Atmungstätigkeit des Korns beschleunigt, das dabei entstehende Kohlendioxyd und die Wärme müssen im Weichstock abgeführt werden.
Anschließend wird die geweichte Gerste auf dem Keimkasten ausgebreitet. Die Keimtemperatur von 12 bis 17° C wird durch das Einblasen gekühlter, befeuchteter Luft reguliert. Die Keimdauer liegt zwischen sechs und sieben Tagen. Bei der Keimung entwickeln sich die im Keimling befindlichen Organe, Wurzel- und Blattkeim, auf Kosten der im Mehlkörper aufgespeicherten Nährstoffe. Neben diesen Wachstumserscheinungen werden durch die Tätigkeit der Enzyme z. B. die Zellwände des Kornes aufgelöst, der Eiweiß- und Stärkeabbau durchgeführt. Aus der Gerste entsteht das „Grünmalz" (=gekeimte Gerste). Es wird in der Malztenne (Darre) heißluftgetrocknet (gedarrt). Dadurch wird innerhalb von 22 Stunden der Wassergehalt von 45 auf 3 Prozent reduziert. Durch die Wahl der Temperatur beim Keimen und Darren erhält man Darrmalz für helle Biere (zirka 70 bis 85° C) und für dunkle Biere (110 bis 200° C = Farbmalz). Durch diese Trocknung wird Malz erst lagerfähig. Aus 100 Kilogramm Gerste erhält man rund 80 Kilogramm Malz.
Nach Entfernung der Wurzelkeime ist das Malz braufertig.

Beim Darren gibt es noch eine Besonderheit, nämlich das Darren über offenem Feuer. Dieses Malz wird für die Erzeugung von Rauchbier verwendet.

Maischen

Hauptaufgabe dieses Produktionsvorganges ist die Fixierung des Würzgehalts.

Das Malz wird in den Schrotmühlen und im Maischgefäß (Maischbottich) mit heißem Wasser (Brauwasser) versetzt. Das Mischverhältnis zwischen Malz und Wasser ist ausschlaggebend für die Stärke des Bieres. Zur Verbesserung der Stabilität des Bieres (z. B. Schaumbildungsvermögen, Kälteanfälligkeit) werden manchmal Reis oder andere Zerealien beigegeben, die man zuerst vorkocht.
Beim Maischen wird durch die im Malz enthaltenen Fermente (Diastase) die gesamte Stärke in vergärbaren Zucker umgewandelt. Es gibt zwei Arten, wie dies geschehen kann. In der einfachsten Form (Infusionsmethode) wird die Maische ein oder zwei Stunden auf ca. 70° C erhitzt, wodurch das Eiweiß gerinnt (ausflockt) und in den nicht löslichen Malzbestandteilen, den Trebern, zurückbleibt. Das aus diesem Vorgang gewonnene Zwischenprodukt, die Würze, wird in Läuterbottichen oder Maischefiltern von den Treber getrennt.
Bei der zweiten Methode werden zur Extrakterhöhung jeweils Teile der Maische umgepumpt, erhitzt und dann wieder zur Hauptmaische zurückgeleitet, bis nach und nach die gesamte Maische auf eine Temperatur von 76° C gebracht wurde. Dieser Vorgang dauert etwa fünf bis sechs Stunden. Dann wird die Maische in den Läuterbottich gepumpt, wo sich die Treber absetzen und so eine natürliche Filterschicht bilden. Die sogenannte Vorderwürze läuft nun blank ab, die Treberschicht wird mit heißem Wasser ausgelaugt, und die erhaltenen Nachgüsse laufen mit der Vorderwürze in die Sudpfanne.

Die gefilterte (geläuterte) Flüssigkeit nennt man nun Stammwürze oder ungehopfte Würze.

Brauen

Die Hauptaufgabe ist die Geschmacksgebung des Bieres.
Zur Stammwürze wird in die Brau- oder Sudpfanne Hopfen (zirka ein Gramm pro Liter) oder Hopfenextrakt gegeben und das Ganze 80 bis 100 Minuten gekocht. Dadurch werden die Hopfenbitterstoffe in Würzebitterstoffe umgewandelt und unlösliche Eiweißverbindungen ausgeschieden. Die Würze wird sterilisiert, die Grädigkeit des Bieres bestimmt und dem künftigen Bier Haltbarkeit verliehen. Die heiße Flüssigkeit wird mittels Hopfenseiher von den Hopfendolden befreit, in den Kühlapparat (Kühlschiff) umgepumpt und die gehopfte Würze auf 7° C abgekühlt und belüftet. Dann wird sie in den Gärkeller geleitet.

Gären

Hauptaufgabe ist die Umwandlung des Zuckers durch die Hefe in Alkohol und Kohlensäure.

Im Gärkeller wird die abgekühlte Würze mit Reinzuchthefe versetzt (in offenen Gärbottichen), die den beim Maischen entstandenen Malzzucker in Alkohol und Kohlendioxyd zerlegt.
Nach der Temperatur, bei der die Gärung erfolgt, und der Art der Hefe unterscheidet man zwei Arten der Gärung.

Untergärung: Die Temperatur beträgt etwa 5° C. Die Hauptgärung dauert acht bis zehn Tage. Es wird untergärige Hefe dazugegeben, die sich gegen Ende der Hauptgärung zum größten Teil am Boden des Gärbottichs absetzt.

ALKOHOLISCHE GETRÄNKE

BIER

Untergärige Biere werden besonders in Österreich und Bayern hergestellt; sie sind länger haltbar.
Obergärung: Die lebhaft verlaufende Hauptgärung erfolgt bei 11 bis 15° C innerhalb von drei bis sechs Tagen. Die obergärige Hefe setzt sich durch die starke Kohlensäureentwicklung an der Oberfläche des Gärgutes ab.
Obergärige Biere werden vor allem in Norddeutschland und England erzeugt. Sie sind weniger haltbar.

Lagern

Hauptaufgabe ist die geschmackliche Abrundung und Reifung des Biers.

Nach der Hauptgärung wird das fertige Jungbier zur Nachgärung (stillen Gärung) und Reifung in den Lagerkellern bei etwa 0° C (zwischen —1° und +1° C) eingelagert. Hier klärt sich das Bier, baut Kohlensäure ab, und der Geschmack wird abgerundet.
Nach etwa zwei- bis dreimonatiger Lagerung ist das Bier ausgereift. Einfache Biere lagern sechs bis acht Wochen, Stark- und Spezialbiere bis zu vier Monaten und darüber.

Abfüllen

Nach der sorgfältigen Filtrierung wird das Bier in Flaschen (0,5 und 0,33 Liter), Stahlcontainer (50 Liter) oder Dosen (0,25 Liter — Nachteile: metallischer Geschmack, umweltbelastend) abgefüllt, auf Wunsch auch in Holzfässer.

BIERARTEN

Nach den Grundmaterialien

Gerstenbier: Die meisten Biere in Österreich, Deutschland und der Schweiz sind aus Gerstenmalz.
Weizenbier: Das Weißbier wird aus Weizenmalz gebraut. Es ist ein obergäriges Bier, sehr kohlensäurereich und wird in hohen Bierstangen mit einer Zitronenscheibe serviert, z. B. Obertrumer Weizengold.

Nach der Farbe

Der Unterschied liegt im Darren (siehe Seite 177)
Helles Bier
Dunkles Bier

Nach der Gärart

Untergäriges Bier: Zur Herstellung dürfen nur Gerstenmalz, Hopfen, Hefe (untergärige Hefe) und Wasser verwendet werden. Untergäriges Bier hat eine längere Gärungsdauer.
Obergäriges Bier: Zur Herstellung werden außer Gerstenmalz auch andere Malze (z. B. Weizenmalz) sowie Rohr- und Rübenzucker und Farbmittel verwendet.

Die Gärungsdauer bei obergärigem Bier ist kürzer. Obergärige Biere moussieren sehr stark.

Nach dem Extrakt- und Alkoholgehalt

Unter Extraktgehalt des Bieres versteht man den Würzgehalt vor der Gärung (1 Grad Stammwürze = 1 Gramm Extrakt in 100 Gramm unvergorener Würze, wobei als Extrakt die gelösten Malzbestandteile in der Würze bezeichnet werden). Die auf einer Bierflasche angegebenen Grade sind die Extraktgrade, nicht der Alkoholgehalt. Mit Hilfe der folgenden Formel kann man ihn aber aus den Extraktgraden errechnen:

$$\frac{\text{Extraktgrade}}{4} = \text{Alkoholgrade}$$

$$\text{z. B.: } \frac{16^\circ}{4} = 4\ \%\ \text{Alkohol}$$

Der Mindestalkoholgehalt von Bier beträgt in Österreich 0,5 Vol.-%.

Nach dem Extraktgehalt unterscheidet man folgende Biere.

Abzugbiere: 9° bis 10° Stammwürze.
Schankbiere: 10° bis 12° Stammwürze. Sie erfreuen sich zunehmender Beliebtheit.
Lagerbiere (Märzenbiere): 11° bis 13° Stammwürze, nur vier bis sechs Wochen Lagerzeit. Zwei Drittel der in Österreich getrunkenen Biere sind Lagerbiere, aber ihr Anteil geht in den letzten Jahren zurück. Z. B. Kaiser Märzen, Schwechater Lager, Ruperti Gold, Wieselburger Gold, Schwechater Krone.
Spezialbiere: mindestens 13° Stammwürze. Auch sie gewinnen in Österreich immer mehr an Bedeutung, z. B. Brau-AG Goldquell, Zipfer Doppelgold.
Dazu gehören auch die **Exportbiere.** Sie werden pasteurisiert, damit sie den längeren Transport aushalten.
Premiumbiere: 12° bis 14° Stammwürze. Sie gewinnen in Österreich immer mehr an Bedeutung, z. B. Kaiser Premium, Zipfer Urtyp, Schwechater Hopfenperle.
Dazu gehören auch die **Pils-Biere,** die stärker gehopft sind und einen höheren Kohlensäuregehalt, geringeren Alkoholgehalt (11° Stammwürze) und weniger Joule haben, z. B. Steirisch-Pils, Ottakringer Goldfaßl Pils, Steffl Pils.
Bockbiere: Starkbiere mit besonders langer Lagerung. 16° bis 20° Stammwürze. Sie werden zu besonderen Festen erzeugt, z. B. Weihnachtsbock, Osterbock.
Doppelbock: mindestens 18° Stammwürze.
Nährbier: mindestens 12° Stammwürze. Es wird auch Malzbier genannt und hat einen hohen Anteil an Malzzucker, der nicht vergoren wurde. Deshalb auch der süßliche Geschmack.
Kalorienarmes Bier: Es unterscheidet sich vom normalen Bier durch seinen geringeren Joulegehalt und ist vor allem für Diabetiker gedacht, z. B. Adambräu-D-Pils.
Alkoholarmes Bier: Es enthält nur 0,5 bis 1,5 Vol.-% Alkohol.

Alkoholfreies Bier: Es enthält weniger als 0,5 Vol.-% Alkohol und ist daher nach dem Codex Alimentarius Austriacus kein Bier, sondern ein Erfrischungsgetränk auf Malzbasis (siehe auch Seite 158).

DEUTSCHLAND

Der Mindestalkoholgehalt von Bier beträgt 0,5 Vol.-%.
Einfachbier: 2° bis 5,5° Stammwürze. Das sind meist obergärige Biere, wie z. B. das Süßbier.
Schankbier: 7° bis 8° Stammwürze. Es sind dies obergärige Biere mit hopfenbitterem Geschmack und sehr starker Kohlensäurebildung. Dazu zählt auch die Berliner Weiße.
Vollbier: 11° bis 14° Stammwürze. Das sind untergärige helle und dunkle Biere, wie das Lager-, Märzen-, Pilsner- und Exportbier.
Starkbier: mindestens 16° Stammwürze. Das sind ebenfalls untergärige helle und dunkle Biere wie z. B. Bockbier und Doppelbock.

SCHWEIZ

Der Mindestalkoholgehalt von Bier beträgt 0,7 Vol.-%, Biere mit weniger Alkoholgehalt heißen alkoholfreie Biere.
Lagerbier: 10° bis 12° Stammwürze.
Spezialbier: 11,5° bis 14° Stammwürze.
Starkbier: mindestens 14° Stammwürze.

Nach der Abfüllart

Flaschenbier
Containerbier
Faßbier
Dosenbier

Nach der Herkunft

ÖSTERREICH

Ottakringer Bier (Wien)
Schwechater Bier (Wien)
Egger-Bier (Niederösterreich)
Wieselburger Bier (Niederösterreich)
Hubertus-Bräu (Niederösterreich)
Reininghaus-Bier (Steiermark)
Gösser Bier (Steiermark)
Puntigamer Bier (Steiermark)
Villacher Bier (Kärnten)
Hirter Bier (Kärnten)
Österreichische Brau-AG (Linz, Innsbruck, Gmunden, Reutte, Liesing, Kaltenhausen)
Zipfer Bier (Oberösterreich)
Grieskirchner Bier (Oberösterreich)
Stiegl-Bräu (Salzburg)
Augustiner-Bräu (Salzburg)
Adam-Bräu (Tirol)
Fohrenburg-Bier (Vorarlberg)
Mohren-Bräu (Vorarlberg)

DEUTSCHLAND

Paulaner Bräu (München)
Hofbräu (München)
Spatenbräu (München)
Löwenbräu (München)
Hacker-Pschorr-Bräu (München)
Kulmbacher Bier (Kulmbach, Bayern)
Kulmbacher Kulminator (stärkstes Bier der Welt mit 28 ° Würzgehalt und 8 Prozent Alkohol)
Schlenkerla-Rauchbier (Bamberg)
Dinkelacker Bier (Stuttgart)
Henninger Bier (Frankfurt)
Frankenheim-Bier (Düsseldorf)
Hannen-Bier (Mönchengladbach)
Dortmunder Actien-Bräu (Dortmund)
Dortmunder Union-Bier (Dortmund)
König-Pilsener (Duisburg)
Schultheiß-Bier (Berlin)
Berliner Kindl (Berlin)
Beck's Bier (Bremen)
Holsten-Bier (Kiel)

In Deutschland gibt es eine Reihe spezieller Biersorten, die meist für ein bestimmtes Gebiet charakteristisch sind, so z. B. die bayerischen Weißbiere aus Weizen- und Gerstenmalz (in der Bierstange mit einer Zitronenscheibe serviert), die Berliner Weiße aus Weizenmalz (in der Berliner „Molle" — Bierschale — mit einem Schuß Himbeersaft oder Waldmeisteressenz serviert), das „Kölsch" aus Köln, ein obergäriges, helles, hopfenbetontes Bier, das Altbier aus Düsseldorf, ein obergäriges, dunkles, stark gehopftes Bier mit herbem, vollem Geschmack, das Bamberger Rauchbier mit einem kräftig-rauchigen Geschmack sowie das Bremer Seefahrtsbier, das eigentlich mehr ein Malzextrakt als ein Bier ist.

SCHWEIZ

Sibra Cardinal (Fribourg)
Feldschlößchen (Rheinfelden)
Müller (Neuchâtel)
Valaisanne (Sion)
Gurten (Bern)
Hürlimann (Zürich)
Schützengarten (St. Gallen)
Löwenbräu (Zürich)
Falken (Schaffhausen)
Haldengut (Winterthur)
Eichhof (Luzern)
Warteck (Basel)
Calanda (Chur)
Birra Bellinzona (Bellinzona)

SONSTIGE LÄNDER

Tschechoslowakei: Budvar (Budweiser Bier), Plzeňský, (Pilsner Urquell).
Italien: Dreher, Peroni, Wührer, Poretti, Moretti.

Holland: Heinecken, Amstel, Oranjeboom, Grolsch, Skol, Breda.
Belgien: Rodenbach, Timmerman's, Oud Hoegaards, Roman, Duvel, Lamot.
In Belgien gibt es eine Anzahl charakteristischer Bierarten, wie z. B. rote, weiße, braune Biere, wilde Biere (Lambic, Faro, Gueuze) — sie werden ohne Zusatz von Hefe gebraut —, Kirschenbiere (mit Zusatz von dunklen, sauren Kirschen) usw.
Frankreich: Kronenbourg, Pelforth, la Meuse, Slavia, Sedan, Adelshoffen.
England: Bass Charrington, Whitbread, Watney's, Courage, Keg's, Worthington, Guinness, Skol.
In England werden folgende besondere Arten erzeugt: Lager (lichtes Bier), Ale (helles, obergäriges Gerstenbier, stark gehopft — Mild Ale, Light oder Pale Ale, Bitter Ale, Brown Ale, Strong Ale, Old Ale), Porter (braunes, leicht süßliches Bier), Stout (sehr dunkles, starkes Bier — Sweet Stout, Bitter Sout, Russian Stout.
Irland: Guinness, Murphy's, Smithwick's, Beamish, Double Diamond. Die wichtigsten irischen Biersorten sind Lager (leichtestes Bier), Ale, Porter, Stout, Extra Stout, Export Stout.
Dänemark: Tuborg, Carlsberg, Giraf.
Schweden: Three Towns, Sailor, Falcon, Abro.
Rußland: Das bekannteste russische Bier ist das Kwass, ein alkoholarmes, süßes, mit Brot vergorenes Bier.
USA: Schlitz, Anheuser-Busch, Falstaff, Miller, Pabst, Michelob.

BIERAUSSCHANKANLAGEN

BIERAUSSCHANK MIT AUSSCHANKANLAGEN
Bierausschank mit Pression: Das Bier kommt in Containern in den Betrieb und wird mit Hilfe von Kohlendioxyd (aus CO_2-flaschen) zur Zapfsäule gepumpt.
Bierausschank mit Premixanlagen: Das Bier befindet sich in Containern, die mit Gegendruck abgefüllt wurden, d. h., der Container hat so viel Druck, daß das Bier herausgepreßt wird, wenn man die Zapfsäule betätigt.

BIERAUSSCHANK VOM HOLZFASS: Es ist nur noch bei Festen und Großveranstaltungen üblich. Das Bier wird mit Hilfe eines Stechers angezapft.

Sollte die Bierausschank nicht reibungslos funktionieren, können verschiedene Kriterien dafür verantwortlich sein: Das Faß ist leer, hat nicht die richtige Lage oder steht verkantet. Beim Anstechen wurde der Faßkorken aufgespießt. Die Kohlensäureflasche ist geschlossen oder leer. Die Kohlensäure geht durch eine undichte Leitung verloren. Der Kohlensäureschlauch hat einen Knick. Die Kohlensäure ist eingefroren (hoher Bierverbrauch, undichtes Faß). Der Ausschankdruck ist zu niedrig. Die Ventile sind verstopft. Die Verschraubungen sind verschlossen.

Wein ist ein durch alkoholische Gärung aus dem Saft von frischen Weintrauben hergestelltes Getränk. Die Weintrauben sind frisch, solange sie ohne Zusatz fremder Flüssigkeit Saft hergeben.
Wie unsere gesamte Kultur, so kamen die Weinrebe und wahrscheinlich auch der Wein aus dem Osten nach Mitteleuropa. Man vermutet als Heimat der Weinrebe den Landstrich zwischen Damaskus über Mesopotamien bis zur Schwarzmeerküste.
Bei den alten Ägyptern der 5. und der 18. Dynastie gibt es Bilddarstellungen der Weinrebe in Form einer Laube.
Die ersten brauchbaren Quellen über den Weinbau und die Weinerzeugung wurden uns von den Griechen um zirka 1000 v. Chr. geliefert. Über das Römische Reich, wo die Weinrebe auf Bäumen gezogen wurde — was übrigens heute noch in vielen Teilen Süditaliens und Spaniens zu finden ist —, kam die Weinrebe nach Gallien (Frankreich) und von dort in die übrigen europäischen Länder.
Heute gibt es Weinbau und Weinerzeugung überall auf der Erde in der gemäßigten Zone (zwischen dem 35. und dem 50. südlichen Breitengrad und dem 40. und dem 50. nördlichen Breitengrad). Die Weinbaufläche der Welt wird auf etwa zehn Millionen Hektar geschätzt.

WEINBAU

Um überhaupt Weinbau betreiben zu können, bedarf es dreier Faktoren, die dafür geeignet sein müssen:
Boden: Die Qualität des Weinbaues ist sehr stark von der Beschaffenheit des Bodens abhängig. Je nach der Bodenbeschaffenheit muß die geeignete Rebsorte für den Anbau ausgewählt werden.
Klima: Die Vegetationszeit der Weinrebe ist mit 180 bis 240 Tagen relativ lang. In dieser Zeit benötigt der Wein viel Licht, viel Sonne und eine relativ hohe Luftfeuchtigkeit. Die Temperatur während der Vegetationszeit sollte nicht unter 10° C sinken, die Jahresdurchschnittstemperatur muß 9 bis 10° C betragen. Ein sonniger Herbst ist ideal.
Lage: Für das gute Gedeihen des Weines ist auch die Lage des Weingartens von großer Wichtigkeit, z. B. die Seehöhe des Weingartens, die Neigungsrichtung zur Sonne, der Neigungswinkel des Weinberges, der Reihenabstand zwischen den Weinstöcken, die Nähe größerer Wasserflächen (Flüsse oder Seen) und das Vorhandensein eines Waldes.

Weinrebe (Vitis vinifera)

Sie wird auch als Weinstock, Rebstock oder Traubenstock bezeichnet und zählt zur Großfamilie der Lianengewächse.
In Österreich und Deutschland werden nur reblaussichere Reben gezüchtet. Die Setzlinge (Alter: ein Jahr) bestehen aus einer amerikanischen, reblaussicheren Unterlagsrebe und dem darauf aufgepfropften Edelreis (Qualitätsrebe). Unveredelte Reben (Hybriden, Direktträger) dürfen nur in manchen Kantonen der Schweiz ausgesetzt werden.
Nach drei bis vier Jahren hat der Weinstock seinen ersten Ertrag. Dieser Wein wird als Jungfernwein bezeichnet. Nach etwa fünf Jahren trägt der Weinstock voll, und nach 25 bis 30 Jahren beginnen Wachstum und Erträge nachzulassen.
Der Weinstock kann auf verschiedene Arten kultiviert (formiert) werden. Man spricht von den **Erziehungsarten des Weinstockes.**

Pfahlkultur: Bei dieser Methode wird das Fruchtholz in Bodennähe gehalten. Sie herrscht heute noch in vielen Ländern, vor allem in Frankreich und Spanien, vor.
Hochkultur: Der Stamm des Weinstockes hat eine Höhe von mindestens einem Meter (meist 1,3 bis 1,8 Meter), das Fruchtholz breitet sich auf Drähten aus. Diese wesentlich wirtschaftlichere Drahtrahmenkultur wurde von Dr. h. c. Lenz Moser aus Rohrendorf bei Krems (Österreich) entwickelt und hat sich weltweit bewährt. Der jährliche Arbeitsaufwand pro Hektar wurde dadurch auf zirka 600 Arbeitsstunden herabgesetzt, weil sie den Einsatz von modernen Maschinen ermöglicht.
Vom Rebschnitt im Jänner oder Februar bis zur Lese (etwa erste Oktoberwoche) ist die Gefahr eines Krankheitsbefalles (z. B. echter Mehltau) oder eines Befalles von tierischen Schädlingen (z. B. Reblaus, Heuwurm, Rebenstecher) gegeben und wird von den Winzern durch vorbeugende Spritzungen der Weinstöcke bekämpft.

REBSORTEN

Im Laufe der Entstehungsgeschichte des Weinbaues hat sich eine Vielzahl von Rebsorten durch Versuche und Kreuzungen entwickelt. Weltweit sind etwa 2.000 Rebsorten bekannt, die nach ihrer Reifungszeit in Gruppen eingeteilt werden.
Reifungsperiode I (frühreifende Trauben): kürzeste Reifezeit. Es handelt sich dabei um schnellreifende Trauben, die zirka Mitte September gelesen werden (die Lesezeit kann sich durch klimatische Bedingungen verändern).
Reifungsperiode II (mittelreifende Trauben): längere Vegetations- und Reifezeiten. Die Trauben werden bis Mitte Oktober gelesen.

Reifungsperiode III (spätreifende Trauben): Weinlese ab Mitte Oktober. Solche Trauben können nur in Gegenden mit mildem Klima angebaut werden, weil sie eine lange Zeit der Ausreifung benötigen.

Die nachstehende Tabelle enthält die bekanntesten weißen und roten österreichischen, deutschen und Schweizer Rebsorten, ihre wichtigsten Anbaugebiete und ihre Reifungsperiode.

Weißweinrebsorten

Name der Rebe	Synonyme	Anbaugebiet	Reifungsperiode
Bouvier	—	Burgenland	I
Burgunder	Pinot		
Grauer Burgunder	Pinot gris, Malvoisie	Niederösterreich	II
Weißer Burgunder	Pinot blanc	Österreich (besonders Wien)	II
Furmint	Mosler	Steiermark, BRD, Ungarn	II—III
Gutedel	Chasselas, Fendant	Burgenland, Elsaß, BRD (Baden), Westschweiz	II
Irsay-Oliver	—	Gumpoldskirchen	II—III
Müller-Thurgau	Riesling-Silvaner, Rivaner	Österreich (besonders Wien), BRD	I—II
Muskateller	Zibibbo	Steiermark	II
Muskat-Ottonel	—	Burgenland	I
Muskat-Silvaner	Sauvignon blanc	Österreich, Frankreich	II
Neuburger	—	Wien, Niederösterreich, Burgenland	II
Räuschling	—	Ostschweiz	III
Riesling			
Rheinriesling	Deutsch-Riesling	Österreich, BRD	III
Welschriesling	Italienischer Riesling	ganz Österreich (außer nördl. Niederösterreich)	II—III
Rotgipfler	—	Gumpoldskirchen	III
Spätrot-Rotgipfler	—	Gumpoldskirchen	III
Ruländer	Klevner (Clevner)	Niederösterreich	II
	Grauer Mönch	Burgenland, Schweiz	
	Szürkebarát	Ungarn, BRD (Baden)	
	Abart des Pinot gris		
Sämling 88 (S 88)	Scheu-Rebe	Burgenland, BRD	II
Silvaner (Sylvaner)	—	Österreich, BRD, Schweiz, Elsaß	II—III
Grüner Silvaner	Johannisberg, Gros Rhin, Rhin	Westschweiz	II
Traminer	—	Österreich, BRD, Schweiz	II
Gewürztraminer	—	Gumpoldskirchen	II
Roter Traminer	—	Niederösterreich	II
Veltliner			
Brauner Veltliner	—	Retz (sehr selten gebaut)	I
Frühroter Veltliner	Malvasier	Gumpoldskirchen	I
Grüner Veltliner	—	Österreich (eine Spezialität, die überall gebaut wird)	I—II
Zierfandler	—	Gumpoldskirchen	III

Rotweinrebsorten

Name der Rebe	Synonyme	Anbaugebiet	Reifungsperiode
Blauburger	—	Burgenland, Niederösterreich (neue Züchtung)	I
Blaufränkisch	Limberger	Burgenland (**die** österreichische Rotweinrebspezialität), BRD	II—III

Name der Rebe	Synonyme	Anbaugebiet	Reifungsperiode
Burgunder			
Blauer Burgunder	Blauburgunder Pinot noir, Cortaillod rouge	Österreich, Westschweiz	II
Blauer Spätburgunder	—	Österreich, BRD (Baden, Württemberg), Schweiz (Bodenseegebiet)	III
Cabernet	—	Niederösterreich (Bad Vöslau), Südtirol, Frankreich	II
Cabernet-Sauvignon	—	BRD, West- und Südschweiz, USA	III
Gamay	—	Westschweiz, Burgund	II
Merlot	—	Österreich (Bad Vöslau), Tessin	II—III
Blauer Portugieser	Vöslauer	Niederösterreich (Bad Vöslau)	I
St. Laurent	—	Österreich, Südtirol	I—II
Roter Veltliner	—	Tessin	II
Vernatsch	Trollinger	Südtirol, BRD (Württemberg)	II
Blauer Wildbacher	—	Weststeiermark (steirische Rebspezialität — Schilcher-Roséwein)	II—III
Blaue Zweigelt	—	nördliches Niederösterreich, Burgenland	II—III

Weintraube

Die Frucht der Weinrebe ist die Weintraube. Sie besteht aus dem stark verästelten Kamm oder Stiel, der das sogenannte Tannin (Gerbsäure) und Chlorophyll enthält, und der Weinbeere, die sich wiederum aus drei Teilen zusammensetzt, der Schale, den Kernen und dem Fruchtfleisch.
Nur in der Schale der Beeren befindet sich Farbstoff. Helle Beeren (gelb oder grün) enthalten den Farbstoff Chlorophyll. Der Farbstoff der dunklen Trauben (rot oder blau) heißt Oenin und ist nur durch Alkohol (Gären der Rotweinmaische) oder hohe Temperatur (thermisches Verfahren) löslich. Daher erhält man bei sofortigem Abpressen von dunklen Trauben Weißwein.
Die Schale enthält außerdem etwas Gerbsäure, genauso wie die Kerne. Das Fruchtfleisch besteht aus Wasser (70 bis 90 Prozent), Frucht- (Fructose) und Traubenzucker (Dextrose) — 17 bis 30 Prozent —, Mineralstoffen (0,5 bis 2 Prozent) sowie Apfel-, Wein- und Bernsteinsäure, Gerbsäure, Eiweißstoffen, Stickstoff, Aroma- und Geschmacksstoffen, Vitamin A, B und C und Zellulose.

Weinlese

Im allgemeinen richtet sich die Weinlese nach folgenden Punkten:

Niederschlagsmenge: Der Wein benötigt etwa 500 bis 1.000 Millimeter Regen in der Vegetationsperiode.

Sonnenbestrahlung: Während der Blüte sind 2.000 Sonnenstunden nötig.

Wärme: führt zur Reife der Traube.
Vollreife Trauben erkennt man daran, daß die Traubenstiele verholzen, die Schale durchscheinend und die Kerne damit sichtbar werden, die Beeren weich werden und sich leicht vom Kamm lösen und der Saft dickflüssig und klebrig ist.
Diese Kennzeichen gelten nicht für edelfaule Trauben. Diese sind vom Botrytispilz befallen und haben eine hohe Zuckerkonzentration. Die Saftmenge verringert sich bis zu 40 Prozent.
Die sichere Vorbestimmung des Zuckergehaltes erfolgt mit dem Fruchtzuckermesser (Handrefraktometer). Das ist ein optisches Meßgerät, auf dem man mit Hilfe von Skalen den Zuckergehalt in Gramm pro 100 Gramm Most ablesen kann. Es können damit rasch mehrere Proben an verschiedenen Stellen des Weingartens durchgeführt werden, da man jeweils nur einige Tropfen Traubensaft benötigt.
Mit zunehmender Reife der Trauben nimmt der Säuregehalt ständig ab, der Zuckergehalt aber zu.

Lesearten

Frühlese: Für die Frühlese wird von der Lesekommission ein Zeitpunkt bestimmt. Weine von frühreifen Trauben bauen sich schnell aus, ihr Höhepunkt liegt im ersten Jahr nach der Lese (Heuriger). Frühlese gibt es nur in Österreich.
Vorlese: Diese Leseart ergibt den qualitativ schlechtesten Wein. Eine Vorlese wird daher nur gemacht, wenn ein Schlechtwettereinbruch oder Fäulnis zu erwarten ist. Auch diese Leseart bedarf einer Genehmigung der Lesekommission.
Hauptlese: Sie erfolgt dann, wenn die Traube ihre volle Reife erreicht hat und der Stiel verholzt.
Spätlese: Sie wird in Deutschland als späte Lese, in der Schweiz auch als Nachlese bezeichnet. Die Trauben werden bei besonders günstigen Wetterbedingungen (milder, sonniger Herbst) über die normale Lesezeit hinaus am Rebstock belassen und erst nach dem festgelegten Endtermin der Haupternte gelesen. Die Weine aus spätgelesenen Trauben sind von besonderer Qualität. Die Spätlese ist in Österreich und Deutschland meldepflichtig.

ALKOHOLISCHE GETRÄNKE

WEIN

WEINERZEUGUNG

Unmittelbar nach der Weinlese, bei der die Trauben sortenrein und getrennt nach gesundem und fauligem Lesegut gewonnen werden, beginnt die eigentliche Weinerzeugung.

Weißwein	Roséwein	Rotwein
WEISSE TRAUBEN	ROTE od. BLAUE TRAUBEN	BLAUE TRAUBEN
Rebeln	Rebeln	Rebeln
Maischen und Schwefeln	Maischen und Schwefeln	Maischen
		Gären der Maische
		Schwefeln
Pressen (Keltern)	Pressen (Keltern)	Pressen (Keltern)
TRAUBENMOST	TRAUBENMOST	TRAUBENMOST
Seihmost	Seihmost	Seihmost
Preßmost	Preßmost	Preßmost
Scheitermost	Scheitermost	Scheitermost
Mostaufbessern und -entsäuern	Mostaufbessern und -entsäuern	Mostaufbessern und -entsäuern
Gären des Mostes Teilweise Vergärung des Zuckers (Bildung von Kohlensäure)	Gären des Mostes Teilweise Vergärung des Zuckers (Bildung von Kohlensäure)	Gären des Mostes Teilweise Vergärung des Zuckers (Bildung von Kohlensäure)
STURM	STURM	STURM
Gären des Sturmes Komplette Vergärung des Zuckers (Abbau der Kohlensäure, Bildung von Alkohol)	Gären des Sturmes Komplette Vergärung des Zuckers (Abbau der Kohlensäure, Bildung von Alkohol)	Gären des Sturmes Komplette Vergärung des Zuckers (Abbau der Kohlensäure, Bildung von Alkohol)
JUNGWEIN (=Staubiger)	JUNGWEIN (=Staubiger)	JUNGWEIN (=Staubiger)
Klären und Abstechen	Klären und Abstechen	Klären und Abstechen
JUNGWEIN (=Heuriger)	JUNGWEIN (=Heuriger)	JUNGWEIN (=Heuriger)
Lagern im Faß	Lagern im Faß	Lagern im Faß
Filtrieren und Stabilisieren	Filtrieren und Stabilisieren	Filtrieren und Stabilisieren
WEISSWEIN	ROSÉWEIN	ROTWEIN
Abfüllen	Abfüllen	Abfüllen
Lagern in Flaschen	Lagern in Flaschen	Lagern in Flaschen

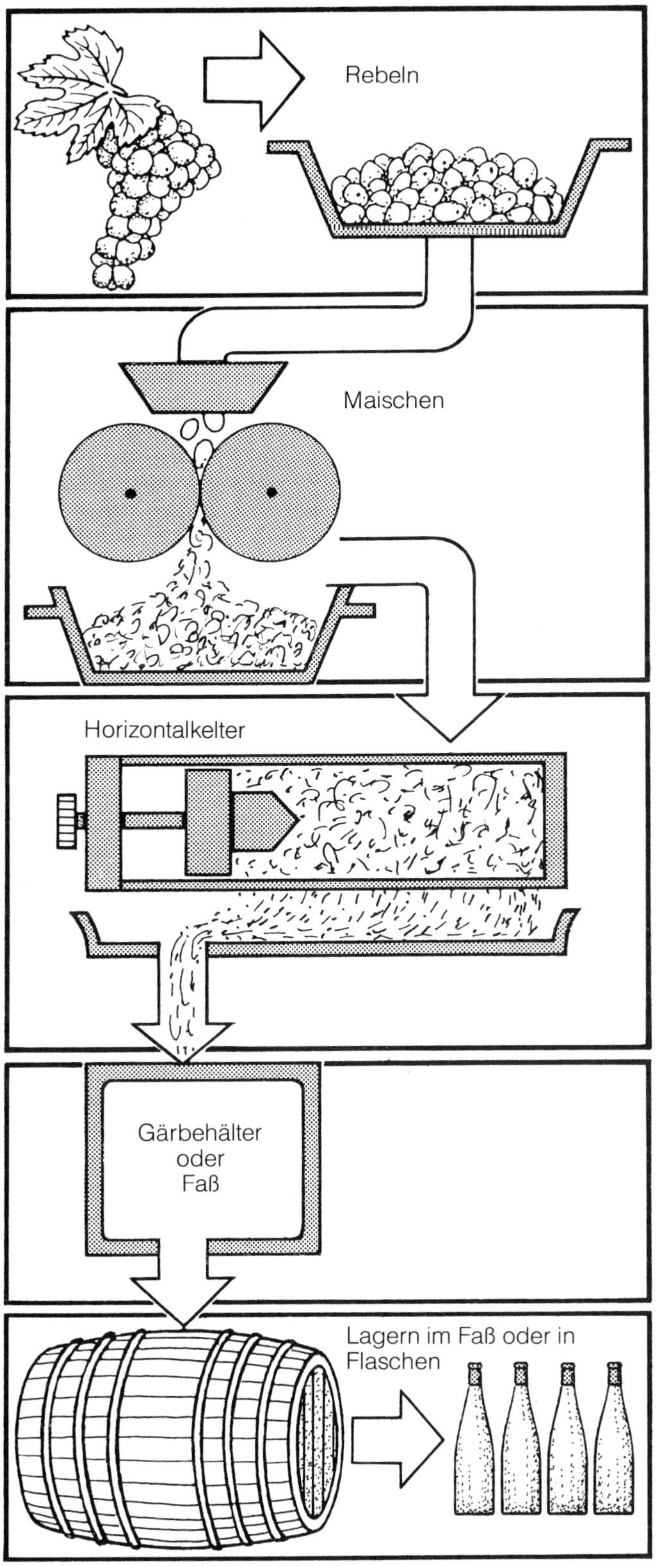

Maischen

Weiss- und Roséweine

Im Preßhaus werden die Trauben übernommen und dort in die Fülltrichter der Maische- und Rebelmaschinen entweder geschaufelt oder gekippt bzw. mit Traubensaugern abgesaugt. In den Maischemaschinen werden die Beeren durch Walzen aufgerissen, zerquetscht und die gröbsten Traubenstiele entfernt (Maischen).
Die Trauben können aber auch vor dem Maischen gerebelt werden (Trennung der Weintrauben von den Stielen). Dadurch gelangen die gerbstoffreichen Kämme, die dem Wein einen leicht bitteren Geschmack geben würden, nicht in die Maische.
Gerebelt werden die Trauben nur bei Qualitätsweinerzeugung und wenn die Traubenstiele grün sind.
In der modernen Kellerwirtschaft erfolgen das Maischen und das Rebeln in einem Arbeitsgang.
Um dem Wein eine bessere Haltbarkeit zu geben, seine Bukettentwicklung zu fördern und die Maische vor Lufteinwirkung (Braunfärbung) und schädlichen Mikroorganismen zu schützen, wird der Maische Schwefeldioxyd beigegeben. Diesen Vorgang nennt man „Schwefeln".
Dann läßt man die Maische zwei bis fünf Stunden stehen (ziehen), damit die Bukettstoffe ausgelaugt werden.
Anschließend wird sie in die Abseihbehälter gepumpt, wo etwa 50 bis 60 Prozent des flüssigen Anteils, der sogenannte Seihmost, abfließt (Vorentsaften).

Rotweine

Anders verläuft das Maischen bei der Rotweinerzeugung. Hier wird die Maische vor dem Pressen bis zu zwei Dritteln vergoren. Dadurch entstehen Alkohol und Wärme, die die Farbstoffe aus den Beerenschalen lösen. Die Maische wird rot.
Die Trauben werden bei der Rotweinerzeugung immer gerebelt, da durch das Gären der Maische schon sehr viel Gerbsäure aus den Schalen und Kernen gelöst wird. Würden auch die Kämme in der Maische belassen, würde sich der Gerbsäuregehalt wesentlich erhöhen und der Rotwein nicht mehr entsprechen.
Die weitere Weinbereitung ist sowohl bei Weiß- und Roséweinen als auch bei Rotweinen gleich.

Pressen (Keltern)

Von den Abseihbehältern kommt die Maische in die Pressen, wo der Traubensaft von den festen Bestandteilen, den sogenannten Trestern, getrennt wird. Aus Trestern wird Tresterbranntwein, wie z. B. Grappa, Marc, erzeugt.
Zum Keltern werden verschiedene Arten von Weinpressen verwendet, die alle mit Druck arbeiten.
Baumpressen: Sie sind heute veraltet und daher kaum noch in Verwendung. Sie bestehen aus einem naturbelassenen, schweren, langen Baumstamm, dessen Gewicht auf einen Siebkorb mit Maische drückt und so den Most auspreßt.

Horizontalpressen: Bei diesen Pressen liegt der Preßkorb waagrecht, die Preßdauer ist wesentlich kürzer. Es gibt sie mit verschiedenem Antrieb.
Mechanisch (Spindelpressen): Sie erzeugen 500 bis 4.000 Liter Traubensaft pro Stunde.
Hydraulisch: 600 bis 5.000 Liter Traubensaft pro Stunde.
Pneumatisch (Schlauchpressen): 500 bis 2.300 Liter Traubensaft pro Stunde. Sie arbeiten besonders sanft, aber langsam. In der Presse wird ein riesiger Ballon aufgeblasen, der die Trauben gegen die Lattenwand eines Zylinders drückt.
Kontinuierliche Pressen: Sie zeichnen sich durch einfache Bedienung und hohe Leistung aus.
Schneckenpressen: 2.000 bis 20.000 Liter Traubensaft pro Stunde. Die Maische wird mit einer horizontalen Schnecke (Archimedesschraube) zusammengepreßt, und der Saft läuft nach unten in die Gärbottiche ab.
Der beim Pressen entstandene Traubensaft heißt Most, der bei zunehmendem Preßdruck qualitativ immer schlechter wird. Man unterscheidet:
Seihmost: beste Qualität. Most, der ohne Druck abrinnt.
Preßmost: mittlere Qualität, durch Pressen (größte Ausbeute).
Scheitermost: nicht mehr so gute Qualität, da auch die Trester, besonders die Kerne, zerpreßt werden und die Gerbsäure verstärkt austreten kann. Vor dem Pressen werden die Trester aufgekocht. Aus 1.000 Liter Maische gewinnt man etwa 750 Liter Most und daraus zirka 700 Liter Wein.

Zusammensetzung des Traubenmostes:
Wasser
Trauben- und Fruchtzucker (15 bis 20 Prozent) und weitere Kohlehydrate, z. B. Pentosen, Pektinstoffe
Organische Säuren: Wein- und Apfelsäure (sechs bis zehn Promille), Gerbsäure, Zitronensäure, Bernsteinsäure
Mineralstoffe (drei bis fünf Promille): Kalium (K), Kalzium (Ca), Magnesium (Mg), Phosphor (PO_4), Natrium (Na), Eisen (Fe), Borsäure usw.
Gerbstoffe: Durch sie entsteht der herbe, zusammenziehende Geschmack. Önotannin aus Schalen, Kernen und Stielen.
Farbstoffe: Grün, Gelb, Orangerot (Chlorophyll) bei Weißwein, Rot (Oenin) bei Rotwein
Geruchs- und Geschmacksstoffe
Sonstige Stoffe: Vitamine (A, B, C), Fermente, Öle, Sorbit

Beurteilung des Mostes

Um die Qualität des Mostes beurteilen zu können, müssen der Zucker- und der Säuregehalt festgestellt werden.
Die Bestimmung des Mostzuckergehaltes erfolgt mittels Mostwaagen (Senkwaagen).
Klosterneuburger Mostwaage: Sie zeigt den Zuckergehalt des Mostes in Gewichtsprozenten an. Im österreichischen Weingesetz werden Angaben über den Zuckergehalt des Mostes nur nach der Klosterneuburger Mostwaage (KMW) gemacht, z. B. ein Liter Most hat 16° KMW = 160 Gramm Zucker pro Liter Most.
Öchsle-Mostwaage: Sie zeigt das spezifische Gewicht des Mostes an. Die Öchslegrade sind die letzten Dezimalstellen des spezifischen Gewichtes des Mostes.
Diese sehr genaue Mostwaage wird in Deutschland und in der Schweiz allgemein verwendet.

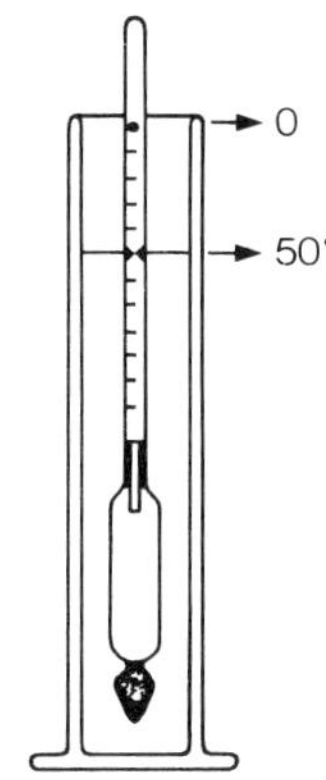

Die Formel für die Umrechnung von Öchslegraden auf Klosterneuburger Mostgrade ist folgende:

$$\frac{\text{Öchslegrade}}{4} - 3 = \text{Klosterneuburger Mostgrade}$$

$$\text{z. B. } \frac{100\,°\text{ Öchsle}}{4} - 3 = 22\,°\text{ KMW}$$

Bei allen Mostwaagen ist eine exakte Messung nur bei der für die jeweilige Waage erforderlichen Mosttemperatur möglich.

Der Säuregehalt des Mostes wird in Promillen gemessen. Die genaue Menge kann mit Lackmuslauge leicht bestimmt werden. Mit vier bis fünf Promille gilt der Most als säurearm, sechs bis neun Promille sind normal, ab zehn Promille ist er säurereich.
Nach dem Keltern enthält der Most noch verschiedene Unreinheiten, sogenannte Trubteilchen. Deshalb läßt man den Most sechs bis zwölf Stunden stehen, damit sich die Trubteilchen absetzen. Man nennt das Mostklärung oder Entschleimung. Sie kann auch durch Zentrifugieren des Mostes erreicht werden.

Mostaufbessern und Mostentsäuern

Durch diese beiden Maßnahmen kann man einen schlechteren Reifegrad der Weintrauben, bedingt durch ungünstige Witterung, korrigieren.
Besteht im Most ein Mangel an natürlichem Zucker, kann reiner Kristallzucker beigefügt werden. Der Fachmann nennt das Aufbessern oder Verbessern des Lesegutes.
Man bestimmt zuerst den natürlichen Zuckergehalt und berechnet dann die erforderliche Zuckermenge.
Ist der Säuregehalt zu hoch, kann der Most entsäuert werden, wozu reiner kohlensaurer Kalk verwendet wird. Die Entsäuerung kann aber auch nach der Gärung beim Wein durchgeführt werden.

Gären

Unter alkoholischer Gärung versteht man einen chemischen Vorgang, bei dem durch Enzyme Zucker in Alkohol und Kohlendioxyd umgewandelt wird, wobei Wärme entsteht. Die Enzyme, die die Gärung hervorrufen, stammen von Hefepilzen. Beim Gärungsprozeß bilden sich auch Nebenprodukte wie Glyzerin, Bernsteinsäure und Bukettstoffe.
Im einzelnen sieht die Zusammensetzung folgendermaßen aus:

1 Teil Trauben- und Fruchtzucker $C_6H_{12}O_6$	+	2 Teile Äthylalkohol $2(C_2H_5OH)$	+
2 Teile Kohlendioxyd $2\,(CO_2)$	+	Wärme	

Nebenprodukte: Glyzerin, Bernsteinsäure, Bukettstoffe

In der Natur vorkommende Hefen gelangen schon mit den Weintrauben in den Most, sodaß es von selbst zu einer Gärung kommt (Spontangärung).
Da diese Gärung relativ langsam in Gang kommt bzw. um den Gärprozeß kontrolliert ablaufen lassen zu können, wird der Most in der modernen Kellerwirtschaft pasteurisiert, um unerwünschte Bakterien abzutöten.
Anschließend werden Kulturhefen, sogenannte Reinzuchthefen, beigesetzt, die die Gärung sofort einleiten.
Die **Hauptgärung (stürmische Gärung)** erkennt man daran, daß Kohlendioxyd (CO_2) unter starkem Schäumen und Brausen entweicht. Der Most bekommt ein lehmfarbiges, milchig-trübes Aussehen und einen süßlichen Geschmack. Dieses moussierende Getränk wird in Österreich „Sturm", in Deutschland Federweißer, Sauser oder Brauser, in der Schweiz ebenfalls Sauser genannt.
Bei unkontrolliertem Gärverlauf kann die Gärung sehr rasch vor sich gehen. Dabei kann es zu einer Temperaturentwicklung bis zu 40° C kommen. Da aber eine langsamere Gärung für die Entwicklung des Weines vorteilhaft ist, wird die Gärung heute durch Kühlung geregelt. Es kommt zu einer Erwärmung von 6 bis 12° C.

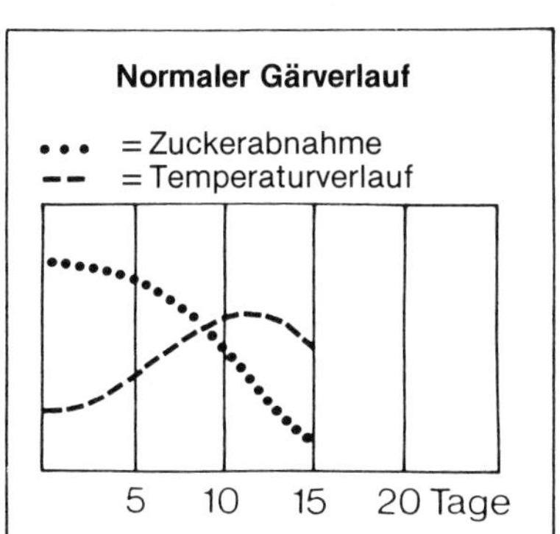

Vorteile einer langsameren Gärung: Der Wein entwickelt einen harmonischen Geschmack, es gibt kaum Bukettverluste, und es entsteht biologisch gesunder Wein.
Die Hauptgärung dauert fünf bis sieben Tage. Dann tritt eine ruhigere Phase, die sogenannte **Nachgärung (stille Gärung)** ein. Diese dauert etwa fünf Wochen. Nun entwickelt der Wein seine Bukettstoffe, Säure wird abgebaut (Ausfall des Weinsteins).
Ein optimaler Gärungsverlauf ist abhängig von der Zusammensetzung des Mostes (Zuckergehalt), einer gärkräftigen Hefe, einer günstigen Gärtemperatur (zirka 20° C) und dem Fernhalten gärungshemmender Stoffe (Schwefel).
Während der Gärung kommt es, wie bereits erwähnt, zu einer sehr starken Kohlensäureentwicklung (Gärgas). Dieses CO_2 entweicht durch den Gärtrichter (Gärspund) aus dem Faß oder Gärbehälter. Der Gärtrichter ist so konstruiert, daß die Kohlensäure zwar entweichen kann, der Luftzutritt zum gärenden Most jedoch verhindert wird.
Aus einem Liter Most bilden sich 55 Liter CO_2. Dieses Kohlendioxyd ist zwar ungiftig, sinkt aber zu Boden und verdrängt den Sauerstoff. Man würde beim Betreten des Weinkellers, der mit CO_2 gefüllt ist, ersticken. Daher immer eine brennende Kerze mitnehmen! Erlischt die Flamme, sind Gärgase vorhanden.
Die Gärung wird beendet, wenn der Zuckervorrat im Most zu Ende geht (trockener Wein) oder wenn die Hefezellen durch die wachsende Konzentration des Alkohols ersticken. Das ist bei zirka 12 Vol.-% Alkohol der Fall. Der noch unvergorene Zucker bleibt als Restzucker im Wein (z. B. bei den Prädikatsweinen).
Nach der Gärung ist der Most zum Jungwein geworden. Die Fässer werden nun immer wieder mit Jungwein möglichst gleicher Herkunft, Rebsorte, Qualitätsstufe und gleichen Jahrgangs aufgefüllt oder spundvoll gehalten, um eine Oxydation zu verhindern (biologische Stabilisierung). Wenn kein Sauerstoff in das Faß eindringen kann, ist auch keine Oxydation möglich.
Zu diesem Zweck wird der Jungwein auch nochmals wie zuvor die Maische geschwefelt. Eine Schwefelung des Weines erfolgt auf der ganzen Welt, da der Wein sonst nicht haltbar ist und sein charakteristisches Bukett nicht entfalten kann.
Der Jungwein (Staubiger, ungefilterter Jungwein) ist noch trüb und rauh und schmeckt nach Hefe.

Klären des Jungweines und Abstechen (Abziehen vom Geläger)

Die im Jungwein enthaltenen Trubstoffe, wie Eiweißflocken, Weinstein, abgestorbene Hefeteilchen usw., setzen sich nun am Boden des Gärbehälters als Depot oder Geläger (Grundlage des Klöger-, Geläger- oder Hefebranntweines) ab. Der Jungwein klärt sich (auch während der Klärung müssen die Fässer, wenn notwendig, immer wieder aufgefüllt werden).
Diese natürliche Klärung kann durch Filtern (Kieselgurfilter) oder Zentrifugieren beschleunigt werden. Das geschieht dann, wenn der Jungwein als Heuriger verkauft wird. Haben sich die Trubstoffe abgesetzt, füllt man den Wein in einen anderen Behälter und trennt ihn so vom Geläger. Diesen Vorgang bezeichnet man als ersten Abstich oder Abziehen vom Geläger.

Das Abstechen muß rechtzeitig erfolgen (Dezember bis Februar) und mehrmals wiederholt werden, weil durch den Zerfall des Trubes übelriechende Hefeböckser (siehe Weinfehler, Seite 195) oder Bakterienkrankheiten auftreten können. Der Kellermeister muß daher laufend die Klärung des Jungweines kontrollieren.

Lagern

Nach der Klärung des Jungweines erfolgt die Reifung im Gebinde. Diese Ruheperiode dauert je nach Sorte, Reifegrad, Herkunft und Jahrgang verschieden lang.
Während des Lagerns wird das Bukett des Weines ausgebaut, die Inhaltsstoffe und Geschmackskomponenten verbinden sich harmonisch miteinander. Die Säure des Weines wird abgebaut. Der Kellermeister muß durch Verkosten und chemische Untersuchungen die Entwicklung des Weines ständig kontrollieren. Außerdem muß der Schwefelsäure-(SO_4-)Spiegel konstant gehalten werden.
Die Lagerung kann in verschiedenen Behältern erfolgen:

Lagerbehälter	Vorteile	Nachteile
Holzfaß	Gute Klärung des Weines, guter Weinausbau, optimale Wärmeabgabe	Hoher Pflegeaufwand, hohe Verdunstung, Geschmacksbeeinflussung
Betonzisterne	Dauerhaft, geschmacksneutral, preisgünstig, hohe Lebensdauer	Nicht transportabel, schlechte Wärmeableitung
Rostfreier Stahltank	Leicht zu reinigen, unbegrenzt haltbar, geschmacksneutral	Teuer
Plastiktank	Leicht transportabel, preiswert	—

Stabilisieren

Bevor der Wein endgültig in Flaschen abgefüllt wird, muß dafür gesorgt werden, daß er haltbar ist und sich nicht mehr nachteilig in Aussehen, Geruch und Geschmack verändert.
Zu diesem Zweck wird der Wein durch Zusatz bestimmter Stoffe stabilisiert, die durch ihre Oberflächenwirkung die festen Teilchen im Wein anziehen und ablagern. Dadurch werden die letzten Trubstoffe beseitigt. Durch die Stabilisierung des Weines können auch verschiedene Weinfehler und Weinkrankheiten behoben werden.

Arten der Weinstabilisierung

Eiweißstabilisierung: durch Kurzzeiterhitzung oder Zusatz von Bentonit. Danach ist keine Eiweißausflockung mehr möglich.
Weinstabilisierung: durch Kälte oder durch Zusatz von Metaweinsäure (Ausfällen des Weinsteines).
Schönung: zur Verhinderung von Metalltrübungen durch Zusatz von Stoffen tierischer (z. B. Gelatine, Hausenblase) oder mineralischer (z. B. Kohle, Kaolin) Herkunft. Diese Substanzen werden in gequollenem oder pulverisiertem Zustand zugesetzt und bilden einen Niederschlag, der im Wein langsam zu Boden sinkt und dabei die Fremdstoffe mitnimmt. Ein chemisches Schönungsmittel ist das gelbe Blutlaugensalz (Blauschönung). Es geht mit dem Wein eine Verbindung ein und entzieht ihm nachteilige Geruchs- und Trubstoffe.

Verschneiden

Verschneiden von Wein ist das Vermischen von zwei oder mehreren Weinen (z. B. von säurereichem mit säurearmem Wein), um einem Wein eine bestimmte, möglichst gleichbleibende Geschmacksrichtung zu erhalten.
Auch für das Verschneiden von Wein gibt es strenge gesetzliche Bestimmungen. Es dürfen verschiedene Rebsorten und verschiedene Jahrgänge miteinander verschnitten werden, wobei der namengebende Anteil immer zwei Drittel betragen muß.
Der Weinverschnitt ist maßgebend für die Qualität des Weines und den Preis.
Es gibt auch eine Methode, bei der bereits verschiedene Moste miteinander verschnitten und zusammen vergoren werden (=Mostverschnitt). Sie wird in Italien und Frankreich sehr oft angewandt.

Flaschenfüllung und Lagerung des Flaschenweines

Der Wein wird in Flaschen abgefüllt, wenn er das optimale Ausbaustadium erreicht hat. Dieser Zeitpunkt ist wesentlich von Sorte und Herkunft abhängig. Es gibt Sorten, die schon sehr früh, etwa im Februar, ihren Entwicklungszenit erreichen (z. B. Müller-Thurgau). Diese Weine haben aber auch eine kurze Haltbarkeit, d. h., sie erreichen früh die Flaschenreife und bauen rasch wieder ab, die Sortencharakteristik geht verloren.
Andere Sorten, wie etwa der Grüne Veltliner, sind im März oder April voll entwickelt. Die Sorten Rheinriesling, Traminer oder Weißer Burgunder müssen bis zur Abfüllung noch länger lagern, sie bauen jedoch nur langsam ab.
Nach der Flaschenfüllung soll der Wein ebenfalls gelagert werden. Dabei gilt der Grundsatz: Je wertvoller ein Wein ist, desto mehr Lagerungszeit benötigt er.
Die Haltbarkeit eines Weines ist abhängig von folgenden Faktoren:
Reifungsperiode der Rebsorten: Spätreifende Trauben weisen im Durchschnitt eine längere Reifungsdauer auf.
Säuregehalt: Weine mit einem höheren oder einem nicht zu schnell abbauenden Säuregehalt weisen eine längere Haltbarkeit auf.
Behandlung der Weine im Preßhaus, Gärkeller und Lagerkeller.
Zeitpunkt der Weinlese: Weine von Früh-, Vor- und Hauptlesen haben im Durchschnitt eine kürzere Haltbarkeit (Tafel- und Konsumweine).
Die Lagerfähigkeit bei Qualitäts- und Prädikatsweinen (Spätlesen) ist umso höher, je höher das Mostgewicht ist (Kabinettweine, Spätlesen, Auslesen, Eisweine, Beerenauslesen, Ausbruchweine, Trockenbeerenauslesen).

Weine, die als Sortencharakteristik Frische, Säurereichtum und Spritzigkeit aufweisen, sollten in den ersten zwei Jahren konsumiert werden, da nach längerer Lagerung diese Sortencharakteristik verlorengeht und der Wein einen nicht erwünschten Altersgeschmack bekommt.

Art des Weines	Sehr gut haltbar	Gut haltbar	Weniger gut haltbar
Weißweine		x	
Roséweine		x	
Rotweine	x		
Reife des Weines			
Tafelweine			x
Qualitätsweine		x	
Prädikatsweine	x		
Sorte			
Bouvier			x
Burgunder			
Grauer Burgunder	x		
Weißer Burgunder	x		
Furmint	x		
Gutedel	x		
Irsay-Oliver	x		
Müller-Thurgau			x
Muskateller		x	
Muskat-Ottonel			x
Muskat-Silvaner		x	
Neuburger		x	
Räuschling		x	
Riesling			
Rheinriesling	x		
Welschriesling	x		
Rotgipfler	x		
Spätrot-Rotgipfler	x		
Ruländer		x	
Sämling 88 (S 88)			x
Silvaner			x
Grüner Silvaner			x
Traminer	x		
Gewürztraminer	x		
Roter Traminer	x		
Veltliner			
Brauner Veltliner		x	
Frühroter Veltliner		x	
Grüner Veltliner		x	
Zierfandler	x		
Blauburger	x		
Blaufränkisch	x		
Burgunder			
Blauer Burgunder	x		
Blauer Spätburgunder	x		
Cabernet		x	
Cabernet-Sauvignon	x		
Gamay			x
Merlot	x		
Blauer Portugieser			x
St. Laurent	x		
Roter Veltliner		x	
Vernatsch	x		
Blauer Wildbacher		x	
Blaue Zweigelt		x	

Klassische Weinflaschenformen

- - - = Rotwein
—— = Weißwein

Bordeauxweinflasche

Champagnerflasche

Burgunderweinflasche

Côte-de-Provence-Flasche

Schlegelflasche

Beaujolaisflasche

ALKOHOLISCHE GETRÄNKE

WEIN

Tokajerflasche | Bocksbeutel | Chiantiweinflasche (Fiascone)

GRUNDSÄTZE DER WEINLAGERUNG

Wein muß immer kühl, dunkel und bei der richtigen Luftfeuchtigkeit gelagert werden.

Art der Lagerung: Flaschenwein sollte liegend, mit dem Etikett nach oben, gelagert werden, damit der Kork ständig feucht ist. Wenn er austrocknet, kommt Luftsauerstoff dazu, und der Wein hält sich nicht. Flaschen mit Kronenkork jedoch immer stehend lagern.

Ort: an einem geruchsfreien Ort mit Frischluftzufuhr, dunkel und erschütterungsfrei.

Temperatur: Die Temperatur sollte immer gleichbleibend 8 bis 12° C betragen.

Luftfeuchtigkeit: Sie sollte um die 70 Prozent liegen, jedoch darf das Lager keine nassen Wände haben.

Aus diesen Kriterien ergeben sich sieben Anforderungen an einen idealen Weinkeller: Er soll unterirdisch liegen, im Sommer und im Winter immer gleich kühl sein (8 bis 12° C), einen Boden aus gestampftem Lehm haben, trocken sein, jedoch mit einer relativen Luftfeuchtigkeit von zirka 70 Prozent, völlig dunkel und erschütterungsfrei sein und eine Frischluftzufuhr von der Nordseite haben.

Reifeverlauf bei Wein

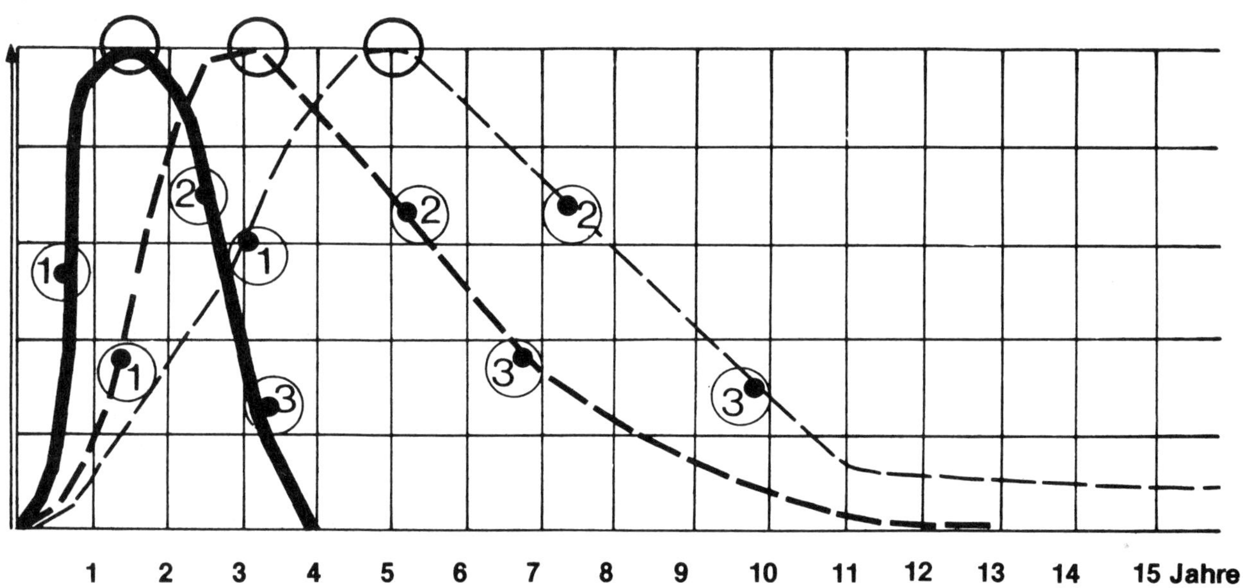

○ = Höhepunkt

① = für Liebhaber junger Weine

② = für Liebhaber alter Weine

③ = für Liebhaber sehr alter Weine

▬ Einfache Weine, wenig haltbare Sorten

— Qualitätsweine, gut haltbare Sorten

— Prädikatsweine, sehr gut haltbare Sorten

WEINBEURTEILUNG

Um Wein richtig beurteilen zu können, muß man über die Entwicklungsvorgänge im Wein und die Behandlungsmethoden genau Bescheid wissen, um auch Fehler erkennen zu können. Der Wein wird chemisch analysiert und organoleptisch beurteilt (verkostet).

Chemische Analyse

Bei der chemischen Analyse werden der Alkoholgehalt, der Zuckergehalt, der Gesamtsäuregehalt, der Extraktgehalt, die Restasche und der Schwefelsäuregehalt exakt festgestellt.

Organoleptische Beurteilung (Verkostung)

Bei der Verkostung kommt es vor allem auf die Sinnesorgane Augen, Nase und Geschmack an. Man prüft heute noch wie bei der alten römischen Weinprüfung nach der Formel COS (=color, odor, sapor, d. h. Farbe, Geruch und Geschmack). Außerdem wird das Zusammenklingen der Faktoren beurteilt.

Die Weinprüfer (Degustatoren) brauchen besondere Voraussetzungen für ihre Tätigkeit.
Das wichtigste sind ausgeprägte Geruchs- und Geschmacksorgane, die auf geringste Nuancen reagieren. Diese Sinnesorgane müssen jedoch trainiert werden, d. h., Übung und ständiges Lernen sind unerläßlich. Ein gutes Erinnerungsvermögen ist ebenfalls notwendig, da sonst bei einer größeren Anzahl von verkosteten Weinen keine objektive Beurteilung möglich ist. Dazu benötigt man ein ausgezeichnetes Konzentrationsvermögen, um sich das Charakteristikum des Weines gut zu merken. Alle störenden Einflüsse sind deshalb fernzuhalten.

Gerade deshalb, weil eine fachliche Beurteilung so schwierig ist, muß eine Weinprobe gut vorbereitet sein, wobei die nachstehenden Kriterien besonders beachtet werden müssen.
Tageszeit: Weinverkostungen finden zwischen neun Uhr vormittag und der Mittagszeit statt.
Raum: Es müssen gute Lichtverhältnisse herrschen, entweder helles Tageslicht oder gedämpftes und genormtes Kunstlicht. Der Raum darf keine grünen oder roten Wände haben. Es muß absolutes **Rauchverbot** eingehalten werden.
Die **Tische** sind weiß gedeckt.
Weißgebäck und **Mineralwasser** müssen zum Neutralisieren des Geschmackes vorhanden sein.
Weinkoster: Sie dürfen vor dem und beim Kosten nicht rauchen, keinen Kaugummi kauen und keine scharf gewürzten, salzigen oder sehr süßen Speisen zu sich nehmen.
Weinglas: Am besten eignet sich zum Verkosten ein Stielglas, das dünnwandig, farblos (kristallklar), unverziert und glatt ist und einen tulpenförmigen Becher hat.
Es gibt auch ein spezielles Degustationsglas mit dickem Stiel, damit man den Wein beim Halten des Glases nicht anwärmt.

tulpenförmiger Becher

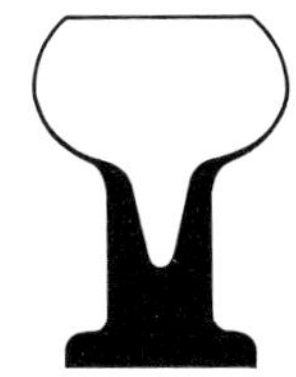

Degustationsglas

Trinktemperatur des Weines: Sehr wichtig ist die richtige Temperatur. Bei zu tiefer Temperatur kann man die feinen Duftstoffe zu wenig erkennen, der Wein erscheint dann oft als dünn, während sich bei zu hoher Temperatur die Bukettstoffe zu rasch verflüchtigen und der Wein plump wirkt.
Roséweine: 10 bis 12° C
Rotweine: 16 bis 18° C (etwa Zimmertemperatur)
Weißweine: 10 bis 12° C
Prädikatsweine: 13 bis 15° C
Richtige Reihenfolge der Weinverkostung: Als Grundregel gilt: Kein Wein darf den nächsten geschmacklich behindern. Daher verkostet man Roséweine vor Rotweinen, Rotweine vor Weißweinen, Weißweine vor Prädikatsweinen, leichte vor schweren Weinen, zarte vor intensiven, wuchtigen Weinen, trockene vor süßen Weinen, heurige vor alten Weinen. Es muß also immer eine Steigerung vorhanden sein.

Bei der Prüfung wird jeder Wein nach drei Kriterien beurteilt:
Aussehen: Man hält das Glas in die Höhe und beurteilt im durchscheinenden Licht die Farbe und die Klarheit des Weines.
Die folgenden Skalen zeigen, welche Ausprägungen der Wein hinsichtlich Farbe und Klarheit haben kann, wobei die unterstrichenen die erwünschten Alternativen sind und die nicht unterstrichenen die unerwünschten.

Farbskala

Weißwein
Blaß — grünlichgelb — hellgelb — gelb — goldgelb — hochfarbig — braun

Rotwein
Blaßrot — hellrot — ziegelrot — rubinrot — feurigrot — violettrot — dunkelrot — bräunlichrot — schwarzrot

Klarheit
Trüb — schleierig (wolkig) — staubig — klar — blank — spiegelblank

Der Wein soll spiegelblank sein. Wenn er im Glas „Schlieren“ erzeugt, weist das auf einen höheren Extraktgehalt hin. Die enthaltene Kohlensäure erkennt man an den aufsteigenden Bläschen.

Geruch: Nun führt man das Glas zur Nase, um das Bukett zu prüfen. Durch mehrmaliges Schwenken des Weines im Glas erzielt man die Freisetzung der flüchtigen Duftstoffe und ihre Anreicherung über der Weinoberfläche. Nun kann man feststellen, ob der Wein sortentypisch und reintönig riecht bzw. wie intensiv und harmonisch der Geruch ist.

Geruchsskala

Sortentypisch
Weinig — blumig — fruchtig — würzig

Sortenbukett — Lagerbukett — Altersbukett[1] — Gärbukett

Reintönig
Rein — unrein — fremd — dumpf — muffig

Intensität
Bukettarm — zart — blumig — bukettreich — intensiv

Geschmack: Nach der Geruchsbeurteilung nimmt man einen kräftigen Schluck Wein, den man über die Zunge rollen läßt. Schließlich „beißt" man den Wein wie eine feste Speise, und man darf ihn sogar schlürfen. Diesen Vorgang wiederholt man so oft, bis man sich ein Urteil über den Wein gebildet hat. Beurteilt werden beim Geschmack einzelne Geschmackskomponenten, außerdem, ob der Wein harmonisch und sortengerecht schmeckt und frei von Weinfehlern ist.

Geschmacksskala (Gesamteindruck)

Harmonie
Unharmonisch — gefällig — harmonisch
süffig — elegant — edel — hochfein (vornehm)

Fruchtigkeit
Sauer —
zartfruchtig — fruchtig — würzig — Botrytisgeschmack
— weinig

Alter
Unreif — jung — ausgebaut — reif — edelreif — alt
— abgebaut — überlagert

Bei Rotweinen

Gerbstoff
Mild — samtig — zartherb — herb — rauh

Die nachstehende Abbildung zeigt, wie der Wein bewertet wird, und zwar nach dem internationalen 20-Punkte-System.

[1] Bei manchen Weinsorten ist ein Altersbukett erwünscht, bei anderen nicht (vor allem bei spritzigen Weinen, die jung getrunken werden sollen).

Internationales Schema für die Bewertung von Wein			
Weinbezeichnung:			
I.	AUSSEHEN		
	nicht entsprechend	0—1	
	entsprechend	1—2	
	gut entsprechend	2—3	
	sehr gut entsprechend	3—4	4
II.	GERUCH		
	nicht entsprechend	0—1	
	entsprechend	1—2	
	gut entsprechend	2—3	
	sehr gut entsprechend	3—4	4
III.	GESCHMACK		
	nicht entsprechend	0—9	
	entsprechend	9—10	
	gut entsprechend	10—11	
	sehr gut entsprechend	11—12	12
	Höchstpunktezahl		20

CHARAKTERISTIK DER WICHTIGSTEN WEINE

Weißweine

BURGUNDER (WEISSER BURGUNDER – PINOT BLANC)

Für Liebhaber zartfruchtiger, gehaltvoller Weine mit Rasse und Reife
Farbe: helles Grüngelb bis Goldgelb (bei Altweinen)
Geruch: zartes, hochfeines Lagerbukett
Geschmack: zartfruchtig nach Mandelkernen, vollmundig, rassig, körperreich mit pikanter Säure
Spielarten: Morillon
Bedeutung: Der Weißburgunder ist eine internationale Spitzensorte, sehr gut haltbar, daher als Altwein geeignet.

GUTEDEL (CHASSELAS, FENDANT)

Farbe: Gelb
Geruch: sehr wenig, eher neutrales Bukett
Geschmack: milder, extraktarmer Tischwein
Bedeutung: Er schmeckt nur jung getrunken und hat eine geringe Haltbarkeit. Der Gutedel ergibt einen angenehmen Tisch- und Schankwein.

MÜLLER-THURGAU (RIESLING-SILVANER)

Für Liebhaber milder, geruchsbetonter Weine
Farbe: Hellgelb bis Gelb
Geruch: muskatähnliches Aroma

Geschmack: Muskatgeschmack, mild, jugendlich-spritzig, fruchtig, süffig. Als Spätlese oder Trockenbeerenauslese ist er edelsüß mit Botrytis-Bukett.
Bedeutung: Der Müller-Thurgau ist eine internationale Qualitätssorte, eine Kreuzung zwischen Rheinriesling und Silvaner, der nach seinem Züchter benannt wurde. Es gibt ihn als Tafel- und als Prädikatswein.

Muskat-Ottonel

Für Liebhaber dieser Sorte, typischer Damenwein
Farbe: Gelb bis Goldgelb
Geruch: elegant, intensiver Muskatduft
Geschmack: zarter Körper, mild, muskatfruchtig, lieblich-edelsüß, extraktreich mit Restzucker
Bedeutung: Der Muskat-Ottonel ist eine österreichische Spezialität, allerdings mit geringem Ertrag.

Muskat-Silvaner (Sauvignon blanc)

Farbe: helles Grünlichgelb bis Goldgelb (je nach Reife)
Geruch: intensiv fruchtig
Geschmack: frisch (leicht grasig) bei mangelnder Reife, zarter Körper, fruchtig-würzig, extraktreich, mit Muskatgeschmack
Bedeutung: Der Muskat-Silvaner ist eine internationale Qualitätssorte (in Bordeaux entstehen daraus die berühmten süßen Sauternes-Weine).

Neuburger (österreichische Rebspezialität)

Farbe: Gelb bis Goldgelb
Geruch: zartblumig
Geschmack: vollmundig, kräftig, feinfruchtig, mild. Alte Weine sind edelfirnig.
Bedeutung: Der Neuburger ist eine österreichische Spezialität, lokalweit verbreitet. Er hat eine mittlere Lagerfähigkeit (zirka zwei Jahre).

Riesling

Rheinriesling

Farbe: Hellgelb bis Sattgelb
Geruch: bei jungen Weinen hochfeines Sortenbukett (Teerose), bei alten Weinen vornehmes Lagerbukett (Rosenholz)
Geschmack: fruchtig-würzig, rassig, pikanter Geschmack
Bedeutung: Der Rheinriesling ist eine internationale Spitzensorte, die langsam ausbaut. Der Rheinriesling ist der bedeutendste und am meisten angebaute Wein in der BRD. Die Spitzenweine genießen einen legendären Ruhm in aller Welt.

Welschriesling

Farbe: Junge Weine sind grünlich bis hellgelb, alte Weine goldgelb
Geruch: feinwürzig
Geschmack: anregend frisch, trocken bis süffig, feinwürzig (sortentypisch), oft leicht und bekömmlich
Bedeutung: Der Welschriesling ist eine internationale Qualitätssorte. Es gibt ihn als Tafel-, Qualitäts- und Prädikatswein.

Ruländer (Klevner, Clevner)

Farbe: satter Goldton
Geruch: sortentypisches, feines Burgunderaroma
Geschmack: gehaltvoller, extraktreicher, oft wuchtiger Wein
Bedeutung: Er erreicht fast jährlich eine hohe Reife und ist daher besonders gut zur Erzeugung von Spät- und Auslesen sowie Beerenauslesen geeignet.

Sämling 88 (S 88, Scheu-Rebe)

Farbe: Gelb
Geruch: bei reifen Weinen sehr intensives, rieslingähnliches, eher derbes Bukett
Geschmack: grasig (bei unreifen Weinen), einem sehr intensiven Müller-Thurgau ähnlich (bei reifen Weinen), meist mit Restsüße
Bedeutung: Aus Sämling 88 können Qualitätsweine und Auslesen erzeugt werden.
Er ist eine Kreuzung aus Silvaner und Riesling, der nach seinem Züchter, dem Deutschen Georg Scheu, bezeichnet wurde.

Silvaner (Sylvaner)

Farbe: Grüngelb
Geruch: sehr zartes Bukett
Geschmack: mild, süffig
Bedeutung: Er ist ein guter Tischwein, wird aber auch als Verschnittwein verwendet. Es sollte jung getrunken werden.

Traminer

Für Liebhaber dieser Sorte, typischer Damenwein
Farbe: Gelb bis Goldgelb (hochfarbig)
Geruch: intensiv würzig
Geschmack: vollmundig, kräftig, mild, würzig (sortentypisch), oft lieblich und leicht süßlich
Bedeutung: Der Traminer ist eine internationale Spitzensorte, er zählt zu den edelsten und vollkommensten Weinen der Welt.

Veltliner

Frühroter Veltliner (Malvasier)

Farbe: leuchtendes Gold
Geruch: neutrales Bukett
Geschmack: mild, extraktreich, ohne ausgeprägten Eigencharakter
Bedeutung: Der Frührote Veltliner wird international viel gebaut und auch als Verschnittwein (mit Riesling) verwendet. Die Trauben sind von roter Farbe.

VELTLINER (GRÜNER VELTLINER – ÖSTERREICHISCHE WEISSWEINSPEZIALITÄT)

Farbe: Hellgelb mit grünen Glanzlichtern
Geruch: fruchtig
Geschmack: fruchtig bis feinwürzig (pfeffrig), gehaltvoll frisch, spritzig
Bedeutung: Der Grüne Veltliner ist die österreichische Spezialität und steht universell für Weißwein. Er nimmt zirka ein Drittel der gesamten österreichischen Weinbaufläche ein. Es gibt ihn als Tafel-, als Qualitätswein und als Auslese. Gute Jahrgänge erreichen oft europäisches Spitzenformat.

ZIERFANDLER UND ROTGIPFLER

Das sind zwei verschiedene Rebsorten, die meist miteinander verschnitten werden.
Farbe: Gelb bis Goldgelb
Geruch: zartes, sehr feines Lagerbukett
Geschmack: sehr vollmundig, kräftig, lang anhaltend, rassig, harmonisch, körperreich mit feiner Säure und würzigem Sortencharakter
Bedeutung: Zierfandler und Rotgipfler sind eine österreichische Spezialität des Weinbaugebietes Gumpoldskirchen. Es sind Weine mit hoher Flaschenreife und Prädikatsweine von höchster Qualität.

Roséweine

Roséweine sind Weine mit zartrötlichem Farbton, der an rötliche Zwiebeln erinnert. Roséwein wird, wie bereits erwähnt, aus blauen Traubensorten gekeltert.
Geschmacklich liegt der Roséwein zwischen Weiß- und Rotwein. In vielen Eigenschaften, z. B. Frische, Säure und Bukett, erinnert er sehr stark an Weißwein.

BLAUER SPÄTBURGUNDER (deutsche Rebspezialität – WEISSHERBST)

Farbe: lichtes Rosé bis Blaßrot
Geruch: sortentypisch
Geschmack: vollmundig, halbtrocken, manchmal mit süßer Spitze
Bedeutung: In Deutschland ist der Weißherbst ein Synonym für Roséwein. Er erfreut sich immer größerer Beliebtheit. Die blaue Spätburgundertraube wird auch zu Rotwein verarbeitet.

BLAUER WILDBACHER (steirische Rebspezialität – SCHILCHERWEIN)

Farbe: Rosé
Geruch: sortentypisch
Geschmack: säuerlich-fruchtig, frisch
Bedeutung: Er ist als einzige Rebsorte für die Bereitung des Schilcherweines zugelassen, der regional in der Weststeiermark große Bedeutung hat. Schilcher wird meist als Tischwein getrunken. Es gibt ihn aber auch von hervorragender Qualität für Liebhaber. Er sollte jung und gekühlt getrunken werden.

Rotweine

BLAUBURGER (österreichische Rotweinspezialität)

Farbe: intensives Rot
Geruch: harmonisch, angenehm, ausgeprägtes Sortenbukett
Geschmack: fruchtig, gehaltvoll, mit klassischem Rotweincharakter, vollmundig, mild, ähnlich dem Blaufränkisch
Bedeutung: Er ist eine Neuzüchtung aus den Rotweinreben Blauer Portugieser und Blaufränkisch, die erst in jüngster Zeit in Österreich angebaut wird.

BLAUFRÄNKISCH (österreichische Rotweinspezialität)

Farbe: Rubinrot mit bläulichem Schimmer
Geruch: feinfruchtig, an Brombeeren erinnernd, ausgeprägtes Sortenbukett
Geschmack: kräftig-gehaltvoll, fruchtig, eher gerbstoffarm, daher samtig schmeckend
Bedeutung: langsame Ausbauphase, erreicht als gut gealterter Wein seine höchste Qualität. Der Blaufränkisch steht qualitativ zwischen Blauem Burgunder und Blauem Portugieser.

BLAUER BURGUNDER

Farbe: Rubinrot bis feuriges Rot
Geruch: an Bittermandeln erinnernd
Geschmack: vollmundig-mild, klassischer Rotweincharakter, körperreich, samtig mit besonderer Eleganz
Bedeutung: Der Blaue Burgunder ist eine internationale Spitzensorte, die hervorragende Qualitätsweine ergibt. Diese entwickeln sich vorzüglich in der Flasche.

CABERNET

Farbe: kräftiges Dunkelrot
Geruch: kräftig-elegantes Aroma, reiches Bukett
Geschmack: körperreich mit ausgeprägtem Tanningehalt, alkoholreich
Bedeutung: Er wird meist mit anderen Weinen verschnitten. Die größte Bedeutung hat er in Bordeaux (bis zu 80 Prozent), aber auch in Kalifornien. Die Weine aus der Cabernet-Traube bauen mit zunehmendem Alter immer besser aus.

GAMAY

Farbe: mittleres Rot
Geruch: blumiges Bukett
Geschmack: fruchtig, süffig, meist trocken, mild mit geringem Tanningehalt.
Bedeutung: Die größte Bedeutung hat die Gamay-Traube im

Beaujolaisgebiet, wo man aus ihr sehr gute Weine gewinnt. Sonst keltert man Weine mittelmäßiger Güte. Sie ist auch in der gesamten Schweiz von Bedeutung.

Blauer Portugieser (Vöslauer)

Farbe: Dunkelrot bis Violettrot
Geruch: feines Sortenbukett
Geschmack: mild, harmonisch, süffig
Bedeutung: gute Tischweine, jedoch auch hervorragende Qualitätsweine. Er altert schnell und sollte jung getrunken werden. Blauer Portugieser hat auch als Verschnittwein für farbarme Rotweine große Bedeutung.

St. Laurent

Farbe: samtiges Dunkelrot
Geruch: fein, elegant, an Johannisbeeren erinnernd
Geschmack: kräftig, rassig, herb, mit zunehmender Reife trocken und vollmundig
Bedeutung: gute Tischweine bis exzellente Qualitätsweine. Er wird in Niederösterreich oft zur Roséweinherstellung verwendet. Seinen Namen hat er vom St.-Lorenz-Tag, wo die Rebe zu reifen beginnt.

Vernatsch (Trollinger)

Farbe: helles, lichtes Rot bis Rubinrot
Geruch: angenehmes, kerniges Aroma
Geschmack: leicht, mit feinem Säuregehalt, fruchtig-süffig
Bedeutung: Er wird in einem Großteil des Südtiroler Weinbaugebietes gebaut und ist die Meraner Kurtraube schlechthin. Aber auch in der BRD ist er von Bedeutung.

Blaue Zweigelt

Farbe: Hell- bis Mittelrot
Geruch: sortentypisch, fruchtig
Geschmack: im allgemeinen säuerlich-fruchtig, als Jungwein rassig, als Altwein eher mild
Anbaugebiete: Retz, Falkenstein, Rust — Neusiedler See
Bedeutung: Neuzüchtung von Dr. Fritz Zweigelt aus den Rotweinsorten Blaufränkisch und St. Laurent.

WEINFEHLER, WEINMÄNGEL UND WEINKRANKHEITEN

Wenn Weinfehler oder -krankheiten von einem Gast beanstandet werden, sollte der Gastwirt oder Kellner in der Lage sein zu erkennen, ob die Beanstandung zu Recht oder zu Unrecht besteht. Deshalb sind nachstehend die häufigsten Fehler, Mängel und Krankheiten des Weines angeführt.

Weinfehler und Weinmängel

Weinfehler und Weinmängel sind alle Veränderungen des Weines, die nicht durch Entwicklung von Mikroorganismen verursacht werden. Sie treten als Farb-, Geruchs- oder Geschmacksfehler in Erscheinung, und es wird durch sie kein Weinbestandteil zerstört. Sie rühren von Fremdkörpern her, die durch Auflösung in den Wein gekommen sind und keine fortschreitende Zersetzung des Weines bewirken.

Weinfehler und Weinmängel

Bezeichnung	Ursache	Erkennung ① = Farbe ② = Geruch ③ = Geschmack	Beurteilung ⊕ positiv ⊖ negativ
Alt (firnig, Altl)	Alterung, unsachgemäße Lagerung	① Hochfarbig ② Alterston ③ Mangelnde Frische, schal	⊕ Bei alten Weinen ⊖ Bei Weinen bis zu 3 Jahren
Böckser (Seniffeln)	Zersetzen des Schwefels und der Hefe — Hefefäulnis	① — ② Nach Faulstoffen (H_2S) ③ Nach Faulstoffen (H_2S)	⊖
Brandig	Durch Überreife in Trockenjahren	① — ② Geruch nach Schnaps ③ Brennend	⊖
Brauner Bruch	Durch Lufteinfluß oder SO_2-Mangel	① Braun, hochfarbig ② Luft-, Aldehyd-Ton ③ Luft-, Aldehyd-Ton	Bei Altweinen ist geringes Braunwerden zu tolerieren

ALKOHOLISCHE GETRÄNKE

WEIN

Bezeichnung	Ursache	Erkennung ① = Farbe ② = Geruch ③ = Geschmack	Beurteilung ⊕ positiv ⊖ negativ
Schwarzer Bruch	Verbindung von Eisen, Gerbsäure und Sauerstoff	① Violettfärbung bei Rotweinen ② — ③ —	⊖
Weißer Bruch	Verbindung von Eisen und Phosphor	① Trübwerden (Schleier) bei Weißweinen ② — ③ —	⊖
Dünner Geschmack (körperarm)	Bei ungenügender Traubenreife	① — ② Unreif ③ Wenig Bukett, kurz	⊖
Eiweißtrübung	Durch Eiweißausfall	① Schleimartige Trübung ② — ③ —	⊖
Faßgeschmack	Zu spätes Abziehen des Weines	① — ② Nach Holz oder Harz ③ Nach Holz oder Harz	⊖
Filtergeschmack (Asbestgeschmack)	Ungenügendes Waschen des Filters	① — ② Nach Zellulose (Asbest) ③ Hart, kratzig	⊖
Grasig (grüneln)	Durch unreife Trauben oder zu starkes Auspressen	① — ② Unreif ③ Spitze Säure, nach Gras	⊖
Holzgeschmack	Lagerung in neuen Fässern	① Manchmal hochfarbig ② Eichenlohe ③ Holzgeschmack (wie Weinbrand)	Vertretbar, wenn schwach ausgeprägt
Kellergeschmack (Moder, Schimmel)	Verschimmeltes Lesegut, verschimmelte Fässer usw., wird von Kellergeräten übertragen	① — ② Muffig, schimmelig ③ Nach Schimmel	⊖
Kochgeschmack	Bei Rotweinen durch Versieden des Mostes	① — ② Unangenehmer Geruch ③ Nach Bratäpfeln	⊖
Korkgeschmack	Von schlechten oder schlecht gereinigten Korken	① — ② Dumpf, korkähnlich ③ Muffig, gerbstoffartig	⊖ Mehrere Flaschen probieren
Luftgeschmack (Luftgeruch)	Zu langes Stehenlassen der Maische oder zu langsames Pressen	① — ② Die Maische riecht sehr stark, wenig Aromastoffe ③ Dünner Geschmack	⊖
Mäuseln	Durch Fehlentwicklung bei der Gärung	① — ② Nach Mäuseharn ③ Nach Mäuseharn	⊖
Nachgärung (Hefetrübung)	Durch Nachgärung	① Trüb ② Hefig ③ Gärton, CO_2-Bildung	⊖

Bezeichnung	Ursache	Erkennung ① = Farbe ② = Geruch ③ = Geschmack	Beurteilung ⊖ positiv ⊕ negativ
Pappig	Durch zuwenig Weinsäure	① — ② — ③ Weich, ausdruckslos	⊖
Schwefelgeschmack (Schwefelsäurefirn)	Durch unsachgemäßes Schwefeln der Fässer	① Hochfarbig ② Stumpf ③ Hart, kratzend	⊖
Überschwefelt	Durch zuviel freies SO_2 (Schwefelsäure)	① Wäßrig-hell ② Stechend ③ Hart, kratzend, stumpf	⊖ Lagern
Weinstein	Durch Alterung oder Temperaturschock bei jungen Weinen	① Kristalle, ohne Trübung ② — ③ —	Beanstandung nur bei sehr jungen Weinen
Zerschlagen	Durch Transport oder Temperaturschwankungen	① ② ③ Charakteristische Merkmale gestört	Liegen lassen

BEHANDLUNG DER WEINE

Bei Geschmacksfehlern: Filtration und Sauerstoffzufuhr.
Bei Bruchfehlern: Blauschönen.

Weinkrankheiten

Die Weinkrankheiten werden durch Pilze (Hefen) oder Bakterien, die man fast immer im Kellerklima vorfindet, verursacht. Sie vermehren sich unter günstigen Bedingungen, wie z. B. falsche Temperatur oder falsches Säureverhältnis, sehr rasch und sind leicht übertragbar.

Bezeichnung	Ursache	Erkennung ① = Farbe ② = Geruch ③ = Geschmack	Beurteilung ⊕ positiv ⊖ negativ
Essigstich	Alkohol wird durch Essigbakterien in Essigsäure umgewandelt	① Manchmal trüb ② Stechend ③ Kratzend, essigartig	⊖
Glyzerinzersetzung bei Rotweinen (=Bitterwerden)	Durch Zersetzung des Gerbstoffes	① Trüb, rotbraune Farbe, bildet Bodensatz ② — ③ Bitter	⊖
Kahm (Kahmdecke, Blume, Kahmigwerden)	Durch die Kahmhefe hervorgerufen	① An der Oberfläche wird eine weiße Haut gebildet ② — ③ Untrinkbar	⊖
Milchgeschmack	Bildung von Milch- und Buttersäure aus Zucker- und Extraktstoffen	① Glanzlos, stumpf ② Nach saurer Milch ③ Nach saurer Milch	⊖

Wein

Bezeichnung	Ursache	Erkennung ① = Farbe ② = Geruch ③ = Geschmack	Beurteilung ⊕ positiv ⊖ negativ
Milchsäurestich	Durch die Mannitbakterien hervorgerufen	① — ② Nach faulen Eiern ③ Nach faulen Eiern	⊖
Umschlagen („la tourne")	Umwandlung von Weinsäure, Weinsteinsäure und Glyzerin in Essigsäure, Milchsäure und Propionsäure durch Gärung	① Veränderung der Farbe ② Kaum wahrnehmbar, kommt auf das Stadium an ③ Sortencharakteristik geht verloren, Milchsäuregeschmack	⊖
Zähwerden (Hangig-, Ölig- oder Lindwerden)	Lindbakterien (Kokken) erzeugen aus Zuckerresten Schleim	① Trüb, ölig ② Unsauber ③ Unrein	⊖

Vorbeugung gegen Weinkrankheiten

Bei der Weinerzeugung und bei der Lagerung des Jungweines dürfen nur hygienisch absolut einwandfreie Kellergeräte verwendet werden.
Bei der Abfüllung sind keimfreie Flaschen zu verwenden.

Krankheitsbekämpfung im Anfangsstadium

Durch Eliminierung der Keime (z. B. durch Pasteurisieren, Entkeimungsfiltration).
Durch Erschweren der Vermehrungsverhältnisse (z. B. durch Erhöhen des Säuregehaltes oder durch Senken der Temperatur).

WEINFACHAUSDRÜCKE

Jedes Fachgebiet hat seine eigenen Ausdrücke, die in ihrer Gesamtheit ein feststehendes und dem Fachmann geläufiges Vokabular bilden. So ist es auch beim Wein.
Nachstehend finden Sie die wichtigsten Weinfachausdrücke, wobei Weinfehler und -krankheiten nicht mehr berücksichtigt wurden.

Abfallen: Der Wein ist kurz, bleibt nicht haften.
Abgang: Der Wein hat Körper, hält lange an. Gegenteil von kurzen Weinen.
Abgebaut: 1. Der Wein hat den Höhepunkt seiner Entwicklung bereits überschritten, ist meistens alt.
2. Die Säure kann abgebaut haben, ist geringer geworden.
Abgestanden: Der Wein ist lange im Glas oder in der Flasche gestanden, hat leichten Luftgeschmack, schmeckt abgestanden.
Altl: Altersgeschmack.
Apothekergeschmack: Geschmack nach Jodoform, Chemikaliengeschmack.
Aroma: Duft des Weines.
Ausgebaut: Der Wein ist vollkommen entwickelt.
Ausgeglichen: harmonischer Wein.

Blank: klar, glanzklar.
Blaß: sehr helle Weine mit wenig Farbstoff.
Blume: wie Aroma. Duft der leicht flüchtigen Bestandteile des Weines, die durch die Nase wahrgenommen werden. Die Blume ist je nach Sorte, Boden, Reife und Temperatur verschieden. Die Blume kann zart, fein, edel, aber auch aufdringlich sein.
Bodengeschmack: Erdgeschmack. Oft typisch für bestimmte Rieden. Der Bodengeschmack ändert sich bei der Lagerung. Bei einigen französischen Weinen ist er sehr stark ausgebildet (Charakteristikum dieser Weine), z. B. Blanc de Blancs.
Bukett: wie Aroma oder Blume. Man unterscheidet Sorten-, Gär-, Lager- und Edelfäulebukett.
Bukettiert: sehr starkes, fremdes Bukett, an Zusätze erinnernd.

Charakter: bestimmte Art des Weines; hängt von Sorte, Lage, Klima, aber auch von der Weinbehandlung ab.

Dickflüssig: zäher Wein (bakterienkrank).
Duftig: elegante, leichte Blume.
Dumpf: leichter Schimmelgeschmack.

Eckig: Die einzelnen Geschmacksstoffe treten ungleich hervor. Der Wein ist unharmonisch.
Edelfäule: Bei trockener Witterung, aber feuchter Luft (Flüsse, Seen) entwickelt sich die Botrytis oder Edelfäule. Weine aus edelfaulen Trauben ergeben ein hervorragendes Produkt.
Ehrlich: unaufgebesserte, nach der alten Schule behandelte, aber reintönige Weine.
Eigenart: Weine mit einem typischen Geschmack. Oft wird der Ausdruck gebraucht, wenn man eine Eigenart feststellt, aber nicht definieren kann.
Eigenbau: Eigengewächs, der Wein wurde aus Trauben eigener Fechsung hergestellt.

Eiswein: Weine aus reifen, gefrorenen Trauben.
Elegant: vollkommen harmonische, meist leichtere, spritzige und nicht zu milde Weine.
Entwickelt: ausgebauter, reifer Wein.
Erdgeschmack: Geschmack nach Erde.
Extrakt: Mineralsalze, Glyzerin, Zucker und Säuren, die im Wein gelöst sind. Je höher der Extrakt, desto voller der Wein.

Farblos: wie blaß.
Faulig: nach faulen Trauben schmeckend.
Fechsung: Ernte.
Fehlerhaft: Weine mit nachteiligen Veränderungen meist chemischer Natur oder durch Aufnahme weinfremder Stoffe.
Fertig: ausgebaute, entwickelte Weine.
Fett: schmalzige, ölige Weine mit hohem Extrakt.
Feurig: Weine, deren Alkoholgehalt hoch ist, die aber trotzdem harmonisch im Geschmack sind. Bei Rotweinen wird „feurig" auch zur Farbenbezeichnung angewendet.
Firnig: wird meistens für den Schwefelsäurefirn angewendet. Trockener, harter, eigenartig saurer Geschmack, der die Zähne stumpf macht. Tritt bei Weinen auf, die in jahrelang leerstehenden Fässern gelegen sind. In Deutschland bezeichnet man Weine mit stärkerem Altersgeschmack als firnig.
Flaschenreif: ausgebauter, entwickelter Faßwein, der reif für die Flaschenfüllung ist.
Flaschenreife: Der Wein hat seinen Höhepunkt (Zenit) erreicht und beginnt nun wieder abzubauen. Der Wein sollte zu diesem Zeitpunkt getrunken werden.
Flüchtige Säure: Wein mit Essigstich (Weinkrankheit).
Fremdgeschmack: Geschmack oder Geruch, der nicht in den Wein paßt und als störend empfunden wird.
Frostgeschmack: unangenehmer Geschmack, von gefrorenen, unreifen Trauben stammend.
Fruchtig: Wein, der im Geschmack an die Sorte erinnert.
Fuchsgeschmack: Geschmack der Direktträgerweine (Erdbeer- und Wanzengeschmack).
Fülle: körperreicher, vollmundiger Wein.
Füllreif: wie flaschenreif.

Gebrochen: Der Wein ist fehlerhaft, trüb, mit Bruchgeschmack. Weißer, schwarzer, brauner Bruch (Weinfehler).
Gedeckt: bei Rotwein dunkle Farbe.
Gehalt: körperreicher, voller Wein.
Gelägergeschmack: Hefegeschmack, Geschmack nach zersetzter Hefe.
Gemischter Satz: Weine, die aus dem Lesegut eines nicht reinsortig ausgesetzten Weingartens erzeugt werden.
Gerbstoffreich: herber Wein.
Geschliffen: Weine, die durch kellertechnische Behandlungsmethoden (Entsäuerung, Verschnitt usw.) harmonisch wurden.
Gezuckert: mit Zucker verbesserter Wein.
Glatt: harmonisch.

Hängengeblieben: Der Wein ist in der Gärung steckengeblieben.
Harmonisch: Die Bestandteile des Weines stehen zueinander im richtigen Verhältnis.
Hart: Weine mit hoher, unharmonischer Säure.
Hefegeschmack: wie Gelägergeschmack.
Hell: Der Wein hat wenig Farbe.
Herb: zusammenziehender Geschmack, höherer Gerbstoffgehalt.
Herrenwein: kerniger, fruchtiger Wein mit angenehmer Säure.
Heuriger: Jungwein. Zu Martini (11. November) wird die neue Weinernte zum Heurigen (Jungwein) und bleibt Heuriger bis nächstes Jahr zu Martini. Dann wird der Heurige zum Altwein, und der nächste Jahrgang tritt an seine Stelle.
Hinten nach: Geschmackswahrnehmung hinten am Gaumen. Z. B., der Wein hält an, er hat Körper.
Hochfarbig: Zu gelbe oder gelbbraune Weine werden als hochfarbig bezeichnet. Auslesen können hochfarbig sein.
Holzgeschmack: bei neuen Fässern. Geschmack der aus dem Holz ausgelaugten Harze.
Hybridengeschmack: wie Fuchsgeschmack.

Jungfernwein: erster Ertrag einer Neupflanzung.
Jungwein: wie Heuriger.

Kammgeschmack: wie Trestergeschmack.
Kernig: körperreicher Wein mit entsprechender Säure.
Kieselgurgeschmack: Der erste Wein, der über Kieselgur filtriert wird, kann einen eigenartigen Erdgeschmack haben.
Klar: Wein ohne Trübung.
Konsumwein: Wein mittlerer Qualität für den täglichen Bedarf.
Körperarm: dünn, leicht.
Körperreich (mit Körper): extraktreich, voll.
Kratzig: unharmonisch, eckig.
Kurz: Der Wein bleibt nicht lange haften, er hat keinen Körper.

Lebendig: spritzig, der Wein hat Leben.
Leer: Der Wein ist dünn, leicht, hat keinen Körper.
Licht: heller Wein, wenig Farbe.
Lieblich: Geschmackskategorie bei Wein zwischen halbtrocken und süß. Restzuckergehalt zwischen 18 und 40 Gramm pro Liter.
Luftgeschmack: an Geruch von frischgebackenem Brot erinnernd; ist nur bei extraktreichen, schweren Weinen günstig. Im allgemeinen wirkt sich dieser Geschmack unangenehm aus.

Matt: leer, ohne Kohlensäure.
Meßwein: naturbelassener Wein, der den kirchlichen Vorschriften entspricht.
Metallgeschmack: eigenartiger, metallischer Geschmack.
Mild: säurearm.
Mollig: voller, runder Wein.
Moussierend: stark kohlensäurehältig.
Muffig: leichter Schimmelgeschmack.

Naturrein: Weine ohne Zusätze, vor allem ohne Mostaufbesserung. Als Weinbezeichnung nach dem Gesetz verboten.

Perlend: spritziger, kohlensäurehaltiger Wein.
Pfeffrig: eigenartiger, pfeffriger Geschmack, der oft bei hochwertigem Grünen Veltliner auftritt.
Prickelnd: kohlensäurehältiger Wein, der spürbar auf der Zunge prickelt.

Rauh: herber Wein, auch übermäßiger Gehalt an Schwefelsäure.
Reintönig: Wein ohne irgendeinen Nebengeschmack.
Reißt ab: Der Wein ist kurz, nicht anhaltend im Geschmack.
Reißt nicht ab: Der Wein hat Körper, ist anhaltend im Geschmack.
Resch: säurereicher Wein ohne Zuckerrest.
Rezent: fein, zart.
Rund: voller, abgerundeter Geschmack.

Sauer: Wein mit unangenehmer oder hoher Säure.
Säureabbau: Allgemein wird darunter der durch Bakterien verursachte Abbau der Apfelsäure zu Milch- und Kohlensäure verstanden.
Schal: ein leerer Wein ohne Spritzigkeit.
Schankwein: wie Konsumwein.
Scharf: Weine mit hohem Kohlensäuregehalt, sodaß sie scharf wirken.
Schleier: leichte Trübung.
Schwer: alkoholreicher Wein mit hohem Extrakt. Alkoholreicher Wein mit wenig Extrakt ist brandig.
Sitzengeblieben: Der Wein ist in der Gärung steckengeblieben.
Sortenbukett: Im Wein ist die Sorte typisch zu erkennen.
Spätlese: Weine aus vollreifen, sehr spät gelesenen Trauben.
Sperrig: Der Wein hinterläßt einen eigenartig trockenen Geschmack im Mund.
Spiegelblank: ganz klar, ohne Makel.
Spitzenweine: Weine sehr guter Qualität, meist in der Bouteille.
Spritzig: wie prickelnd.
Staubig: Wein mit leichter Trübung.
Steckengeblieben: Weine, die nicht vergoren haben und noch einen erheblichen Zuckerrest aufweisen.
Stich: kranker Wein. Essig-, Milchsäurestich.
Stumpf: eigenartiger, pelziger Geschmack, meistens hoher Gehalt an Schwefelsäure.
Sturm: Most in Gärung.
Süffig: harmonischer, leichter Wein, der immer wieder zum Trinken anregt.
Süß: Weine, die einen übermäßigen Zuckerrest besitzen.

Tischwein: wie Konsumwein.
Tönig: unharmonisch.
Tot: fad schmeckender Wein.
Trestergeschmack: Geschmack nach Trestern (Tresterwein). Auch bei Weinen, deren Maische lang gelegen ist.
Trocken: Der Wein läßt einen sperren Geschmack zurück.
Trüb: wie Schleier, nicht klar.

Unharmonisch: Einzelne Geschmacksformen im Wein treten unangenehm hervor.

Verbessert: Most wird gezuckert im Sinne des Weingesetzes.
Verschnitten: Zwei oder mehrere Weine werden vermischt, z. B. säurereicher Wein mit säurearmem Wein. Der Verschnitt soll die Qualität heben.
Versieden: Bei zu starker Selbsterwärmung während der Gärung kommt es zu Gärstockungen. Die Weine haben dann einen eigenartigen Geschmack und oft einen höheren Zuckerrest.

Weich: säurearmer Wein.
Weiß: Der Wein ist kahmig (Weinkrankheit).
Würzig: intensiv fruchtig, aromatisch.

Zart: nicht sehr kräftiger, aber feiner, eleganter Wein.
Zuckerhütl: leichter, als angenehm empfundener Zuckerrest im Wein.
Zuckerrest: Der Wein hat mehr oder weniger unvergorenen Zucker.

DIE WICHTIGSTEN WEINBAULÄNDER DER WELT

Frankreich

Frankreich ist das größte Weinbauland der Welt mit den besten Weinen der Welt. Der Reichtum an guten Weinen ist hier einmalig, fast jede Landschaft verfügt über ihre eigenen Weinspezialitäten, die in jedem Gebiet nach ihrem eigenen Klassifizierungssystem eingestuft werden.
Französische Weine sind meist nicht aus einer einzigen Traube gekeltert, sondern aus einer Mischung verschiedener Rebsorten.
Auf einer Rebfläche von 1,3 Millionen Hektar wachsen etwa 72 Prozent Rotwein- und 28 Prozent Weißweintrauben. Die gesamte Weinerzeugung beträgt ungefähr 73 Millionen Hektoliter, von denen zirka 6,7 Millionen vorwiegend in die BRD, die Beneluxstaaten, die USA und nach Großbritannien exportiert werden.

Hauptrebsorten

Insgesamt werden in Frankreich etwa 200 Rebsorten gepflanzt. Die wichtigsten sind im folgenden angeführt.
Weißweinreben: Chardonnay, Chasselas, Chenin blanc, Clairette, Colombard, Folle blanche, Gewürztraminer, Macabeu, Merlot blanc, Muscadelle, Muscadet, Muscat, Picpoul, Riesling, Sauvignon blanc, Sémillon, Sylvaner, Ugni blanc.
Rotweinreben: Aligoté, Cabernet franc, Cabernet-Sauvignon, Carignan, Cinsault, Gamay, Grenache, Malbec, Merlot noir, Mourvèdre, Pinot noir, Pinot Meunier, Syrah.

Weingüteklassen

Landesweit gibt es in Frankreich vier Güteklassen.

A.-C.- oder A.-O.-C.-Weine (Appellation d'origine controllée): Die Weine mit „kontrollierter Herkunftsbezeichnung" stellen die Elite der französischen Weinerzeugung dar. Ihr Anteil an der Gesamtproduktion beträgt etwa zwölf Prozent. Sie unterliegen einer besonders strengen Kontrolle der Rebsorten, des Schnitts, des Höchstertrages je Hektar, des Mindestalkoholgehalts und des Weinbereitungsverfahrens und dürfen nur in streng abgegrenzten Gebieten gebaut werden.

Das Wort „origine" wird auf dem Flaschenetikett durch das Anbaugebiet, den Bereich, die Gemeinde, den Ort oder die Lage ersetzt, wobei die Qualität des bezeichneten Weines umso höher ist, je kleiner das kontrollierte Anbaugebiet ist.

A.-C.-Weine werden genauen Untersuchungen (Laboranalysen, organoleptischen Untersuchungen) unterworfen. Die Ernte von A.-C.-Weinen muß der zuständigen Gemeindeverwaltung gemeldet werden. Die meisten A.-C.-Weine kommen aus Bordeaux, Burgund, dem Elsaß und der Champagne.

V.-D.-Q.-S.-Weine (Vins de qualité supérieure): Die Weine „höherer Qualität aus begrenzten Anbaugebieten" liegen eine Qualitätsstufe unter den A.-C.-Weinen. Auch diese Weine unterliegen strengen Kontrollen und sind durch ein rechteckiges Gütezeichen gekennzeichnet. Fast die Hälfte aller V.-D.-Q.-S.-Weine kommen aus dem Midi sowie aus Sud-Ouest und aus dem Rhonetal.

Vins de pays (Landweine): Auf dem Etikett ist die Herkunftsregion (Departement oder Produktionszone) angegeben, es dürfen jedoch keine der für die Qualitätsweine festgelegten Herkunftsbezeichnungen verwendet werden. Landwein darf nicht mit Weinen anderer als der bezeichneten Region verschnitten werden. Der Mindestalkoholgehalt ist festgelegt. Die meisten Landweine stammen aus Languedoc-Roussillon, aus der Provence und von der Côte d'Azur.

Vins de table (Tafelweine): Sie tragen keine innerfranzösischen Herkunftsbezeichnungen, aber der Alkoholgehalt muß auf dem Flaschenetikett angegeben sein. Sie sind meist der Verschnitt aus Weinen verschiedener französischer Anbaugebiete.

Die Weinbauregionen Frankreichs

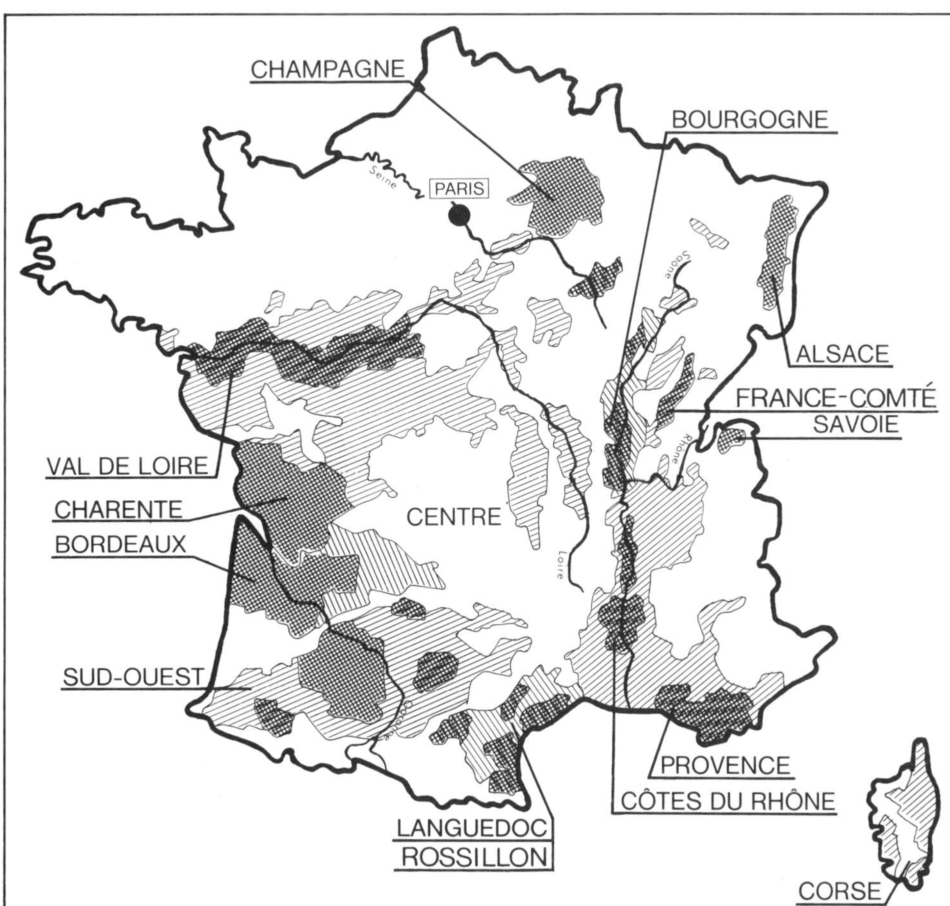

BORDEAUX

Die Spitzengewächse dieser Weinbauregion oder, besser gesagt, dieser Weinbaumetropole sind wohl die feinsten, elegantesten und kostbarsten der Welt. Sie zeichnen sich durch besondere Lieblichkeit, Qualität, Finesse und durch besonderes Raffinement aus. Berühmt sind vor allem die Rotweine Bordeaux'. Sie dienen als Pegelwein für alle anderen in der Welt produzierten Rotweine.
Größe der Rebfläche: zirka 105.000 Hektar.
Jahresproduktion: zirka fünf Millionen Hektoliter, davon 54 Prozent Weißweine, ein Prozent Roséweine und 45 Prozent Rotweine.
Geographische Ausdehnung: Diese bedeutende Weinbauregion Frankreichs ist um die Stadt Bordeaux nach Norden, Süden und Osten aufgefächert und durch die großen Flüsse Gironde, Garonne und Dordogne mehrmals unterbrochen. Im Westen wird sie durch den Atlantik abgegrenzt.
Geologische Bedingungen: kieselartige Lehmböden mit kalkigem oder steinigem Untergrund.
Anzahl der A.-C.-Weine: 36. In Bordeaux gibt es keine V.-D.-Q.-S.-Weine.
Hauptrebsorten: 10. Die wichtigsten sind Merlot blanc, Sémillon, Sauvignon, Muscadelle (Weißweinreben), Cabernet-Sauvignon, Cabernet franc, Merlot noir, Malbec (Rotweinreben).
Ideale Trinktemperaturen der Bordeaux-Weine: Weißweine — 7 bis 8° C, Roséweine — 6 bis 7° C, Rotweine — 17 bis 18° C.

KLASSIFIZIERUNG DER BORDEAUX-WEINE

Die Weinbauregion Bordeaux hat eine eigene Weinklassifizierung, die auf das Jahr 1855 zurückgeht.
Heute hat fast jedes Weinbaugebiet Bordeaux' eine Klassifizierung (siehe bei den einzelnen Weinbaugebieten).

Die nachstehenden Bezeichnungen findet man jedoch in der ganzen Region.
Château: Schloßweingut
Mise en bouteilles au château: Schloßabfüllung
Grand vin: Bezeichnung ohne qualitative Bedeutung
Négociant: Händler
Cru exceptionnel: zweite Qualitätsstufe nach den klassifizierten Rebsorten
Cru bourgeois supérieur: dritte Qualitätsstufe
Cru bourgeois: vierte Qualitätsstufe

DIE WEINBAUGEBIETE BORDEAUX'

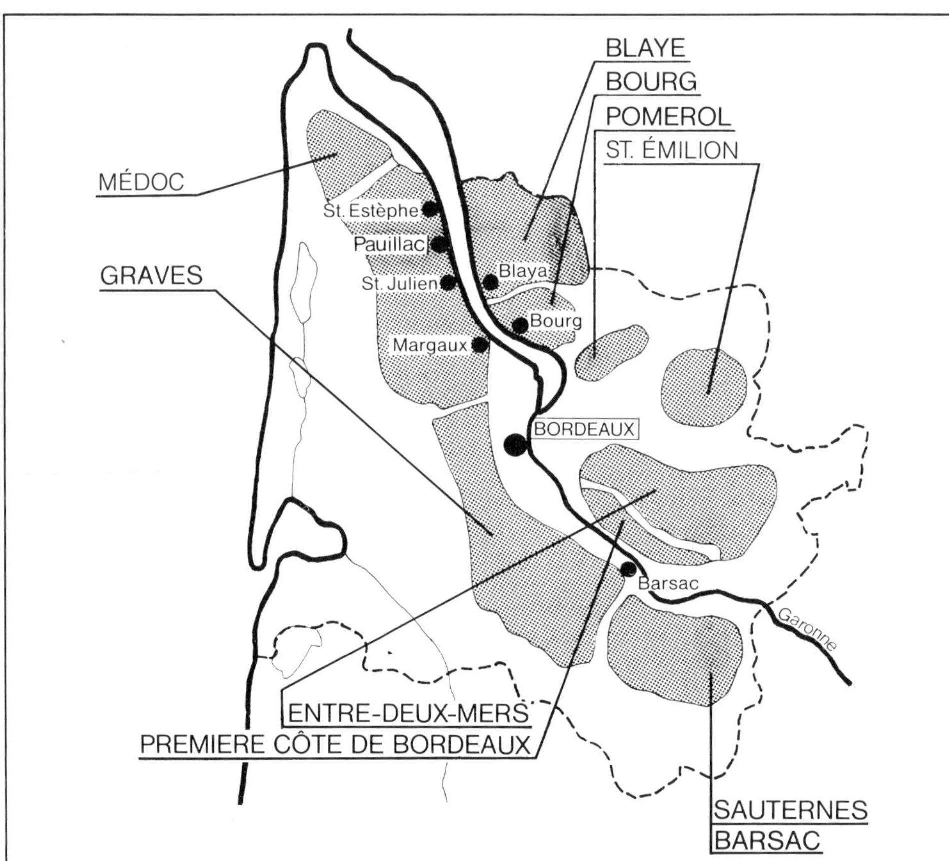

Médoc: Das Médoc liefert die besten Rotweine der Welt – tanninreiche Weine mit rubinroter Farbe, großer Rasse und Feinheit und einem besonderen Duft und Aroma. Sie sind sehr gut lagerfähig, die meisten Weine dieses Gebietes erreichen erst nach langer Lagerung (15 bis 25 Jahre) ihre Vollreife.
Das bekannteste Gebiet in der Médoc ist die Haut-Médoc.
Weinbauorte: St. Estèphe, Pauillac, St. Julien, Margaux.
Klassifizierung: aus dem Jahr 1855.
Premiers grands crus classés (erste Rebsorte): In dieser höchsten Klasse sind nur vier Weine, nämlich: Château Lafite-Rothschild (Pauillac), Château Moûton-Rothschild (erst seit 1973, Pauillac), Château Latour (Pauillac), Château Margaux (Margaux).
Deuxièmes grands crus classés (zweite Rebsorte)
Troisièmes grands crus classés (dritte Rebsorte)
Quatrièmes grands crus classés (vierte Rebsorte)
Cinquièmes grands crus classés (fünfte Rebsorte)
Andere bekannte Weine
St. Estèphe: Cos d'Estournel, Château Calon Segurt, Château Montrose, Château Lafon-Rochet, Château Cos Labory.
Pauillac: Château Batailley, Château Pontet-Canet, Château Duhart-Milon, Château Pichon-Lalande, Château Longueville, Château Haut-Bages.
St. Julien: Château Talbot, Château Gruaud-Larose, Château Ducru Beaucaillou, Château Gloria, Château Belgrave, Château La Tour-Carnet.
Margaux: Château Palmer, Château Marquis-de-Terme, Château Rausan-Ségla, Château Kirwan, Château Lascombes, Château La Lagune, Château d'Issan, Château Cantemerle, Château du Tertre, Château Prieuré-Lichine.

Graves: Der Name stammt von den hügeligen, steinigen Böden. Dieses Gebiet bringt ein wesentlich breiter gefächertes Weinsortiment hervor als das Médoc: trockene Rotweine sowie trockene und lieblich-süße Weißweine.
Weinbauort: Pessac.
Klassifizierung: Die Klassifizierung der Weine von Graves wurde 1959 vorgenommen. Die klassifizierten Weine sind einzeln aufgezählt. Der Château Haut-Brion wurde allerdings bereits in die Klassifikation von 1855 von Médoc aufgenommen (Premiers grands crus classés), und zwar als einziger Wein, der nicht aus Médoc stammt.
Andere bekannte Weine: Château Olivier, Château Pape Clément, Château Haut-Bailly, Château Bouscaut, Château Carbonnieux.
Sauternes und Barsac: Diese Gegenden zählen zu den besten Weißweingebieten der Welt. Die Trauben werden meist erst dann gelesen, wenn sie Edelfäule aufweisen. Die Weine sind durch den hohen Zuckergehalt likörartig süß und mild.
Klassifizierung: aus dem Jahr 1855.
Premier grand cru classé: Château d'Yquem
Premiers crus classés
Deuxièmes crus classés
Crus bourgeois
Andere bekannte Weine: Château La Tour-Blanche, Château Guiroud.

Entre-deux-mers: Der Weinbau wird in diesem Gebiet auf den steil abfallenden Kalkböden an den Ufern von Garonne und Dordogne betrieben. Produziert werden in erster Linie Rotweine mittlerer Güte. Die Weißweine dieses Gebietes sind qualitativ hochwertiger: sehr trocken, fruchtig und frisch. Die besten Lagen sind um die Städte St.-Croix-du-Mont und Loupiac.
In Entre-deux-mers entlang der Garonne liegt das bekannte Gebiet Premières Côtes de Bordeaux. Hier werden sehr gute Rotweine erzeugt.

St. Émilion: Dieses Gebiet erzeugt die kräftigsten Bordeaux-Weine.
Klassifizierung: stammt von 1969.
Premiers grands crus classés A: Château Ausone, Château Cheval-Blanc
Premiers grands crus classés B
Grands crus classés
Andere bekannte Weine: Château Belair, Château Figeac, Château Trottevieille, Château Canon, Château La Gaffelière.

Pomerol: Im Pomerol-Gebiet gibt es nur eine geringe Produktion, daher sind die Preise der Weine hoch. Die Pomerol-Weine haben einerseits das feine Bukett der Médoc-Weine und andererseits den Körper der St.-Émilion-Weine. Sie sind sehr langlebig und haben ein leichtes Trüffelaroma.
Bekannte Weine: Château Pétrus (Pomerol hat keine eigene Klassifizierung, der Château Pétrus zählt aber zu den besten Weinen von Bordeaux), Château Nenin, Château Gazin, Château Certan, Château La Conseillante, Château La-Fleur, Château l'Evangile, Château Le Gay.

Bourg und Blaye: Im Weinbaugebiet um diese beiden Städte werden mittlere und einfache Rot- und Weißweine erzeugt, die als Tischweine auf den Markt kommen.

Neben den genannten Weinbaugebieten gibt es in Bordeaux noch einige kleinere, z. B. Cérons, Loupiac, Fronsac, Néac, Côtes de Castillon.

Südwesten (Sud-Ouest)

Der Südwesten ist die Bezeichnung eines Weinbaugebietes, das sich südlich an das Bordeaux-Gebiet anschließt und bis in die Pyrenäen reicht. Es ist kein in sich geschlossenes Weinbaugebiet, sondern es besteht aus einer Vielzahl verstreuter Anbaugebiete. Der Weinbau dieser Gegend geht auf die Römer zurück, es gibt aber nur wenige sehr gute Weine aus dieser Region. Von hier kommt aber eine Anzahl von V.-D.-Q.-S.-Weinen.

Die wichtigsten Weinbaugebiete des Südwestens

Bearn: In dieser ehemaligen Grafschaft und heutigen baskischen Provinz wächst ein bekannter Weißwein, der Jurançon. Er hat ein reiches, einer Beerenauslese ähnliches Bukett und ein ganz seltenes Zimt-Nelken-Aroma.
Ebenfalls in diesem Gebiet gedeihen der kräftige, feurige Madiran (Rotwein) und der weiße Pacherenc-du-Vic-Bilh, den es je nach Jahrgang likörartig oder sehr trocken gibt.

Bergerac: Nördlich der Dordogne gelegen, bietet dieses Gebiet bukett- und farbreine Rotweine sowie Weißweine mit feinem Aroma und vollem, lieblichem Geschmack.
Monbazillac: Es liegt südlich der Dordogne und erzeugt vor allem Dessertweine mit mildem, angenehmem Charakter.
Tarn: Aus diesem Department kommt der Gaillac. Der bekannteste ist der angenehme, kohlensäurehaltige Weißwein, der sich gut zur Sekterzeugung eignet. Daneben gibt es auch Rot- und Roséweine mit dieser Bezeichnung.
Armagnac: siehe auch Seite 250. Dieses Gebiet ist klar abgegrenzt, und ähnlich wie beim Cognac werden die Produktionsgebiete in Zonen eingeteilt: Bas-Armagnac, Ténarèze und Haut-Armagnac.

LANGUEDOC-ROUSSILLON (MIDI)

Diese Weinbaugebiete, im Süden des Landes gelegen, produzieren quantitativ die meisten Weine, ohne jedoch Spitzenqualitäten wie andere französische Weinbaugebiete hervorzubringen. Hier werden vor allem Landweine und Tafelweine, sogenannte „Vins ordinaires" produziert, die in ganz Frankreich als Konsumweine verkauft werden. Diese Weine kommen auch unter der Bezeichnung „Vins du Midi" (=Weine der südlichen Landschaft) in den Handel.
Größe der Rebfläche: zirka 430.000 Hektar.
Jahresproduktion: zirka 25 Millionen Hektoliter, davon fünf Prozent Weißweine, fünf Prozent Roséweine und 90 Prozent Rotweine.
Geographische Ausdehnung: Am Golfe du Lion gelegen, reicht das Weinbaugebiet Languedoc-Roussillon im Norden bis zu den Cevennen, im Süden bis zu den Pyrenäen.
Geologische Bedingungen: Kalkböden, Kalk-Schiefer- und Granitböden.
Anzahl der A.-C.-Weine: 7. Hier gibt es sehr viele V.-D.-Q.-S.-Weine. Eine Besonderheit dieses Gebietes sind die V.-D.-N.-Weine (=Vin doux naturel" — süßer, naturbelassener Wein).
Hauptrebsorten: 8. Die wichtigsten sind Clairette, Ugni blanc (Weißweinreben), Carignan, Syrah, Grenache (Rotweinreben).
Ideale Trinktemperaturen der Midi-Weine: Weiß- und Roséweine — um 8° C, Rotweine — um 12° C.

DIE WICHTIGSTEN WEINBAUGEBIETE VON LANGUEDOC-ROUSSILLON

Languedoc: Hier wachsen bekannte Clairetteweine: Clairette du Languedoc und Clairette de Bellegarde. Clairetteweine sind sehr helle, leichte Rotweine, die besonders in England große Bedeutung gewonnen haben. Sie eignen sich vorzüglich zur Herstellung von Weinbowlen.
Aber auch andere A.-C.-Weine stammen aus dieser Gegend, z. B. der Fitou.

Roussillon: Dieses Gebiet bringt hauptsächlich Süß- und Dessertweine, die meist exportiert werden, hervor. Der bekannteste von ihnen ist der Muscat de Frontignac.
Andere bekannte Weine: Banyuls, Rivesaltes (Süßwein).

PROVENCE

Dieses Weinbaugebiet, im Südosten des Landes gelegen, bringt Weißweine, Rosé- und Rotweine hervor.
In der Regel sind die Weißweine trocken und säurearm, es fehlt ihnen eine gewisse Frische. Die Rotweine sind einfach, unkompliziert und kräftig. Die Roséweine machen den Großteil der Weinproduktion dieser Region aus, sie sind angenehm frisch.
Jahresproduktion: zirka zwei Millionen Hektoliter, davon fünf Prozent Weißweine, 70 Prozent Roséweine und 25 Prozent Rotweine.
Geographische Ausdehnung: Im Südosten Frankreichs gelegen, reicht es von Bandol bis St. Raphaël an der Mittelmeerküste, im Norden bis Barjols und Vidauban.
Geologische Bedingungen: entlang der Küste kristallinische Formation; Sandstein- und Tonbildungen, Muschelkalk, Bitterspalt und Tuff.
Anzahl der A.-C.-Weine: 4. Der größte Teil der Weine in der Provence sind V.-D.-Q.-S.-Weine.
Die Weine der Provence kommen unter der Bezeichnung „Côtes de Provence" oder „Coteaux d'Aix en Provence" auf den Markt.

Hauptrebsorten: 14. Die wichtigsten sind Sémillon, Ugni blanc, Clairette, Verminto (Weißweinreben), Carignan, Cinsault, Grenache, Mourvèdre (Rotweinreben).
Ideale Trinktemperaturen der Provence-Weine: Weiß- und Roséweine — um 7° C, Rotweine — um 16° C.
Bekannte Weine: Côtes de Provence rosé, Bandol rosé, Rosé de Provence V.D.Q.S., Bastide blanche, Cassis, Bellet, Château Minuty, Château Simone.

RHONETAL (CÔTES DU RHÔNE)

Die Weingärten der Côtes du Rhône liegen an den steilen Hängen beiderseits des Flusses.
Wie in allen französischen Weinbaugebieten gibt es auch im Rhonetal einige bevorzugte Lagen, die sich von den anderen stark unterscheiden und Weine besonderer Charakteristik hervorbringen.
Die bekanntesten Abschnitte des Rhonetales sind die Côte-Rôtie, Condrieu (Weißweine), Tain-l'Hermitage, l'Hermitage, Cornas, Châteauneuf-du-Pape und Tavel (Roséweine).
Im Norden sind die Weine fein, lieblich und elegant. Im Süden werden sie zunehmend voller, stärker und kräftiger. Die typischen roten Rhône-Weine sind starke, alkoholreiche, tanninhaltige, langlebige Weine, die eine lange Flaschenreifung brauchen. Sie haben einen adstringierenden Geschmack (=mit langem Abgang).
Größe der Rebfläche: zirka 48.000 Hektar.
Jahresproduktion: zirka 1,5 Millionen Hektoliter, davon zwei Prozent Weißweine, 13 Prozent Roséweine und 85 Prozent Rotweine.
Geographische Ausdehnung: Dieses Gebiet erstreckt sich in einer Länge von fast 200 Kilometer von der Stadt Vienne im Norden bis zur alten päpstlichen Residenzstadt Avignon im Süden entlang der Rhone.

Geologische Bedingungen: im Norden Granit, im Süden Kiesel- und Sandstein, Quarzgestein, Geröllböden.
Anzahl der A.-C.-Weine: 17.

Hauptrebsorten: 13. Davon sind die wichtigsten Ugni blanc, Clairette, Macabeu, Picpoul (Weißweinreben), Syrah, Gamay, Grenache, Cinsault, Mourvèdre (Rotweinreben).
Ideale Trinktemperaturen der Rhone-Weine: Weiß- und Roséweine — um 8° C, Rotweine — um 15° C.

Bekannte Weine: Châteauneuf-du-Pape, Hermitage „La Chapelle", Côtes-du-Rhône-Villages, Côtes du Rhône „La Paralelle", Côtes du Rhône Gigondas, St. Peray, Tavel rosé.

BURGUND (BOURGOGNE)

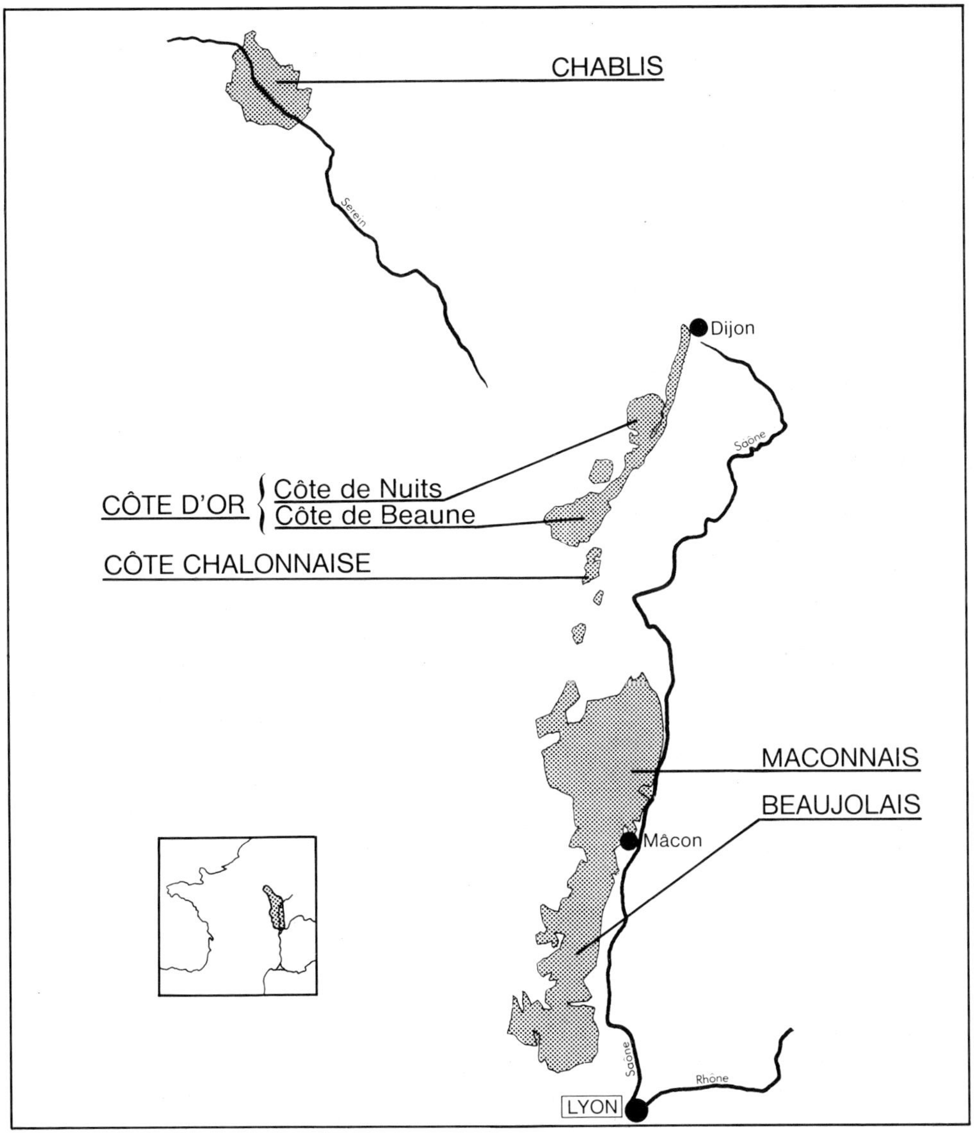

Spricht man in Bordeaux von den eleganten Weinen, so ist im Gegensatz dazu der Burgunder ein herrlich kräftiger, edler Wein. Die Spitzenweine Burgunds sind langlebig, sehr begehrt und wohl die teuersten, die es gibt.
Größe der Rebfläche: zirka 300.000 Hektar.
Jahresproduktion: zirka 1,6 Millionen Hektoliter, davon 20 Prozent Weißweine, fünf Prozent Roséweine und 75 Prozent Rotweine.
Geographische Ausdehnung: Dieses Gebiet besteht aus vielen einzelnen charakteristischen Weinbaugebieten. Südöstlich von Paris beginnend, erstreckt es sich vom Gebiet von Chablis im Norden bis nach Lyon (Beaujolais-Gebiet).
Geologische Bedingungen: sehr unterschiedlich — Kalkböden (Chablis), Lava-, Lehm-, Ton-, Kreide-, Mergelschichten, Jurafelsen mit einer dünnen Humusschicht, Granit.
Anzahl der A.-C.-Weine: 113.
Hauptrebsorten: 5, nämlich Chardonnay, Pinot blanc, Aligoté (Weißweinreben), Pinot noir, Gamay (Rotweinreben).
Ideale Trinktemperaturen der Burgunder Weine: Weiß- und Roséweine — 6° C, Rotweine — 15° C, Beaujolais — 12° C.

Klassifizierung der Burgunder Weine

Die Weine der Burgund haben eine eigene, jedoch nicht so klare Qualitätsbezeichnung wie z. B. die Bordeaux-Weine.
Ortsnamen: Die edelsten und teuersten Weine aus Burgund führen die einfachen Ortsnamen, z. B. Romanée, Richbourg, Musigny, Meursault, Montrachet usw.
Grand cru: Spitzenlage
Tête de cuvée: Spitzenlage
Climat: Einzellage (Riede)
Monopole: Weinberg, in einem Besitz befindlich
Récolte: Jahrgang
Mise en domaine: Weingutabfüllung
Mise dans nos caves: Kellereiabfüllung
Eleveur: Händler

Die Weinbaugebiete des Burgunds

Chablis: Ganz im Norden außerhalb des eigentlichen Weinbaugebietes der Burgund, im Departement Yonne, liegt das Weißweingebiet Chablis. Der Chablis ist der berühmteste Weißwein Frankreichs — leicht, trocken, sehr körperreich, gut lagerfähig, d. h., die Vorzüge kommen erst bei älteren Jahrgängen voll zur Geltung.
Chablis hat eine eigene Weinklassifizierung, nämlich Chablis grands crus, Chablis premiers crus, Chablis, Petit Chablis.
Bekannte Weine: Chablis grand cru Les Preuses, Chablis grand cru Vaudésir, Chablis grand cru Blanchot.

Côte d'Or: Dieses Gebiet an der Saône ist das Herzstück der Burgund, hier wachsen die berühmtesten Weine Frankreichs. Die Côte d'Or gliedert sich in die nördliche **Côte de Nuit** und die südliche **Côte de Beaune.** Es ist ein sehr aufgesplittertes Gebiet, in dem jeder Winzer nur ganz kleine Weinberge besitzt. Deshalb spielen die Weinhändler, die die Weine aufkaufen, miteinander verschneiden und so für eine gleichbleibende Qualität des Burgunders sorgen, hier eine sehr große Rolle.
Bekannte Weine der Côte de Nuit: Fixin, Chambertin, Clos de Tart, Clos de la Roche, Bonnes-Mares, Clos de Vougeot, Musigny, Romanée-Conti, Echezeaux, Richebourg.
Bekannte Weine der Côte de Beaune: Château Corton-Grancey, Corton-Charlamagne, Aloxe-Corton, Clos des Mouches, Hospices de Beaune, Meursault, Montrachet, Pommard, Volnay.

Côte Chalonnaise: südliche Fortsetzung der Côte d'Or. Hier werden sowohl vorzügliche Weißweine (um die Orte Rully und Montagny) als auch Rotweine (um Mercurey und Givry) gebaut.
Bekannte Weine: Rully, Mercurey, Givry Clos Saint-Pierre, Montagny, Clos Salomon.

Mâconnais: Das Mâconnais bildet den Übergang von den nördlichen zu den südlichen Weinbaugebieten Frankreichs.
Bekannte Weine: Pouilly-Fuissé (trockener, gehaltvoller, bukettreicher Weißwein), Mâcon (schwerer Rotwein), Clos du Chapitre, Mâcon Prissé, St. Véran.

Beaujolais: Hier wächst einer der am meisten konsumierten Weine der Welt. Er wächst auf Granitböden, wird früh geerntet, reift rasch und kann bald getrunken werden. Der Beaujolais wird zum Großteil aus der Gamay-Traube erzeugt. Er ist ein leichter, frischer Rotwein.
Bekannte Weine: Beaujolais-Villages, Juliénas, Côte de Brouilly, Fleurie, Moulin-à-Vent, Chénas, St. Amour, Chiroubles, Morgon.
Beaujolais-Primeur (Beaujolais nouveau): Dieser Wein ist eine Besonderheit aus dem Beaujolais. Es handelt sich dabei um ganz jungen, frischen, leichten Rotwein, der bereits im Jänner in Flaschen gefüllt in den Handel kommt. Er wird leicht gekühlt serviert.

Savoyen und Juragebiet (Savoie et Franche Comté)

Das Anbaugebiet von Savoyen ist nicht sehr bekannt und hat nur regionale Bedeutung. Die savoyischen Weine sind frisch und blaß in der Farbe.
Hauptrebsorten: Chasselas, Chardonnay (Weißweinreben), Mondeuse (Rotweinrebe).
Im Juragebiet wird Weiß-, Rosé- und Rotwein erzeugt.
Als Eigenheit dieses Gebietes können die „gelben" und die „grauen" Weine bezeichnet werden, die hauptsächlich aus der Savagnin-Traube gekeltert werden.
Die besten Roséweine kommen aus Arbois.

Elsass (Alsace)

Die Weißweine aus dem Elsaß haben eine gewisse Ähnlichkeit mit den deutschen Rheinweinen, weisen aber eine unverwechselbare Charakteristik im Geschmack auf.
Größe der Rebfläche: zirka 13.000 Hektar.

Jahresproduktion: zirka 900.000 Hektoliter, davon 98 Prozent Weißweine und zwei Prozent Rotweine.
Geographische Ausdehnung: Die Weinbauregion Elsaß erstreckt sich zwischen Strasbourg im Norden und der Ortschaft Thann im Süden entlang des Rheins.
Geologische Bedingungen: hauptsächlich Sand- und Kalkstein.
Anzahl der A.-C.-Weine: 1.
Hauptrebsorten: 8. Die wichtigsten sind Gewürztraminer, Riesling, Silvaner, Tokay d'Alsace, Edelzwicker, Muscat (Weißweinreben), Pinot noir (Rotweinrebe).
Ideale Trinktemperaturen der Elsässer Weine: Weißweine — um 8° C, Rotweine — um 15° C.

Etikettensprache der Elsässer Weine

Cépage: die Traubensorte
Cuvée: Verschnitt
Grand vin: Wein mit mehr als 11 Vol.-% Alkohol
Vendage tardive: Darunter versteht man im allgemeinen Spätlesen.
Bekannte Weine: Domaine Weinbach Gewürztraminer, Hugel Riesling grand cru, Dopf & Irion Edelzwicker, Léon Beyer Silvaner, Kaefferkopf reservé, Preiss Zimmer Riesling.

Loiregebiet (Val de Loire)

Die Weine aus dieser Region haben sehr unterschiedliche Qualität, da das Gebiet weit im Norden liegt und außerdem sehr unterschiedliche geologische und klimatische Bedingungen aufweist. Ein typisches Merkmal der Loire-Weine ist aber ihre feine Fruchtigkeit.
Größe der Rebfläche: zirka 90.000 Hektar.
Jahresproduktion: zirka fünf Millionen Hektoliter, davon 30 Prozent Weißweine, 55 Prozent Roséweine und 15 Prozent Rotweine.
Geographische Ausdehnung: Dieses Weinbaugebiet erstreckt sich zwischen der Ortschaft Pouilly-sur-Loire im Osten und der Stadt Nantes im Westen entlang der Loire.
Geologische Bedingungen: verschiedenartige Böden, wie Kalk-, Kies-, Kieselsand- und Lehmböden, kalkhaltige Tuffstein- und Tonböden, sandige Schwemmböden, kieselsäurehaltige Böden usw.
Anzahl der A.-C.-Weine: 45.
Hauptrebsorten: 10. Die wichtigsten davon sind Muscadet, Sauvignon, Chenin blanc (Pineau de la Loire), Chasselas (Weißweinreben), Pinot noir, Cabernet (Rotweinreben).
Ideale Trinktemperaturen der Loire-Weine: Weißweine — 6 bis 9° C, Roséweine — 7 bis 11° C, Rotweine — 15° C.

Die wichtigsten Weinbaugebiete des Loiregebietes

Pays Nantais: Hier ist die Heimat und das Hauptanbaugebiet der Muscadet-Rebe.
Bekannte Weine: Muscadet de Sèrve et Maine, Muscadet des Coteaux de la Loire.
Anjou-Saumur: In diesem Gebiet werden vor allem süße Weiß- und trockene Roséweine erzeugt.
Bekannte Weine: Coulée de Serrant, Clos de St. Catherine, Savennières.
Coteaux de Touraine: In diesem Gebiet liegen die für die Rot- und Roséweinerzeugung bekannten Orte Chinon und Bourgueil. Die Weine kommen auch unter dieser Bezeichnung auf den Markt. Um die Städte Vouvray und Montlouis gedeihen sehr süße Weißweine, die nach dem Champagnerverfahren zu süßen oder trockenen Schaumweinen verarbeitet werden.
Pouilly und Sancerre: Die Weine aus diesem Gebiet sind von allen französischen Weißweinen am leichtesten zu erkennen, da sie einen ausgeprägten erdigen Geschmack und eine grünliche Farbe haben. Sie sind meist aus der Sauvignon-Traube gekeltert.
Bekannte Weine: Pouilly fumé, Châteaux du Nozet.

Champagnergebiet (Champagne)

Champagner siehe Seite 240

Die Champagne ist die nördlichste Weinbauregion Frankreichs. Neben dem weltberühmten Champagner gibt es auch einige bemerkenswerte Stillweine in der Champagne.
Größe der Rebfläche: zirka 25.000 Hektar.
Geographische Ausdehnung: etwa 130 Kilometer nordöstlich von Paris, südlich der alten Krönungsstadt Reims, am großen Bogen der Marne gelegen.
Geologische Bedingungen: Belemnit-Kreideboden, darüber eine 20 bis 50 Zentimeter dicke Humus- oder Lehmschicht.
Anzahl der A.-C.-Weine: 3.
Hauptrebsorten: 3, nämlich Chardonnay (Weißweinrebe), Pinot noir, Pinot Meunier (Rotweinreben).

Klassifizierung der Champagne-Weine

Die Klassifizierung in der Champagne ist ziemlich ungewöhnlich, es werden die Trauben bewertet.
Zu Beginn der Ernte wird ein bestimmter Preis pro Kilogramm Trauben von einem aus Winzern und Händlern bestehenden Komitee festgesetzt. Die Winzer mit den besten Lagen, den Grands crus, erhalten 100 Prozent, also den vollen Preis. Für Premiers crus zahlt man zwischen 90 und 99 Prozent, und so geht es abwärts bis 77 Prozent für die Lagen der Randbezirke.

Die Weinbaugebiete der Champagne

Montagne de Reims: Im Reimser Bergland gibt es meist Nordlagen. Es werden blaue Trauben angebaut.
Vallée de la Marne: Das Marnetal hat vor allem Süd- und Südostlagen. Auch hier werden blaue Trauben angebaut.
Côte de Blancs: In den Ostlagen werden weiße Trauben angebaut.
Bekannte Weine: Coteaux Champenoix, Rosé des Riceys.

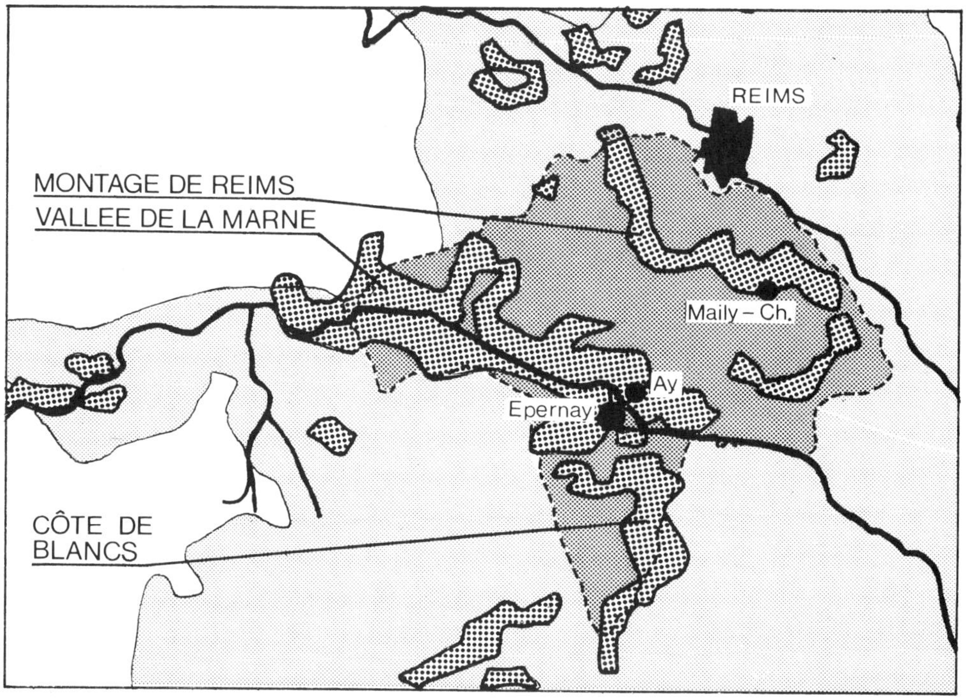

Cognacgebiet (Charente)

Cognac siehe Seite 248

Die Weine der Charente werden fast ausschließlich zur Cognac-erzeugung verwendet. Sie sind alkoholarm und säurereich und werden nur im Gebiet selbst getrunken.
Größe der Rebfläche: zirka 113.000 Hektar (davon 95.000 Hektar für Weinbrand).
Jahresproduktion: zirka vier Millionen Hektoliter.
Geographische Ausdehnung: Die Charente liegt nördlich von Bordeaux um die Stadt Cognac.
Geologische Bedingungen: Von Juraformationen bis zu Kreidegebieten. Das ganze Gebiet hat einen sehr hohen Gehalt an kohlensaurem Kalk.
Hauptrebsorten: 8. Die wichtigsten davon sind St. Émilion (Spielart des Ugni blanc), Colombard, Folle blanche (Weißweinreben).

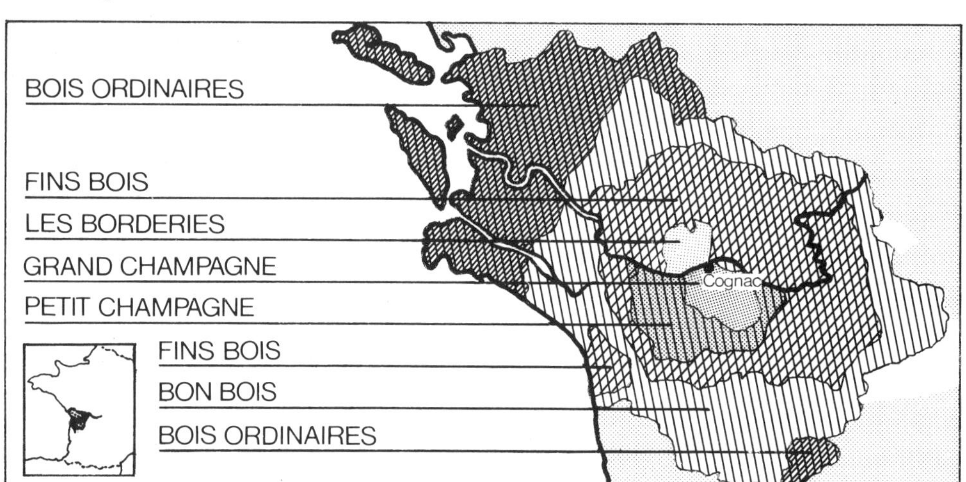

Zentralgebiet (Centre)

Die Weine in der Laonnois, Auvergne und Limousin sind weiße und rote Konsumweine mit leichterem Charakter.
Das Gebiet von Limousin ist berühmt wegen der Eichenwälder (Erzeugung der Cognacfässer).

Korsika (Corse)

Korsika erzeugt Weiß-, Rosé- und Rotweine, die bekanntesten kommen aus der Gegend von Cap Corse, Patrimonio, Coteaux d'Ajaccio und Porto Vecchio.

Österreich

Der Weinbau hat in Österreich eine große wirtschaftliche Bedeutung, rund 56.000 Betriebe sind mit dem Weinbau beschäftigt. Ungefähr 57.000 Hektar Weinbaufläche in den Bundesländern Niederösterreich, Burgenland, Steiermark und Wien liefern 2,5 bis drei Millionen Hektoliter Wein. Diese vier Weinbauregionen werden in 14 Weinbaugebiete unterteilt.
Von der ganzen Ernte werden jährlich etwa 200.000 bis 400.000 Hektoliter exportiert, vor allem in die BRD, aber auch in die Schweiz, nach Großbritannien, Schweden, in die USA und nach Kanada. Exportiert werden vor allem Weißweine, die auch 85 Prozent des Weinbaues in Österreich ausmachen; nur 15 Prozent der erzeugten Weine sind Rotweine.
Ein großer Vorteil für den österreichischen Weinbau ist, daß die Anbaugebiete in der Übergangszone zwischen den nördlichen und den südlichen Weinbaugebieten Europas liegen: Aus dem Norden haben diese Weine die intensive Blume und den feinen Geschmack, aus dem Süden den Körper, das Feuer und die Finesse.

Hauptrebsorten

In Österreich werden etwa 30 Rebsorten angebaut.
Für Qualitätsweine schreibt das Gesetz jedoch die Rebsorten vor, die dafür verwendet werden dürfen.
Weißweinreben: Grüner Veltliner, Roter Veltliner, Rheinriesling, Muskat-Silvaner, Muskateller, Welschriesling, Goldburger, Weißer Burgunder, Ruländer, Rotgipfler, Zierfandler, Müller-Thurgau, Bouvier, Muskat-Ottonel, Traminer, Silvaner, Neuburger, Frühroter Veltliner, Jubiläumsrebe.
Rotweinreben: Blaufränkisch, Blauburger, Blaue Zweigelt, Blauer Burgunder, Blauer Wildbacher, Blauer Portugieser, St. Laurent.

Weingüteklassen

Laut Österreichischem Weingesetz muß der Saft der Trauben ein Mostgewicht von mindestens 13 ° KMW (Klosterneuburger Mostwaage), in Jahren besonders ungünstiger Reifeverhältnisse mindestens 11 ° KMW aufweisen.

Die drei vom Weingesetz unterschiedenen Qualitätskategorien hängen vom Reifegrad der Trauben ab.

Einfache Weine (Tisch- oder Tafelweine): Ihr Mostgewicht liegt zwischen 13 ° und 14 ° KMW.

Weine von ausgeprägter Güte (Qualitätsweine, einschließlich Kabinettweine): Die Bezeichnung „Qualitätsweine" dürfen nur Weine führen, die folgende Voraussetzungen erfüllen:
Die Trauben müssen aus einer einzigen Weinbauregion stammen.
Sie müssen im Qualitätssortenverzeichnis des Österreichischen Weingesetzes angeführt sein.
Das Mindestmostgewicht von 15 ° KMW muß erreicht werden.
Der Wein muß in Aussehen, Geruch und Geschmack harmonisch sein.
Er darf keine Fehler haben.
Er muß die für die Rebsorte charakteristischen Merkmale aufweisen.
Er darf nicht aufgebessert werden.
Weine mit der Bezeichnung „Kabinett" müssen über die genannten Bedingungen hinaus ein Mostgewicht von 17 ° KMW haben.

Weine mit Überreife (Qualitätsweine besonderer Reife und Leseart = Prädikatsweine): Mostgewicht ab 19° KMW.
Unter dieser Bezeichnung kommen Spitzenweine auf den Markt, die folgende Voraussetzungen erfüllen müssen.

- Spätlese: Mostgewicht mindestens 19° KMW. Das ist Wein aus gesunden, vollreifen Trauben, die bei günstigen Witterungsbedingungen über die normale Lesezeit hinaus am Weinstock belassen werden.
- Auslese: Mostgewicht mindestens 21° KMW. Ein Auslesewein entsteht durch nochmaliges Verlesen, d. h. Aussondern von fehlerhaften, kranken und unreifen Trauben.
- Eiswein: Mostgewicht mindestens 22° KMW. Als Eiswein darf nur Wein bezeichnet werden, der aus gefrorenen Trauben gelesen und gekeltert wurde (Mindesttemperatur —6° C).
- Beerenauslese: Mostgewicht mindestens 25° KMW. Eine Beerenauslese entsteht durch die Auswahl von überreifen und edelfaulen Trauben. Der Wein hat eine goldgelbe Farbe und einen Botrytis-Ton (Botrytis cinerea = edelfaule Weintraube) im Geschmack.
- Ausbruch: Mostgewicht mindestens 27° KMW. Der Ausbruchwein ist eine österreichische Spezialität der Weinbereitung. Er wird aus edelfaulen, überreifen, auf natürliche Art eingetrockneten Beeren unter Zusatz von frisch gepreßtem Traubenmost derselben Art und Lage bereitet.
- Trockenbeerenauslese: Mostgewicht mindestens 30 ° KMW. Das ist eine Auslese aus edelfaulen, rosinenartig geschrumpften Beeren mit intensivem Botrytris-Geschmack. Die Farbe dieser Weine ist ein kräftiges Goldgelb.

Der Most von allen diesen Weinen darf nicht aufgezuckert werden.

ALKOHOLISCHE GETRÄNKE

WEIN

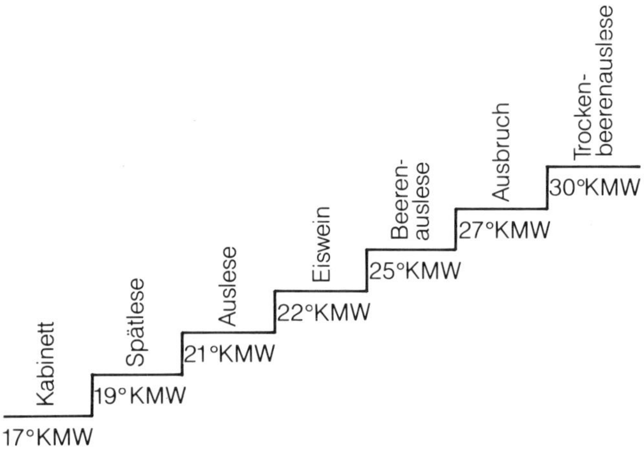

BEZEICHNUNGSVORSCHRIFTEN

Auf dem Etikett eines jeden Weines, der in Österreich zum Konsumenten gebracht wird, muß eine Herkunftsbezeichnung sein.

Österreichischer Wein: muß zu 100 Prozent aus Österreich stammen, bei Rotwein dürfen bis zu 15 Prozent aus dem Ausland kommen.

Bundesland — Weinbauregion (Niederösterreich, Burgenland, Steiermark, Wien): Solche Weine müssen zu 100 Prozent aus dem Bundesland kommen.

Weinbaugebiet: Der Wein muß zu 100 Prozent aus dem angegebenen Bundesland stammen.

Großlage: Der Wein muß zu 100 Prozent aus der bezeichneten Großlage kommen.

Großlagen sind Weinbauflächen von Orten, Gemeinden oder Bezirken, die laut Beschluß des Bundesministeriums für Land- und Forstwirtschaft aus dem Jahre 1978 zusammengefaßt worden sind.

Weinbaugemeinde: Der Wein muß zu 100 Prozent aus dem Weinbaugebiet, in dem die angegebene Gemeinde liegt, stammen.

„Original (Gemeinde)": Solche Weine müssen zu 100 Prozent aus der angegebenen Gemeinde stammen.

Ried/Flur: Der Wein muß zu 100 Prozent aus der bezeichneten Ried kommen.

Eine Ried ist ein in sich geschlossenes Weingartengebiet, das auf Grund seiner Lage, seiner geologischen und klimatischen Voraussetzungen geeignet ist, gleichartige Weine hervorzubringen.

Herkunftsland: bei ausländischen Weinen. Mindestens zwei Drittel des Weines müssen aus dem betreffenden Land sein.

„Ausländischer Wein": alle übrigen ausländischen Weine.

Außerdem können auf dem Etikett noch folgende sonstige Weinbezeichnungen angegeben sein:

„Für Diabetiker geeignet": Diese Weine dürfen maximal vier Gramm Zucker pro Liter enthalten.

„Heuriger": nur österreichischer Wein bis zum 11. November des auf das Erntejahr folgenden Jahres.

„Schilcher": steirischer Wein aus der Blauen Wildbacher Rebe.

Rebsorte: Zwei Drittel des Weines müssen aus der angegebenen Rebsorte stammen.

Jahrgangsbezeichnungen: Zwei Drittel des Weines müssen aus dem angegebenen Jahrgang sein. Außerdem muß der Wein eine besondere Eigenart haben.

Das Österreichische Weingesetz besagt außerdem, daß der Weinhauer verpflichtet ist, mitzuteilen, ob der Wein aufgebessert ist.

Verbotene Weinbezeichnungen sind Natur, echt, rein, naturbelassen, Gesundheit.

ETIKETTENSPRACHE UND WEINAUSZEICHNUNGEN

Das Flaschenetikett ist die Begleiturkunde eines Weines, die alle Informationen enthalten sollte, die für den Gast oder Konsumenten wichtig sind.

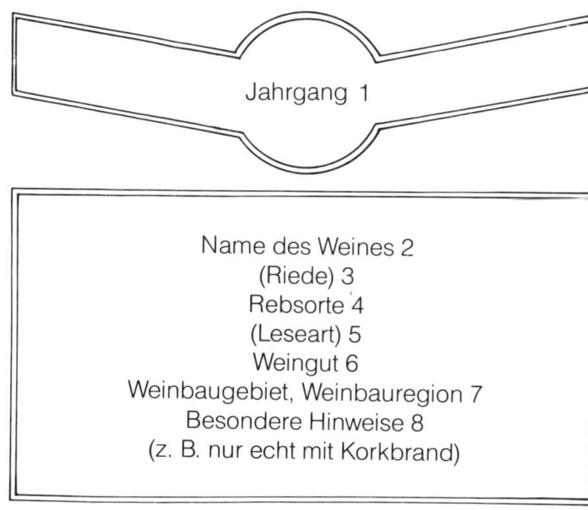

Die Bezeichnungen 1, 2, 4, 6 und 7 müssen laut Gesetz bei Qualitätsweinen auf dem Etikett vorhanden sein.

Neben dem Flaschenetikett gibt es auch noch andere Qualitätshinweise, die Weinauszeichnungen.

Österreichisches Weingütesiegel: Diese Auszeichnung wird auf Antrag vom Bundesministerium für Land- und Forstwirtschaft für geprüfte Qualitätsweine vergeben. Wenn alle Voraussetzungen für einen Qualitätswein erfüllt sind, wird der Wein einer Prüfung unterzogen, die aus zwei Teilen besteht, nämlich einer chemischen Analyse des Weines und dem Verkosten des Weines durch eine Kommission.

Bei positiver Beurteilung des Weines erhält der Antragsteller einen Bescheid und ist berechtigt, für die gesamte Menge des geprüften Weines das Weingütesiegel zu verwenden, und zwar nur für Flaschen mit 0,35 Liter und 0,7 Liter Inhalt.

Das Weingütesiegel hat eine Kontrollnummer, mit der jederzeit Lieferbetrieb, Marke, Sorte und Zeitpunkt der Verkostung festgestellt werden können.

Verbandsmarke „Wein aus Österreich": Sie wird vom Österreichischen Weininstitut zur Kennzeichnung geprüfter österreichischer Tafelweine vergeben. Sie darf für alle Flaschengrößen außer 0,35 Liter und 0,7 Liter Inhalt verwendet werden.

Regionale Herkunftszeichen: Sie können für Weine bestimmter Weinbauregionen, aber auch bestimmter Weinbauorte vergeben werden. Bekanntestes Gütezeichen eines Weinbauortes ist das Markenschutzzeichen „Original Gumpoldskirchner Hauerwein".

Daneben gibt es noch verschiedene Medaillen, die bei Messen und Ausstellungen vergeben werden, und die Austria-Flaschenkapsel, die Weine ausschließlich österreichischer Herkunft optisch von anderen Weinen abzuheben versucht.

Es muß noch darauf hingewiesen werden, daß nicht alle guten österreichischen Weine Weingütesiegel oder andere Auszeichnungen tragen, weil manche Erzeuger ihre Weine nicht zur Prämierung einreichen.

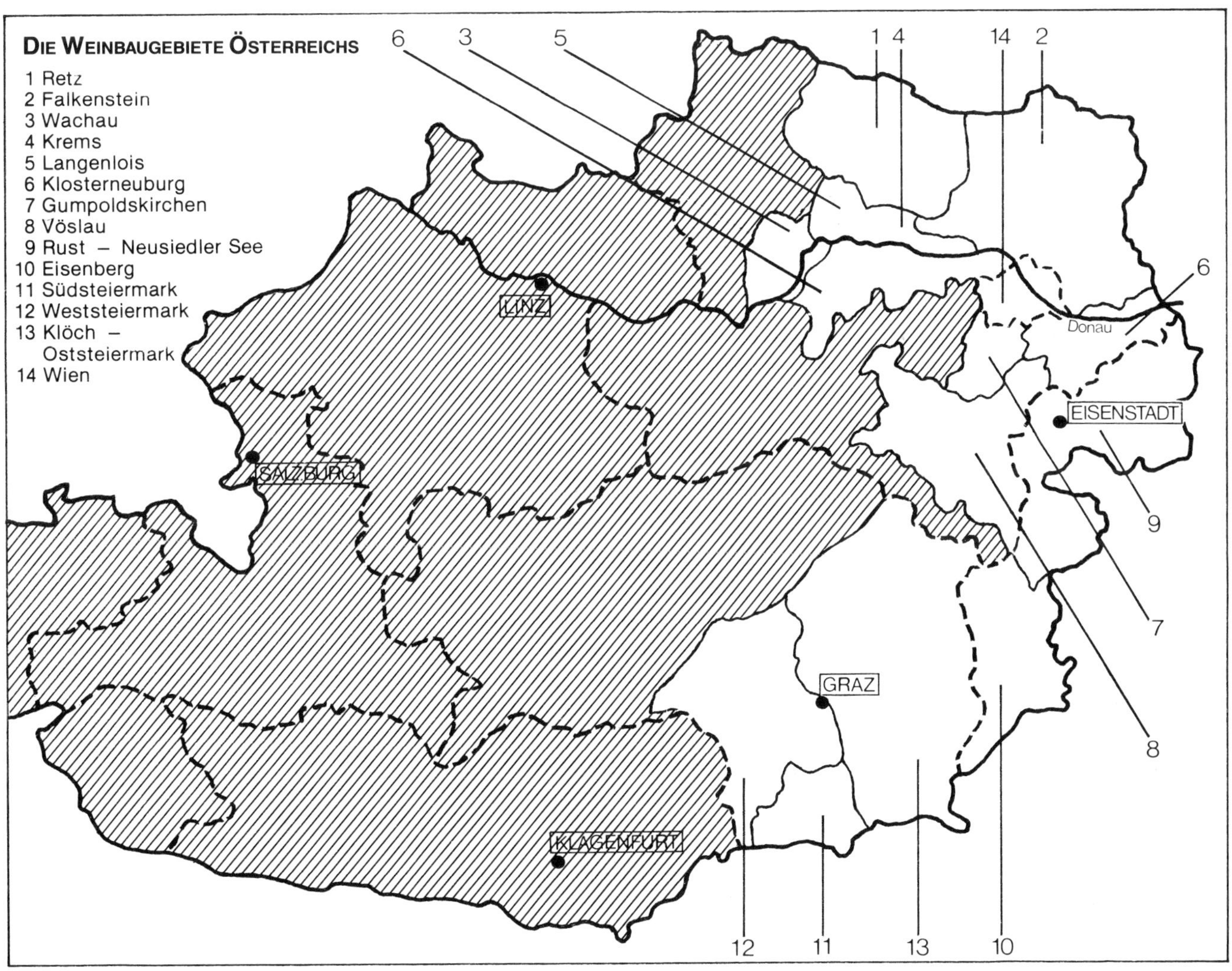

ALKOHOLISCHE GETRÄNKE

WEIN

DIE WEINBAUREGIONEN UND WEINBAUGEBIETE ÖSTERREICHS

(Einteilung nach dem Österreichischen Weingesetz, Fassung vom 25. 7. 1976)

Heute gültige Bezeichnungen	**Frühere Bezeichnungen**
Niederösterreich	**Weinviertel**
1 Retz	Retz
2 Falkenstein	Falkenstein
3 Wachau	**Donauland**
4 Krems	Krems
5 Langenlois	Langenlois
6 Klosterneuburg	Wachau
7 Gumpoldskirchen	Traismauer-Carnuntum (heute Klosterneuburg)
8 Vöslau	**Thermenregion**
	Baden (heute Gumpoldskirchen)
	Vöslau
Burgenland	**Burgenland**
9 Rust — Neusiedler See	Rust — Neusiedler See
10 Eisenberg	Eisenberg
Steiermark	**Steiermark**
11 Südsteiermark	Südsteiermark
12 Weststeiermark	Weststeiermark
13 Klöch — Oststeiermark	Klöch — Oststeiermark
Wien	**Wien**
14 Wien	

In den übrigen Bundesländern mit Ausnahme von Salzburg gibt es Kleinstanlagen, wie z. B. in Zirl (Tirol), Feldkirch (Vorarlberg), Sittersdorf, St. Andrä im Lavanttal (Kärnten) u. a.

NIEDERÖSTERREICH

Weite Teile des landwirtschaftlich genutzten Bodens im Osten und Süden dieses Bundeslandes — rund 34.000 Hektar, das sind etwa 60 Prozent der Rebfläche Österreichs — sind von Weingärten bedeckt. Damit ist Niederösterreich das größte weinerzeugende Bundesland Österreichs mit einer Weinproduktion von etwa 1,5 bis 1,7 Millionen Hektoliter jährlich.

Man findet im niederösterreichischen Weinbaugebiet alle Bodenarten, vom Urgesteinsboden über Schotter-, Sand- und Lößboden bis zum schweren Kalk-Lehm-Boden. Aber auch bedeutende kleinklimatische Unterschiede findet man hier, weil das pannonische Klima mit dem des Voralpenlandes zusammenstößt.

Auch von der Lage her gibt es große Unterschiede. Vom Weinbau im flachwelligen Hügelland bis zum Terrassenweinbau an steilen Berghängen findet man hier alle Formen.

Durch diese geologischen und klimatischen Unterschiede auf relativ engem Raum ergibt sich eine große Mannigfaltigkeit der produzierten Weine in den Weinbaugebieten.
Auch die Qualitäten sind oft recht unterschiedlich. Von leichten Tisch- und Schankweinen bis zu den hochwertigsten Spitzenweinen reicht die Angebotspalette niederösterreichischer Weine.
In erster Linie wird hier Weißwein gebaut. Als eine typische Spezialität kann der Grüne Veltliner angesehen werden, der 40 Prozent der niederösterreichischen Weinernte ausmacht.
Daneben gibt es aber auch Rotweingebiete von bemerkenswertem Ruf, vor allem die Gegenden um Bad Vöslau und Baden, ferner um die Orte Haugsdorf, Retz und Matzen sind sehr bekannt für ihre ausgezeichneten Rotweine.

DIE WEINBAUGEBIETE NIEDERÖSTERREICHS

Retz: Schon seit alters wurde hier Weinbau betrieben. Den Wein lieferte man an die europäischen Fürstenhöfe, was dieser Gegend zu einigem Wohlstand verhalf.
1955 wurde beim Gala-Essen aus Anlaß der Unterzeichnung des Staatsvertrages Retzer Wein serviert.
Im Weinbaugebiet Retz gibt es keine Großlage.

Größe der Rebfläche: 9.100 Hektar.
Geologische Bedingungen: hügelige Weingärten bis Flachlagen, Ackerboden.
Geographische Ausdehnung: vom Manhartsberg im Westen bis zum Leiser Bergland im Osten, von den Ausläufern des Böhmerwaldes im Norden bis zu den Weinbaugebieten Krems und Langenlois im Süden.
Hauptrebsorten: Grüner Veltliner, Müller-Thurgau, Rheinriesling, Welschriesling, Weißer Burgunder (Weißweinreben), Blaue Zweigelt, Blauer Portugieser (Rotweinreben).
Weinbauorte: Retz (Weinbauschule), Röschitz, Pulkau, Hollabrunn (Weinbauschule), Haugsdorf.

Falkenstein: Auch diese Gegend ist ein altes Weinbaugebiet, aus dem die bekannten „Brünnerstraßler" — leichte, süffige, frische, aber auch resche Weine — kommen.
Falkenstein ist das größte Weinbaugebiet Niederösterreichs.

Größe der Rebfläche: zirka 9.500 Hektar.
Geologische Bedingungen: hügelige Lagen bis Flachlagen, kein geschlossenes Weinbaugebiet, fruchtbares Ackerland.
Geographische Ausdehnung: im Norden und Osten bis zur tschechischen Grenze, im Süden bis zur Donau, im Westen bis zu den Weinbaugebieten Retz und Klosterneuburg.
Hauptrebsorten: Neuburger, Müller-Thurgau, Grüner Veltliner (Weißweinreben).
Weinbauorte: Poysdorf, Falkenstein, Matzen, Mistelbach, Zistersdorf, Wolkersdorf.
Großlagen: Das Weinbaugebiet Falkenstein umfaßt drei Großlagen — die Großlage „Matzner Hügel", das sind alle Weinbau-

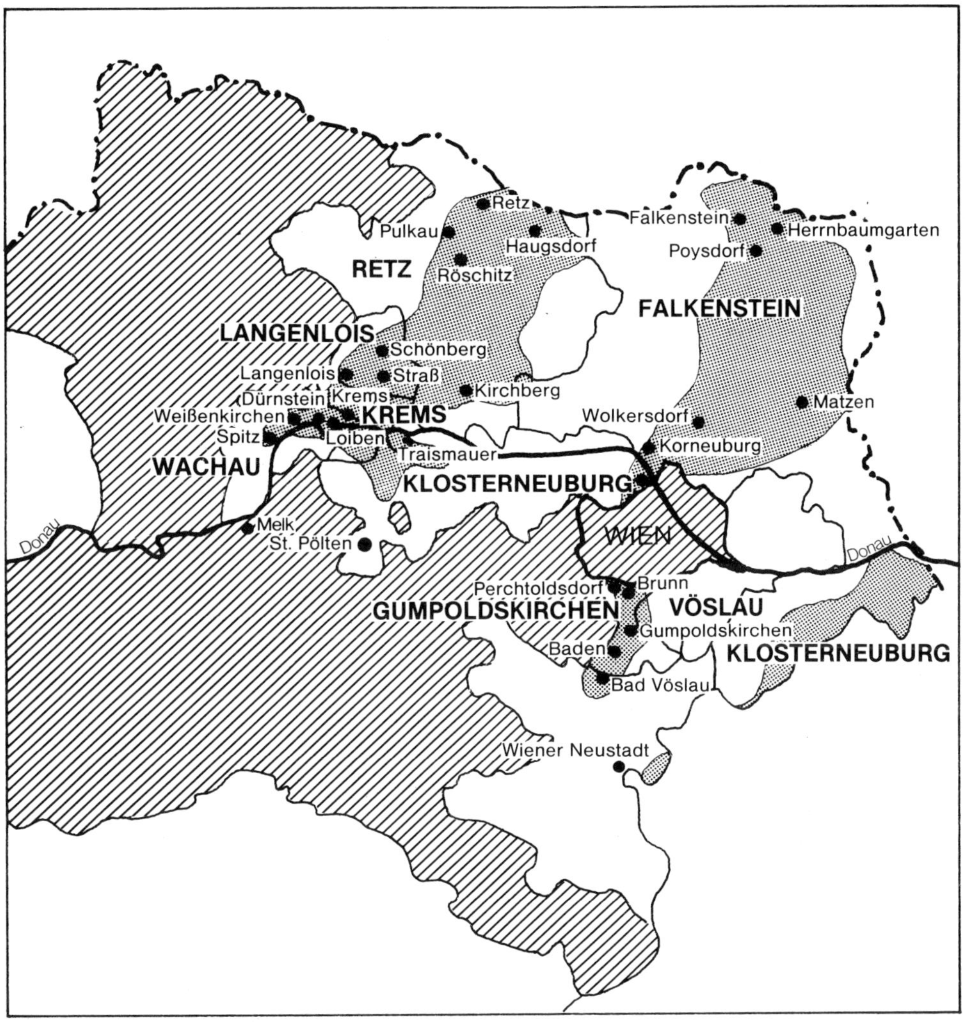

flächen der Gemeinden Angern, Auersthal, Bad Pirawarth, Dürnkrut, Ebenthal, Groß-Schweinbarth, Hohenruppersdorf, Matzen-Roggendorf, Prottes, Schönkirchen-Reyersdorf und Spannberg; die Großlage „Marthal-Kegelberg" mit allen Weinbauflächen der Gemeinden Diepolz und Groß-Harras und die Großlage „Bisamberg-Kreuzenstein" mit sämtlichen Weinbauflächen der Gemeinden Bisamberg, Enzersfeld, Hagenbrunn, Langenzersdorf, Leobendorf und Stetten.

Wachau: Charakteristisch für dieses an der Donau gelegene Weinbaugebiet sind die steil ansteigenden, terrassenförmig angelegten Weingärten.

Größe der Rebfläche: zirka 1.500 Hektar.
Geologische Bedingungen: kalireiche Urgesteinsböden, Gneis, Lößböden, in schwierigen Hanglagen angelegt.
Geographische Ausdehnung: die Donau entlang etwa 30 Kilometer von Melk bis Krems.
Hauptrebsorten: Grüner Veltliner, Rheinriesling, Müller-Thurgau, Muskateller, Neuburger (Weißweinreben).
Weinbauorte: Stein, Dürnstein, Loiben, Mautern, Weißenkirchen, Joching, Spitz, Melk.
Großlagen: In der Wachau wurde nur eine Großlage bestimmt, nämlich „Frauenweingarten", die sämtliche Weinbauflächen der Katastralgemeinden Ober- und Unterloiben umfaßt.

Krems: Dieses relativ kleine Weinbaugebiet ist nach der alten Weinstadt Krems benannt, in der alljährlich die Weinmesse stattfindet. Außerdem befinden sich hier eine der bekanntesten Weinbauschulen und das größte Weinbaumuseum Österreichs. Die Weingärten in diesem Gebiet sind wie in der Wachau ebenfalls meist in Hanglagen terrassenförmig angelegt.

Größe der Rebfläche: zirka 2.900 Hektar.
Geologische Bedingungen: größtenteils Löß- und Sandböden.
Geographische Ausdehnung: nördlich der Donau in und um die Stadt Krems, Teile des Kremser Tales, südlich der Donau um Furth-Göttweig.

Hauptrebsorten: Grüner Veltliner, Rheinriesling, Weißer Burgunder, Müller-Thurgau (Weißweinreben).
Weinbauorte: Krems, Rohrendorf, Senftenberg, Furth bei Göttweig.
Großlagen: Im Weinbaugebiet Krems wurden zwei Großlagen festgesetzt: Die Großlage „Kaiserstiege" umfaßt alle Weinbauflächen der Gemeinden Rohrendorf und Gedersdorf. Die Großlage „Kremstal" umfaßt sämtliche Weinbauflächen der Stadt Krems.

Langenlois: Das Weinbaugebiet Langenlois erhielt seinen Namen nach der Stadt Langenlois, der größten Weinbaugemeinde Niederösterreichs.

Größe der Rebfläche: zirka 3.500 Hektar.
Geologische Bedingungen: Urgesteins- und Lößböden.
Geographische Ausdehnung: Kamptal und Straßer Tal.
Hauptrebsorten: Grüner Veltliner, Müller-Thurgau, Rheinriesling, Neuburger, Weißer Burgunder (Weißweinreben).
Weinbauorte: Langenlois (Wein- und Gartenbauschule), Straß, Zöbing.
Großlagen: Langenlois hat nur eine Großlage, den „Schönberger Kalvarienberg" mit den Weinbauflächen der Gemeinden Schönberg, Schönberg-Neustift, Mollands, Stiefern, Thürneustift und Altenhof.

Klosterneuburg: Das frühere Weinbaugebiet Traismauer-Carnuntum wurde durch die Weingesetznovelle 1976 in Klosterneuburg umbenannt.

Größe der Rebfläche: zirka 4.200 Hektar.
Geologische Bedingungen: Schotter- und Sandböden, kaum Hanglagen, flache Weingärten (Ausnahme: um das Stift Klosterneuburg).
Geographische Ausdehnung: die Donau entlang von Traismauer im Westen bis Carnuntum-Petronell im Osten. Es wird durch die Bundeshauptstadt Wien, die eine eigene Weinbauregion und zugleich ein Weinbaugebiet ist, in einen westlichen und einen östlichen Teil getrennt.
Hauptrebsorten: Grüner Veltliner, Müller-Thurgau, Weißer Burgunder (Weißweinreben), St. Laurent, Blaue Zweigelt (Rotweinreben).
Weinbauorte: Traismauer, Kirchberg am Wagram, Klosterneuburg (Höhere Bundeslehr- und -versuchsanstalt für Wein- und Obstbau), Göttlesbrunn, Carnuntum-Petronell.
Großlagen: Im Weinbaugebiet Klosterneuburg wurden drei Großlagen festgesetzt — die Großlage „Traismaurer Weinberge" mit den Weinbauflächen des Gerichtsbezirkes Herzogenburg, die Großlage „Kirschberger Wagram" mit allen Weinbauflächen des Gerichtsbezirkes Kirchberg am Wagram und die Großlage Carnuntum mit sämtlichen Weinbauflächen des Gerichtsbezirkes Schwechat und des politischen Bezirkes Bruck an der Leitha.

Gumpoldskirchen: Das Weinbaugebiet Gumpoldskirchen hieß vor der Weingesetznovelle 1976 Baden; im Volksmund wird es auch als „Südbahn" (nach der hier verlaufenden Eisenbahnlinie) bezeichnet.
Gumpoldskirchen ist wohl der berühmteste Weinort Österreichs. Die Besonderheit der Gumpoldskirchner Weine ist durch äußerst günstige geologische und klimatische Verhältnisse und einen besonderen Verschnitt bedingt. Der „Gumpoldskirchner" ist ein gemischter Satz aus den Sorten Zierfandler und Rotgipfler. Die Gumpoldskirchner Winzer kennzeichnen ihren Wein mit einem gesetzlich geschützten Markenzeichen mit der Aufschrift „Original Gumpoldskirchner Hauerwein".

Größe der Rebfläche: zirka 2.100 Hektar.
Geologische Bedingungen: thermalisch-warmer Unterboden, kalkhaltig (Ausläufer des Alpenvorlandes), Löß- und Sandböden, günstigste Kleinklimazonen, einige Spitzenlagen, Südhänge.
Geographische Ausdehnung: von Wien im Norden bis zum Weinbaugebiet Vöslau im Süden, vom Alpenvorland im Westen bis zum Wiener Becken im Osten.
Hauptrebsorten: Zierfandler, Spätrot-Rotgipfler, Weißer Burgunder, Irsay-Oliver, Rheinriesling (Weißweinreben), Blauer Burgunder (Rotweinrebe).
Weinbauorte: Gumpoldskirchen, Pfaffstätten, Baden, Thallern, Traiskirchen.
Großlagen: Das Weinbaugebiet Gumpoldskirchen umfaßt drei Großlagen, nämlich die Großlage „Schatzberg" mit sämtlichen Weinbauflächen der Gemeinde Gumpoldskirchen, die Großlage „Kapellenweg" mit den Weinbauflächen der Gemeinde Guntramsdorf und die Großlage „Weißer Stein" mit den Weinbauflächen der Gemeinde Perchtoldsdorf.

Vöslau: Dieses sanfte, hügelige Weinbaugebiet ist bekannt für seine ausgezeichneten Rotweine. In dieser Gegend wurde nachweislich schon zur Zeit der Römer Weinbau betrieben. Vöslau ist das erste österreichische Weinbaugebiet, in dem durch die Firma Schlumberger aus Cabernet- und Merlot-Trauben Sekt nach der Champagnermethode erzeugt wurde.

Größe der Rebfläche: zirka 1.200 Hektar.
Geologische Bedingungen: thermalisch-warmer Unterboden, Schotter- und Sandböden, hügelige Hanglagen und Flachlagen.
Geographische Ausdehnung: südlich des Weinbaugebietes Gumpoldskirchen in und um den Kur- und Badeort Bad Vöslau.
Hauptrebsorten: Neuburger, Müller-Thurgau (Weißweinreben), Blauer Portugieser, Blauer Burgunder, St. Laurent, Blaue Zweigelt (Rotweinreben).
Weinbauorte: Bad Vöslau, Tattendorf (größte Rotweinbaugemeinde Österreichs), Gainfarn, Kottingbrunn.
Großlagen: Hier gibt es nur eine einzige Großlage, die „Tattendorfer Steinhölle", die alle Weinbauflächen der Gemeinden Oberwaltersdorf, Pottendorf, Schönau und Steinfelden umfaßt.

Burgenland

Der Weinbau ist hier uralt und geht mit Sicherheit auf die Römer zurück.
Rund 35 Prozent der österreichischen Weinerzeugung stammen aus dem Burgenland. Auf zirka 20.000 Hektar Weinbaufläche werden etwa eine Million Hektoliter Wein pro Jahr erzeugt. Die Böden sind in diesem Gebiet sehr unterschiedlich. Neben reinen Sandböden kommen Schwarzerde- und Lehmböden vor. Das Burgenland liegt im Einflußbereich des pannonischen Kontinentalklimas und hat mit 10° C die höchste Durchschnittstemperatur von Österreich.
Auch wenn der Weinbau im ganzen Land verbreitet ist, die weitaus wichtigsten Anbaugebiete sind an den Ufern und in der näheren Umgebung des Neusiedler Sees zu finden. Der See spielt als Klimaregulator eine große Rolle. Auf Grund seiner Größe und seines Charakters als Steppensee bildet er einen riesigen Wärmespeicher, der seine Wärme im Herbst langsam abgibt. Außerdem sorgt er im Sommer und Herbst für eine hohe Luftfeuchtigkeit, was den Reifeprozeß und den Botrytisbefall günstig beeinflußt.
Im Burgenland gedeihen sowohl Rot- als auch Weißweine von hervorragender Qualität, wobei der Rotweinanteil etwa 40 Prozent beträgt. Die Weine dieser Region zeichnen sich durch besondere Milde aus, sie sind gehaltvoll, bekömmlich und haben einen differenzierten Sortengeschmack.
Im Burgenland werden nur elf Weißwein- und fünf Rotweinrebsorten mit einem hohen Qualitätsniveau angebaut, diese sind im burgenländischen Weinbaugesetz definitiv aufgezählt. Die Weißweinreben sind Grüner Veltliner, Welschriesling, Neuburger, Rheinriesling, Weißer Burgunder, Ruländer, Bouvier, Müller-Thurgau, Muskat-Silvaner, Muskat-Ottonel und Traminer. An Rotweinreben werden Blaufränkisch, Blauer Burgunder, St. Laurent, Blauer Portugieser und Blaue Zweigelt gebaut. Von diesen ist es vor allem der Blaufränkisch, der das Feld beherrscht. Er ist die Spezialität des Burgenlandes und zugleich **die** österreichische Rotweinrebe.
Der Anteil der Prädikatsweine ist im Burgenland auf Grund des günstigen Klimas besonders hoch. Sie sind bei internationalen Konkurrenzen sehr erfolgreich.
Auf eine Besonderheit im burgenländischen Weinbau soll hier noch hingewiesen werden, nämlich auf den „Gleichgepreßten". Dabei handelt es sich meistens um Trauben der Rebsorte Blaufränkisch, die nach der Weinlese nicht nach der Rotweinart gekeltert, sondern sofort gepreßt und wie Weißwein vergoren werden. Dadurch entsteht ein leichter, süffiger Roséwein.

Die Weinbaugebiete des Burgenlandes

Rust — Neusiedler See: Dieses Weinbaugebiet ist das mit Abstand größte Österreichs, es erzeugt 95 Prozent der burgenländischen Weine. Sie sind extraktreich und kräftig.

Größe der Rebfläche: zirka 19.500 Hektar.
Geologische Bedingungen: fruchtbare Ackerböden sowie Sandböden, flache Rebflächen (Ausnahme: Hanglagen am Leitha- und Rosaliengebirge), pannonisches Klima, durch den Neusiedler See ideale Kleinklimazonen. Günstigste Voraussetzungen für den Weinbau.
Geographische Ausdehnung: Im Osten reicht es bis zur ungarischen Grenze, im Süden bis zum Weinbaugebiet Eisenberg, im Westen und Norden bis zur Weinbauregion Niederösterreich.
Hauptrebsorten: Brauner Veltliner, Ruländer (Grauer Mönch, Szükebarát), Müller-Thurgau, Muskat-Ottonel, Bouvier, Welschriesling, Neuburger (Weißweinreben), Blauer Burgunder, Blaufränkisch (Rotweinreben).
Weinbauorte: Rust, Oggau, St. Margarethen, Mörbisch, Podersdorf, Neusiedl am See, Gols (größte Weinbaugemeinde Österreichs), Jois, Frauenkirchen, Illmitz, Apetlon.
Großlagen: Es wurden in diesem Weinbaugebiet fünf Großlagen festgesetzt, nämlich die Großlage „Kaisergarten" mit allen Weinbauflächen des politischen Bezirkes Neusiedl am See, die Großlage „Sonnenberg" mit den Weinbauflächen des politischen Bezirkes Eisenstadt-Umgebung und der Freistadt Eisenstadt, die Großlage „Vogelsang" mit den Weinbauflächen der Freistadt Rust, die Großlage „Rosaliakapelle" mit sämtlichen Weinbauflächen des politischen Bezirkes Mattersburg und die Großlage „Goldbachtal" mit den Weinbauflächen des politischen Bezirkes Oberpullendorf.

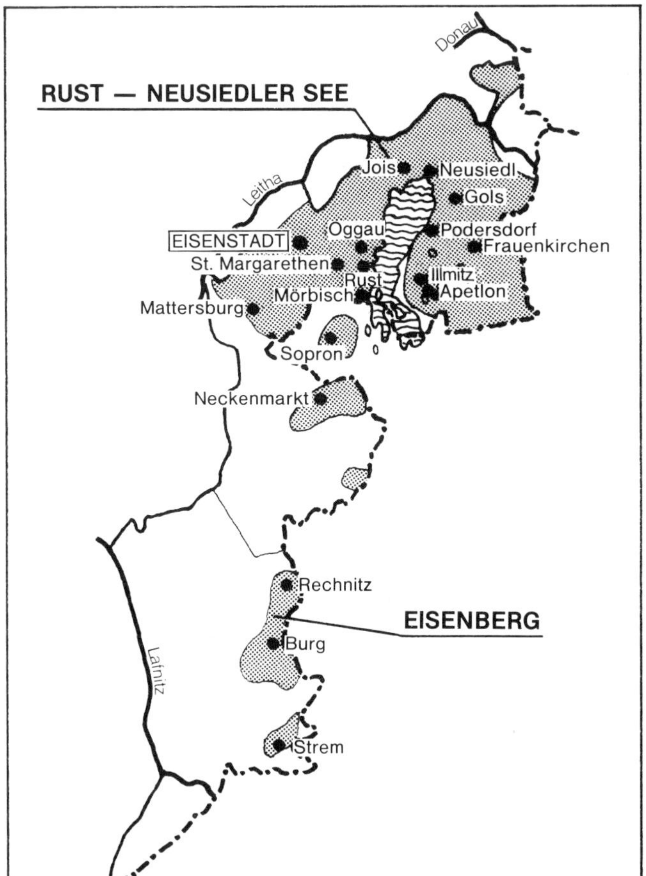

Eisenberg: In diesem Gebiet entfallen etwa zwei Drittel der Ernte auf Rotweinrebsorten und nur ein Drittel auf Weißweine. Die Weine aus dem südlichen Burgenland haben sehr viel Ähnlichkeit mit den Weinen der Steiermark.

Größe der Rebfläche: zirka 500 Hektar.
Geologische Bedingungen: vulkanische Gesteinsböden, Hügel- und Flachlagen, Süd- und Osthanglagen.
Geographische Ausdehnung: südlich des Weinbaugebietes Rust — Neusiedler See, im Osten und Süden begrenzt durch die ungarische Grenze, im Westen durch die Weinbauregion Steiermark.
Hauptrebsorten: Furmint (Mosler), Sämling 88 (S 88, Scheu-Rebe) (Weißweinreben), St. Laurent, Blaue Zweigelt (Rotweinreben).
Weinbauorte: Eisenberg, Rechnitz.
Großlagen: Das Weinbaugebiet Eisenberg hat nur eine Großlage, und zwar die Großlage „Pinkatal", die sämtliche Weinbauflächen der politischen Bezirke Oberwart und Güssing umfaßt.

Steiermark

Der Weinbau in der Steiermark hat eine völlig andere Prägung als im übrigen Österreich. Mit etwa 2.400 Hektar Weinbaugebiet — das sind zirka 4 Prozent der gesamtösterreichischen Rebfläche — ist diese Weinbauregion nach Wien die kleinste Österreichs. Jedoch sind in keinem anderen Bundesland die Weine so verschiedenartig wie in der Steiermark.
Das hängt mit der geographischen Lage, dem Klima, dem Boden und den Hanglagen zusammen. Die steirischen Anbaugebiete befinden sich im südöstlichen Teil Österreichs, also bereits im Klimaeinflußbereich des südlichen Europa. Dieses Klima mit relativ hohen Niederschlägen wirkt sich auf Ertrag und Qualität günstig aus.
Im Gegensatz zu den anderen Bundesländern wird der Wein in der Steiermark vorwiegend auf steilen, steinigen, trockenen und heißen Südhängen hoch über der Spät- und Frühfrostgrenze gezogen.
In der Steiermark gibt es fast nur Weißweine. Eine Ausnahme bildet der Schilcherwein — eine ausschließlich steirische Spezialität. Der Schilcher — ein hell- bis rubinroter, spritziger Wein mit feinsäuerlichem, leicht herbem Geschmack — wird aus der Blauen Wildbacher Rebe gewonnen.
Steirische Weine findet man selten auf einer Weinkarte, weil sie nur vom Winzer oder in Buschenschenken verkauft werden.

Die Weinbaugebiete der Steiermark

Südsteiermark: Dieses Weinbaugebiet ist das größte der Steiermark. Es gliedert sich in das Grenzweinbaugebiet und in das Sausalgebiet westlich von Leibnitz mit den steilsten Hanglagen Österreichs.

Größe der Rebfläche: zirka 1.400 Hektar.
Geologische Bedingungen: steile Südhanglagen, Ton-Lehm-Böden im Grenzweinbaugebiet, Ton-Schiefer-Böden im Sausalgebiet.
Geographische Ausdehnung: Es liegt zwischen den Weinbaugebieten Weststeiermark und Klöch — Oststeiermark und der jugoslawischen Grenze im Süden.
Hauptrebsorten: Rheinriesling, Welschriesling, Müller-Thurgau, Muskat-Silvaner, Traminer, Weißer Burgunder (Weißweinreben).
Weinbauorte: Leibnitz, Gamlitz, Glanz, Leutschach, Kitzeck, Eichberg-Trautenburg.
Großlagen: Das Weinbaugebiet Südsteiermark umfaßt zwei Großlagen — die Großlage „Südsteirisches Rebenland", das sind alle Weinbauflächen der Gemeinden Arnfels, Berghausen, Ehrenhausen, Eichberg-Trautenburg, Gamlitz, Glanz, Großklein, Leutschach, Oberhaag, Ratsch an der Weinstraße, Retznei, St. Johann im Saggautal, Schloßberg, Seggauberg, Spielfeld, Sultztal an der Weinstraße, Wagna und von der Gemeinde Heimschuh die Weinbaufläche rechts der Sulm; und die Großlage „Sausal" mit den Weinbauflächen der Gemeinden Gleinstätten, Kaindorf an der Sulm, Kitzeck im Sausal, Lang, Leibnitz, Lebring-St. Margarethen, Pisdorf, St. Andrä-Höch, St. Nikolai im Sausal, Tillmitsch, Weitendorf, Wildon und von der Gemeinde Heimschuh die Weinbauflächen links der Sulm.

Weststeiermark: Obwohl es von der Rebfläche her das kleinste steirische Weinbaugebiet ist, kommt ihm eine besondere Bedeutung zu, nämlich als Heimat eines ganz spezifischen Weines — des Schilchers.
Er wird ausschließlich aus der Blauen Wildbacher Traube gekeltert und ist ein hellroter, feinsäuerlicher, spritziger Wein.
In der Weststeiermark gibt es keine Großlage.

Größe der Rebfläche: zirka 200 Hektar.
Geologische Bedingungen: Steillagen, trockene, steinige Gneisböden.
Geographische Ausdehnung: von Kärnten im Westen bis zu den Weinbaugebieten Klöch — Oststeiermark und Südsteiermark im Osten und zur jugoslawischen Grenze im Süden.
Hauptrebsorten: Weißer Burgunder, Müller-Thurgau (Weißweinreben), Blauer Wildbacher (Schilcher) (Rotweinrebe).
Weinbauorte: Stainz, St. Stefan, Ligist, Deutschlandsberg, Eibiswald.

Klöch — Oststeiermark: In dieser schönen Hügellandschaft beschäftigen sich rund 3.000 landwirtschaftliche Betriebe mit dem Weinbau, das sind etwa 60 Prozent aller steirischen Winzer. Besonders gut gedeihen hier der Traminer und der Gewürztraminer, die bei internationalen Weinmessen höchste Auszeichnungen erhalten.

Größe der Rebfläche: zirka 800 Hektar.
Geologische Bedingungen: teilweise vulkanische Böden, teilweise Sand- und Lößböden, hügelige Hanglagen, meist Süd- und Ostlagen.
Geographische Ausdehnung: von der Weinbauregion Niederösterreich im Norden bis zur jugoslawischen Grenze im Süden, von den Weinbaugebieten West- und Südsteiermark im Westen bis zum Weinbaugebiet Eisenberg im Osten.

Brau AG
KAISER
BIER

HOCHRIEGL
Trocken
KABINETT
1982
Österreich-Austria
RUFFINO
1980
I.L.RUFFINO
CHIANTI
RUFFINO
1981
Chablis
J. Moreau
YGAY
COSECHA 1978
SPÄTBURG
1982
PRODUCT OF FRANCE
EN 1814
Chablis-Moreau
APPELLATION CHABLIS CONTRÔLÉE
J. Moreau & Fils
CALVET
CALVET

Hauptrebsorten: Traminer, Gewürztraminer, Welschriesling, Rheinriesling, Muskat-Silvaner, Muskateller, Weißer Burgunder, Müller-Thurgau, Ruländer (Weißweinreben).
Weinbauorte: Klöch, Tieschen, St. Peter, Kapfenstein, Herberstein, Hartberg, Weinberg, St. Johann.
Großlagen: Es wurden in diesem Gebiet zwei Großlagen festgelegt, die Großlage „Steirisches Vulkanland" mit den Weinbauflächen der politischen Bezirke Radkersburg und Feldbach und die Großlage „Oststeirisches Hügelland" mit den Weinbauflächen der politischen Bezirke Fürstenfeld, Hartberg, Weiz sowie Leibnitz und Graz-Umgebung links der Mur.

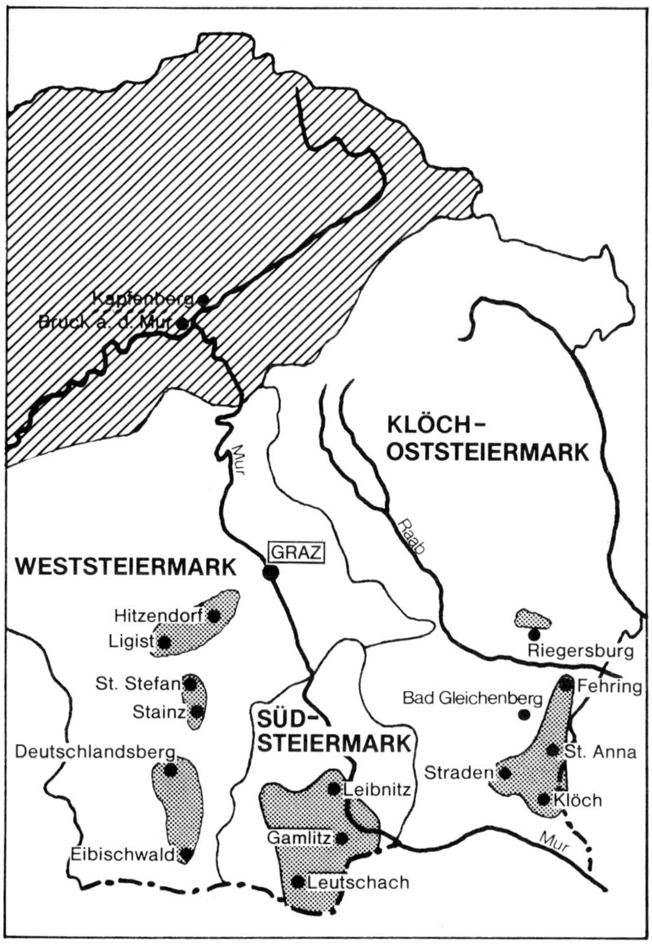

WIEN

Wien war immer sehr eng mit dem Weinbau verbunden und war früher ein bedeutender Umschlagplatz für Wein.
Heute ist, bedingt durch die Ausdehnung der Stadt, nur noch eine kleine Rebfläche übriggeblieben, ungefähr 700 Hektar. Das ist etwas mehr als ein Prozent der gesamten Rebfläche Österreichs, auf denen etwa 30.000 Hektoliter Wein erzeugt werden. 95 Prozent der Ernte sind Weißweine und nur fünf Prozent Rotweine. Wiens Weine werden fast alle als Heurige in den Heurigenlokalen verkauft, die eine große Fremdenverkehrsattraktion sind.
Die Weinbauregion Wien ist zugleich auch Weinbaugebiet.

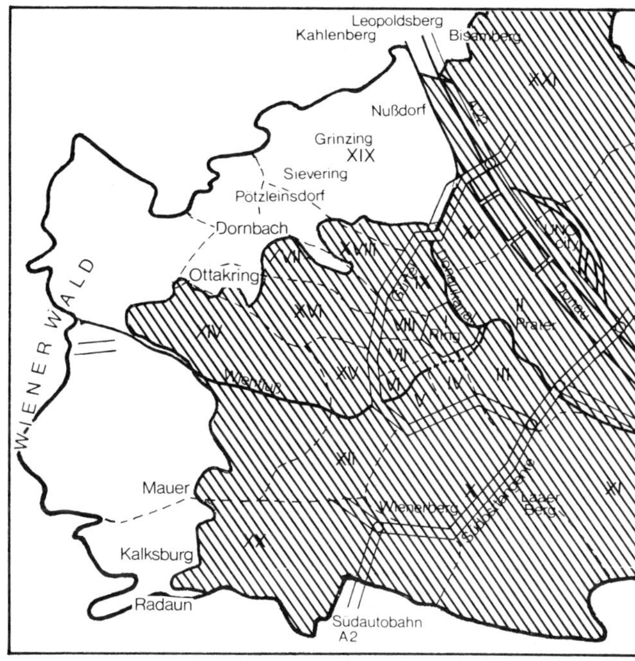

Größe der Rebfläche: zirka 700 Hektar.
Geologische Bedingungen: Schiefer-, Sand- und Lehmböden, daneben fruchtbares Ackerland und steinige Böden (z. B. an den Hängen des Bisamberges). Meist Hanglagen (z. B. an den Südhängen des Laaer Berges), aber auch Flachlagen.
Geographische Ausdehnung: inmitten der Weinbauregion Niederösterreich, angrenzend an die Weinbaugebiete Falkenstein im Norden und Osten, Gumpoldskirchen im Süden und Klosterneuburg im Westen.
Hauptrebsorten: Neuburger, Weißer Burgunder (Weißweinreben).
Weinbauorte: im 10. Wiener Gemeindebezirk (Favoriten) Oberlaa, im 16. Bezirk (Ottakring) Ottakring, im 17. Bezirk (Hernals) Dornbach, im 18. Bezirk (Währing) Pötzleinsdorf, im 19. Bezirk (Döbling), Grinzing, Nußdorf, Kahlenbergerdorf, Sievering, Heiligenstadt, Salmannsdorf, Neustift am Walde, im 21. Bezirk (Floridsdorf) Stammersdorf, Strebersdorf, Groß-Jedlersdorf, im 23. Bezirk (Liesing) Mauer, Liesing, Atzgersdorf, Rodaun, Kalksburg.
Großlagen: Wien hat drei Großlagen — die Großlage „Bisamberg — Wien" mit den Weinbauflächen der Katastralgemeinden Strebersdorf, Stammersdorf und Groß-Jedlersdorf, die Großlage „Kahlenberg" mit den Weinbauflächen der Katastralgemeinden Kahlenberg und Josefsdorf und die Großlage „Nußberg" mit den Weinbauflächen der Katastralgemeinden Nußdorf und Heiligenstadt.

Bundesrepublik Deutschland

Deutschland ist in erster Linie ein Land der Weißweine, die weltberühmt sind. Die deutschen Weine wachsen sehr weit im Norden — Deutschland ist das nördlichste europäische Weinbauland —, und fast alle Weinbaugebiete liegen in den großen Flußtälern.
Bis vor dem Ersten Weltkrieg waren die deutschen Weißweine spritzig-trocken und blumig. Nachher hat man jedoch durch das Belassen von Restzucker den ursprünglichen Charakter stark verändert, in einer gewissen Weise auch vereinheitlicht. Es gibt jedoch auch heute noch viele Weine in Deutschland, die die früheren Eigenschaften aufweisen.
Die Geschmacksänderung der deutschen Weine in Richtung lieblich-süß ist heute auf dem deutschen Weinmarkt sehr gefragt. Heute werden in Deutschland auf einer Rebfläche von zirka 90.000 Hektar acht bis zehn Millionen Hektoliter Wein erzeugt, wobei der Anteil an Weißweinen bei etwa 87 Prozent, an Rotwein bei 13 Prozent liegt. Zirka eine Million Hektoliter Wein werden exportiert. Die wichtigsten Exportländer sind die USA, Großbritannien, Holland, Kanada und Dänemark. Weißweine aus dem Rhein- und Moselgebiet werden in den USA und in Großbritannien als „Hock“ bezeichnet.

Hauptrebsorten

Weißweinreben: Riesling (Rheinriesling), Müller-Thurgau, Silvaner, Weißer Burgunder, Roter Traminer, Gewürztraminer, Ruländer, Gutedel, Furmint (Mosler), Scheu-Rebe.
Rotweinreben: Blauer Spätburgunder, Blauer Portugieser, Trollinger (Synonym für den Südtiroler Vernatsch), Limberger (Synonym für den österreichischen Blaufränkisch).

Weingüteklassen

Das Deutsche Weingesetz klassifiziert den Wein nach dem Zuckergehalt des Mostes.
Deutsche Tafelweine: Mindestmostgewicht 44 ° Öchsle. Sie müssen ausschließlich von inländischen Trauben stammen und unterliegen keinem amtlichen Prüfungsverfahren. Als Herkunftsbezeichnung können nur die vier Großweinbaugebiete Rhein — Mosel (mit den Untergebieten Rhein und Mosel), Bayern (mit den Untergebieten Main, Donau und Lindau), Neckar und Oberrhein (mit den Untergebieten Römertor und Burgengau) verwendet werden.
Deutsche Landweine: Seit 1982 können die Landesregierungen durch Rechtsverordnung die Herstellung von Landweinen zulassen, die mit den folgenden Bereichsnamen bezeichnet werden dürfen: Ahrtaler Landwein, Starkenburger Landwein, Rheinburger Landwein, Landwein der Mosel, Landwein der Saar, Nahegauer Landwein, Altrheingauer Landwein, rheinischer Landwein, Pfälzer Landwein, fränkischer Landwein, Regensburger Landwein, bayerischer Bodensee-Landwein, schwäbischer Landwein, unterbadischer Landwein und südbadischer Landwein. Landwein darf nur halbtrocken oder trocken erzeugt werden, der Alkoholgehalt muß mindestens um 0,5 Vol.-% höher sein als bei Tafelwein.

Qualitätsweine bestimmter Anbaugebiete (Q.-b.-A.-Wein): Mindestmostgewicht 57° Öchsle. Diese Weine müssen aus einem der elf „bestimmten Anbaugebiete“ (siehe Skizze) kommen. Diese gliedern sich wiederum in 31 Bereiche, zirka 130 Großlagen und etwa 2.600 Einzellagen. Die Mindestgröße einer Weinbergslage beträgt laut Deutschem Weingesetz fünf Hektar Rebfläche. Die Q.-b.-A.-Weine unterliegen einer chemischen Analyse und einer organoleptischen Überprüfung (Verkostung).
Qualitätsweine mit Prädikat: Mindestmostgewicht 73° Öchsle. Sie müssen die Voraussetzungen der Q.-b.-A.-Weine erfüllen und dürfen darüber hinaus nicht verbessert werden.
Die Lese von Prädikatsweinen ist meldepflichtig.
Prädikatsweine erhalten nach der Prüfung eine amtliche Kontrollnummer und eines der folgenden Prädikate zugesprochen: Kabinett, Spätlese, Auslese, Beerenauslese, Trockenbeerenauslese, Eiswein.

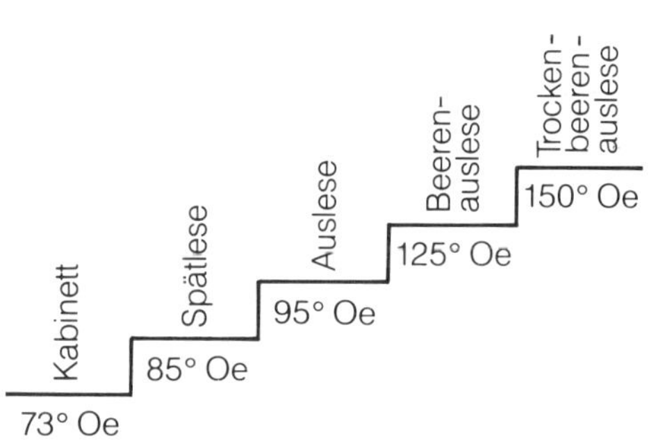

Beim Eiswein wird das Mostgewicht durch den Zusatz des entsprechenden Prädikats angegeben, also z. B. „Beerenauslese-Eiswein“.

Bezeichnungsvorschriften

Als geographische Bezeichnungen sind auf dem Etikett deutscher Weine folgende Bezeichnungen zugelassen:
Einzellage, Großlage, Bereich: mindestens 75 Prozent des Weines aus der bezeichneten Lage oder dem Bereich. Nur für Q.-b.-A.-Weine.
Gemeinden und Ortsteile: ebenfalls 75 Prozent des Weines aus dem bezeichneten Ort. Nur für Q.-b.-A.-Weine.
Bestimmte Anbaugebiete (für Q.-b.-A.-Weine) und die für die Tafelweine und Landweine festgelegten **Weinbaugebiete** und **Untergebiete:** zu 75 Prozent aus dem angegebenen Gebiet.
„Deutscher Wein“: zu 100 Prozent aus Deutschland.
Außer den Herkunftsbezeichnungen darf das Etikett noch folgende Bezeichnungen tragen.
Rebsorte: Mindestens 85 Prozent des Weines müssen aus der bezeichneten Rebsorte stammen.
Jahrgang: Es ist jener Jahrgang anzugeben, von dem der bezeichnete Wein 85 Prozent enthält.
Geschmacksrichtung: Zulässig sind die Bezeichnungen „trocken“ (höchstens vier Gramm Restzucker pro Liter Wein), „halbtrocken“ (höchstens 18 Gramm Restzucker pro Liter Wein), „lieblich“ und „süß“ (keine Grenzwerte).

Etikettensprache und Weinauszeichnungen

Die Vorschriften über die Bezeichnung und Aufmachung von Weinen wurden in Deutschland 1977 an die EG-Bestimmungen angepaßt.

Name des Weines 1
Jahrgang 2
Lage/Bereich 3
Anbaugebiet 4
Rebsorte 5
Geschmacksrichtung 6
Güteklasse (evtl. mit Prädikat) 7
Amtliche Prüfungsnummer 8
Nennvolumen e (=Europa) 9
Abfüller/Versender 10

Die Bezeichnungen 4, 7, 8 (nur bei Q.-b.-A.-Weinen), 9 und 10 sind vom Gesetz vorgeschrieben und müssen auf dem Hauptetikett (nicht auf der Halsschleife oder dem Rückenetikett) stehen.
Besondere Hinweise auf qualitativ gute Weine gibt es auch durch die Deutschen Weingütesiegel. Es gibt sie in drei Farben, nämlich rot für liebliche Weine, grün für halbtrockene und gelb für trockene Weine.
Das Weingütesiegel wird immer bei der jährlich stattfindenden Deutschen Bundesleistungsschau vergeben und trägt den Namen jenes Gebietes, in dem die Leistungsschau stattfand. Die Weine werden von einer neutralen Weinfachkommission geprüft.
Daneben gibt es auch noch regionale Weingütesiegel, wie z. B. das Badische Weingütesiegel.

Die elf „bestimmten Weinanbaugebiete" Deutschlands

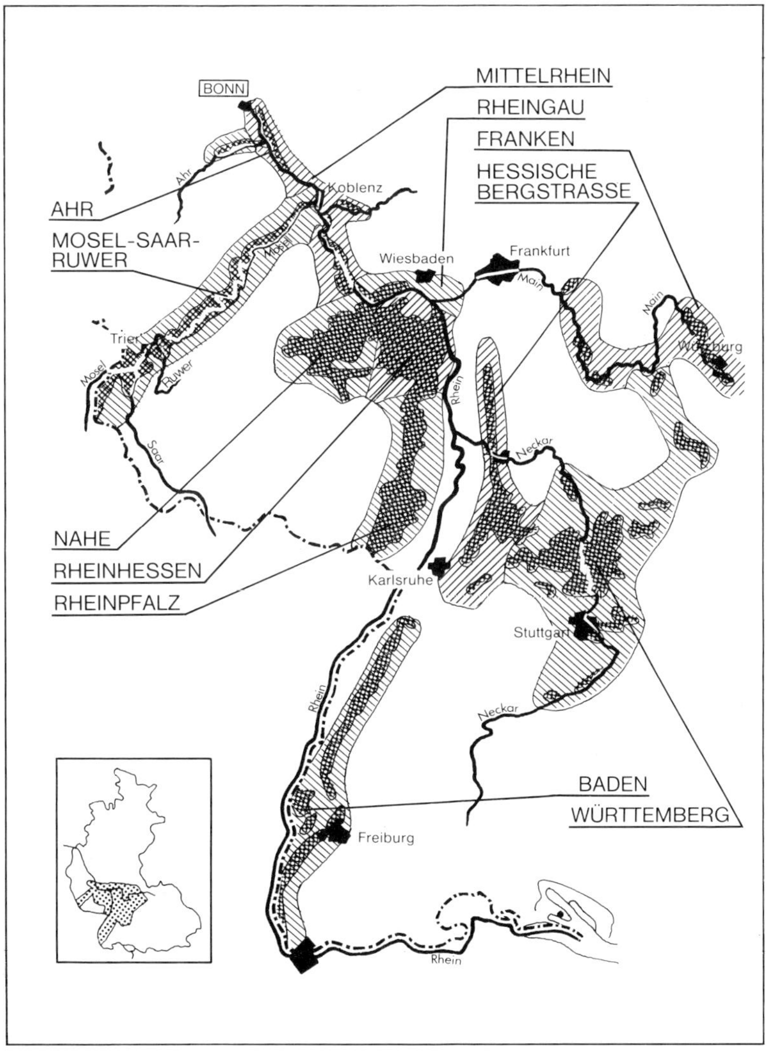

Alkoholische Getränke

Wein

Ahr

Das Gebiet der Ahr, eines Nebenflusses des Rheins, ist ein steil abfallendes Felstal mit schwer zu bearbeitenden Weingärten. Es ist das nördlichste Weinbaugebiet Deutschlands und das größte geschlossene Rotweingebiet.

Größe der Rebfläche: zirka 500 Hektar.
Jahresproduktion: zirka 46.000 Hektoliter.
Geographische Ausdehnung: am unteren und mittleren Ahrtal, von Kreuzberg bis Bad Neuenahr.
Geologische Bedingungen: in den Hanglagen Schiefer- und vulkanische Böden, die die Wärme gut speichern.
Hauptrebsorten: Rheinriesling, Müller-Thurgau (Weißweinreben), Blauer Spätburgunder, Blauer Portugieser (Rotweinreben).
Weinbauorte: Altenahr, Bad Neuenahr, Marienthal, Walporzheim.

Bekannte Weine: Marienthaler Klostergarten, Walporzheimer Himmelchen.

Mosel – Saar – Ruwer

Das tief eingebettete Flußtal der Mosel ist landschaftlich eines der reizvollsten Gebiete Deutschlands. Durch die starken Windungen dieses Tales entstehen Binnenkessel, die Treibhäusern gleichkommen und daher ideale Gebiete für den Weinbau sind. Der Moselwein ist ein frischer, würziger und harmonischer Wein. Auch die Täler der beiden Nebenflüsse der Mosel, Saar und Ruwer weisen hochwertige Weine auf. Sie sind allerdings härter als die Moselweine.

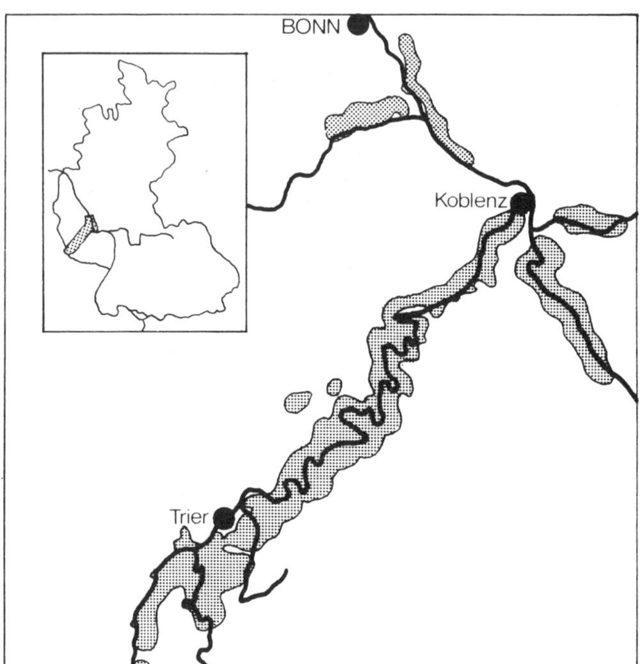

Größe der Rebfläche: zirka 11.700 Hektar.
Jahresproduktion: zirka 1,5 Millionen Hektoliter.
Geographische Ausdehnung: zwischen Trier und Koblenz rechts und links die Mosel entlang.
Geologische Bedingungen: an der Mosel — Buntsandstein-, Keuper-, Kalk- und Schieferböden, an Saar und Ruwer — Grauwacken- und Tonschieferböden.
Hauptrebsorten: Riesling, Müller-Thurgau (Weißweinreben).
Weinbauorte: an der Mosel — Trier, Leiwen, Trittenheim, Neumagen-Dhron, Piesport, Bernkastel-Kues, Zeltlingen, Ürzig, Traben-Trarbach, Zell, Cochem, Hatzenport, Koblenz; an der Saar — Saarburg, Ockfen, Ayl, Wiltlingen, Kanzem; an der Ruwer — Kasel, Eitelsbach.

Bekannte Weine:
Moselweine — Trittenheimer Altärchen, Piesporter Domherr, Bernkasteler Doktor.
Saarweine — Ayler Herrenberger, Kanzemer Altenberg.
Ruwerweine — Kaseler Paulinsberg, Eitelsbacher Marienholz.

Mittelrhein

Das nördlichste Weinbaugebiet am Rhein ist das Gebiet des Mittelrheins. Bis auf einige sehr gute Lagen gibt es hier vor allem Konsumweine. 90 Prozent der erzeugten Weine sind Weißweine.

Größe der Rebfläche: zirka 900 Hektar.
Jahresproduktion: zirka 80.000 Hektoliter.
Geographische Ausdehnung: etwa 100 Kilometer beiderseits des Rheins zwischen der Nahemündung und Bonn.
Geologische Bedingungen: hauptsächlich Schiefer- und Grauwackenverwitterungsböden; kleine Gebiete mit Löß- und Vulkanböden, vor allem in Richtung Siebengebirge. Steile Hanglagen.
Hauptrebsorten: Riesling (77 Prozent), Müller-Thurgau, Silvaner (Weißweinreben).
Weinbauorte: Braubach, St. Goar, St. Goarshausen, Oberwesel, Kaub, Bacharach, Steeg.

Bekannte Weine: Braubacher Marmorberg, Oberweseler Römerkrug, Kauber Backofen, Bacharacher Posten, Steeger St. Joster.

Rheingau

Die Weine dieses Gebietes sind die besten in Deutschland und berühmt in der ganzen Welt. Hier konzentrieren sich die Spitzenlagen.
Die Güte der Rheingauweine hängt vor allem von den hohen Durchschnittstemperaturen und der starken Sonnenbestrahlung ab.
Die Weine sind goldfarbig, bukettreich und fruchtig.

Größe der Rebfläche: zirka 2.800 Hektar.
Jahresproduktion: zirka 250.000 Hektoliter.
Geographische Ausdehnung: am Rhein entlang zwischen Wiesbaden und Lorchausen (nur 36 Kilometer).

Geologische Bedingungen: in den Tallagen Lehm-, Löß- und Tonböden, in den höheren Lagen Schiefer- und Quarzitverwitterungsböden. Bei Assmannshausen Phyllitschiefer, der dem Burgunder seinen edlen, feinfruchtigen Charakter verleiht. Überwiegend Südhanglagen.
Hauptrebsorten: Riesling (75 Prozent), Müller-Thurgau (Weißweinreben), Blauer Burgunder (Rotweinrebe).
Weinbauorte: Wiesbaden, Hochheim, Walluf, Eltville, Erbach, Hattenheim, Hallgarten, Oestrich, Winkel, Johannisberg, Geisenheim, Rüdesheim, Assmannshausen (Rotweine), Lorch.

Bekannte Weine: Hochheimer Domdechaney, Eltviller Sonnenberg, Erbacher Michelmark, Hattenheimer Schützenhaus, Hallgartener Jungfer, Oestricher Doosberg, Winkeler Jesuitengarten, Johannisberger Hölle, Königin-Victoria-Berg, Geisenheimer Mäuerchen, Rüdesheimer Magdalenskreuz, Rüdesheimer Berg Rottland, Assmannshäuser Höllenberg, Lorcher Kapellenberg.

Nahe

Die Nahe ist ein Nebenfluß des Rheins. An diesem Fluß gedeihen auf Grund der unterschiedlichen Bodenverhältnisse die verschiedenartigsten Weine, die fruchtig, etwas zart, aber sehr harmonisch sind.
75 Prozent der Weine sind Weißweine, der Rest Rot-, aber auch Roséweine.

Größe der Rebfläche: zirka 4.500 Hektar.
Jahresproduktion: zirka 420.000 Hektoliter.
Geographische Ausdehnung: die Nahe entlang bis zur Mündung in den Rhein bei Bingen.
Geologische Bedingungen: sehr unterschiedlich. Es gibt Lehm-, Rotsandstein-, Porphyr-, Buntsandstein-, Mergel- und Schieferböden.
Hauptrebsorten: Silvaner, Müller-Thurgau, Riesling (Weißweinreben).
Weinbauorte: Bretzenheim, Roxheim, Bad Münster, Bad Kreuznach, Böckelheim, Norheim, Weinsheim, Altenbamberg.

Bekannte Weine: Kreuznacher Narrenkappe, Kreuznacher Brückes, Kreuznacher Hinkelstein.

Rheinhessen

Das Weinbaugebiet Rheinhessen zählt zu den größten geschlossenen deutschen Weinbaugebieten. Das fruchtbare Hügelland weist hervorragende Weinlagen auf.

Größe der Rebfläche: zirka 22.000 Hektar.
Jahresproduktion: zirka 2,5 Millionen Hektoliter.
Geographische Ausdehnung: Rheinhessen liegt in einem riesigen Dreieck zwischen Bingen, Mainz und Worms. Im Osten und Norden bildet der Rhein eine natürliche Grenze.
Geologische Bedingungen: im Mainzer Becken Verwitterungsböden und Löß, im Westen Quarzit- und Porphyrverwitterungsböden, im Osten am Rhein entlang Rotsteinböden.
Hauptrebsorten: hauptsächlich Müller-Thurgau und Silvaner, Scheu-Rebe (Weißweinreben), Blauer Portugieser (Rotweinrebe).
Weinbauorte: Worms, Hessloch, Bechtheim, Mettenheim, Alsheim, Dienheim, Oppenheim, Nierstein, Bodenheim, Mainz, Laubenheim, Heidesheim, Ingelheim, Bingen.

Bekannte Weine: Liebfrauenmilch (einer der bekanntesten Weine Deutschlands — Liebfrauenstift Worms), Oppenheimer Krötenbrunnen, Niersteiner Pettenthal. Im Norden, um Ingelheim, findet man auch einen guten, lebhaften und sehr süffigen Rotwein.

Rheinpfalz

Das Pfälzer Weingebiet ist das größte Weinbaugebiet Deutschlands. Durch dieses Gebiet führt die „Deutsche Weinstraße". Ein besonders mildes Klima und günstige Lagen sind ausschlaggebend für die Qualität der Pfälzer Weine, von denen etwa zwei Drittel Weißweine und ein Drittel Rotweine sind.

Größe der Rebfläche: zirka 23.000 Hektar.
Jahresproduktion: zirka 2,5 Millionen Hektoliter.
Geographische Ausdehnung: Das Weinbaugebiet Rheinpfalz erstreckt sich südlich von Rheinhessen am Ostrand des Haardtgebirges und des Pfälzer Waldes. Es beginnt bei Worms und erstreckt sich über eine Länge von 80 Kilometern bis Schweigen an der deutsch-französischen Grenze im Elsaß.
Geologische Bedingungen: unterschiedliche Böden, an den Bergrücken des Pfälzer Waldes Buntsandstein- sowie Granit-, Porphyr-, Schieferton- und Muschelkalkböden.
Hauptrebsorten: Müller-Thurgau, Silvaner, Riesling (Weißweinreben), Blauer Portugieser (Rotweinrebe).

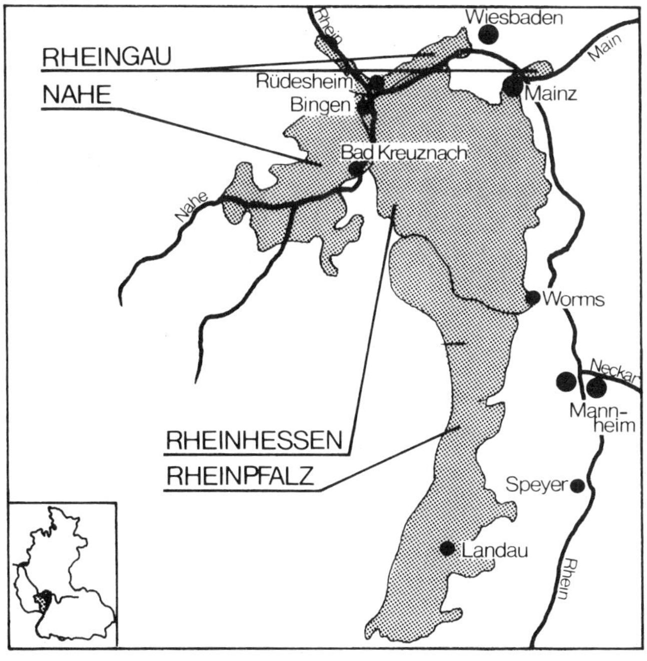

Weinbauorte: Kirchheim, Bockenheim, Bad Dürkheim, Forst, Deidesheim, Neustadt (größte Weinbaugemeinde Deutschlands), Königsbach, Klingenmünster, Oberotterbach, Schweigen.

Bekannte Weine: Dürkheimer Feuerberg, Forster Jesuitengarten, Forster Kirchenstück.

Franken

Die Frankenweine sind rassig, fruchtig und kernig. Sie haben in den letzten Jahren sehr an Beliebtheit gewonnen.
Bekannt ist auch die ungewöhnliche Flaschenform der Frankenweine, die „Bocksbeutel“ genannt wird.

Größe der Rebfläche: zirka 3.500 Hektar.
Jahresproduktion: zirka 350.000 Hektoliter.
Geographische Ausdehnung: Das Weinbaugebiet Franken umfaßt das Maintal etwa von Schweinfurt bis Aschaffenburg, liegt also zwischen Steigerwald und Spessart. Der Wein wächst an den Hängen des Main und am Westhang des Steigerwaldes.
Geologische Bedingungen: sehr unterschiedliche Böden, im Bereich Homburg und Schweinfurt Muschelkalk- sowie tiefe Lehm- und Lößböden, in Unterfranken, im Spessart und Steigerwald Verwitterungs- und Buntsandsteinböden.
Hauptrebsorten: Müller-Thurgau, Silvaner (Weißweinreben).
Weinbauorte: Abtswind, Castell, Ippesheim, Würzburg, Karlstadt, Homburg, Klingenberg.

Bekannte Weine: Würzburger Steinweine (häufig verwendet man den Namen Steinwein synonym für Frankenweine), Casteller Schloßberg, Würzburger Leisten.

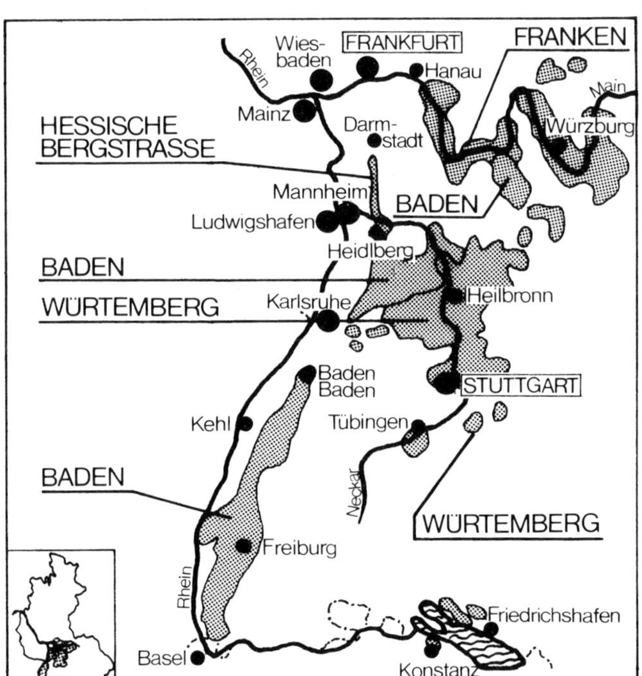

Hessische Bergstrasse

Die Hessische Bergstraße ist das kleinste deutsche Weinbaugebiet, am Odenwald gelegen. Hier wachsen frische, rassige Weißweine, ähnlich den Weinen des Rheingaus, ohne jedoch an ihre Qualität heranzureichen.

Größe der Rebfläche: zirka 280 Hektar.
Jahresproduktion: zirka 30.000 Hektoliter.
Geographische Ausdehnung: an der Hessischen Bergstraße entlang zwischen Zwingenberg und Heppenheim. Zum Weinbaugebiet gehört außerdem die „Odenwälder Weininsel“ östlich von Darmstadt.
Geologische Bedingungen: „leichte“ Böden mit einem hohen Anteil an Löß.
Hauptrebsorten: Riesling, Müller-Thurgau, Silvaner (Weißweinreben).
Weinbauorte: Bensheim, Heppenheim, Zwingenberg, Auerbach.

Bekannte Weine: Bensheimer Wolfsmagen, Heppenheimer Centgericht, Auerbacher Rott.

Württemberg

Das schwäbische Weinbaugebiet ist ein Rotweingebiet. Seine Spezialität sind die Schillerweine, süffige Weine aus weißen und roten Trauben.
Der württembergische Wein ist außerhalb seines Gebietes sehr wenig bekannt, weil er nicht einmal den Eigenbedarf deckt.

Größe der Rebfläche: zirka 8.800 Hektar.
Jahresproduktion: zirka eine Million Hektoliter.
Geographische Ausdehnung: Dieses stark aufgespaltene Weinbaugebiet liegt zwischen dem Bodensee und dem Tauberland mit den Zentren Stuttgart und Heilbronn. Die Rebflächen sind vor allem am Neckar und an seinen Nebenflüssen Erms, Murr, Enz, Bottwar, Zaber, Kocher und Jagst zu finden.
Geologische Bedingungen: hauptsächlich Formationen aus Löß, Lehm, Letten- und Gipskeuper, am mittleren Neckar auch Muschelkalk.
Hauptrebsorten: Riesling, Silvaner (Weißweinreben), Trollinger, Limberger (Rotweinreben).
Weinbauorte: Heilbronn, Cannstatt, Stetten, Schait, Staufenberg, Tromberg, Wummenstein, Schalkstein.

Bekannte Weine: Heilbronner Stiftsberg, Cannstatter Zuckerle, Stettener Pulvermacher, Schaiter Sonnenberg.

Baden

Das badische Weinbaugebiet gehört zu den angesehensten in Deutschland. Hier gibt es sehr viele prämiierte Weine.

Größe der Rebfläche: zirka 12.600 Hektar.
Jahresproduktion: zirka 1,5 Millionen Hektoliter.
Geographische Ausdehnung: Das badische Anbaugebiet verläuft am rechten Rheinufer vom Bodensee bis Mannheim.

Geologische Bedingungen: tertiäre Kalk-, Ton- und Mergelböden, am Bodensee Moränenschotter sowie riesige Lößablagerungen.
Hauptrebsorten: Müller-Thurgau, Ruländer, Gutedel, Riesling (Weißweinreben), Blauer Spätburgunder (Rotweinrebe).
Weinbauorte: Freiburg, Baden-Baden, Meersburg, Breisach (modernste Weinkellerei Europas).

Bekannte Weine: Meersburger Weißherbst (Roséwein aus der Blauen-Spätburgunder-Traube), Durchbacher Schloßberg, Markgräfler, Kaiserstühler.

Schweiz

Die Schweiz gehört mit zirka 14.000 Hektar Weinanbaugebiet und einem Ertrag von etwa 1,2 Millionen Hektolitern sicherlich zu den kleinen Weinbauländern der Welt. Von der Qualität her gesehen, ist es jedoch ein ausgezeichnetes Weinland, weil die Weinkultur sehr hoch entwickelt ist.
In den meisten Kantonen wird Weinbau betrieben, zum Teil werden hervorragende Qualitäten erzielt. Der Weißwein hat mit ungefähr 64 Prozent den größten Anteil an der Weinproduktion.
Bemerkenswert an den Schweizer Weinen ist ihre große Unterschiedlichkeit, die geographisch und klimatisch bedingt ist.
Die Weine werden fast ausschließlich im eigenen Land konsumiert, nur etwa 9.000 Hektoliter (0,75 Prozent) werden exportiert, und zwar vor allem in die BRD und die Beneluxstaaten.

Hauptrebsorten

Weißweinreben: Chasselas (Gutedel), Johannisberg, Müller-Thurgau, Klevner (Ruländer, Pinot gris), Räuschling, Gewürztraminer.
Rotweinreben: Pinot noir (Blauer Burgunder), Gamay, Merlot.

Bezeichnungsvorschriften und Etikettensprache

Roter Wein: Wein aus roten oder blauen Trauben, dessen rote Farbe ausschließlich aus seinen Beeren stammt.
Weißer Wein: Wein aus weißen Trauben oder aus vollständig süß gekelterten blauen oder roten Trauben.
Süßdruck (Süßabdruck, Rosé): hellroter Wein aus blauen oder roten Trauben, der nicht oder nur kurze Zeit an den Trestern gegoren hat. Die Bezeichnung „Süßdruck" darf nur zusammen mit der Herkunftsbezeichnung verwendet werden.
Œil de Perdrix: Süßdruck, der ausschließlich aus Schweizer Blauburgundertrauben hergestellt werden darf.
Schillerwein: Wein, der durch gemeinsames Keltern eines Gemisches von blauen und weißen Trauben aus gemischtem Satz gewonnen wurde. Das blaue Gewächs muß dabei überwiegen.
Hybridenwein (Americano): Wein aus Trauben von amerikanischen Rebsorten.
Tischwein: Verschnitte von Hybridenwein mit 50 Prozent Wein gleicher Farbe aus europäischen Reben kann als Tischwein bezeichnet werden. Hinweise auf besondere Qualität oder auf einen Jahrgang sind bei Tischweinen verboten.
Dôle: Rotwein aus Wallis, der aus der Rebsorte Pinot noir (Blauer Burgunder) oder einer Mischung aus Pinot noir und Gamay gewonnen wird. Jeweils im Herbst wird die untere Qualitätsgrenze für Weine, die diese Bezeichnung führen dürfen, festgelegt.
Salvagnin: Waadtländer Rotweine aus den Rebsorten Pinot noir und/oder Gamay. Eine Degustationskommission beurteilt die Weine, die nach dem internationalen Bewertungsschema für Weine (siehe Seite 192) mindestens 17 Punkte (von 20 möglichen) erreichen müssen.
Dorin: Waadtländer Weißweine aus der Rebsorte Chasselas (Gutedel).
Terravin: Das sind Spitzen-Dorins, die von einer Degustationskommission mindestens 18 Punkte bekommen müssen.
Perlan: Genfer Weißweine aus der Rebsorte Chasselas.
VITI (Vini Ticinesi): Weine aus dem Tessin. VITI steht immer mit der Sortenbezeichnung (z. B. Merlot VITI). Diese Qualitätsbezeichnung wird ebenfalls von einem Degustationskomitee vergeben.
Winzerwy: Spitzenweine aller Traubensorten aus der Ostschweiz. Diese Weine unterstehen sehr strengen Produktionsvorschriften und dürfen nicht verschnitten werden. Bei der Prüfung durch eine Degustationskommission müssen sie 18 Punkte erreichen.

Westschweiz (französische Schweiz)

Sie ist das größte Weinbaugebiet der Schweiz. 98,2 Prozent der erzeugten Weine stammen von hier.

Neuenburg (Neuchâtel): Neuenburger Weine wachsen an den Hängen des Neuenburger Sees und des Murtensees. Es sind spritzige, nicht zu schwere Weine, die in der Schweiz gerne getrunken werden. Besonders gut eignen sich die Weine zum berühmten Neuenburger Käsefondue.
Hauptrebsorten: Chasselas (Weißweinrebe), Pinot noir, Gamay (Rotweinreben).
Weinbauorte: Auvernier, Neuchâtel (Neuenburg).
Bekannter Wein: Œil de Perdrix (Neuenburger Rosé aus der Blauburgunder-Traube).

Bern: Im Gebiet des Bieler Sees werden elegante, duftige Weine gekeltert. Sie haben ein feines Bukett, die Konsistenz ist angenehm prickelnd.
Hauptrebsorten: Chasselas (Weißweinrebe), Pinot noir, Gamay (Rotweinreben).
Weinbauorte: Twann, Schafis, Spiez, Oberhofen.
Bekannte Weine: Twanner und Schafiser Weine.

Waadtland (Vaud): Etwa 40 Prozent der gesamten Weinproduktion der Schweiz stammen aus dem Waadtland. Dieses Weingebiet erstreckt sich von Genf über Lausanne bis Wallis und besteht aus vier kleinen Weinbaugebieten:
La Côte: von Nyon bis Lausanne. Hier gedeihen spritzige, leichte Weine.
Weinbauorte: Lunis, Vinzel, Mont-sur-Rolle, Féchy.
Lavaux: östlich von Lausanne bis Montreux. Die Weine sind etwas schwerer.

ALKOHOLISCHE GETRÄNKE

WEIN

Weinbauorte: Dézaley (Spitzenqualitäten), St. Saphorin, Epesses, Villette.
Chablais: von der Rhonemündung bis zum Kanton Wallis.
Weinbauorte: Villeneuve, Yvorne, Aigle.
Le Petit Vignoble: wenig bedeutendes Weinbaugebiet.
Hauptrebsorten: Chasselas (Weißweinrebe), Pinot noir, Gamay (Rotweinreben).
Bekannte Weine: Dorin, Salvagnin.

Genf (Genève): Die Rebflächen erstrecken sich hufeisenförmig um die Stadt Genf herum. Die Weine sind leicht, meistens ziemlich trocken und etwas moussierend.
Hauptrebsorten: Chasselas, Aligoté, Chardonnay (Weißweinreben), Gamay, Pinot noir (Rotweinreben).
Weinbauorte: Satigny (größter Schweizer Weinbauort), Peissy.
Bekannter Wein: Perlan.

Wallis (Valais): Wallis ist das größte Weinbaugebiet der Westschweiz. Die Weinberge liegen alle im Rhonetal und reichen von Martigny bis Brig. Die Weine aus dem Rhonetal sind kräftig und gehaltvoll. Von hier kommen die besten Rotweine der Schweiz und etliche sehr gute Weißweine. 40 Prozent der erzeugten Weine sind Rotweine, 60 Prozent Weißweine.
Hauptrebsorten: Chasselas, Silvaner, Malvasier (Weißweinreben), Pinot noir, Gamay, Merlot (Rotweinreben).
Weinbauorte: Martigny, Fully, Chamoson, Ardon, Vétroz, Sion, Sierre, Visperterminen (höchstgelegener Weinbauort Europas in 1.340 Meter Seehöhe).
Bekannte Weine: Fendant (aus der Chasselas-Traube), Johannisberg (blumiger Silvaner), Malvoisie fletri (Strohwein), Rèze (Gletscherwein), Eremitage, Dôle (bekanntester Rotwein aus der Schweiz).

OSTSCHWEIZ (DEUTSCHE SCHWEIZ)

Nur 1,7 Prozent der Schweizer Weine stammen aus der deutschen Schweiz. Die Weißweine dieses Gebietes sind spritzig und stark säurehaltig.
Hauptrebsorten: Müller-Thurgau, Silvaner, Riesling, Klevner, Räuschling, Gewürztraminer (Weißweinreben), Pinot noir, Gamay (Rotweinreben).

Zürich: hauptsächlich Rotweine aus der Pinot-noir-Traube.
Weinbauorte: Stäfa, Andelfingen.
Schaffhausen: gute Weißweine, z. B. Hallauer vom Hallauer Berg.
Weinbauorte: Hallau, Stein am Rhein.
Thurgau: Der bekannteste Wein ist der Karthäuser.
Weinbauort: Warth.

DIE WEINBAUGEBIETE DER SCHWEIZ

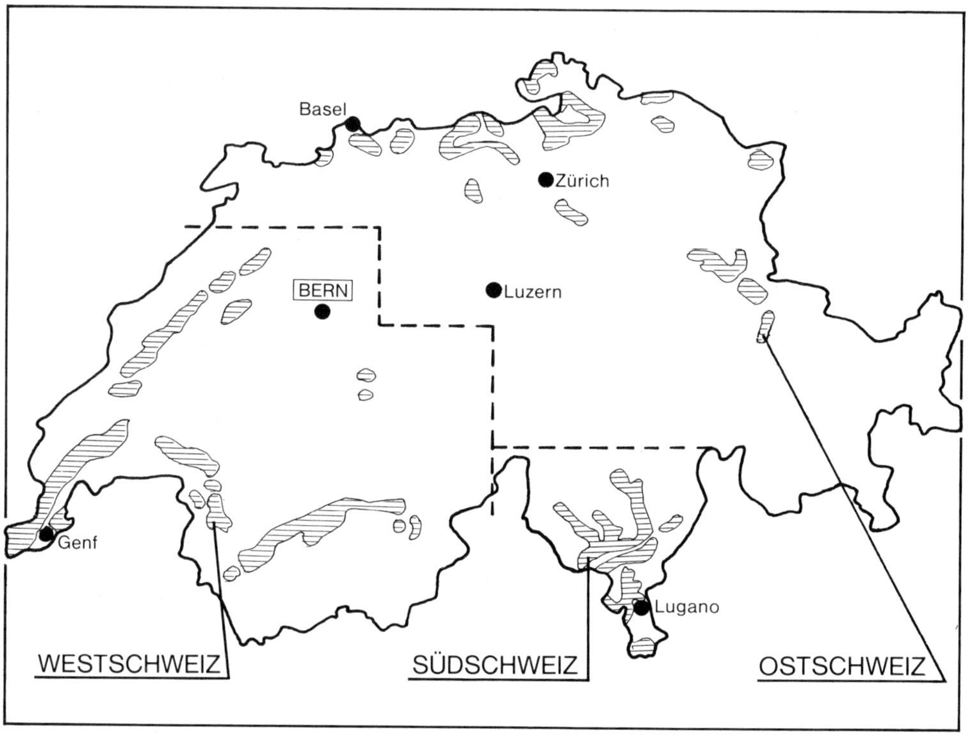

St. Gallen: fast ausschließlich rote Konsumweine.
Weinbauorte: Ragaz, Altstätten.
Graubünden: hauptsächlich Weißweine aus dem Rheintal. Die bekanntesten sind Malanser und Jeninser Weine.
Weinbauorte: Chur, Malans, Maienfeld, Jenins, Fläsch.
Aargau und Basel: weiße Tischweine.

Südschweiz (italienische Schweiz – Tessin – Ticino)

Hier findet man vor allem Rotweine, und zwar hauptsächlich aus der Merlot-Traube.
Echte Tessiner Weine mit einem bestimmten Qualitätsstand tragen auf dem Etikett die Bezeichnung VITI. Die Weine sind kräftig und alkoholreich.
Der lokale Rotwein (Tischwein) heißt Nostrano und ist leicht und frisch.

Italien

ALKOHOLISCHE GETRÄNKE

WEIN

Italien ist nach Frankreich der zweitgrößte Weinproduzent der Welt. Die Jahresproduktion beträgt zirka 64 Millionen Hektoliter, die auf einer Rebfläche von 1,3 Millionen Hektar gebaut werden. Der Anteil an Rotwein ist etwa 60 Prozent der Gesamtproduktion. Beim Weinexport liegt Italien allerdings an erster Stelle. Mit 12,1 Millionen Hektolitern exportiert es etwa 19 Prozent seiner Produktion, und zwar vor allem nach Frankreich, Großbritannien, in die USA und die Schweiz.
Der Geschmack und die Qualität der italienischen Weine sind sehr unterschiedlich. Man findet trockene, herbe und süße Rot- und Weißweine und frische Roséweine, ohne daß die Qualität in den meisten Fällen an die ganz großen französischen Weine heranreicht.
Italienische Weine werden mit wenigen Ausnahmen jung getrunken. Besonders hervorzuheben sind aus österreichischer Sicht die Südtiroler und die Veltliner Weine.

HAUPTREBSORTEN

Weißweinreben: Terlaner, Muskat, Muskateller, Welschriesling, Traminer, Greco di Gerace, Falerno, Albana, Nebbiolo d'Alba.
Rotweinreben: Grauvernatsch, Barbera, Cabernet, Dolcetto, Freisa, Grignolino, Merlot, Nebbiolo, Sangiovetto, Bardolino, Barolo.

WEINGÜTEKLASSEN

Das italienische Weingesetz legt drei Qualitätsklassen fest:
Denominazione semplice (D. S.) oder Denominazione origine semplice (D. O. S.). Solcher Wein entspricht etwa dem österreichischen oder deutschen Tafelwein. Das Etikett trägt nur den einfachen Hinweis auf das Erzeugergebiet. Qualitätsmerkmale sind nicht festgelegt. Niederste Qualitätsstufe.
Denominazione di origine controllata (D. O. C.): Das bedeutet „kontrollierte Ursprungsbezeichnung". Es müssen eine Reihe von Qualifikationen nachgewiesen werden, wie z. B. eine genaue Begrenzung des Anbaugebietes, Mindestalkoholgehalt, vorgeschriebene Rebsorten, Weinbereitungsmethoden und Höchsterträge pro Hektar. Die Weine sind einer Prüfung unterworfen.
Denominazione di origine controllata e garantita (D. O. C. G.): Diese Weine stellen die höchste Qualitätsstufe der italienischen Weine dar. Sie müssen neben den Qualifikationen für D.-O.-C.-Weine auch vom Erzeuger abgefüllt werden und dürfen nur aus erstklassigen Lagen stammen. Sie werden zusätzlich mit einem staatlichen Siegel verschlossen.

ETIKETTENSPRACHE DER ITALIENISCHEN WEINE

Classico: Der Wein stammt aus den besten Lagen des Weinbaugebietes, z. B. Chianti classico
Riserva: über einen längeren Zeitraum (meist 3 Jahre) gelagerter Wein
Vino da tavola: Tafelwein, einfacher Wein
Vino bianco: Weißwein
Vino rosato (rosatello): Roséwein
Vino rosso: Rotwein
Vino nero: dunkelroter Wein
Secco: trocken
Amaro: bitter
Amabile: halbsüß
Dolce: süß
Spumante: schäumend

DIE WEINBAUGEBIETE ITALIENS

Aostatal und Piemont (Val d'Aosta e Piemonte): Diese Weinbaugebiete, am Fuße der Alpen gelegen, erzeugen neben den bekannten Rotweinen auch Spezialweine, wie Wermut und Asti spumante (siehe Seite 244 und Seite 241).
Bekannte Weine: Barolo, Barbaresco, Barbera, Cortese, Dolcetto, Moscato.

Lombardei (Lombardia): Die Lombardei gliedert sich in das Veltliner und das Gardasee-Gebiet.
Bekannte Weine: Veltlin — Sassella, Inferno, Grumello; Gardasee — Sangiovese.

Trentin-Oberetsch (Südtirol, Alto Adige): Die Südtiroler Weine erfreuen sich in Österreich, Deutschland und der Schweiz besonderer Beliebtheit. Über 50 Prozent des Ertrages werden in diese Länder exportiert.
Die Weinbaufläche dieses Gebietes beträgt zirka 9.000 Hektar, auf denen zirka 400.000 Hektoliter Wein pro Jahr erzeugt werden. 80 Prozent davon sind Rotweine.
Die Weine aus Südtirol sind harmonisch im Geschmack, nicht sehr schwer und haben eine angenehme Säure.

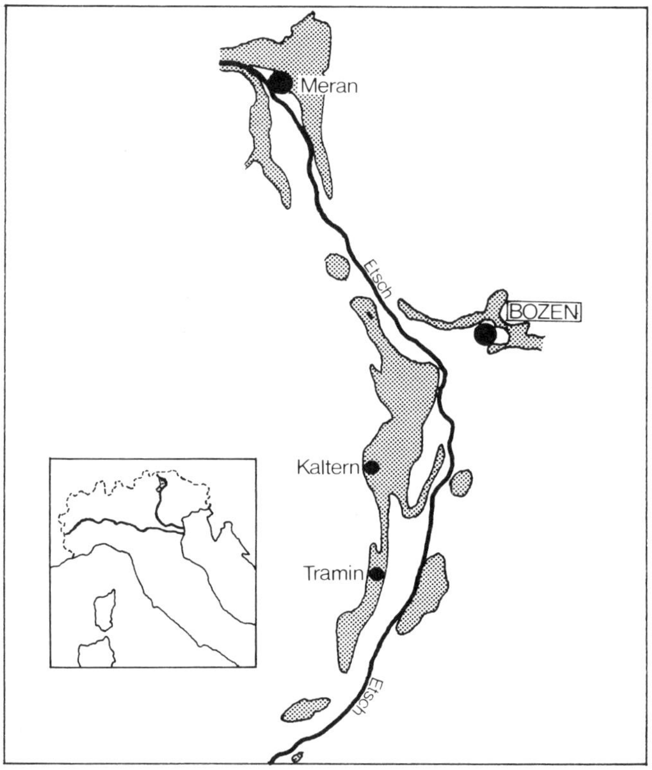

— Bozen und Umgebung: Hier findet man die wertvollsten Rotweinlagen, die den Südtiroler Weinen Weltruf verliehen haben.
  Hauptrebsorten: Vernatsch, Blatterle, Cabernet, Merlot, Lagrein (Rotweinreben).
  Bekannte Weine: Leitacher (rubinroter, fein säuerlicher Wein), St. Justiner (granatroter, duftender Wein), St. Magdalener (Rotwein mit feinem, angenehmem Erdgeschmack und zartmildem Duft), Kreuzbichler, Bozner Leiten.
— Meran und Umgebung: Hier wird fast ausschließlich Weißwein gebaut.
  Hauptrebsorten: Rheinriesling, Sauvignon blanc, Ruländer, Welschriesling, Weißterlaner (Vintschgau-Weißfraneler) — Weißweinreben.
  Bekannte Weine: Weißfraneler, Weißer Lagrein, Vintschgau-Naturns.
— Überetsch (Kaltern): Das ist das Hauptanbaugebiet der Vernatsch-Rebe.
  Bekannte Weine: Grieser Lagrein-Kretzer, Kalterer See.
— Etschland — Salurn: Dieses Gebiet liegt links (Pinzon, Mozzon) und rechts (Margreid, Kurtatsch) die Etsch entlang.
  Hauptrebsorten: Vernatsch, Groß- und Edelvernatsch, Blauburgunder (Rotweinreben).
  Bekannte Weine: Südtiroler Grauvernatsch, Südtiroler Merlot, Südtiroler Cabernet.
— Terlan: In diesem Weinbaugebiet werden vor allem Weißweine gewonnen, mit einigen Ausnahmen wie Silberleiten oder Schwanburger.
  Hauptrebsorten: Weißterlaner (Pinot bianco), Sauvignon, Welschriesling, Rheinriesling, Silvaner, Müller-Thurgau (Weißweinreben).
  Bekannter Wein: Terlaner
— Brixen und das Eisacktal: Hier werden viele Weißweine, aber auch gute Rotweine gebaut. Sie zeichnen sich durch ihre Eleganz und Frische aus.
  Hauptrebsorten: Silvaner, Ruländer, Veltliner, Gewürztraminer, Müller-Thurgau (Weißweinreben).
  Bekannter Wein: Eisacktaler.

Friaul — Julisches Venetien (Friule — Venetia Giulia): Am Fuße der Venezianischen und Julischen Alpen um die Stadt Udine gelegen, mildes Klima.
Bekannte Weine: Prosecco, Terrano, Isonzo.

Ligurien (Liguria): Dieses Gebiet bringt die bekannten Cinque-terre-Weine heraus, die mit den Rhein- und Moselweinen eine gewisse Ähnlichkeit haben. Sie kommen aus den fünf Gemeinden Riomaggiore, Corniglia, Monterosso, Vernazza, Monarolo.
Weitere bekannte Weine: Rossese, Verrmentino, Dolce aqua.

Venetien (Veneto): Das Gebiet zwischen Gardasee und Venedig bringt ausgezeichnete Weine hervor.
Bekannte Weine: Valpolicella (rubinroter, trockener, samtiger Wein mit harmonischem Geschmack), Soave bianco (bekannter trockener Weißwein), Bardolino.

Emilien (Emilia-Romagna): Dieses Gebiet erstreckt sich von Piacenza bis Ravenna. Es ist die Kornkammer und die reichste Provinz Italiens. Der Weinbau wird meist in Hochkulturen als Felderbegrenzung durchgeführt.
Bekannte Weine: Lambrusco, Albana di Romagna, Sangiovese dei Colli, Sangiovese di Romagna, Malvasia.

Toskana (Toscana): Die Gegend um Florenz ist bekannt für den Chianti, das Aushängeschild der italienischen Weine. Er gedeiht auf einer Rebfläche von etwa 70.000 Hektar.
Bekannte Weine: Chianti, Chianti classico, Brunello di Montalcino, Elba, Brolio, Vino Nobile di Montepulciano.

Marken (Marche): Dieses Weinbaugebiet ist östlich der Toskana an der Adria gelegen.
Die Weine sind meist leicht und harmonisch und eignen sich gut zur einheimischen Küche.
Bekannte Weine: Verdiccio dei Castelli di Josi, Vernaccia di Serrapetrona.

Umbrien (Umbria): zwischen der Toskana und Rom gelegen.
Bekannte Weine: Orvieto (trockener, alkoholreicher Weißwein), Torgiano.

Latium (Lazio): Dieses Weinbaugebiet, östlich von Rom gelegen, bringt vor allem Weißweine hervor.
Bekannte Weine: Frascati (strohgelber, milder Wein), Est! Est!! Est!!! di Montefiascone, Malvasia.

Abruzzen (Abruzzo): In dieser Gebirgslandschaft gedeihen vor allem leichte rote und weiße Konsumweine.
Bekannte Weine: Montepulciano d' Abruzzo (leichter, doch kräftiger Wein mit zarter Gerbsäure), Trebbiano d'Abruzzo.

Kampanien (Campania): In diesem Gebiet südlich von Latium wachsen feurige und starke Weine.
Bekannte Weine: Lacrima Christi del Vesuvio (schwerer, goldgelber Süßwein), Capri, Sorriso d'Ischia, Falerno, Gragnano.

Apulien (Puglia): Apulien erzeugt leichte, süffige Konsumweine und gewöhnliche Verschnittweine. Dieses Weinbaugebiet ist mengenmäßig das größte Italiens, weist jedoch den geringsten Anteil an D.-O.-C.-Weinen auf.
Bekannte Weine: San Severo, Martina, Locorotondo, Primitivo.

Basilikata (Basilicata): In diesem Weinbaugebiet gibt es ebenfalls fast nur Konsumweine. Sie gedeihen auf vulkanischem Gestein und verlieren durch die Lagerung ihre rauhe Art und werden rund und geschmeidig.
Bekannter Wein: Aglianico del Vulture.

Kalabrien (Calabria): Hier werden feurige, schwere Weine ohne besondere Qualitätsansprüche gebaut, hauptsächlich Tisch- und Deckweine.
Bekannte Weine: Cirò, Greco di Turo, Melissa, Squillace.

Sardinien (Sardegna): Der Wein ist kräftig und ländlich. Weinbau gibt es vor allem in der südlichen Provinz Cagliari.
Bekannte Weine: Vermentino di Gallura, Vernaccia di Oristano, Nasco, Nuragus di Cagliari, Muscato.

Sizilien (Sicilia): Bekannt sind vor allem die Dessert- und Süd-weine (Marsala — siehe Seite 243).
Bekannte Weine: Etna, Moscato di Pantelleria, Corvo, Faustus, Rapitalà, Regaleali.

Spanien

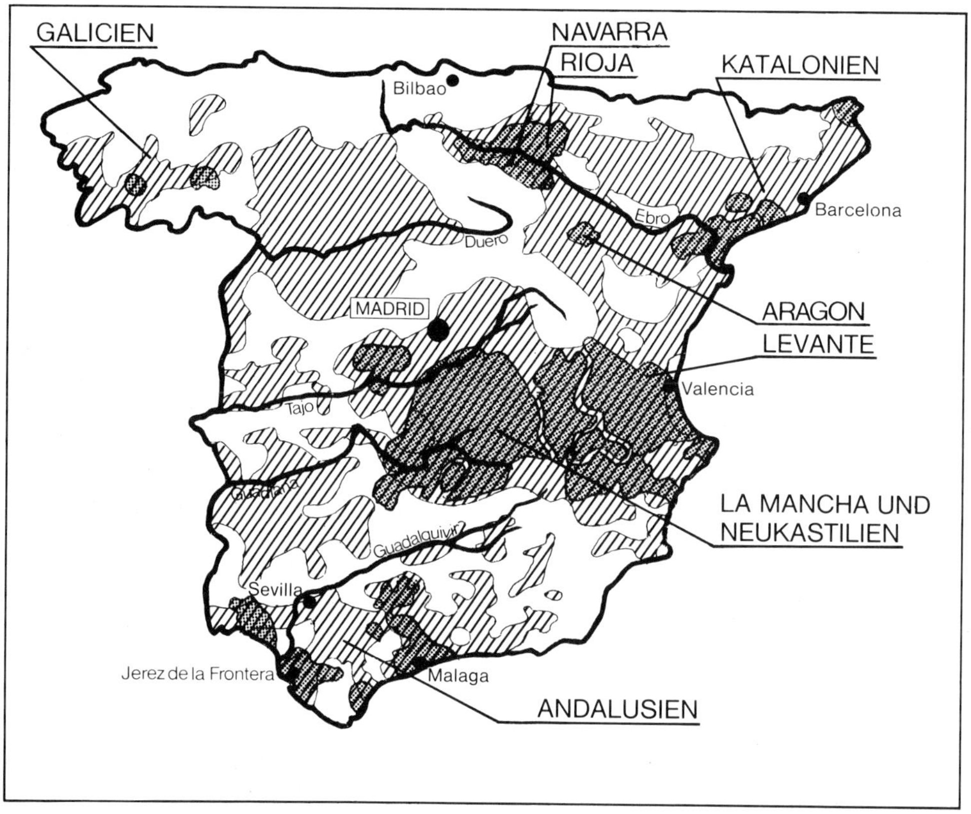

Spanien ist, von der Weinanbaufläche her gesehen, mit 1,7 Millionen Hektar das größte Weinanbauland der Welt. Von der Produktion her liegt es aber mit zirka 28 Millionen Hektolitern nur an vierter Stelle nach Frankreich, Italien und der UdSSR.
Spanien ist ein Land mit alter Weinbautradition, teilweise aber veralteten Methoden. Durch das Weingesetz 1970 ist das Niveau jedoch im ganzen Land gehoben worden, und moderne Weinbaumethoden finden immer mehr Verbreitung.
Spanien bringt einige hervorragende Spitzenweine hervor, der Großteil der Weine sind aber billige Deckweine, die überall in Europa verwendet werden. Etwa 80 Prozent der Erzeugung sind Rotweine.
Neben den herkömmlichen Weinen werden in Spanien vor allem Süd- oder Dessertweine erzeugt, von denen die bekanntesten der Sherry und der Malaga sind. Beide sind sehr feurig und schwer.

Von den spanischen Weinen werden zirka sechs Millionen Hektoliter exportiert, vor allem in die Schweiz, die BRD, die Niederlande und nach Frankreich.

Hauptrebsorten

Weißweinreben: Muskateller, Malvasier, Craciano, Tempramillo, Mazuela, Palamino.
Rotweinreben: Carinena, Granacha, Pedroxinenes, Pinot noir, Cabernet-Sauvignon.

Weingüteklasse

Denominación de Origen (D. O.): gesetzlich kontrollierte Herkunftsbezeichnung spanischer Qualitätsweine seit 1970.
In Spanien gibt es derzeit 29 dieser gesetzlich kontrollierten Herkunftsgebiete.

Die Weinbaugebiete Spaniens

In Spanien gibt es elf Weinbauregionen, von denen die folgenden bereits einer Kontrolle unterliegen:

Andalusien: In dieser Region wachsen die berühmtesten Südweine Spaniens, der Sherry (siehe Seite 242) und der Malaga (siehe Seite 243).
Die kontrollierten Anbaugebiete (D. O.) in Andalusien sind Jerez-Xeres-Sherry, Manzanilla-Sanlúcar de Barrameda, Huelva, Málaga und Montilla-Moriles (schwere Weißweine mit einem natürlichen Alkoholgehalt von 15 bis 16 Vol.-%).
Das Sherrygebiet umfaßt etwa 11.000 Hektar Rebfläche, auf der jährlich zirka 800.000 Hektoliter Wein erzeugt werden. Sherry darf nur in einem genau abgegrenzten Gebiet um die Städte Jerez de la Frontera und Sanlúcar de Barrameda angebaut werden.

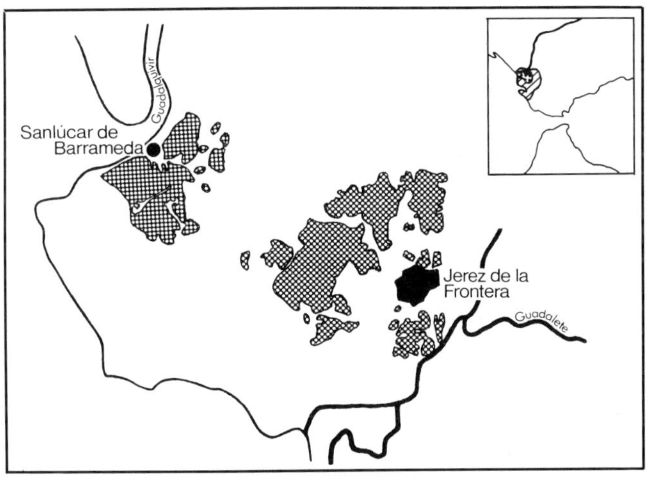

Rioja: Dieses D.-O.-Gebiet, etwa 150 Kilometer von der französischen Grenze entfernt, ist das bekannteste und bedeutendste Weinbaugebiet Spaniens, es hat seit Mitte der siebziger Jahre internationale Bedeutung erlangt. Die besten Weine Spaniens kommen aus diesem Gebiet. Die weißen Rioja-Weine sind spritzige, frische Weißweine, die durch eine gesteuerte Gärung und rasches Abfüllen ihre Spritzigkeit erhalten. Die roten Rioja-Weine sind rund, fruchtig und körperreich mit einem ausgewogenen Säuregehalt. Die leichteren Rotweine aus diesem Gebiet, die Clarettes, sind trocken und besitzen wenig Säure. Auch Roséweine werden hier erzeugt.
Rioja gliedert sich in drei Teilgebiete.
- Rioja Alta: leichteste und beste Weine.
- Rioja Alavesa: etwas kräftigere Weine.
- Rioja Baja: schwere Weine mit hohem Alkoholgehalt, meist Tischweine.

Bekannte Weine: Rioja Ederra, Rosado, Federico Paternina, Marqués de Murrieta, Marqués de Riscal, Siglo, Marqués de Cáceres.

La Mancha und Neukastilien: Es ist die größte geschlossene Weinbauregion Spaniens, eine riesige Ebene südlich von Madrid. Es werden mehr Weiß- als Rotweine erzeugt, meist einfache Konsumweine. D.-O.-Gebiete in der Mancha sind Almansa, La Mancha, Manchuela, Mentrida, Valdepeñas.
Bekannte Weine: Valdepeñas, Ciudad Real.

Levante: Im Gebiet um die Städte Valencia und Alicante, der zweitgrößten Weinbauregion Spaniens, gedeiht vor allem der Dessertwein Alicante. Ein sehr bekannter Wein ist außerdem der Fondillón aus Valencia.
Die kontrollierten Weinbaugebiete in Levante sind Alicante, Jumilla, Utiel-Requena, Valencia und Yecla.

Katalonien: Im Nordosten Spaniens gelegen, produziert dieses Gebiet sowohl Durchschnittsweine als auch sehr gute Qualitäten. Von dort her kommen schwere dunkle Rotweine sowie Schaumweine.
Katalonien hat sieben D.-O.-Gebiete: Alella, Ampurdán, Costa Brava, Conca del Barbara, Grandesa, Terralta, Panadés (bekannte Schaumweine — Cavas), Priorato, Tarragona.
Bekannte Weine: Alella Legitimo, Panadés.

Aragón: Am Ebro gelegen, produziert dieses Weinbaugebiet Weine aller Geschmacksrichtungen und Sorten mit ausgeprägtem Charakter und hohem Alkoholgehalt.
Die D.-O.-Gebiete sind Cariñena und Campo de Borja.

Navarra: Im Norden dieses D.-O.-Gebietes wachsen herbe, prickelnde „vinos verdes“ (grüne Weine). Diese Bezeichnung bezieht sich nicht so sehr auf die Farbe der Weine, sondern bedeutet „junge Weine“.

Galicien: Dieses Weinbaugebiet an der Atlantikküste erzeugt leichte, herbe, frische, prickelnde Weißweine, die den portugiesischen „vinhos verdes“ ähneln.
Die kontrollierten Anbaugebiete Galiciens sind Ribero, Valdeorras, Valle de Monterrey.

Weitere Weinbaugebiete in Spanien, die allerdings keine Denominación de origen haben, sind Estremadura, Leon und Kastilien sowie die Kanarischen Inseln und die Balearen.

Portugal

Portugal ist ebenso wie Spanien für seine Dessertweine, nämlich Portwein und Madeira, bekannt.
Es ist eines der ältesten Weinbauländer Europas mit einer Rebfläche von zirka 360.000 Hektar und einer Produktion von etwa zehn Millionen Hektolitern. 65 Prozent davon sind Rotweine. Eine beträchtliche Anzahl der Weine sind Rosés.
In den Export gehen fast zwei Millionen Hektoliter, vor allem nach Nordeuropa und in die USA.

Hauptrebsorten

Weißweinreben: Esgana cão, Donzelinho, Gouveio, Malvasia fina, Sémillon, Dona Branca, Arinto.

Rotweinreben: Tinta cão, Mourisco, Donzelinho tinto, Verdelho, Francisca, Mourisca, Touriga, Bastardo, Tinta Pinheira.

WEINGÜTEKLASSEN

Denominaçao de Origen (D. O.): gesetzlich festgelegte Herkunftsbezeichnung für Qualitätsweine aus neun bestimmten Anbaugebieten.
Vinho de consumo: einfacher Tischwein.

DIE WEINBAUGEBIETE PORTUGALS

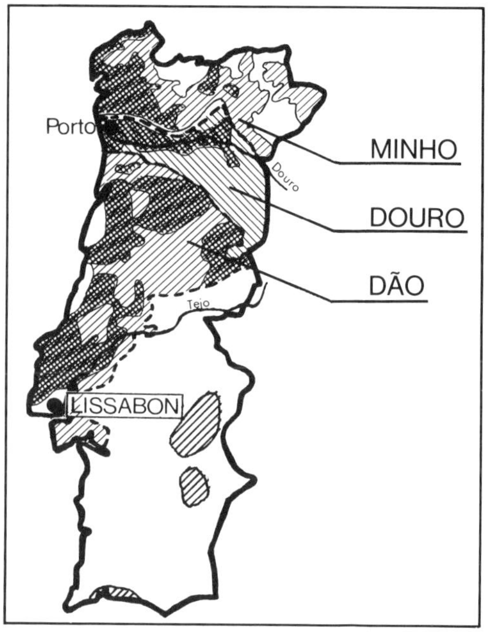

Minho: Das Gebiet nördlich von Porto zwischen den Flüssen Minho und Douro erzeugt den sogenannten „Vinho verde" (grünen Wein). Das ist ein frischer, spritziger, fruchtiger, leichter Weißwein, ziemlich säurebetont, der beim Eingießen leicht schäumt. Dieses Moussieren wird durch eine schwache zweite natürliche Gärung in der Flasche bewirkt. Vinhos verdes sollen etwa mit einem Jahr getrunken werden.
Bekannte Vinhos verdes: Agulha Alvarinho, de Monçao, Aveleda, Casal Mendes, Casa da Calcada, Casa da Seara, Casa de Vilacetinho, Casal Miranda, Casalinho Gamba, Lagosta, Meireles, Mirita, Mouro Basto, Gatão, Souto Vedro, Tãmega, Tres Marias, Quinta de Curvos.

Douro: An diesem Fluß wachsen die Reben für den weltbekannten Portwein (siehe Seite 243).

Dão: Im Dão-Gebiet südlich des Portweingebietes werden vor allem weiche, samtige, schwere, gehaltvolle Rotweine mit einem hohen Glyzeringehalt, aber auch einige Weißweine erzeugt.
Bekannter Wein: Grao Vasco.

Lissabon: Auch im Gebiet von Lissabon wachsen einige interessante Weine, deren Anbauflächen durch die Ausdehnung der Stadt allerdings ständig zurückgedrängt werden. Nördlich von Lissabon ist das Gebiet des Bucelas (leichter, trockener, säurereicher Weißwein). Sehr bekannt sind auch Colares-Weine, die auf den Dünen wachsen. Das sind vor allem Rotweine, die sich sehr langsam entwickeln.
Andere bekannte Weine: Carcavelos (süßer, bernsteinfarbener Wein), Moscatel de Setúbal (Dessertwein).

Madeira: siehe Seite 243.

Weitere bekannte Weine: Amarante, Penafiel, Mateus rosé.

Ungarn

Ungarn ist bekannt für seine schweren und feurigen Weine. Auf einer Anbaufläche von 180.000 Hektar werden zirka fünf Millionen Hektoliter Wein erzeugt, wovon 70 Prozent auf Weißweine entfallen. Der Wein ist ein sehr wichtiger Exportartikel Ungarns, weshalb auch etwa 1,8 Millionen Hektoliter vor allem in die Ostblockstaaten, aber auch die BRD, die USA und nach Kanada gehen.

HAUPTREBSORTEN

Weißweinreben: Furmint, Szürkebarát, Piros Cirfandli, Olaszrizling, Szilváni, Tramini, Fehérburgundi, Sauvignon, Zöld Veltelini, Müller-Thurgau, Bouvier, Muscat Ottonel.
Rotweinreben: Kadarka, Nagyburgundi, Kékfrancos, Medoc, Cabernet-Sauvignon, Cabernet franc, Blauer Portugieser.

WEINGÜTEKLASSEN

Tafelwein (aszali bor): 9 bis 11 Vol.-% Alkohol, für Verschnitte zugelassen, ohne Angabe von Rebsorten.
Bratenwein (pecsenye bor): 10,5 bis 12 Vol.-% Alkohol, mit Angaben über geographische Anbaugebiete und enthaltene Rebsorten.
Qualitätswein (minöségi bor): mindestens 12 Vol.-% Alkohol, mit genauen Angaben über Abfüller, Rebsorte, Jahrgang, Alkoholgrad, Ort und Zeit der Lese.
Prädikatswein (különleges minöségi bor): mindestens 13 Vol.-% Alkohol, mit allen Angaben wie beim Qualitätswein.

DIE WEINBAUGEBIETE UNGARNS

Die große Tiefebene — Weinbaugebiet Alföld: Sie umfaßt beinahe die Hälfte der Gesamtfläche Ungarns und erstreckt sich östlich der Donau bis zur rumänischen Grenze. Hier werden milde und duftige Weiß- und Rotweine, meist Tischweine, erzeugt.

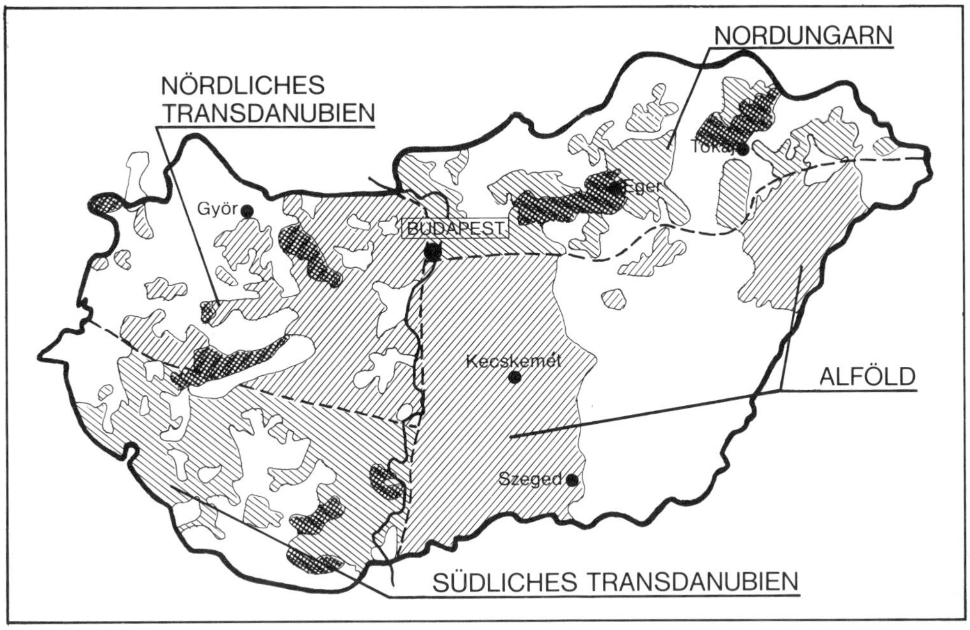

Nördliches Transdanubien: Dieses Gebiet liegt zwischen Donau und Drau und reicht im Süden bis zum Plattensee.

- Badacsony: mit den bekanntesten Weißweinen Ungarns. Badacsony Szürkebarát (Grauer Mönch), Badacsonyi Rizling, Badacsonyi Rizling-Szilaner, Kéknyeln (Blaustengler).
- Balatonfüred-Csopak: Zu 70 Prozent wird Welschriesling produziert. Der bekannteste ist der Csopaker Riesling (Csopaki Rizling).
- Somló: Bekannt ist die Somlóer Furmintrebe.
- Sopron: würzige Weiß- und Rotweine, z. B. Ödenburger Spätburgunder.

Weitere Weinbaugebiete sind: Ászar-Neszmély (Weißweine), Balaton mellék (leichte Weißweine), Mór (z. B. Mórer Tausendgut, vorwiegend Konsumweine).

Südliches Transdanubien: südlich des Plattensees gelegen, mit den Weinbaugebieten Mecsekalja (vorwiegend Welschriesling), Szekszárd, Villány-Siklós (z. B. Villányer Kodarka, Siklósi Tramini).

Nordungarn: Es ist dies der bergigste Teil des Landes, er erstreckt sich östlich von Budapest und südlich der tschechischen Grenze.

- Eger: Aus diesem Gebiet stammt der bekannteste Rotwein Ungarns, das schwere, granatrote „Erlauer Stierblut" (aus Kadarka, Blaufränkisch, Médoc noir und Cabernet verschnitten). Daneben gedeihen sehr feine Weißweine, z. B. Egri Leányka (Erlauer Weißwein).
- Tokajhegyalja: Das ist das bekannteste Weinbaugebiet Ungarns. Tokajer wird vor allem aus der Furmintrebe gekeltert. Tokajer gibt es in verschiedenen Qualitätsstufen, vom einfachen Tafelwein bis zum Dessertwein.
  Das Besondere am Tokajer ist, daß die von der Edelfäule befallenen Beeren und die noch nicht befallenen gesondert gelesen, gekeltert und vergoren werden.
  Aus den gesunden Beeren wird der Tokaji szamorodni („ursprünglich gewachsen") hergestellt, der als Weißwein getrunken wird.
  Die von der Edelfäule befallenen Beeren werden zu Dessertwein (Tokaji aszú — siehe Seite 243) verarbeitet.

Weitere Weinbaugebiete sind: Bükkalja (sehr gute Weißweine) und Matraalja (Rotweine).

Jugoslawien

Weinbau wird in allen Teilen Jugoslawiens betrieben; im Norden herrschen die fruchtigen, leichten, milden Weißweine vor, und im Süden werden vor allem schwere, dunkle, herb-kräftige Rotweine gebaut. Der Weinbau geht in Jugoslawien auf die Griechen und die Phönizier zurück.
Insgesamt werden auf etwa 250.000 Hektar Rebfläche zirka 6,5 Millionen Hektoliter Wein produziert, von denen ungefähr 740.000 Hektoliter in die Tschechoslowakei, die BRD und Großbritannien exportiert werden.

Hauptrebsorten

Weißweinreben: Rizling (Grasevina), Traminec (Ilok), Merlo, Sovinjon, Muskat, Silvaner, Sémillon, Prokupac, Sipon, Smedervka.
Rotweinreben: Burgundac (Blauer Spätburgunder), Cabernet, Gamay, Kadarka, Mali-Plavac, Stanusina, Zacina.

Champagner in der Champagnerflöte ▶

WEINGÜTEKLASSEN
In Jugoslawien gelten die EG-Bestimmungen zur Definition von Qualität und Herkunft.

ETIKETTENSPRACHE
Auf den Etiketten jugoslawischer Weine sind folgende Ausdrücke gebräuchlich.
Cuveno vino: Auslese
Visokokvalitetno: hohe Qualität
Stolno vino: Tafelwein
Slatko: süß
Suho: trocken
Prirodno: Naturwein
Bijelo: weiß
Crno: rot
Ruzica: rosé
Biser: schäumend

DIE WEINBAUGEBIETE JUGOSLAWIENS

Slowenien: Die Region besteht aus drei Gebieten, der Adriaküste (Karstgebiet — Rot- und Weißweine), dem Savetal (Weißweine) und dem bedeutendsten, dem Drautal (Weißweine), aus dem der berühmte Ljutomer stammt. Slowenien erzeugt etwa neun Prozent der jugoslawischen Weine.
Die Weißweine dieser Gegend sind goldgelb bis grünlich schimmernd und haben ein volles Bukett mit einem typischen Geschmack.
Andere bekannte Weine: Cvicek (leichter trockener Rosé), Kraski Teran (Rotwein).

Kroatien: Dieses Gebiet hat einen Anteil von 35 Prozent an der gesamten Weinproduktion. Die Weine werden in zwei Kategorien geteilt, die Binnenlandweine, die an österreichische Weine erinnern (z. B. Riesling, Traminer), und die Weine der adriatischen Küste (Istrien, Dalmatien) und der Inseln. Das sind typische Mittelmeerweine — feurig, oft schwer und süß.
Die bekanntesten sind der rubinrote, feinherbe Plavac (Split) und der süße, tiefrote, schwere Dingač (Ješešak). Auch ein Dessertwein, der bernsteinfarbene Prošek, kommt aus Dalmatien.
In Istrien wird der bekannte rote Refośko erzeugt.
Andere bekannte Weine: Grk, Bogdanuša, Vugava, Postup.

Bosnien-Herzegowina: sehr kleines Weinbaugebiet, aus dem ein hervorragender Weißwein stammt, der extraktreiche, trockene Zilavka aus dem Gebiet um Mostar.
Anderer bekannter Wein: Blatina.

Serbien: Das ist die größte Weinbauregion Jugoslawiens (45 Prozent der Gesamtproduktion). Die Weine sind qualitativ nicht sehr hochwertig und werden vor allem im eigenen Land als Schankwein verkauft. Nur aus der Provinz Kosovo kommt ein bekannter Wein, der Amselfelder, der sich vor allem in der BRD großer Beliebtheit erfreut.

Mazedonien: Hier werden vor allem Rotweine erzeugt. Unter den würzigen und wuchtigen Weinen sind Krater und Prokupac am bekanntesten.

Montenegro: Das ist die kleinste und unbedeutendste Weinbauregion Jugoslawiens.

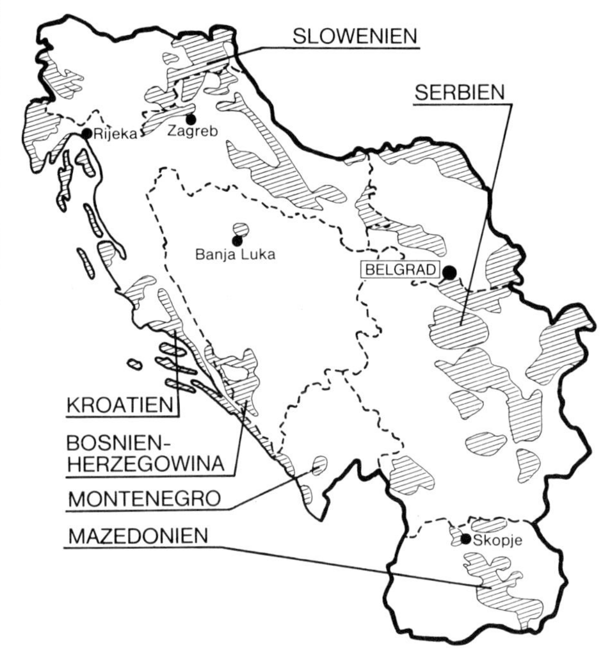

Griechenland

Griechenland ist das älteste Weinbauland in Europa. Schon in der Antike betrieben die Griechen regen Weinhandel im gesamten Mittelmeerraum.
Heute baut man in Griechenland auf einer Rebfläche von zirka 200.000 Hektar 5,6 Millionen Hektoliter Wein an. Der Export beträgt etwa eine Million Hektoliter, er geht vor allem in die BRD, die Schweiz, nach Schweden, in die Beneluxländer und die USA.
In Griechenland sind etwa die Hälfte der Weine geharzt (mit dem Harz der Strandkiefer) und haben deshalb einen eigenartigen Geschmack. Diese Behandlungsart für Wein ist 3.000 Jahre alt. Sie diente wahrscheinlich zur Verbesserung der Haltbarkeit.

HAUPTREBSORTEN
Weißweinreben: Sovatiano, weißer Muskat, Muskateller, Malmsey, Aghiorghitico, Phileri.
Rotweinreben: Mavrodaphne, Mandilaria, Mavroudi, roter Muskat, Rhoditis.

TAITTINGER
BRUT
TAITTINGER
Fondée en 1734
REIMS
CHAMPAGNE
BRUT RÉSERVE

ARMAGNAC
NAPOLEON
Marquis de Vibrac
700ml
HENRI MOUNIER NEGOCIANT 16100 FRANCE

Die Weinbaugebiete Griechenlands

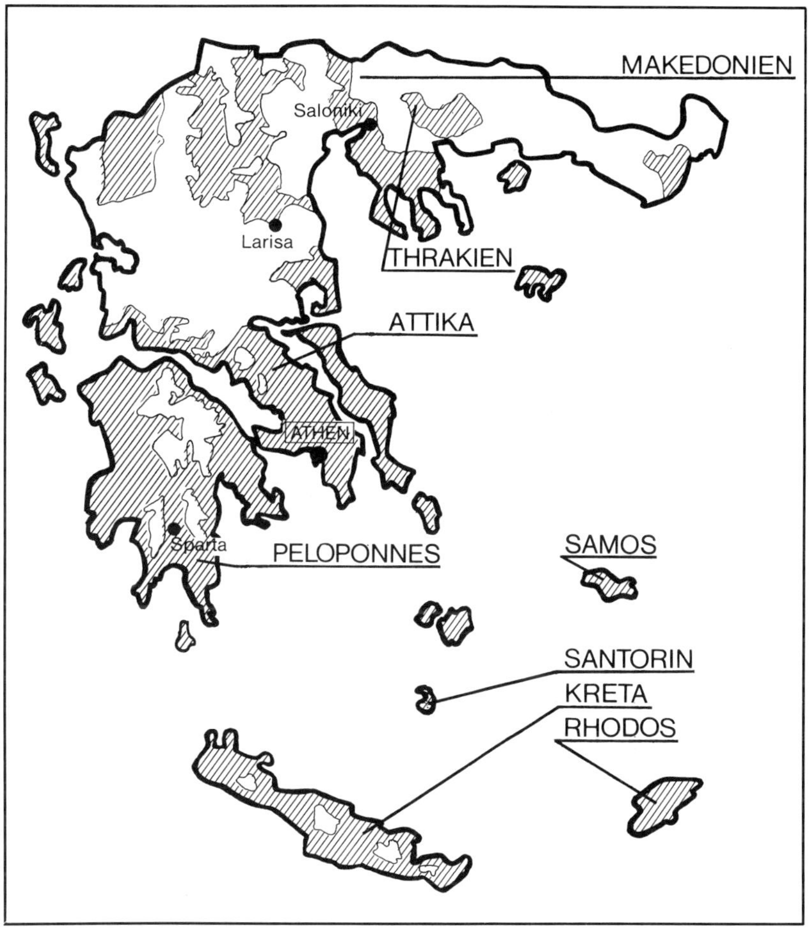

Peloponnes: Das größte Weinbaugebiet Griechenlands bringt 30 Prozent der gesamten Erträge.
Bekannte Weine: Mavrodaphne (Südwein — siehe Seite 243), Monemvasia (Malvasia), Demestika, Santa Laura, Santa Helena, Nemea.

Attika: Dieses Weinbaugebiet ist das zweitgrößte in Griechenland und liefert 15 Prozent der Erträge. Die Gegend um Athen ist die Heimat des Retsina (geharzter Landwein), der aus der Savatianotraube gekeltert wird.
Aus Attika stammt auch der beste Weißwein Griechenlands, der Pallini.
Anderer bekannter Wein: Hymettus.

Thrakien: In der ehemals türkischen Provinz Thrakien gibt es einige gehaltvolle, gut ausgebaute Rotweine unterschiedlichen Namens.

Makedonien: Hier gedeiht die rote Muskatrebe, die einen süßen Wein hervorbringt.
Bekannter Wein: Nausa.

Rhodos: Auf Rhodos wachsen zwei bemerkenswerte trockene Weißweine, Lindos und Thira.

Samos: Von dieser gebirgigen Insel kommt der Südwein Samos aus der Muskatellertraube (siehe Seite 243). Samos-Weine dürfen nicht mit anderen Weinen verschnitten werden.

Santorin: Es gibt hier sowohl trockene als auch süße Weine mit einem hohen Alkoholgehalt.

Kreta: Die Weine aus Kreta sind alkohol- und körperreich und brauchen eine gewisse Lagerzeit.

Weitere Weinbaugebiete: Thessalien, Ellas, Korfu, Levkas, Saloniki.

Rußland

In Rußland wurde in den letzten Jahren sehr viel in die Entwicklung des Weinbaus investiert, und heute liegt es mit 32 Millionen Hektoliter erzeugtem Wein an dritter Stelle der Weltproduktion, mit einer Rebfläche von zirka 1,4 Millionen Hektar (ständig steigend) bereits an zweiter Stelle nach Spanien.
Der russische Wein wird vor allem im Land selbst getrunken, nur etwa 700.000 Hektoliter werden exportiert. Im Westen sind faktisch nur die Krimweine und -sekte bekannt.

Hauptrebsorten

Weißweinreben: Rheinriesling, Welschriesling, Muskat, Ruländer, Traminer.
Rotweinreben: Romanesm (Züchtung aus Cabernet, Merlot noir und Malbec), Cabernet, Merlot noir, Aligoté, Seperawi, Morastell, Blauer Spätburgunder.

Weingüteklassen

Erste Stufe: einfache, junge Weine, deren Herkunft nicht genannt wird.
Zweite Stufe: Weine mit Angabe des Herkunftsortes.
Dritte Stufe (Kollektsionye-Weine): Weine aus ausgewählten Gebieten und Sorten mit mindestens zwei Jahren Flaschenlagerung.

Die Weinbaurepubliken Russlands

Ukraine: Sie ist die größte sowjetische Weinbauregion, zu der auch die Halbinsel Krim gehört. Vor allem bekannt sind die weißen und roten Schaumweine.

Andere bekannte Weine: Kokur Niznegorski, Silvaner Feodosiisky (trockene, körperreiche Weißweine), Aluschta (Rotwein), Massandra (Dessertwein).

Moldauische Sowjetrepublik: Das ist das früher rumänische Bessarabien. Hier gibt es großen Massenanbau, aber geringere Qualität.
Bekannte Weine: Fetjaska (fruchtiger, frischer, trockener Weißwein), Negru de Purkar, Romanesti (bordeauxähnlicher Rotwein), Tschumai, Trifesti, Gratiesti (Dessertweine).

Russische Föderative Sowjetrepublik: Das ist die drittgrößte Weinbauregion der UdSSR, das Gebiet des unteren Don.
Bekannte Weine: Anapa (Riesling), Donski (Schaumwein).

Georgien: Dieses Weinbaugebiet ist seit der Antike für seine guten Weine bekannt. Von hier kommen die besten Rotweine Rußlands.
Bekannter Wein: Takhetia.

Armenien: Weinbau wird im südlichen Teil Armeniens betrieben. Bekannt sind vor allem die Weißweine, aber auch die Dessertweine, die nach Sherry-, Madeira- oder Portweinart hergestellt werden.

Weitere Weinbaugebiete: Grusinien, Aserbeidschan, Usbekistan, Tadschikistan, Turkmenistan, Kasachstan, Kirgisistan.

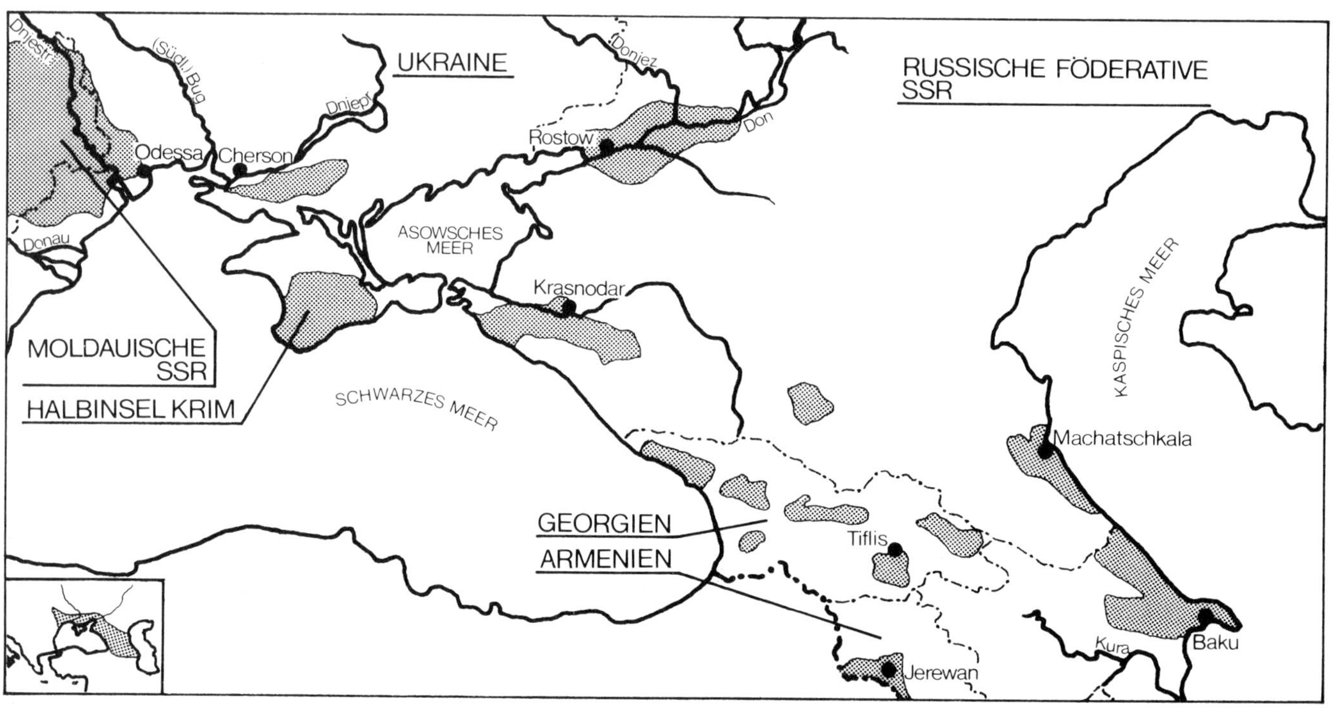

Kalifornien

Kalifornien ist das beste Weinbaugebiet der Vereinigten Staaten. Kalifornische Weine haben in den letzten Jahren sehr stark an Qualität und Bedeutung zugenommen, und man findet sie heute auf vielen Weinkarten europäischer Betriebe. Bei den großen Auktionen stehen die kalifornischen Weine auf Grund ihrer Güte und Qualität sehr hoch im Kurs und erfreuen sich großer Beliebtheit. Kalifornien ist sicherlich eines der großen Weinbaugebiete der Zukunft, auch wenn seine Produktion heute noch nicht an die großen europäischen Weinländer heranreicht.
Es erzeugt etwa zehn Millionen Hektoliter Wein und deckt damit 70 Prozent des Bedarfs der USA. Die Rebfläche beträgt zirka 160.000 Hektar.
Wegen der günstigen klimatischen Bedingungen werden in Kalifornien alle Sorten von Wein erzeugt, von Weiß-, Rosé- und Rotwein über Dessertweine bis zu Schaumweinen.

Hauptrebsorten

In Kalifornien werden sehr viele Reben verwendet, die für die geographischen und klimatischen Verhältnisse gezüchtet wurden.
Weißweinreben: Chardonnay (bekannteste und beliebteste Weißweinrebe Amerikas), Chenin blanc (ähnlich dem Vinho verde in Portugal), Gewürztraminer, Palomino (wird wie in Spanien auch in Kalifornien zur Sherryerzeugung verwendet), Pinot blanc, Sauvignon, Sémillon, Silvaner, White Riesling (auch Johannisberg-Riesling genannt).
Rotweinreben: Barbera, Cabernet-Sauvignon, Gamay Beaujolais (nicht mit dem französischen Beaujolais vergleichbar), Napa-Gamay, Grenache, Pinot noir, Petit Sirah, Zinfandel (wird auch als kalifornischer Beaujolais bezeichnet).

Die Weinbaugebiete Kaliforniens

Nordküste: im Norden und Süden der Bucht von San Francisco gelegen, mit den umliegenden Tälern. Da das Klima in diesem Gebiet gemäßigt ist, wachsen hier die besten trockenen Weine.
Die wichtigsten Weinbauzonen sind:
- Napa Valley: Es ist das beste Weinbaugebiet Kaliforniens mit hervorragenden Rotweinen. Die besten Weine werden aus der Cabernet-Sauvignon-Traube gekeltert.
  Bekannte Weine: Die kalifornischen Weine werden meist nach der Erzeugerfirma und der Rebsorte benannt, z. B. Stony Hill Pinot-Chardonnay, Schramsberg Blanc de Blancs, Charles Krug Cabernet-Sauvignon, Beringer Bärenblut, Inglenook Cabernet-Sauvignon.
- Sonoma: Es liegt nördlich von San Francisco und besteht aus Sonoma Valley, Santa Rosa und dem Russian River Valley. Sonoma zählt ebenfalls zu den Spitzenweingebieten, in dem ausgezeichnete Still- und Schaumweine erzeugt werden.
  Bekannter Wein: Sebastiani Barbera
- Mendocino: Es ist ein sehr junges Rotweingebiet, das aber viele Voraussetzungen für die Erzeugung von Qualitätsweinen besitzt.

Sonstige Weinbauzonen: Livermore, Santa Clara, San Benito, Santa Cruz, Monterey.

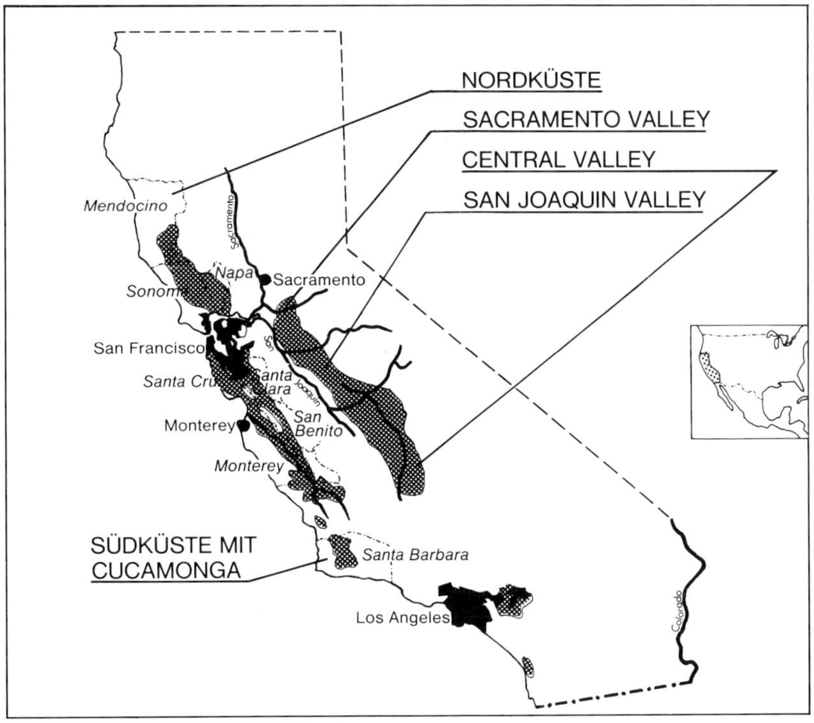

Sacramento Valley: Hier werden einfache Konsumweine erzeugt.

Central Valley: In diesem Gebiet erzeugt man ebenfalls Konsumweine, meist einfache Dessert- und Schaumweine.
Bekannte Weine: Conti-Royale Burgundy, Barengo Zinfandel, Masson Cabernet-Sauvignon, Gazzara Californian Port (Central Valley).

San Joaquin Valley: Das ist die wärmste Anbauzone, in der große Mengen Rosinen und süße Weine erzeugt werden.

Südküste mit Cucamonga: Besonders in Cucamonga erzeugt man leichte rote Tafelweine, sogenannte Chiantis, Clarets und Burgundies, die jung getrunken werden sollen.
Bekannter Wein: Weibel Pinot noir.

SCHAUMWEINE

Als Schaumweine werden alle kohlensäurehaltigen Weine (Weiß-, Rosé- und Rotweine) bezeichnet, die durch eine zweite Gärung natürlich entstanden sind und einen Mindestdruck von drei Bar aufweisen können.

Champagner

Champagner ist ein moussierender Weißwein, der aus blauen und weißen Trauben hergestellt wird (Ausnahme ist der Champagner Blanc de Blancs, der ausnahmslos aus weißen Trauben stammt).
Die Schaumweine mit der Bezeichnung „Champagner" kommen aus einem gesetzlich geschützten Gebiet, der Champagne (siehe Seite 207). Alle nicht aus dieser Weinbauregion stammenden Schaumweine tragen in Frankreich die Bezeichnung „Vin mousseux".
Im Champagnergebiet sind etwa 17.000 Weinbaubetriebe mit der Champagnererzeugung befaßt, es gibt zirka 130 Champagnererzeugungsfirmen, von denen ungefähr 30 absoluten Weltruf besitzen.
Die bekanntesten Champagnerhersteller sind in Epernay und Reims ansässig und beziehen ihre Trauben auch von anderen kleineren Weingütern.

CHAMPAGNERERZEUGUNG (MÉTHODE CHAMPENOISE)

Als Erfinder des Champagners gilt der Benediktinermönch Dom Pérignon aus der Abtei Hautvillers bei Reims.
Für die Champagnererzeugung sind nur drei Traubensorten zugelassen, nämlich Pinot noir (blaue Traube), Pinot Meunier (blaue Traube) und Chardonnay (weiße Traube).

SCHRITTE DER CHAMPAGNERERZEUGUNG

1 **Kelterung:** Sie geschieht in den für die Champagne typischen Pressen.
2 **Erste Gärung:** Sie geht wie bei der normalen Weinerzeugung vor sich, nach etwa drei Wochen erfolgt der Abstich.
3 **Cuvéebereitung:** Der blaue Pinot und der weiße Chardonnay werden von erfahrenen Fachleuten zur „Cuvée" verschnitten. Nur der „Champagne Blanc de Blancs" besteht ausschließlich aus Weißweinen der Chardonnay-Traube.
Die Cuvée wird geschönt, filtriert und gelagert.
4 **Zweite Gärung:** Die Cuvée wird mit Zucker und Reinzuchthefe versetzt und so zu einer zweiten Gärung gebracht. Bevor die Gärung beginnt, wird der Wein in Flaschen abgefüllt und verkorkt. Bei den Champagnerflaschen gibt es verschiedene Größen.

Inhalt in cl	Bezeichnung	Deutsche Bezeichnung
17 cl	Baby-Split	Baby, Zwerg, Pikkolo, Knirps
35 cl	Split	Halbe Flasche
72 cl	Bottle	Flasche
144 cl	Magnum	Doppelte Flasche
290 cl	Jereboam	Vierfache Flasche
440 cl	Rehoboam	Sechsfache Flasche
580 cl	Metuselah (Methusalem)	Achtfache Flasche
1.450 cl	Nebuchadnezzar (Nebukadnezar)	Zwanzigfache Flasche

Die zweite Gärung dauert drei bis vier Monate. Dann werden die Flaschen in Kellern bei etwa 10 bis 11° C mindestens ein Jahr (Jahrgangschampagner mindestens drei Jahre) gelagert.
Gegen Ende der Lagerzeit kommen die Flaschen (mit einer „Agraffe", einem Drahtbügel, versehen) einige Wochen auf ein Rüttelpult, damit sich die Trubstoffe im Flaschenhals absetzen können.

5 **Degorgierung (oder Abspritzen):** Das ist die Entfernung des Trubpfropfens. Diese Arbeit wird dadurch erleichtert, daß man den Flaschenhals in eine Gefrierlösung taucht. Nach Öffnen der Flasche wird der gefrorene Satz hinausgeschleudert. Ein geringer Teil des Flascheninhaltes geht verloren.
6 **Dosierung (oder Dosage):** Die Flasche wird mit der „Dosage", einer Mischung aus alten Weinen, Rohrzucker und anderen Ingredienzien, aufgefüllt. Die Zusammensetzung der Dosage ist das Geheimnis der Champagnerfirmen. Die Dosage ist für den Geschmack und die Klassifizierung des Champagners entscheidend.

Dosagezugabe	Bezeichnung in		
	Frankreich	England	Österreich, BRD
0 %	Nature, Brut	—	—
1 %	Extra sec	Extra dry	Extra trocken
3 %	Sec	Dry	Trocken
5 %	Demi sec	Medium dry	Halbsüß
10 %	Doux	Sweet	Süß

7 **Verkorkung:** Nun wird die Flasche endgültig verschlossen, und zwar mit einem Naturkorken, einem Metallband und einem Drahtkorb (Agraffe).
8 **Lagerung:** Dann wird der Champagner nochmals gelagert, bis er die Flaschenreife erreicht hat.
9 **Adjustierung (oder Etikettierung):** Zum Schluß wird die Flasche mit einer Halsschleife und einem Etikett versehen. Bei Jahrgangschampagnern (Vintage) ist auf dem Etikett der Jahrgang (Jahreszahl) ersichtlich.
Besondere Jahrgänge sind z. B. 1961, 1964, 1966, 1970, 1973, 1975, 1978, 1981.

Etikettensprache

Millésimé: Champagner eines besonderen Jahrganges
Vintage: Champagner eines besonders guten Jahrganges
Non-vintage: Normalverschnitt
Cuvée: Verschnitt
Blanc de Blancs: ausschließlich aus der weißen Chardonnay-Traube erzeugt
Crémant: leicht schäumend, kleinste Kohlensäureperlen
Rosé: roséfarbiger Champagner mit Rotweinzusatz (schwierige Erzeugung)
Reservé: in der Champagne keine Qualitätsbezeichnung
Reserved for England: trockener Champagner
Goût américain: ältere Bezeichnung für süßlichen Champagner, heute kaum noch gebräuchlich

Bekannte Champagnerfirmen

Name	Herkunft
Ayala	Ay
J. Bollinger	Ay
A. Charbaut & Fils (Blanc de Blancs)	Épernay
Charles Heidsieck	Reims
Dry Monopole Charles Heidsieck	Reims
Henriot & Co	Reims
Krug	Reims
Lanson Père & Fils (Black Label)	Reims
Mailly	Mailly
Marne Champagne	Épernay
Mercier	Épernay
Moet & Chandon (Dom Pérignon)	Épernay
G. H. Mumm & Co	Reims
Laurent Perrier	Reims
Perrier-Jouët & Co	Épernay
Piper-Heidsieck	Reims
Pommery & Greno	Reims
Louis Roederer (Cristal)	Reims
Pol Roger & Co	Épernay
Ruinart Père & Fils	Reims
Taittinger (Comtes de Champagne)	Reims
Veuve Clicquot-Pousardin	Reims

Naturschaumwein (Asti spumanti)

Der einzige Naturschaumwein der Welt wird in Italien erzeugt. Er kommt aus Piemont und wird aus der Muskatellertraube gewonnen. Bei der Naturschaumweinerzeugung wird die Gärung in den großen Druckbehältern durch Kälte gestoppt, wenn ein Alkoholgehalt von etwa 8 bis 9 Vol.-% erreicht ist. Ein Teil des Zuckers bleibt unvergoren. Daher hat dieser Schaumwein einen etwas süßlichen, mostigen Charakter und eine kräftigere Färbung als andere Schaumweine. Nach dem Herausfiltern der Hefe wird der Asti spumanti abgefüllt. Der rote Naturschaumwein aus Italien heißt Recioto.

Sekt

Sekt ist die Bezeichnung für alle Schaumweinerzeugnisse aus Deutschland, Österreich und der Schweiz.

Sekterzeugung

Für die Erzeugung von Sekt gibt es drei Methoden, die aber große Qualitätsunterschiede beim fertigen Produkt verursachen.
Flaschengärverfahren (Champagnermethode — Méthode champenoise): Dieser Sekt wird auf dieselbe Art wie Champagner hergestellt.
Transvasierverfahren: Der wesentliche Unterschied zur Champagnermethode besteht darin, daß nach der zweiten Gärung die Reifung nicht in der Flasche, sondern in einem Sammelbehälter erfolgt. Die Trubstoffe werden unter Gegendruck separiert, dann kommt die Dosage dazu, und der Sekt wird wieder in Flaschen abgefüllt.
Tankgärverfahren (Charmat-Methode): Die Erzeugung des Tanksektes unterscheidet sich in der Grundweinbereitung mit Hefe- und Zuckerzusatz überhaupt nicht von der Champagnermethode.
Es wird aber die Cuvée zur Vergärung nicht in Flaschen abgefüllt, sondern sie kommt in große Stahltanks, in denen die Gärung stattfindet. Sie dauert zirka vier Wochen. Die entstehende natürliche Kohlensäure ist ebenfalls an den Wein gebunden. Nach der Gärung wird der Rohsekt auf —5° C abgekühlt, um die verbrauchte Hefe entfernen zu können. Dann kommt die Dosage dazu, der Sekt wird filtriert und mit Hilfe einer Gegendruckfüllanlage in Flaschen gefüllt.
Diese Methode ist wesentlich billiger als die Champagnermethode, der Sekt ist aber auch in der Qualität nicht so gut. Das Bukett ist schwach, der Sekt moussiert in größeren Bläschen.

Bekannte Sektmarken

Österreich:
Fürst Starhemberg — sortenreiner Veltlinersekt
Hochriegl (Kattus) — Großer Jahrgang, Alte Reserve, trocken, halbsüß, Rubin
Kleinoscheg — Herzogmantel, Schilchersekt
Klostersekt Klosterneuburg — trocken, halbsüß, Rosé
Mounier — Royal, trocken, halbsüß
Schlumberger — Goldeck trocken, Sparkling extra dry, Don Giovanni
Winzergenossenschaft Krems — Haus Österreich, Laudatio

BRD:
Deinhard Lila — Imperial, Cabinet
Fürst von Metternich
Henkell — Adam extra herb, brut, trocken, Rosé, Kardinal
Kupferberg — Privat, Gold
Mattheus Müller (MM)
Söhnlein — Brillant, Rheingold.
Verschiedene Marken werden in Österreich in Lizenz hergestellt.

UdSSR: Krimsekt

Kunstschaumwein

Siehe versetzte Weine mit Zusatz von Kohlensäure.

VERSETZTE WEINE

Das sind Weine, deren Beschaffenheit neben der durch die Weintraube gegebenen Eigenart auf besondere Behandlungsweisen (z. B. Haltbarmachung) oder auf Zusätze (z. B. Kohlensäure, Alkohol, Most) bei der Erzeugung zurückzuführen sind. Das Ausgangsprodukt für die versetzten Weine ist immer ein Grundwein.
In Österreich darf darüber hinaus bei der Herstellung dieser Weine in ihre natürliche Zusammensetzung nur so weit eingegriffen werden, als es notwendig ist, um dem Enderzeugnis die Eigenschaften zu verleihen, die der herzustellenden Weinart entsprechen.
Der Alkoholgehalt bei versetzten Weinen hat mindestens 13 Vol.-% und höchstens 22,5 Vol.-% zu betragen.

Deutschland

In Deutschland gibt es die Bezeichnung „versetzte Weine" nicht. Dessert-, Süd- und Süßweine heißen in den EG-Bestimmungen „Likörwein". Sie dürfen auch im Inland hergestellt werden. Nicht zu den Likörweinen zählen die mit Alkohol versetzten (aufgespriteten) Weine, die nach wie vor als Dessertweine bezeichnet werden. Sie dürfen ausschließlich im Ausland hergestellt und im Inland lediglich mit anderen Dessertweinen verschnitten oder anderweitig behandelt werden (Ausnahme Wermut).
Likörweine haben einen Gesamtalkoholgehalt von mindestens 17,5 Vol.-% sowie einen vorhandenen Alkoholgehalt von mindestens 15 Vol.-% und höchstens 22 Vol.-%.

Schweiz

In der Schweiz gibt es lediglich die Bezeichnung „Süßwein". Das ist ein Wein, der sich vom gewöhnlichen Wein durch seinen mehr oder weniger süßen Geschmack und einen höheren Alkoholgehalt unterscheidet. Dieser beträgt 18 bis 20 Vol.-%.

Es gibt verschiedene Arten von versetzten Weinen, je nach den Zusätzen, durch die der Grundwein modifiziert bzw. ergänzt wird.

Zusatz von Kohlensäure

Durch ein besonderes Verfahren, das Imprägnierverfahren, wird der sogenannte **Perlwein** oder **Kunstschaumwein** erzeugt.
Dem Grundwein (geringe Qualität) wird in stark gekühltem Zustand Kohlensäure zugeführt und die Dosage beigegeben. Abgefüllt wird der Perlwein unter Gegendruck. Die künstliche Kohlensäure hat keine feste Bindung mit dem Wein und ergibt ein grobes Mousseux, d. s. große Kohlensäurebläschen, die im Glas rasch entweichen. „Perlwein" muß auf dem Etikett stehen.

Zusatz von Alkohol und Most

Sherry

Der Sherry kommt aus dem spanischen Weinbaugebiet Andalusien (siehe Seite 231).
Dem Grundwein, der hauptsächlich aus der Palaminotraube gekeltert wird, wird Weinbrand zugesetzt (z. B. beim Fino bis zu 16 Vol.-%, beim Oloroso bis zu 17 oder 18 Vol.-% Alkohol). Er kann bis maximal 22,5 Vol.-% gespritet werden. Dann wird er nach dem Solera-System gelagert, d. h., die Sherryfässer werden in drei bis fünf Lagen übereinandergestapelt, wobei ganz unten der älteste Sherry lagert und in der obersten Reihe der jüngste. Von den untersten Fässern wird maximal die Hälfte in Flaschen abgefüllt, und die Fässer werden mit Sherry aus der zweiten Reihe aufgefüllt, diese wiederum mit Sherry aus der dritten Reihe und so fort. Dadurch wird eine gleichbleibende Qualität garantiert. Bei Sherry gibt es deshalb keine Jahrgangsbezeichnung.
Je nach Geschmacksrichtung unterscheidet man folgende Sherrys:
Fino: sehr trocken (extra dry), der klassische Sherry. Er ist sehr hell und hat ein klar definiertes, delikates Aroma. Er wird als Aperitif gereicht und eignet sich gut gekühlt hervorragend zu Fisch, Muscheln und Krustentieren.
Amontillado: Er ist etwas kräftiger in der Farbe als der Fino und hat auch mehr Körper. Er wird gut gekühlt als Aperitif gereicht.
Manzanilla: dem Amontillado ähnlich, herb-salzig im Geschmack. Er kommt nur aus dem Gebiet von Sanlúcar de Barrameda und ist, gut gekühlt, ein vorzüglicher Aperitif.
Oloroso: halbsüß (medium). Er hat eine goldgelbe Farbe, einen schweren Körper, ist sehr aromatisch und etwas süßlich. Er wird nur schwach gekühlt als Aperitif und zu Suppen gereicht.
Cream oder Milk: ist eine Oloroso-Auslese mit vollem, kräftigem Körper und dunkler Farbe, sehr süß. Er wird ungekühlt zu Desserts und als Digestif serviert.

Brown: dem Cream ähnlich, kommt aber kaum noch in den Handel. Er wird mit Zimmertemperatur serviert.

Als Folge einer langen Lagerung, besonders bei großen Temperaturschwankungen, kann sich in der Flasche ein Depot bilden. Es genügt dann meist, die Flasche aufrecht eine Stunde bei Zimmertemperatur stehen zu lassen, sodaß sich die Trubteilchen auflösen oder absetzen können.

BEKANNTE SHERRYMARKEN: Royal Permatin (Sandeman), Tio Pepe (Gonzales Byass), El Cid (Duff Gordon), Bristol Cream (Harveys), Dos Cortados (Williams & Humbert), Rio Viejo (Pedro Domecq), Don Zoilo (Zoilo Ruiz-Mateos).

PORTWEIN

Portwein kommt aus Portugal und darf nach portugiesischem Gesetz nur im oberen Tal des Douro gebaut werden (siehe Seite 232).
Zum angegorenen Most (meist aus blauen Trauben) wird Weinbrand im Verhältnis 1 : 5 (ein Teil Weinbrand, fünf Teile Most) gemischt und so die Gärung gestoppt. Eine Restsüße bleibt erhalten. Portweine sind als klassische Dessertweine bekannt. Sie unterliegen dem strengsten Weingesetz der Welt.

QUALITÄTSBEZEICHNUNGEN
Vintage Port: Das ist Jahrgangsport, also ein nicht mit anderen Jahrgängen verschnittener Portwein, der beste Portwein, den es gibt. Er ist sehr schwer, fettig und duftig und wird sehr früh in Flaschen abgefüllt (zweite Gärung = Flaschengärung).
Die besten Jahrgangsportweine sind: 1945, 1948, 1950, 1955, 1958, 1960, 1963, 1966, 1967, 1970, 1972. Vintage Port muß vor dem Servieren dekantiert werden, weil er sehr viel Depot bildet.
Late Bottled Vintage: Er ist dem Vintage Port sehr ähnlich, wird aber bereits reif in Flaschen abgefüllt und ist leichter als Vintage Port.
Crusted Port: guter Qualitäts-Port, ähnlich dem Vintage Port, aber aus mehreren Jahrgängen verschnitten.
Vintage Character: eine Spielart des Crusted Port.
Tawny Port: bei uns die gängigste Art. Durch lange Lagerung in Holzfässern nimmt er eine trübbraune Farbe an. Er ist leichter als die anderen Portweine.
Ruby Port: ebenfalls bei uns sehr häufig. Er wird wesentlich kürzer in Holzfässern gelagert, die Farbe ist dunkler und der Geschmack herber als bei Tawny Port.
White Port: Dieser Port wird aus weißen Trauben hergestellt und ist im Vergleich zu den roten Portweinen sehr trocken. Er wird stark gekühlt als Aperitif gereicht.

BEKANNTE PORTWEINMARKEN: Croft, Dow, Sandeman, Cockburn, Ferreira, Burmester, Warre, Taylor, Noval, Barro, Kopke.

MADEIRA

Er darf nur aus Weinen der portugiesischen Insel Madeira gewonnen werden.
Nach dem Versetzen mit Branntwein (aus Madeiraweinen) zum Stoppen der Gärung wird der Wein vier bis fünf Monate bei etwa 50° C in Warmspeichern eingedampft und anschließend nach dem Solera-System (siehe Sherry, Seite 242) gereift. Erst dann hat er seinen charakteristischen Karamelgeschmack.
Madeira wird als Dessertwein und zum Kochen, Verfeinern und Abschmecken von Speisen und Saucen, besonders in der französischen Küche, verwendet.

SAMOS UND MAVRODAPHNE

Samos ist weißer Dessertwein von der gleichnamigen Insel, der durch Zusatz von Weingeist und nicht vergorenem oder unvollständig vergorenem Most erzeugt wird.
Mavrodaphne, ein schwerer, roter Dessertwein vom Peloponnes, wird mit Weingeist versetzt, um die Gärung zu stoppen. Er braucht mehrere Jahre zur Reifung.

Zusatz von Alkohol, Wein, Most und Mostkonzentraten

MARSALA

Er kommt aus dem Nordwesten Siziliens und wird hergestellt aus Weißwein unter Zusatz von Branntwein, Rosinenwein und unvergorenem Most.
Der Marsala ist dunkelrot bis braun und sehr süß. Er wird als Dessertwein verwendet.

MALAGA

Er kommt wie der Sherry aus dem Weinbaugebiet Andalusien, die Reben wachsen in der Umgebung der gleichnamigen Stadt. Die Trauben werden auf Strohmatten getrocknet. Zu ihrem Most mischt man Mostkonzentrate und eine karamelisierte Zuckerlösung sowie Alkohol und alte Malagaweine.
Malaga wird als Dessertwein serviert.

Zusatz von Rosinen und Most

In diese Gruppe fällt der **Tokajer.** Wie bereits erwähnt, gibt es Tokajer sowohl als normalen Weißwein (siehe Seite 233) als auch als Dessertwein, und zwar die folgenden beiden Arten.
Tokaji esszencia (Tokajeressenz): Die ausgelesenen edelfaulen Trauben kommen auf Keltertische, wo ihre Haut platzt, und der Saft beginnt ohne Druck von Pressen abzufließen. Dieser extrem zuckerreiche Most kommt in Fässer, in denen er sehr langsam vergärt. Die Tokajeressenz ist sehr süß und fast nicht im Handel erhältlich.
Tokaji aszú: Wenn der Saft für die Tokajeressenz abgeflossen ist, bereitet man aus dem Rest der rosinenartig eingeschrumpften Beeren in kleinen Butten eine Maische. Diese Maische wird dem Wein, der aus den nicht edelfaulen Trauben gekeltert wurde (Tokaji szamorodni) zugesetzt. Je nachdem, wie viele Butten Aszú (Auslese) zu einem Faß Wein gegeben werden, unterschei-

det man mindestens zweibuttige bis höchstens sechsbuttige Aszú-Weine. Die Maische wird zwölf bis 36 Stunden ausgelaugt, dann wird abgepreßt, und der Wein beginnt zu gären.

Zusatz von Alkohol und Zucker

Bei dieser Art von versetzten Weinen werden zum Grundwein Alkohol und Zucker gemischt.
Die bekanntesten dieser Weine sind der **Refošco** aus Italien und der **Karlowitzer** aus Jugoslawien.

Zusatz von Alkohol, Zucker und Kräuterauszügen

Diese versetzten Weine zählen zu den aromatisierten Weinen. Man bezeichnet sie auch als **Wermut** oder **Wermutwein.** Der Wermut kommt ursprünglich aus Italien (süßer, roter Wermut), aber auch der französische (trockener, heller Wermut) erfreut sich großer Beliebtheit. Die Schreibweise „Vermouth" darf nur für italienische und französische Erzeugnisse verwendet werden.
Wermut besteht zu 70 bis 80 Prozent aus Wein mit einem Zusatz von Branntwein, Zucker und verschiedenen Kräutern, wie Wermutkraut, Wacholder, Ysop, Orangen- und Zitronenschalen, Zimt, Koriander, Nelken, Melisse, Kamille, Salbei. Die Zusammensetzung ist meist das Geheimnis der Hersteller. Der Mindestalkoholgehalt beträgt 16 Vol.-%.

Bezeichnung	Farbe	Geschmack
Secco (extra dry)	Hellgelb	sehr trocken
Bianco	dunkleres Gelb	süß
Rosé	Rosa	halbsüß
Rosso	Rotbraun	süß
Amaro	Rotbraun	bittersüß

BEKANNTE WERMUTMARKEN: Martini, Cinzano, Gancia, Ramazotti, Punt e Mès (Italien), Noilly Prat (Frankreich).

Zusatz von Alkohol, Traubensaft, Chinarinde und Aromaten

Diese Art von versetzten Weinen gehört ebenfalls zu den aromatisierten Weinen. Sie heißen auch **Quinquinas.** Sie sind eine Mischung aus Traubensaft, Alkohol, Chinarinde, aromatisierten Weinen und Aromapflanzen. Dieser Gruppe gehören die meisten der französischen Aperitifgetränke auf Weinbasis an, wie z. B. St. Raphaël (weiß, rot), Dubonnet (weiß, rot), Cynar.

OBSTWEINE

Obstwein ist das durch begonnene oder vollendete alkoholische Gärung des Saftes oder der Maische von frischem Kern-, Stein- oder Beerenobst hergestellte Getränk. Weintrauben zählen nicht zum Beerenobst.
Aus Kernobst: z. B. Apfel- und/oder Birnenwein (in Österreich als Most bezeichnet), Cidre (französischer Apfelwein).
Aus Steinobst: z. B. Marillenwein.
Aus Beeren: z. B. Ribisel-(Johannisbeer-), Erdbeer-, Himbeerwein.

Daneben gibt es auch Obstschaumweine, wie Marillen-, Ribisel-(Johannisbeer-), Erdbeer-, Weichsel-, Pfirsich- und Birnenschaumwein, und Obstdessertweine.

Spirituosen sind alkoholische Getränke, deren wertbestimmender Anteil der durch das Brennverfahren gewonnene Äthylalkohol ist. Spirituosen ist ein Sammelbegriff für alle gebrannten Getränke.
Der Alkohol kann aus vergorenen zuckerhaltigen oder in Zucker verwandelten und vergorenen Stoffen stammen. Nach der Gärung wird die Gärungsflüssigkeit mehrmals destilliert und so der Alkoholgehalt schrittweise erhöht.
Der Mindestalkoholgehalt der in den Verkehr gebrachten Spirituosen richtet sich nach dem Branntweinmonopolgesetz, dem Weingesetz oder der in den Begriffsbestimmungen festgelegten Verkehrsanschauung.

ARTEN DER SPIRITUOSEN

Grundsätzlich unterteilt man die Spirituosen in Branntweine und Liköre, die sich wiederum nach den Grundmaterialien einteilen lassen:

Spirituosen

Branntweine	Liköre
— aus Wein	— aus Kräutern
— aus Getreide	— aus Gewürzen
— aus Obst, Wildfrüchten oder Wurzeln	— aus bitteren Pflanzenteilen (Bitterlikör)
— aus sonstigen Pflanzen	— aus Früchten
	— aus Kaffee
	— aus Kakao
	— aus Tee
	— aus Honig
	— sonstige Liköre

ÖSTERREICH

Im Österreichischen Lebensmittelgesetz werden die Spirituosen in verschiedene Gruppen eingeteilt (die angegebenen Prozente bezeichnen den Mindestalkoholgehalt).

Echte Edelbrände

aus Wein

38 %

Weinbrand
Cognac, Armagnac
Import-Weinbrand (Brandy) aus Italien, Spanien und anderen Ländern

aus Getreide

(Roggen, Weizen, Gerste, Mais)

40 %

Malt-Whisky (Scotch)
Malt-Whiskey (Irish, Bourbon)

aus Obst

38 %

Echter Slibowitz/Sliwowitz
Echter Kirschbranntwein (Kirschwasser)
Echter Marillenbranntwein (Barack)
Echter Apfel-, Birnenbranntwein bzw. Mischungen (z. B. echter Obstler)
Echte Beerenbranntweine
Calvados (aus Apfelwein)

aus Zuckerrohr oder Zuckerrohr und Reis

38 %

Jamaika-Rum
Übersee-Rum
Arrak

Echte Edelbrände aus Wein müssen ausschließlich aus Wein destilliert werden und dürfen keinen anderen Alkohol beinhalten.

Echte Edelbrände aus Getreide (Malt-Whisky) unterliegen den Gesetzen des Erzeugerlandes, die sehr unterschiedlich sein können.

Echte Edelbrände aus Obst dürfen auf dem Flaschenetikett die Zusatzbezeichnung „echt" tragen, wenn sie ausschließlich aus dem angegebenen Obst hergestellt wurden.

Echte Edelbrände aus Zuckerrohr oder Zuckerrohr und Reis werden ausschließlich aus Zuckerrohr oder Zuckerrohr und Reis gebrannt und unterliegen den Gesetzen des Erzeugerlandes. Sie werden alle importiert.

ALKOHOLISCHE GETRÄNKE

SPIRITUOSEN

Gestreckte Edelbranntweine

aus Wein

35 %

Weinbrandverschnitt, enthält laut Empfehlung des Verb. der Spirituosenindustrie mind. 30 % d. Alkoholgehaltes aus Weindestillat, Rest Monopolalkohol

aus Getreide

40 %

Import-Whisky/Whiskey (Blended)

Whisky, österr. Erzeugnis mind. 30 % d. Alkoholgehaltes Malt-Anteil, Rest Monopolalkohol

aus Obst, Beeren oder Wurzeln

35 %

Obstler
Slibowitz/Sliwowitz
Marillenbrand
Eberesche/Vogelbeeren
mind. 30 % d. Alkoholgehaltes Originaldestillat, Rest Monopolalkohol

Enzian und Wacholder mind. 5 % d. Alkoholgehaltes aus Originaldestillat

Der Alkoholgehalt des gestreckten Weinbrandes (Weinbrandverschnitt) soll zu mindestens 30 Prozent aus Weindestillat stammen, der Rest wird aus Monopolalkohol ergänzt.

Gestreckte Edelbranntweine aus Getreide (Blended Whisky) unterliegen den Gesetzen des Erzeugerlandes, die besonders das Verhältnis des Verschnittes bestimmen.
Der Alkoholgehalt von österreichischem Whisky muß zumindest 30 Prozent aus Malt-Whisky stammen, der Rest kann Monopolalkohol sein.

Der Alkoholgehalt von gestreckten Edelbranntweinen aus Obst, Beeren oder Wurzeln muß zu mindestens 30 Prozent aus dem Originaldestillat stammen, der Rest kann mit Monopolalkohol ergänzt werden. Bei Enzian- und Wacholderbranntwein müssen nur fünf Prozent des Alkoholgehaltes vom Originaldestillat stammen.

Trinkbranntweine

aus Getreide

38 %

Import-Wodka/-Vodka (Rußland, Polen, Deutschland)

aus Wein und Monopolalkohol

Brandy (mind. 15 % Alkohol aus Weindestillat, Rest Monopolalkohol)

aus Monopolalkohol

38 %

Inländer-Rum (Künstliches Erzeugnis, aus Monopolsprit, Zuckercouleur und Aromastoffen hergestellt, außer mit 38 Vol.-% noch mit 54, 60 und 80 Vol.-% auf dem Markt)
Wodka

35 %

Aquavit
Korn, Ansatzkorn

22,5 %

Schank-Rum (darf nicht in Flaschen abgefüllt an den Endverbraucher abgegeben werden)

Trinkbranntweine aus Getreide unterliegen ebenfalls der Gesetzgebung des Erzeugerlandes, weil es sich dabei um Importprodukte handelt.
In die Gruppe der Trinkbranntweine aus Wein und Monopolalkohol fallen alle jene weinbrandartigen Produkte, welche die Anforderungen an Weinbrand oder Weinbrandverschnitt nicht erfüllen. Diese Erzeugnisse werden unter der Bezeichnung „Brandy" in Verbindung mit der Sachbezeichnung „Trinkbranntwein" in den Verkehr gebracht.
Mindestens 15 Prozent des Alkohols müssen aus Weindestillat stammen, der Rest wird aus Monopolalkohol ergänzt.

Branntweine nach besonderem Verfahren

35 %

Import-Gin
(aus Korn)

Import-Genever
(aus Korn)

Beerengeiste
(Himbeer-, Brombeer-, Heidelbeergeist)
= Beerenobst + Monopolalkohol

Gin (Dry Gin)

Steinhäger
= Monopolalkohol + Aromatisierung

Diese Gruppe von Spirituosen wird, wie die Bezeichnung bereits aussagt, in besonderen Destillationsverfahren hergestellt, die sich von den bisher beschriebenen grundsätzlich unterscheiden.

Liköre

22,5 %

Kräuterliköre
Gewürzliköre
Bitterliköre
Fruchtsaftliköre
Kakao-, Kaffeeliköre
Destillatsliköre
Sonstige Liköre wie
Danziger Goldwasser,
Moniglikör (Bärenfang) etc.

Ausnahmen: Emulsionsliköre
(z. B. Eierlikör = 15 %,
Eierweinbrand = 18 %)

Die Herkunft aller in Österreich verkauften Spirituosen muß genau deklariert werden.
Österreichisches Erzeugnis
Ausländisches Erzeugnis: Das Produkt kommt in der Flasche original aus dem Ausland.
Ausländisches Erzeugnis, in Österreich abgefüllt: Die Ware wird fertig in Großbehältern eingeführt, die Abfüllung wird in Österreich vorgenommen. Dadurch werden Zollkosten eingespart.
Ausländisches Erzeugnis, in Österreich fertiggestellt: Die Ware wird in Großbehältern hochprozentig eingeführt und in Österreich durch Zugabe von demineralisiertem und destilliertem Wasser auf Trinkstärke herabgesetzt und abgefüllt. Dadurch werden beträchtliche Zollkosten eingespart.

Für den Alkoholgehalt besteht keine Deklarationsvorschrift. Es ist jedoch für die verschiedenen Spirituosen der Mindestalkoholgehalt in Vol.-% im Gesetz angegeben.

Deutschland
In Deutschland werden die Spirituosen folgendermaßen unterteilt:

Trinkbranntweine

aus Wein

Weinbrand 38 %
Cognac 40 %
Armagnac 40 %

Weinbrand/Brandy
aus Italien, Spanien
und anderen Ländern

Branntweinverschnitt 32 %,
mindestens 10 % Weindestillat
oder Branntwein aus Wein

aus Getreide (und/oder Agraralkohol) und Wacholder

Wacholder 32 %
Doppelwacholder 38 %
Steinhäger 38 %

Gin 38 %
Dry Gin 40 %

Genever 38 %

aus Getreide

Roggen, Weizen,
Gerste, Hafer,
Buchweizen

Korn 32 %

Edel-, Doppel-,
Kornbrand 38 %

Roggen, Weizen,
Gerste, Mais

Whisky 40 %

Scotch, Canadian,
deutscher

Whiskey 40 %
Irish, Bourbon

aus Obst

Obstler 38 %
(aus Kernobst)

Obstbranntweine 40 %
Kirschwasser,
Zwetschgenwasser,
Slibowitz
(aus Steinobst)

Williams-Birnen-
Brand
(aus Kernobst)

Himbeer-, Brombeer-,
Heidelbeergeist etc.
(aus Beerenobst und
Alkohol)

Calvados 40 %
(aus Apfelwein)

aus Zuckerrohr

Rum 38 %

Rumverschnitt 38 %,
5 % des Alkoholanteils aus
Original-Rum

aus Zuckerrohr und Reis

Arrak 38 %

Arrakverschnitt 38 %,
10 % des Alkoholanteils aus
Original-Arrak

Sonstige

Klarer 32 %
Aufgesetzter 32 %
Enzian 38 %
Aquavit 35 %
Wodka 40 %
Bittere 32 %
Boonekamp 40 %

Liköre

Kräuter-, Gewürz-
Bitterliköre 30 oder 32 %

Fruchtsaftliköre 25 % oder 32 %
Fruchtaromaliköre 30 % oder 32 %
Kakao-, Kaffee-, Teeliköre 25 %
Emulsionsliköre (Eierlikör) 14 %

Sonstige Likörarten wie
Danziger Goldwasser 38 %
Honiglikör (Bärenfang) 35 %
Cordial Medoc 38 %

Punschextrakte 30 oder 32 %

Mischgetränke mit Alkohol 12 bis 15 %
Cocktail, Mischungen von
Branntweinen, Likören,
Frucht- und Pflanzensäften

Schweiz

Nach dem Schweizer Gesetz fallen unter den Begriff Spirituosen folgende Erzeugnisse:

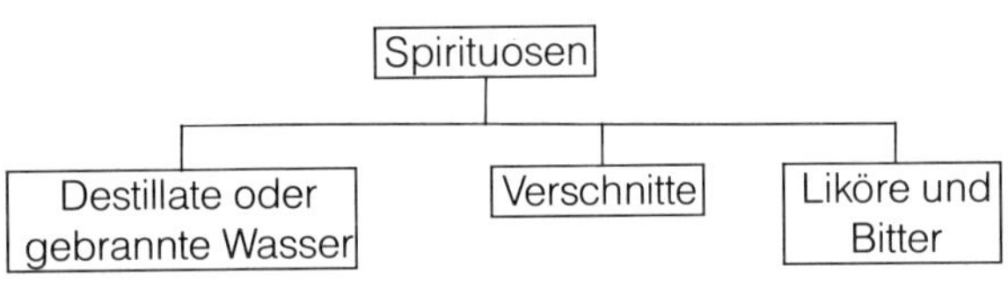

Destillate oder gebrannte Wasser sind alle Erzeugnisse der Destillation vergorener Pflanzenteile (Maischen), wobei der Gärung oft eine Umwandlung der Stärke in Zucker vorangegangen ist.
Der Alkoholgehalt muß mindestens 40 Vol.-% und darf höchstens 55 Vol.-% betragen.

Verschnitte sind Mischungen von Destillaten mit Feinsprit, wobei 50 Prozent des Alkohols vom echten Branntwein stammen müssen. Verschnitte, die nicht dieser Bestimmung entsprechen, dürfen nur noch als „Branntwein" ohne Zusatzbezeichnung in den Verkehr gebracht werden.
Der Alkoholgehalt muß ebenfalls mindestens 40 Vol.-% bzw. höchstens 55 Vol.-% betragen.

Liköre sind Mischungen von Feinsprit, gebrannten Wassern und deren Verschnitten mit Wasser, Zucker und mit den ihre Art bestimmenden Zusätzen und Aromastoffen.
Sie müssen mindestens 20 Vol.-% Alkohol und zehn Prozent Zucker enthalten (Ausnahme: Eierlikör).

Bitter sind Getränke aus Feinsprit, Wasser, Auszügen aus bitteren und aromatischen Pflanzenteilen, ätherischen Ölen und Zucker.
Mindestalkoholgehalt: 20 Vol.-%.

Branntweine

Branntweine aus Wein

Weinbrand oder Brandy

Brandy ist der international übliche Sammelbegriff für Weinbrände, also für Destillate aus Wein.
Die berühmtesten Weinbrände stammen aus Frankreich, nämlich Cognac und Armagnac. Aber auch in Deutschland, Österreich, Portugal, Spanien, Italien, Jugoslawien und Griechenland werden sehr gute Weinbrände erzeugt. Weinbrände von besonderem Geschmackscharakter kommen aus den Landschaften um Porto (Portugal) und Jerez de la Frontera (Spanien).
Klima, Bodenverhältnisse, Traubensorten und Brenntechnik bürgen beim Weinbrand nur teilweise für gute Qualität, denn sie wird bei ihm mehr als bei allen anderen Spirituosen vom Altern, von der Art der Reifelagerung und nicht zuletzt vom Geschmack der Meisterdestillateure bestimmt.
Echte Weinbrände werden nach der Cognacmethode ausschließlich aus Wein gebrannt.

Cognac

Cognac ist ein Destillationsprodukt von Weißweinen, die ausschließlich aus dem gesetzlich geschützten Gebiet der Charente kommen (siehe Seite 208).
Alle anderen Weinbrände, die in Frankreich erzeugt werden, aber nicht aus der Charente kommen, heißen Eau-de-vie de vin.
Die sechs Weinbaugebiete der Charente, nämlich Grande Champagne, Petite Champagne, Les Borderies, Fins Bois, Bon Bois und Bois ordinaires, sind zugleich eine Qualitätsbeurteilung, der beste Cognac kommt aus der Grand Champagne (Grand Fin Champagne). Produkte, die von dort oder aus der Petite Champagne kommen, dürfen die Bezeichnung „Fine Champagne" tragen.

Cognacerzeugung

Wichtig für den Geschmack des Cognacs ist der Boden, auf dem die Trauben wachsen, nämlich Kalkboden.
Cognac wird aus weißen Trauben gebrannt.

Schritte der Cognacerzeugung

1 **Brennen:** Der junge, noch nicht abgesetzte Wein wird zweimal gebrannt. Der erste Brand heißt Rauhbrand und hat etwa 30 Vol.-% Alkohol. Vom zweiten Brand, Feinbrand oder „bonne chauffée" genannt, werden Vor- und Nachlauf ausgeschieden. Der Mittellauf (beste Qualität) hat etwa 60 bis 70 Vol.-% Alkohol.
2 **Lagern und Reifen:** Ebenso wichtig wie das Brennen ist für den Cognac das Lagern in Eichenfässern aus der Limousin-Eiche. Der ursprünglich farblose Brand nimmt aus den Eichenfässern die Gerbsäure Tannin und die goldgelbe Farbe auf. Die Schärfe des Alkohols wird gemildert, es bildet sich das charakteristische Aroma. Cognac muß mindestens ein Jahr reifen, gute Cognacs liegen aber wesentlich länger.
3 **Verdünnen:** Im Laufe der Lagerzeit wird der Cognac einige Male mit destilliertem Wasser verdünnt und so auf die Trinkstärke von 38 Vol.-% Alkohol gebracht.

4 **Verschneiden:** Eine besondere Kunst bei der Cognacerzeugung ist das Verschneiden, das von besonders erfahrenen Kellermeistern durchgeführt wird.
5 **Abfüllen:** Cognac wird erst kurz vor dem Versand abgefüllt. In der Flasche reift er nicht mehr.

COGNACBEZEICHNUNGEN

Französische Cognacbezeichnungen

Grand Fine Champagne =
Cognac aus der Grande Champagne

Fine Champagne =
Cognac aus der Grande oder aus der Petite Champagne

Age inconnue =
Alter unbekannt (Bezeichnung für die ältesten Cognacs)

Napoléon = lang gelagerter Cognac

Extra vielle = extra alt

Très vieux = sehr alt

Englische Cognacbezeichnungen

V. O. = very old

V. O. P. = very old pale

V. S. O. = very superior old

V. S. O. P. = very superior old pale

V. V. S. O. P. = very, very superior old pale

V. O. C. B. = very old Champagne Brandy

V. V. E. S. O. P. = very, very extra superior old pale

X. O. = extremely old

V. X. O. = very extremely old

BEKANNTE COGNACMARKEN: Martell, Hennessy, Courvoisier, Delamain, Camus, Hine, Rémy Martin, Baron Otard, Salignac, Prince de Polignac.

Marke	Vol.-%	Farbe	Herkunft	Verwendung	Service
Bouchet V. V. S. O. P. Weinbrand	38	hellbraun	Österreich	pur als Digestif, Barbasisgetränk	kleiner Weinbrand-schwenker
Delamain Réserve de la Famille Cognac	43	hellbraun	Frankreich (Cognac)	pur als Digestif	großer Cognacschwenker
Clés des Ducs Extra Grande Réserve Armagnac	40	hellbraun	Frankreich (Bas-Armagnac)	pur als Digestif	großer Cognacschwenker
Martell Cordon bleu	40	cognacfarben	Frankreich	pur als Digestif	großer Cognacschwenker
Metaxa Gold Label 7-Sterne-Brandy	40	braun	Griechenland	pur als Digestif, Barbasisgetränk	kleiner Weinbrand-schwenker
Lepanto, Insuperable Brandy	40	hellbraun	Spanien (Jerez de la Frontera)	pur als Digestif, für Mixgetränke	kleiner Weinbrand-schwenker
Stock 84 Brandy	38	hellbraun	Italien, Österreich	pur als Digestif, für Mixgetränke	kleiner Weinbrand-schwenker
Antiqua V. S. O. P. Aquardiente	40	hellbraun	Portugal	pur als Digestif, für Mixgetränke	kleiner Weinbrand-schwenker
Asbach Uralt Weinbrand	40	hellbraun	BRD	pur als Digestif, für Mixgetränke, Rüdesheimer Kaffee	kleiner Weinbrand-schwenker
Scharlachberg Weinbrand-verschnitt	38	cognacfarben	BRD, Österreich	pur als Digestif, für Barmixgetränke	Weinbrandschwenker

ARMAGNAC

Der Armagnac ist der älteste französische Weinbrand von hervorragender Qualität. Er hat eine 500jährige Tradition und wurde früher als Cognac gebrannt.
Das Armagnacgebiet liegt in der Weinbauregion Sud-Ouest (siehe Seite 204).

ARMAGNAC-ERZEUGUNG

Für die Armagnac-Erzeugung dürfen nur die weißen Trauben aus den genannten Gebieten destilliert werden. Die behördlichen Bestimmungen schreiben vor, daß der Armagnac nur von Oktober bis April nach der Traubenernte gebrannt werden darf. Der Armagnac erhält seinen besonderen Geschmack durch verschiedene Kräuter, die der Maische beigefügt werden (Bouquetières). Sein Aroma erinnert ein wenig an die Haselnüsse und Pflaumen, die beim Brennen als Aromaspender mitverwendet werden. Armagnac wird nur einmal destilliert. Dann reift er in Fässern aus Limousin-Eiche.
Sein Alkoholgehalt liegt bei 40 bis 43 Vol.-%.

QUALITÄTSBEZEICHNUNGEN FÜR ARMAGNAC

+++	mindestens ein Jahr Faßlagerung
V. S. O. P.	mindestens vier Jahre Faßlagerung
Hors d'age	mindestens zehn Jahre Faßlagerung

BEKANNTE ARMAGNACMARKEN: Kressmann, Château de Maillac, Larressingle, Clés des Ducs, Janneau, Marquis de Montesquiou, Sempé.

TRESTERBRANNTWEINE

Tresterbranntweine werden aus den beim Preßvorgang zurückbleibenden Kämmen, Schalen und Kernen der Weintrauben, den sogenannten Trestern oder Trebern, destilliert.
Die Trester stammen meistens von weißen Trauben, nur in Italien, wo der Tresterbranntwein als Grappa bezeichnet wird, werden auch Rotweintrester verwendet.
In Frankreich tragen Tresterbranntweine die Bezeichnung Marc, in der Schweiz den Namen Träsch.

BRANNTWEINE AUS GETREIDE

WHISKY (WHISKEY)

Whisky ist der bedeutendste Getreidebrand und kommt ursprünglich aus Schottland.

WHISKYERZEUGUNG

1 **Mälzen:** Das Getreide wird gereinigt, in Wasser eingeweicht und zum Keimen gebracht (Grünmalz). Die gekeimten Körner werden über einem gleichmäßigen Torffeuer getrocknet (gedarrt). Dadurch entwickelt sich der Rauchgeschmack, und die Stärke wird in vergärbaren Zucker umgewandelt.
Dann wird das getrocknete Malz geschrotet.
2 **Maischen:** Das geschrotete Malz vermischt man mit heißem Wasser, kühlt das Ganze ab und trennt die zuckerhältige Flüssigkeit von den festen Malzbestandteilen.
3 **Gären:** Die Würze wird durch Zusatz von Hefe zum Gären gebracht.
4 **Destillieren:** Die vergorene Würze wird nun entweder in Kupferkesseln zweimal destilliert (Pot-still-Verfahren), oder die Destillation erfolgt in kontinuierlichen Brennanlagen (Patent-still- oder Continuous-still-Verfahren).
5 **Lagern:** Whisky wird mindestens drei Jahre in Eichenfässern oder alten Sherryfässern gelagert. Spitzenprodukte lagern zwölf und mehr Jahre.

Heute unterscheidet man vier Whiskyarten, die ganz verschieden schmecken.

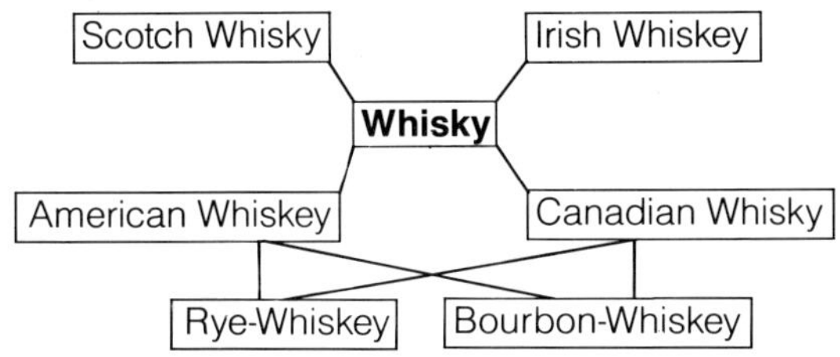

Scotch Whisky: Es gibt eine riesige Anzahl registrierter Scotchmarken auf dem Weltmarkt. Der unnachahmliche Geschmack bildet sich vor allem durch das schottische Berg- und Moorwasser, die mindestens dreijährige Reifelagerung und die Luft. Man unterscheidet:

NACH DER HERSTELLUNG

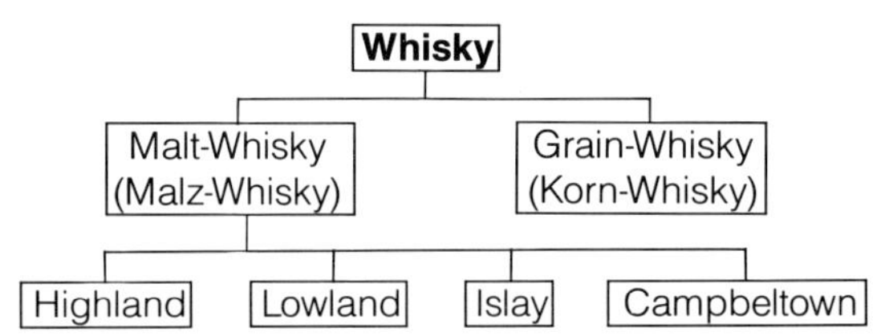

Malt-Whisky: Das ist die ursprüngliche Form des Whiskys. Er besteht aus reiner Gerste und wird nach dem Pot-still-Verfahren destilliert.
In den verschiedenen Gegenden werden unterschiedliche Malt-Whisky-Arten erzeugt.
Highlands: Die Sorten aus dem Norden Schottlands sind die besten Sorten.
Lowlands: Diese Whiskysorten haben nicht den schweren Rauchgeschmack wie die aus den Highlands. Die geographische Trennungslinie zwischen den Highlands und den Lowlands verläuft in Höhe der beiden Städte Greenock und Dundee.
Islay: Der von der gleichnamigen Insel stammende Whisky hat einen strengen, rauchigen Geschmack.
Campbeltown: Das ist eine besonders schwere Whisky-Sorte.
Bekannte Marken: Glenlivet, Glengoyne, Glenfiddich, Glenmorangie, Oban.

Grain-Whisky: Er besteht aus verschiedenem Getreide (Roggen, Hafer) und wird nach dem Patent-still-Verfahren hergestellt, ist mild und leicht und hat wenig Farbe. Er wird vor allem zum Verschneiden verwendet.
Es gibt aber auch einen in Flaschen gefüllten reinen Grain-Whisky. Er kommt unter der Bezeichnung „Old Cameron Brig" in den Handel.

Nach der Zusammensetzung

Straight Whisky: Als „Straight Whisky" bezeichnet man reinen, unverschnittenen Malt- oder Grain-Whisky.
Blended Whisky: Bei dieser Whiskyart werden nach der Lagerung Malt- und Grain-Whisky vom „Blendmaster" in einem bestimmten Verhältnis vermischt (verschnitten) und erst dann in Flaschen abgefüllt.
Blended Whisky hat den Straight Whisky fast völlig vom Markt verdrängt.
Bekannte Marken: Ballantine's, Bell's, Black & White, Chivas Regal, Cutty Sark, Johnny Walker, Lang's Old Parr, 100 Pipers, Teacher's, Vat 69, White Horse, Dimple, Haig.

Irish Whiskey: Für den irischen Whiskey werden oft neben Gerste auch andere Getreidearten wie Weizen und Hafer verwendet. Beim Darren kommen die Kornkeimlinge nicht mit dem Rauch in Berührung, daher hat der Irish Whiskey auch keinen Rauchgeschmack. Er ist milder und malziger als der Scotch. Die Lagerung dauert sechs bis sieben Jahre.
Bekannte Marken: John Jameson, Power, Tullamore Dew, Old Bushmills, John Locke, Golden Swallow, Paddy.

American Whiskey: In Nordamerika gibt es zwei Whiskeysorten.
Bourbon-Whiskey: Bourbon ist die meistgetrunkene Spirituose der Welt. Seine Eigenart ist bestimmt durch die Wasser-, Klima- und Bodenverhältnisse Kentuckys. Er wird vorwiegend aus Mais gebrannt (mindestens 51 Prozent Maisanteil). Er muß wenigstens zwei Jahre in innen ausgekohlten Eichenfässern lagern.
Bekannte Marken: Early Times, Four Roses, Jim Beam, I. W. Harper, Madison, Old Grand Dad, Stillbrook, Wild Turkey; Jack Daniel's (Tennessee-Whiskey).
Rye-Whiskey: Er kommt aus den Nordstaaten der USA und Kanadas und wird aus Roggenmischungen (Rye) gebrannt (mindestens 51 Prozent Roggenanteil).

Canadian Whisky: Der leichteste und daher der für Cocktails unproblematischste Whisky ist der kanadische. Im wesentlichen ist er ein Roggen- und Maisprodukt, das heller als Scotch, Irish oder Bourbon ist.
Der kanadische Whisky verläßt meist nach zwei Jahren das Lager. Canadian Whisky wird weltweit als Rye-Whisky bezeichnet, obwohl viele der kanadischen Produkte keine Roggenwhiskys sind.
Bekannte Marken: Canadian Club, Seagram's V. O., Schenley, Corby's Black Velvet.

Zusammenfassung der wichtigsten Whiskysorten

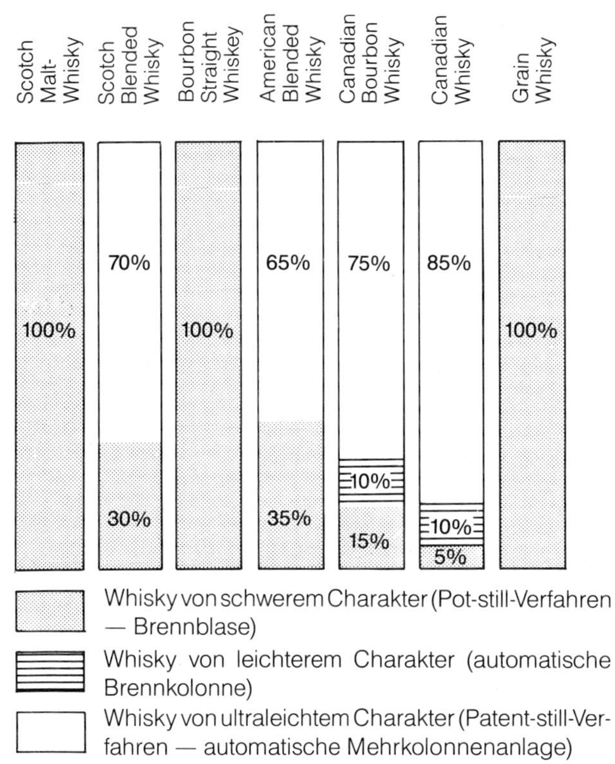

Genever

Der Genever ist die bekannteste holländische Spirituose. Er wird aus Getreidemaische mit einem Zusatz von Darrmalz und Wacholderbeeren destilliert.
Er ist verwandt mit dem berühmten Wacholderkorn aus Steinhagen (BRD), dem Steinhäger, und seinen Abarten (Steinheger, Schinkenhäger usw.), dem ostpreußischen Machandel, dem Kranewitter aus Tirol, dem Schweizer Genipero und dem norwegischen Finkel. Auch auf dem Balkan gibt es Variationen wie Klekovac, Borovicka und Brinijevec.

Gin

Der Gin entstand in England und Irland nach dem Vorbild des aromatischen holländischen Genevers.
Er ist in der Hauptsache ein Korndestillat, das ein zweites Mal mit Wacholderbeerenauszug gebrannt wird. Er kann auch mit verschiedenen Würzen, wie z. B. Koriander, Angelikawurzeln, Zitrone, Schlehe, Orangenblüten, Mandeln und Akazienblüten, geschmacklich abgewandelt werden.
So entstehen die verschiedenen Gintypen. Ihre Skala reicht vom faßgelagerten, gelblichen „House-of-Lords"-Gin und klassischen, extrem trockenen „Finest old London dry Gin" mit 45 Vol.-% Alkohol über den leichten, milden „Old Tom Gin", den

süßlichen „Orange Gin“, den „Plymouth Gin“ bis zum „Apple Gin“ und zum likörartigen „Sloe Gin“. Gin ist eine bedeutende Spirituose in der Bar und die Grundlage des bekannten Martini-Cocktails.
BEKANNTE GINMARKEN: Beefeater, Gordon's, Lamplighter, Booth's, Plymouth, House of Lords.

WODKA

Der Wodka, zu deutsch „Wässerchen“, ist ein Branntwein, der aus Korndestillat und/oder Sprit nach einem besonderen Verfahren (eventuell mit geringen Zusätzen) hergestellt wird. Er hat seinen Ursprung in Polen, und zwar in jenem Teil, der unter russische Herrschaft kam. Er wurde hier nur aus Getreide gebrannt. Wodka wird also entweder aus Kartoffeln oder aus Getreide destilliert und so lange auf komplizierte Weise filtriert, bis er möglichst geschmacksneutral und weich ist. Dann wird er mit geeignetem Wasser auf Trinkstärke herabgesetzt.
Russischer Wodka wurde in zwei Stärken hergestellt:
Stolitschnaya (Rotkäppchen) mit 40 Vol.-% Alkohol,
Moskovskaya (Weißhäubchen) mit 57 Vol.-% Alkohol.
Heute kommen beide einheitlich mit 40 Vol.-% auf den Markt.
Der altgelagerte polnische Wodka Wyborowa ist für den russischen Wodka eine beachtliche Konkurrenz geblieben.
Eine Besonderheit ist der polnische Zubrovka, der einen Zusatz bestimmter Bisongräser enthält.
Viele Wodkafabrikanten aus dem zaristischen Rußland setzten die Tradition des Wodkabrennens nach alten Familienrezepten auch in der Emigration fort und haben in Westeuropa und in den USA neue Weltmarken geschaffen (z. B. Smirnoff).
Auch in Finnland wird sehr guter Wodka erzeugt.
Durch kleine Spuren von Wacholderbeeren, Bittermandeln, Zitronen, Mandarinen, Pfefferminze, Vanille usw., die dem Wodka zugesetzt werden, versucht man, die Wodkas unterscheidbar zu machen.
Es gibt auch wodkaähnliche Brände aus Bataten und Topinambur (d. s. kartoffelähnliche Gewächse), wie z. B. den Ollen aus Guatemala oder den Dram aus Norwegen.
BEKANNTE WODKAMARKEN: Stolitschnaya, Moskovskaya, Wyborowa, Zubrovka, Finnlandia, Smirnoff, Eristoff, Puschkin, Absolut.

AQUAVIT

Der Aquavit, auch Lebenswasser genannt (lat. aqua vitae), ist ein Branntwein (Kornbranntwein, Monopolsprit usw.), der mit einem Destillat von Kräutern und Gewürzen, vorwiegend Kümmel, hergestellt wird.

KORN

Korn ist ein vor allem in Deutschland sehr beliebter Branntwein, der ausschließlich aus den Getreidesorten Roggen, Gerste, Hafer, Weizen oder Buchweizen gebrannt sein muß.
Ansatzkorn dagegen besteht meist aus reinem Sprit. Aber auch Verschnitte von Kornbranntwein und Sprit kommen in den Handel.

Die nachfolgende Übersicht enthält eine Auswahl der wichtigsten und bekanntesten Getreidebranntweine.

Marke	Vol.-%	Farbe	Herkunft	Verwendung	Service
Glenlivet All Malt-Whisky	43	whiskyfarben	Schottland (Highlands)	pur	im Tumbler ohne Eis, nur mit frischem Wasser
Knockando Pure Single Malt-Whisky	43	whiskyfarben	Schottland (Highlands)	pur	im Tumbler ohne Eis, nur mit frischem Wasser
Oban Unblended Malt-Whisky	43	whiskyfarben	Schottland (Highlands)	pur	im Tumbler ohne Eis, nur mit frischem Wasser
Old Bushmills Irish Whiskey	43	helle Whiskyfarbe	Irland	Barbasisgetränk für Mixgetränke, für Irish coffee	im Tumbler mit Eis, Soda oder Wasser
Paddy Old Irish Whiskey	42	helle Whiskyfarbe	Irland	Barbasisgetränk für Mixgetränke, für Irish coffee	im Tumbler mit Eis, Soda oder Wasser
Jack Daniel's Old No. 7 Sour Mash Tennessee-Whiskey	43	whiskyfarben	USA (Tennessee)	Barbasisgetränk für Juleps, Sours, Bourbon-Old-Fashioned	im Tumbler mit Eis, Soda oder Wasser
Kentucky Tavern Straight Bourbon Whiskey	40	dunkle Whiskyfarbe	USA (Kentucky)	Barbasisgetränk für Juleps, Sours, Bourbon-Old-Fashioned	im Tumbler mit Eis, Soda oder Wasser
Medley's Kentucky Bourbon	40	dunkle Whiskyfarbe	USA (Kentucky)	Barbasisgetränk für Juleps, Sours, Bourbon-Old-Fashioned	im Tumbler mit Eis, Soda oder Wasser

Marke	Vol.-%	Farbe	Herkunft	Verwendung	Service
Teacher's Highland Cream Blended Whisky	40	whiskyfarben	Schottland	Barbasisgetränk für Mixgetränke	pur oder auf Eis mit Wasser oder Chaser oder nach Rezept gemixt
Queen Anne	40	whiskyfarben	Schottland	Barbasisgetränk für Mixgetränke	pur oder auf Eis mit Wasser oder Chaser oder nach Rezept gemixt
Passport Scotch	43	whiskyfarben	Schottland	Barbasisgetränk für Mixgetränke	pur oder auf Eis mit Wasser oder Chaser oder nach Rezept gemixt
Order of Merit	40	whiskyfarben	Kanada	Barbasisgetränk für Mixgetränke	pur oder auf Eis mit Wasser oder Chaser oder nach Rezept gemixt
Seagram's 7 Crown American Blended Whiskey	40	whiskyfarben	Kanada, USA	Barbasisgetränk für Mixgetränke	pur oder auf Eis mit Wasser oder Chaser oder nach Rezept gemixt
Gordon's Dry Gin	43	wasserklar	England	Barbasisgetränk für Mixgetränke	dem Getränk entsprechend
Booth's Gin	43	gelblich	England	Barbasisgetränk für Mixgetränke	dem Getränk entsprechend
Plymouth Gin	47	wasserklar	England	Barbasisgetränk für Mixgetränke	dem Getränk entsprechend
Bols-Genever	38	wasserklar	Holland	pur zu Bier	geeist im Branntweinglas
Doornkaat	38	wasserklar	Friesland	pur zu Bier	geeist im Branntweinglas
Wunderlich's Steinheger	38	weiß	Österreich	pur zu Bier	geeist im Branntweinglas
Wodka Sibirskaya	42	wasserklar	UdSSR	Basisgetränk in der Bar, Grundlage für Mixgetränke	eisgekühlt im Wodkaglas
Wodka Stolitschnaya	40	wasserklar	UdSSR	Basisgetränk in der Bar, Grundlage für Mixgetränke	eisgekühlt im Wodkaglas
Stolovaya	50	wasserklar	UdSSR	Basisgetränk in der Bar, Grundlage für Mixgetränke	eisgekühlt im Wodkaglas
Moskovskaya	40	wasserklar	UdSSR	Basisgetränk in der Bar, Grundlage für Mixgetränke	eisgekühlt im Wodkaglas
Wyborowa	40	wasserklar	Polen	Basisgetränk in der Bar, Grundlage für Mixgetränke	eisgekühlt im Wodkaglas
Grasovka Bison Brand Vodka	40	hellgelb	Polen	pur	eisgekühlt im Wodkaglas
Zubrovka Bisongras-Wodka	40	bernsteinfarben	Polen, UdSSR	pur	eisgekühlt im Wodkaglas
Extra Zytnia	40	wasserklar	Polen	Basisgetränk in der Bar, Grundlage für Mixgetränke	eisgekühlt im Wodkaglas

ALKOHOLISCHE GETRÄNKE

SPIRITUOSEN

Marke	Vol.-%	Farbe	Herkunft	Verwendung	Service
Smirnoff Red Label	40	wasserklar	USA, Frankreich, Italien, England	Basisgetränk in der Bar, Grundlage für Mixgetränke	eisgekühlt im Wodkaglas
Smirnoff Blue Label	45	wasserklar	USA, Frankreich, Italien, England	Basisgetränk in der Bar, Grundlage für Mixgetränke	eisgekühlt im Wodkaglas
Smirnoff de Czar Green Label	50	wasserklar	USA	Basisgetränk in der Bar, Grundlage für Mixgetränke	eisgekühlt im Wodkaglas
Eristoff	40	wasserklar	BRD (Lizenz)	Basisgetränk in der Bar, Grundlage für Mixgetränke	eisgekühlt im Wodkaglas
Finnlandia	40	wasserklar	Finnland	Basisgetränk in der Bar, Grundlage für Mixgetränke	eisgekühlt im Wodkaglas
Absolut	50	wasserklar	Schweden	Basisgetränk in der Bar, Grundlage für Mixgetränke	eisgekühlt im Wodkaglas
Wundrovka Wodka	40	wasserklar	Österreich	Barbasisgetränk, Grundlage für Mixgetränke	dem Getränk entsprechend

BRANNTWEINE AUS OBST, WILDFRÜCHTEN ODER WURZELN

Es gibt kaum eine Frucht auf dieser Welt, aus der nicht ein Branntwein destilliert werden kann. Der Zucker der Früchte wird durch komplizierte Umwandlungsprozesse in Alkohol umgewandelt, ohne daß Aroma- und Bukettstoffe verlorengehen.
Obstbranntweine werden sowohl aus Kernobst (Äpfeln, Birnen usw.) als auch aus Steinobst (Kirschen, Zwetschken, Marillen, Pfirsichen etc.) sowie Beerenobst (Heidelbeeren, Himbeeren, Brombeeren, Erdbeeren u. a.) hergestellt. An Wildfrüchten verwendet man Wacholder und Vogelbeeren sowie die Wurzeln des Enzians zur Destillation. In den Tropen verwendet man natürlich sämtliche Südfrüchte zur Herstellung von Branntweinen, die aber in Mitteleuropa eine geringe Bedeutung haben.
Die Erzeugung der Obstdestillate ist verschieden, man unterscheidet daher Wässer und Geiste.

WÄSSER

Wässer sind Destillate aus vergorenen Fruchtsäften, denen kein Zucker und kein Alkohol beigesetzt werden darf.
Calvados: Der Calvados oder Apfelbranntwein kommt aus einem abgegrenzten Erzeugungsgebiet in der Normandie (A.-C.-Gebiet).
Die Äpfel werden gemaischt, gepreßt und vergoren. Es entsteht der sogenannte Cidre (Apfelwein), der ähnlich wie der Cognac zweimal destilliert wird und dann mehrere Jahre in Eichenfässern lagert.

Williams Birne: Das berühmteste Birnenwasser wird ausschließlich aus der Williams Birne erzeugt. Eine Besonderheit ist die Birne in der Flasche. Es wird ein Fruchtansatz in eine Flasche gesteckt, diese wird angebunden, und die Birne wächst in die Flasche. Ist die Birne reif, füllt man die Flasche mit Birnenbrand.

Obstler (Obstwasser): Er wird aus Äpfeln und Birnen gebrannt und ist besonders in Süddeutschland und Österreich verbreitet. Die Bezeichnung „Obstler" oder „Obstwasser" ist nur dann zulässig, wenn auf dem Etikett darauf hingewiesen wird, daß er nur aus Äpfeln und/oder Birnen hergestellt wurde.

Kirschwasser: Kirschwasser wird nur einmal destilliert. Die bekanntesten Kirschwässer kommen aus der Schweiz und dem Schwarzwald.

Slibowitz (Zwetschkenwasser): Die Zwetschken werden gemaischt, die Maische wird vergoren und zweimal destilliert. Die Lagerung erfolgt in Eichenfässern, daher die leicht gelbliche Farbe des echten Slibowitz.

Marillenbrand (Aprikosenbrand): Der berühmteste Marillenbrand, der Barack Palinka, stammt aus Ungarn, aber auch aus der Wachau kommt ein ausgezeichneter Marillenbrand.

Darüber hinaus werden aus verschiedenen Beeren Wässer erzeugt (echte Beerenbranntweine). Das ist aber relativ selten der Fall, weil sie meistens nicht so viel Zucker enthalten, daß bei ihrer natürlichen Gärung genug Alkohol gebildet wird. Außerdem leidet bei der Gärung das meist sehr zarte Aroma. Daher werden aus Beeren fast nur Geiste erzeugt.

Geiste

Geiste werden, wie bereits erwähnt, aus allen jenen Früchten hergestellt, die nicht so zuckerhaltig sind, daß sich bei ihrer natürlichen Gärung genug Alkohol bildet. Deshalb werden die Früchte — meist handelt es sich um Beeren — zuerst in Alkohol gelegt, der die Aromastoffe auslaugt. Erst dann wird destilliert. Die bekanntesten Geiste sind Himbeer-, Heidelbeer-, Brombeergeist, Cassis (aus schwarzen Johannisbeeren, Grundlage für den Crème de Cassis — Johannisbeerlikör), Pfirsichbrand, Wacholder- und Vogelbeergeist (Vogelbeeren werden auch als Ebereschen- oder Drosselbeeren bezeichnet, sie kommen in Mittel- und Nordeuropa vor).

In den Alpenländern ist auch der Enzian sehr beliebt. Er wird hergestellt aus den bittersüßen, getrockneten und fermentierten Wurzeln des Enzians, wobei der gelbe Enzian einen feinen, der blaue einen kräftigen Geschmack ergibt.

Marke	Vol.-%	Farbe	Herkunft	Verwendung	Service
Père Magloire Calvados	42	cognacfarben	Frankreich	pur als Digestif oder zu Kaffee	im Cognacschwenker
Le Bon Père William Williams Birne	43	wasserklar	Schweiz	pur als Digestif	gekühlt im Branntweinglas
Echter Zwettler Obstler	40	wasserklar	Österreich	pur zu Bier	gekühlt im Branntweinglas
Dettling-Kirsch	42	wasserklar	Schweiz	pur als Digestif oder zu Kaffee, für Barmixgetränke	eisgekühlt im Branntweinglas
Original Navip Serbischer Slivovitz	40	wasserklar	Jugoslawien	pur als Aperitif oder Digestif	gekühlt oder ungekühlt im Branntweinglas
Original Bailoni Wachauer Marillenbrand	40	wasserklar	Österreich	pur als Digestif	gekühlt im Branntweinglas
Schladerer-Himbeergeist	42	wasserklar	Schweiz	pur zu Bier	geeist im Branntweinglas
Eau de Vie de Alisier Ebereschenbranntwein	40	wasserklar	Frankreich	pur als Aperitif oder Digestif	gekühlt im Branntweinglas
Vogelbeerbrand	35	wasserklar	Österreich	pur	stark gekühlt im Branntweinglas
Wacholder	35	wasserklar	Österreich	pur zu Bier	stark gekühlt im Branntweinglas
Enzian	35	wasserklar	Österreich	pur	stark gekühlt im Branntweinglas

Branntweine aus sonstigen Pflanzen

Diese kommen meistens aus den Tropen. Die berühmtesten Destillate sind zweifellos der Rum und der Arrak.

Auch aus Agaven und Kakteen werden Branntweine erzeugt, wie z. B. der Tequila. Diese Produkte haben aber ebenfalls in Mitteleuropa nur geringe Bedeutung.

Rum

Original-Rum ist ein Destillat aus Zuckerrohr oder Zuckerrohrmelasse. Er stammt von den Westindischen und karibischen Inseln, der berühmteste Rum kommt aus Jamaika. Aber auch in Kuba, Guadeloupe, Martinique, Trinidad, Haiti, Barbados, Puerto Rico und Mexiko werden hervorragende Rumarten erzeugt, die alle ihre eigene Charakteristik haben.

Der wesentliche Bestandteil ist die Zuckerrohrmelasse, der unveränderte Reste von einem früheren Brennvorgang und Hefepilze beigemischt werden. Es folgen die Gärung und anschließend die Destillation der vergorenen Maische. Während die Inseln mit britischer Tradition im allgemeinen nach dem Whiskyverfahren brennen, wird in den französisch beeinflußten Gebieten eine dreifache Cognacdestillation bevorzugt.

In das Destillat kommen nun je nach Gebiet verschiedene Würzen. Die Dosagen der Würzen reichen von Rosinen über Ananas und Zimtäpfel bis zu Vanille und Bataya-Akazien. Die genaue Zusammensetzung ist immer das Geheimnis der Hersteller.

Anschließend wird der Rum gelagert. Die Art und die Dauer der Lagerung sind entscheidend für die Qualität und das Bukett des Rums. Weißer Rum z. B. lagert in vorbehandelten Fässern, die keine Farbe abgeben, oder in Stahltanks, während brauner Rum seine Farbe aus den Eichenholzfässern, in denen er lagert, bekommt. Reicht der Farbton nicht aus, darf im Ursprungsland auch mit Zuckercouleur (Karamelzucker) nachgeholfen werden. Unterschiedlich ist der Alkoholgehalt des Rums. Er wird mit einem Alkoholgehalt zwischen 62 und 81 Vol.-% hergestellt (Original-Rum). Teilweise wird er aber durch Zugabe von destilliertem Wasser auf Trinkstärke (40 bis 43 Vol.-%) herabgesetzt (echter Rum, in Verbindung mit der Herkunft, z. B. echter Jamaika-Rum).

Ist der Rum aus verschiedenen Gebieten (blended), wird er als Übersee-Rum (ohne Ursprungsangabe) bezeichnet. Reiner, alter Rum ist edlem Cognac oder Whisky in der Qualität ebenbürtig und öffnet der Mixkunst ein weites Feld an Kompositionsmöglichkeiten.

BEKANNTE RUMMARKEN: Coruba, Bacardi, Myers's, Lamb's, Ronrico, Captain Morgan, Lemon Hart.

ARRAK

Der Arrak kommt aus Südostasien (Java, Ceylon, Thailand) und ist ein Destillat aus Zuckerrohrmelasse mit Reis und Palmensaft. Arrak hat bei uns kaum eine Bedeutung. Er wird nur in der Bar zur Herstellung von Heißgetränken (Punschen, Grogs) verwendet.

Marke	Vol.-%	Farbe	Herkunft	Verwendung	Service
Lemon Hart Golden Jamaica Rum	42	gelbbraun	Jamaika	Barbasisgetränk für Mixgetränke	dem Getränk entsprechend
Ron Coruba Carta Blanca	40	weiß	Jamaika	Barbasisgetränk für Mixgetränke	dem Getränk entsprechend
Caribean Gold Light Rum	38	weiß	Westindische Inseln (Übersee-Rum)	Barbasisgetränk für Mixgetränke	dem Getränk entsprechend
First Rate Rum	54	braun	Jamaika	Barbasisgetränk für Mixgetränke	dem Getränk entsprechend

Liköre

Liköre sind gesüßte, aromatisierte Spirituosen. Das Ausgangsprodukt ist Branntwein, auch Weingeist oder Sprit genannt (Äthylalkohol). Er wird versetzt mit Farb-, Duft- und Geschmacksstoffen.

LIKÖRERZEUGUNG

Zur Aromatisierung des sogenannten Grundlikörs, einer Mischung aus Alkohol und Zucker, werden die folgenden Methoden angewendet.

1 **Infusions- oder Destillationsmethode:** Früchte, Blätter oder Kräuter werden mit Alkohol getränkt, bis er die Aromastoffe vollkommen aufgenommen hat. Danach wird der aromatisierte Alkohol nochmals destilliert, damit Duft und Geschmack noch intensiver werden.

2 **Perkolations- oder Filtriermethode:** Diese Methode ähnelt dem Filtern von Kaffee. Die aufsteigenden Alkoholdämpfe dringen von unten durch den Filter, auf dem die zerkleinerten Früchte, Gewürze, Blätter und Kräuter liegen, und nehmen dabei das Aroma und die Geschmacksstoffe auf. Danach wird der Alkoholdampf kondensiert, und er tropft wieder in den unteren Teil des Filters.

3 **Emulsionsmethode:** Die Ingredienzien werden homogenisiert. Grundbestandteil der Emulsionsliköre ist in der Regel Milch, Obers, Eier oder Schokolade.

4 **Kompositionsmethode:** Äthylalkohol wird mit künstlichen Essenzen oder Kompositionen versetzt.

Nach der Qualität der verwendeten Rohstoffe werden die Liköre als Edelliköre oder als Tafelliköre klassifiziert.

Edelliköre: Sie bestehen aus hochwertigem Alkohol, z. B. Cognac, Rum, Whisky, und natürlichen Geschmacksstoffen, die durch Infusions- oder Perkolationsmethode gewonnen werden. Künstliche Farbstoffe sind nicht erlaubt.

Bekannte Edelliköre: Amaretto di Saronno, D. O. M. Bénédictine, Chartreuse jaune (gelb), Chartreuse verte (grün), Heering, Cointreau, Drambuie, Galliano, Grand Marnier, Irish Mist, Kahlúa, Strega, Tia Maria.

Tafelliköre (Konsumliköre): Ihre Basis ist meist Monopolsprit. Künstliche Essenzen und Farbstoffe sind erlaubt.

KRÄUTERLIKÖRE

Kräuterliköre sind aus natürlichen Auszügen aus Kräutern, natürlichen ätherischen Ölen und Zucker hergestellte Liköre, die meist einen leichten, aromatischen Bittergeschmack aufweisen. Zur Gruppe der Kräuterliköre zählen auch die sogenannten Abtei-, Mönchs- und Klosterliköre.

Marke	Vol.-%	Farbe	Herkunft	Verwendung	Service
Bénédictine D. O. M. (Edellikör)	43	gelblich	Frankreich (Benediktiner-kloster Fécamp)	pur als Digestif, für Barmixgetränke	ungekühlt im Likörglas oder im Schwenker
Chartreuse (Edellikör)	50 45	grüngelb	Frankreich (Kloster La Grande Chartreuse bei Grenoble)	pur als Digestif, für Barmixgetränke	stark gekühlt im Likörglas oder im Schwenker
Centerbe	30—42	gelbbraun	Italien	pur als Digestif	ungekühlt im Likörglas
Escorial	56	grün	BRD	pur als Digestif, zum Flambieren von Süßspeisen und Obst	leicht gekühlt im Likörglas
Galliano (Edellikör)	35	gelb	Italien (Solaro bei Mailand)	pur als Digestif, für Barmixgetränke, in heißem schwarzem Kaffee	gekühlt im Likörglas oder auf Eis im Old-Fashioned-Glas

Gewürzliköre

Sie sind in Geruch und Geschmack kräftig-aromatisch und stark würzig. Die Farbskala reicht von Lichtbraun (Gelblich) über Grün bis zu Dunkelbraun. Gewürzliköre kommen mit bis zu 40 Vol.-% in den Handel.

Marke	Vol.-%	Farbe	Herkunft	Verwendung	Service
Kalmuslikör	30	gelblich	BRD	pur als Digestif	im Likörglas
Licore di Strega	42	gelblich	Italien	pur als Digestif	im Likörglas
Ginger Liqueur Ingwerlikör	32	gelbbraun	England	pur als Digestif	im Likörglas
Calisey China-rindenlikör	40	hellbraun	Spanien	pur als Aperitif oder Digestif	leicht gekühlt im Likörglas

Destillatsliköre

Die Destillatsliköre gehören zur Gruppe der Gewürzliköre und unterscheiden sich nur in der Farbe von ihnen. Sie sind immer wasserklar.

Marke	Vol.-%	Farbe	Herkunft	Verwendung	Service
Marie Brizard Anisette (Anislikör)	38	wasserklar	Frankreich	pur als Digestif	leicht gekühlt im Likörglas
Allasch Kümmellikör	40	wasserklar	UdSSR (Riga, Lettland)	pur als Aperitif oder Digestif	eisgekühlt im Likörglas
Gilka Kaiser-Kümmel	38	wasserklar	BRD	pur als Aperitif oder Digestif	eisgekühlt im Likörglas

Bitterliköre

Bitterlikör ist eine Sammelbezeichnung für alle bitter schmeckenden Liköre wie Würzbitter, Stark- oder Vollbitter, Halbbitter und Magenbitter. Ihr charakteristisches Merkmal ist der ausgewogene herb-bitter-aromatische Geschmack.

ALKOHOLISCHE GETRÄNKE

SPIRITUOSEN

Marke	Vol.-%	Farbe	Herkunft	Verwendung	Service
Angostura-Bitter (Würzbitter)	39	dunkelbraun	Trinidad	Würzbitter in der Bar	
Alter Schwede (Magenbitter — Starkbitter)	bis 50	dunkelbraun	Schweden, Deutschland	bei Übelkeit und Magenbeschwerden	ungekühlt im Likörglas
Altvater Bitterlikör (Magenbitter)	40	braun	Sudetenland	als Verdauungstrunk und bei Magenbeschwerden	ungekühlt im Likörglas
Fernet-Branca (Starkbitter — Magenbitter)	42	braun	Italien (Mailand)	pur als Aperitif oder Digestif	ungekühlt im Likörglas
Rossbacher Magenbitter	32	braun	Österreich (Wien)	als Verdauungstrunk und bei Magenbeschwerden	ungekühlt im Likörglas
Underberg Magenbitter	44	blankes Braun	Deutschland (Niederrhein)	als Verdauungstrunk und bei Magenbeschwerden	ungekühlt im Likörglas
Unicum (Magenbitter — Starkbitter)	42	dunkelbraun	Italien (Solaro)	als Verdauungstrunk und bei Magenbeschwerden	ungekühlt im Likörglas

FRUCHTSAFTLIKÖRE

Das sind Spirituosen, in denen der Saft derjenigen Fruchtart als geschmacksbestimmender Bestandteil enthalten sein muß, nach der der Likör benannt ist.

Marke	Vol.-%	Farbe	Herkunft	Verwendung	Service
Solado, sizilianischer Mandarinenlikör (Edellikör)	30	lichtorange	Italien (Sizilien)	pur als Digestif, für Barmixgetränke	im Likör- oder Cordialglas
Liqueur Peter Heering (Kirschedellikör)	24	kirschrot	Dänemark	pur als Digestif	im Likör- oder Cordialglas
Lakka-Multbeerenlikör (Edellikör)	24	rot	Finnland	pur als Digestif	im Likör- oder Cordialglas
Marie Brizard Crème de Cassis (Johannisbeerlikör — Edellikör)	21	dunkelrot	Frankreich	für Barmixgetränke, für Kir und Kir Royal	im Likör- oder Cordialglas
Sabra-Orangenlikör (Edellikör)	30	kirschrot	Israel	pur als Digestif	im Likör- oder Cordialglas
Regnier do Brasil, Maracujalikör (Edellikör)	25	violett	Brasilien	für Barmixgetränke, Long- u. Fancy drinks	dem Getränk entsprechend
Segnana Mirtillo, Heidelbeerlikör (Edellikör)	32	violettblau	Italien	pur als Digestif	im Likör- oder Cordialglas
Midori Melonenlikör	23	grün	Japan	für Barmixgetränke, Long- und Fancy drinks	dem Getränk entsprechend

Fruchtaromaliköre

Diese Liköre werden entweder aus natürlichen oder künstlichen Fruchtaromen und Alkohol hergestellt. Künstliche Aromatisierung und Färbung unterliegt der Kennzeichnungspflicht.

Marke	Vol.-%	Farbe	Herkunft	Verwendung	Service
Bols Curaçao triple sec Orangenlikör	40	wasserklar	Holland	Zum Parfümieren von Fruchtflambés und Obstsalaten, für Barmixgetränke und Fruchtbowlen-Ansätze	in der Likörschale
Cointreau Orangenlikör (Edellikör)	40	wasserklar	Frankreich	pur als Digestif, für Süßspeisen- und Obstflambés, für Barmixgetränke	gekühlt im Schwenker oder Cordialglas
Grand Marnier Orangenlikör (Edellikör)	40	gelbbraun	Frankreich	pur als Digestif, für Süßspeisen- und Obstflambés	im Likörglas
Sambuca Romagna (Holunderlikör)	40	wasserklar	Italien	pur als Digestif, in heißem schwarzem Kaffee	im Cordial- oder Likörglas

Kakaoliköre

Sie können als weiße (klare) bis leicht gelbliche (blanke) Destillatsliköre oder als hellbraune (blanke) bis dunkelbraune (blanke) Extraktliköre aus Kakaoextrakt oder Kakaodestillat hergestellt werden. Mit Ausnahme von Vanille sind künstliche Aromastoffe verboten. Eine herbe Kakaonote ist charakteristisch.

Marke	Vol.-%	Farbe	Herkunft	Verwendung	Service
De Kuyper Crème de Cacao	25	weiß	Holland	für Barmixgetränke	in der Likörschale
Bols Crème de Cacao	25	braun	Holland	für Barmixgetränke	in der Likörschale

Kaffeeliköre

Sie können als Destillatsliköre oder als Extraktliköre aus Kaffeebohnen hergestellt werden. Künstliche Aromatisierung ist verboten, Vanille als Geschmacksabrundung jedoch erlaubt. Sie sollen nach frischem Kaffee riechen und schmecken.

Marke	Vol.-%	Farbe	Herkunft	Verwendung	Service
Wiener Café	22,5	hellbraun	Österreich	pur als Digestif	in der Likörschale oder im Schwenker
Pasha (Edellikör)	26,5	kaffeebraun	Türkei	pur als Digestif	in der Likörschale oder im Schwenker
Zarenkaffee	28	kaffeebraun	BRD	pur als Digestif	in der Likörschale oder im Schwenker

Spirituosen

Marke	Vol.-%	Farbe	Herkunft	Verwendung	Service
Kahlúa (Edellikör)	28	braun	Mexiko	pur als Digestif, für Barmixgetränke, in heißem schwarzem Kaffee	in der Likörschale oder im Schwenker
Tia Maria (Edellikör)	31,5	dunkelbraun (blank)	Jamaika	pur oder mit Obers als Digestif, für Barmixgetränke, in heißem schwarzem Kaffee	in der Likörschale oder im Schwenker
Bols Crème de Mocca	25	braun	Holland	für Barmixgetränke	im Likörglas
Santosa Licor de Café (Edellikör)	30	braun	Brasilien	pur als Digestif, in heißem schwarzem Kaffee	im Likörglas oder im Schwenker

Teeliköre

Sie werden aus Tee ohne künstliche Aromastoffe hergestellt. Die Farbskala reicht von Hellgelb bis Braun; Teelikör muß immer blank sein. Der Geruch und der Geschmack haben eine deutliche und reine Teenote aufzuweisen.

Marke	Vol.-%	Farbe	Herkunft	Verwendung	Service
Tiffin	35	farblos oder gelblich	BRD	pur als Digestif	in der Likörschale

Emulsionsliköre

Das sind Liköre, deren Ingredienzien bei der Erzeugung homogenisiert werden. In der Regel sind das Liköre, die aus Milch, Obers, Eiern oder Schokolade hergestellt sind.

Marke	Vol.-%	Farbe	Herkunft	Verwendung	Service
Hiram Walker Chocolate Mint Liqueur	17	schokoladenfarben	Kanada	pur als Digestif	in der Likörschale
Droste Bitter-Sweet Chocolate Liqueur	27	schokoladenfarben	Holland	pur als Digestif	in der Likörschale
Advocaat-Bols Eierlikör	17—20	dottergelb	Holland	pur als Digestif	in der Likörschale
Baileys Irish Cream (Milch-Whisky-Likör)	17	cremefarben	Irland	pur als Digestif	in der Likörschale

Honigliköre

Sie müssen auf zehn Liter Fertigprodukt mindestens 2,5 Kilogramm reinen Bienenhonig enthalten.

Marke	Vol.-%	Farbe	Herkunft	Verwendung	Service
Drambuie (Edellikör)	40	goldfarben	Schottland	pur als Digestif	leicht gekühlt im Cordial- oder Likörglas

Marke	Vol.-%	Farbe	Herkunft	Verwendung	Service
Krupnikal	35	honigfarben	Polen	pur als Digestif	im Likörglas
Bärenfang	35	honigfarben	BRD	pur als Digestif	im Likörglas
Irish Mist (Edellikör)	35–40	honigfarben	Irland	pur als Digestif	kalt serviert im Likör- oder Cordialglas
Glen Mist	35–40	honigfarben	Schottland	pur als Digestif	kalt serviert im Likör- oder Cordialglas

Sonstige Likörarten

Das sind Liköre, die sich in ihrer Herstellung und ihren Materialien (Grundstoffen) von anderen Likörarten stark unterscheiden oder vom Gesetzestext her nicht in andere Likörgruppen eingegliedert werden können.

Marke	Vol.-%	Farbe	Herkunft	Verwendung	Service
Danziger Goldwasser	40	weiß mit Goldplättchen	Deutschland	pur als Digestif	im Likörglas
Amaretto di Saronno Mandellikör (Edellikör)	28	braun (blank)	Italien	für Barmixgetränke, zum Aromatisieren, pur als Digestif, mit schwarzem Kaffee	im Likörglas
Crème de Noyaux (Nußkernlikör)	30	hellbraun	Frankreich	pur als Digestif	im Likörglas

BARGETRÄNKE

Die üblicherweise in einer Bar angebotenen Mixgetränke werden unter dem Sammelbegriff „American drinks" zusammengefaßt, weil ein Großteil von ihnen wie die Bar selbst aus den USA kommt.
Grundsätzlich unterscheidet man bei den Bargetränken Shortdrinks (bis zirka acht Zentiliter Inhalt) und Longdrinks (über acht Zentiliter).
Darüber hinaus haben sich aus der Vielzahl von Bargetränken bestimmte Gruppen gebildet, die später noch im einzelnen erläutert werden.

REGELN FÜR DIE ZUSAMMENSTELLUNG VON MIXGETRÄNKEN (IBA[1])

Ein Mixgetränk darf nicht mehr als fünf Ingredienzien einschließlich Dashes und Juices aufweisen; davon dürfen nur drei alkoholisch sein, der Basisalkohol und zwei weitere. Ihre Menge darf die der Basisalkohole nicht übersteigen. Die restlichen zwei Zutaten dürfen nicht alkoholisch sein.
Die Rezepte werden in Brüchen (1/2, 1/4, 1/3, 1/8) angegeben.
Als Dekoration können Oliven, Schalen oder Scheiben von Orangen, Zitronen und Limetten, rote und grüne Kirschen sowie Perlzwiebeln verwendet werden.
Von diesen Bestimmungen ausgenommen ist die Gruppe der Fancy drinks, hier ist alles erlaubt.

[1] IBA = International Barkeeper Association

VERTRÄGLICHKEIT DER ALKOHOLIKA UND SONSTIGEN ZUTATEN VON COCKTAILS (KORRESPONDENZ DER BARGETRÄNKE)

Die besten Kombinationen zwischen Sirupen, Likören, Fruchtsäften, Spirituosen und sonstigen Ingredienzien werden im folgenden dargestellt.

1 Fruchtsäfte: Orangen, Zitronen, Limetten, Grapefruits, Ananas usw.
2 Sirupe: Maracujasirup, Zuckersirup, Grenadine-Sirup, Papayasirup, Orgeat-Sirup usw.
3 Milch, Rahm, Eier, Zucker (Staub-, Feinkristall-, Roh-, Würfelzucker), Muskat, Honig usw.
4 Weinbrände und Weine: Cognac, Armagnac, Weinbrand, Wermut, Sherry, Portwein, Marsala, Malaga, Madeira, Samos usw.
5 Wacholderdestillate: Gin, Genever, Steinhäger usw.
6 Getreidedestillate: Whisk(e)y, Wodka, Aquavit, Arrak usw.
7 Früchte- und sonstige Pflanzendestillate: Kirschwasser, Barack, Slibowitz, Williams-Birne, Framboise, Calvados, Rum, Tequila usw.
8 Liköre und Crèmes: Kahlùa, Tia Maria, Amaretto, Cointreau, Curaçao, Cherry Brandy, Apricot Brandy, Cordial, Chartreuse, Bénédictine, Parfait Amour, Strega, Galliano, Crème de Banane, Crème de Mocca, Crème de Cacao, Crème de Peppermint

Man kombiniert am besten:

Gruppe 1	mit Gruppen 2-3-4-5-6-7-8
Gruppe 2	mit Gruppen 1-3-4-5-6-7
Gruppe 3	mit Gruppen 4-6-7
Gruppe 4	mit Gruppen 5-6-7-8
Gruppe 5	mit Gruppen 1-2-4-8
Gruppe 6	mit Gruppen 1-2-3-4-5-7-8
Gruppe 7	mit Gruppen 1-2-3
Gruppe 8	mit Gruppen 1-4-5-6

ARTEN DER BARGETRÄNKE[2]

Cocktails

Unter Cocktails versteht man alkoholische Getränke, die aus Spirituosen, Likören, Süd-, Süß- und Dessertweinen, Früchten, Fruchtsäften und Aromaten in Form von Würzbitters (Angostura-, Peach- oder Orange-Bitter) hergestellt werden.
Cocktails zählen zur Gruppe der Shortdrinks (Ausnahme: Champagner- oder Sektcocktail). Sie werden im Rührglas, im Blender (elektrischen Mixer) oder direkt im Gästeglas zubereitet.

UNTERTEILUNG DER COCKTAILS

Before-dinner oder Pre-dinner-cocktails
Trocken gehaltene Cocktails, die appetitanregend wirken sollen.

[2] Für alle Rezepte gilt: Alle Getränke werden, wenn man sie „on the rocks" bestellt, im Old-Fashioned-Glas serviert.

Drink	Maß[1]		Ingredienzien	Zubereitung	Glas	Garnitur, Service
Americano	 4 cl 2 cl	 2/3 1/3	Eiswürfel Vermouth rosso Campari evtl. Soda	im Gästeglas	kleiner Tumbler	Orangenscheibe
Bacardi	2 cl 1 cl 3 cl	2/6 1/6 3/6	Zitronensaft Grenadine-Sirup Bacardi-Rum weiß	im Shaker	Cocktailglas oder Cocktailschale	—
Bronx	1,5 cl 1,5 cl 1,5 cl 1,5 cl	1/4 1/4 1/4 1/4	Orangenjuice Vermouth dry Vermouth bianco Dry Gin	im Shaker	Cocktailglas	—
Daiquiri	2 cl 1 cl 3 cl	2/6 1/6 3/6	Zitronensaft Läuterzucker Bacardi-Rum weiß	im Shaker	Cocktailglas oder Cocktailschale	—
Gibson	1 cl 5 cl	1/6 5/6	Vermouth dry Gin	im Mixglas	Cocktailglas	Perlzwiebel
Gimlet	2 cl 4 cl	1/3 2/3	Limettenjuice Gin	im Shaker	Cocktailglas oder Cocktailschale	—
Gin & It	3 cl 3 cl	1/2 1/2	Vermouth rosso Gin	im Mixglas	Cocktailglas	Kirsche
Manhattan	1 ds 2 cl 4 cl	 1/3 2/3	Angostura-Bitter Vermouth rosso Canadian Whisky	im Mixglas	Cocktailglas	Kirsche
Martini dry	2 cl 4 cl	1/3 2/3	Vermouth dry (Noilly Prat) Gin	im Mixglas	Cocktailglas	Olive (Lemon peel, Lemon twist)
Martini sweet	2 cl 4 cl	1/3 2/3	Vermouth sweet Gin	im Mixglas	Cocktailglas	—
Perfect Martini	1 cl 1 cl 4 cl	1/6 1/6 4/6	Vermouth rosso Vermouth dry Gin	im Mixglas	Cocktailglas	Lemon peel, Lemon twist
Negroni	2 cl 2 cl 2 cl	1/3 1/3 1/3	Vermouth rosso Campari Gin	im Mixglas	mittlerer Tumbler	Orangenscheibe
Old Fashioned	1 St. 1 ds 1 ds 5 cl		Würfelzucker Angostura-Bitter Sodawasser Eiswürfel Canadian Whisky	im Gästeglas, Würfelzucker in Angostura-Bitter und Sodawasser auflösen, Eiswürfel ins Glas, Whisky darübergießen	Old-Fashioned-Glas	1 Kirsche, 1/2 Orangenscheibe, 1/2 Zitronenscheibe mit Stirer servieren
Rob Roy	1 ds 2 cl 4 cl	 1/3 2/3	Angostura-Bitter Vermouth rosso Blended Scotch Whisky	im Mixglas	Cocktailglas	Kirsche
Vodkatini	2 cl 4 cl	1/3 2/3	Vermouth dry Wodka	im Mixglas	Cocktailglas	Lemon peel, Lemon twist

[1] Die folgenden Abkürzungen der Maße gelten für alle Rezepte:

cl = Zentiliter EL. = Eßlöffel St. = Stück ds = Dash BL. = Barlöffel Fl. = Flasche l = Liter K. = Kugeln

ALKOHOLISCHE GETRÄNKE

BARGETRÄNKE

After-dinner-cocktails
Cocktails, die nach dem Essen gereicht werden. Sie sind in der Regel süßer, d. h. mit mehr Likör zubereitet.

Drink	Maß		Ingredienzien	Zubereitung	Glas	Garnitur, Service
Alexander	2 cl	1/3	Obers	im Shaker oder	Creamer	Muskat auf Wunsch
	2 cl	1/3	Crème de Cacao braun	Hamilton Beach		
	2 cl	1/3	Weinbrand			
Alexandra	2 cl	1/3	Obers	im Shaker oder	Creamer	Muskat auf Wunsch
	2 cl	1/3	Crème de Cacao braun	Hamilton Beach		
	2 cl	1/3	Gin			
Grasshopper	2 cl	1/3	Obers	im Shaker oder	Creamer	—
	2 cl	1/3	Crème de Cacao weiß	Hamilton Beach		
	2 cl	1/3	Crème de Menthe grün			
Blue Lady	1 cl	1/5	Zitronensaft	im Shaker oder	Creamer	—
	1 BL.		Eiklar	Hamilton Beach		
	2 cl	2/5	Curaçao blau			
	2 cl	2/5	Weinbrand			
Pink Lady	1 BL.		Grenadine-Sirup	im Shaker oder	Creamer	—
	1 BL.		Eiklar	Hamilton Beach		
	1 cl	1/4	Cointreau			
	3 cl	3/4	Gin			
White Lady	1 cl	1/6	Zitronensaft	im Shaker	Creamer	—
	2 cl	2/6	Cointreau			
	3 cl	3/6	Gin			
Black Russian	2 cl	1/3	Kahlúa (Crème de Mokka)	im Shaker	Creamer	—
	4 cl	2/3	Wodka			
White Russian	1 cl	1/6	Obers	im Shaker	Creamer	—
	2 cl	2/6	Kahlúa (Crème de Mokka)			
	3 cl	3/6	Wodka			
Side Car	1 cl	1/6	Zitronensaft	im Shaker	Creamer	—
	2 cl	2/6	Cointreau			
	3 cl	3/6	Weinbrand			
Stinger	2 cl	1/3	Crème de Menthe weiß	im Shaker	Creamer	—
	4 cl	2/3	Weinbrand			

Champagner- oder Sektcocktails
Sie können sowohl zwischendurch als auch als Before- oder After-dinner-cocktail gereicht werden.

Drink	Maß	Ingredienzien	Zubereitung	Glas	Garnitur, Service
Champagner-cocktail	1 St.	Würfelzucker	im Gästeglas	Sektflöte	Orangenspirale
	1 ds	Angostura-Bitter			
	1 cl	Weinbrand			
		mit trockenem Champagner oder Sekt aufgießen			

▶ *Verschiedene Gläserformen*
1 Slingglas, 2 Collinsglas, 3 Highballglas, 4 kleiner Tumbler, 5 Cocktailglas, 6 Likörglas, 7 Südweinglas, 8 mittlerer Tumbler, 9 Old-Fashioned-Glas, 10 Sektflöte, 11 Schaumweinschale, 12 Schnapsglas (geeicht), 13 Sektflöte, 14 großer Cognacschwenker (Snifter), 15 Sektkelch, 16 Cocktailschale, 17 Weinbrandschwenker, 18 mittlerer Cognacschwenker, 19 Dreiteiliger Schüttelbecher, 20 Zweiteiliger Schüttelbecher, 21 Dreiteiliger Schüttelbecher, 22 Rührglas mit Barsieb und Barlöffel

20
19
21
22
5
10
14
13
1
11
2
6
15
7
16
16
3
8
12
4cl
2cl
4
18
9
17

28
29
27
26
24
25
22
23
1
2
3
4
5
6

32
30
31
33
16
15
17
21
18
9
19
20
14
13
12
7
8
10
11

Cobblers

Cobblers gehören zu den Longdrinks. Sie waren vor dem Zweiten Weltkrieg ein sehr beliebtes und oft verlangtes Erfrischungsgetränk bei Tanzveranstaltungen oder beim Five o'clock tea. Heute werden sie sehr selten verlangt.
Diese Getränkeart besteht aus der sogenannten Cobblermischung, die auf der Basis von Likören, Sirupen, Südweinen, Weinen oder auch auf einer Basisspirituose aufgebaut ist. Cobblers können aber auch alkoholfrei mit frischen Obstsäften, Fruchtkonzentraten, Sirupen und frischen Früchten zubereitet werden. Die Zubereitung erfolgt im Cobblerglas, einem kelchförmigen Stielglas, in das Cobblereis gefüllt wird. Darauf gibt man die Cobblermischung und garniert den Drink mit frischen oder konservierten Früchten. Ist im Rezept Sodawasser, Ginger ale oder Champagner zum Auffüllen vorgeschrieben, so kommt diese Zutat immer als letzte ins Glas. Cobblers werden auf einem Unterteller mit einem Limonaden- oder Kaffeelöffel serviert. Eventuell kann man auch eine Früchtegabel dazugeben.

Drink	Maß	Ingredienzien	Zubereitung	Glas	Garnitur, Service
Champagne		Cobblereis	im Gästeglas	Cobblerglas	Früchtegarnitur mit
Cobbler	3 ds	Maraschino			Underliner, Kaffee-
	3 ds	Cointreau			löffel, Obstgabel
	3 ds	Curaçao			und Trinkhalm ser-
		mit Sekt auffüllen			vieren

Collinses

Sie gehören ebenfalls zu den Longdrinks und sind durststillende alkoholische Getränke. Die Hauptbestandteile sind Zitronensaft, Zucker oder Zuckersirup, eine Spirituose (meist Gin) und Sodawasser. Serviert werden die Collinses im Collinsglas (einem großen Tumbler) mit Trinkhalm.
Die Collinses sind mit den Fizzes und den Sours verwandt. Alle drei Getränkegruppen bestehen aus denselben Ingredienzien. Der Unterschied zum Fizz liegt darin, daß der Collins nicht im Shaker, sondern im Gästeglas zubereitet wird und der Sodaanteil höher ist. Sours dagegen enthalten kein Soda; sie werden mit einer Sourgarnitur serviert.

Drink	Maß		Ingredienzien	Zubereitung	Glas	Garnitur, Service
Jack Collins	2 cl	2/9	Läuterzucker	im Gästeglas,	Collinsglas	1 Kirsche
	2 cl	2/9	Zitronensaft	Glas ca. 3/4 mit	(großer Tumbler)	1 Zitronenscheibe
	3 St.		Eiswürfel	Soda auffüllen,		mit Trinkhalm
			Soda	Calvados darüber-		servieren
	5 cl	5/9	Calvados	gießen		
John Collins	2 cl	2/9	Läuterzucker	im Gästeglas	Collinsglas	1 Kirsche
	2 cl	2/9	Zitronensaft	Glas ca. 3/4 mit	(großer Tumbler)	1 Zitronenscheibe
	2 St.		Eiswürfel	Soda auffüllen,		
			Soda	Whisky darüber-		
	5 cl	5/9	Canadian Whisky	gießen		mit Trinkhalm
			(ursprünglich Genever)			servieren
Tom Collins	2 cl	2/9	Läuterzucker	im Gästeglas,	Collinsglas	1 Kirsche
	2 cl	2/9	Zitronensaft	Glas ca. 3/4 mit	(großer Tumbler)	1 Zitronenscheibe
	2 St.		Eiswürfel	Soda auffüllen,		
			Soda	Gin darübergießen		mit Trinkhalm
	5 cl	5/9	Gin (original Old Tom Gin)			servieren

◀◀ Mise en place in der Bar
1 Champagnerzange, 2 Barlöffel, 3 Barlöffel, 4 Eislöffel, 5 Barsieb, 6 Eiszange, 7 Eiszange, 8 Patent-Sektflaschenverschluß, 9 Meßbecher, 10 Hebekorkenzieher, 11 Hebekorkenzieher, 12 Barsieb, 13 Eisschaufel, 14 Cocktailspießchen, 15 Garniturspieße, 16 Strohhalme, 17 Muskatnußreibe, 18 Garniturmesser, 19 Zestenreißer, 20 Schneidbrett, 21 Zitruspresse, 22 Sirupfläschchen, 23 Spritzflasche, 24 Rührglas mit Barsieb, 25 Sirupfläschchen, 26 Dreiteiliger Schüttelbecher, 27 Zweiteiliger Schüttelbecher, 28 Hamilton Beach, 29—31 Alte Formen von dreiteiligen Schüttelbechern, 32 Meßzylinder, 33 Eiskübel

◀ Collins, Fizz und Sour (von links nach rechts), im Hintergrund dreiteiliger Schüttelbecher

ALKOHOLISCHE GETRÄNKE

BARGETRÄNKE

Coolers

Coolers sind die größten Longdrinks. Sie sollen den Durst löschen und werden daher, vor allem im Sommer, mit Eis serviert. Die Bestandteile des Rezeptes (Zitronensaft, Spirituose) werden im Shaker geschüttelt und in ein Slingglas (den größten Tumbler) gegossen. Aufgefüllt wird mit Ginger ale (original), Soda- oder Mineralwasser, Limonade, Bier, Most oder Milch.
Coolers werden mit Trinkhalm serviert.

Drink	Maß		Ingredienzien	Zubereitung	Glas	Garnitur, Service
Apricot Cooler	2 cl	2/7	Zitronensaft	im Gästeglas	Slingglas (großer Tumbler)	—
	2 ds		Grenadine-Sirup			
			Eis			
	5 cl	5/7	Apricot Brandy			mit Trinkhalm servieren
			mit Soda auffüllen			
Highland Cooler	1 BL.		Zucker	im Shaker	Slingglas (großer Tumbler)	—
	2 ds		Angostura-Bitter			
	2 cl	2/7	Zitronensaft			
	5 cl	5/7	Scotch Whisky			
			mit Ginger ale auffüllen			

Crustas

Die Crustas sind gutaussehende Longdrinks, die wegen der umständlichen Zubereitung bei uns wenig bekannt sind. Sie werden als typische After-dinner-drinks gereicht.
Das Charakteristische an dieser Cocktailgruppe ist das ballonförmige Crustaglas mit dem Zuckerrand (Kruste), von dem der Name „Crusta" abgeleitet ist. Ein weiteres Merkmal ist die Zitronen-, Orangen- oder Mandarinenspirale, mit der das Glas innen ausgelegt wird.
Heute werden mit Ausnahme des Gin Crusta (Zubereitung im Gästeglas) alle Crustas im Shaker zubereitet.
Herstellung des Zuckerrandes: Man macht in eine Zitronenhälfte einen Einschnitt, der so tief ist wie der gewünschte Zuckerrand. Damit befeuchtet man den Rand des umgedrehten Glases, damit kein Zitronensaft ins Glasinnere läuft.
Man kann den Rand auch in Zitronen-, Orangen- oder Grapefruitsaft oder in fertige Liköre und Sirupe tauchen.
Den Glasrand taucht man in Feinkristall-, Kristall-, Roh- oder Multicolorzucker und klopft das Glas leicht ab, damit der nicht haftende Zucker herunterfällt.

Drink	Maß		Ingredienzien	Zubereitung	Glas	Garnitur, Service
Brandy Crusta	1 BL.		Läuterzucker	im Shaker	Crustaglas (Rotweinballon)	Crustarand
	1 ds		Angostura-Bitter			
	1 BL.		Zitronensaft			
	1 cl	1/6	Maraschino			mit Barlöffel und Trinkhalm servieren
	5 cl	5/6	Weinbrand			

Cups und Bowls (Bowlen)

Cups und Bowlen sind fast dasselbe. Der Unterschied besteht darin, daß den Cups Eis zugefügt wird, während die Bowlen außen mit Eis umgeben oder stark gekühlt werden. Die Cups sind sofort trinkfertig, hingegen braucht die Bowlenzubereitung je nach Rezept einige Stunden oder Tage.
Bei den Bowlen unterscheidet man zwei Gruppen, durstlöschende Bowlen, die rasch zubereitet und serviert werden können, als Sommerdrinks für Kaffeehäuser und angesetzte Bowlen für besondere Anlässe, abhängig von den Früchten der Saison, duftig und aromatisch.
Bei der Herstellung von Bowlen ist zu beachten, daß nur eisgekühlte Weine und gesunde, einwandfreie Früchte verwendet und keine Roheisstücke in die Bowle gegeben werden dürfen. Ferner ist die Bowlenschüssel zuzudecken. Sekt, Champagner oder Mineralwasser darf erst kurz vor dem Service dazugegeben werden, nachher darf man nicht mehr stark umrühren.
Cups und Bowlen sind sehr kalt zu servieren.

KALTE ENTE

Das ist ein sehr beliebtes Getränk, das man vor allem in Deutschland gerne trinkt (Silvester). Die Schale einer Zitrone wird mit einem scharfen Messer spiralenförmig von der Frucht geschnitten und mit einer Silbergabel in einen nicht zu bauchigen Weinkrug gehängt. Der Krug wird in einen Behälter mit Eis (Eiskübel) gestellt (niemals Eisstücke in das Getränk geben). Nun wird eine Flasche spritziger Weißwein über die Spirale in den eisgekühlten Krug gegossen und danach je nach Geschmack eine halbe Flasche halbsüßer oder trockener Sekt. Die Zitronenspirale wird schon nach kurzer Zeit entfernt, damit der Geschmack nicht zu intensiv wird. Die Kalte Ente serviert man in Weingläsern.

Drink	Maß	Ingredienzien	Zubereitung	Glas	Garnitur, Service
Claret Cup		Orangen- und Ananasscheiben	im Gästeglas, abrühren und mit Eis auffüllen	Coupe- oder Bowlenglas	—
	1 St.	Gurke			
	2 EL.	Zucker			
	4 cl	Curaçao			mit Untertasse,
	4 cl	Maraschino			Serviette und Kaffee-
	75 cl	Claret-Rotwein			löffel servieren
Marillenbowle	10 St.	Marillen ohne Kerne	in der Bowlenschüssel,	Bowlenglas	—
	4 EL.	Zucker			
	5 cl	Madeira	5 Stunden ziehen lassen, vor dem		
		Arrak oder Rum nach Belieben	Service mit Sekt		mit Untertasse,
	2 Fl.	leichter Weißwein	oder Champagner		Serviette und Kaffee-
	1 Fl.	Sekt oder Champagner	auffüllen		löffel servieren

Daisies

Daisies sind sogenannte Damengetränke und gehören zur Gruppe der Longdrinks.
Sie werden aus Zitronen- oder Orangensaft, Zuckersirup und einer kleinen Menge einer Spirituose im Shaker zubereitet, in einer Champagnerschale oder einem Cobblerglas mit einem Stück Eis serviert und mit Soda aufgespritzt. Im Gegensatz zu den Cobblers werden bei den Daisies die Früchte in das Getränk gegeben. Mit Barlöffel und Trinkhalm servieren.

Drink	Maß		Ingredienzien	Zubereitung	Glas	Garnitur, Service
Brandy Daisy	1 BL.		Zucker	im Shaker	Cobblerglas	Kompottkirsche
	1 BL.		Zitronensaft		oder Sektschale	Orangen- oder
	2 cl	2/8	Chartreuse			Zitronenscheibe
	6 cl	6/8	Brandy (Weinbrand) mit Soda oder Mineralwasser auffüllen			mit Eis servieren

Egg-nogs

Die Egg-nogs zählen zu den ältesten amerikanischen Getränken. Sie werden wegen ihrer Nahrhaftigkeit am Morgen getrunken (zum Brunch oder Katerfrühstück).
Egg-nogs können kalt oder warm aus Milch, Zuckersirup, Eiern und Spirituosen oder alkoholfrei zubereitet werden. Kalte Egg-nogs werden im Shaker gemixt und in einem mittleren Tumbler serviert. Garniert wird mit geriebenem Zimt, geriebener Muskatnuß, Paprika oder Instantkaffee. Heiße Egg-nogs werden mit dem Barlöffel gemischt, geschlagen oder im Mixer zubereitet.

Drink	Maß		Ingredienzien	Zubereitung	Glas	Garnitur, Service
Egg-nog	1		Eidotter	im Shaker oder	mittlerer Tumbler	Muskat auf Wunsch
	2 cl	2/6	Läuterzucker	Hamilton Beach	oder Sektschale	
	1 cl	1/6	roter Portwein			
	3 cl	3/6	Weinbrand oder Coruba-Rum			mit Unterteller, Kaffeelöffel und
	1/8 l		warme oder kalte Milch			Trinkhalm servieren

Fancy drinks

Als Fancy drinks werden alle Getränke bezeichnet, die in keine andere Gruppe der Mixgetränke eingereiht werden können. Der Kreativität sind keine Grenzen gesetzt.

Drink	Maß		Ingredienzien	Zubereitung	Glas	Garnitur, Service
Harvey	4 St.		Eiswürfel	im Gästeglas	großer Tumbler	—
Wallbanger	4 cl	4/5	Wodka mit Orangensaft			
			auffüllen			mit Stirer und
	1 cl	1/5	Galliano darübergießen			Trinkhalm servieren
Knickebein	3 cl	1/2	Danziger Goldwasser	im Gästeglas	Knickebeinglas	—
	3 cl	1/2	Cherry Brandy			
	1		Eidotter			
Mai Tai	1 cl	1/8	Läuterzucker	im Shaker,	großer Tumbler	Ananasscheibe
	2 cl	2/8	Zitronensaft	Glas ca. 3/4 mit		1 Kirsche
	1 cl	1/8	Curaçao orange	Crushed ice füllen,		evtl. Schirmchen
	2 cl	2/8	Bacardi-Rum weiß	geshakten Drink		mit Trinkhalm
	2 cl	2/8	Coruba-Rum	darübergießen,		servieren
	1 BL.		Apricot Brandy	Apricot Brandy		
				dazugeben		
Planter's Punch	1 cl	1/8	Läuterzucker	im Gästeglas,	großer Tumbler	1/8 Ananasscheibe
	2 cl	2/8	Zitronensaft	Glas mit Crushed		Orangenscheibe
	1 cl	1/8	Orangensaft	ice füllen,		1 Kirsche
	2 cl	2/8	Bacardi-Rum weiß	Ingredienzien		1 Pfefferminzzweig
	2 cl	2/8	Coruba-Rum	dazugeben, zum		
	1 BL.		Grenadine-Sirup	Schluß Grenadine		mit Stirer und
				darübergießen		Trinkhalm servieren
Tequila Sunrise	1 BL.		Zitronensaft	im Gästeglas,	großer Tumbler	—
	1 cl	1/6	Cointreau	Glas mit Crushed		
	4 cl	4/6	Tequila mit Orangensaft	ice füllen, Ingre-		mit Trinkhalm
			auffüllen	dienzien dazu-		servieren
	1 cl	1/6	Grenadine-Sirup	geben, zum Schluß		
				Grenadine		
				darübergießen		
Piña Colada	2 cl	2/8	weißer Rum	im Gästeglas,	großer Tumbler	1/2 Ananas- oder
Longdrink	2 cl	2/8	brauner Rum	Glas mit Crushed		Orangenscheibe
(nicht geshakt)	3 cl	3/8	Batida de Coco	ice füllen, Ingre-		1 rote Cocktail-
	1 cl	1/8	Zitronensaft	dienzien dazuge-		kirsche
			mit Ananassaft auffüllen	ben, kräftig um-		
				rühren		mit Trinkhalm
						servieren
Piña Colada	2 cl	2/8	weißer Rum	im Shaker	großer Tumbler	1 Ananasscheibe
Longdrink	2 cl	2/8	brauner Rum	mit Crushed ice,		1 rote Cocktail-
(geshakt)	3 cl	3/8	Batida de Coco	nicht abseihen,		kirsche
	2 BL.		Coconut cream	sondern mit dem		
	1 cl	1/8	Zitronensaft	Eis ins Glas		mit Trinkhalm
	10 cl		Ananassaft			servieren

Fixes

Die Fixes sind den Cobblers ähnlich, sie müssen rasch serviert werden. Fixes werden im Shaker zubereitet, in ein mit Schnee-Eis gefülltes Punschglas geseiht, mit frischen Früchten garniert und mit Barlöffel und Trinkhalm serviert.

Drink	Maß		Ingredienzien	Zubereitung	Glas	Garnitur, Service
Brandy Fix	1 BL.		Zucker	im Shaker, Glas	Punschglas	Früchte
	2 cl	2/5	Zitronensaft	mit Schnee-Eis		
	1 cl	1/5	Cherry Brandy	füllen		
	2 cl	2/5	Brandy			
Gin Fix	1 BL.		Zucker	im Shaker, Glas	Punschglas	Früchte
	2 cl	1/3	Zitronensaft	mit Schnee-Eis		
	4 cl	2/3	Gin	füllen		

Fizzes

Die Fizzes stammen von den Rickeys und Sours ab. Sie werden mit Soda aufgespritzt und sind daher Longdrinks. Die wichtigsten Zutaten sind Zitronensaft, Zucker und Alkohol. Die Fizzes werden im Shaker so lange geschüttelt, bis sich am Shaker eine dünne Eisschicht gebildet hat (siehe Collinses, Seite 269). Die Fizzes müssen rasch serviert werden.

Drink	Maß		Ingredienzien	Zubereitung	Glas	Garnitur, Service
Gin-Fizz	2 cl	1/4	Zucker (Gom)	im Shaker	mittlerer Tumbler	—
	2 cl	1/4	Zitronensaft			
	4 cl	1/2	Gin			mit Trinkhalm
			mit Sodawasser auffüllen			servieren
Silver Fizz	2 cl	1/4	Zucker (Gom)	im Shaker oder	mittlerer Tumbler	—
	2 cl	1/4	Zitronensaft	Hamilton Beach		
	1		Eiklar			mit Trinkhalm
	4 cl	1/2	Gin			servieren
			mit Sodawasser auffüllen			
Golden Fizz	2 cl	1/4	Zucker (Gom)	im Shaker oder	mittlerer Tumbler	—
	2 cl	1/4	Zitronensaft	Hamilton Beach		
	1		Eidotter			mit Trinkhalm
	4 cl	1/2	Gin			servieren
			mit Sodawasser auffüllen			
Royal Fizz	2 cl	1/4	Zucker (Gom)	im Shaker oder	großer Tumbler	—
	2 cl	1/4	Zitronensaft	Hamilton Beach		
	1		Ei			mit Trinkhalm
	4 cl	1/2	Gin			servieren
			mit Sodawasser auffüllen			
Singapore Fizz	4 cl	1/2	Dry Gin	im Shaker	mittlerer Tumbler	—
	2 cl	1/4	Cherry Brandy			
	2 cl	1/4	Zitronensaft			mit Trinkhalm
	2 BL.		Läuterzucker			servieren
			mit Soda auffüllen			

Bargetränke

Flips

Die Flips sind Shortdrinks. Sie sind den Egg-nogs sehr ähnlich, werden aber ohne Milch zubereitet und sind sehr nahrhaft. Flips werden aus Spirituosen, Weinen oder Likören, Zucker und Eiern im Shaker zubereitet und im Flipglas mit Trinkhalm serviert. Garniert werden sie mit geriebener Muskatnuß, Vanille oder Instantkaffee.

Drink	Maß		Ingredienzien	Zubereitung	Glas	Garnitur, Service
Brandy Flip	1 cl 1 5 cl	1/6 5/6	Läuterzucker Eidotter Weinbrand	im Shaker oder Hamilton Beach	Flipglas (oder große Cocktailschale)	Muskat auf Wunsch mit Trinkhalm servieren
Porto Flip	1 BL. 1 5 cl		Läuterzucker Eidotter Portwein	im Shaker oder Hamilton Beach	Flipglas (oder große Cocktailschale)	Muskat auf Wunsch mit Trinkhalm servieren

Floats

Die Charakteristik dieser Getränkegruppe ist, daß der alkoholische Aroma- und Geschmacksträger zuletzt auf den Drink gegossen wird und daher an der Oberfläche schwimmt (nicht vermischen).

Drink	Maß	Ingredienzien	Zubereitung	Glas	Garnitur, Service
Brandy Float	 2 cl	Sodawasser Weinbrand oder Cognac	im Gästeglas	Sekttulpe oder Sektkelch	—
Champagne Brandy Float	 2 cl	Champagner Cognac	im Gästeglas	Sekttulpe oder Sektkelch	—
Whisky Float	 2 cl	Sodawasser Whisky	im Gästeglas	Sekttulpe oder Sektkelch, evtl. kleiner Tumbler	—

Frappés

Likörfrappés bestehen aus Schnee-Eis und Likör. Ein Creamer oder eine Cocktailschale wird mit Schnee-Eis gefüllt und darüber eine Portion Likör gegossen. Das Getränk wird mit 2 kurzen Trinkhalmen serviert. Die bekanntesten Likörfrappés sind Crème-de-Menthe-Frappé, Cherry-Brandy-Frappé, Anisette-Frappé.

Milchfrappés bestehen aus Milch, Speiseeis, Früchten, Fruchtsäften oder -sirupen, Zucker und eventuell Eiern. Verfeinert können sie mit Obers werden. Das Eis soll immer dieselbe Geschmacksrichtung wie die Früchte haben.

Milchfrappés werden im elektrischen Mixer zubereitet und im Tumbler mit Trinkhalm serviert.

Sie können auch mit Alkohol verstärkt werden, wobei zu beachten ist, daß der Alkohol mit den Früchten harmoniert.

Drink	Maß	Ingredienzien	Zubereitung	Glas	Garnitur, Service
Bananenfrappé	1/2 2 cl 1 cl 1/8 l 2 K.	frische Banane Läuterzucker Zitronensaft Milch Himbeereis	im elektrischen Mixer oder Hamilton Beach	großer Tumbler	— mit Trinkhalm servieren

Drink	Maß	Ingredienzien	Zubereitung	Glas	Garnitur, Service
Erdbeer- frappé	2 BL. 1 BL. 2 cl 1/8 l 2 K.	frische Erdbeeren Staubzucker Zitronensaft Milch Erdbeereis	im elektrischen Mixer oder Hamilton Beach	großer Tumbler	Schlagobershaube mit 1 frischen Erdbeere mit Trinkhalm servieren
Himbeer- frappé	2 cl 1 BL. 1/8 l 2 K.	Himbeersirup Zitronensaft Milch Himbeereis	im elektrischen Mixer oder Hamilton Beach	großer Tumbler	evtl. Schlagobers oder Früchte mit Trinkhalm servieren
Nuß- frappé	1 BL. 0,5 cl 1/8 l 2 K.	feingeriebene Nüsse Läuterzucker Milch Nußeis	im Shaker	großer Tumbler	Schlagobershaube, bestreut mit gerie- benen Nüssen mit Trinkhalm servieren
Pfirsich- frappé	1/2 1 cl 2 cl 1/8 l 2 K.	enthäuteter Pfirsich Läuterzucker Orangenlikör Milch Pfirsicheis	im elektrischen Mixer oder Hamilton Beach	großer Tumbler	— mit Trinkhalm servieren

Glühwein

Glühwein gehört zu den Heißgetränken und ist besonders während der kalten Jahreszeit sehr beliebt.
Zubereitet wird Glühwein, indem man Rot- oder Weißwein mit Zucker, Zimtrinde und einigen Gewürznelken in einer Kasserolle bis zum Siedepunkt erhitzt (nicht kochen) und dann in den Glühweinkrug, in ein feuerfestes Glas (Tee-, Grogglas) oder in einen Glühweinbecher aus Steingut seiht.

Glühwein sollte niemals mit Wasser verdünnt werden, deshalb ist es auch abzulehnen, wenn er mit dem Dampf einer Espressomaschine zubereitet wird. Auch vorgefertigte Gewürzsäckchen sollten in der Bar nicht verwendet werden.
Wird der Glühwein im Glas serviert, ist eine Untertasse mit Underliner oder Papierserviette dazuzugeben.

Drink	Maß	Ingredienzien	Zubereitung	Glas	Garnitur, Service
Glühwein	25 cl 2 BL. 1 1 St.	Weiß- oder Rotwein Kristallzucker Zitronenschalenspirale, mit Gewürznelken gespickt Zimtrinde	in der Kasserolle bis zum Siede- punkt erhitzen	Tee-, Punsch- oder Grogglas, Glühwein- becher oder -krug	—

Granits (Granités)

Sie sind eine sehr veraltete Bargetränkegruppe und Vorläufer der delikateren Sorbets. Ein Granit ist ein Wassergefrorenes aus frisch pürierten Früchten, Zuckersirup und eventuell einer Spirituose, in dem Eisstücke schwimmen. Heute werden die Granits in der Patisserie hergestellt.

Grundrezept: Fruchtpüree oder Fruchtsaft in einer Gefrierbüchse (aus Metall) frieren lassen (keine Beigabe von Zucker oder Alkohol, da es sonst nicht gefriert). Mit einem Eisstecher das gefrorene Fruchtpüree fein herausstechen, in eine Sektschale geben, Zuckersirup und den gewünschten Alkohol darübergeben und das Ganze verrühren (es sollen aber noch Eisstücke des Fruchtpürees klar erkennbar sein). Mit Serviette und Kaffeelöffel servieren.

Bargetränke

Grogs

Grogs sind heiße Getränke und daher besonders im Winter sehr beliebt. Zubereitet werden sie aus Spirituosen, wie z. B. Whisky, Gin, Brandy, Rum, Arrak, und aus Zucker, Zitronensaft, Gewürznelken, Zimtrinde und Wasser oder Tee.

Serviert werden sie in hitzebeständigen Henkelgläsern (Grog-, Punsch- oder Teegläsern, eventuell Bowlengläsern) mit Unterteller, Underliner oder Serviette und Kaffeelöffel.

Drink	Maß	Ingredienzien	Zubereitung	Glas	Garnitur, Service
Grog	1 BL. 2 BL. 1 St. 1 St. 3 cl 3 cl	Zucker Zitronensaft Gewürznelke Zimtrinde mit heißem Wasser oder Tee 2/3 des Glases auffüllen Coruba-Rum Weinbrand oder Arrak	im Gästeglas	Grog-, Punsch- oder Teeglas (evtl. Bowlenglas)	Zitronenscheibe mit Unterteller, Serviette und Kaffeelöffel servieren
Grog auf Wiener Art	3 St. 4 cl 2 cl 1 St. 1 St.	Würfelzucker Inländer-Rum Weinbrand Gewürznelke Zimtrinde mit heißem Wasser oder Tee auffüllen	im Gästeglas	Grog-, Punsch- oder Teeglas (evtl. Bowlenglas)	Zitronenscheibe mit Unterteller, Serviette und Kaffeelöffel servieren

Highballs

Highballs sind Longdrinks, die im großen Tumbler serviert werden. Basisgetränke der Highballs sind Spirituosen, wie Whisky, Gin, Wodka, Rum oder Cognac, die nach dem Originalrezept mit Ginger ale aufgefüllt werden. Heute verwendet man dazu auch Tonic water, Bitter lemon, Fanta, Sprite, Sodawasser o. ä.

Garniert werden sie mit Orangen- oder Zitronenspiralen (original). Heute verwendet man dazu auch Limetten- oder Zitronenscheiben.
Unter die Highballs fallen heutzutage zum Beispiel auch Cola-Rum (Cuba Libre), Gin-Tonic, Whisky-Soda usw.

Juleps

Die Juleps gehören zur Kategorie der Longdrinks. Zur Herstellung benötigt man frische Minze, die man in kaltem Wasser abspült und mit etwas Zuckersirup in ein Highball-Glas gibt. Mit dem Barlöffel etwas zerdrücken und die Minze herausnehmen (Ausnahme: Mint Julep), vier Fünftel des Glases mit Eis füllen, den Alkohol darübergeben und umrühren. Mit Minze und Früchten garnieren und das Getränk auf einer Untertasse mit Trinkhalm und Limonadenlöffel servieren.

Drink	Maß	Ingredienzien	Zubereitung	Glas	Garnitur, Service
Mint Julep	10 2 BL. 2 BL. 10 cl	frische Minzeblätter Läuterzucker kaltes Wasser Bourbon-Whiskey	im Gästeglas, Blätter zerdrücken, mit Zucker und Wasser vermischen, Glas 4/5 mit Crushed ice füllen, umrühren, bis das Glas beschlagen ist, Whiskey darübergießen, umrühren	Highballglas	frische Minzeblätter mit Unterteller, Limonadenlöffel und Trinkhalm servieren

Milk-shakes

Milk-shakes werden vor allem im Sommer getrunken und erfreuen sich zunehmender Beliebtheit. Sie werden im Shaker oder Mixer aus Früchten, Fruchtsäften oder -sirupen, Milch und Zitronensaft hergestellt und im Tumbler mit Eis und Trinkhalm serviert. Milk-shakes können auch mit Alkohol zubereitet oder mit Obers verfeinert werden.

Drink	Maß	Ingredienzien	Zubereitung	Glas	Garnitur, Service
Ei-Honig-Shake	1	Ei	im Shaker	großer Tumbler	—
	1 EL.	Honig			
	2 cl	Honiglikör			mit 4 Eiswürfeln und
	10 cl	Milch			Trinkhalm servieren
Erdbeershake		frische Erdbeeren (im Mixer zerkleinert)	im Mixer oder Shaker	großer Tumbler	—
	2 BL.	Staubzucker			mit Eiswürfeln und
	1 BL.	Zitronensaft			Trinkhalm servieren
	20 cl	Milch			
Himbeershake	2 cl	Himbeersirup	im Mixer oder Shaker	großer Tumbler	—
	1 BL.	Zitronensaft			
	20 cl	Milch			mit Eiswürfeln und Trinkhalm servieren
Kaffeeshake	1 BL.	löslicher Kaffee	im Shaker	großer Tumbler	Schlagobershaube,
	2 cl	Läuterzucker			bestreut mit gerie-
	1	Eidotter			benem Bohnen-
	10 cl	Milch			kaffee
					mit Trinkhalm servieren
Orangenshake	2 cl	Orangensirup (Orangeade)	im Shaker	großer Tumbler	1 Orangenscheibe
	1	Orange (Saft)			mit Trinkhalm
	10 cl	Milch			servieren

Non-alcoholic drinks

Das sind alle Mischgetränke, die aus Frucht- oder Gemüsesäften, Fruchtnektaren oder -sirupen, Wasser, Soda- oder Mineralwasser oder Limonaden ohne Zusatz von Alkohol hergestellt werden.

Drink	Maß		Ingredienzien	Zubereitung	Glas	Garnitur, Service
Alice	2 cl	1/6	Grenadine-Sirup	im Shaker	Cocktailglas	—
	4 cl	2/6	Orangenjuice			
	4 cl	2/6	Ananasjuice			
	2 cl	1/6	Obers			
Frisco Calypso	4 cl	2/5	Orangensaft	im Gästeglas	Collinsglas (großer Tumbler)	1 Orangenscheibe
	2 cl	1/5	Zitronensaft			
	2 cl	1/5	Coconut milk			mit 3 Eiswürfeln und
	2 cl	1/5	Grenadine-Sirup			Trinkhalm servieren
			mit Soda auffüllen			

Bargetränke

Drink	Maß		Ingredienzien	Zubereitung	Glas	Garnitur, Service
Junior Piña Colada	2 cl 1 cl 1 cl 2 cl	2/6 1/6 1/6 2/6	Coconut cream Zitronensaft Grenadine-Sirup Ananasjuice mit Orangenjuice auffüllen	im Gästeglas Glas mit Crushed ice füllen, Ingredienzien dazugeben	Highballglas	Ananasstück Kirsche evtl. Minzezweig mit Trinkhalm servieren
Refresher	2 cl 2 cl 4 cl	1/4 1/4 1/2	Maracujasirup Papayanektar frischer Orangensaft mit Sodawasser auffüllen	im Gästeglas	großer Tumbler	— mit Eiswürfeln und Trinkhalm servieren
Rosy Pippin	4 cl 4 cl 2 cl 2 cl 1 ds	2/6 2/6 1/6 1/6	Apfelsirup (oder französischer Apfelsaft Grenadine-Sirup) Zitronensaft Grenadine-Sirup mit Schweppes Golden Fresh auffüllen	im Shaker	Collinsglas (großer Tumbler)	Apfelspalte mit 3 Eiswürfeln und Trinkhalm servieren
Woodoo	1 cl 2 cl 1 ds	1/3 2/3	Zitronensaft Papayanektar Angostura-Bitter mit Bitter lemon auffüllen	im Gästeglas	großer Tumbler	— mit Eiswürfeln und Trinkhalm servieren

Pick-me-ups

Sie gehören zu den Fancy drinks. Die wörtliche Übersetzung lautet „Heb mich auf".
Die Charakteristik dieser Getränke ist, daß sie sehr scharf gewürzt werden. Bei uns sind sie deshalb als „Katergetränke" bekannt.
Die Zubereitung ist sehr variabel, und es gibt aus diesem Grund auch kein Grundrezept. Die bekanntesten Katergetränke sind die Bloody Mary und die Prairie Oyster.

Drink	Maß	Ingredienzien	Zubereitung	Glas	Garnitur, Service
Bloody Mary	 1 ds 1 ds 1/2 BL. 4 cl 2 St. 1/8 l	Salz, weißer Pfeffer Worcestershiresauce Tabascosauce Zitronensaft Wodka Eiswürfel Tomatensaft	im Gästeglas Salz, Pfeffer, die Saucen und Zitronensaft durchrühren, Wodka und Eis dazugeben, umrühren, mit Tomatensaft auffüllen	mittlerer Tumbler	Zitronenspalte mit Stirer servieren
Prairie Oyster	 1 EL. 1 ds 1 1 BL.	Olivenöl Tomatenketchup Salz Pfeffer Paprika Worcestershiresauce Eidotter Brandy	im Gästeglas	Sektschale	Zitronenspalte am Glasrand mit Untertasse, Underliner und Kaffeelöffel servieren

Pousse-cafés

Pousse-café ist die französische Bezeichnung einer Getränkegruppe, die in Italien Scaffa und in Deutschland und der Schweiz Couleurs heißen.
Pousse-cafés sind sehr farbenprächtige und attraktive Getränke, für deren Herstellung man ein genaues Wissen über die spezifischen Gewichte der Sirupe und Spirituosen benötigt.
In den Rezepten sollen die Zutaten in der Reihenfolge ihrer spezifischen Gewichte angegeben werden, und zwar angefangen mit dem Ingrediens mit dem höchsten spezifischen Gewicht.

Zubereitet werden diese Getränke in geraden Gläsern, den sogenannten Pousse-café-Gläsern, in die man die Sirupe oder Spirituosen über einen verkehrt gehaltenen Barlöffel, der am inneren Glasrand anliegt, vorsichtig eingießt. Pousse-cafés dürfen sich nicht vermengen, sondern zwischen den Bestandteilen muß sich eine klare Grenze zeigen.

Drink	Maß		Ingredienzien	Zubereitung	Glas	Garnitur, Service
Pousse-café Austria	2 cl	1/3	Grenadine-Sirup	im Gästeglas	Pousse-café-Glas	—
	2 cl	1/3	Crème de Cacao weiß			
	2 cl	1/3	Cherry Brandy			mit Trinkhalm servieren
Pousse-café America	1,5 cl	1/4	Maraschino	im Gästeglas	Pousse-café-Glas	—
	1,5 cl	1/4	Curaçao rot			
	1,5 cl	1/4	Chartreuse grün			mit Trinkhalm servieren
	1,5 cl	1/4	Cognac			
Pousse-café Finnlandia	1,5 cl	1/4	Grenadine-Sirup	im Gästeglas	Pousse-café-Glas	—
	1,5 cl	1/4	Crème de Menthe grün			
	1,5 cl	1/4	Maraschino			mit Trinkhalm servieren
	1,5 cl	1/4	Curaçao blau			
Pousse-café Paris	1 cl	1/5	Erdbeersirup	im Gästeglas	Pousse-café-Glas	—
	1 cl	1/5	Maraschino			
	1 cl	1/5	Crème de Vanille			mit Trinkhalm servieren
	1 cl	1/5	Chartreuse			
	1 cl	1/5	Brandy			
Rainbow	1 cl	1/5	Himbeersirup	im Gästeglas	Pousse-café-Glas	—
	1 cl	1/5	Crème de Menthe grün			
	1 cl	1/5	Curaçao orange			mit Trinkhalm servieren
	1 cl	1/5	Kümmel			
	1 cl	1/5	Weinbrand			
Grasshopper Pousse-café	3 cl	1/2	Crème de Menthe grün	im Gästeglas	Pousse-café-Glas	—
	3 cl	1/2	Crème de Cacao weiß			mit Trinkhalm servieren
Lady's Favorite Pousse-café	4 cl	2/3	Apricot Brandy	im Gästeglas	Pousse-café-Glas	—
	2 cl	1/3	Obers			mit Trinkhalm servieren

Puffs

Puffs sind Mischungen aus Milch und Spirituosen, die im Shaker zubereitet und mit Soda aufgefüllt werden. Serviert werden sie im großen Tumbler mit Trinkhalm.

Punches (Punsche)

Punsche können warm und kalt zubereitet werden. Die warmen Punsche sind den Grogs oder Toddies ähnlich, während die kalten den Cups und Bowlen gleichen. Kalte Punsche erhalten eine Früchtegarnitur.

Drink	Maß	Ingredienzien	Zubereitung	Glas	Garnitur, Service
Heißer Punsch	2 BL. 2 BL. 5 cl	Zucker Zitronensaft mit etwas heißem Wasser oder Tee auffüllen Brandy oder dunkler Rum	im Gästeglas	Punschglas	— mit Untertasse, Serviette und Kaffeelöffel servieren
Kalter Punsch		wie oben, aber statt heißem Wasser Crushed ice	im Gästeglas	mittlerer Tumbler	1 Kirsche Ananasstückchen mit Untertasse, Underliner, Stirer und Trinkhalm servieren

Rickeys

Die Rickeys sind amerikanische Getränke, auf denen die Fizzes, Sangarees und Sours aufbauen. Sie gehören zu den Longdrinks.
Hauptbestandteil ist die Zitrone, die in Stücke geschnitten und in einem großen Tumbler mit dem Barlöffel zerdrückt wird. Dazu kommt die gewünschte Spirituose. Das Ganze verrühren, mit Sodawasser aufspritzen und mit einem Stück Eis und einem Trinkhalm servieren.

Sangarees

Sangarees sind Longdrinks und können kalt (im Highballglas) oder warm (im Punsch- oder Grogglas) zubereitet werden. Basisgetränk ist Rotwein, Ale, Brandy oder Gin, der mit kaltem oder heißem Wasser aufgefüllt wird. Als Garnitur gibt man geriebene Muskatnuß. Mit Trinkhalm servieren. Heiße Sangarees serviert man mit Untertasse, Underliner und Kaffeelöffel.

Slings

Slings sind den Toddies ähnliche Longdrinks, die kalt und warm zubereitet werden können.
Hauptbestandteile sind Zitronen- oder Limettensaft, Grenadine- oder Zuckersirup, eine Basisspirituose (Brandy, Gin, Arrak, Schwedenpunsch usw.), die mit kaltem oder heißem Wasser, Sodawasser, kaltem oder heißem Tee, Apfelsaft oder Ginger ale aufgefüllt werden. Serviert werden Slings im großen Tumbler mit einem Trinkhalm.

Drink	Maß		Ingredienzien	Zubereitung	Glas	Garnitur, Service
Singapore Sling	3 2 cl 1 EL. 2 cl 1 BL. 4 cl	 1/3 1/3 2/3	Eiswürfel Läuterzucker (oder Zucker in Wasser auflösen) Zitronensaft Grenadine-Sirup Weinbrand mit Wasser auffüllen	im Gästeglas Ingredienzien gut verrühren, dann mit Wasser auffüllen	Slingglas (großer Tumbler)	— mit Trinkhalm servieren

Smashes

Smashes sind den Juleps sehr ähnliche Longdrinks. Der einzige Unterschied besteht darin, daß die Smashes im Shaker zubereitet werden, die Juleps aber im Gästeglas.

Sodas

Sie gehören zu den Longdrinks. Ihr Hauptbestandteil sind versetzte Weine, wie z. B. Vermouth, Byrrh, Cynar, St. Raphaël, die mit Sodawasser oder Tonic water aufgefüllt werden.

Shrubs

Shrubs sind punschähnliche Getränke, die heute kaum mehr verlangt werden.

Sundaes

Sie sind bei uns nicht sehr bekannt und ähneln den Frappés.

Sorbets

Die Sorbets sind den Cobblers und den Granits ähnlich, aber es wird statt Schnee-Eis Speiseeis verwendet. Sorbets werden heute in der Patisserie gefertigt.

Sours

Sours sind ausgesprochene Herrengetränke und den Collinses (siehe Seite 269) und den Fizzes (siehe Seite 273) sehr ähnlich. Auch die Sours werden im Shaker mit Eis, Zitronensaft, Zuckersirup und Alkohol zubereitet, aber nicht mit Sodawasser verdünnt.

Serviert werden sie mit einer Sourgarnitur, bestehend aus Orangenscheibe und Cocktailkirsche (original).

Drink	Maß		Ingredienzien	Zubereitung	Glas	Garnitur, Service
Apricot Sour	2 cl	2/7	Zitronensaft	im Shaker	kleiner Tumbler	1 Kirsche
	5 cl	5/7	Apricot Brandy			1/2 Orangenscheibe
Brandy Sour	1 cl	1/7	Läuterzucker	im Shaker	kleiner Tumbler	1 Kirsche
	2 cl	2/7	Zitronensaft			1/2 Orangenscheibe
	4 cl	4/7	Weinbrand			
Bourbon Sour	1 cl	1/7	Läuterzucker	im Shaker	kleiner Tumbler	1 Kirsche
	2 cl	2/7	Zitronensaft			1/2 Orangenscheibe
	4 cl	4/7	Bourbon-Whiskey			
Whiskey Sour (original)	1 cl	1/7	Läuterzucker	im Shaker	kleiner Tumbler	1 Kirsche
	2 cl	2/7	Zitronensaft			1/2 Orangenscheibe
	4 cl	4/7	Rye-Whiskey			

Swizzles

Dieses Getränk kommt aller Wahrscheinlichkeit nach von den Westindischen Inseln, wo es auch heute noch sehr beliebt ist. Es gehört zur Gruppe der Longdrinks.
Ursprünglich wurden Swizzles in großen Mengen auf einmal zubereitet. In einen großen mit Eis gefüllten Tonkrug wurden frischer Limettensaft, Zuckerrohrsirup, Rum und einige Dashes Bitter eingefüllt, das Ganze wurde mit einem sogenannten Swizzle-stick kräftig gesprudelt, und zwar so lange, bis sich die Außenseite des Tongefäßes mit einer Eisschicht belegte. Der Swizzle-stick ist ein langer Quirl aus Holz; von ihm wurde der Name der Getränkegruppe abgeleitet.
Wird ein Swizzle in der Bar bestellt, wird er ähnlich wie ein Julep zubereitet, und zwar im Glas (einem großen Tumbler), aber anstatt eines Barlöffels wird ein Swizzle-stick verwendet.

Toddies

Die Toddies sind ebenfalls bei uns eher unbekannt. Sie sind den Slings sehr ähnlich und können wie diese kalt und warm zubereitet werden.
Der Unterschied zu den Slings besteht darin, daß sie im kleinen Tumbler serviert werden, d. h., man benötigt zum Auffüllen weniger Flüssigkeit, der Alkohol tritt stärker hervor.

Twists

Wörtlich übersetzt bedeutet Twist „drehen". Den Namen bekam diese Gruppe von Bargetränken wohl von der vollendenden Fertigung des Getränks, bei der man ein Stück Zitronenschale (Lemon twist) über dem Drink im Glas dreht und damit das ätherische Zitronenöl auf das Getränk spritzt, das dadurch seine Geschmacksnuance bekommt.
Die Twists gehören zu den Shortdrinks. Sie bestehen aus Fruchtsirup oder -nektar, Zitronensaft, Orangenlikör und einer Spirituose. Die Zubereitung erfolgt im Rührglas, serviert werden sie im Kelchglas.

Zooms

Zooms sind bei uns weniger bekannt. Man trinkt sie vor allem am Nachmittag.
Zubereitet werden sie im Shaker, und zwar aus Ei, Honig, Obers und Alkohol (Whisky, Brandy, Rum, Gin). Man serviert sie im Cocktailglas.

SACHREGISTER

Sachregister

SACHREGISTER

Bildverzeichnis

Unseren besonderen Dank möchten wir allen Mitarbeitern der Wiener Betriebe Hilton, Inter-Continental und Hotel Europa aussprechen, die bei der Realisierung der Fotos von großer Hilfe waren.

Fachbuchbibliothek „Servieren — Getränke — Esskultur“

NEUERSCHEINUNG
(Herbst 1985)

Peter Vazny, Siegfried Wolf

Tafelkultur für alle Anlässe

Eine gepflegte Atmosphäre und ein schön gedeckter Tisch gehören in der heutigen Zeit zu den Grundvoraussetzungen gehobener Gastlichkeit — sowohl im privaten Bereich als auch im Restaurant.
Was mache ich nun, wenn Gäste kommen? Diese umfassende Frage will das Buch „Tafelkultur für alle Anlässe“ beantworten. Und damit jeder Gastgeberin und natürlich auch jedem Gastgeber die Scheu vor Einladungen nehmen.
Dabei geht es um das richtige Benehmen genauso wie um die Vorbereitungen, die einer Einladung vorausgehen, um das nötige Tischinventar, um effektvolles Serviettenfalten, kunstvolles Blumenstecken, schöne Tischgestaltung, perfektes Servieren bis zu den Spezialgedecken für spezielle Delikatessen und eine Anleitung, wie man diese richtig ißt.
Aber nicht nur dem privaten, sondern auch dem professionellen Gastgeber — dem Gastronomen, Hotelier, Restaurateur, Gastwirt, Koch oder Kellner — wird dieses Buch wertvolle Tips und viele Anregungen für seinen Beruf vermitteln.

NEUERSCHEINUNG
(Herbst 1985)

Simon Siegel, Sieglinde Siegel, Heinz Lenger, Peter Roman, Gerhard Radl

Handlexikon der Getränke

Band 1: Bar, Mixgetränke, Spirituosen

Diese moderne „Enzyklopädie der Getränke“ faßt in übersichtlicher und leicht verständlicher Form alles Wissen über Getränke zusammen, das sonst nur mit sehr viel Mühe zugänglich oder verstreut zu finden ist. Sie gibt in stichwortartiger Form einen umfassenden Überblick über den aktuellen Stand der derzeit gängigsten und bekanntesten Getränke am Markt.
Der Schwerpunkt liegt dabei in einer kurzgefaßten, prägnanten Charakteristik dieser Produkte bzw. deren Herkunft, Herstellung und Verwendungsmöglichkeiten.
Trotz der über 10.000 Stichwörter und Begriffe je Band versuchen die Autoren, dem Verwender durch eine klare Gliederung und übersichtliche Darstellung eine relativ einfache Überschau über das weitreichende Gebiet der Getränke zu ermöglichen.

Im Frühjahr 1986 erscheint der zweite Band dieses Handlexikons der Getränke. Er umfaßt die Kapitel alkoholfreie Getränke, Kaffee, Tee, Bier und Wein.

Peter M. Vazny

Tranchieren und Flambieren beim Tisch des Gastes

Dieses hervorragende Fachbuch bietet sowohl dem Fachmann als auch der ambitionierten Hausfrau und dem Hobbykoch Tips und Ratschläge für richtiges Tranchieren und Flambieren. Alle Arbeitsabläufe werden Schritt für Schritt beschrieben. Zahlreiche Rezepte für Salate, Cocktails, Obstsalate, Teigwarengerichte etc. machen dieses Buch zu einem Standardwerk, das in keinem Haushalt fehlen sollte.

Karl Duch

Handlexikon der Kochkunst

Modernes Nachschlagewerk der internationalen Hotel- und Restaurantküche.

Das umfassende Speisenverzeichnis, welches alle Sachgebiete der internationalen Hotel- und Restaurantküche umfaßt, wurde nunmehr in der 11., völlig überarbeiteten und erweiterten Auflage wiederum auf den heutigen Stand gebracht. Mit kurzgefaßten Speisenerklärungen in Deutsch, Französisch, Englisch und Italienisch.